城市地下空间出版工程·运营与维护管理系列
总主编 钱七虎 副总主编 朱合华 黄宏伟

国家"十三五"重点图书出版规划项目

隧道结构非接触式快速检测与健康评估

黄宏伟 著

上海市高校服务国家重大战略出版工程入选项目
同济大学学术专著(自然科学类)出版基金入选项目

图书在版编目(CIP)数据

隧道结构非接触式快速检测与健康评估/黄宏伟著.—上海:同济大学出版社,2018.12
城市地下空间出版工程.运营与维护管理系列/钱七虎总主编
ISBN 978-7-5608-7549-1

Ⅰ.①隧… Ⅱ.①黄… Ⅲ.①公路隧道-隧道工程-结构设计-实时检测 Ⅳ.①U459.2

中国版本图书馆CIP数据核字(2017)第293004号

城市地下空间出版工程·运营与维护管理系列

隧道结构非接触式快速检测与健康评估
黄宏伟 著

出 品 人:华春荣
策　　划:杨宁霞　胡　毅
责任编辑:胡晗欣
责任校对:徐春莲
封面设计:陈益平

出版发行　同济大学出版社　www.tongjipress.com.cn
　　　　　(地址:上海市四平路1239号　邮编:200092　电话:021-65985622)
经　　销　全国各地新华书店、建筑书店、网络书店
排版制作　南京月叶图文制作有限公司
印　　刷　上海安枫印务有限公司
开　　本　787mm×1 092mm　1/16
印　　张　34.75
字　　数　867 000
版　　次　2018年12月第1版　2018年12月第1次印刷
书　　号　ISBN 978-7-5608-7549-1
定　　价　248.00元

版权所有　侵权必究　印装问题　负责调换

内 容 提 要

本书为国家"十三五"重点图书出版规划项目,国家出版基金、上海市高校服务国家重大战略出版工程、同济大学学术专著(自然科学类)出版基金入选项目。

全书针对我国当前公路隧道衬砌裂缝、渗漏水和空洞等典型病害,深入分析了隧道衬砌的病害特点、规律及成因,系统阐述了针对隧道衬砌典型病害的非接触式快速检测新技术及健康评估方法,以及适合于公路隧道的检测设备的研发过程,并结合所研发的设备介绍其实验检验及工程应用案例。

本书适合涉及隧道及地下工程运营、检测与监测等单位的管理与工程技术人员参考阅读,也可供高等学校土木工程专业的师生和相关专业的科研与技术人员参考使用。

"城市地下空间出版工程·运营与维护管理系列"编委会

学术顾问

叶可明　中国工程院院士
孙　钧　中国科学院院士
郑颖人　中国工程院院士
顾金才　中国工程院院士
蔡美峰　中国工程院院士

总主编

钱七虎

副总主编

朱合华　黄宏伟

编委（以姓氏笔画为序）

朱合华　许玉德　杨新安　束　昱
张　旭　倪丽萍　黄宏伟　谢雄耀

作者简介

黄宏伟,工学博士,同济大学土木工程学院教授、博士生导师,教育部"长江学者"特聘教授,"新世纪百千万人才工程"国家级人选,首批教育部"新世纪优秀人才支持计划"入选者,科技部重点领域创新团队负责人,享受国务院特殊津贴。主要从事岩土、隧道及地下工程风险评价、风险预警以及风险控制、工程结构健康监测与检测的理论与实践应用研究。曾作为邀请教授在法国南特中央理工大学短期工作。2005年带头创立中国土木工程学会隧道及地下工程分会风险管理专业委员会,并担任主任委员至今。2009年带头创立中国土木工程学会工程风险与保险研究分会,并担任理事长至今。曾和现担任国际岩土安全网络核心成员、国际土力学与基础工程学会TC304/TC205委员、美国工程师岩土风险管理委员会委员、国际隧道协会科技研究工作组成员、国际岩石力学学会会员等。担任国际期刊 *Georisk* 的创刊编委,*Uncertainty & Risk* 国际期刊的编委,《岩石力学与工程学报》、《岩土力学》等多家国内期刊的编委。主持国家自然科学基金项目8项(含1项重点基金、1项中法国际合作基金),主持国家科技部"863""973"项目和课题3项,其余省部级科研项目60余项。近年来主编和参编专著共4部,主编部级指南和规范各1部,参编部级指南1部;发表各类学术论文280篇,其中被SCI收录40篇,EI收录100余篇;被国际邀请作主题和特邀大会报告8次。研究成果获国际岩土安全与风险杰出服务奖1项,国家科技进步二等奖2项,省部级科技进步一、二等奖9项。主要从事工程项目包括上海、苏州、武汉、合肥、郑州、厦门等地的地铁工程;上海长江隧道、青岛海底隧道、浙江钱江隧道、武汉长江隧道、港珠澳拱北隧道、琼州湾海底通道、广东深中通道、大连海底隧道、渤海湾通道、江阴大桥、苏通大桥、崇启通道等重大工程科研项目数十项。

总 序

国际隧道与地下空间协会指出，21世纪是人类走向地下空间的世纪。科学技术的飞速发展，城市居住人口迅猛增长，随之而来的城市中心可利用土地资源有限、能源紧缺、环境污染、交通拥堵等诸多影响城市可持续发展的问题，都使我国城市的发展趋向于对城市地下空间的开发利用。地下空间的开发利用是城市发展到一定阶段的产物，国外开发地下空间起步较早，自1863年伦敦地铁开通到现在已有150余年。中国的城市地下空间开发利用源于20世纪50年代的人防工程，目前已步入快速发展阶段。当前，我国正处在城市化发展时期，城市的加速发展迫使人们对城市地下空间的开发利用步伐加快。无疑21世纪将是我国城市向纵深方向发展的时代，今后20年乃至更长的时间，将是中国城市地下空间开发建设和利用的高峰期。

地下空间是城市十分巨大而丰富的空间资源。它包含土地多重化利用的城市各种地下商业、停车库、地下仓储物流及人防工程，包含能大力缓解城市交通拥挤和减少环境污染的城市地下轨道交通和城市地下快速路隧道，包含作为城市生命线的各类管线和市政隧道，如城市防洪的地下水道、供水及电缆隧道等地下建筑空间。可以看到，城市地下空间的开发利用对城市紧缺土地的多重利用、有效改善地面交通、节约能源及改善环境污染起着重要作用。通过对地下空间的开发利用，人类能够享受到更多的蓝天白云、清新的空气和明媚的阳光，逐渐达到人与自然的和谐。

尽管地下空间具有恒温性、恒湿性、隐蔽性、隔热性等特点，但相对于地上空间，地下空间的开发和利用一般周期比较长、建设成本比较高、建成后其改造或改建的可能性比较小，因此对地下空间的开发利用在多方论证、谨慎决策的同时，必须要有完整的技术理论体系给予支持。同时，由于地下空间是修建在土体或岩石中的地下构筑物，具有隐蔽性特点，与地面联络通道有限，且其周围邻近很多具有敏感性的各类建(构)筑物(如地铁、房屋、道路、管线等)。这些特点使得地下空间在开发和利用中，在缺乏充分的地质勘查、不当的设计和施工条件下，所引起的重大灾害事故时有发生。近年来，国内外在地下空间建设中的灾害事故(2004年新加坡地铁施工事故、2009年德国科隆地铁塌方、2003年上海地铁4号线事故、2008年杭州地铁建设事故等)，以及运营中的火灾(2003年韩国大邱地铁火灾、2006年美国芝加哥地铁事故等)、断电(2011年上海地铁

10号线追尾事故等)等造成的影响至今仍给社会带来极大的负面效应。因此,在开发利用地下空间的过程中,需要有深厚的专业理论和科学的技术方法来指导。在我国城市地下空间开发建设步入"快车道"的背景下,目前市场上的书籍还远远不能满足现阶段这方面的迫切需要,系统的、具有引领性的技术类丛书更感匮乏。

目前,城市地下空间开发亟待建立科学的风险控制体系和有针对性的监管办法,"城市地下空间出版工程"这套丛书着眼于国家未来的发展方向,按照城市地下空间资源安全开发利用与维护管理的全过程进行规划,借鉴国际、国内城市地下空间开发的研究成果并结合实际案例,以城市地下交通、地下市政公用、地下公共服务、地下防空防灾、地下仓储物流、地下工业生产、地下能源环保、地下文物保护等设施为对象,分别从地下空间开发利用的管理法规与投融资、资源评估与开发利用规划、城市地下空间设计、城市地下空间施工和城市地下空间的安全防灾与运营管理等多个方面进行组织策划,这些内容分而有深度、合而成系统,涵盖了目前地下空间开发利用的全套知识体系,其中不乏反映发达国家在这一领域的科研及工程应用成果,涉及国家相关法律法规的解读,设计施工理论和方法,灾害风险评估与预警以及智能化、综合信息等,以期成为我国未来开发利用地下空间较为完整的理论指导体系。综上所述,丛书具有学术上、技术上的前瞻性和重大的工程实践意义。

本套丛书被列为"十二五""十三五"时期国家重点图书出版规划项目。丛书的理论研究成果来自国家重点基础研究发展计划(973计划)、国家高技术研究发展计划(863计划)、"十一五"国家科技支撑计划、"十二五"国家科技支撑计划、国家自然科学基金项目、上海市科委科技攻关项目、上海市科委科技创新行动计划等科研项目。同时,丛书的出版得到了国家出版基金的支持。

由于地下空间开发利用在我国的许多城市已经开始,而开发建设中的新情况、新问题也在不断出现,本丛书难以在有限时间内涵盖所有新情况与新问题,书中疏漏、不当之处在所难免,恳请广大读者不吝指正。

前 言
FOREWORD

随着我国国民经济的高速发展和科学技术的不断进步,截至2015年年底,我国已建成的隧道(含公路和铁路)总里程突破2万km,居全球首位。这些隧道是在不同时期、不同地质条件和不同技术水平下修建的,经过多年运营,许多隧道已出现多种不同程度的病害,这些病害主要包括裂缝、渗漏水、衬砌背后空洞、变形侵限、错台、掉块、坍塌、基底翻浆冒泥、下沉、底鼓等,这给隧道运营安全造成了一定威胁。

1995年,我国铁路部门对当时在役的4 855座铁路隧道衬砌病害进行过调查,发现衬砌出现裂缝的隧道有2 546座,占52.4%,其中严重开裂的达677座,占13.9%。2004年,铁道部为编制《铁路运营隧道衬砌安全等级评定暂行规定》,对漳龙线和京九线的百余座隧道展开了大规模的调查,调查结果表明,我国铁路隧道普遍存在衬砌厚度不足、衬砌背后空洞和超挖回填不密实的情况。截至2007年年底,我国公路隧道出现病害的约有4 673座,总里程约2 560 km,经过初步调查,其主要病害形式为衬砌裂缝、渗漏水等,这些病害为隧道的后期运营带来了安全隐患。美国学者用"五倍定律"形象地说明了混凝土结构养护的必要性,即假设早期发现结构存在问题并采取措施时的成本为5美元,那么若在混凝土开裂阶段才发现问题并采取维护措施,就需多追加维护费用25美元,而在严重破坏时追加的维护费用则达125美元,因此,病害发现得早晚,还直接关系到养护费用的多少。

由于已建成隧道里程数较大,且每年又不断有大量新的隧道投入使用,这给已建成隧道的运营管理带来了巨大的挑战,为确保运营安全或及早发现问题并提前治理以减少后期养护成本,隧道运营管理单位需要在日常投入大量的人力和物力,不间断地监测和检测运营隧道的可能病害并加以识别、分析和风险评估,内业、外业工作均烦琐且繁重。而实现隧道病害的智能化快速检测和健康评估,无疑可以有效缓解这一现状,应会受到相关监测和检测人员的欢迎。

《隧道结构非接触式快速检测与健康评估》一书正是适应了这一时代要求和工程实际需要,依托云南省省院省校科技合作计划资助项目及长江学者和创新团队发展计划资助项目,通过笔者科研团队近10年的科技攻关和室内及现场试验,将主要研究成果进行系统总结。全书针对我国当前公路隧道衬砌裂缝、渗漏水和空洞等主要病害,利用现场调查、理论分析、试验研究、数值模拟和工程验证等方法，揭示隧道衬砌的病害特点和规律，深入分析隧道衬砌的病害成因，建立了针对隧道衬砌裂缝、渗漏水和内部空洞等典型病害的非接触式快速检测新技术及其健康评估的系统方法，并研发了适合于公路隧道衬砌病害的检测设备，研发设备都已经在实际工程中得以应用和检验。

本书分上、中、下三篇，分别介绍隧道病害检测原理与方法、病害分析及健康评估、检测设备研发。上篇为隧道典型三大类病害检测原理及方法，包括隧道衬砌裂缝的检测技术，内容涵盖隧道衬砌裂缝机器视觉图像采集技术，隧道衬砌裂缝图像自动识别及特征提取；隧道衬砌渗漏水的检测技术，包括隧道渗漏水红外检测系统及辐射特征模拟，隧道渗漏水及其隐患的红外辐射特征影响因素室内试验研究，渗漏水红外辐射特征修正规律及热图像识别；隧道衬砌空洞的检测技术，包括隧道衬砌空洞的商业雷达探测技术，地层特性对商业探地雷达天线的影响及相应的改进技术。中篇为隧道病害影响分析及健康评估，主要包括带裂缝隧道衬砌结构稳定性及安全评估、隧道衬砌渗漏水影响分析与健康评估、隧道衬砌背后空洞对衬砌结构稳定性影响评价以及隧道衬砌健康状态综合评估体系研究。下篇为检测设备研发及工程应用，主要为隧道集成检测装备快速检测设备的研发，以及其在浙江、云南等地区实际工程中的应用。

本书为笔者带领的科研团队自2005年以来的与隧道病害检测和评估有关的研究成果的总结，在研究中有谢雄耀教授、薛亚东副教授、赵永辉副教授、卞永明教授亲自参与；也有三位已毕业的博士研究生豆海涛、王继飞和王平让的深入系统研究；亦有上海同新机电控制技术有限公司和上海通芮斯克土木工程技术有限公司的设备研制；最后由魏永起博士后全力以赴地统稿等，终于使得本书能够与大家见面，这离不开他们的辛勤劳动，在此一并表示最衷心的感谢。

本书主要读者对象是涉及隧道及地下工程的运营、检测与监测等单位的管理与工程技术人员以及高等学校土木工程专业的师生；也可供相关专业的科研和技术人员参考使用。

黄宏伟
2017年11月

目 录
CONTENTS

总序
前言

上篇　隧道病害检测原理及方法

1　绪论 ········· 3

1.1 隧道衬砌裂缝检测技术研究现状及问题 ········· 4
  1.1.1 隧道衬砌裂缝病害现状 ········· 4
  1.1.2 隧道衬砌裂缝自动检测技术研究现状 ········· 9
  1.1.3 隧道衬砌裂缝图像识别方法研究现状 ········· 18
  1.1.4 隧道衬砌裂缝检测与图像识别研究存在的主要问题 ········· 20
  1.1.5 隧道衬砌裂缝检测与识别技术的研究内容 ········· 22

1.2 隧道衬砌渗漏水检测技术研究现状及问题 ········· 23
  1.2.1 隧道衬砌渗漏水病害现状 ········· 23
  1.2.2 隧道衬砌渗漏水病害统计及成因 ········· 25
  1.2.3 隧道衬砌渗漏水病害检测方法 ········· 30
  1.2.4 隧道衬砌渗漏水检测技术研究中存在的主要问题 ········· 32
  1.2.5 隧道衬砌渗漏水检测技术的研究内容 ········· 33

1.3 隧道衬砌空洞检测技术研究现状及问题 ········· 34
  1.3.1 隧道衬砌空洞病害现状 ········· 34
  1.3.2 隧道衬砌空洞探地雷达天线探测研究现状 ········· 36
  1.3.3 隧道衬砌空洞雷达检测技术的研究内容 ········· 39

1.4 本章小结 ········· 39

参考文献 ········· 39

2 隧道衬砌裂缝检测技术 ... 49

2.1 隧道衬砌裂缝机器视觉检测技术试验研究 ... 50
- 2.1.1 概述 ... 50
- 2.1.2 隧道衬砌裂缝机器视觉检测技术基本原理 ... 51
- 2.1.3 隧道衬砌裂缝机器视觉检测技术性能指标 ... 52
- 2.1.4 隧道衬砌裂缝机器视觉检测技术性能影响因素模型试验 ... 53
- 2.1.5 小结 ... 62

2.2 隧道衬砌裂缝机器视觉检测系统图像采集技术研究 ... 63
- 2.2.1 概述 ... 63
- 2.2.2 基于卷积滤波和梯度结构相似的隧道衬砌图像质量评价 ... 63
- 2.2.3 基于亮度相似和对比度相似的隧道衬砌裂缝无监督检测 ... 71
- 2.2.4 小结 ... 78

2.3 隧道衬砌裂缝图像自动识别及特征提取研究 ... 79
- 2.3.1 概述 ... 79
- 2.3.2 隧道衬砌图像处理基本运算 ... 81
- 2.3.3 基于图像局部网格特征的隧道衬砌裂缝自动识别 ... 90
- 2.3.4 隧道衬砌裂缝特征参数计算 ... 98
- 2.3.5 小结 ... 99

2.4 本章小结 ... 100
参考文献 ... 100

3 隧道渗漏水检测技术 ... 105

3.1 隧道渗漏水红外检测系统及辐射特征模拟试验研究 ... 106
- 3.1.1 概述 ... 106
- 3.1.2 隧道衬砌与围岩模拟试验 ... 106
- 3.1.3 渗漏水模拟试验结果与分析 ... 107
- 3.1.5 小结 ... 111

3.2 隧道渗漏水及其隐患的红外辐射特征影响因素室内试验研究 ... 111
- 3.2.1 概述 ... 111
- 3.2.2 室内试验方案 ... 112
- 3.2.3 隧道渗漏水红外辐射特征影响因素定量试验 ... 115

        3.2.4 渗漏水隐患红外辐射规律影响因素室内定量试验 …… 127
        3.2.5 渗漏水及其隐患的红外辐射特征传热学分析 ……… 136
        3.2.6 小结 …………………………………………………… 145
    3.3 渗漏水红外辐射特征修正规律及热图像识别研究 ………… 146
        3.3.1 概述 …………………………………………………… 146
        3.3.2 隧道渗漏水红外辐射特征影响因素关键指标 ……… 147
        3.3.3 渗漏水红外热图像分割 ……………………………… 153
        3.3.4 小结 …………………………………………………… 160
    3.4 本章小结 ……………………………………………………… 161
    参考文献 …………………………………………………………… 161

4 隧道空洞检测技术 ……………………………………………… 165
    4.1 概述 …………………………………………………………… 166
    4.2 探地雷达电磁波用于检测空洞的原理简介 ………………… 166
        4.2.1 地下媒质中电磁波的传播特性 ……………………… 166
        4.2.2 电磁波在分层媒质界面上的反射与透射 …………… 168
        4.2.3 地下媒质中异常体对电磁波的散射 ………………… 170
        4.2.4 雷达方程与探测距离 ………………………………… 171
        4.2.5 探地雷达的分辨率 …………………………………… 172
        4.2.6 雷达天线的基本参数 ………………………………… 173
    4.3 Vivaldi Ⅰ型天线的特性分析 ………………………………… 176
        4.3.1 天线的数值方法简介 ………………………………… 176
        4.3.2 Vivaldi Ⅰ型天线的辐射特性 ………………………… 177
        4.3.3 地层特性对 Vivaldi Ⅰ型天线辐射场的影响 ………… 181
        4.3.4 天线高度对天线辐射场的影响 ……………………… 188
    4.4 地下媒质中异常体对电磁波的散射研究 …………………… 192
        4.4.1 空洞对电磁波的散射 ………………………………… 192
        4.4.2 钢板对电磁波的散射 ………………………………… 193
        4.4.3 钢筋对电磁波的散射 ………………………………… 194
        4.4.4 多个异常体对电磁波的散射 ………………………… 196
    4.5 对 Vivaldi Ⅰ型天线的优化与改进技术研究 ………………… 198
        4.5.1 Vivaldi Ⅱ型天线(梳状天线) ………………………… 198
        4.5.2 Vivaldi Ⅲ型天线(电阻加载天线) …………………… 201
    4.6 本章小结 ……………………………………………………… 209

参考文献 ·· 209

中篇　病害影响分析及健康评估

5 带裂缝隧道衬砌结构稳定性及安全评估研究 ·· 213
5.1 概述 ·· 214
5.2 隧道衬砌裂缝稳定性分析方法 ··· 214
5.2.1 隧道衬砌裂缝病害成因分析 ·· 214
5.2.2 裂缝力学模型及扩展类型 ··· 216
5.2.3 裂缝尖端附近的应力场和位移场 ··· 217
5.2.4 混凝土裂缝扩展的断裂准则 ··· 219
5.2.5 应力强度因子及计算方法 ··· 220
5.2.6 隧道衬砌裂缝病害计算模型 ··· 222
5.2.7 隧道衬砌裂缝稳定系数 ··· 222
5.2.8 裂缝稳定性分析方法 ··· 223
5.3 裂缝对隧道衬砌结构稳定性影响的数值分析 ······························· 225
5.3.1 隧道衬砌结构有限元计算模型 ··· 225
5.3.2 数值计算参数及工况 ··· 226
5.3.3 隧道衬砌裂缝稳定性计算结果 ··· 227
5.3.4 计算结果讨论 ··· 238
5.4 渗水对隧道衬砌裂缝稳定性的影响分析 ······································· 238
5.4.1 孔隙水对裂缝应力强度因子的影响 ··· 238
5.4.2 渗水对裂缝稳定性影响的分析方法 ··· 241
5.4.3 渗水对裂缝稳定性影响的计算结果 ··· 244
5.4.4 计算结果讨论 ··· 252
5.5 带裂缝隧道衬砌结构安全评估 ··· 252
5.5.1 隧道安全等级定性划分标准 ··· 252
5.5.2 隧道衬砌裂缝安全等级判定标准 ··· 254
5.5.3 隧道衬砌裂缝安全评估方法 ··· 255
5.5.4 隧道衬砌裂缝安全评估标准 ··· 258
5.5.5 评估方法应用实例 ··· 260
5.6 本章小结 ·· 263
参考文献 ·· 264

6 隧道衬砌渗漏水病害分析与风险评价研究 · 267

- 6.1 概述 · 268
- 6.2 岩石公路隧道渗漏水病害成因分析 · 268
  - 6.2.1 成因研究思路 · 268
  - 6.2.2 事故树分析法 · 269
  - 6.2.3 隧道衬砌渗漏水病害的事故树分析 · 271
- 6.3 基于衬砌渗漏水的隧道渗流场分析 · 273
  - 6.3.1 隧道衬砌外水压力 · 273
  - 6.3.2 隧道渗流场有限差分模型 · 275
  - 6.3.3 分离式隧道渗流场计算结果分析 · 277
  - 6.3.4 连拱式隧道渗流场计算结果分析 · 282
  - 6.3.5 隧道渗流场计算结果小结 · 287
- 6.4 岩石隧道渗漏水病害风险评价分析 · 288
  - 6.4.1 隧道渗漏水风险评价指标 · 288
  - 6.4.2 隧道渗漏水风险评价指标权重确定 · 291
  - 6.4.3 隧道渗漏水结构风险评价模型 · 295
  - 6.4.4 隧道渗漏水病害风险综合评价案例分析 · 301
- 6.5 本章小结 · 306
- 参考文献 · 306

7 隧道衬砌背后空洞对衬砌结构影响研究 · 309

- 7.1 概述 · 310
- 7.2 山岭隧道衬砌背后空洞影响数值计算模型 · 310
  - 7.2.1 空洞大小影响分析 · 313
  - 7.2.2 空洞深度影响分析 · 318
  - 7.2.3 空洞位置影响分析 · 322
  - 7.2.4 隧道断面形式影响分析 · 329
  - 7.2.5 围岩级别影响分析 · 335
  - 7.2.6 围岩水平侧压力系数影响分析 · 341
- 7.3 多个空洞同时存在对衬砌结构的影响 · 347
  - 7.3.1 拱顶、拱腰同时存在空洞对隧道的影响 · 347
  - 7.3.2 拱顶、拱脚同时存在空洞对隧道的影响 · 350
  - 7.3.3 拱腰、拱脚同时存在空洞对隧道的影响 · 352
  - 7.3.4 两侧拱腰同时存在空洞对隧道的影响 · 354

        7.3.5　两侧拱脚同时存在空洞对隧道的影响 …………………………… 356
　　7.4　二次衬砌减薄对隧道的影响 ……………………………………………… 358
        7.4.1　衬砌减薄对二次结构内力的影响 ………………………………… 359
        7.4.2　衬砌减薄加拱顶空洞对二次衬砌结构内力的影响 …… 361
        7.4.3　落石冲击对二次衬砌的影响 ……………………………………… 364
　　7.5　衬砌及背后空洞影响指标的评估标准 ………………………………… 368
　　7.6　本章小结 …………………………………………………………………… 370
　　参考文献 ………………………………………………………………………… 371

8　山区公路隧道衬砌健康状态综合评估体系研究 ……………………… 373

　　8.1　概述 ………………………………………………………………………… 374
　　8.2　模糊理论概述 ……………………………………………………………… 374
        8.2.1　隧道健康状态的模糊综合评估原理 ……………………………… 375
        8.2.2　隧道健康状态模糊综合评估中的几个重要问题 …… 375
　　8.3　评估指标及评估体系的建立 …………………………………………… 377
        8.3.1　评估指标的选取原则 ………………………………………………… 377
        8.3.2　评估指标的选取 ……………………………………………………… 377
        8.3.3　公路隧道衬砌健康状态评估指标体系的建立 …… 384
　　8.4　公路隧道衬砌健康状态评估等级及标准 ……………………………… 385
        8.4.1　公路隧道衬砌健康状态总体等级的确定 …… 385
        8.4.2　衬砌裂缝的判定标准 ………………………………………………… 389
        8.4.3　渗漏水的判定标准 …………………………………………………… 393
        8.4.4　衬砌背后空洞的判定标准 …………………………………………… 396
        8.4.5　衬砌材质劣化的判定标准 …………………………………………… 397
        8.4.6　衬砌变形的判定标准 ………………………………………………… 400
        8.4.7　衬砌起层、剥落的判定标准 ………………………………………… 401
        8.4.8　评估指标权重的确定 ………………………………………………… 403
        8.4.9　隶属函数的确定 ……………………………………………………… 410
　　8.5　公路隧道衬砌健康状态的模糊综合评估模型 ………………………… 412
        8.5.1　确定评估区段 ………………………………………………………… 412
        8.5.2　一级模糊综合评估 …………………………………………………… 413
        8.5.3　二级模糊综合评估 …………………………………………………… 414
        8.5.4　衬砌健康状态量化标准 …………………………………………… 414
　　8.6　程序实现 …………………………………………………………………… 414

8.7　本章小结 ··· 418
参考文献 ··· 418

下篇　病害检测设备研发及工程应用

9　公路隧道病害检测集成设备及分析系统研发 ······················· 423
9.1　公路隧道病害检测集成设备研发 ······································· 424
 9.1.1　隧道衬砌裂缝机器视觉检测设备选型 ························· 424
 9.1.2　隧道渗漏水红外检测设备选型 ································· 434
 9.1.3　隧道空洞新型雷达的研发及性能测试 ························· 437
 9.1.4　隧道病害检测车检测系统集成 ································· 471

9.2　公路隧道病害分析系统研发 ··· 479
 9.2.1　隧道衬砌裂缝病害图像采集软件研发 ························· 479
 9.2.2　隧道衬砌裂缝识别系统研发 ···································· 483
 9.2.3　隧道红外图像识别系统研发 ···································· 488
 9.2.4　隧道空洞检测雷达数据采集和分析软件开发 ················ 497

9.3　本章小结 ··· 498
参考文献 ··· 499

10　隧道工程应用现场测试及结果分析 ································· 501
10.1　隧道现场概况 ··· 502
 10.1.1　测试工作概况 ··· 502
 10.1.2　隧道概况 ·· 502

10.2　CCD扫描检测衬砌裂缝试验 ·· 502
 10.2.1　裂缝检测原理 ··· 502
 10.2.2　检测设备 ·· 503
 10.2.3　采集软件及镜头设置 ·· 504
 10.2.4　测线布置与现场测试 ·· 505

10.3　红外摄像检测衬砌渗漏水试验 ··· 513
 10.3.1　检测原理 ·· 513
 10.3.2　检测设备及数据采集软件 ······································· 513
 10.3.3　测线布置与数据分析 ·· 514

10.4　探地雷达检测壁后缺陷试验 ·· 518
 10.4.1　探地雷达检测原理 ··· 518

10.4.2 现场检测设备 ………………………………………… 519
   10.4.3 数据采集软件 ………………………………………… 519
   10.4.4 测线布置与数据解释 …………………………………… 519
  10.5 本章小结 ……………………………………………………… 522

附录 探地雷达图像 …………………………………………………… 523
  附录1.1 凉水沟一号隧道左幅探地雷达图像 ………………………… 524
  附录1.2 凉水沟二号隧道左幅探地雷达图像 ………………………… 526
  附录1.3 金竹坪隧道左幅探地雷达图像 ……………………………… 529
  附录1.4 河岩脚隧道左幅探地雷达图像 ……………………………… 531

索引 …………………………………………………………………… 534

上篇

隧道病害检测原理及方法

1 绪论

隧道是公路、铁路等遇到岩土体或水时修筑的穿过山体或水底的内部通道,是交通运输的生命线工程。我国是一个多山国家,75%左右的国土是山地或丘陵,为改善公路、铁路的路线线形或缩短里程,隧道方案越来越受到重视,隧道里程总数占路线总里程的比例亦越来越高。例如,云南元磨高速公路共有隧道22座,其里程总数约占路线总里程的20%;贵州崇遵高速公路共有隧道17座,其里程总数约占线路总里程的18%;重庆地区的部分线路隧道里程总数占线路总里程比例高达70%。特别是近几年来,随着国家加强对基础设施建设的投入,我国交通建设事业取得了迅猛发展,隧道工程建设与科研也都取得了长足的进步与发展。根据交通运输部的统计数据,截止到2016年年底,我国已建成公路隧道15 181处,总长度达14 039.7 km,比2015年年末增加1 175处、1 355.8 km,其中特长隧道815处、3 622.7 km,长隧道3 520处、6 045.5 km[1]。截止到2015年年底,我国在建铁路隧道3 784处,总长8 692 km;运营铁路隧道13 411处,总长13 038 km[2]。从隧道的数量、规模和建设速度来看,我国已成为世界上隧道工程最多、最复杂、发展最快的国家[3,4]。已建成的这些隧道在缩短行车距离、提高车速、改进路线线形、提高舒适度、降低交通事故发生率等方面起到了积极作用,取得了良好的经济效益和社会效益。

我国隧道建设取得了长足的进步和发展,然而,由于隧道是修建在地下岩土介质中的半隐蔽工程,而且我国隧道是在不同时期、不同地质条件和不同技术水平下修建的,经过多年运营,许多隧道已出现多种病害。这些病害主要包括变形侵限、裂缝、渗漏水、错台、掉块、坍塌、基底翻浆冒泥、下沉、底鼓、衬砌背后空洞等,给隧道运营安全造成了一定威胁。上述病害中,裂缝、渗漏水以及衬砌背后空洞最为常见,故作为本书的研究重点。

1.1 隧道衬砌裂缝检测技术研究现状及问题

1.1.1 隧道衬砌裂缝病害现状

衬砌裂缝是隧道最常见也是最严重的病害之一,并且是其他病害如渗漏水、掉块、坍塌等的直接或间接原因[5-12]。

我国铁道部工务局及基建总局在1972年对全国1930—1970年间建造的94座隧道的衬砌病害进行了调查分析,调查结果表明约有93.2%的隧道出现衬砌开裂,有裂缝隧道长度占隧道总长的19.2%[13]。我国铁路部门在1995年对4 855座铁路隧道衬砌病害调查发现,衬砌出现裂缝和净空不足侵限的隧道有2 546座,占52.4%,其中严重开裂的达677座,占13.9%[14]。截止到2007年年底,我国公路隧道出现病害的有4 673座,总里程约2 560 km,通过初步调查,其主要病害形式为衬砌裂缝、渗漏水等,这些病害为隧道的后期运营带来了安全隐患[15]。邻国日本,截止到1990年年底,其已建成通车的公路隧道达6 705座,大约有60%的隧道出现了病害,而且有24%的隧道遭受到了不同病害的恶化影响,其中以衬砌开裂最为常见[16]。日本铁路部门在1993年对3 800座铁路隧道做了调查,其中约2 100座出现不同类型的病害,包括裂缝、渗漏水等,占调查总数的65%[17,18]。

本书对浙江省公路隧道衬砌裂缝病害进行了现场调查,选取了浙江省内典型地形地貌下的5条高速公路:甬金高速公路、黄衢南高速公路、金丽温高速公路、丽龙高速公路和龙丽高速公路,总共19座隧道,现场调查时间从2010年8月16日至2010年12月31日,共计3次,历时半年。裂缝病害的检测内容主要包括裂缝的宽度、长度、走向、位置和分布密度,其中宽度的测量主要采用数显式裂缝观测仪,其基本原理是采用现代电子成像技术,将被测结构裂缝原貌成像于主机显示屏上,通过屏幕上高精准激光刻度尺,读出可靠的裂缝宽度数据。图1-1是隧道衬砌病害调查现场,详细调查情况见表1-1。

图1-1 隧道衬砌病害调查现场

表1-2是浙江省公路隧道衬砌裂缝病害调查的统计表。总结裂缝病害调查结果,发现裂缝病害呈现如下特点:①连拱隧道中隔墙部位环向裂缝较多;②裂缝的出现部位以拱腰处最多,达65.1%;③裂缝的走向以环向最多,达55.3%;④裂缝的宽度范围以$W \leqslant 1$ mm最多,达90.1%;⑤裂缝的长度范围以$L \leqslant 5$ m最多,达79.8%。

隧道衬砌出现裂缝后会破坏隧道衬砌结构的稳定性,降低衬砌结构的安全可靠性,影响隧道的正常使用,甚至危及行车安全,其主要危害包括如下几方面[19]:

（1）降低衬砌结构对围岩的承载能力;

（2）裂缝过大会导致衬砌掉块,影响行车和行人安全;

（3）裂缝部位会出现渗漏水,造成洞内设施锈蚀,道床翻浆,严寒和寒冷地区甚至会出现冻害;

（4）在运营条件下对衬砌裂缝进行大修整治,施工与交通运输会互相干扰,造成费用增加。

表 1-1　浙江省公路隧道病害调查统计

路线名称	所属管理处	隧道名称	上/下行	隧道长度/m	结构形式	建成时间	检测时间	养护公司
甬金高速	杭金衢公司甬金管理处	岩坑尖3号隧道左洞	下行	1 492	分离式	2007-05	2010-08-16/12-28	顺畅养护
黄衢南高速	杭金衢公司衢南管理处	高陇口隧道	上/下行	365/367	分离式	2008-12	2010-08-17—19	顺畅养护
		阳排尖隧道	上/下行	2 835/2 845	分离式	2008-12	2010-08-17—19	顺畅养护
		大岭山隧道	上/下行	180	分离式	2008-12	2010-08-19	顺畅养护
金丽温高速	金丽温公司金华管理处	黄坞垄隧道	上/下行	590/565	分离式	2001-12	2010-08-31	顺畅养护
		白阳山隧道	上/下行	488/476.5	分离式	2001-12	2010-08-31	顺畅养护
		古塘隧道	上/下行	185	连拱式	2002-12	2010-09-01/12-29	顺畅养护
		水坑隧道	上/下行	386.5	分离式	2001-12	2010-12-29	顺畅养护
		双港桥隧道	上/下行	200	连拱式	2002-12	2010-09-02	顺畅养护
		太平港1号隧道	上行	395	连拱式	2002-12	2010-09-02	顺畅养护
		太平港3号隧道	下行	445	连拱式	2002-12	2010-09-02	顺畅养护
	金丽温公司丽水管理处	田里3号隧道	上/下行	388	连拱式	2002-12	2010-09-02	顺畅养护
		雅溪明洞隧道	上/下行	230	连拱式	2005-12	2010-09-03	顺畅养护
		桐岭岗1号隧道	上/下行	235	连拱式	2005-12	2010-09-03	顺畅养护
		桐岭岗2号隧道	上/下行	130	连拱式	2005-12	2010-09-03	顺畅养护
		俞庄隧道	上/下行	367	连拱式	2005-12	2010-09-03	顺畅养护
丽龙高速	金丽温公司龙管理处	严山岭隧道	上行	2285	分离式	2006	2010-12-30	交工养护
		东田隧道	上行	1 247	分离式	2006	2010-12-31	交工养护
龙丽高速	金丽温公司龙丽管理处	溪田隧道	下行	2 297	分离式	2003	2010-12-31	交工养护

表1-2 浙江省公路隧道衬砌裂缝调查统计

路线名称	所属管理处	隧道名称	上/下行	隧道长度/m	结构形式	部位			走向			宽度W/mm			长度L/m		
						拱顶	拱腰	边墙	纵向	环向	斜向	W≤1	1<W≤3	W>3	L≤5	5<L≤10	L>10
甬金高速	杭金甬公司甬金管理处	岩坑尖3号隧道	下行	1492	分离式	5	17	5	6	16	5	25	2	0	25	2	0
黄衢南高速	杭金衢公司衢南管理处	高陀口隧道	上行	365	分离式	10	18	2	10	16	4	28	2	0	23	7	0
			下行	367	分离式	11	16	4	8	21	2	28	3	0	26	5	0
		阳排尖隧道	上行	2835	分离式	8	40	5	14	29	10	47	6	0	45	8	0
			下行	2845	分离式	10	39	8	16	29	12	48	9	0	49	8	0
		大岭山隧道	上行	180	分离式	2	13	1	3	11	2	16	8	0	12	4	0
			下行			2	11	0	2	6	5	13	15	0	11	2	0
		黄均垒隧道	下行	590	分离式	19	54	4	29	40	8	69	0	0	50	19	8
		白阳山隧道	上行	565	分离式	39	36	5	38	32	10	65	9	0	46	29	5
			下行	488	分离式	25	28	3	24	24	8	56	1	0	26	30	0
金丽温高速	金丽温公司金华管理处	古塘隧道	上行	476.5	分离式	26	45	5	29	38	9	67	0	0	38	38	0
			下行	185	连拱式	8	11	2	3	16	2	20	9	0	19	2	0
		水坑隧道	上行		分离式	13	32	2	2	41	4	47	0	0	22	4	0
			下行	386.5	分离式	15	20	3	5	28	5	30	3	0	35	3	0
		双港桥隧道	上行	200	连拱式	17	25	4	7	33	6	39	1	0	40	6	0
金丽温高速	金丽温公司丽水管理处		下行			3	16	4	3	9	11	15	8	0	21	2	0
		太平港1号隧道	上行	395	连拱式	8	17	6	8	14	9	26	5	0	28	3	0
			下行			12	26	1	12	22	5	37	2	0	32	7	0

续表

路线名称	所属管理处	隧道名称	上/下行	隧道长度/m	结构形式	部位 拱顶	部位 拱腰	部位 边墙	走向 纵向	走向 环向	走向 斜向	宽度 W/mm W≤1	宽度 1<W≤3	宽度 W>3	长度 L/m L≤5	长度 5<L≤10	长度 L>10
金丽温高速	金丽温公司丽水管理处	太平港3号隧道	下行	445	连拱式	20	70	5	19	57	19	87	8	0	78	17	0
		田里3号隧道	上行	388	连拱式	8	26	1	8	21	6	27	8	0	30	5	0
			下行			17	53	5	13	45	17	50	25	0	67	8	0
		雅溪明洞隧道	上行	230	连拱式	7	22	3	12	15	5	32	0	0	32	0	0
			下行			10	20	4	12	18	4	34	0	0	34	0	0
		桐岭岗1号隧道	上行	235	连拱式	5	26	8	3	25	11	39	0	0	34	5	0
			下行			10	35	2	4	33	10	43	4	0	37	10	0
		桐岭岗2号隧道	上行	130	连拱式	2	11	1	3	9	2	14	0	0	11	3	0
			下行			2	10	0	2	5	5	12	0	0	10	2	0
		俞庄隧道	上行	367	连拱式	4	24	2	6	8	16	30	0	0	27	3	0
			下行			14	15	3	19	8	5	32	5	0	25	7	0
丽龙高速	金丽温公司丽水管理处	严山岭隧道	上行	2 285	分离式	6	37	5	12	26	10	43	5	0	40	8	0
龙丽高速	金丽温公司龙丽管理处	东田隧道	下行	1 247	分离式	3	15	5	4	14	5	23	0	0	21	2	0
		溪田隧道	下行	2 297	分离式	7	36	8	14	25	12	44	7	0	45	6	0
合计						348	864	116	350	734	244	1 197	131	0	1 060	255	13
比例/%						26.2	65.1	8.7	26.4	55.3	18.3	90.1	9.9	0.0	79.8	19.2	1.0

注：表中部位、走向、宽度、长度列中的数据表示裂缝的个数。

为了评价隧道衬砌出现裂缝病害后的稳定性,我国《公路隧道养护技术规范》(JTG H12—2003)[20]规定应定期对隧道衬砌裂缝病害进行检查和测量,以掌握裂缝的病害形态及其开裂程度,为隧道衬砌结构安全评估和病害治理提供依据。

1.1.2 隧道衬砌裂缝自动检测技术研究现状

传统的隧道衬砌裂缝检测方法主要以手工测量为主,此类方法存在效率低、危险程度高、主观性强、费时、费力等缺点,不利于对隧道衬砌结构的安全性进行客观评估。鉴于此,自动快速检测技术越来越受到研究人员的重视,目前在工业领域已得到成功应用,在道路路面、桥梁结构、地下管道等土木工程病害检测中也有成功应用。隧道衬砌裂缝自动检测技术主要采用各种形式的传感器探测到隧道衬砌影像图,通过图像处理完成对病害的检测和分类。根据传感器类型的不同,隧道衬砌裂缝自动检测技术可以分为两类:基于摄像测量的自动检测技术和基于激光扫描的自动检测技术。

1. 基于摄像测量的自动检测技术

摄像测量[21]是以透视几何理论为基础,利用拍摄的图像来计算出三维空间中被测物体几何参数的一种测量手段。拍摄得到的图像是空间物体通过成像系统在像平面上的反映,即空间物体在像平面上的投影。图像上每一个像素点的灰度反映了空间物体表面某点反射光的强度,而该点在图像上的位置则与空间物体表面对应点的几何位置有关。这些位置的相互关系,由摄像机成像系统的几何投影模型所决定。摄像测量基于数字影像与摄影测量的基本原理,通过摄像手段(CCD或CMOS图像传感器)确定目标的外形和运动状态,可以瞬间获取被测物体的大量物理和几何信息,是一种基于数字信息和数字影像技术及自动控制手段的非接触式快速测量方法。

基于摄像测量的隧道衬砌裂缝自动检测技术主要采用CCD工业相机(线阵或面阵)对隧道衬砌表面进行连续扫描,得到隧道衬砌表面影像图,再采用图像处理及识别算法提取出裂缝病害信息。这方面比较典型的研究机构如下。

1)韩国汉阳大学

韩国汉阳大学机械工程系开发了应用于隧道衬砌裂缝病害检测的移动式机器人系统[22],机器人系统携带线扫描CCD工业相机(4 096 pixel/line)、减振器、编码器和特定光源等设备,以5 km/h的行走速度对隧道衬砌进行扫描,图1-2

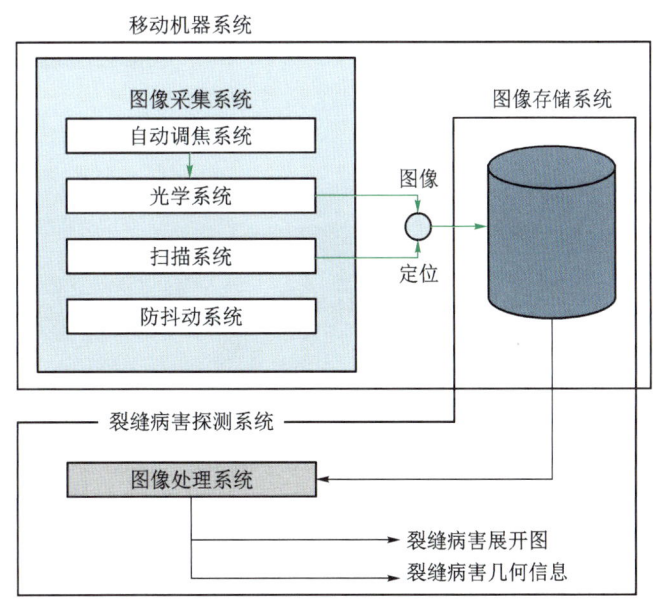

图1-2 韩国汉阳大学隧道病害机器人检测系统

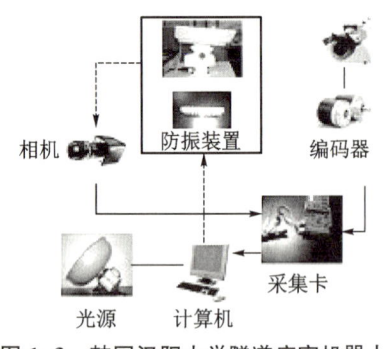

图 1-3 韩国汉阳大学隧道病害机器人检测系统硬件配置

和图 1-3 分别是该检测系统的组成部分和硬件配置示意图。该检测系统采用的图像分析算法主要是：首先对图像进行直方图均衡化，以增强图像的对比度，应用 Sobel 和 Laplacian 检测算子识别裂缝边缘，再应用 Gaussian 滤波器降噪，通过设定的阈值识别裂缝，最后应用图搜索算法提取裂缝。该系统可检测裂缝的宽度、长度和走向等参数，由于采用的只是通用的图像处理方法，未考虑裂缝的几何形态，裂缝的识别准确度不高，在自动处理情况下，识别差错率达 75%～85%，识别出的裂缝参数计算错误率为 10%。

2) 日本铁道综合技术研究院

日本铁道综合技术研究院开发了车载隧道病害扫描检测系统[23]，主要由线扫描工业相机（5 000 pixel/line）、高能金属卤化物光源和可编程自动调焦系统组成，检测速度为 13～25 km/h，图像的分辨率为 0.5～1.0 mm/pixel，图 1-4 和图 1-5 分别是公路隧道和铁路隧道上所采用的快速检测系统示意图。该系统采用的图像分析方法主要是：先对图像进行中值滤波和直方图归一化处理，并进行阴影修正，随后应用动态阈值方法进行图像二值化处理，再应用膨胀和腐蚀等数学形态学运算方法去除孤立点，最后提取出连续裂缝。该系统由于分辨率不高以及识别算法未考虑裂缝的几何形态，因此检测到的裂缝最小宽度数值偏大。

图 1-4 日本铁道综合技术研究院公路隧道病害检测系统

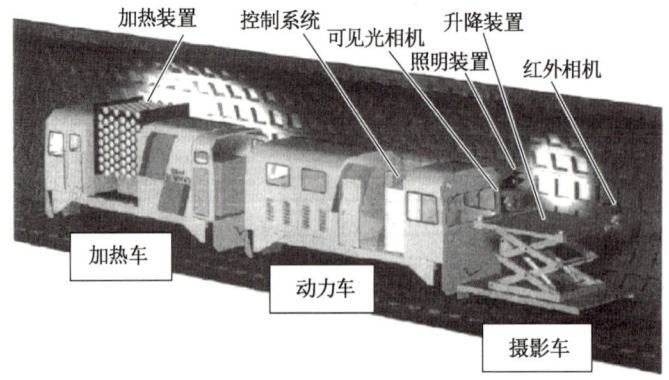

图 1-5 日本铁道综合技术研究院铁路隧道病害检测系统

3) 日本信号处理系统实验室

日本信号处理系统实验室开发了隧道衬砌病害图像连续扫描检测系统[24,25]，如图1-6所示。该检测系统的关键设备是车载线扫描相机，检测车行车速度为10～30 km/h，系统采集的图像光学分辨率为0.5～1.0 mm/pixel。该检测系统同样存在图像分辨率低、裂缝识别准确率不高的问题。

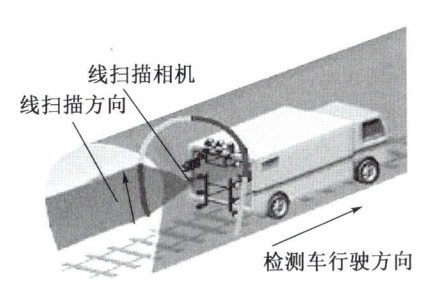 

图1-6 日本信号处理系统实验室隧道衬砌病害图像连续扫描检测系统示意图　　图1-7 日本检查测量株式会社隧道衬砌裂缝病害检测系统

4) 日本检查测量株式会社

日本检查测量株式会社开发了市场化的隧道衬砌裂缝病害快速无损检测系统[26]，如图1-7所示。

图1-8和图1-9分别是日本检查测量株式会社隧道衬砌裂缝病害检测系统组成和检测扫描示意图，该检测系统由数台CCD相机组成，图像的光学分辨率为0.3 mm/pixel，已开发出相应的商业分析软件CrackDraw21。该检测系统的不足之处就是不能实现裂缝图像的完全自动识别，需要计算机识别和人工修正相结合，且人工修正工作量较大。

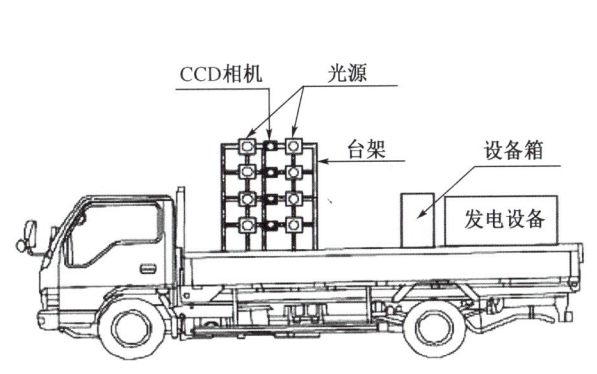 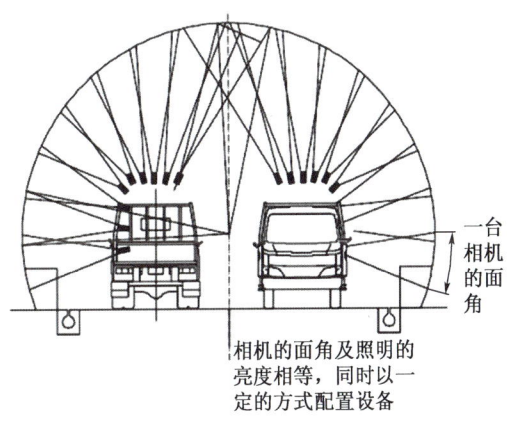

图1-8 日本检查测量株式会社隧道衬砌裂缝病害检测系统组成　　图1-9 日本检查测量株式会社隧道衬砌裂缝病害检测系统扫描示意图

5）日本东亚大学和西南学院

日本东亚大学和西南学院研究人员开发了隧道病害移动式机器人自动检测系统[27]，如图1-10所示。该检测系统配置了24个超声波传感器和6台摄像机，系统还处在进一步的研究开发和试验中。

基于摄像测量的隧道衬砌裂缝自动检测技术的优点是由于采用的工业相机分辨率很高，特别是采用线阵CCD相机时，分辨率更高，通常可以检测出宽度在0.3 mm以下的裂缝；不足之处是需要特定的光源，光源系统的好坏直接决定图像的采集质量，从而决定图像识别算法的效果。另外，大多数算法还不能实现裂缝病害的完全自动识别，需要和人工修正相结合，且人工修正工作量较大。

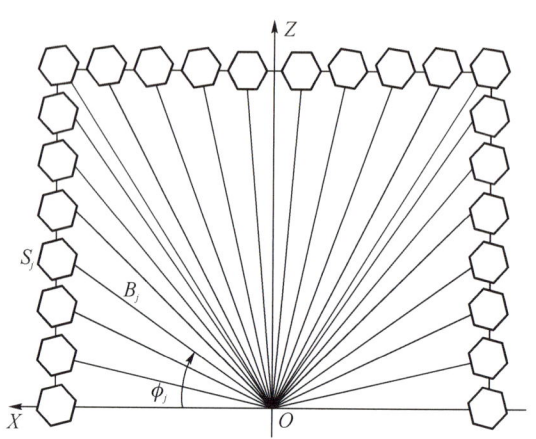

图1-10 日本东亚大学和西南学院隧道病害检测系统示意图

2. 基于激光扫描的自动检测技术

激光扫描[28,29]测量技术是一项迅速发展起来的高新技术，许多发达国家已将这一先进技术应用于对地观测系统和快速获取特定目标的立体模型中。激光扫描测量技术的工作原理是通过激光扫描器和距离传感器来获取被测目标的表面形态。激光扫描器一般由激光脉冲发射器、接收器、时间计数器和图像传感器等组成，激光脉冲发射器周期性地驱动一个激光二极管发射激光脉冲，然后由接收透镜接收目标表面后向反射信号，产生接收信号，利用稳定的石英时钟对发射与接收时间差作计数，经由微电脑对测量资料进行微处理、显示或存储，输出距离、角度等信息，并与距离传感器获取的数据相匹配，最后经过相应软件进行一系列处理，获取目标表面的三维坐标数据，从而进行各种量算或建立立体模型。激光扫描技术的工作过程实际上是一个不断重复的数据采集和处理过程，通过具有一定分辨率的空间点所组成的点云图来表达系统对目标物体表面的采样结果。每扫描一个云点后，图像传感器将云点信息转换成数字电信号并直接传送给计算机系统进行计算，进而得到被测点的三维坐标数据，并形成视频图像，它具有精度高、测量范围大、检测时间短、非接触式等优点，常用于测量目标物体的长度、位移、速度、振动、外形等参数，以及区域监测、建筑保护、车辆分类、自动导航等。

基于激光扫描的隧道衬砌裂缝自动检测技术主要采用激光扫描器对隧道衬砌表面进行连续扫描，从而得到隧道衬砌表面影像图。国外发达国家在这方面做的研究比较多，有的公司已开发出商业化的检测系统，典型的检测系统如下。

1）GRP 5000检测系统

GRP 5000是由瑞士AMBERG技术公司开发的隧道病害快速检测系统[29]，如图1-11和图1-12所示。

图 1-11　瑞士 AMBERG 技术公司　　图 1-12　瑞士 AMBERG 技术公司 GRP 5000
　　　　GRP 5000 检测系统　　　　　　　　　　　检测系统扫描示意图

GRP 5000 检测系统采用激光扫描仪对隧道进行全方位检测,可得到高清影像图,可标注隧道病害并自动计算裂缝长度和渗水面积等参数,可将结果输入 Excel 软件进行图形报表分析。当小车在轨道上行走时,高速旋转的激光扫描仪发射的激光以螺旋线的形式对隧道表面进行全断面扫描,通过发射和接收激光信号(强度和相位差),可以获得隧道衬砌的表面影像图以及隧道衬砌表面各点距轨道中心线的距离。扫描仪每秒获取高达 50 万个测点的断面数据,每个测点的断面数据包含该位置的反射率和几何尺寸信息(角度和距离),上述测量结果构成隧道衬砌表面状态评估的基础资料。可在 TunnelMap 软件里建立隧道衬砌的数字化模型,其中最重要的内容是隧道衬砌表面的数字化展开图。为便于观察和输入信息,可将隧道沿拱顶中心展开,只需输入表面上某一点或对象的里程以及其在展开图中距拱顶中心的距离,便可定义其位置。另外,还可将隧道按区间进行划分,便于进行管理和统计等,如盾构隧道可直接将每个环片定义为一个区间,分别进行管理。TunnelMap 还可充当隧道病害采集和状态评价系统,用于观察和收集已有隧道的数据,分类标注各种病害,比如裂缝和渗水区域等。展开图具有坐标信息,可自动计算并统计裂缝长度和渗水面积等病害的几何尺寸,这些数字化的信息和数据可作为隧道状态评估的依据。

2) SPACETEC TS3 检测系统

SPACETEC TS3 是由德国 SPACETEC 公司研发的隧道病害自动扫描检测系统[30],如图 1-13 和图 1-14 所示。该检测系统可安装在任何检测车上,能对隧道进行全方位扫描检测,扫描频率为 300 Hz,图像分辨率为 5 mm,可检测到隧道衬砌渗水的面积大小和宽度为 0.3 mm 的裂缝及其位置。

4) ATLAS 70 检测系统

ATLAS 70 是由法国 HGH 红外系统公司研制的多传感器隧道病害自动检测系统[31],如图 1-15 和图 1-16 所示。该系统分别配置了激光扫描传感器、红外扫描传感器、测距仪和计程仪等设备,可进行隧道裂缝和渗水的全方位检测。该检测系统的扫描频率为 280 Hz,图像分辨率为 5 mm,可检测出的最小裂缝宽度为 0.3 mm。

图1-13 SPACETEC TS3检测系统

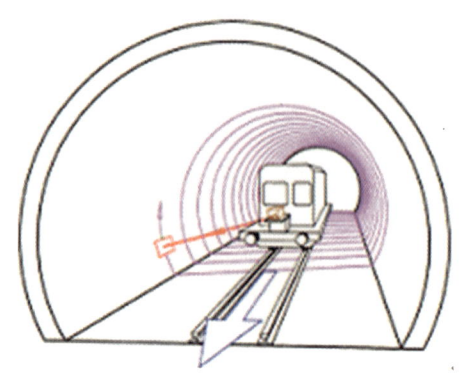

图1-14 SPACETEC TS3检测系统扫描示意图

图1-15 ATLAS 70检测系统

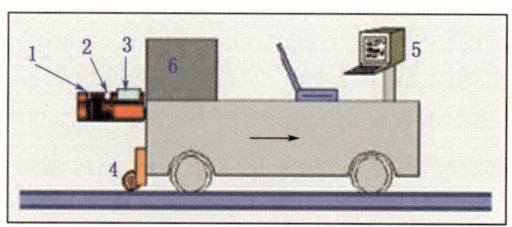

图1-16 ATLAS 70检测系统组成

图1-16中ATLAS 70多传感器检测系统的组成部分分别是:"1"为激光扫描器,"2"为红外扫描器,"3"为测距仪,"4"为编码器,"5"为控制平台,"6"为设备箱。

基于激光扫描的隧道衬砌裂缝自动检测技术的优点是不需要特定光源,图像质量较好;不足之处是图像分辨率不高,如 AMBERG 技术公司的 GRP 5000 检测系统采集到的图像分辨率为 5 mm,想要检测出细微的裂缝难度较大,而且不能对裂缝病害进行自动识别。另外,大多数激光扫描检测技术主要是提供一个隧道病害的数字化管理平台,病害的识别主要根据检测人员的经验来确定,主观性较强。

3. 其他结构物裂缝病害自动检测技术

1) 道路裂缝自动检测技术

美国得克萨斯大学奥斯汀分校交通运输研究中心开发了应用于道路的自动检测系统[32],如图 1-17 所示。该检测系统由特定检测车、LED 光源、DalsaPiranha2 线扫描相机(2 048 pixel/line)组成,路面扫描宽度为 3.05 m,图像分辨率为 1.488 mm/pixel,行车速度在 5~112 km/h,裂缝的最小检测宽度为 2 mm。采用的图像处理算法是:首先把原图像划分为 8 pixel×8 pixel 的网格区域,识别出网格区域中可能的裂缝种子像素,并应用事先假定的模型进行验证后,再将验证后的裂缝种子像素连接起来形成连续裂缝。通过采集比较 100 幅道路路面图像,得出该方法与人工视觉判别之间的相关系数,对于纵向裂缝为 0.91,横向裂缝为 0.96,准确度较高。

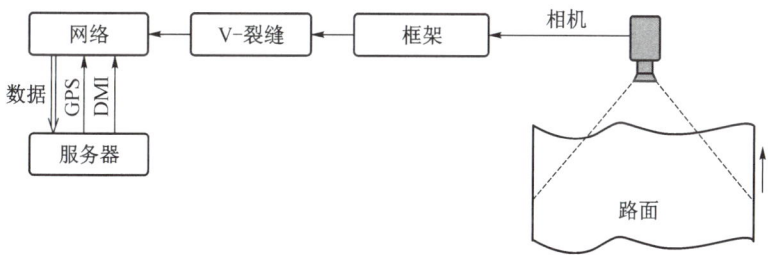

图 1-17　美国得克萨斯大学交通研究中心道路病害自动检测系统

我国交通运输部公路科学研究院研发了公路路况快速检测系统(CiCS)[33],该系统由检测车(图 1-18)和路面损坏自动识别系统(图 1-19)组成。

该检测系统是交通运输部组织研究和推广应用"国省干线及高速公路路面管理系统(CPMS)"的配套路面快速检测装备之一,是交通运输部公路科学研究院公路养护管理研究中心研发的我国第一套具有完全自主知识产权和世界先进技术水平的多指标(路面损坏、道路平整度、前方图像、路面车辙和路面纹理深度)路况快速检测装备,目前已经在河北、北京、浙江等地的高速公路和城市道路路况检测中发挥作用。

图 1-18　我国交通运输部公路科学研究院公路路况快速检测系统检测车

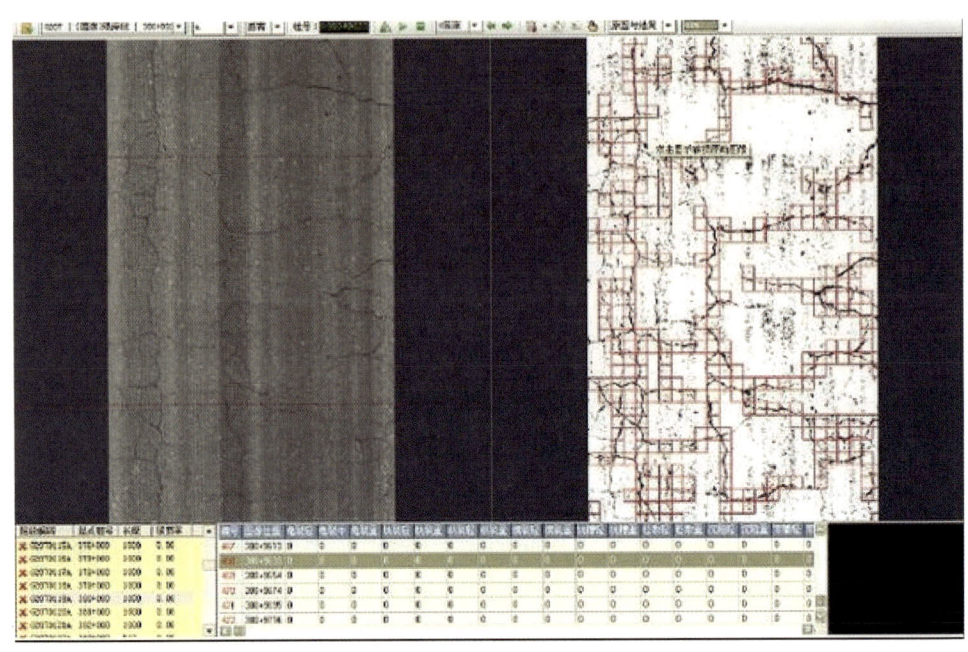

图 1-19　我国交通运输部公路科学研究院路面损坏自动识别系统

2）桥梁裂缝自动检测技术

韩国汉阳大学电气工程与计算机科学部、建筑结构与运输工程部研发了应用于桥梁裂缝病害的自动检测系统[34]，如图 1-20 和图 1-21 所示。

该检测系统由特定检测车、机器人控制系统、机器视觉检测系统、激光传感器、回转仪、面扫描相机（640 pixel×480 pixel）等组成，图像分辨率为 0.15 mm/pixel，裂缝的最小检测宽度为 0.2 mm。采用的图像处理算法是：首先应用中值滤波对图像进行平滑处理，随后去除噪声，应用数学形态学运算得到候选裂缝，最后应用裂缝追踪算法将候选裂缝连接起来，同时计算裂缝的宽度和长度等参数。该检测系统采用自动处理与人工判别相结合的方法，可得到裂缝影像全景展开图。由于图像对比度高，裂缝识别的准确率也相对较高，达 94.1%，裂缝宽度的计算准确率达 96.7%。

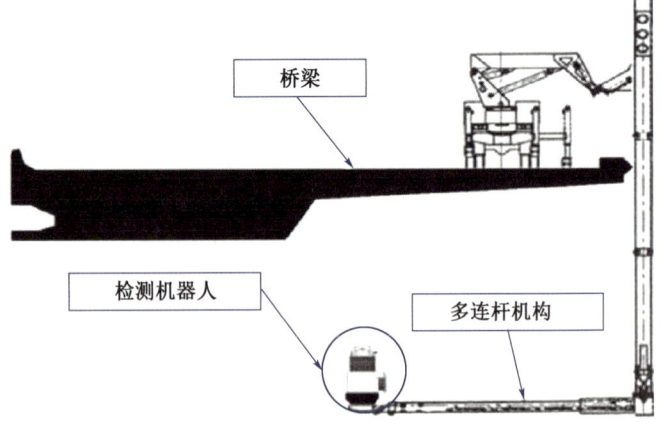

图 1-20　韩国汉阳大学桥梁裂缝病害自动检测系统示意图

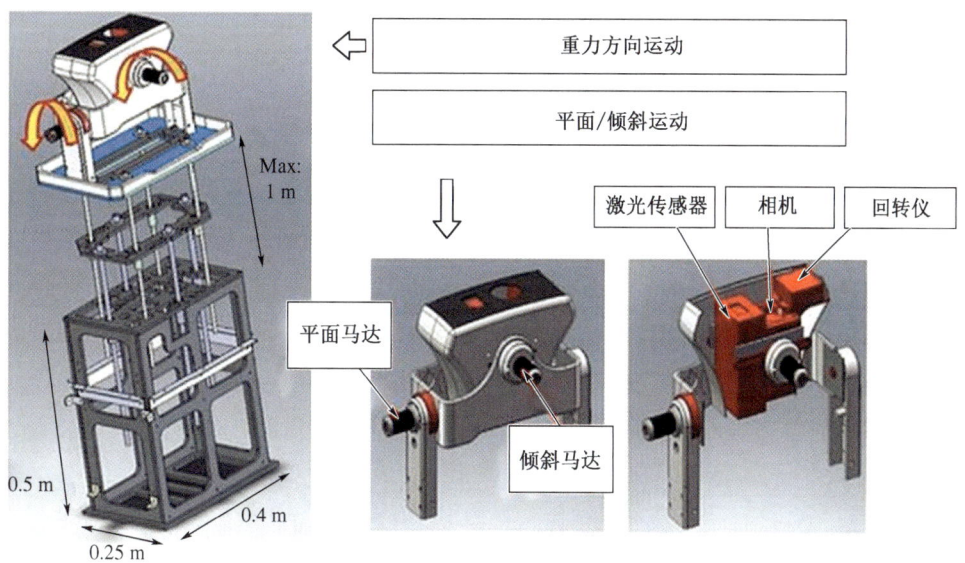

图 1-21 韩国汉阳大学桥梁病害自动检测系统组成

除此之外,我国"台湾中央大学"机械工程系的研究人员也开发了应用于桥梁裂缝病害的自动检测系统[35],如图 1-22 所示,该系统的主要部件是 CCD 图像传感器。

图 1-22 我国"台湾中央大学"桥梁病害自动检测系统

3) 电缆隧道裂缝自动检测技术

在电缆隧道裂缝病害的检测研究方面,我国上海交通大学机械振动国家重点实验室的研究人员开发了移动式机器人自动检测系统[36]。另外,在地下管道裂缝病害检测方面,研究人员应用闭路电视(Closed Circuit Televison，CCTV)或下水道扫描评价技术(Sewer Scanner Evaluation Technology，SSET)进行自动检测，做了大量研究工作[37-41]。

1.1.3 隧道衬砌裂缝图像识别方法研究现状

在通过隧道衬砌裂缝系统自动检测获得了裂缝图像之后，裂缝图像自动识别和特征提取算法就成为机器视觉检测系统的核心部分，而混凝土裂缝的图像自动识别是一个难点，主要因为采集的图像对比度不高，图像中含有大量噪声，比如混凝土剥落、渗水、伸缩缝、各种管线等，而且裂缝的几何形状不规则、随机性强，特别是在隧道环境下，由于光源强度不够，得到的图像质量更差，裂缝识别就更为困难，因此混凝土裂缝的图像自动识别研究一直是机器视觉系统算法分析中的一个热点和难点。国内外研究人员在这方面做了大量研究，具体方法可分为以下几类。

对图像进行预处理再进行阈值分割的裂缝识别方法[42-45]是综合应用各种方法进行处理的方法，通常包括若干次图像预处理和图像处理来提取裂缝的病害特征信息。Fujita技术[42,43]就属于这种方法，该方法包括两次图像预处理和一次图像阈值分割处理，具体计算过程是：首先对图像进行中值滤波处理，再将滤波后的图像与原图像相减，以消去图像中的阴影，随后应用Hessian矩阵运算以增强图像中的裂缝等线状物体，最后采用阈值分割技术分割图像，从而提取出裂缝病害信息。Fujita技术对于部分裂缝提取能得到较好的效果，特别适用于消除图像中的阴影。由于在实际运用中需要根据图像预先设定中值滤波和Hessian矩阵的参数，不同的参数会得到不同的裂缝提取结果，而且采用的阈值分割主要适用于对比度较高的图像，图像的直方图若具有明显的双峰单谷特征则会得到较好的效果，但实际的混凝土图像大多不具备此特征。因此，以Fujita技术为代表的此类算法难以取得很好的裂缝识别和特征提取效果。

基于形态学的裂缝识别方法[46-49]是以数学形态学运算为基础的方法，具体分析过程分三步：首先，对图像进行预处理以提高图像的对比度，使裂缝区域能够从背景区域中凸显出来；然后，进行数学形态学运算处理，包括各种腐蚀、膨胀、开运算、闭运算等操作，同时运用拉普拉斯滤波对噪声进行降噪处理，再采用阈值分割技术将裂缝从背景图像中分离出来；最后，采用具有线性结构元素的滤波器对图像进行处理，剔除图像中的斑点，从而提取出裂缝病害信息。数学形态学运算对部分图像能取得较好的识别效果，特别适用于区分裂缝和空洞、混凝土剥落等，但会遗漏掉一些微小的裂缝，而且对于裂缝宽度等参数的计算准确率较低。另外，结构元素的大小和方向是决定该方法性能的两个主要参数，不同的结构元素大小和方向会得到不同的识别结果，如果裂缝较密集，甚至会出现错误的识别结果。

T. Yamaguchi和S. Hashimoto[50-52]基于流体渗透模型，利用终止-跳过程序以减少计算时间，提出了适用于混凝土图像的裂缝识别方法。该方法基于两个假定：裂缝与周围的背景相比是细长的；裂缝的灰度值小于周围背景的灰度值。该方法充分考虑了裂缝的几何形态，这一点与常规方法仅考虑裂缝的灰度是不一样的。渗透方法是一种局部图像处理，如果局部窗口中的中心像素属于裂缝区域,渗透区域将会呈线状扩展;相反,如果该像素属于背景区域,渗透区域将会向多方向(面状)扩展。渗透识别方法可应用于细微裂缝的提取,但如果图像中有其他细长的物体,比如伸缩缝、电线等,该方法很难将其区分开来,另外该方法采用的渗透算法,对于大幅混凝土图像的裂缝识别将需要较多的计算处理时间。

S. N. Yu等[22]对隧道衬砌图像进行均衡化处理后,通过Sobel和Laplacian检测算子识别裂缝边缘,再采用Gaussian滤波器降噪后基于图搜索算法识别裂缝。Y. X. Huang和B. G. Xu[32]根据图像局部网格边缘的灰度剖面研究了路面裂缝的自动识别方法,根据不同方向的模板识别裂缝,该方法只考虑了局部网格的边缘特征,未考虑网格的内部特征,而且裂缝连接方法也未考虑图像的局部特征。J. K. Oh等[34]采用图像减运算消除噪声并用滤波去除孤立的像素点,再对图像进行膨胀和细化等形态学操作后,采用裂缝追踪算法进行桥梁结构的裂缝识别,该方法能提取出细微裂缝。S. K. Sinha和P. W. Fieguth[53]针对城市地下管道裂缝,提出了基于统计滤波的识别方法,其处理效果优于常规的裂缝识别方法,但在裂缝的连接方法上未充分考虑图像的局部特征,而是假定了一个先验模型。

I. Abdel-Qader等[54]比较了快速Haar、快速Fourier、Sobel和Canny四种边缘检测方法的裂缝识别效果,认为快速Fourier变换识别效果最佳。但由于边缘检测主要针对被测物的边缘进行操作,对存在渗漏水的隧道衬砌裂缝,处理后的图像会存在很多噪声,不利于裂缝宽度等特征参数的准确计算。裂缝识别的实用方法[55,56]是一种半自动半人工的裂缝提取方法,该方法以路线探寻算法为基础,提取过程中需要人工在裂缝区域选择两个种子点,沿两个种子点的直线大概是裂缝长度方向,然后绘制与种子点连线相垂直的直线,该直线将会跨过裂缝断面,再采用预先设定好的阈值来判断裂缝断面的跨度,通过不断循环,就可以提取出裂缝,同时在提取过程中裂缝的宽度、长度等参数也可计算出来。这种方法适用于大多数混凝土裂缝的提取,且提取准确率高,裂缝特征参数的计算也比较准确,但是在提取过程中需要人工参与,是一种半自动半人工的方法。

除了以上国外研究人员针对裂缝识别方法所做的工作外,国内研究人员在这方面也做了大量研究。初秀民等[57]将路面图像分为子块图像后,设计了基于BP人工神经网络的子块图像模式分类器进行裂缝识别。张娟等[58]采用相位编组法进行了路面裂缝识别研究,可提取出细微裂缝。黄雷等[59]利用简单的阈值分割技术分析了工程结构构件裂缝宽度的计算,该方法适用于简单图像的裂缝识别。莫国影等[60]对表面疲劳裂纹的识别和长度计算做了研究,采取的方法主要是预处理、数学形态学运算,包括腐蚀、膨胀及细化等。张朝云等[61]研究了路面裂缝的图像处理系统,在裂缝的自动检测算法上,主要采用图像增强、最大类间方差分割方法等。张维峰等[62]采用图像处理方法分析了桥梁结构裂缝的自动检测,采用的方法主要是图像增强预处理和阈值分割技术,适用于简单图像的裂缝检测和识别。刘清元等[63]同样采用图像预处理和阈值分割技术对混凝土裂缝的自动检测进行了研究,并分析了裂缝特征参数的计算方法。查旭东等[64]研究了连续配筋混凝土路面裂缝宽度的自动图像检测方法,具体算法包括图像对比度增强、中值滤波等。孙波成等[65]采用空域滤波、掩膜平滑法首先对路面图像进行图像增强,再采用最大类间方差分割方法进行阈值分割处理,从而得到分割后的裂缝图像。徐志刚等[66]基于直方图估计和形状分析研究了沥青路面的裂缝识别,再对每个子块图像进行最优阈值分割后,可取得较好的裂缝识别效果,但此类方法应用于隧道衬砌裂缝识别还存在一定的局限性。

1.1.4 隧道衬砌裂缝检测与图像识别研究存在的主要问题

表1-3是目前国外研究机构开发的隧道衬砌病害自动检测技术比较,由此表可以看出,国外的隧道衬砌病害自动检测技术尚存在不完善的地方,而我国在此类技术研究方面还处在起步阶段,且目前国内外尚缺乏对隧道衬砌裂缝自动检测系统性能的试验研究,因此有必要对此展开研究,探索不同因素对隧道衬砌裂缝自动检测性能的影响规律,为隧道衬砌裂缝自动检测系统的研制和完善提供参考依据。

表1-3 　　　　　　　　　隧道衬砌裂缝病害自动检测技术比较

比较项目	技术类型	
	摄像测量自动检测技术	激光扫描自动检测技术
传感器类型	线阵或面阵CCD	激光扫描器
光源	需要均匀性较好的高亮光源	不需要光源
病害检测精度	由于CCD的分辨率较高,检测精度也较高	由于激光扫描频率的限制,检测精度较低
病害分析算法	采用病害自动识别与人工修正相结合	以人工分析为主,提供病害分析的数字化管理平台
发电设备	需要	不需要
检测速度	较快	较慢
研究开发国家	以日本和韩国为主	以欧美国家为主
应用领域	以公路隧道为主	以铁路和地铁隧道为主

表1-4是不同结构物病害自动检测技术比较,由此表可以看出,检测系统硬件设备对裂缝病害的识别有一定影响,检测系统的硬件集成尚存在不足之处,因此,有必要对自动检测系统的集成技术展开研究。此外,由于隧道衬砌裂缝在很多情况下是与渗水同时存在的,裂缝图像和渗水图像的像素灰度又很接近,现有的裂缝识别方法没有充分考虑图像的局部特征,从而导致这些方法难以从存在渗水的衬砌病害图像中有效提取出裂缝,进而也就无法准确计算裂缝的长度、宽度、走向等特征参数。因此,有必要针对隧道衬砌图像,研究特定的裂缝自动识别方法。

表 1-4　　　　　　　　　　　　　结构物裂缝病害自动检测技术比较

结构物	主要研究机构	检测技术参数	裂缝检测方法	系统评价
道路	美国得克萨斯大学奥斯汀分校交通运输研究中心（2006年）	特定检测车 高亮度 LED 光源 线阵 CCD 相机： 2 048 pixel/line 路面扫描宽度：3.05 m 分辨率：1.488 mm/pixel 行车速度：5~112 km/h 裂缝最小检测宽度：2 mm	首先把图像划分为 8 pixel×8 pixel 像素的网格区域后，识别出网格区域中可能的裂缝种子像素，并应用事先假定的模型进行验证，最后将验证后的裂缝种子像素连接起来形成连续裂缝	由于裂缝最小检测宽度为 2 mm，通过采集比较 100 幅路面图像，得出该方法与人工视觉判别之间的相关系数，对于纵向裂缝为 0.91，横向裂缝为 0.96，准确度较高
桥梁	韩国汉阳大学电气工程与计算机科学部建筑结构与运输工程部（2009年）	特定检测车 机器人控制系统 机器视觉检测系统 激光传感器、回转仪 面阵 CCD 相机：640 pixel×480 pixel 分辨率：0.15 mm/pixel 裂缝最小检测宽度：0.2 mm	首先应用中值滤波对图像进行平滑处理以去除噪声，再应用数学形态学运算得到候选裂缝，最后应用裂缝追踪算法将候选裂缝连接起来提取出连续裂缝，同时计算裂缝的宽度和长度等参数	采用自动处理与人工判别相结合的方法，可得到裂缝影像展开全景图。由于图像对比度高，裂缝识别的准确率也相对较高，达 94.1%，裂缝宽度的计算准确率达 96.7%
隧道	韩国汉阳大学机械工程系（2007年）	移动式机器人系统 线阵 CCD 相机： 4 096 pixel/line 帧接收器、减振器 自动调焦装置 特定高亮度光源 测速编码器 分辨率：0.3 mm/pixel 检测速度：5 km/h	首先对图像进行直方图均衡化，以增强图像的对比度，然后应用 Sobel 和 Laplacian 检测算子识别裂缝边缘，再应用 Gaussian 滤波器降噪，通过设定的阈值识别裂缝，最后应用图搜索算法提取裂缝	采用的只是通用的图像处理方法，未考虑裂缝的几何形态，算法不完善，裂缝的识别准确度不高，在自动处理情况下，错误率达 75%~85%，识别出的裂缝参数计算错误率为 10%
	日本铁道综合技术研究院（1998年）	线阵 CCD 相机： 5 000 pixel/line 最大数据传输量： 40 Mpixel/s 高能量金属卤化物光源 测速编码器 可编程自动调焦系统 高速大容量磁盘阵列 分辨率： 0.5~1.0 mm/pixel 行车速度：13~25 km/h	首先对图像进行中值滤波和直方图归一化处理，然后进行阴影修正，再应用动态阈值方法进行图像二值化处理，随后应用膨胀和腐蚀等数学形态学运算方法去除孤立点，最后提取出连续裂缝	该方法主要应用于铁路隧道病害、轨道及车辆的状态检测，可以得到隧道衬砌裂缝影像展开的全景图，由于图像分辨率不高以及识别算法未考虑裂缝几何形态，检测到的裂缝最小宽度较大

续 表

结构物	主要研究机构	检测技术参数	裂缝检测方法	系统评价
隧道	日本检查测量株式会社（已市场化）	隧道检测车 照明光源 数台CCD相机：34万pixel 分辨率：0.2~0.3 mm/pixel 行车速度：5~10 km/h	采用商业软件CrackDraw21处理	可得到隧道衬砌表面影像展开图，采用计算机处理与人工修正相结合的方法，人工修正工作量很大
	瑞士AMBERG技术公司（已市场化）	隧道检测小车 激光扫描仪 扫描频率：100 Hz 扫描样本数：5 000测点/圈 图像分辨率：5 mm×5 mm 行进速度：0.9 km/h 裂缝最小检测宽度：0.3 mm	采用商业软件TunnelMap处理	可得到隧道沿拱顶展开的高清影像图，隧道病害由人工进行判别并标注后，由软件自动计算裂缝长度和渗水面积等参数，并可将结果输入到Excel进行图形报表分析

1.1.5 隧道衬砌裂缝检测与识别技术的研究内容

1.1.5.1 隧道衬砌裂缝机器视觉检测性能试验研究

首先，根据工业机器视觉基本原理，提出基于机器视觉的隧道衬砌裂缝自动检测技术，对检测技术的硬件组成原理进行研究，并进行硬件设备调研和设计；然后，提出评价衬砌裂缝机器视觉检测性能的定量指标，即图像灰度直方图、图像灰度分布和裂缝检测精度；最后，通过室内模型试验，探索检测距离、光源照度、有效像素和检测速度等因素对隧道衬砌裂缝机器视觉检测性能的影响规律。试验结果表明：图像灰度分布沿裂缝宽度方向呈现波谷特征；检测距离和有效像素对图像灰度分布影响不大，主要影响裂缝检测精度，随着检测距离的减小，有效像素增大，裂缝检测精度基本呈线性提高；光源照度和检测速度对图像灰度分布和裂缝检测精度都有较大影响，光源照度过高或过低会导致裂缝检测精度降低，随着检测速度增大，裂缝检测精度基本呈线性降低。试验结果可为隧道衬砌裂缝机器视觉检测系统的研制和集成提供理论依据和参考意义。

1.1.5.2 隧道衬砌裂缝机器视觉检测系统集成研究

首先从隧道衬砌裂缝机器视觉检测系统集成技术入手，详细介绍检测系统的集成方案，包括图像采集系统、机械控制系统等；在此基础上提出检测的技术指标，主要包括检测移动速度、检测精度、检测范围、抗振防抖及裂缝检测特征指标等；随后提出基于卷积滤波和梯度结构相似度的隧道衬砌图像质量评价方法，采用线性结构元素掩码对图像进行卷积滤波，再采用Sobel边缘算子对图像进行梯度运算，将结构相似度转化为以卷积滤波梯度表示的形式，通过计算图像质量因子定量评价采集的衬砌图像质量，为衬砌裂缝自动检测算法提供参考依据。

然后针对隧道衬砌裂缝的实时检测问题,提出基于图像亮度相似和对比度相似的裂缝无监督检测方法,该方法可以在图像采集过程中对衬砌图像是否包含裂缝进行初步判断,以减少图像的计算机存储量及后期的裂缝识别工作量。最后针对隧道衬砌裂缝机器视觉检测系统,开发相应的线阵CCD图像采集软件。

1.1.5.3 隧道衬砌裂缝图像自动识别及特征提取研究

首先介绍适用于隧道衬砌图像处理的基本运算方法,包括图像复原、图像增强、边缘检测、阈值分割、形态学运算等;在此基础上,提出基于图像局部网格特征的隧道衬砌裂缝自动识别和特征提取方法,该方法通过巧妙设计的十字形模板可充分考虑裂缝图像的局部特征,通过 ROC 曲线分析,将裂缝识别的真阳性率和假阳性率转换为以裂缝像素和背景像素来表示,用于估计裂缝识别算法的最优参数和最佳阈值,并通过工程实例应用评价算法的裂缝识别效果,该方法特别适用于同时存在渗水时的隧道衬砌裂缝自动识别,而且对于龟裂也能获得良好的识别效果。然后提出隧道衬砌裂缝的长度、宽度、走向、位置、分布密度等特征参数的计算方法。最后针对隧道衬砌裂缝机器视觉检测系统,开发相应的裂缝识别软件。

1.2 隧道衬砌渗漏水检测技术研究现状及问题

1.2.1 隧道衬砌渗漏水病害现状

渗漏水是山区隧道运营过程中最为普遍的一种病害。渗漏水指围岩的地下水或地表水直接或间接地以渗漏或涌出的形式进入隧道内造成危害,在隧道界常有"十隧九漏"的说法。隧道渗漏水病害是一个世界性的难题,国外的隧道也存在大量病害,并危及隧道的运营。日本截至 1990 年年底建成通车的公路隧道共有 6 705 座,目前大约有 60% 的运营公路隧道发生了渗漏水。日本在 1996 年对隧道渗漏水情况做过统计,发现总长为 4 870 km 的隧道中有 58% 的隧道出现渗漏,其中 49% 的隧道出现在拱部,23% 的隧道出现在边墙,28% 隧道的施工缝及变形缝出现渗漏水[16]。据铁道部工务部门 2002 年秋季检测数据统计,我国截至 2002 年年底共有铁路隧道 5 711 座,总长 2 833 km;其中出现严重渗漏水的隧道有 1 620 座、23 400 处、150 km;占总座数的 28.4%、总长度的 5.3%[67]。截至 2007 年年底,全国公路隧道病害为 4 673 处、约 2 560 km,通过初步调查,其主要病害形式为严重渗漏水、结构衬砌的腐蚀裂损等,为隧道的后期运营带来了安全隐患[15]。

隧道渗漏水对行车安全、洞内设施、隧道结构和周围环境都会产生危害,主要表现在以下5个方面(图 1-23 和图 1-24)。

(1) 长期的渗漏水会使路面积水,使行车环境恶化,降低车轮与路面之间的附着力,使车辆容易由于轮胎与路面之间的摩擦力减小而发生滑移。

(2) 高速公路隧道一般都配置照明、通风系统,对于长大隧道还配置监控、交通管理等机

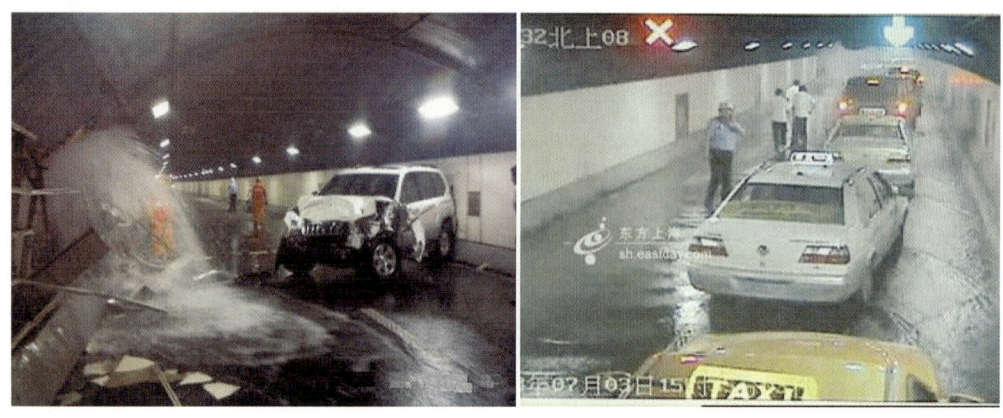

图 1-23　隧道渗漏水导致的行车安全问题

图 1-24　隧道渗漏水导致的衬砌材质劣化和设备安全问题

电设备,这些设备在潮湿的环境里工作容易发生锈蚀,其工作寿命将受到严重影响。如果渗漏水严重,还可能造成漏电或短路等不良后果。

(3) 长期渗漏水容易使衬砌结构剥落、风化,隧道的使用可靠性也会随之降低。如果渗漏水中含有侵蚀介质,将造成衬砌劣化,降低衬砌的承载能力。地下水向隧道区域汇集将浸泡腐蚀隧道围岩,使围岩强度和稳定性降低;另外,冲蚀衬砌背后围岩会形成空洞,影响围岩和衬砌的长期稳定,形成的巨大水压力会威胁衬砌安全。

(4) 隧道衬砌背后的水如果不能迅速排走,将软化基础造成不均匀沉降,使边墙开裂,存积在边墙后面的水还会产生静水压力,作用于衬砌结构从而使衬砌结构发生开裂破坏。在富水地带地下水渗流容易产生冲刷和溶蚀作用,其将导致围岩滑移错台,引起围岩坍塌,最终导致衬砌破坏。

（5）隧道渗漏水会将隧道所在地区原有的地下水、地表水排走，造成地下水和地表水的大量流失，破坏隧道周围水环境。排出的污水、污泥、侵蚀性有害水会造成下游或隧道下方堵塞河道、下游水质污染等。

因此，对隧道渗漏水检测评估和养护技术的研究已经刻不容缓，有必要开展山区公路及铁路隧道渗漏水检测、诊断和评价技术的研究，从理论上对隧道渗漏水的影响进行深入分析，使维修养护更具有针对性和科学性，以适应公路及铁路隧道的管理需要，进一步提高我国隧道养护管理水平。

1.2.2 隧道衬砌渗漏水病害统计及成因

由于隧道修建在地下岩土介质中，属于半隐蔽工程，受运营年限、气候条件、设计、施工等因素的影响，运营隧道病害数量会越来越多，具体表现在：衬砌结构变形侵限、裂缝、渗漏水、错台、掉块、坍塌、基底翻浆冒泥、下沉、底鼓等，隧道渗漏水是其中最为普遍的病害，而且是其他病害的直接或间接原因[6-8,19,68,69,70-72]。

我国数量极大的高速公路隧道基本集中在近 20 年间建成，根据对公路隧道的初步调查：成渝高速公路龙泉山隧道[9]衬砌混凝土纵向及斜向裂缝发育（严重地段衬砌变位错台），渗漏水十分严重，衬砌拱部背后普遍存在空隙，部分路面板已破损，衬砌边墙脚及路面底板下有不同程度的风化松散层；晋阳高速公路上的五座隧道[73]、重庆大垭口隧道[10]等都出现了不同程度的渗漏和衬砌开裂；319 国道福建坂寮岭隧道[16]、107 国道广东焦冲隧道[68]、312 国道宁夏境内某公路隧道[74]等都出现了不同程度的渗漏水。而且，隧道出现的病害从施工到出现问题的时间更短，占相当比例的公路隧道在竣工和运行后即有衬砌裂缝和渗漏水等病害产生，如沈丹高速公路大峪隧道[75]运营当年即出现洞壁渗水，之后又发生严重冒水结冰、基础部位局部开裂和混凝土脱皮现象。

鉴于浙江省内公路隧道量大、地质条件复杂等特点，笔者结合科研课题对浙江省高速公路隧道病害进行了调查，研究隧道渗漏水病害分布规律和成因。经过前期资料调研，选取浙江省内典型地形地貌下的 5 条高速公路（共 19 座隧道）进行渗漏水和裂缝病害调查，调查历时半年。渗漏水调查内容详见表 1-5 和表 1-6，分布规律详见图 1-25 和图 1-26。

目前对隧道渗漏水成因分析多数是将渗漏水作为事故树顶事件进行原因分析，国内有很多学者对此进行了研究，如：代高飞[11]针对连拱隧道的特点，分析了连拱隧道裂缝和渗漏水产生的原因、机理、特征和规律；戴宏伟[76]提出了渗漏水成因挖掘分析方法，建立了隧道结构渗漏水成因的故障树，由此分析了渗漏水产生的可能原因；唐亮[12]对隧道衬砌渗漏水种类进行分类，对其成因进行分析，并用事故树方法分析了运营期的风险；潘海泽[77]对 95 条有代表性的隧道渗漏水做调查，选择了隧道埋深、地下水位与隧道底板高差、降雨量、三缝施工、管道堵塞情况等 16 个子因素。这些学者对隧道渗漏水成因的分析，得到了渗漏水的影响因素、分类标准等成果。

表1-5 浙江公路隧道渗漏水调查统计数据(一)

路线	所属管理处	隧道名称	上下行	隧道长度/m	结构形式	渗漏点总数	拱部	边墙	中墙	100 m²渗漏点数
甬金高速	杭金衢公司甬金管理处	岩坑尖3号隧道	下行	1 492	分离式	20	3	13	4	0.05
黄衢南高速	杭金衢公司衢南管理处	高陇口隧道	上行	365	分离式	5	1	3	1	0.05
			下行	367		6	3	2	1	0.07
		阳排尖隧道	上行	2 835	分离式	15	3	5	7	0.02
			下行	2 845		3	0	3	0	0
		大岭山隧道	上行	180	分离式	3	1	2	0	0.07
			下行			1	0	1	0	0.02
金丽温高速	金丽温公司金华管理处	黄均垄隧道	上行	590	分离式	26	19	6	1	0.18
			下行	565		2	0	1	0	0.01
		白阳山隧道	上行	488	分离式	15	11	3	1	0.12
			下行	476.5		32	13	12	7	0.27
		古塘隧道	上行	185	连拱式	32-0(维修前后)	8-0	0-0	24-0	0.69-0
			下行			32-4	6-2	3-0	23-2	0.69-0.09
		水坑隧道	上行	386.5	分离式	12	10	1	1	0.12
			下行			9	8	1	0	0.09
		双港桥隧道	上行	200	连拱式	24	4	0	20	0.48
			下行			38	11	0	27	0.76
		太平港1号隧道	上行	395	连拱式	50	1	1	48	0.51
			下行	445		26	0	1	25	0.23
		太平港3号隧道	上行	388	连拱式	48	0	0	48	0.49
		田里3号隧道	上行	230	连拱式	51	0	0	51	0.53
	金丽温公司丽水管理处	雅溪明洞隧道	上行	235	连拱式	10	1	5	4	0.17
			下行			7	1	3	3	0.12
		桐岭岗1号隧道	上行	130	连拱式	29	0	0	29	0.49
			下行			35	0	2	33	0.6
		桐岭岗2号隧道	上行	367	连拱式	17	0	0	17	0.52
			下行			18	0	0	18	0.55
		俞庄隧道	上行	2 285	连拱式	44	0	0	44	0.48
			下行			58	0	0	58	0.63
丽龙高速	金丽温公司龙丽管理处	严山岭隧道	上行	1 247	分离式	8	5	2	1	0.01
		东田隧道		2 297	分离式	3	3	0	0	0.01
龙丽高速		溪田隧道			分离式	8	1	6	1	0.01

注:表中渗漏点总数、拱部、边墙、中墙、100 m²渗漏点数列中的数据为渗漏点个数。

1 绪 论

表 1-6 浙江公路隧道渗漏水调查统计数据(二)

路线	所属管理处	隧道名称	上下行	隧道长度/m	结构形式	浸渗形式 点漏	浸渗形式 线漏	浸渗形式 面漏
甬金高速	杭金衢公司甬金管理处	岩坑尖3号隧道	下行	1 492	分离式	8	7	5
黄衢南高速	杭金衢公司衢南管理处	高陇口隧道	上行	365	分离式	3	1	1
黄衢南高速	杭金衢公司衢南管理处	高陇口隧道	下行	367	分离式	3	2	1
黄衢南高速	杭金衢公司衢南管理处	阳排头隧道	上行	2 835	分离式	4	6	5
黄衢南高速	杭金衢公司衢南管理处	阳排头隧道	下行	2 845	分离式	0	1	2
黄衢南高速	杭金衢公司衢南管理处	大岭山隧道	上行	180	分离式	1	2	0
黄衢南高速	杭金衢公司衢南管理处	大岭山隧道	下行		分离式	0	1	0
黄衢南高速	杭金衢公司衢南管理处	黄均垄隧道	上行	590	分离式	13	13	0
黄衢南高速	杭金衢公司衢南管理处	黄均垄隧道	下行	565	分离式	0	2	0
黄衢南高速	杭金衢公司衢南管理处	白阳山隧道	上行	488	分离式	2	12	1
黄衢南高速	杭金衢公司衢南管理处	白阳山隧道	下行	476.5	分离式	0	32	0
金丽温高速	金丽温公司金华管理处	古塘隧道	上行	185	连拱式	2-0(维修前后)	24-0	6-0
金丽温高速	金丽温公司金华管理处	古塘隧道	下行		连拱式	2-3	24-1	6-0
金丽温高速	金丽温公司金华管理处	水坑隧道	上行	386.5	分离式	6	10	1
金丽温高速	金丽温公司金华管理处	水坑隧道	下行		分离式	2	2	3
金丽温高速		双港桥隧道	上行	200	连拱式	5	16	8
金丽温高速		双港桥隧道	下行		连拱式	5	25	8
金丽温高速		太平港1号隧道	上行	395	连拱式	7	35	8
金丽温高速		太平港3号隧道	下行	445	连拱式	14	17	4
金丽温高速		田里3号隧道	上行	388	连拱式	12	32	5
金丽温高速		田里3号隧道	下行		连拱式	16	30	1
金丽温高速	金丽温公司丽水管理处	雅溪明洞隧道	上行	230	连拱式	5	4	1
金丽温高速	金丽温公司丽水管理处	雅溪明洞隧道	下行		连拱式	2	4	6
金丽温高速	金丽温公司丽水管理处	桐岭岗1号隧道	上行	235	连拱式	4	19	8
金丽温高速	金丽温公司丽水管理处	桐岭岗1号隧道	下行		连拱式	14	13	5
金丽温高速	金丽温公司丽水管理处	桐岭岗2号隧道	上行	130	连拱式	1	11	5
金丽温高速	金丽温公司丽水管理处	桐岭岗2号隧道	下行		连拱式	1	12	6
金丽温高速	金丽温公司丽水管理处	俞庄隧道	上行	367	连拱式	13	25	4
金丽温高速	金丽温公司丽水管理处	俞庄隧道	下行		连拱式	23	31	1
丽龙高速	金丽温公司丽龙管理处	严山岭隧道	上行	2 285	分离式	6	1	6
龙丽高速	金丽温公司龙丽管理处	东田隧道	上行	1 247	分离式	3	0	5
龙丽高速	金丽温公司龙丽管理处	溪田隧道	下行	2 297	分离式	3	1	4

注:上表中点漏、线漏、面漏列中的数据为渗漏水个数。

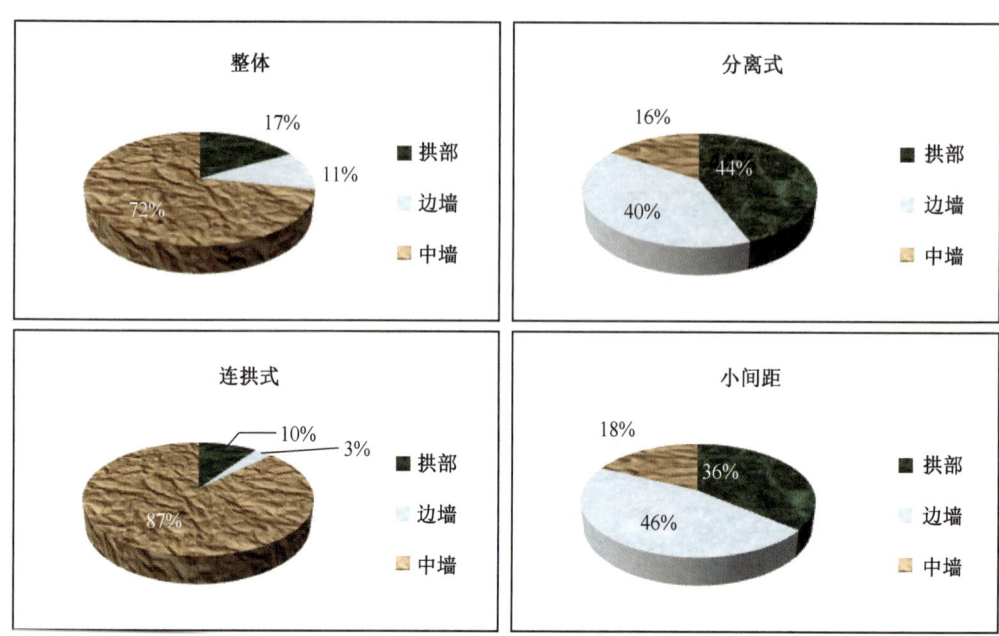

图 1-25 不同结构形式隧道衬砌渗漏水位置分布统计

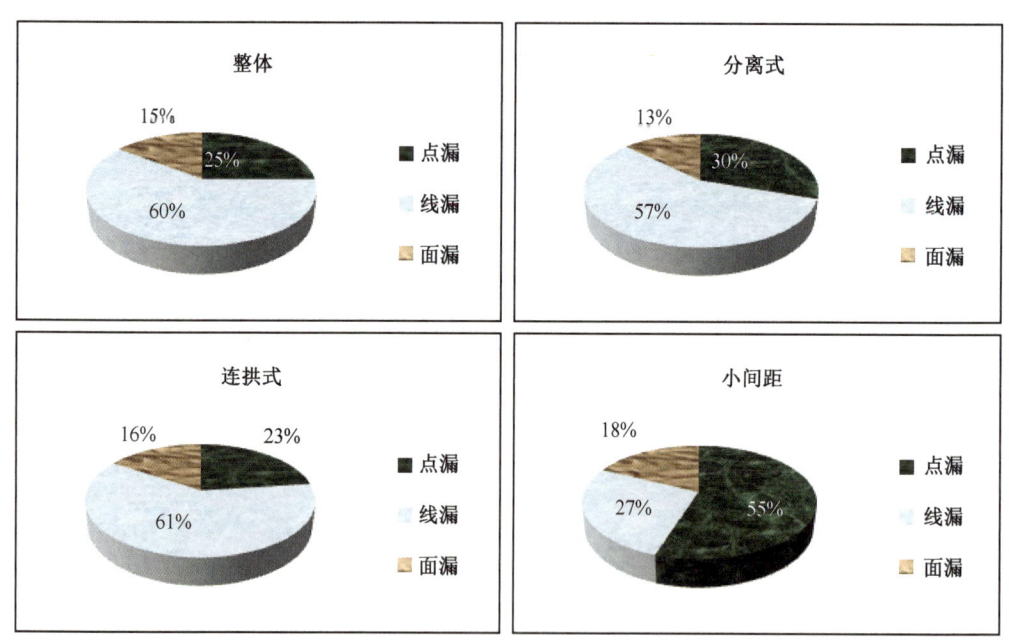

图 1-26 不同结构形式隧道衬砌渗漏水形式分布统计

在我国铁路隧道养护工作中,根据漏水严重程度将渗漏水定性地分为润湿、渗水、滴水、漏水、射水、涌水六级。日本《铁道土木构造物等维持管理标准·同解说(隧道篇)》[78]、日本《公路隧道维持管理便览》和我国《公路隧道养护技术规范》(JTG H12—2015)[20]将隧道漏水状态定性地分为浸渗、滴漏、涌流、喷射四级(图 1-27)。美国《公路和铁路交通隧道检查手册》将隧道漏水程度量化为轻度的(混凝土表面潮湿但无滴水)、中度的(小于 30 滴/s)和严重的(大于 30 滴/s)。杨新安在《隧道病害与防治》[19]一书中,介绍了一种隧道渗漏七级评价标准,该方法按最大允许渗漏量将隧道防水等级定量地分为七级:一级(肉眼看不出)、二级 1 L/(d·m^{-2})、三级 3 L/(d·m^{-2})、四级 13 L/(d·m^{-2})、五级 30 L/(d·m^{-2})、六级 100 L/(d·m^{-2})、七级(不限制)。

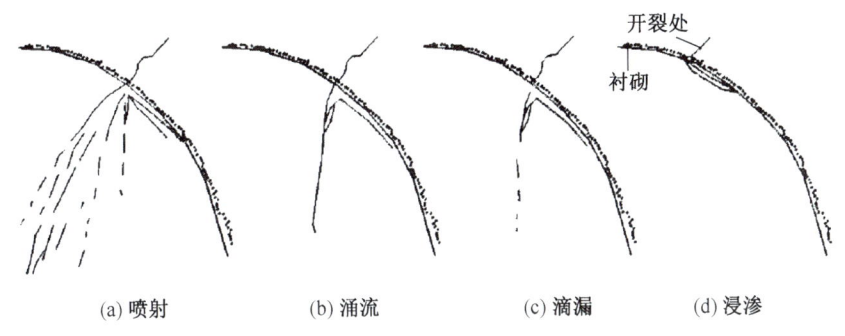

图 1-27 渗漏水状态的分类[20]

渗漏水的主要原因在于隧道的修建破坏了山体原始的水系平衡,而隧道成为所穿越山体附近地下水积聚的通道。当隧道围岩与含水地层连通,而衬砌的防水及排水设施不完善时,就会引起隧道渗漏水。隧道渗漏水的具体原因包括以下几个方面[12]:

(1) 地质方面。

隧道修建会改变地下水分布,造成地下水沿着隧道围岩中存在的裂隙、节理、断层破碎带流向隧道,使隧道成为地下水的汇集漏斗,发生隧道漏水。衬砌周围的天然水 pH 超标对衬砌混凝土具有一定的腐蚀性,会加剧渗漏水的发生。

(2) 设计方面。

对于公路隧道复合式衬砌来说,目前的防水设计一般采用单层防水注浆系统,这种系统一旦发生漏水,难以发现漏水位置,维修非常困难。由于种种原因,隧道设计在山沟破碎带或断带上又未进行防排水处理,地表水大量补给地下,最终造成隧道渗漏。对不稳定的地基未进行处理会造成地基不均匀沉降,导致衬砌结构出现缝隙,从而产生渗漏现象。拆模时间过早,或围岩压力过大超过衬砌体的设计荷载等,都能使衬砌内应力超过其破坏强度而导致裂纹和裂缝,从而为渗漏水提供了通道。

(3) 施工方面。

混凝土没有按防水级配设计施工,在地下水压力较大的地方,由于抗渗等级低于相应水压,从而出现渗水现象;混凝土捣固不密实,形成蜂窝,因而局部渗漏较多;混凝土在硬化过程中,由于多余水分的蒸发,在混凝土中形成透水的开放性毛细管路;衬砌混凝土材料中有杂物,腐烂后形成缝隙或孔洞;灌注混凝土的工作未加处理或处理不当,产生结合不严的漏水缝隙;

采用先拱后墙或先墙后拱方式施工的拱墙连接处填不严,形成渗漏;预留孔洞没有按防水要求处理也会形成渗漏通道;"三缝"施工处理不当等。

(4) 运营方面。

隧道衬砌混凝土由于各种原因产生裂缝导致防水失效而产生渗漏水;衬砌材料和防水材料逐年老化,防水能力降低,渗透系数提高,从而产生渗漏水;运营管理中防排水系统失效却并没有进行有效的管理和修复,造成渗漏现象;片面认为混凝土结构的自防水可以完全抗渗,忽视了施工与养护的重要性等。

综上所述,由于各种主观和客观原因的存在,隧道渗漏水现象屡屡发生,成了隧道普遍存在的病害,成为隧道安全运营的主要风险源,引发其他病害的发生,严重危及隧道结构和运营的安全。

1.2.3 隧道衬砌渗漏水病害检测方法

由于衬砌渗漏水对隧道的危害性是不言而喻的,如何对衬砌渗漏水病害进行检测并根据检测结果对隧道的安全性进行评价则是其中的关键问题。我国《公路隧道养护技术规范》对公路隧道结构检查的基本内容和采取的常规对策给出了明确的规定。公路隧道的检查是为了掌握隧道的现状,发现对隧道安全和功能有影响的病害,为隧道进行合理的养护管理收集和积累资料,建立隧道养护维修的数据库,为决策提供基础数据,以便尽早采取防治病害的措施,确保隧道安全畅通。公路隧道的检查分为日常检查、定期检查、特别检查和专项检查。

日常检查是为了发现隧道结构的早期破损、显著病害或其他异常情况,日常检查原则上与道路巡回检查一并进行。《公路隧道养护技术规范》规定日常检查的频度应不小于1次/月,高速公路隧道应不小于1次/周,特别是在雨季或冰冻季节更应增加日常检查的频度。检查的内容包括隧道衬砌的裂缝、错台、起层、剥落以及排水设施的破损、堵塞、渗水、积水和结冰等。

定期检查是按规定周期对隧道结构的基本状况进行全面检查,检查的目的是系统掌握隧道的基本技术状况,为制订养护工作计划提供依据,检查宜以徒步的目视检查为主,配备必要的检查工具或设备,检查的内容除了上述提及的结构病害外,还应扩展到运营的通风、照明、噪声、环保、路面抗滑系数等,检查的周期宜为1次/年,高速公路隧道应不少于1次/年。检查宜安排在春季或秋季,定期检查完成后应提交定期检查报告以及隧道展开图等其他有关检测记录资料。

特别检查是指隧道在遭遇地震、洪水等自然灾害,发生火灾、交通事故或出现其他异常事件后对隧道进行的检查,检查的目的是及时掌握隧道结构受损情况,特别是在难以判明破损原因和程度时应做专项检查。

专项检查是根据定期检查和特别检查的结果,或者通过其他途径判断,需要进一步查明某些破损或病害的详细情况而进行的更深入的专门检测,例如隧道火灾后的结构损伤评价检查,检查时要邀请一些有经验的专家并辅以专门的检查设备。通过专项检查,应完整掌握病害的详细资料,为其是否实施处治以及采取何种治理病害的措施等提供技术依据。

根据检查的内容和要求,渗漏水的检查可分为两类。

(1)渗漏水简易检查,包括检查渗漏水的位置、漏水量、浑浊度、pH、冻结情况以及原有防排水设施。

(2)漏水检测(当漏水可能具有劣化作用时,应对水质进行检测),检测项目及所使用的仪器包括水温检查——温度计;pH 检查——pH 测定器、比色管法;导电度检查——导电计;另外可通过检查各季节水温和强酸性来反映漏水与地下水、地表水之间的关系和对混凝土的劣化影响。

现有的隧道渗漏水常规检测技术通常由检测人员携带检测工具或设备,采用步行的方式进行目测或量测,这类方法存在效率低、主观性强、危险程度高、费时、费力等缺点,不能实现病害隧道的全面快速自动检测,因此研究出一套隧道病害无损快速检测技术具有重要的现实意义[79]。

当前快速无损检测技术已经成功应用于道路路面、桥梁结构和地下管道等的病害检测[80-86]。国内外在公路隧道病害无损快速检测技术研究方面也比较活跃,国外有的研究单位已开发出相应产品,并应用于隧道病害的检测中。例如瑞士 AMBERG 技术公司开发了 GRR 5000 和 TunnelMap 系列隧道快速检测系统[87],该系统采用车载式激光扫描仪对隧道进行全方位检测,可得到高清影像图,可标注隧道病害并自动计算渗水面积等参数,结果可输入至 Excel 软件进行图形报表分析。德国 SPACETEC 公司研究开发了 SPACETEC TS3 隧道快速扫描检测系统[88],该系统可安装在任何检测车上,能对隧道进行全方位扫描检测,可检测到衬砌渗水面积的大小和位置。瑞典 Berg Bygg Konsult(BBK)AB 公司的研究人员利用三维地面激光扫描系统对隧道渗漏水进行探测[89],由于渗漏水的图像特征主要受隧道表面粗糙度和角度的影响,因此三维地面激光扫描系统在探测隧道渗漏水方面的应用受到了一定的限制。法国 HGH 红外系统公司研制了 ATLAS 70 多传感器隧道无损检测系统[90],该系统分别配置了激光扫描传感器、红外扫描传感器、测距仪和计程仪等设备,可进行隧道渗水的全方位检测。另外,J. A. Richards[91]等提出利用雷达、红外热像和多谱分析三种无损检测方法,其中红外热成像技术在隧道渗漏水检测方面具有明显的优势。

从国内外在隧道病害无损快速检测技术研究的现状来看,由于隧道病害特征的随机性和不规则性,病害的识别难度大,检测精度不高,大多需要配合人工判别,这也是目前国内外无损快速检测技术存在的主要问题。本书的目的在于探索适合我国实际情况的隧道病害无损快速检测技术,所以本研究拟采用红外热成像技术进行隧道渗漏水检测,旨在通过本研究为我国岩石公路隧道衬砌渗漏水病害红外无损快速检测技术提供理论指导和技术支持。

红外热像仪是一种二维平面成像的红外系统,它通过光学系统将红外辐射能量(不需要可见光)聚集在红外探测器上,并转换为电子视频信号,经过电子学处理,形成被测目标的红外热图像,并用显示器显示出来(伪彩的红外热图像)。红外线和可见光及无线电波一样是一种电磁波,是肉眼无法看见的。红外线的波长比可见光长,比无线电波短,为 $0.78 \sim 1\,000\ \mu m$。红外线按波长划分可分为近红外、中红外和远红外区域。只要物体的温度高于绝对零度,物体表面的原子和分子运动就会发出红外线能量,所以绝对零度以上的所有物体均会以红外线的形式辐射热能到环境中。

红外技术作为一种非接触无损检测的方式,目前国内外众多学者对此做了相关研究。Toshihiro Asakura[92]等对隧道衬砌渗漏水的红外检测做了初步研究,证实了红外探水的可行性。刘善军[93]对混凝土破裂与渗水过程的红外辐射特征进行了试验研究,研究混凝土破裂与渗水的红外异常前兆,得出从红外图像对应实际渗水的情况。M. R. Clark[94]对英国几座混凝土桥梁利用红外热像仪进行渗漏水和破损检测,在较低的外界温度下取得了比较满意的结果。V. Vavilov[95]对俄罗斯典型混凝土、砌体烟囱利用红外热像仪进行破损和漏气检测,实现了非接触式无损检测。赵为民[96]对建筑结构的渗水用红外热像仪进行检测,证明了红外热像检测技术在建筑物渗漏检查过程中的实用性与科学性。戴景民[97]对红外热像仪应用研究进行了综述,也证实了红外设备检测渗漏水的可行性。

红外图像所呈现的是场景的温度分布,无色彩或阴影,属于灰度图像,所以对于人眼来说,其分辨率低且没有立体感,使得视觉效果模糊。再者,红外图像的对比度低且空间相关性强,这是由于场景的热平衡、红外辐射传输距离远以及大气衰减等因素所造成。除此之外,红外图像中包含有多种形式的噪声,这是由于成像系统自身的不完善以及受外界环境的随机干扰所引起,这些噪声使得红外图像的信噪比较普通可见光图像要低。

在目前情况下,红外成像系统优异的性能尚未得到应有的发挥。所以国内外科研人员在研究提高红外成像系统性能的同时,也在积极开展相应图像处理算法的研究。除了投巨资不断提高红外焦平面阵列器件、光路等的研制和生产工艺水平外,另一个最经济、最有效的技术途径是利用计算机进行图像算法的研究,以期大幅度地提高红外成像系统的性能,这也成为目前任何红外成像系统不可或缺的配套技术。目前主要是针对红外焦平面相机所获得的图像进行非均匀性校正[98-105]、增强[106-118]和分割[119,120]这三方面的算法研究居多。

1.2.4 隧道衬砌渗漏水检测技术研究中存在的主要问题

目前,《公路隧道养护技术规范》规定对运营隧道渗漏水病害进行检测以指导养护,检测方式以目测为主,辅以简单的仪器设备。然而受车辆尾气及清洁等因素影响,隧道衬砌表面经常有污渍,严重影响传统检测方式的效率和精度,并且需要消耗大量的人工。如前所述,本书采用红外热成像技术对隧道渗漏水进行检测,可以克服这些缺点。

红外技术作为一种非接触无损检测的方式,目前国内外有众多学者对此做了研究。但是他们的研究侧重于红外检测的可行性,未提供详细的现场检测及模型试验数据,更没有探索渗漏水及其隐患的红外辐射检测规律。

隧道现场条件比较复杂,渗漏水的红外辐射特征不仅受到渗漏水指标影响,而且还受到隧道环境影响,影响因素包括渗漏水流量、渗漏水温差、渗漏水位置、衬砌表面材料和隧道环境温度等。这导致现场检测出的结果不能精确、真实地反映隧道内实际的渗漏水情况,在处理之前需要对图像进行多指标修正。

红外热图像所呈现的是场景的温度分布,无色彩或阴影,属于灰度图像,所以对于人眼来说,其分辨率低且没有立体感,使得视觉效果模糊。因此,需要对热图像进行处理,提取出我们需要的图像特征及参数。

综上所述,本书将重点对如下两方面进行研究:①探索隧道渗漏水红外检测中在各因素影响下渗漏水及其隐患的红外辐射规律;②对渗漏水红外热图像进行多指标修正及图像特征提取。

1.2.5 隧道衬砌渗漏水检测技术的研究内容

1.2.5.1 隧道渗漏水红外辐射特征模拟试验

根据隧道渗漏水特点和检测参数要求,通过大型隧道衬砌与围岩模拟试验进行红外设备硬件的选型工作。大型隧道衬砌与围岩模拟试验内容包括:对大型隧道衬砌与围岩模拟墙体注水,模拟隧道衬砌渗漏水,利用红外热像仪观测渗漏水的红外辐射特征,获取红外热图像,研究混凝土渗漏水过程中的红外辐射规律。混凝土渗漏水一般试验结果表明:渗漏水热图像根据试验用水和环境温差不同呈现高温区域包围低温区域或低温区域包围高温区域的温度场特征,渗漏水区域边缘温度梯度较大。混凝土渗漏水过程试验结果表明:渗水流量越大,渗漏水区域和基底混凝土的红外辐射温差越大;水域温度越均匀,水域边缘温度场变化越剧烈。

1.2.5.2 隧道渗漏水及其隐患的红外辐射特征影响因素室内试验

笔者在大型隧道衬砌与围岩模拟试验中探索了渗漏水的红外辐射规律,初步得到渗水流量会影响渗漏水的红外辐射检测特征的结果。实际隧道中影响渗漏水红外辐射规律的因素更多,包括渗漏水流量、渗漏水温差、渗漏水位置、衬砌表面材料等。另外,考虑红外热像仪的工作原理,我们能够对渗漏水隐患进行判别,而渗漏水隐患辐射规律也受以上各因素的影响。所以有必要进行隧道渗漏水及其隐患红外辐射特征影响因素研究。但是由于室外试验的局限性,无法全部考虑影响渗漏水红外辐射规律的各种影响因素,所以室内试验就可以把这些影响因素全部考虑进来,进行定量试验来研究隧道中常见的理想点渗漏、随机线渗漏和渗漏水隐患在各种影响因素下的红外辐射规律,以指导红外热图像的修正与处理,最后通过有限元热分析来验证红外辐射规律的正确性。

1.2.5.3 渗漏水红外辐射特征修正规律及热图像识别

首先分析隧道渗漏水红外辐射特征影响因素并建立辐射率和环境温度修正指标,对隧道内采集到的红外热图像进行修正。针对渗漏水红外图像特征结合边缘检测、平滑处理和阈值分割等算法编写 MATLAB 图像处理程序对修正后的红外热图像进行处理,并计算渗漏水面积。经过室内试验和隧道现场检测图像处理验证该方法的合理性。结果显示:经过修正后的渗漏水形状和面积与实际更符合。这不仅可解决红外技术在隧道渗漏水检测中遇到的问题,而且可以为隧道渗漏水车载动态检测软件系统开发奠定基础。

1.3 隧道衬砌空洞检测技术研究现状及问题

1.3.1 隧道衬砌空洞病害现状

隧道衬砌背后空洞有可能是在施工过程中形成的,也有可能是在运营过程中形成的,如图 1-28 所示。导致衬砌背后形成空洞的原因也是多种多样的,如水的侵蚀、超挖回填不足、施工质量不过关以及重力作用等。衬砌背后一旦产生空洞,就会对衬砌的安全产生很多不利的影响,小到衬砌表面混凝土的腐蚀、附属设施的腐蚀及损坏,大到衬砌结构的损伤甚至破坏。因为隧道衬砌背后产生空洞,会使衬砌结构的受力状态发生变化,在局部地区会产生应力集中等现象,从而导致衬砌结构产生裂缝,进而导致渗漏水的发生。此外由于空洞的存在,衬砌与围岩丧失了接触,围岩内部也会发生应力重分布,部分围岩也可能由于受力超过自身的承载能力而发生破坏,跌落到衬砌结构上,从而导致结构的损伤或者破坏。

图 1-28 典型的隧道衬砌背后空洞[121]

美国学者 Sitter 用"五倍定律"形象地说明了混凝土结构养护的必要性。假设早期发现结构存在的问题(钢筋锈蚀等)并采取措施时的成本为 5 美元,那么在混凝土开裂阶段发现问题再采取维护措施时,就需多追加维护费用 25 美元,而严重破坏时追加的维护费用则为 125 美元[122]。由此可见,病害发现得早晚,直接关系到养护费用的多少。日本在 20 世纪就认识到了隧道维修管理的重要性,1990 年日本对公路隧道变异开展了大规模的实态调查(调查结果见图 1-29),并对产生变异的原因进行了分析,结果表明,由于衬砌背后空洞所导致的隧道变异占 6.8%,如图 1-30 所示。

截止到 2010 年年底,我国的公路隧道共有 7 384 座,总长度达 5 122.6 km[123];另据不完全统计,截止到 2009 年年底已建成的铁路隧道总长度也已达 7 000 多千米,在建铁路隧道总长约 4 600 km[124]。目前,很多隧道已服役多年,面临的维修问题也十分严峻,但对公路隧道的大规模病害调查目前尚未实施,我国铁路隧道的维修管理则要领先于公路隧道。2004 年,铁道部为编制《铁路运营隧道衬砌安全等级评定暂行规定》(铁运函〔2004〕174)[125],对漳龙线

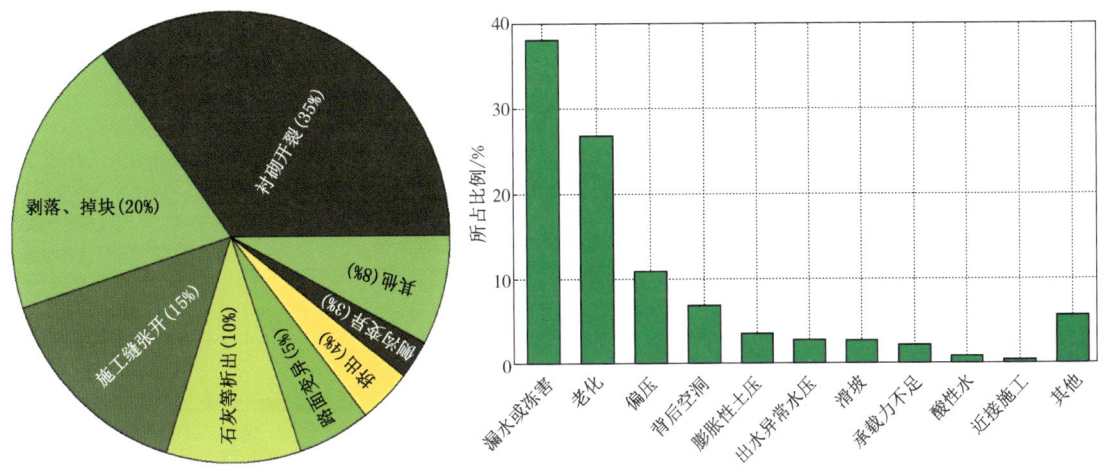

图 1-29 日本公路隧道变异情况　　　　图 1-30 日本公路隧道变异原因[14]

和京九线的百余座隧道展开了大规模的调查,调查结果表明,我国铁路隧道普遍存在衬砌厚度不足、衬砌背后空洞和超挖回填不密实的情况。这三种病害都可导致隧道衬砌与围岩失去接触,从而在衬砌中产生附加应力,因此都可以视为衬砌背后存在空洞的情况[126]。

图 1-31—图 1-33 为漳龙线及京九线 8 座病害较为严重的隧道的具体检测结果,可以发现,如果将这三种病害均视为背后空洞,那么衬砌背后存在空洞的隧道长度将占隧道总长度的 52.6%。虽然这个数据不能全面反映所有隧道衬砌背后空洞的情况,但也足以说明,衬砌背后空洞的存在是一个较为普遍的现象,应当引起我们足够的重视。因此,尽可能早地发现衬砌背后空洞存在的缺陷,全面了解空洞缺陷对隧道所造成的危害,并结合其他的衬砌病害对隧道进行整体的健康评估,对于制订合适的养护维修策略,从而避免产生一些不必要的维修费用,具有十分重要的现实意义。

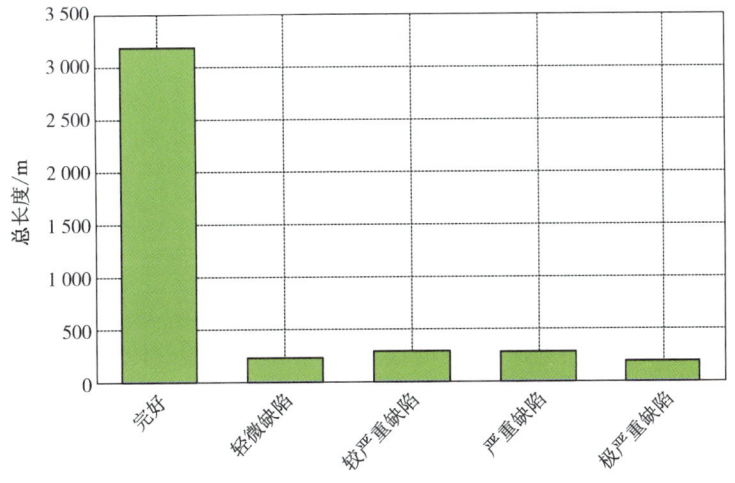

图 1-31 衬砌厚度不足检测结果

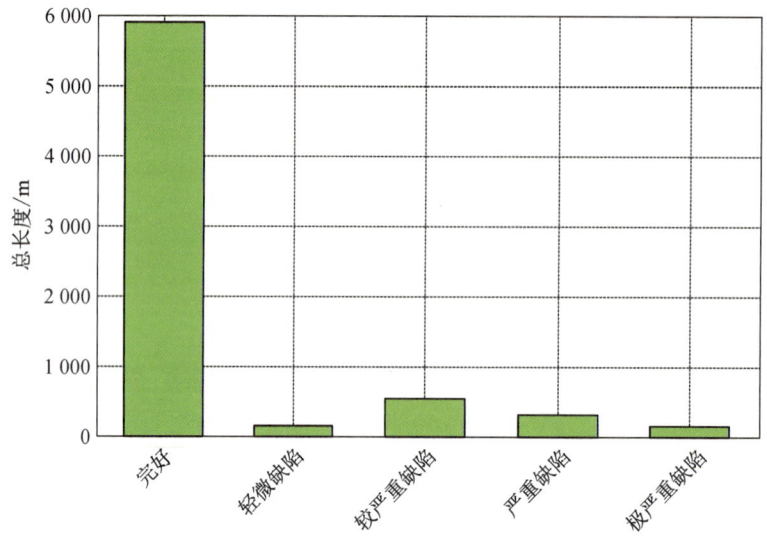

图 1-32　衬砌背后空洞检测结果

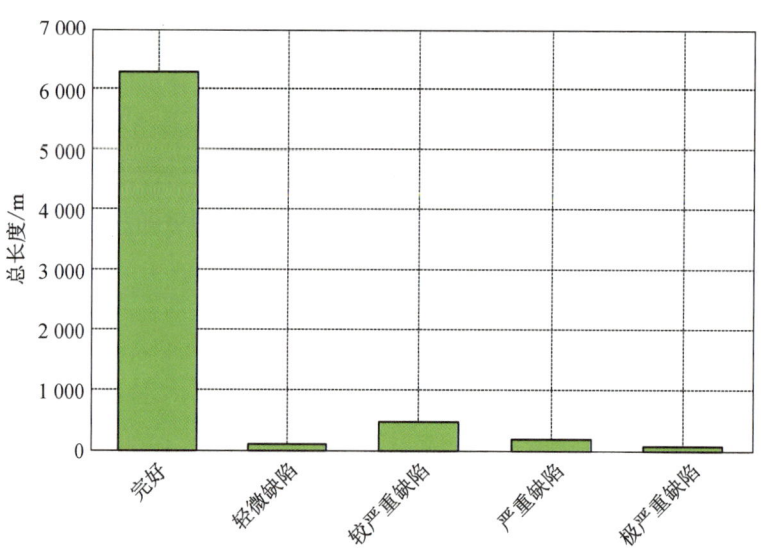

图 1-33　回填不密实检测结果

1.3.2　隧道衬砌空洞探地雷达天线探测研究现状

1910 年，Letmbach 和 Lōwy 在一项德国专利中提出用埋设在一组钻孔中的偶极天线探测地下相对高导电性质的区域，正式提出了探地雷达的概念。20 世纪 60 年代，人们提出采用无载脉冲雷达来进行浅层地质勘探，从那时起，由于脉冲电磁波的传播、辐射、散射等理论研究和电子技术的发展，探地雷达技术也得到了快速的发展。有关探地雷达的基本理论——电磁理论[127-131]在 20 世纪 70 年代到 90 年代初期已经基本完善[144]，其应用也遍及交通、考古[133-137]、军事[138-142]、岩土勘察[143-150]、无损检测等众多领域[151-154]。

探地雷达的天线是探地雷达系统研制的关键部件之一,天线的性能将直接影响整个雷达系统的探测分辨率、定位精度以及目标识别水平等各个方面。由于雷达体制和工作区域的不同,探地雷达天线除了要求具有宽带特性之外,对辐射波形保真度、辐射波尾拖尾、天线方向性和辐射有效区域、收发天线隔离度以及受工作环境影响等方面也提出了一定的要求,因此探地雷达天线的设计比一般的超宽带天线要复杂、困难得多。目前,探地雷达最常见的天线根据使用方式的不同可分为空气耦合天线和地面耦合天线。空气耦合天线是将电磁波辐射到空气中,在接收信号中检测地面以及地下目标的反射信号;地面耦合天线则一般位于近地表面,它是直接将能量耦合到地下,通过检测接收信号判断地下目标的存在。针对不同应用,设计具有体积小、方向性好、频带宽、辐射效率高等特性的天线成为探地雷达系统研制的一个十分重要的课题。

目前在探地雷达上使用的天线多种多样[155-160],每种天线都有自己的优点和缺点,任何一种类型的天线都不能满足探地雷达系统的全部要求。其中最常见的探地雷达天线主要有以下几种形式:Vivaldi 天线[161]及其变形、Bowtie 天线及其变形、TEM 喇叭天线及其变形、阿基米德螺旋天线及对数天线等形式,如图 1-34 所示。

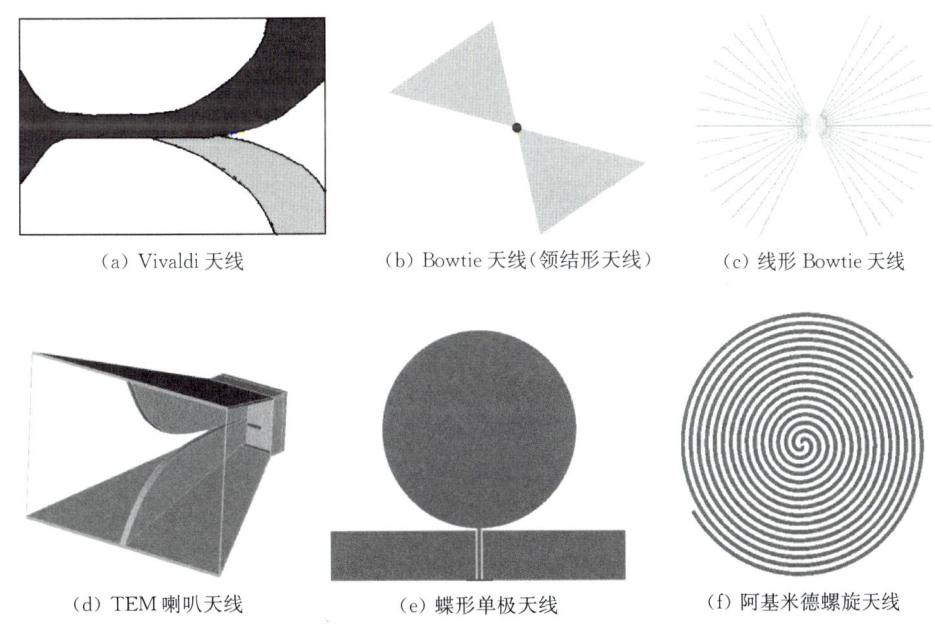

(a) Vivaldi 天线　　(b) Bowtie 天线(领结形天线)　　(c) 线形 Bowtie 天线

(d) TEM 喇叭天线　　(e) 蝶形单极天线　　(f) 阿基米德螺旋天线

图 1-34　不同探地雷达天线示意图

为了使天线更加适合于所探测的目标,天线研究者们对一些常用的天线进行了各种改进,如改进天线形状、进行电阻加载等。Ahmet[162]研究了在 TEM 喇叭天线两臂间填充介质材料的方法,提高了天线的增益和 VSWR 带宽。Vitaliy 等[163]设计了一种新型 TEM 喇叭天线,把喇叭臂延长并弯折回馈电处,再放置反射背板以提高其辐射效率。A. A. Lestari[164-167]、周游等[168]对 Bowtie 天线进行了改进,在蝶形天线的金属表面刻画出一条条的缝隙形成电容加载效果,或者在缝隙上跨接集总贴片电阻形成阻容加载效果(图 1-35)。

Vivaldi 天线及其变形是最为常用的一种空气耦合型天线,由于其具有超宽带、行波特性,因此其穿透能力强,可对地下目标进行比较精确的定位,后期各国学者对其进行了各种改进,使其具有更好的性能。最早的 Vivaldi 天线是由 Gibson[169]提出的[图 1-36(a)],但是这种天线的驻波比带宽最初由于微带线与槽线的匹配问题而受到限制。Gazit 等[170]提出了双面反相指数渐变印刷开槽天线(Antipodal Vivaldi Antenna,AVA)[图 1-36(b)],解决了微带线与槽线的宽带匹配问题,但是由于天线分别印刷在介质板的两侧,造成交叉极化电平相对比较高。后来,

图 1-35 改进的蝶形天线[164-167]

J. D. S. Langley 等[171]又引入平衡双面反相指数渐变印刷开槽天线(Balanced Antipodal Vivaldi Antenna,BAVA)[图 1-36(c)]来抑制天线的交叉极化,取得了较好的效果。

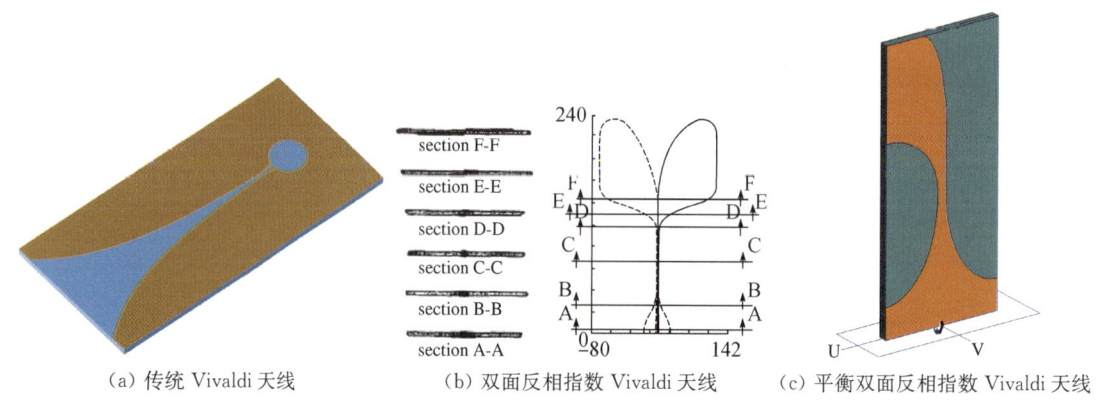

(a) 传统 Vivaldi 天线　　　(b) 双面反相指数 Vivaldi 天线　　　(c) 平衡双面反相指数 Vivaldi 天线

图 1-36　Vivaldi 天线的不同形式

P. Knott[172]对 Vivaldi 天线的馈电方式进行了改进,拓展了天线的带宽,减小了天线加工的难度;V. Mikhnev[173]对传统 Vivaldi 天线进行了改进,在天线上开槽并对其进行电阻加载,取得了较好的效果;Petr[174]对传统 Vivaldi 天线的形状进行了优化,使天线具有良好的阻抗匹配性能和信号保真度,并且实现了天线结构小型化;Deng 等在传统 Vivaldi 天线馈电处对其进行加载,大大拓宽了传统 Vivaldi 天线的带宽。

综合以上分析可以发现,目前各种探地雷达天线的研究非常多,各种天线都能够针对其所要检测的目标进行较为精确的检测和识别,也能够应用于对隧道结构的各种病害的检测,但检测时均存在检测速度慢、需人工辅助以及对交通影响大的问题。因此,迫切需要开发一种适用于车载,能够进行快速检测,且专门针对隧道衬砌及其背后空洞等缺陷进行检测的探地雷达天线。

1.3.3 隧道衬砌空洞雷达检测技术的研究内容

笔者从隧道衬砌背后空洞的检测入手,开发了适用于车载、能够快速检测衬砌及背后空洞的探地雷达天线,获得了高质量的空洞病害图像,及时发现了空洞的位置,主要研究内容包括:

(1) 首先,采用有限差分方法分析了影响探地雷达天线(Vivaldi Ⅰ型天线)特性的各种因素,包括地层特性(介电常数和电导率)和地层中的异常体(钢筋、钢板及空洞等),通过分析天线特性的变化,为天线的改进指出方向。然后,根据天线所受影响的特点,对现有的 Vivaldi Ⅰ型天线进行了一系列的改进,提出了 Vivaldi Ⅱ型和 Vivaldi Ⅲ型天线,并采用 CST 软件对改进前后的天线的特性进行了对比分析。本章 1.2 节主要对这些工作进行了阐述。

(2) 为了解隧道衬砌背后空洞等缺陷的雷达图像特征,建立了一个隧道衬砌结构的模型,并采用砂子来模拟围岩,在衬砌内和衬砌背后不同位置设置了一系列大小不同的空洞,采用现有的商业雷达进行了一系列的探测试验,通过对探测结果的分析,掌握了空洞缺陷的雷达图像特征。

(3) 为了解所提出的 Vivaldi 系列天线的电性能和实际探测性能,采用网络分析仪对 Vivaldi 系列天线的各种性能进行了测试,并制作了一个小型的模型箱,在模型箱内放置异物用 Vivaldi 系列天线进行了实测试验,并对试验结果进行了分析。

1.4 本章小结

本章针对隧道衬砌三大主要病害,即裂缝、渗漏水和空洞,通过大量的现场调研和文献研究,系统总结了三大病害现状及其检测技术的研究现状,详细介绍了隧道病害主流的检测设备和图像分析系统的技术特性,深入分析了当前检测技术研究中存在的问题,结合公路隧道的工程特性,提出了公路隧道衬砌病害检测与分析的研究重点,为后续研究指明方向。

参考文献

[1] 中华人民共和国交通运输部. 2016 年公路水路交通行业发展统计公报[R]. 2017.
[2] 洪开荣. 我国隧道及地下工程近两年的发展与展望[J]. 隧道建设,2017,37(2):123-134.
[3] 何川,佘健. 高速公路隧道维修与加固[M]. 北京:人民交通出版社,2006.
[4] 郭陕云. 论我国隧道和地下工程技术的研究和发展[J]. 现代隧道技术(增刊),2004:1-6.
[5] 贾志清. 铁路运营隧道病害状态检测及其机理分析[D]. 北京:北京交通大学,2005.
[6] 刘庭金,朱合华,夏才初,等. 云南连拱隧道衬砌开裂和渗漏水调查结果及分析[J]. 中国公路学报,2004,17(2):64-67.
[7] 蒲春平. 隧道衬砌的裂缝与渗水及其整治研究[D]. 上海:同济大学,1998.
[8] 蒲春平,夏才初,李永盛,等. 隧道的温度应力及由其引起的裂缝开展规律的研究[J]. 中国公路学报,2000,13(2):76-79.
[9] 向晓军. 龙泉山隧道病害治理[J]. 现代隧道技术,2005,42(2):65-71.
[10] 朱常春,沈晓伟. 大垭口隧道病害整治设计与施工[J]. 西部探矿工程,2005(1):111-112.

[11] 代高飞. 博士后研究报告：隧道典型病害及连拱隧道裂缝和渗漏水调查研究[D]. 上海：同济大学，2004.

[12] 唐亮. 隧道病害调查分析及衬砌结构的风险分析与控制研究[D]. 杭州：浙江大学，2008.

[13] 郑立煌. 公路隧道病害成因分析与隧道病害管理系统开发[D]. 上海：同济大学，2005.

[14] 关宝树. 隧道工程维修管理要点集[M]. 北京：人民交通出版社，2004.

[15] 王华牢，刘学增，李宁，等. 纵向裂缝隧道衬砌结构的安全评价与加固研究[J]. 岩石力学与工程学报，2010，29(S1)：2651-2656.

[16] 蒲春平，夏才初. 坂寮岭隧道渗漏水调查、成因分析及其整治措施[J]. 世界隧道，1999(4)：59-62.

[17] INOKUMA A, INANO S. Road tunnel in Japan: deterioration and countermeasures[J]. Tunnelling and Underground Space Technology, 1996, 11(3): 305-309.

[18] ASAKURA T, SATO Y. Damage to mountain tunnels in hazard area[J]. Soils and Foundations, 1996 (Special Issue): 301-310.

[19] 杨新安，黄宏伟. 隧道病害与防治[M]. 上海：同济大学出版社，2002.

[20] 中华人民共和国交通运输部. 公路隧道养护技术规范：JTG H12—2015[S]. 北京：人民交通出版社，2015.

[21] SEHENK T. Digital Photogrammetry[M]. USA Terra Science, 1999.

[22] YU S N, JANG J H, HAN C S, et al. Auto inspection system using a mobile robot for detecting concrete cracks in a tunnel[J]. Automation in Construction, 2007, 16(3): 255-261.

[23] SASAMA H, UKAI M, OHTA M, et al. Inspection system for railway facilities using a continuously scanned image[J]. Electrical Engineering in Japan, 1998, 125(2): 1345-1354.

[24] KUAI M. Development of image processing technique for detection of tunnel wall deformation using continuously scanned image[J]. Quarterly Report of RTRI, 2000, 41(3): 120-126.

[25] KUAI M. Advanced inspection system of tunnel wall deformation using image processing[J]. Quarterly Report of RTRI, 2007, 48(2): 94-98.

[26] KEISOKUKENSA Corporation Ltd [EB/OL]. http://www.keisokukensa.co.jp.

[27] YAO F H, SHAO G F, YAMADA H, et al. Development of an automatic concrete tunnel inspection system by an autonomous mobile robot[C]//Proceedings of 9th IEEE International Workshop on Robot and Human Interactive Communication. Osaka, Japan, 2000, 9: 74-79.

[28] BALTSAVIAS E P. A comparison between photogrammetry and laser scanning[J]. ISPRS Journal of Photogrammetry and Remote Sensing, 1999, 54(2): 83-94.

[29] AMBERG Technologies. GRP 5000-The mobile scanner solution for high-performance infrastructure analyses [EB/OL]. http://www.ambergtechnologies.ch/en/products/rail-surveying/sensors/grp-5000.

[30] SPACETEC Datengewinnung GmbH. Tunnel-Inspector-Your digital helper for tunnel inspection[EB/OL]. http://www.spacetec.de/e-tunnel-inspector.html.

[31] HGH Infrared Systems. Multi-sensor System for Tunnel Inspection-Detection of electrical cable overheating and water infiltration[EB/OL]. http://www.hgh.fr/controle-tunnel-en.php.

[32] HUANG Y X, XU B G. Automatic inspection of pavement cracking distress[J]. Journal of Electronic

Imaging,2006,15(1):1-6.

[33] 交通运输部公路科学研究院公路养护管理研究中心. CiCS 多功能路况快速检测系统[EB/OL]. http://www.roadmaint.com/4_JSCP.aspx.

[34] OH J K,JANG G,OH S,et al. Bridge inspection robot system with machine vision[J]. Automation in Construction,2009,18(7):929-941.

[35] TUNG P C,HWANG Y R,WU M C. The development of a mobile manipulator imaging system for bridge crack inspection[J]. Automation in Construction,2002,11(6):717-729.

[36] FU Z, CHEN Z P, ZHENG C, et al. A cable tunnel inspecting robot for dangerous Environment[J]. International Journal of Advanced Robotic Systems, 2008, 5(3):243-248.

[37] IYER S, SINHA S K. A robust approach for automatic detection and segmentation of cracks in underground pipeline images[J]. Image and Vision Computing, 2005, 23(10):921-933.

[38] GUO W, SOIBELMAN L, GARRETT J H. Automated defect detection for sewer pipeline inspection and condition assessment[J]. Automation in Construction, 2009, 18(5):587-596.

[39] MOSELHI O, SHEHAB-ELDEEN T. Automated detection of surface defects in water and sewer pipes [J]. Automation in Construction, 1999, 8(5):581-588.

[40] SU T C, YANG M D, WU T C, et al. Morphological segmentation based on edge detection for sewer pipe defects on CCTV images[J]. Expert Systems with Applications,2011,38(10):13094-13114.

[41] HAO T, ROGERS C D F, METJE N, et al. Condition assessment of the buried utility service infrastructure[J]. Tunnelling and Underground Space Technology, 2012, 28:331-344.

[42] FUJITA Y, MITANI Y, HAMAMOTO Y. A method for crack detection on a concrete structure[C]// The 18th International Conference on Pattern Recognition. Hong Kong, 2006, 9:901-904.

[43] FUJITA Y, HAMAMOTO Y. A robust automatic crack detection method from nosiy concrete surfaces [J]. Machine Vision and Applications, 2011, 22(2):245-254.

[44] ITO A, AOKI Y, HASHIMOTO S. Accurate extraction and measurement of fine cracks from concrete block surface image[C]//Droceedings of the 28th IEEE Annual Conference on the Industrial Electronics Society. 2002, 3:2202-2207.

[45] MIYAMOTO A, KONNO M A, BRUHWILER E. Automatic crack recognition system for concrete structures using image processing approach[J]. Asian Journal of Information Technology, 2007, 6(5):553-561.

[46] IYER S, SINHA S K. Segmentation of pipe images for crack detection in buried sewers[J]. Computer-Aided Civil and Infrastructure Engineering, 2006, 21(6):395-410.

[47] SINHA S K, FIEGUTH P W. Morphological segmentation and classification of underground pipe image [J]. Machine Vision and Applications, 2006, 17(1):21-31.

[48] YANG M D, SU T C. Segmenting ideal morphologies of sewer pipe defects on CCTV images for automated diagnosis[J]. Expert systems and with Applications, 2009, 36(2):3562-3573.

[49] SINHA S K, FIEGUTH P W. Segmentation of buried concrete pipe images[J]. Automation in Construction, 2006, 15(1):47-57.

[50] YAMAGUCHI T, NAKAMURA S, SAEGUSA R, et al. Image-based crack detection for real concrete

surfaces[J]. IEEJ Transactions on Electrical and Electronic Engineering, 2008, 3(1): 128-135.

[51] YAMAGUCHI T, HASHIMOTO S. Practical image measurement of crack width for real concrete structure[J]. IEEJ Transactions on Electronics, Information and Systems, 2007, 127(4): 605-614.

[52] YAMAGUCHI T, HASHIMOTO S. Fast crack detection method for large size concrete surface images using percolation based image processing[J]. Machine Vision and Applications, 2010, 21(5): 797-809.

[53] SINHA S K, FIEGUTH P W. Automated detection of cracks in buried concrete pipe images[J]. Automation in Construction, 2006, 15(1): 58-72.

[54] ABDEL-QADER I, ABUDAYYEH O, KELLY M E. Analysis of edge-detection techniques for crack identification in bridges[J]. Journal of Computing in Civil Engineering, 2003, 17(4): 255-263.

[55] DARE P W, HANLEY H B, FRASER C S, et al. An operational application of automatic feature extraction: The measurement of cracks in concrete structures[J]. Photogrammetric Record, 2002, 17(99): 453-464.

[56] CHEN L C, SHAO Y C, JAN H H, et al. Measuring system for cracks in concrete using multi-temporal images[J]. Journal of Surveying Engineering, 2006, 132(2): 77-82.

[57] 初秀民,王荣本,储江伟,等.沥青路面破损图像分割方法研究[J].中国公路学报,2003,16(3):11-14.

[58] 张娟,沙爱民,孙朝云,等.基于相位编组法的路面裂缝自动识别[J].中国公路学报,2008,21(2):39-42.

[59] 王雷,黄战华,蔡怀宇,等.工程结构构件裂缝图像的处理与宽度测量[J].计算机测量与控制,2006,14(8):992-994.

[60] 莫国影,左敦稳,朱笑笑.基于CCD图像的表面疲劳裂纹识别与长度计算[J].机械制造与研究,2008(2):66-68.

[61] 孙朝云,褚燕利,樊瑶,等.基于VC++路面裂缝图像处理系统研究[J].计算机应用与软件,2009,26(8):82-85.

[62] 张维峰,刘萌,杨明慧.基于数字图像处理的桥梁裂缝检测技术[J].现代交通技术,2008,5(5):34-36.

[63] 刘清元,谈桥.基于图像处理的混凝土裂缝的检测[J].武汉理工大学学报,2005,27(4):69-71.

[64] 查旭东,王文强.基于图像处理技术的连续配筋混凝土路面裂缝宽度检测方法[J].长沙理工大学学报(自然科学版),2007,4(1):13-17.

[65] 孙波成,邱延峻.路面裂缝图像处理算法研究[J].公路交通科技,2008,25(2):64-68.

[66] 徐志刚,赵祥模,宋焕生,等.基于直方图估计和形状分析的沥青路面裂缝识别算法[J].仪器仪表学报,2010,31(10):2260-2266.

[67] 工克金.铁路客运专线隧道防排水原则的探讨[J].内蒙古科技与经济,2006(12):126-128.

[68] 唐健.焦冲隧道漏水原因分析及治理[J].公路隧道,2000(4):36-38.

[69] 陈绍秋,李明领,等.软弱围岩隧道渗漏水综合整治[J].铁道建筑技术,2001(4):30-32.

[70] 何远祥.整治隧道裂纹漏水试验研究与应用[J].隧道及地下工程,1996,19(2):56-60.

[71] 蒋忠信.隧道工程与水环境的相互作用[J].岩石力学与工程学报,2005,24(1):121-127.

[72] 李兴高,刘维宁.公路隧道防排水的安全型综合解决方案[J].中国公路学报,2003,16(1):68-73.

[73] 金育蘅.晋阳高速公路隧道病害处治工程施工及组织[J].山西建筑,2003,29(13):122-123.

[74] 孙晟彧,李瑞峰,冯永刚.运营公路隧道衬砌混凝土爆破拆除[J].铁道建筑技术,2002(3):65-66.

[75] 王晓明,杨光,温浩.大峪隧道混凝土结构病害检测与结构健康诊断[J].东北公路,2003,26(2):129-131.

[76] 戴宏伟.公路隧道渗漏水成因、危害机理和冻害问题研究[D].上海:同济大学,2006.

[77] 潘海泽,黄涛,杨海静,等.运营隧道渗漏水灾害分类和等级评定方法[J].干旱区地理,2009,32(1):145-151.

[78] 日本铁道施设协会.日本铁道土木横造物维持管理标准·同解说[S].东京:丸善株式会社出版事业部,2006.

[79] MASHIMO Hideto, ISHIMURA Toshiaki. State of the art and future prospect of maintenance and operation of road tunnel[J]. ISARC, 2006:299-302.

[80] HUANG Yaxiong, XU Bugao. Automatic inspection of pavement cracking distress[J]. Journal of Electronic Imaging, 2006, 15(1):1-6.

[81] TUNG Pi-Cheng, HWANG Yean-Ren, WU Ming-Chang. The development of a mobile manipulator imaging system for bridge crack inspection[J]. Automation in Construction, 2002, 11:717-729.

[82] OH Je-Keun, JANG Giho, OH Semin, et al. Bridge inspection robot system with machine vision[J]. Automation in Construction, 2009, 18:929-941.

[83] IYER Shivprakash, SINHA Sunil K. A robust approach for automatic detection and segmentation of cracks in underground pipeline images[J]. Image and Vision Computing, 2005, 23:921-933.

[84] SINHA A Sunil K, FIEGUTH Paul W. Automated detection of cracks in buried concrete pipe images[J]. Automation in Construction, 2006, 15:58-72.

[85] OSAMA Moselhi, TARIQ Shehab-Eldeen. Automated detection of surface defects in water and sewer pipes[J]. Automation in Construction, 1999, 8:581-588.

[86] FU Zhuang, CHEN Zupan, ZHENG Chao, et al. A cable tunnel inspecting robot for dangerous Environment[J]. International Journal of Advanced Robotic Systems, 2008, 5(3):243-248.

[87] AMBERG TECHNOLOGIES Corp [EB/OL]. http://www.amberg.ch.

[88] SPACETEC Datengewinnung GmbH Corp [EB/OL]. http://www.spacetec.de.

[89] FENG Quanhong, WANG Guojuan, RoSHOFF Kennert. Detection of water leakage using laser images from 3D laser scanning data[J]. IAEG, 2006, 750:1-7.

[90] HGH Infrared Systems Corp [EB/OL]. http://www.Hgh.fr.

[91] RICHARDS J A. Inspection, maintenance and repair of tunnels: International lessons and practice[J]. Tunnelling and Underground Space Technology, 1998, 13(4):399-375.

[92] ASAKURA Toshihiro, KOJIMA Yoshiyuki. Tunnel maintenance in Japan[J]. Tunnelling and Underground Space Technology, 2003, 18:161-169.

[93] 刘善军,张艳博,吴立新,等.混凝土破裂与渗水过程的红外辐射特征[J].岩石力学与工程学报,2009,28(1):53-58.

[94] CLARK M R, MCCANN D M, FORDE M C. Application of infrared thermography to the non-destructive testing of concrete and masonry bridges[J]. NDT&E International, 2003, 36:265-275.

[95] VAVILOV V, DEMIN V. Infrared thermographic inspection of operating smokestacks[J]. Infrared Physics & Technology, 2002, 43:229-232.

[96] 赵为民,赵鸿,赵鸣.红外热像技术在检测建筑物渗漏中的应用[J].住宅科技,2004(5):38-40.

[97] 戴景民,汪子君.红外热成像无损检测技术及其应用现状[J].自动化技术与应用,2007,26(1):1-7.

[98] 阮秋琦.数字图像处理学[M].北京:电子工业出版社,2001.

[99] 宋培华,陆宗骏,高敦岳.基于图像投影直方图法的二维码在线检测与识别[J].华东理工大学学报,2001,27(5):577-579.

[100] 王炳健,刘上乾,周慧鑫,等.基于平台直方图的红外图像自适应增强算法[J].光子学报,2005,34(2):299-301.

[101] 杨必武,郭晓松,土克军,等.基于直方图非线性拉伸的红外图像增强新算法[J].红外与激光工程,2003,32(1):1-3.

[102] 顾国华,王忠林,陈钱.基于模糊理论的红外图像锐化及硬件实现[J].激光与红外,2008,38(5):494-497.

[103] ADELMANN H G. Butterworth equations for homomorphic filtering of images[J]. Computers in Biology and Medicine, Elsevier,1998,28(2):169-181.

[104] 程玉宝,徐海萍.基于小波重构和灰度分段的红外图像放大增强[J].红外技术,2008,30(10):567-570.

[105] 周寿军,陈武凡.基于增强的粒子滤波算法的医学图像动态轮廓跟踪新方法[J].第一军医大学学报,2004,24(6):677-681.

[106] 陆佳佳,方亮,叶玉堂,等.基于脉冲耦合神经网络的红外图像增强[J].光电工程,2007,34(2):50-54.

[107] 过润秋,李俊峰,林晓春.基于并行遗传算法的红外图像增强及相关技术[J].西安电子科技大学学报,2004,31(1):6-8.

[108] 刘政清,杨华,张骏.基于模糊集理论的红外图像自适应增强方法[J].制导与引信,2006,27(3):45-47.

[109] 冯国进,顾国华,陈钱.基于形态学的红外图像边缘增强[J].激光与红外,2003,33(6):453-454.

[110] 章毓晋.图像分割[M].北京:科学出版社,2001.

[111] AAMINK R Q. Edge deteetion in Prostatic ultrasound images using integrated edge maps[J]. IEEE Trans. Ultrasonics, 1998, 36:635-642.

[112] GUPTA I, SORTRAKUL T A. Gaussian-mixture-based image segmentation algorithm[J]. IEEE Trans. Pattern Recognition, 1998, 31(3):315-326.

[113] WANG J P. Stochastic relaxation on partitions with connected components and its application to image segmentation[J]. IEEE Trans. PAMI, 1998, 20(8):619-636.

[114] 王中元,胡瑞敏,章凯.区域分割或连通分量标记分裂-合并法的一种实现[J].小型微型计算机系统,2004,25(9):1648-1651.

[115] BAND L E. Topographical partition of watersheds with digital elevation models[J]. Water Resources Research, 1986, 22(1):5-24.

[116] VINCENT L, SOILLE P. Water sheds in digital spaces:An efficient algorithm based on immersion simulations[J]. IEEE Trans. Pattern Analysis and Machine Intelligence, 1991, 13(6):583-598.

[117] GEMAN S, GEMAN D. Stochastic relaxtion, gibbs distributions, and the bayesian restoration of images[J]. IEEE Trans. Pattern Analysis and Machine Intelligence, 1984, 6(6):721-724.

[118] LI I, GONG J, CHEN W. Grey-level image thresholding based on fisher linear projection of two-dimensional xistogram[J]. IEEE Trans. Pattern Recognition, 2004, 30(5): 743-750.

[119] 郭臻, 陈远知. 图像阈值分割算法研究[J]. 中国传媒大学学报, 2008, 15(2): 78-82.

[120] 刘文萍, 吴立德. 图像分割中阈值选取方法比较研究[J]. 模式识别与人工智能, 1997, 10(3): 271-277.

[121] 刘启川. 隧道异状成因与判别模式之研究[D]. 台北: 台湾大学, 2007.

[122] CEB——欧洲混凝土委员会. CEB耐久混凝土结构设计指南[M]. 2版. 周燕, 邸小坛, 韩维云, 等, 译. 北京: [s. n.]1989.

[123] 中华人民共和国交通运输部. 2010年公路水路交通运输行业发展统计公报. 2011. http://www.moc.gov.cn/zhuzhan/tongjigongbao/fenxigongbao/hangyegongbao/201104/t20110428_937558.html.

[124] 李士伟. 2010中国国际隧道与地下工程技术展览会5月在上海召开[J]. 地下空间与工程学报, 2010, 6(2): 436-438.

[125] 中华人民共和国铁道部. 铁路运营隧道衬砌安全等级评定暂行规定(铁运函〔2004〕174)[S]. 北京: 中国铁道出版社, 2004.

[126] 张人伟. 铁路运营隧道衬砌安全等级的评定[J]. 现代隧道技术, 2004(增刊), 77-84.

[127] KRAUS J D. Antennas [M]. New York: McGraw-Hill, 1988.

[128] KRAUS J D. Electromagnetics [M]. 4th edition. New York: McGraw-Hill, 1992.

[129] COLLIN R E. Foundations for Microwave Engineering [M]. New York: McGraw-Hill, 1992.

[130] 林昌禄. 天线测量[M]. 成都: 成都电讯工程学院出版社, 1988.

[131] 毛乃宏, 俱新德. 天线测量手册[M]. 北京: 国防工业出版社, 1987.

[132] BALANIS Constantine A. Antenna Theory-Analysis and Design [M]. 3rd Edition. New Jersey: John Wiley & Sons, Inc., 2005.

[133] DANIELS Jeffrey J, ROBERTS Roger, VENDL Mark. Ground penetrating radar for the detection of liquid contaminants [J]. Journal of Applied Geophysics, 1995, 33(1-3): 195-207.

[134] OVERGAARD Torben, JAKOBSEN Peter Roll. Mapping of glaciotectonic deformation in an ice marginal environment with ground penetrating radar [J]. Journal of Applied Geophysics, 2001, 47(3-4): 191-197.

[135] MELLET James S. Ground penetrating radar applications in engineering, environmental management and geology [J]. Journal of Applied Geophysics, 1995, 33(1-3): 157-166.

[136] BIRKEN Ralf, VERSTEEG Roelof. Use of four-dimensional ground penetrating radar and advanced visualization methods to determine subsurface fluid migration [J]. Journal of Applied Geophysics, 2000, 43(2-4): 215-226.

[137] BARBIN Y, NICOLHN F, KOFRNAN W, et al. Mars 96 GPR program[J]. Journal of Applied Geophysics, 1995, 33(1-3): 27-37.

[138] SATO Motoyuki, LU Qi. Ground water migration monitoring by GPR[J]. International and Remote Sensing Symposium (IGARSS), 2002, 1: 345-347.

[139] SATO Motoyuki, ZENG Zhaofa, FANG Guangyou, et al. Stepped-frequency GPR system for Landmine detection[C]//Proceedings of SPIE — The International Society for Optical Engineering.

2003, 5089(1): 179-184.

[140] SATO Motoyuki, FANG Guangyou, ZENG Zhaofa. Landmine detection by a broadband GPR system [J]. International Geoscience and Remote Sensing Symposium (IGARSS), 2003, 2: 758-760.

[141] SATO Motoyuki, JUN Fujiwara, FENG Xuan, et al. Development of a hand-held GPR MD sensor system (ALIS) [C]//Proceedings of SPIE — The international Society for Optical Engineering (PART II), Detection and Remediation Technologies for Mines and Minelike Targets. 2005, 5794: 1000-1007.

[142] SATO Motoyuki. ALIS: GPR for humanitarian demining and its evaluation in Cambodia [C]//2010 IEEE International Symposium on Antennas and Propagation and CNC - USNC/URSI Radio Science Meeting — Leading the Wave, AP-S/URSI 2010.

[143] LIU Lanbo, LI Yong. Identification of liquefaction and deformation features using ground penetrating radar in the New Madrid seismic zone [J]. USA Journal of Applied Geophysics, 2001, 47(3-4): 199-215.

[144] LIU Lanbo. Fracture characterization using borehole radar: Numerical modeling [J]. Water, Air, and Soil Pollution: Focus, 2006(6): 17-34.

[145] LIU Lanbo. Numerical simulation of the wave-guide effect of the near-surface thin layer on radar wave propagation [J]. Journal of Environment and Engineering Geophysics, 2003, 8: 53-61.

[146] LIU Lanbo, STEVE A. Arcone. Propagation of radar pulses from a horizontal dipole in variable dielectric ground: A numerical approach [J]. Subsurface Sensing Technologies and Applications, 2005, 6(1): 5-24.

[147] LIU Lanbo. GPR for fast pavement assessment (report) [R]. Connecticut: Dept of Transportation of the University of Connecticut, 2007.

[148] LIU Lanbo, KUANG He. Wave interferometry applied to borehole radar: Virtual multioffset reflection profiling[J]. IEEE Transactions on Geoscience and Remote Sensing, 2007, 45(8): 2554-2559.

[149] SEJE Carlsten, SAM Johansson, ANDERS Wörman. Radar techniques for indicating internal erosion in embankment dams[J]. Journal of Applied Geophysics, 1995, 33(1-3): 143-156.

[150] VIRGINIA Tuley M T, RALSTON J M, ROTONDO F S. Evaluation of earth radar unexploded ordnance testing at fort[J]. IEEE Aerospace and Electronic Systems Magazine, 2002, 17(5): 10-12.

[151] XIE X Y, ZHAO Y H. A case study-GPR testing of Shanghai historical bank building[J]. Proceedings of SPIE, 2002, 4758(2): 625-629.

[152] XIE X Y, LIU Y J, HUANG H W, et al. Evaluation of grouting behind lining of shield tunnel using ground penetrating radar in Shanghai metro, China [C]//Proceedings of the 10th GPR International Conference. Delft, Netherlands, 2004: 419-422.

[153] ZHAO Y H, WU J S, XIE X Y. Multiple suppression in GPR image for testing back-filled grouting within shield tunnel [C]//Proceedings of the 13th International Conference on Ground Penetrating Radar. 2010: 271-276.

[154] ZHANG F S, XIE X Y, HUANG H W. Application of ground penetrating radar in grouting evaluation for shield tunnel construction[J]. Tunnelling and Underground Space Technology, 2010, 25(1): 99-107.

[155] XU Li, HAGNESS S C, CHOI M K, et al. Numerical and experimental investigation of an ultrawideband ridged pyramidal horn antenna with curved launching plane for pulse radiation[J]. IEEE Antennas and Wireless Propagation Letters, 2003, 2(1): 259-262.

[156] DANIELS D J. Ground Penetrating Radar[M]. 2nd Edition. London: The Institution of Electrical Engineers, 2004.

[157] LESTARI A A, YAROVOY A G, LIGTHART L P. Capacitively-tapered bowtie antenna[C]// Proceeding (CD-ROM) of millennium conference on antennas & propagation (AP 2000). Davos, Switzerland: 2000.

[158] MA Tzyh-Ghuang, JENG Shyh-Kang. A printed dipole antenna with tapered slot feed for ultrawideband applications[J]. IEEE Transactions on Antennas and Propagation, 2005, 53(11): 3833-3836.

[159] TELZHENSKY N, LEVIATAN Y. Novel method of UWB antenna optimization for specified input signal forms by means of genetic algorithm[J]. IEEE Transactions on Antennas and Propagation, 2006, 54(8): 2216-2225.

[160] IVO Hertl, MICHAL Strycek. UWB antennas for ground penetrating radar application[C]//19th International Conference on Applied Electromagnetics and Communications (ICECom 2007), 2007: 1-4.

[161] GIBSON P J. The vivaldi aerial[C]//9th European Microwave Conference, 1979: 101-105.

[162] TURK Ahmet Serdar. Ultra-wideband vivaldi antenna design for multisensor adaptive ground-penetrating impulse radar[J]. Microwave and Optical Technology Letters, 2006, 48(5): 834-839.

[163] PROKHORENKO Vitaliy, IVASHCHUK Volodymyr, KORSUN Sergiy. Improvement of electromagnetic pulse radiation efficiency[J]. Subsurface Sensing Technologies and Applications, 2005, 6(2): 107-123.

[164] LESTARI A A, YAROVOY A G, LIGTHART L P. Adaptive wire bow-tie antenna for GPR applications[J]. IEEE Transactions on Antennas and Propagation, 2005, 53(5): 1745-1754.

[165] LESTARI A A, YAROVOY A G, LIGTHART L P. Capacitively-tapered bowtie antenna[C]// Proceeding (CD-ROM) of Millennium Conference on Antennas & Propagation (AP 2000). Davos, Switzerland: 2000.

[166] LESTARI A A, SUKSMONO A B, BHARATA E. Small UWB antenna with improved efficiency for pulse radiation[J]. 2005 IEEE International Workshop on Antenna Technology, 2005.

[167] LESTARI A A, BHARATA E, SUKSMONO A B, et al. A modified bow-tie antenna for improved pulse radiation[J]. IEEE Transactions on Antennas and Propagation, 2010, 58(7): 2184-2192.

[168] 周游,潘锦,聂在平. 时域背腔式领结天线的工程化设计[J]. 电子科技大学学报, 2005, 34(1): 1-3.

[169] GIBSON P J. The Vivaldi Aerial[C]//9th European Microwave Conference. 1979: 101-105.

[170] GAZIT E. Improved design of the vivaldi antenna[J]. Proe Inst Elect Eng, 1988, 135(2): 89-92.

[171] LANGLEY J D S, HALL P S, NEWHAM P. Novel ultra wide-band width vivaldi antenna and low cross polarization[J]. Electron Lett, 1993, 29(23): 2004-2005.

[172] KNOTT P, BELL A. Coaxially-fed tapered slot antenna[J]. Electronics letters, 2001, 37(8):

103-1104.

[173] MIKHNEV V, VAINIKAINEN P. Ultra-wideband tapered-slot antenna with non-uniform resistive loading[J]. International Conference on Antenna Theory and Techniques, 2007: 281-283.

[174] PETR Černý, JOSEF Nevrlý, MILOŠ Mazánek. Optimization of tapered slot vivaldi antenna for UWB application [C]//19th International Conference on Applied Electromagnetics and Communications (ICECom 2007). 2007: 1-4.

2 隧道衬砌裂缝检测技术

2.1 隧道衬砌裂缝机器视觉检测技术试验研究

2.1.1 概述

机器视觉[1-4]就是利用机器或计算机代替人类视觉进行各种测量和判断。美国制造工程师协会（Society of Manufacturing Engineers，SME）机器视觉分会和美国机器人工业协会（Robotic Industries Association，RIA）自动化视觉分会关于机器视觉的定义是："Machine vision is the use of devices for optical non-contact sensing to automatically receive and interpret an image of a real scene in order to obtain information and control machines or processes."译成中文是："机器视觉是使用光学器件进行非接触感知，自动获取和解释一个真实场景的图像，以获取信息和控制机器或过程。"可见机器视觉涉及多个学科。一般来说，机器视觉系统包括了照明系统、光学镜头、摄像系统和图像处理系统。图2-1是工业领域一个典型的机器视觉检测系统示意图，该系统主要由工业相机、照明光源、安装有图像处理软件的计算机、图像处理硬件、运动控制系统或可编程控制器及相关连接线缆等组成。

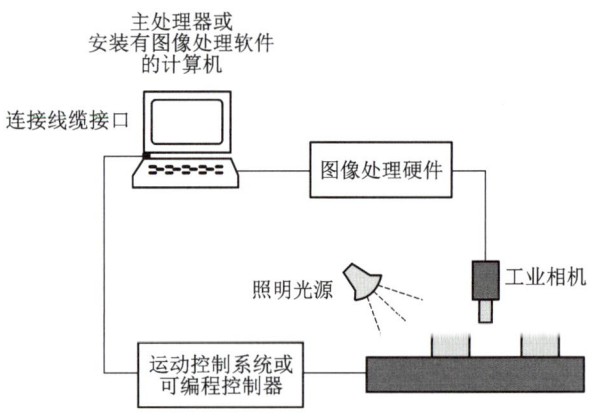

图 2-1 工业领域典型机器视觉检测系统示意图

对于每一个机器视觉应用，都需要考虑检测系统的运行速度，图像处理速度，检测目标的尺寸以及检测目标有无缺陷、视场、分辨率、对比度等。从功能上来看，典型的机器视觉系统可以分为图像采集部分、图像处理部分和运动控制部分[5]。

（1）图像采集部分：采集到满足分析所需要的相应图像，这是机器视觉检测系统的基础。

（2）图像处理部分：即图像的增强和分析处理，按照机器视觉的功能要求，对采集到的图像进行分析处理，并输出分析结果，是机器视觉系统的核心。

（3）运动控制部分：即输入与输出控制，包括控制机器视觉系统本身，以达到准确采集图像的目的，通过输出信号，并驱动相应机构，实现机器视觉系统的检测功能。

由此可知，机器视觉检测就是采用工业相机将被检测的目标转换成图像信号，再传送给专用的图像处理系统，根据像素分布、亮度、颜色等信息，转变成数字化信号，图像处理系统对这些信号进行各种运算来抽取目标的特征，如面积、数量、位置、长度，再根据预设的允许度和其他条件输出结果，包括尺寸、角度、个数等，实现自动识别功能。目前，机器视觉技术在印刷产品包装[6-9]、产品质量检测[10-13]、机械零部件缺陷检测[14-18]、农产品分选[19-24]、医学影像处理[25]、航空设备故障识别[26-28]、智能交通监控[29-30]、煤尘颗粒检测[31]、铁路轨道和车辆检测[32-34]、钢铁棒材分选[35-37]、医用灯检机检测[38-40]、精密尺寸测量[41-43]等领域已得到了成功应用,而且在道路路面病害检测[44]、桥梁病害检测[45]等土木工程领域也有应用。

本章首先根据机器视觉检测基本原理,设计适合于隧道衬砌裂缝的机器视觉检测系统;其次,提出评价衬砌裂缝机器视觉检测性能的定量指标,主要包括图像灰度直方图、图像灰度分布和裂缝检测精度;最后进行相关室内模型试验,并根据检测性能评价指标,总结不同因素对隧道衬砌裂缝机器视觉检测性能的影响规律,为隧道衬砌裂缝机器视觉检测系统的研制和集成提供参考依据。

2.1.2 隧道衬砌裂缝机器视觉检测技术基本原理

隧道衬砌裂缝机器视觉检测技术主要基于工业领域机器视觉检测原理,利用机器或计算机来代替人眼进行裂缝测量和判断,通过图像采集系统将裂缝病害转换成图像信号,再传送给图像识别系统,根据像素分布、亮度等信息,转变成数字信号,图像识别系统对这些数字信号进行各种运算来抽取裂缝的长度、宽度、走向、位置等特征参数,并输出检测结果,从而实现隧道衬砌裂缝的自动快速检测功能。图2-2是本章研究设计的隧道衬砌裂缝机器视觉检测系统示意图,该检测系统包括图像采集系统、图像存储系统和图像处理系统。图像采集系统由CCD图像传感器、图像采集卡、光学镜头、照明光源、编码器、定位装置等组成;图像存储系统用来存储采集的衬砌图像;图像处理系统进行裂缝的自动识别和裂缝长度、宽度、位置、走向、分布密度等特征参数的计算,之后根据裂缝特征参数绘制沿隧道拱顶的裂缝病害展开图,为隧道衬砌结构安全评估提供客观依据。

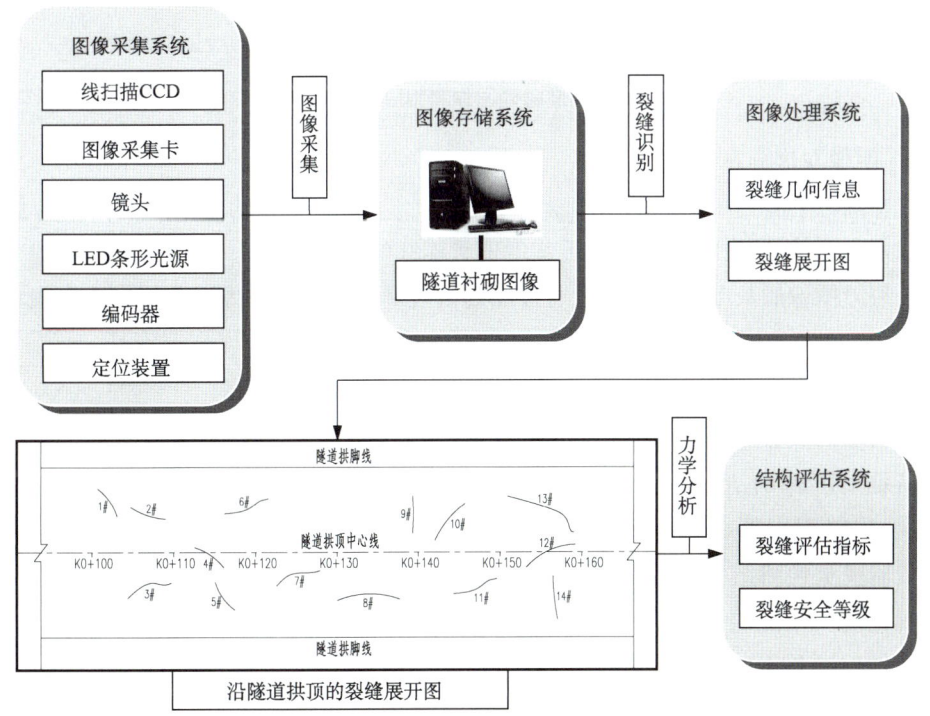

图 2-2 隧道衬砌裂缝机器视觉检测系统示意图

2.1.3 隧道衬砌裂缝机器视觉检测技术性能指标

2.1.3.1 图像灰度直方图

图像的灰度直方图[46]是图像灰度级的函数,它表示图像中具有各种灰度级的像素的个数,反映图像中每种灰度出现的频率,是一幅图像最基本的统计特征。灰度直方图的横坐标是灰度级,对于 8 位灰度图像,横坐标位于 0～255 之间,纵坐标是该灰度级出现的个数。

图 2-3 是采集的隧道衬砌图像及相应的灰度直方图。通过灰度直方图的形状可初步评断图像的一些特征:①明亮图像的灰度直方图倾向于灰度级高的一侧;②低对比度图像的灰度直方图狭窄而集中于灰度级的中部,高对比度图像的直方图很宽而且像素的分布较为均匀,只有少量的垂线。若一幅图像的像素占有全部可能的灰度级并且分布均匀,则该图像具有高对比度和多变的灰度区域。

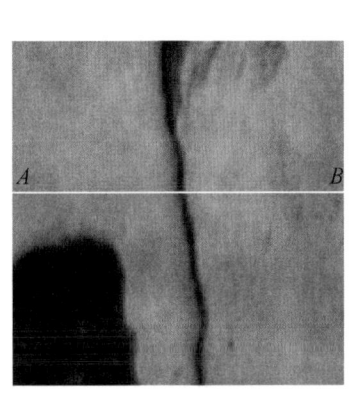
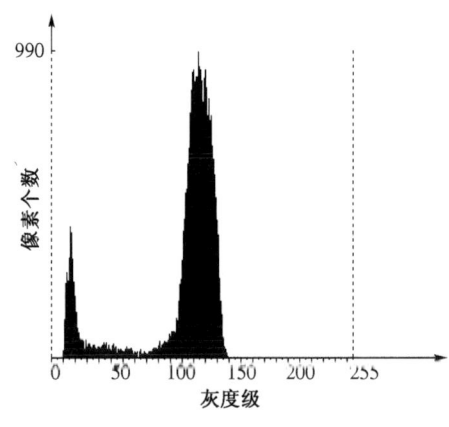

(a) 隧道衬砌图像　　　　　　(b) 灰度直方图

图 2-3　隧道衬砌图像和相应的灰度直方图

2.1.3.2 图像灰度分布

裂缝在图像上有三个明显的灰度分布特征[47]:①裂缝位置的像素灰度值低于周围背景位置的像素灰度值;②裂缝是具有相近灰度值且连续的像素区域;③裂缝像素区域的宽度远小于长度。裂缝图像的灰度分布特征可通过绘制沿裂缝宽度方向的像素灰度剖面来表示。

图 2-4 是图 2-3 中图像沿裂缝宽度 AB 方向的灰度剖面分布,由图可以看出,裂缝像素区域呈现明显的波谷特征,图像的这种波谷灰度分布特征对图像的清晰度、裂缝细节特征、灰度层次、裂缝识别都有重要影响,直接影响裂缝的机器视觉检测结果,是评价隧道衬砌裂缝机器视觉检测性能的一个重要指标。因此,可选择图像的灰度分布特征作为评价隧道衬砌裂缝机器视觉检测性能的定量指标。

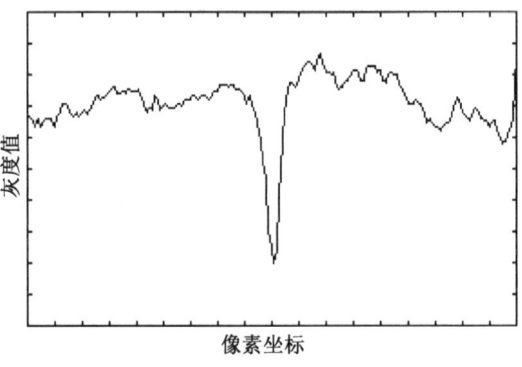

图 2-4　沿裂缝宽度 AB 方向的图像灰度剖面分布

2.1.3.3 裂缝检测精度

隧道衬砌裂缝机器视觉检测的主要目的是提取裂缝的特征参数,为衬砌结构安全评估提供依据,因此裂缝检测精度是评价隧道衬砌裂缝机器视觉检测性能的另一个重要指标。

具体分析时可采用相对误差 $R^{[48]}$ 作为评价裂缝检测精度的定量指标,具体公式如下:

$$R = \frac{|w_c - w_m|}{w_m} \times 100\% \tag{2-1}$$

式中,w_c 表示对图像进行识别和特征提取后得到的裂缝宽度,计算时采用相应的裂缝特征参数提取方法可得到沿裂缝长度方向上每一点的裂缝宽度;w_m 表示采用数显式裂缝显微镜测量得到的裂缝宽度,代表裂缝的真实宽度。

由式(2-1)可知,相对误差 R 值越小,裂缝检测精度就越高,裂缝的机器视觉检测性能也就越好;相对误差 R 值越大,裂缝检测精度就越低,裂缝的机器视觉检测性能也就越差。因此,可选择裂缝检测精度作为评价隧道衬砌裂缝机器视觉检测技术性能的又一定量指标。

2.1.4 隧道衬砌裂缝机器视觉检测技术性能影响因素模型试验

2.1.4.1 模型试验概况

1. 试验目的

目前,国内外尚缺乏对隧道衬砌裂缝自动检测系统性能的试验研究,针对这一不足,本章设计了基于线阵 CCD 和高亮度 LED 光源的自动检测系统试验装置,采用混凝土试块并涂抹防火涂料模拟不同工况下的隧道衬砌,通过室内模型试验总结检测距离、光源照度、有效像素和检测速度等因素对衬砌裂缝机器视觉检测性能的影响规律,为隧道衬砌裂缝机器视觉检测系统的研究开发提供参考依据。

2. 试验装置

本研究专门设计了室内模型试验所采用的隧道衬砌裂缝机器视觉检测系统,分别由图像采集系统和裂缝识别系统组成,图像采集系统负责试验图像的采集和存储,裂缝识别系统负责裂缝的识别提取和特征参数计算,系统的组成示意图如图 2-5 所示。

本研究根据图 2-5 所示的机器视觉检测系统示意图设计了室内模型试验所采用的试验装置,主要由移动支架、线阵 CCD 工业相机、光学镜头、图像采集卡、高亮度 LED 光源、计算机、旋转编码器及相关连接线缆等设备组成,如图 2-6 所示。

线阵 CCD 工业相机、图像采集卡、镜头和编码器采用现有的商业产品,移动支架和高亮度 LED 光源由笔者自主设计,移动支架在室内以 10 km/h 以内的速度移动,LED 光源的光束宽度超过 10 cm,亮度高、均

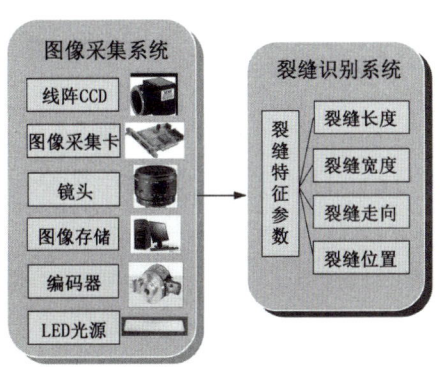

图 2-5 隧道衬砌裂缝机器视觉检测系统组成示意图

匀性好、聚光性强。线阵CCD相机安装在移动支架中间，LED光源安装在支架两侧，图像采集卡安装在计算机的PCI插槽内。线阵CCD相机按照一定的时间间隔每次采集一行图像，通过支架的运动形成二维图像（8位灰度图像），并实时将图像存储至计算机。旋转编码器安装在支架的轮轴上，通过输出脉冲信号触发线阵CCD相机实时采集每行图像，使线阵CCD相机的扫描频率与支架的运动速度保持同步，保证采集到的像素为方形像素，即图像在纵横两个方向上的光学分辨率相同，同时记录支架的运动距离。

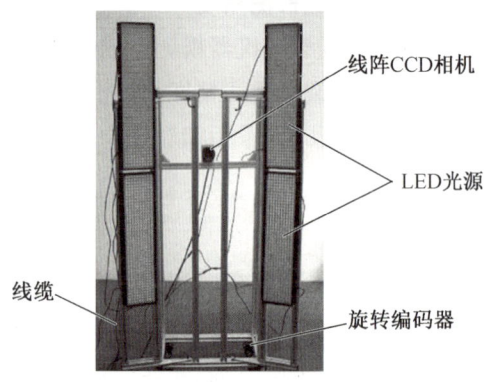

图2-6 隧道衬砌裂缝机器视觉检测试验装置

3. 试验图像采集

试验图像的实时采集和实时存储是隧道衬砌裂缝机器视觉检测系统的重要功能，笔者在SDK基础上，基于Visual C++ 6.0编写了试验所采用的线阵CCD图像采集软件，软件界面如图2-7所示。在试验过程中，图像采集软件可实现图像的实时采集、实时显示和实时存储。在CCD相机控制面板可设置CCD的增益、偏置、同步时间、扫描行数和显示方式等，可在扫描时设置启动旋转编码器触发脉冲信号功能。采集软件可设置为图像滚动方式显示，存储的图像可设置为8位灰度图格式和以灰度值（0~255）表示的数据格式。

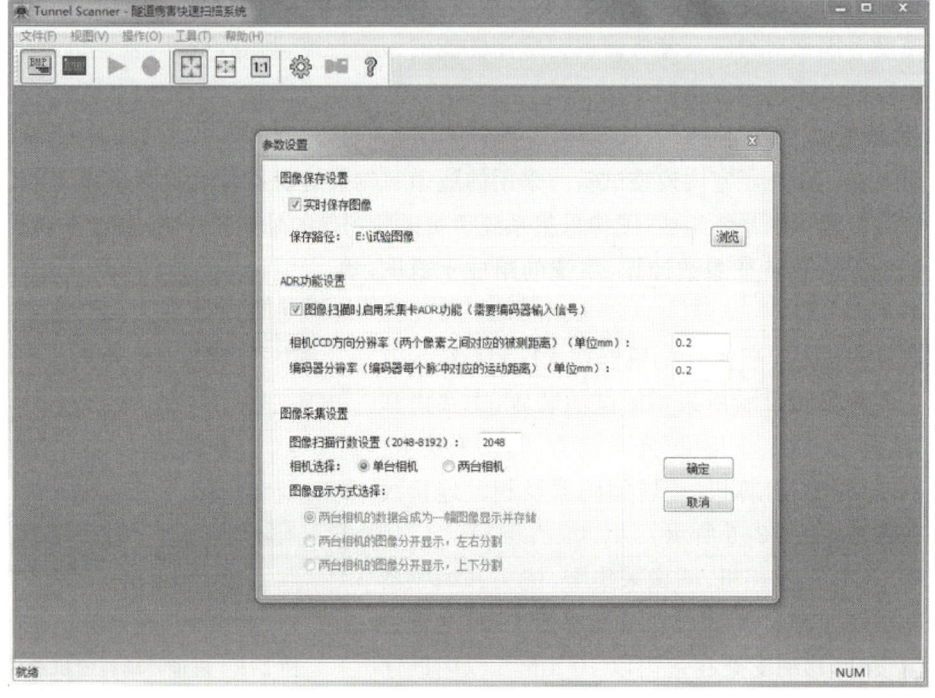

图2-7 图像采集软件界面

4. 试验图像处理

为了分析各种因素对裂缝机器视觉检测性能的影响规律,笔者基于 Visual C++ 6.0 编写了相应的试验图像裂缝识别软件,软件界面如图 2-8 所示。裂缝识别软件可从采集的试验图像中提取出裂缝病害特征,并自动计算裂缝病害的特征参数。软件界面包含三个窗口,左侧窗口显示当前处理的图像目录,底部窗口显示计算得到的裂缝长度、宽度、走向、位置等特征参数,中间的主窗口是图像处理窗口,其中左侧显示输入的原始图像,右侧显示识别后的裂缝特征图像。

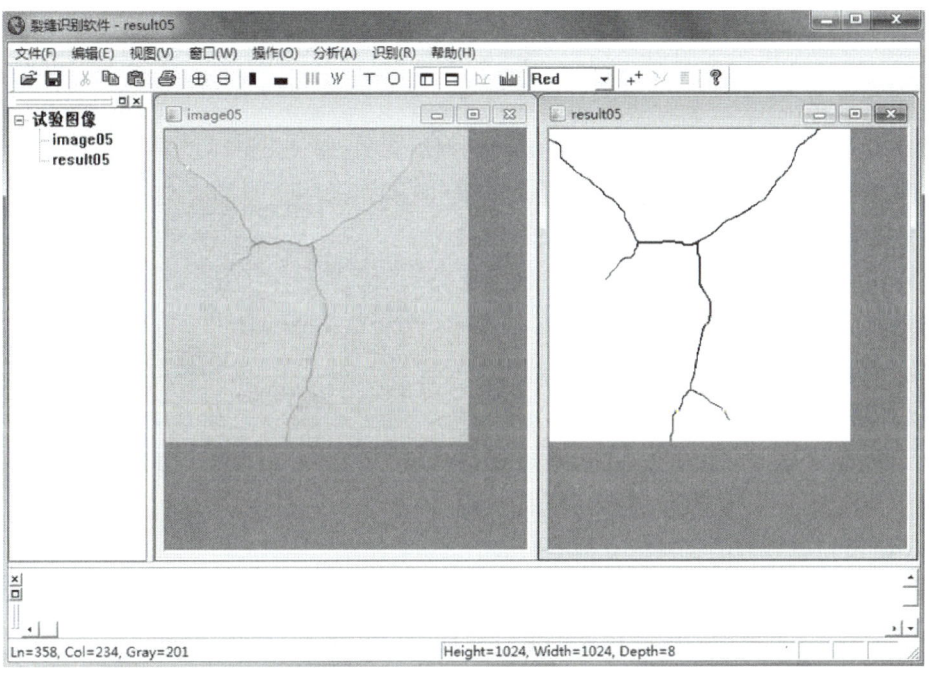

图 2-8 裂缝识别软件界面

5. 试验模型及工况

采用尺寸为 20 cm×20 cm×10 cm(长×宽×厚)的混凝土试块并涂抹防火涂料模拟不同工况下的隧道衬砌,待其表面出现裂缝后进行试验。试验采用的防火涂料符合《混凝土结构防火涂料》(GA 98—2005)[49]和《建筑构件防火喷涂材料性能试验方法》(GB 12441—2005)[50]的规定。图 2-9 是采集的混凝土试块试验图像,为了便于分析图像的灰度分布特征和裂缝检测精度,选取如图所示尺寸为 10 cm×10 cm 的区域进行机器视觉检测性能的影响因素分析。

总结影响隧道衬砌裂缝机器视觉检测性能的各种因素,设计 4 种影响因素(检测距离、光源照度、有

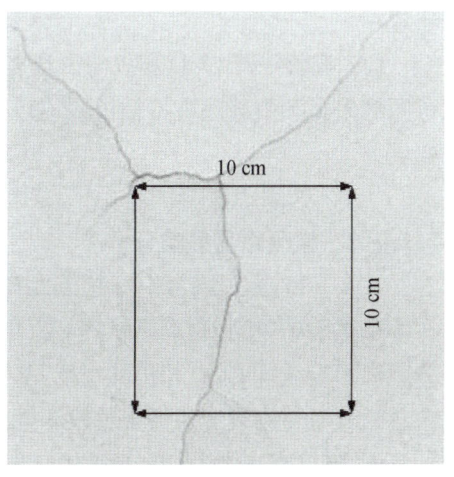

图 2-9 试验图像分析区域

效像素和检测速度)的正交试验方案,试验共分81组,每组3个平行试验,根据正交试验表,选取具有代表性的9组试验进行影响因素分析,具体试验工况如表2-1所列。

表2-1　　　　　　　　衬砌裂缝机器视觉检测试验工况

检测距离 D/m	光源照度 L/klux	有效像素 P/pixel	检测速度 $S/(\mathrm{m \cdot s^{-1}})$
1.5	5	1 024	1.4
2.0	8	2 048	2.1
2.5	11	4 096	2.8

6. 试验过程

试验在室内环境下进行,图2-10是试验过程示意图,通过支架运动采集试验图像,由裂缝识别软件进行裂缝特征提取和参数计算。试验过程中开启旋转编码器的信号触发功能,以保证试验装置的运动速度与线阵CCD相机的采集速度同步。

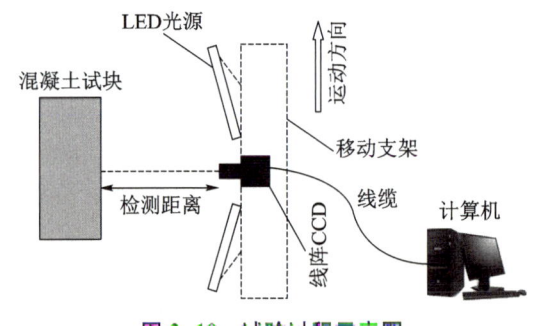

图 2-10　试验过程示意图

具体试验过程如下:

(1) 试验装置分别以1.4 m/s、2.1 m/s和2.8 m/s的速度运动,运动过程中保持线阵CCD相机与混凝土试块平行,模拟不同检测速度工况下隧道衬砌裂缝的机器视觉检测试验。

(2) 对光源强度进行调整并用照度表测量试块表面的光源照度使其分别为5 klux、8 klux和11 klux,模拟不同光源照度条件下隧道衬砌裂缝的机器视觉检测试验。

(3) 将线阵CCD相机的有效像素分别调整为1 024 pixel、2 048 pixel和4 096 pixel,并进行图像采集和裂缝病害特征提取,总结不同有效像素对隧道衬砌裂缝机器视觉检测性能的影响规律。

(4) 调整线阵CCD相机与试块表面之间的检测距离分别为1.5 m、2.0 m和2.5 m,并进行图像采集和裂缝病害特征提取,总结不同检测距离对隧道衬砌裂缝机器视觉检测性能的影响规律。

2.1.4.2　检测距离影响分析

在实际隧道病害检测中,检测距离是指线阵CCD相机镜头与隧道衬砌墙壁之间的距离。在本章试验中,检测距离指线阵CCD相机镜头与混凝土试块表面之间的距离(图2-10)。检测距离影响线阵CCD相机的视场,从而影响衬砌图像的光学分辨率,因此有必要通过相关试验总结其对衬砌裂缝机器视觉检测性能的影响规律。

图2-11是检测距离分别为1.5 m、2.0 m和2.5 m时采集的试验图像,试验工况为8 klux、4 096 pixel、1.4 m/s,具体标示为L2P3S1。

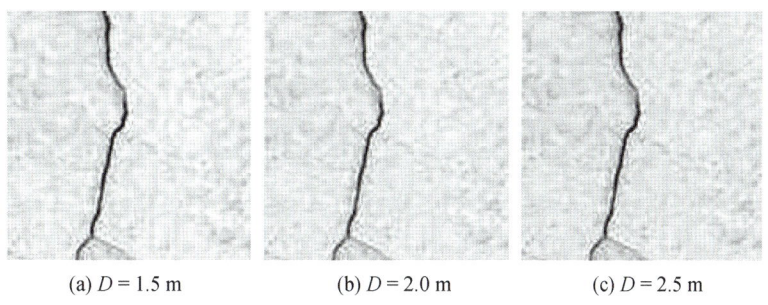

(a) $D=1.5$ m (b) $D=2.0$ m (c) $D=2.5$ m

图 2-11 不同检测距离下采集的试验图像

图 2-12 是不同检测距离条件下沿裂缝宽度方向的图像灰度分布剖面图,由图可以看出,图像灰度分布呈现明显的波谷特征,波谷底部表示裂缝像素的灰度分布,波谷两侧表示周围背景像素的灰度分布。在 $D=1.5$ m、2.0 m、2.5 m 三种情况下,波谷底部像素的灰度最小值分别为 140,141,143,波谷两侧像素的灰度最大值分别为 203,202,203。由此可以看出,不同检测距离对衬砌裂缝图像的灰度分布特征影响不大。

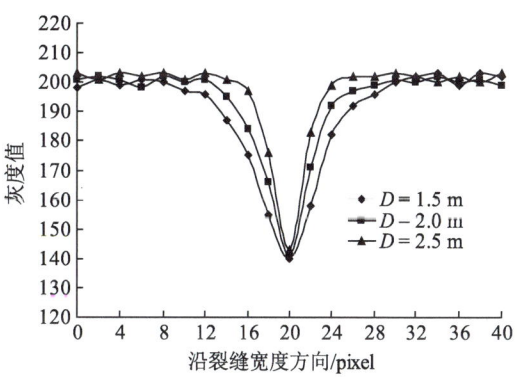

图 2-12 不同检测距离下裂缝图像的灰度分布

图 2-13 是对试验图像进行裂缝特征提取后绘制的沿裂缝长度方向上各点的裂缝宽度相对误差变化曲线,由图可以看出,随检测距离增大,裂缝宽度相对误差增大,裂缝检测精度则相应降低。在 $D=1.5$ m、2.0 m、2.5 m 三种情况下,裂缝宽度最小相对误差分别为 5.2%、7.4%、10.6%,最大相对误差分别为 6.8%、9.9%、13.3%,都呈增大趋势。

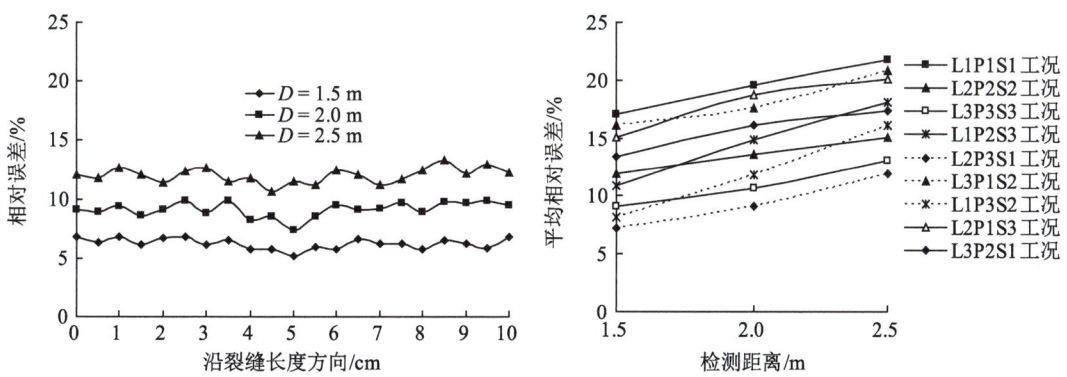

图 2-13 不同检测距离下裂缝宽度相对误差　　**图 2-14 不同检测距离下各工况裂缝宽度平均相对误差**

图 2-14 是各工况下裂缝宽度平均相对误差随检测距离的变化曲线,由图可以看出,随检测距离增大,各工况条件下裂缝宽度平均相对误差基本呈线性增加趋势(平均斜率为

4.7%/m),裂缝检测精度则相应呈线性降低趋势。

2.1.4.3 光源照度影响分析

试块表面的光源照度 L（单位：lux）与光源距试块表面的距离 E 的平方成反比，与光源强度 I 成正比。由于线阵 CCD 相机的扫描行频很高，这就意味着线阵 CCD 感光元件的曝光时间很短，要获得高质量、高清晰的隧道衬砌病害图像，必须配置高强度的光源，因此有必要对光源进行试验，探索其对裂缝机器视觉检测性能的影响规律。针对本章研究，专门设计了高亮度、宽幅（光束宽度超过 10 cm）LED 光源，光源强度可进行调节，以适应不同的试验工况。

试验时用照度表对试块表面的光源照度进行测量，使其分别为 5 klux、8 klux 和 11 klux，同时移动试验装置并进行图像采集。图 2-15 是采集的部分试验图像，试验工况为 2.0 m、4 096 pixel、1.4 m/s，具体标示为 D2P3S1。

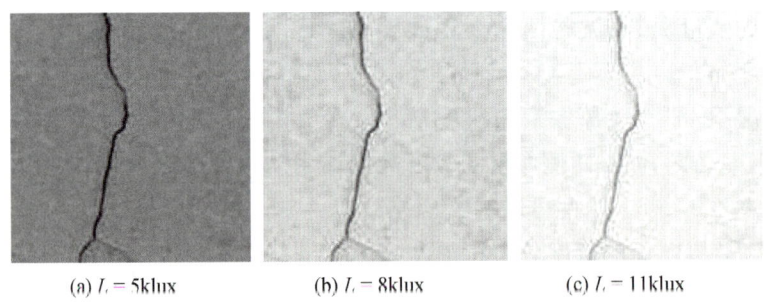

图 2-15 不同光源照度下采集的试验图像

图 2-16 是不同光源照度条件下沿裂缝宽度方向的图像灰度分布图，由图可以看出，不同光源照度对裂缝图像的灰度分布特征有较大影响。在 $L=5$ klux、8 klux、11 klux 三种情况下，波谷底部像素的灰度最小值分别为 128，141，152，波谷两侧像素的灰度最大值分别为 189，202，215。由此可见，随光源照度增大，图像的灰度值普遍增大，这一特征从图 2-15 也可以看出，光源照度较小的图像其亮度明显低于光源照度较大的图像。

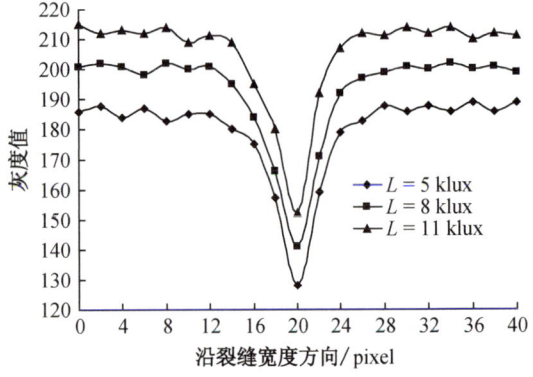

图 2-16 不同光源照度下裂缝图像的灰度分布

图 2-17 是对试验图像进行裂缝病害特征提取后绘制的沿裂缝长度方向上各点的裂缝宽度相对误差变化曲线，由图可以看出，在 $L=5$ klux、8 klux、11 klux 三种情况下，裂缝宽度最小相对误差分别为 11.1%、7.4%、10.8%，最大相对误差分别为 13.6%、9.9%、13.7%，光源照度为 5 klux、11 klux 的图像其裂缝宽度相对误差均高于光源照度为 8 klux 的图像。由此可见，光源照度为 8 klux 时裂缝检测精度最高。

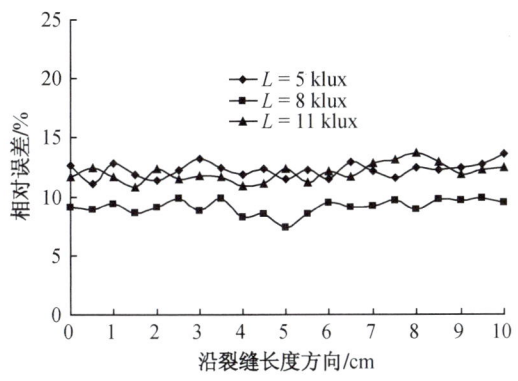 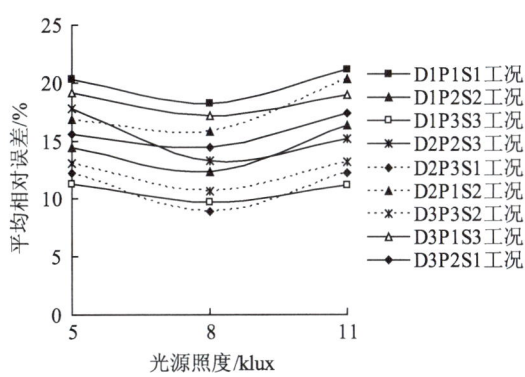

图 2-17 不同光源照度下裂缝宽度相对误差　　图 2-18 不同光源照度下各工况裂缝宽度平均相对误差

图 2-18 是各工况下裂缝宽度平均相对误差随光源照度的变化曲线，由图可以看出，光源照度为 5 klux、11 klux 时的裂缝平均相对误差均高于光源照度为 8 klux 时的裂缝平均相对误差，这说明图像采集所需要的光源照度不宜过低或过高，照度过低会导致曝光不足，照度过高又会导致过曝光。因此，在实际隧道检测中，需要特定的光源照度，这样才能保证衬砌图像的采集质量和裂缝检测精度。

2.1.4.4　有效像素影响分析

有效像素是线阵 CCD 相机芯片的一个重要参数，表示线阵 CCD 光敏区域每行的像素数目，有效像素数目会影响图像的光学分辨率，进而影响裂缝检测精度，因此有必要对此进行试验，分析其对图像灰度分布和裂缝检测精度的定量影响规律。

试验过程中线阵 CCD 相机的有效像素分别采用 1 024 pixel、2 048 pixel、4 096 pixel，通过裂缝识别软件计算沿裂缝长度方向各点的相对误差和平均相对误差。图 2-19 是部分试验图像，试验工况为 2.0 m、8 klux、1.4 m/s，具体标示为 D2L2S1。

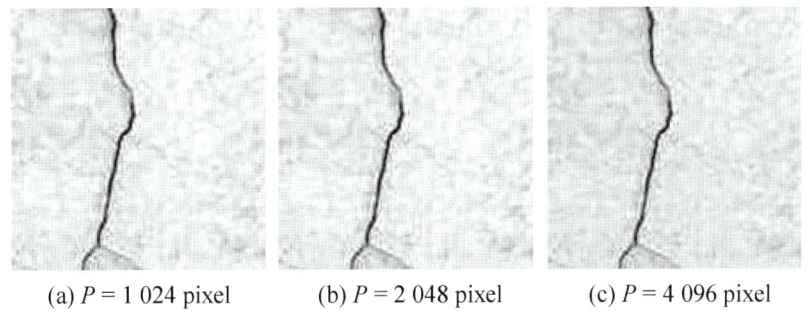

图 2-19　不同有效像素下采集的试验图像

图 2-20 是不同有效像素条件下沿裂缝宽度方向的图像灰度分布，在 $P=1\ 024$ pixel、

2 048 pixel、4 096 pixel 三种情况下,波谷底部像素的灰度最小值分别为 142,143,141,波谷两侧像素的灰度最大值分别为 203,201,202。由此可以看出,不同有效像素对裂缝图像的灰度分布特征影响不大。

图 2-21 是对试验图像进行裂缝识别和病害特征提取后绘制的沿裂缝长度方向上各点的裂缝宽度相对误差变化曲线。由图可以看出,在有效像素 $P=1\,024$ pixel、2 048 pixel、4 096 pixel 三种情况下,裂缝宽度最小相对误差分别为 13.1%,10.8%,7.4%,最大相对误差分别为

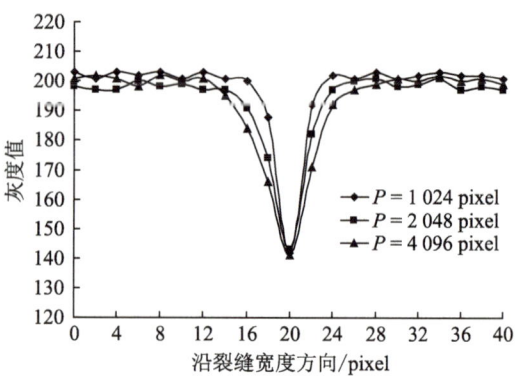

图 2-20 不同有效像素下裂缝图像的灰度分布

16.1%,12.7%,9.9%。由此可以看出,随有效像素增大,裂缝宽度相对误差减小,裂缝检测精度则相应呈增高趋势。

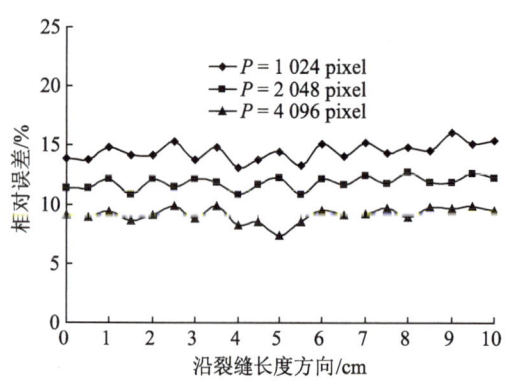

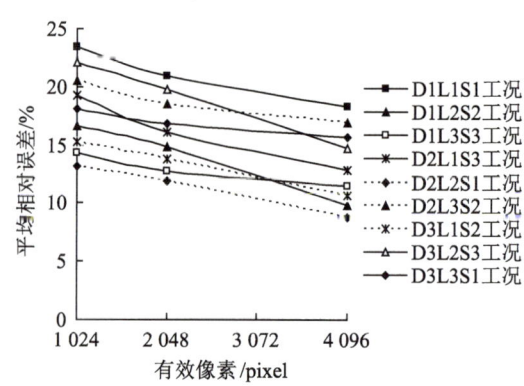

图 2-21 不同有效像素下裂缝宽度相对误差　　图 2-22 不同有效像素下各工况裂缝宽度平均相对误差

图 2-22 是各试验工况条件下裂缝宽度平均相对误差随有效像素的变化曲线,由图可以看出,各工况条件下裂缝宽度平均相对误差随有效像素增大基本呈线性降低趋势(平均斜率为 1.9%/1 024 pixel),裂缝检测精度则相应呈线性增高趋势。

2.1.4.5　检测速度影响分析

检测速度指检测过程中检测车的行驶速度,其对检测效率有很大影响。为了分析其对机器视觉检测性能的影响规律,将试验装置的移动速度分别调整为 1.4 m/s、2.1 m/s、2.8 m/s,同时进行试验图像采集,通过裂缝识别软件进行裂缝特征参数提取后计算沿裂缝长度方向每一点的检测精度。图 2-23 是采集的部分试验图像,试验工况为 2.0 m、8 klux、4 096 pixel,具体标示为 D2L2P3。

2 隧道衬砌裂缝检测技术

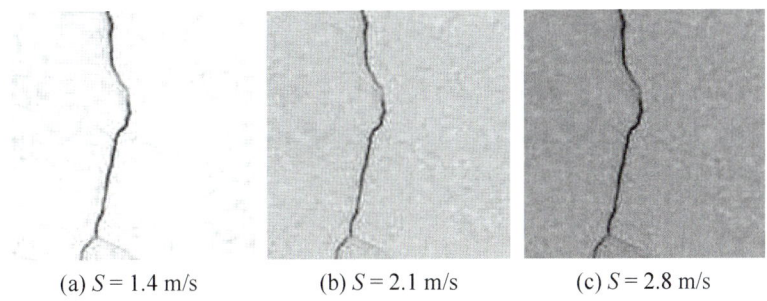

(a) $S = 1.4$ m/s   (b) $S = 2.1$ m/s   (c) $S = 2.8$ m/s

图 2-23　不同检测速度下采集的试验图像

图 2-24 是不同检测速度条件下沿裂缝宽度方向的图像灰度分布，在 $S = 1.4$ m/s、2.1 m/s、2.8 m/s 三种情况下，波谷底部像素的灰度最小值分别为 141，137，133，波谷两侧像素的灰度最大值分别为 202，194，182，图像的像素灰度值依次减小。由此可以看出，不同检测速度对裂缝图像的灰度分布特征有较大影响。

图 2-25 是对试验图像进行裂缝特征提取后绘制的沿裂缝长度方向上各点的裂缝宽度相对误差变化曲线，在 $S = 1.4$ m/s、2.1 m/s、2.8 m/s 三种情况下，裂缝宽度最小相对误差分

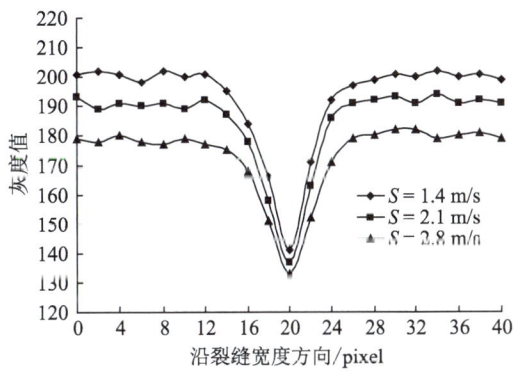

图 2-24　不同检测速度下裂缝图像的灰度分布

别为 7.4%，10.2%，12.7%，最大相对误差分别为 9.9%，12.4%，14.8%。由此可以看出，随检测速度增大，裂缝宽度相对误差增大，裂缝检测精度则相应降低。

图 2-26 是各试验工况下裂缝宽度平均相对误差随检测速度的变化曲线，可以看出，各工况条件下裂缝宽度平均相对误差随检测速度增大基本呈线性增加趋势[平均斜率为 2.6%/(m·s^{-1})]，裂缝检测精度则相应呈线性降低趋势。

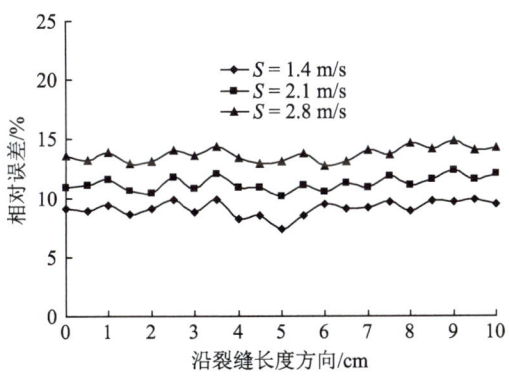
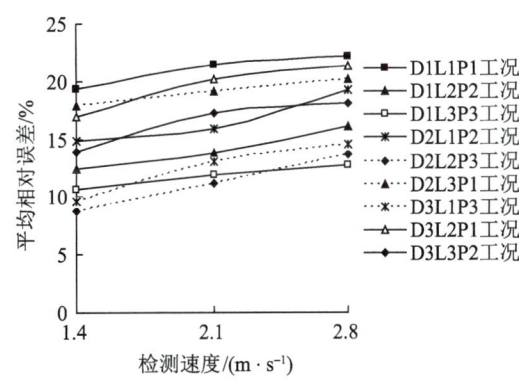

图 2-25　不同检测速度下裂缝宽度相对误差　　图 2-26　不同检测速度下各工况裂缝宽度平均相对误差

2.1.4.6 影响因素讨论

(1) 线阵 CCD 工业相机的采集速度很高,因此对光源亮度的要求也很高,所需光源成本较高,针对本章试验,专门设计了可进行亮度调节的宽幅 LED 光源,通过测量混凝土试块表面的光源照度进行正交试验,这样可避免光源照度与检测距离之间的交互作用。

(2) 检测速度的高低对隧道检测效率影响很大,考虑到试验装置在室内的运动速度不宜过大,因此试验过程中试验装置采用的最大运动速度为 2.8 m/s,即 10 km/h,但在一定程度上也反映了检测速度对机器视觉系统检测性能的影响规律。

(3) 本章试验主要在室内完成,由于室内路面较为平整,且试验装置的运动速度不高,其振动频率和振幅都较小,振动对检测结果的影响甚微,可忽略不计,室内模型试验结果也表明采集的图像清晰且无明显的几何变形。实际隧道应用时,检测车的不平稳会造成线阵 CCD 的振动,进而影响图像质量和检测效果,导致图像出现模糊、抖动、像素移位、边缘信息不明显等情况。进行自动检测的振动影响分析对提高检测性能具有重要意义,此部分内容需进行专门研究。

(4) 本章设计的线阵 CCD 检测装置在实际应用时,当检测车的行驶速度不超过 5 km/h 时,图像较为清晰且无明显的几何变形;当检测车的行驶速度超过 10 km/h 时,图像会出现一定的几何变形。原因在于当检测车行驶速度较低时,振动影响不明显;当行驶速度较高时,由于路面不平整、发动机、轮胎等因素引起的振动较为明显,会对检测结果产生一定影响。

2.1.5 小结

隧道衬砌裂缝自动检测技术在国内还处在起步阶段,本节针对隧道衬砌裂缝自动检测问题,根据工业领域机器视觉基本原理,提出了隧道衬砌裂缝机器视觉检测方法,并进行了方案设计和设备选型,包括线阵 CCD 工业相机、光学镜头、图像采集卡、编码器、LED 光源等;设计了基于线阵 CCD 工业相机和高亮度 LED 光源的移动检测装置,进行了隧道衬砌裂缝机器视觉检测模型试验,选取图像灰度分布和裂缝检测精度作为评价检测性能的定量指标,总结了检测距离、光源照度、有效像素和检测速度等因素对衬砌裂缝检测性能的影响规律。取得的主要研究成果和结论如下:

(1) 图像灰度分布沿裂缝宽度方向呈现波谷特征,波谷底部表示裂缝像素的灰度分布,波谷两侧表示周围背景像素的灰度分布,波谷特征越明显,则裂缝区域与背景区域之间的对比度越高,越有利于裂缝的自动检测。

(2) 检测距离和有效像素对图像的灰度分布特征影响不大,二者主要影响裂缝检测精度;随检测距离减小、有效像素增大,裂缝宽度相对误差基本呈线性减小趋势,裂缝检测精度则相应呈线性增高趋势。

(3) 光源照度和检测速度对图像的灰度分布特征和裂缝检测精度都有较大影响;随光源照度增大、检测速度减小,图像的像素灰度值普遍增大,图像亮度相应增高;光源照度过高或过低,都会导致裂缝检测精度降低;随检测速度增大,裂缝宽度相对误差基本呈线性增加趋势,裂缝检测精度则相应呈线性降低趋势。

(4) 实际隧道检测时，检测车行走一次可以扫描的范围与布置的线阵 CCD 相机台数、有效像素数目、光学分辨率等因素有关。布置的线阵 CCD 相机台数越多，检测车行走一次可以扫描的范围就越大，检测一条隧道所需的行走次数就越少，检测效率也越高，同时检测系统的复杂程度也越高。当布置一定数量的相机时，检测车行走一次可以扫描半幅范围，检测一条隧道只需行走两次，检测效率大大提高。

(5) 试验考虑了检测距离、光源照度、有效像素和检测速度等因素对隧道衬砌裂缝机器视觉检测性能的影响规律。实际上，不同的裂缝识别及病害特征提取方法也会影响裂缝检测精度，笔者将在随后章节针对隧道衬砌裂缝自动识别方法进行专门研究。

2.2 隧道衬砌裂缝机器视觉检测系统图像采集技术研究

2.2.1 概述

隧道衬砌裂缝机器视觉系统图像采集技术首先应明确检测需求，主要包括检测目标、检测指标、检测范围、检测精度、工作距离、系统分辨率、检测速度、信号触发方式、工作环境、运动控制方式、设备安装空间等方面。机器视觉检测系统图像采集涉及多方面技术，主要包括光源照明系统、图像采集系统、机械控制系统、计算机系统、图像处理与识别技术及各种类型的传感器技术等诸多方面，除此之外，还应考虑检测系统成本、可操作性等其他因素。显而易见，要把这些不同的技术集成到一个检测系统里实现高质量裂缝图像的高效采集，同时使各系统相互完美配合并且稳定地工作，对检测系统的集成提出了很高的要求，需要根据检测需求来确定相应的设备资源配置和技术对策[51]。

检测系统的集成将在本书第 9 章介绍，本节主要提出基于卷积滤波和梯度结构相似度的隧道衬砌图像质量评价方法，通过计算图像质量因子定量评价采集的衬砌图像质量；随后针对隧道衬砌裂缝的实时检测问题，提出基于图像亮度相似和对比度相似的无监督检测方法，该方法可以在图像采集过程中对衬砌图像是否包含裂缝进行初步判断，以减少图像的计算机存储量及后期的裂缝识别工作量；最后介绍针对机器视觉检测系统所开发的线阵 CCD 图像采集软件界面及其实现功能。

2.2.2 基于卷积滤波和梯度结构相似的隧道衬砌图像质量评价

2.2.2.1 图像质量评价概述

隧道检测车在运行过程中，由于机械臂抖动等因素会引起图像模糊，导致图像质量下降，而图像质量是比较各种图像处理算法及优化图像采集参数的重要指标[52]，因此研究适合于隧道衬砌裂缝机器视觉检测系统的图像质量评价方法具有重要的意义。目前，图像质量评价方法分为两种：主观评价方法和客观评价方法。主观评价方法主要凭借检测人员的主观感知来评价图像质量，需要组织观察者对失真图像进行评分，费时费力，且不能直接应用于图像处理系统，以便随时改善图像处理算法。这种评价方法的自由度大，它受观察者的知识背景、观测目的、观测环境和条件及人的视觉心理因素等影响。加上评价过程烦琐,人的视觉心理因素很难用准确的数学模型来表达,从而导致评价结果不够精确,且不便于图像系统的设计,在工程应用中也不便使用。客观评价方法主要依据数学模型和量化指标,模拟人类视觉系统感知来评价图像质量,具有简单、便于内置于图像处理系统中的优点。这种评价方法虽然精确严格,简单易行,能较好地统计图像之间的灰度差别,却没有考虑图像观测者的视觉心理因素,而图像评价的主体——人在图像评价时往往起着很重要的作用,因而客观图像评价方法的评价结果有时并不能与观察者的主观视觉评价结果相吻合。因此,人们希望从图像自身和人类视觉系统两个方面来研究图像质量,力图在图像内容和视觉质量之间寻找一种最有效的评价方法,并取得了一定的效果。峰值信噪比(Peak Signal Noise Ratio,PSNR)和均方误差(Mean Squared Error,MSE)是多年来应用较为广泛的客观评价方法,原因在于其计算复杂度低、物理意义清晰,缺点是均方误差没有充分考虑人眼的视觉特性,导致不能很好地和人类视觉相吻合[53,54]。

Z. Wang 等[55]认为人眼视觉系统的主要功能是提取图像中的结构信息,图像信号是高度结构化的:它们的各像素间,尤其当这些像素在空域相邻时,呈现出很强的依赖关系,而这些依赖关系包含了大量有关视觉景象中目标结构的重要信息,并在此基础上提出了考虑结构相似度(Structural Similarity,SSIM)的图像质量评价方法,通过仿真分析证明了此方法优于PSNR方法。隧道衬砌图像通常包含有裂缝像素,SSIM方法没有考虑图像的细节特征,因此直接应用于隧道衬砌图像质量评价有一定的局限性。鉴于此,本节提出一种基于改进结构相似度的隧道衬砌图像质量评价方法,首先采用不同方向的结构元素掩码对原始图像像素进行卷积滤波,随后采用Sobel边缘算子对滤波后的图像进行梯度运算,最后将卷积滤波后的梯度作为图像的结构信息并计算结构相似度,从而对隧道衬砌图像质量作评价。

2.2.2.2 结构相似度

图像信号是高度结构化的,它们的各像素间,尤其当这些像素在空域相邻时,呈现出很强的依赖关系,这些依赖关系中包含了大量有关视觉景象中目标结构的重要信息。图像信号间的结构相似度包括亮度、对比度和结构三方面信息,其模型定义为

$$SSIM(x,y) = L(x,y)^{\alpha} C(x,y)^{\beta} S(x,y)^{\gamma} \quad (2-2)$$

式中,$\alpha>0$、$\beta>0$ 和 $\gamma>0$ 用于调整三个分量的重要性;x 和 y 分别表示原始图像块和降质图像块的像素灰度值集合;$L(x,y)$、$C(x,y)$ 和 $S(x,y)$ 分别表示原始图像块 x 和降质图像块 y 的亮度函数、对比度函数和结构函数,分别用公式表示如下:

$$L(x,y) = \frac{2\mu_x \mu_y + C_1}{\mu_x^2 + \mu_y^2 + C_1} \quad (2\text{-}3)$$

$$C(x,y) = \frac{2\sigma_x \sigma_y + C_2}{\sigma_x^2 + \sigma_y^2 + C_2} \quad (2\text{-}4)$$

$$S(x, y) = \frac{\sigma_{xy} + C_3}{\sigma_x \sigma_y + C_3} \tag{2-5}$$

式中，μ_x 和 μ_y 分别表示 x 和 y 的均值；σ_x 和 σ_y 分别表示 x 和 y 的标准差；σ_{xy} 表示 x 和 y 之间的协方差，对于像素数为 N 的图像块，可用公式表示如下：

$$\begin{cases} \mu_x = \dfrac{1}{N}\sum_{i=1}^{N} x_i \\ \mu_y = \dfrac{1}{N}\sum_{i=1}^{N} y_i \end{cases} \tag{2-6}$$

$$\begin{cases} \sigma_x^2 = \dfrac{1}{N-1}\sum_{i=1}^{N}(x_i - \mu_x)^2 \\ \sigma_y^2 = \dfrac{1}{N-1}\sum_{i=1}^{N}(y_i - \mu_y)^2 \end{cases} \tag{2-7}$$

$$\sigma_{xy} = \frac{1}{N-1}\sum_{i=1}^{N}(x_i - \mu_x)(y_i - \mu_y) \tag{2-8}$$

为了避免当 $\mu_x^2 + \mu_y^2$ 十分接近零时出现不稳定性，引入常数 C_1，可用公式表示为

$$C_1 = (K_1 L)^2 \tag{2-9}$$

其中，L 是像素值的动态范围，对于 8 位灰度图像 L 值为 255；K_1 是一个远小于 1 的常数。同样，可定义常数 C_2，用公式表示为

$$C_2 = (K_2 L)^2 \tag{2-10}$$

其中，K_2 是一个远小于 1 的常数。为简化计算，常数 C_3 表示为

$$C_3 = \frac{C_2}{2} \tag{2-11}$$

对所有图像块的 $SSIM(x, y)$ 求均值，可得到整幅图像的结构相似度：

$$SSIM = \frac{1}{M}\sum_{j=1}^{M} SSIM(x_j, y_j) \tag{2-12}$$

式中，M 为划分的图像块数量。

图像的结构相似度越高，则表示原始图像与降质图像之间的相似程度越高。结构相似度 $SSIM(x, y)$ 满足以下条件：

(1) 对称性：$SSIM(x, y) = SSIM(y, x)$；

(2) 有界性：$SSIM(x, y) \leqslant 1$；

(3) 最大值唯一性：$SSIM(x, y) = 1$ 当且仅当 $x = y$（对于图像像素灰度信号，对所有 $i = 1, 2, \cdots, N$，有 $x_i = y_i$）。

2.2.2.3 隧道衬砌图像质量评价方法

隧道衬砌图像中通常包含有裂缝像素,而人眼对图像裂缝像素的边缘特别敏感,因此采用不同方向的线性结构元素掩码对衬砌图像进行卷积滤波后再进行梯度运算,可以更好地反映图像中的裂缝细节反差和纹理特征变化,可以用来评价裂缝像素与背景像素的对比程度和清晰度。因此,本节将卷积滤波后的梯度作为图像的主要结构信息,进而提出基于卷积滤波和梯度结构相似的图像质量评价方法,对于隧道衬砌图像,该方法能取得较好的图像质量评价效果。

本节采用垂直方向、水平方向和倾斜方向的结构元素掩码分别表示隧道衬砌的环向、纵向和斜向裂缝,每个结构元素掩码大小为 5 pixel×5 pixel,将原始图像与结构元素掩码进行卷积运算后,可得到滤波后的图像,具体操作可用公式表示如下:

$$R(m, n) = \sum_{i=-2}^{2}\sum_{j=-2}^{2}[I(m-i, n-j) \cdot M(i, j)] \tag{2-13}$$

式中,$R(m, n)$ 表示进行卷积滤波后的图像;$I(m-i, n-j)$ 表示原始图像;m 和 n 表示像素坐标;$M(i, j)$ 表示不同方向的结构元素掩码,可用公式分别表示如下:

$$M(i, j) = \begin{bmatrix} -1 & -1 & 4 & -1 & -1 \\ -1 & -1 & 4 & -1 & -1 \\ -1 & -1 & 4 & -1 & -1 \\ -1 & -1 & 4 & -1 & -1 \\ -1 & -1 & 4 & -1 & -1 \end{bmatrix} \tag{2-14}$$

$$M(i, j) = \begin{bmatrix} -1 & -1 & -1 & -1 & -1 \\ -1 & -1 & -1 & -1 & -1 \\ 4 & 4 & 4 & 4 & 4 \\ -1 & -1 & -1 & -1 & -1 \\ -1 & -1 & -1 & -1 & -1 \end{bmatrix} \tag{2-15}$$

$$M(i, j) = \begin{bmatrix} 4 & -1 & -1 & -1 & -1 \\ -1 & 4 & -1 & -1 & -1 \\ -1 & -1 & 4 & -1 & -1 \\ -1 & -1 & -1 & 4 & -1 \\ -1 & -1 & -1 & -1 & 4 \end{bmatrix} \tag{2-16}$$

$$M(i, j) = \begin{bmatrix} -1 & -1 & -1 & -1 & 4 \\ -1 & -1 & -1 & 4 & -1 \\ -1 & -1 & 4 & -1 & -1 \\ -1 & 4 & -1 & -1 & -1 \\ 4 & -1 & -1 & -1 & -1 \end{bmatrix} \tag{2-17}$$

其中,式(2-14)和式(2-15)分别表示垂直方向和水平方向的结构元素掩码,式(2-16)和式(2-17)分别表示倾斜方向(±45°)的结构元素掩码。

本节采用 Sobel 边缘检测算子对卷积滤波后的图像进行梯度运算,Sobel 算子包括垂直边缘算子 V(图 2-27)和水平边缘算子 H(图 2-28)[56]。图像进行卷积滤波后会包含部分噪声,可采用标准的 3×3 均值模板再对图像进行滤波操作,这样可去除噪声。

−1	0	+1
−2	0	+2
−1	0	+1

图 2-27　Sobel 垂直边缘算子 V

−1	−2	−1
0	0	0
+1	+2	+1

图 2-28　Sobel 水平边缘算子 H

原始图像块 x 和降质图像块 y 的梯度幅值可用下式表示为

$$\begin{cases} G_x(m, n) = \left|\dfrac{\partial x(m, n)}{\partial m}\right| + \left|\dfrac{\partial x(m, n)}{\partial n}\right| \\ G_y(m, n) = \left|\dfrac{\partial y(m, n)}{\partial m}\right| + \left|\dfrac{\partial y(m, n)}{\partial n}\right| \end{cases} \quad (2-18)$$

式中,$\dfrac{\partial x(m, n)}{\partial m}$,$\dfrac{\partial y(m, n)}{\partial m}$ 表示采用水平边缘算子 H 计算得到的图像梯度分量;$\dfrac{\partial x(m, n)}{\partial n}$,$\dfrac{\partial y(m, n)}{\partial n}$ 表示采用垂直边缘算子 V 计算得到的图像梯度分量。将上述公式代入梯度公式,则原始图像块 x 和降质图像块 y 的梯度相似度 $G(x, y)$ 可用公式表示为

$$G(x, y) = \dfrac{2\sum_m\sum_n G_x(m, n)G_y(m, n) + C_3}{\sum_m\sum_n [G_x(m, n)]^2 + \sum_m\sum_n [G_y(m, n)]^2 + C_3} \quad (2-19)$$

将式(2-5)中的 $S(x, y)$ 用梯度相似度 $G(x, y)$ 代替,得到基于卷积滤波和梯度的结构相似度,用公式表示为

$$GRSSIM(x, y) = L(x, y)^\alpha C(x, y)^\beta G(x, y)^\gamma \quad (2-20)$$

式中,取 $\alpha = \beta = \gamma = 1$,则整幅图像基于卷积滤波和梯度的结构相似度可根据各子块图像的 $GRSSIM(x, y)$ 计算得到:

$$GRSSIM = \dfrac{1}{M}\sum_{j=1}^{M} GRSSIM(x_j, y_j) \quad (2-21)$$

2.2.2.4　算法应用实例

为了分析本节提出的图像质量评价算法性能,将结构相似度模型、卷积滤波结构相似度模型、梯度结构相似度模型、卷积滤波和梯度结构相似度模型分别表示为 $SSIM$, $RSSIM$,

GSSIM，GRSSIM，通过分析实际隧道衬砌图像,绘制客观评价得分与主观均值得分(Mean Opinion Score，MOS)之间的散点图,根据非线性回归函数 Logistic 下的相关系数(Correlation Coefficient，CC)、平均绝对误差(Mean Absolute Error，MAE)、均方根误差(Root Mean Squared Error，RMS)和离出率(Outlier Ratio，OR)[55]对 4 种图像评价模型进行性能比较。CC 值越大,MAE 值和 RMS 值越小,表示采用的图像评价方法性能越好。OR 是表示客观评分对主观评分的估计值和主观评分一致性的参量,其值越小,说明采用的图像评价方法性能越好。主观均值得分 MOS 值位于 0～100 之间,其值越高,表明图像质量越好。

根据采集的实际隧道衬砌图像,选择由于抖动等原因引起的模糊降质图像作为样本图像库,为了比较衬砌图像有无裂缝时对算法的影响,将图像库分为两类:有裂缝图像库和无裂缝图像库,每个图像库含有 120 幅衬砌图像及每幅图像的主观均值评分(MOS)。

图 2-29 是采用 SSIM，RSSIM，GSSIM，GRSSIM 方法对有裂缝衬砌图像进行评价得到的 MOS 散点图。由图中数据样本的分散性及主客观评价得分的相关性可以看出,GRSSIM 方法的评价效果最优,原因在于采用不同方向的结构元素掩码将裂缝增强后,再采用梯度作为抖动模糊图像的结构信息,比较符合人眼视觉系统感知。另外还可以看出,RSSIM 方法与 GSSIM 方法的评价效果较为接近,都优于 SSIM 方法。

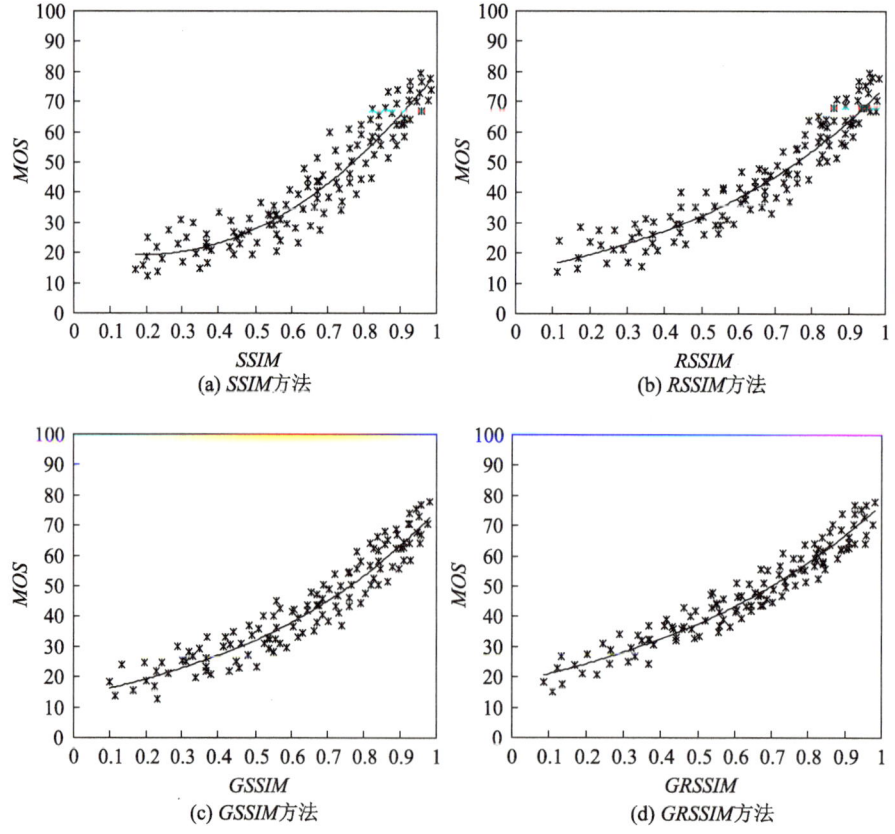

图 2-29　不同模型方法评价有裂缝图像的 MOS 散点图

表 2-2 是衬砌有裂缝时不同的图像质量评价方法性能比较。从表中可以看出，GRSSIM 方法的评价效果优于其他三种方法，GSSIM 方法与 RSSIM 方法的评价效果较为接近。

表 2-2　　　　　　　　　衬砌有裂缝时图像质量评价方法性能比较

评价方法	CC	MAE	RMS	OR
SSIM	0.921	5.928	7.813	0.068
RSSIM	0.948	4.882	6.018	0.056
GSSIM	0.951	4.763	5.975	0.054
GRSSIM	0.975	3.724	4.762	0.039

图 2-30 是采用 SSIM，RSSIM，GSSIM，GRSSIM 方法对无裂缝衬砌图像进行评价的 MOS 散点图。由图中数据样本的分散性及主客观评价得分的相关性可以看出，GRSSIM 方法与 GSSIM 方法的评价效果优于 RSSIM 方法与 SSIM 方法，原因在于采用梯度作为抖动模糊图像的结构信息，比较符合人眼视觉系统感知。还可以看出，GRSSIM 方法与 GSSIM 方法的评价效果较为接近，而 RSSIM 方法与 SSIM 方法的评价效果较为接近。

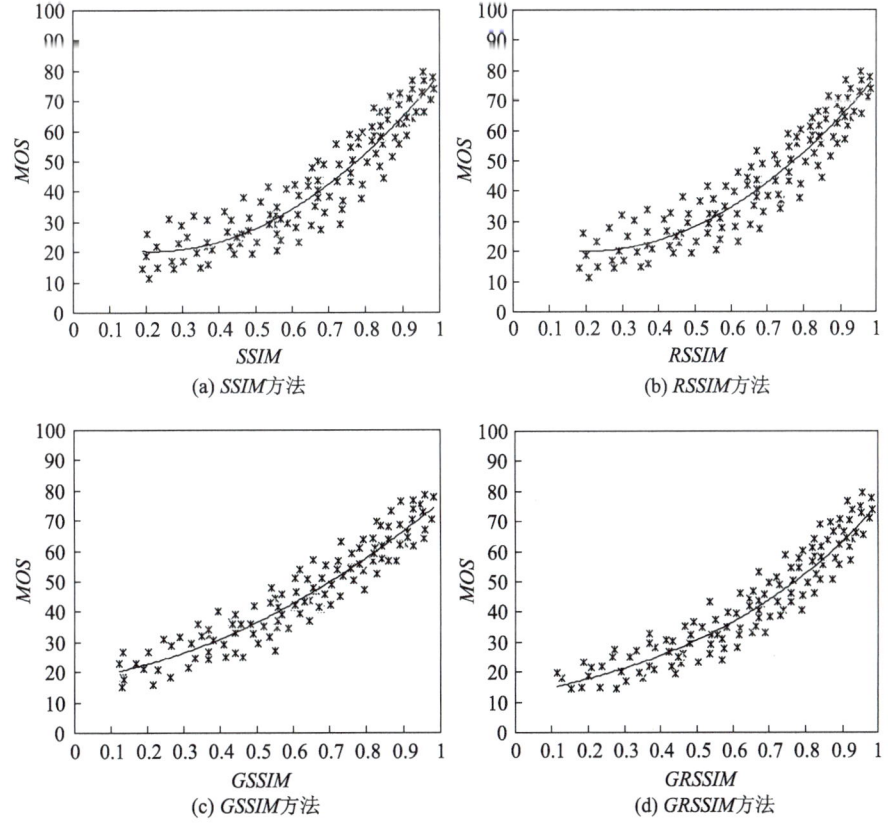

图 2-30　不同模型方法评价无裂缝图像的 MOS 散点图

表 2-3 是衬砌无裂缝时不同的图像质量评价方法性能比较。从表中可以看出，GRSSIM 方法与 GSSIM 方法的评价效果较为接近，而 RSSIM 方法与 SSIM 方法的评价效果较为接近。

表 2-3　　　　　　　　　衬砌无裂缝时图像质量评价方法性能比较

评价方法	CC	MAE	RMS	OR
SSIM	0.912	6.227	8.319	0.076
RSSIM	0.916	6.183	8.225	0.072
GSSIM	0.949	4.762	5.981	0.053
GRSSIM	0.952	4.754	5.967	0.051

图 2-31 是从两类图像库中选出的两幅有裂缝时的衬砌降质图像及相应的参考图像。

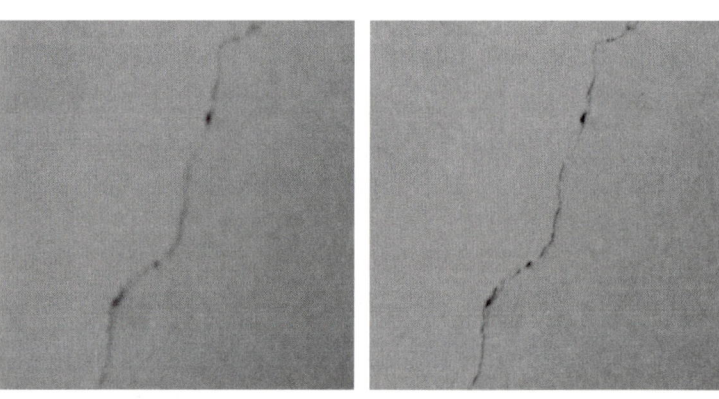

(a) 模糊图像　　　　　　　　(b) 参考图像

图 2-31　衬砌有裂缝时的模糊图像及参考图像

图 2-32 是从两类图像库中选出的两幅无裂缝时的衬砌降质图像及相应的参考图像。

(a) 模糊图像　　　　　　　　(b) 参考图像

图 2-32　衬砌无裂缝时的模糊图像及参考图像

表 2-4 是采用不同方法对图 2-31 和图 2-32 中的衬砌图像进行评价时得到主客观评价比较。由此表可以看出,对于有裂缝的衬砌图像,GRSSIM 方法比其他三种方法得到的结果更接近主观评分;对于无裂缝的衬砌图像,GRSSIM 方法与 GSSIM 方法的结果较为接近,RSSIM 方法与 SSIM 方法的结果较为接近,且 GRSSIM,GSSIM 方法比 RSSIM,SSIM 方法得到结果更接近主观评分。由此可见,采用卷积滤波和梯度结构信息对包含裂缝的衬砌模糊图像进行质量评价更符合人类主观视觉,评价结果更优。

表 2-4　　　　　　　　衬砌有无裂缝时图像主客观评价比较

图像	主客观评价得分				
	MOS	GRSSIM	GSSIM	RSSIM	SSIM
图 2-31	42	0.586	0.681	0.674	0.723
图 2-32	56	0.718	0.721	0.803	0.814

2.2.2.5　讨论

本节在结构相似度(SSIM)基础上,针对隧道衬砌图像质量评价,提出了一种新的衬砌图像质量评价方法。该方法首先采用不同方向的线性结构元素掩码对图像进行卷积滤波,随后采用 Sobel 边缘算子对图像进行梯度运算,再根据图像的结构相似度模型,将结构相似度转化为以卷积滤波后的梯度表示的形式。根据客观评价得分与主观均值得分之间的散点图(MOS)、相关系数(CC)、平均绝对误差(MAE)、均方根误差(RMS)和离出率(OR)对 4 种模型在实际隧道衬砌图像质量评价方面进行了性能比较。实验结果表明,对于含有裂缝的抖动模糊衬砌图像,卷积滤波和梯度结构相似度模型(GRSSIM)优于梯度结构相似度模型(GSSIM)、卷积滤波结构相似度模型(RSSIM)和结构相似度模型(SSIM),原因在于 GRSSIM 方法采用不同方向的结构元素掩码增强了图像中的裂缝线状特征,同时采用梯度作为图像的主要结构信息,强化了裂缝的边缘和纹理特征;对于无裂缝的抖动模糊衬砌图像,GRSSIM 方法与 GSSIM 方法较为接近,二者都优于 RSSIM 方法和 SSIM 方法。结构元素掩码对有裂缝的衬砌图像能取得较好的评价结果,梯度信息对由于抖动引起的糊涂图像能取得较好的评价结果,将卷积滤波和梯度信息联合起来可有效评价含有裂缝的隧道衬砌图像质量,为衬砌裂缝的图像自动检测算法提供参考依据。

2.2.3　基于亮度相似和对比度相似的隧道衬砌裂缝无监督检测
2.2.3.1　裂缝实时检测概述

本章研究设计的隧道衬砌裂缝机器视觉检测系统采用 2 台线阵 CCD 工业相机,每台工业相机采集的衬砌图像幅面大小为 1 m×1 m,图像数据大小为 16 MB,对于一条长度为 1 000 m 的隧道,全部图像数据将接近 80 GB 或更大,可见,后期的裂缝识别工作量将非常巨大。实际上,保存的衬砌图像有的是不包含裂缝病害的,如果在图像采集和存储过程中,对图像进行初步判断,剔除不包含裂缝的衬砌图像,只需把包含裂缝的衬砌图像保存下来,就可大大节省计算机硬盘的图像数据存储量及后期的裂缝识别工作量,这就涉及隧道衬砌裂缝的实时检测问题。

目前,大多数裂缝检测方法是非实时的,原因在于图像的采集和存储时间非常短,裂缝的实时检测必须在图像的采集和存储过程中同步完成,而大多数裂缝识别算法的计算时间较长,因此对裂缝检测算法的计算时间要求非常高,且对计算机硬件的要求同样也很高。鉴于此,本节根据图像的亮度相似和对比度相似,提出隧道衬砌裂缝的无监督检测算法,该算法综合考虑了图像之间的亮度相似和对比度相似特征,并选择具有代表性的衬砌裂缝图像作为样本图像,通过计算测试图像与样本图像之间的检测因子并与特定的阈值比较,可以有效识别衬砌图像是否包含裂缝,并剔除不包含裂缝的衬砌图像,同时把包含裂缝的衬砌图像实时保存至计算机硬盘。在CPU为Dual Core 2.6 GHz、内存为2.0 GB的计算机上,对大小为2 048 pixel×2 048 pixel的图像,算法的计算运行时间小于0.1 s,远小于一幅图像的采集时间,可满足裂缝的实时检测要求。工程应用实例表明,本节提出的裂缝无监督检测算法可有效应用于隧道衬砌裂缝机器视觉检测系统,从而大大减少计算机硬盘的图像数据存储量及后期的裂缝识别工作量,提高隧道衬砌裂缝检测的效率。

2.2.3.2 亮度相似和对比度相似

假设 x 和 y 分别表示参考图像和测试图像的像素灰度值集合,用公式可表示为 $x = \{x_i | i = 1, 2, \cdots, N\}$ 和 $y = \{y_i | i = 1, 2, \cdots, N\}$,其中 N 表示一幅图像的像素数目,对于8位灰度图像,x 和 y 位于0~255之间。参考图像和测试图像之间的亮度相似 L 和对比度相似 C[57,58] 可分别表示为

$$L = \frac{2\mu_x \mu_y}{\mu_x^2 + \mu_y^2} \tag{2-22}$$

$$C = \frac{2\sigma_x \sigma_y}{\sigma_x^2 + \sigma_y^2} \tag{2-23}$$

式中,μ_x 和 μ_y 分别表示参考图像 x 和测试图像 y 的像素灰度值均值,σ_x 和 σ_y 分别表示参考图像 x 和测试图像 y 的像素灰度值标准差,可分别用公式表示为

$$\begin{cases} \mu_x = \frac{1}{N} \sum_{i=1}^{N} x_i \\ \mu_y = \frac{1}{N} \sum_{i=1}^{N} y_i \end{cases} \tag{2-24}$$

$$\begin{cases} \sigma_x^2 = \frac{1}{N-1} \sum_{i=1}^{N} (x_i - \mu_x)^2 \\ \sigma_y^2 = \frac{1}{N-1} \sum_{i=1}^{N} (y_i - \mu_y)^2 \end{cases} \tag{2-25}$$

亮度相似 L 表示参考图像 x 和测试图像 y 之间的亮度相似程度,其值位于0~1之间,当

且仅当 $\mu_x = \mu_y$ 时，$L=1$。对比度相似 C 表示参考图像 x 和测试图像 y 之间的对比度相似程度，其值也位于 0～1 之间，当且仅当 $\sigma_x = \sigma_y$ 时，$C=1$。如果亮度相似 L 和对比度相似 C 的值接近于 1，则测试图像与参考图像之间有高度的相似程度。

对于 M 幅参考图像，综合考虑亮度相似 L 和对比度相似 C 的图像综合检测因子 Q 可用式(2-26)表示为

$$Q = \frac{1}{M}\sum_{j=1}^{M} \frac{4(\mu_x)_j\mu_y(\sigma_x)_j\sigma_y}{[(\mu_x^2)_j + \mu_y^2][(\sigma_x^2)_j + \sigma_y^2]} \tag{2-26}$$

2.2.3.3 隧道衬砌裂缝无监督检测方法

1. 裂缝无监督检测算法

在进行裂缝的无监督检测算法分析时，选择有代表性的 M 幅样本图像作为参考图像，通过计算当前测试图像与样本图像之间的亮度相似和对比度相似及综合检测因子，判断当前图像是否与样本图像接近，从而检测出包含裂缝的衬砌图像。

图 2-33 是针对裂缝无监督检测算法所选取的部分有代表性的隧道衬砌样本图像，每幅图像大小为 2 048 pixel×2 048 pixel，图像格式为 8 位灰度图像，有 256 个可能的灰度级，样本图像分别包含了隧道衬砌环向、斜向、纵向及龟裂等不同裂缝形态。

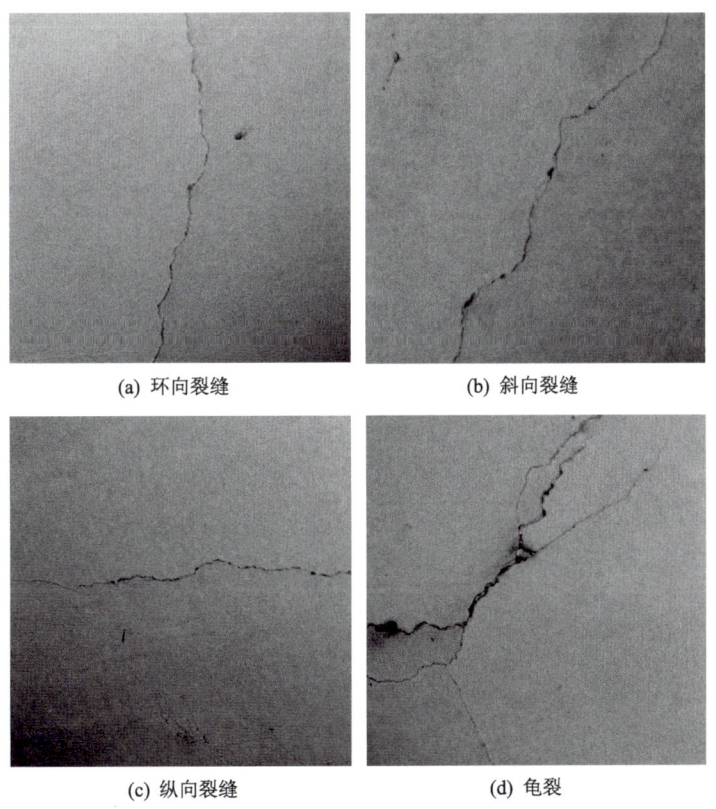

(a) 环向裂缝　　(b) 斜向裂缝

(c) 纵向裂缝　　(d) 龟裂

图 2-33　隧道衬砌裂缝无监督检测样本图像

由式(2-26)可知,图像综合检测因子 Q 位于 0~1 之间,Q 值越大,测试图像接近于参考图像的可能性就越大;反之,测试图像接近于参考图像的可能性就越小。如果图像综合检测因子 Q 大于预先设定的检测阈值 T,则可认为测试图像与参考图像接近。对所有测试图像进行类似处理,可检测出所有与参考图像接近的图像。

图 2-34 是本节提出的隧道衬砌裂缝无监督检测算法流程图。在开始进行隧道衬砌图像采集时,首先根据式(2-24)和式(2-25)计算当前图像与每幅样本图像之间的像素灰度值的均值和标准差,并根据式(2-22)和式(2-23)计算图像之间的亮度相似 L 和对比度相似 C,然后根据式(2-26)计算当前图像与样本图像之间的综合检测因子 Q。如果综合检测因子 Q 大于最佳检测阈值,就认为当前图像包含裂缝,则将当前图像实时保存至计算机硬盘;否则,认为当前图像不包含裂缝,需剔除当前图像,当前图像的无监督检测过程即结束,并开始下一幅衬砌图像的无监督检测。这样可大大减少计算机的硬盘存储量,显著提高检测效率。

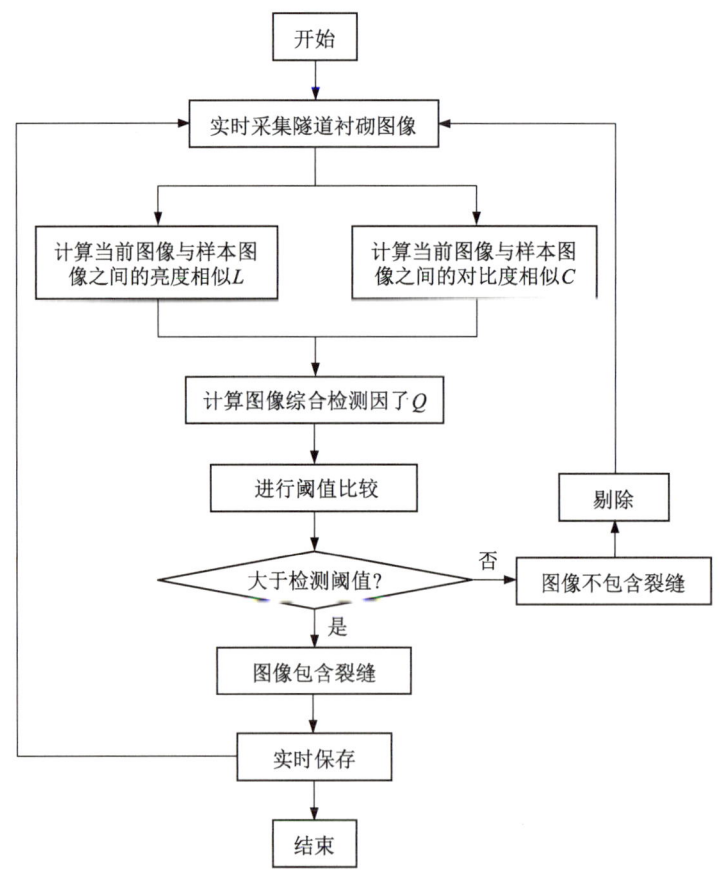

图 2-34　隧道衬砌裂缝无监督检测算法流程

由以上可知,检测阈值直接影响裂缝的检测效果,最佳检测阈值应使算法同时具有较高的灵敏度和特异度。由此可见,最佳检测阈值对算法的检测效果至关重要,如何获得最佳检测阈值则是其中的关键问题。本节将采用信号探测与分析领域的接受者操作特征(Receiver Operating Characteristics,ROC)曲线分析方法对算法的最佳参数进行估计。

2. 算法最佳参数估计

接受者操作特征曲线[59]是一种统计分析方法,源于信号探测理论,用于描述信号和噪声之间的关系。ROC曲线是反映灵敏度和特异度连续变量之间关系的综合指标,通过将连续变量设定出多个不同的阈值,从而计算出一系列的灵敏度和特异度,再以灵敏度为纵坐标、(1-特异度)为横坐标绘制成曲线,曲线下的面积(Area Under the ROC Curve,AUC)越大,其准确性越高。在ROC曲线上,最靠近坐标图左上方的点为灵敏度和特异度均较高的阈值。

由于隧道衬砌图像中存在噪声干扰,会出现将"无裂缝"检测为"有裂缝"(假阳性)或将"有裂缝"检测为"无裂缝"(假阴性)的情况,而ROC曲线反映的正是随检测算法阈值的改变而动态变化的灵敏度(真阳性率)、特异度(真阴性率)曲线。

表2-5所列的是典型的ROC曲线混淆矩阵(Confusion Matrix),N表示总的图像检测数目。将ROC曲线应用到隧道衬砌裂缝的无监督检测算法,其真阳性(True Positive,TP)、假阳性(False Positive,FP)、假阴性(False Negative,FN)、真阴性(True Negative,TN)分别表示算法将"有裂缝"检测为"有裂缝"、"无裂缝"检测为"有裂缝"、"有裂缝"检测为"无裂缝"、"无裂缝"检测为"无裂缝"的图像数目。

表2-5　　　　　　　　　　　ROC曲线的混淆矩阵

识别结果	阳性	阴性	合计
阳性	真阳性(TP)	假阳性(FP)	$TP+FP$
阴性	假阴性(FN)	真阴性(TN)	$FN+TN$
合计	$TP+FN$	$FP+TN$	总数(N)

裂缝无监督检测算法的真阳性率(TPR)和真阴性率(TNR)分别表示真阳性(TP)和真阴性(TN)所占的百分比,即灵敏度($Sensitivity$)和特异度($Specificity$)指标,可分别用公式表示为

$$Sensitivity = TPR = \frac{TP}{TP+FN} \tag{2-27}$$

$$Specificity = TNR = \frac{TN}{TN+FP} \tag{2-28}$$

裂缝无监督检测算法的假阴性率(FNR)和假阳性率(FPR)分别表示假阴性(FN)和假阳性(FP)所占的百分比,假阳性率(FPR)与特异度($Specificity$)指标之间满足$FPR+Specificity=1$,可分别用公式表示为

$$FNR = \frac{FN}{FN+TP} \tag{2-29}$$

$$1-Specificity = FPR = \frac{FP}{FP+TN} \quad (2\text{-}30)$$

裂缝无监督检测算法的总准确率可根据下式进行计算:

$$AR = \frac{TP+TN}{N} \times 100\% \quad (2\text{-}31)$$

裂缝无监督检测算法的真阳性率和假阳性率与算法阈值密切相关,不同的阈值会得到不同的灵敏度和(1-特异度)。因此笔者选取了浙江省金丽温高速公路部分隧道的 120 幅衬砌图像进行分析,其中 60 幅图像包含裂缝,另外 60 幅图像不包含裂缝,图像格式为 8 位灰度图像,有 256 个可能的灰度级,图像数据大小为 2 048 pixel×2 048 pixel,样本库图像数目取 $M=8$。对这些图像进行裂缝无监督检测算法分析后,可绘制出灵敏度与阈值、(1-特异度)与阈值之间的 ROC 曲线,如图 2-35 所示。

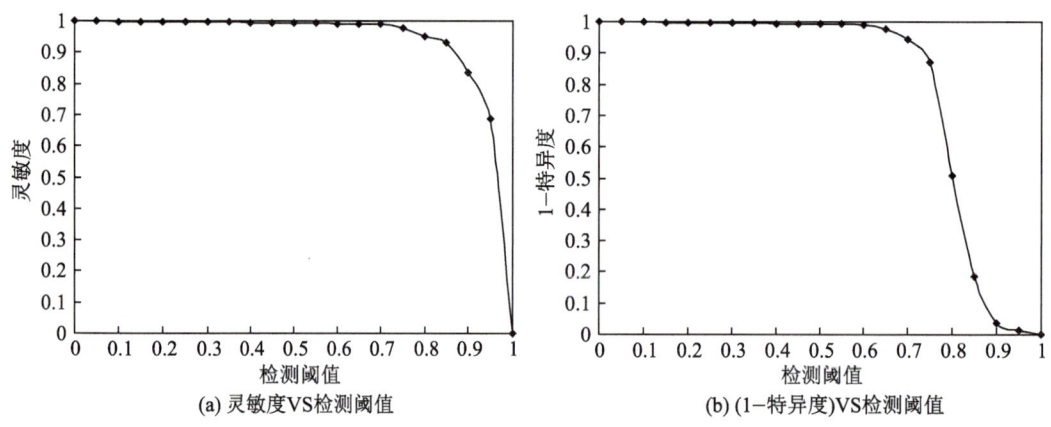

图 2-35 试验图像的 ROC 曲线

由图可以看出,随着裂缝检测算法阈值的不断增大,裂缝检测结果的灵敏度和(1-特异度)均同时减小,即真阳性率和假阳性率同时减小。良好的检测算法应同时具有较高的灵敏度和特异度,即检测算法的最佳阈值 T 应使灵敏度取得较大值,同时使(1-特异度)取得较小值。因此,根据图 2-35 可选择位于 0.90~0.92 之间的数值作为裂缝无监督检测算法的最佳阈值,此时检测算法相应的灵敏度和(1-特异度)指标变化范围分别为 0.836~0.802 和 0.036~0.022,裂缝检测效果良好。

2.2.3.4 算法应用实例

为了验证本节提出的隧道衬砌裂缝无监督检测方法的应用效果,笔者对浙江省金丽温高速公路黄坞垄隧道部分衬砌图像进行了裂缝检测试验,计算机的 CPU 为 Dual Core 2.6 GHz,内存为 2.0 GB,每幅图像的算法运行时间均小于 0.1 s,远小于一幅图像的采集时间。检测试验共分析了 20 幅衬砌图像,其中编号为 1~10 的图像包含裂缝,编号为 11~20 的图像不包含裂缝。表 2-6 是衬砌裂缝无监督检测算法的试验结果,表中"C"表示衬砌包含裂缝,"NC"表示衬砌不包含裂缝。

表 2-6　　　　　　　　　　　隧道衬砌裂缝无监督检测结果

图像编号	综合检测因子 Q	检测阈值 T	检测结果	实际结果
1	0.958 2	0.91	C	C
2	0.964 3	0.91	C	C
3	0.982 5	0.91	C	C
4	0.945 7	0.91	C	C
5	0.889 3	0.91	NC	C
6	0.992 1	0.91	C	C
7	0.763 6	0.91	NC	C
8	0.952 7	0.91	C	C
9	0.942 8	0.91	C	C
10	0.923 6	0.91	C	C
11	0.803 9	0.91	NC	NC
12	0.846 3	0.91	NC	NC
13	0.793 5	0.91	NC	NC
14	0.934 2	0.91	C	NC
15	0.852 6	0.91	NC	NC
16	0.756 9	0.91	NC	NC
17	0.924 3	0.91	C	NC
18	0.862 5	0.91	NC	NC
19	0.943 8	0.91	C	NC
20	0.842 7	0.91	NC	NC

由表 2-6 可以看出,有 2 幅实际包含裂缝的图像检测结果却为不包含裂缝,即检测结果为假阴性(TP);有 3 幅实际不包含裂缝的图像检测结果却为包含裂缝,即假阳性(FP);有 8 幅实际包含裂缝的图像检测结果为包含裂缝,即真阳性(TP);有 7 幅实际不包含裂缝的图像检测结果为不包含裂缝,即真阴性(TN)。裂缝无监督检测算法试验结果的总准确率可根据式(2-31)进行计算,其计算结果为 75%,检测效果良好。

分析后发现出现假阴性(FN)的原因在于部分衬砌裂缝非常细微,裂缝宽度较小或与周围背景之间的对比度较低,导致图像中的裂缝像素数目相对较少,从而误检为无裂缝情况[图2-36(a)];出现假阳性(FP)是由于隧道衬砌存在渗水,导致图像中的渗水位置像素误被识别为裂缝像素,从而误检为有裂缝情况[图2-36(b)]。

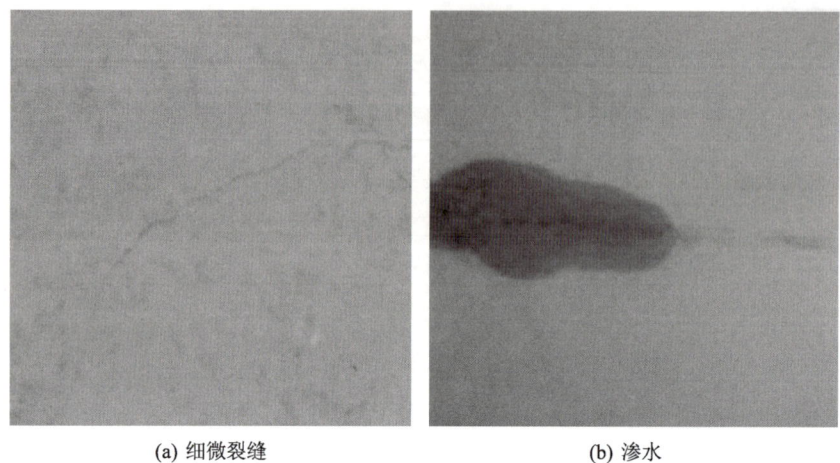

(a) 细微裂缝　　　　　　(b) 渗水

图 2-36　包含细微裂缝和渗水的衬砌图像

2.2.3.5　讨论

裂缝实时检测对减少图像数据存储量和裂缝识别工作量、提高隧道检测效率具有重要意义。本节提出了隧道衬砌裂缝的无监督检测方法,综合考虑了图像之间的亮度相似和对比度相似特征,并选择具有代表性的衬砌裂缝图像作为样本图像,通过计算测试图像与样本图像之间的综合检测因子并与特定的最佳阈值比较,可以有效识别出当前衬砌图像是否包含裂缝,并剔除不包含裂缝的测试图像,同时把包含裂缝的衬砌图像实时保存至计算机硬盘,并根据ROC曲线估计了算法的最佳阈值。工程应用实例表明,该无监督检测算法能取得较高的灵敏度和特异度,对于包含细微裂缝和渗水的衬砌图像,算法虽然会出现假阴性或假阳性情况,但总体准确率较高,且算法的计算时间小于0.1s,远小于一幅图像的采集时间,可满足隧道衬砌裂缝的实时检测要求。本节提出的裂缝无监督检测算法可有效应用于隧道衬砌裂缝机器视觉检测系统,大大减少计算机硬盘的图像数据存储量及后期的裂缝识别工作量。

2.2.4　小结

本节主要针对隧道衬砌裂缝机器视觉检测系统的集成进行研究。首先设计了检测系统集成方案,包括图像采集系统和机械控制系统等,并提出了裂缝检测的技术参数、检测精度和范围、检测移动速度等。其次,在此基础上,提出了基于卷积滤波和梯度结构相似的隧道衬砌图像质量评价方法,通过计算图像质量因子定量评价采集的衬砌图像质量。主要研究成果和结论如下:

(1) 本节提出的隧道衬砌裂缝检测机器视觉系统是笔者所带领的课题组开发的隧道病害快速集成检测系统的部分研究内容,设计的机械臂架可满足三项检测要求:①检测车行走一次,裂缝图像检测范围为2m左右;②经过多次检测实现隧道距路面1m以上衬砌表面的全覆盖;③线阵CCD工业相机的检测轴线方向垂直于隧道衬砌表面。

(2)当检测车的行驶速度较低时,振动影响不明显,当行驶速度较快时,由于路面不平整、发动机、轮胎等因素引起的振动较为明显,会对检测结果产生一定影响。通过实际调研和相关试验研究表明,影响振动或抖动的因素主要包括检测车辆的振动振幅和振动频率,经过振动模态分析和动力时程分析,当检测车的运动速度小于10 km/h且线阵CCD的扫描行频大于6.5 kHz时就能解决抗振防抖问题,此时图像较为清晰且无明显的几何变形,可满足裂缝检测要求。

(3)结构元素掩码对衬砌裂缝图像能取得较好的评价结果,梯度信息对抖动引起的糊涂图像能取得较好的评价结果,将卷积滤波和梯度信息联合起来可有效评价隧道衬砌的图像质量。对含有裂缝的抖动模糊衬砌图像,$GRSSIM$ 方法优于 $GSSIM$、$RSSIM$、$SSIM$ 方法,原因在于采用不同方向的结构元素掩码增强了图像中的裂缝线性特征,同时采用梯度作为图像的结构信息,强化了裂缝的边缘和纹理特征;对于无裂缝的抖动模糊衬砌图像,$GRSSIM$ 方法与 $GSSIM$ 方法较为接近,二者都优于 $RSSIM$ 方法和 $SSIM$ 方法。

(4)根据图像的亮度相似和对比度相似特征,提出了隧道衬砌裂缝无监督检测方法,通过计算测试图像与样本图像之间的综合检测因子并与最佳阈值比较,可以有效识别出当前图像是否包含裂缝,并剔除不包含裂缝的图像,同时把包含裂缝的图像实时保存至计算机硬盘。工程应用实例表明,检测算法能取得较高的灵敏度和特异度,对于包含细微裂缝和渗水的衬砌图像,算法会出现部分假阴性或假阳性情况,但总体准确率较高,且算法的计算时间小于0.1 s,远小于一幅图像的采集时间,可满足隧道衬砌裂缝的实时检测要求。

2.3 隧道衬砌裂缝图像自动识别及特征提取研究

2.3.1 概述

目标物的检测和识别是机器视觉检测系统的核心,其关键在于如何获得可正确描述目标物与非目标物的特征,当被识别目标比较复杂时,就需要通过几个环节(图像复原、图像增强、边缘检测、阈值分割、形态学运算、阴影修正等处理),从不同的方面来综合分析[59]。由此可见,裂缝的自动识别及特征提取是本章提出的隧道衬砌裂缝机器视觉检测系统软件算法的核心,也是研究的难点之一,需要针对隧道衬砌裂缝病害特点,研究特定的裂缝自动识别和特征提取方法。

隧道衬砌裂缝产生的原因是多方面的,主要包括:外荷载作用产生的直接应力引起的裂缝;外荷载作用产生的结构次内力引起的裂缝;衬砌结构变形(包括温度、收缩和膨胀、不均匀沉陷等)引起的裂缝[60,61]等。本文对浙江金丽温等高速公路19座隧道的衬砌裂缝病害进行了调查,部分隧道衬砌裂缝特征如图2-37所示。

裂缝病害调查结果显示:纵向裂缝占26.4%,环向裂缝占55.3%,斜向裂缝占18.3%;拱腰处裂缝最多,比例为65.1%;宽度小于1 mm的裂缝所占比例为90.1%;许多裂缝部位同时出现渗漏水,如图 2-37(c)所示,渗漏水会对图像灰度产生影响,直接影响裂缝识别效果;衬砌部分部位出现网状裂缝(龟裂),如图 2-37(d)所示,其最初形态是一条或几条平行的裂缝,随着裂缝的不断发展,平行裂缝间出现了横向、斜向连接缝,形成多边的、锐角的,形似网状、龟裂状的裂缝形式,对于龟裂,常规的裂缝识别方法会存在大量噪声。

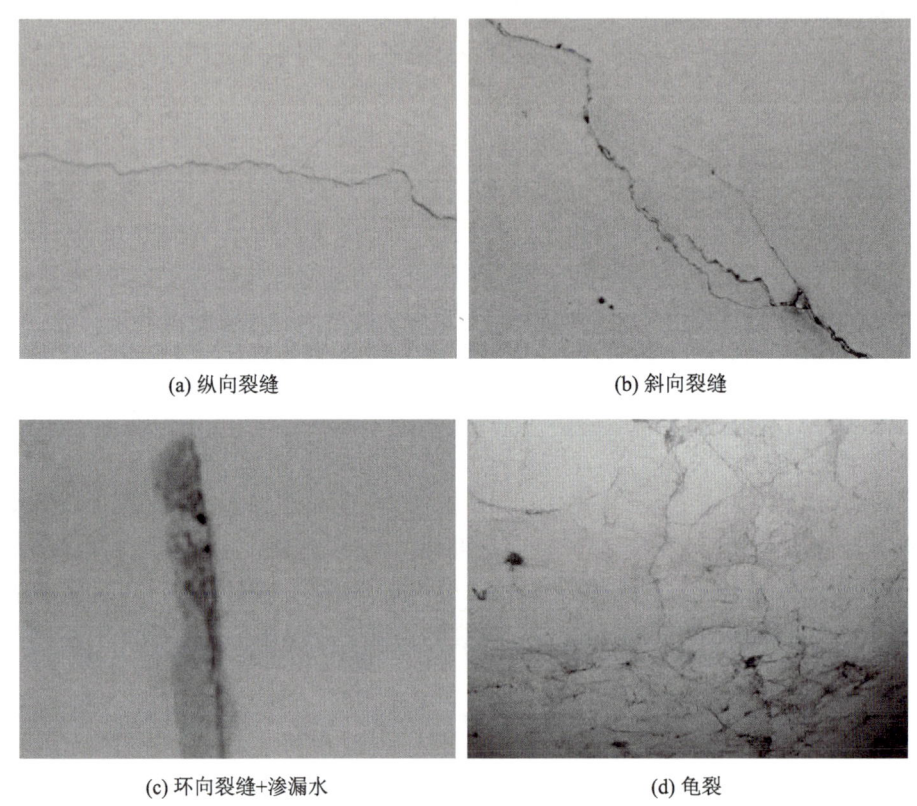

(a) 纵向裂缝　　　　　　　　　　(b) 斜向裂缝

(c) 环向裂缝+渗漏水　　　　　　(d) 龟裂

图 2-37　隧道衬砌裂缝特征

通过裂缝病害调查可以看出,隧道衬砌裂缝形态复杂多样,对于龟裂和存在渗水的裂缝,将现有的裂缝识别方法直接应用于隧道工程会有一定的局限性。而且隧道衬砌裂缝在很多情况下是与渗水同时存在的,裂缝图像和渗水图像的像素灰度很接近,现有的裂缝识别方法难以从同时存在渗水的衬砌病害图像中提取出裂缝,也就无法准确计算裂缝的长度、宽度、走向等特征参数。因此,需要针对隧道衬砌裂缝的自身特征,研究适合于隧道环境的裂缝自动识别和特征提取方法。

本节首先介绍适用于隧道衬砌图像处理和分析的基本算法,包括图像复原、图像增强、边缘检测、阈值分割、数学形态学运算等。在此基础上,提出基于图像局部网格特征的隧道衬砌裂缝自动识别和特征提取方法,该方法通过巧妙设计的十字形模板可充分考虑裂缝图像的局部特征,特别适用于隧道衬砌图像同时存在渗水时的裂缝自动识别,而且对于龟裂也能取得良好的识别效果。随后提出适用于隧道衬砌裂缝检测的特征参数(包括裂缝长度、宽度、走向、位置、分布密度等)计算方法。最后介绍针对本章算法所编写的隧道衬砌裂缝识别软件界面及其功能实现。

2.3.2 隧道衬砌图像处理基本运算

2.3.2.1 图像数字表示

一幅图像可定义为一个二维函数 $f(x,y)$，这里 x 和 y 是空间坐标，而在任何一对空间坐标 (x,y) 上的幅值 f 称为该点图像的强度或灰度。当坐标 x,y 和幅值 f 为有限的、离散的数值时，该图像就称为数字图像[62]。一幅 M 行× N 列的衬砌图像可以数字化地用一个矩阵表示，如式(2-32)所示，矩阵中每个元素称为图像单元、图像元素或像素。图像中的每个像素通常对应于二维空间中一个特定的位置，并且有一个或者多个与那个点相关的采样值组成数值。根据采样数目及特性的不同可以把数字图像划分为二值图像、灰度图像、彩色图像等。

$$f(x,y) = \begin{bmatrix} f(0,0) & f(0,1) & \cdots & f(0,N-1) \\ f(1,0) & f(1,1) & \cdots & f(1,N-1) \\ \vdots & \vdots & & \vdots \\ f(M-1,0) & f(M-1,1) & \cdots & f(M-1,N-1) \end{bmatrix} \quad (2\text{-}32)$$

图像的灰度级典型的取值是 2 的整数次幂：

$$L = 2^k \quad (2\text{-}33)$$

上式假设离散灰度级是等间隔的并且是在区间 $[0, L-1]$ 内的整数。把占有灰度级全部有效段的图像称作高动态范围图像，这种图像有较高的对比度；相反，低动态范围图像的对比度较低，看上去似乎是冲淡了的灰暗格调。

数字 b 表示存储数字图像所需要的比特数：

$$b = M \times N \times k \quad (2\text{-}34)$$

当一幅图像有 2^k 灰度级时，通常称该图像是 k 比特图像。例如，一副图像有 256 个可能的灰度级，称其为 8 比特图像。

数字图像处理是指借助计算机处理数字图像，数字图像是由有限的元素组成的，每个元素都有一个特定的位置和幅值，这些元素就称为像素。数字图像处理的基本步骤是：图像获取、图像复原、图像增强、图像分割、图像识别、表示和表述、特征分类。

2.3.2.2 图像复原

图像在形成、传输和记录的过程中，由于各种因素的影响，图像的质量会有所下降，即图像退化，典型表现为模糊、失真及有噪声等。造成图像退化的原因有很多，例如光学系统(如镜头)的变形导致图像明显变形、光学系统的像差、成像设备与物体之间的相对运动等。然而，图像退化势必会降低测试精度。因此，应该在分析病害图像之前对图像进行复原操作。

图像复原是在研究图像退化原因的基础上,以被退化的图像为依据,根据某些先验知识,设计一种数学模型(或选择一种算子),据此估算出理想图像的一类操作。所以又可以说图像复原是恢复图像的"真"面目。图像复原与下面将要介绍的图像增强处理的关系是先作复原处理(如果图像已经退化的话),再进行增强处理。图像复原的目标就是对退化的图像进行处理,以期使图像恢复到没有退化前的理想效果[63]。

从某种意义上说,图像复原和下面将要介绍的图像增强一样,主要目的是改善图像的质量,但是二者之间却有很大不同。首先,图像复原试图利用退化现象的某种先验知识,把已经退化了的图像加以重建和恢复,需要建立相应的数学模型,而图像增强则不建立或很少建立数学模型;其次,图像复原要明确规定质量标准,以便对希望的结果做出最佳估计,而图像增强则很少涉及客观和统一的评价标准。由此可见,图像复原较图像增强更复杂一些。

由上面的介绍可知,图像复原处理是建立在图像退化的数学模型基础上的。退化模型应该反映图像退化的因素,只有这样,才能用数学方法作"去退化"处理,还原图像的真实面目。实际上,造成图像退化的因素很多也很复杂,不便甚至不可能逐个原因去建立数学模型。目前,在图像处理技术中,较好的方法是把退化原因作为线性系统退化的一个因素来考虑,从而建立系统退化的模型来近似描述。如果用 $f(x,y)$ 代表原图像,$g(x,y)$ 代表已经退化的图像,则图像的退化模型可以用图 2-38 来描述。

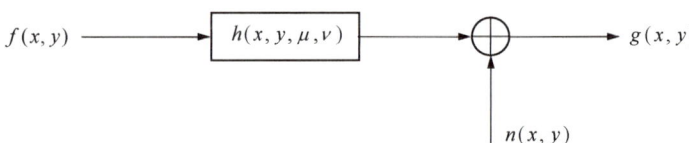

图 2-38　图像退化模型示意图

图 2-38 中的 $h(x,y,\mu,\nu)$ 为系统的脉冲响应,即点扩散函数(PSF),对于线性-平移不变系统有下式成立:

$$h(x,y,\mu,\nu) = h(x-\mu, y-\nu) \tag{2-35}$$

$n(x,y)$ 为系统中的加性噪声干扰。

图 2-38 所建立的退化模型用数学公式可以表示为

$$g(x,y) = \iint f(\mu,\nu) h(x-\mu, y-\nu) \mathrm{d}\mu \mathrm{d}\nu + n(x,y) \tag{2-36}$$

上式还可以用卷积运算来表示:

$$g(x,y) = f(x,y) \otimes h(x,y) + n(x,y) \tag{2-37}$$

由此可见,图像的退化是指成像系统的退化,或者说图像的退化是系统的点扩散函数的退化加上系统的噪声而形成的。

下面介绍在本研究中对隧道衬砌图像进行复原时所采用的方法,即逆滤波复原方法。

根据傅里叶变换的性质,式(2-36)所表示的退化模型可以在频域中表示为如下公式:

$$G(\alpha, \beta) = F(\alpha, \beta) \cdot H(\alpha, \beta) + N(\alpha, \beta) \tag{2-38}$$

式中,$G(\alpha, \beta)$ 是已退化图像 $g(x, y)$ 的 Fourier 变换;$F(\alpha, \beta)$ 是原始输入图像 $f(x, y)$ 的 Fourier 变换;$H(\alpha, \beta)$ 是点扩散函数 $h(x, y)$ 的 Fourier 变换;$N(\alpha, \beta)$ 是噪声函数 $n(x, y)$ 的 Fourier 变换。$H(\alpha, \beta)$ 称为系统的传递函数或传输函数。因此,从频域的观点来看,系统传递函数的退化,导致图像输出的退化。

选择合适的滤波函数 $H_R(\alpha, \beta)$,用它乘公式(2-38)两边得

$$G(\alpha, \beta) H_R(\alpha, \beta) = [F(\alpha, \beta) H(\alpha, \beta) + N(\alpha, \beta)] H_R(\alpha, \beta) \tag{2-39}$$

如果令

$$H_R(\alpha, \beta) = \frac{1}{H(\alpha, \beta)} \tag{2-40}$$

则有下式成立:

$$\hat{F}(\alpha, \beta) = F(\alpha, \beta) + N(\alpha, \beta) H^{-1}(\alpha, \beta) \tag{2-41}$$

对式(2-41)两边分别作 Fourier 逆变换有:

$$\hat{f}(x, y) = f(x, y) + \iint [N(\alpha, \beta) H^{-1}(\alpha, \beta)] \exp\{j2\pi(\alpha x + \beta y)\} d\alpha d\beta \tag{2-42}$$

从而可以得到复原后的图像,以上就是逆滤波复原方法的基本原理。

2.3.2.3 图像增强

图像增强技术通常有两类方法:空域法和频域法[64]。

空域法主要是在空间域中对图像像素灰度值直接进行运算处理,可用下式来表示:

$$g(x, y) = f(x, y) \cdot h(x, y) \tag{2-43}$$

式中,$f(x, y)$ 表示原始图像;$g(x, y)$ 表示增强后的图像;$h(x, y)$ 表示采用的空间运算函数。

频域法就是在图像的某种变换域中(通常是频率域中)对图像的变换值进行某种运算处理,然后变换回空间域。这是一种间接处理方法,可用下列公式来描述该方法:

$$F(\mu, \nu) = \wp\{f(x, y)\} \tag{2-44}$$

$$G(\mu, \nu) = H(\mu, \nu) \cdot F(\mu, \nu) \tag{2-45}$$

$$g(x, y) = \wp^{-1}\{G(\mu, \nu)\} \tag{2-46}$$

式中,$\wp\{\}$ 表示某种频域正变换,$\wp^{-1}\{\}$ 表示该频域变换的逆变换;$F(\mu, \nu)$ 表示对原始图像

$f(x,y)$ 进行频域正变换的结果；$H(\mu,\nu)$ 为频域中的修正函数；$G(\mu,\nu)$ 为修正后的结果；$g(x,y)$ 是 $G(\mu,\nu)$ 逆变换的结果，即增强后的图像。

在本研究中可采用图像平滑技术进行图像增强。图像平滑是一种实用的数字图像处理技术，主要目的是为了减少图像的噪声，噪声并不限于人眼所能看见的失真和变形，有些噪声在进行图像处理时才可能发现。一般情况下，在空间域内可以用邻域平均来减少噪声；在频率域内，由于噪声频谱通常多在高频段，因此可采用各种形式的低通滤波方法来减少噪声。

如前所述，图像平滑包括空域法和频域法两大类，在空域法中，图像平滑采用的常用方法是均值滤波。均值滤波是用一个有奇数点的滑动窗口在图像上滑动，将窗口中心点对应的图像像素点的灰度值用窗口内的各个点的灰度值的平均值代替。图像平滑类似于模板操作，模板操作是数字图像处理中经常用到的一种运算方式。模板操作实现了一种邻域运算，即某个像素点的结果不仅和本像素有关，而且还和其邻域点的值有关。邻域运算在数学中的描述为卷积或互相关运算。

均值滤波所采用的模板，称为平均模板，如下所示：

$$\frac{1}{9}\begin{bmatrix} 1 & 1 & 1 \\ 1 & 1\cdot & 1 \\ 1 & 1 & 1 \end{bmatrix}$$

该模板实际是 3×3 的矩阵，中间的黑点表示该元素为中心元素，即该元素是要进行处理的元素。该操作可以描述为：将原图像中一个像素的灰度值和它周围邻近的 8 个像素的灰度值相加，然后将求得的平均值（除以 9）作为新图像中的该像素的灰度值。

如果滑动窗口规定了在取均值过程中窗口各个像素点所占的权重，也就是各个像素点的系数，这时候就称为加权均值滤波。加权均值滤波所采用的模板常常是高斯模板，如下所示：

$$\frac{1}{16}\begin{bmatrix} 1 & 2 & 1 \\ 2 & 4\cdot & 2 \\ 1 & 2 & 1 \end{bmatrix}$$

在频域中，图像平滑采用的方法通常是低通滤波方法。通过分析图像变换后信号的频率特性可知，图像对象的边缘和其他灰度跳跃区，对应着频率中的高频分量，而其他灰度变化缓慢的区域对应着频率中的低频分量。因此，对于一幅带有颗粒噪声的图像，经图像变换后，它对应高频分量。这时如果用滤波方法滤掉频域中一定范围内高频分量而保留其低频分量同样能达到图像平滑的目的。

由式(2-44)可知，$F(\mu,\nu)$ 是含有噪声的图像变换（如采用傅里叶变换等），$G(\mu,\nu)$ 是平滑的图像变换，$H(\mu,\nu)$ 是传递函数（即频率中的修正函数）。所谓的低通滤波就是选择一个适当的函数 $H(\mu,\nu)$，利用式(2-45)运算后使 $F(\mu,\nu)$ 的高频分量衰减（滤掉），从而得到 $G(\mu,\nu)$，然后经反变换后就可以得到所希望的平滑图像 $g(x,y)$。也就是说，低通滤波"滤掉"了高频分量，低频信息无损地"通过"。显然传递函数 $H(\mu,\nu)$ 应该具有低通滤波特性。

在本研究中，对采集到的隧道衬砌图像进行平滑时，在频域中所采用的低通滤波为巴特沃斯(Butterworth)低通滤波器。巴特沃斯低通滤波器的传递函数 $H(\mu,\nu)$ 可由下式表示：

$$H(\mu,\nu)=\frac{1}{1+\left[\dfrac{D(\mu,\nu)}{D_0}\right]^{2n}} \tag{2-47}$$

式中，D_0 为截止频率；$D(\mu,\nu)$ 是从点 (μ,ν) 到频域平面的原点 $(\mu=\nu=0)$ 的距离，即

$$D(\mu,\nu)=\sqrt{\mu^2+\nu^2} \tag{2-48}$$

在式(2-47)中，D_0 的确定按如下规则：当 $H(\mu,\nu)$ 下降至原来的一半时的 $D(\mu,\nu)$ 值为截止频率 D_0。巴特沃斯低通滤波器是一种效果较好的低通滤波器，可以使图像获得较好的滤波效果。

2.3.2.4 图像边缘检测

作为图像的特征，图像的边缘和区域具有重要的意义，因此对边缘和区域的检测对于图像的分析和识别是至关重要的。进行边缘检测最基本的运算是图像的微分（差分）、梯度、拉普拉斯算子等[65]。在数字图像处理中，模板是为了检测某些不变区域特性而设置的阵列，模板可根据检测目的不同而分为点模板、线模板、梯度模板和正交模板等。

1. 梯度算子

对图像的阶跃边缘，在边缘点其一阶导数取极值。由此，对数字图像 $\{f(i,j)\}$ 的每个像素取它的梯度值：

$$g(i,j)=\sqrt{\Delta_x f(i,j)^2+\Delta_y f(i,j)^2} \tag{2-49}$$

适当取门限 TH_g 作如下判断：如果 $g(i,j)>TH_g$，则 (i,j) 点为阶跃状边缘点，而 $\{g(i,j)\}$ 称为梯度算子的边缘图像。在有些问题中，只对边缘位置感兴趣，把边缘点的像素值标以"1"，而非边缘点的像素值标以"0"，从而形成边缘二值图像。

2. Sobel 算子

对图像的阶跃边缘，Sobel 提出一种将方向差分运算与局部平均相结合的检测边缘点的算子，即 Sobel 算子。Sobel 算子包含两组 3×3 的矩阵，分别表示水平和垂直，将此矩阵与图像作平面卷积，即可分别得出水平和垂直的图像亮度差分近似值。

图 2-39 和图 2-40 所示的两个卷积核形成了 Sobel 边缘检测算子：水平边缘检测算子（即卷积核Ⅰ）和垂直边缘检测算子（即卷积核Ⅱ），分别用来检测水平边缘和垂直边缘。

−1	−2	−1
0	0	0
+1	+2	+1

图 2-39　Sobel 边缘检测算子卷积核Ⅰ

−1	0	+1
−2	0	+2
−1	0	+1

图 2-40　Sobel 边缘检测算子卷积核Ⅱ

对数字图像 $\{f(i,j)\}$ 的每个像素,都用这两个卷积核作卷积,通常一个核对垂直边缘响应最大,而另一个核对水平边缘响应最大。Sobel 算子考察上、下、左、右邻点灰度值的加权差。该算子在以 (i,j) 为中心的 3×3 邻域计算 x,y 方向的偏导数,定义 Sobel 算子如下:

$$S_x = \{f(i+1,j-1)+2f(i+1,j)+f(i+1,j+1)\} - \\ \{f(i-1,j-1)+2f(i-1,j)+f(i-1,j+1)\} \tag{2-50}$$

$$S_y = \{f(i-1,j+1)+2f(i,j+1)+f(i+1,j+1)\} - \\ \{f(i-1,j-1)+2f(i,j-1)+f(i+1,j-1)\} \tag{2-51}$$

将两个卷积的最大值作为该点的输出值:

$$S(i,j) = \max(|S_x|,|S_y|) \tag{2-52}$$

适当取门限 TH_g 作如下判断:如果 $S(i,j) > TH_g$,则 (i,j) 点为阶跃状边缘点,而 $\{S(i,j)\}$ 称为 Sobel 算子的边缘图像。

3. Laplacian 算子

对图像的阶跃状边缘,二阶导数在边缘点出现零交叉,即边缘点两侧的二阶导数值取异号,因此,对数字图像 $\{f(i,j)\}$ 的每个像素,取它的关于 x 轴方向和 y 轴方向的二阶差分之和,即

$$\nabla^2 f(i,j) = \Delta_x^2 f(i,j) + \Delta_y^2 f(i,j) \\ = f(i+1,j)+f(i-1,j)+f(i,j+1)+f(i,j-1)-4f(i,j) \tag{2-53}$$

这是一个与边缘方向无关的边缘点检测算子。由于关心的是边缘点位置而不是其周围的实际灰度值差,因此,一般都选择与方向无关的边缘检测算子。若 $\nabla^2 f(i,j)$ 在 (i,j) 点发生零交叉,则 (i,j) 为阶跃边缘点。

对数字图像 $\{f(i,j)\}$ 的每个像素取它的关于 x 轴方向和 y 轴方向的二阶差分之和的相反数,即得到 Laplacian 算子的相反数:

$$L(i,j) = -\nabla^2 f(i,j) = -\Delta_x^2 f(i,j) - \Delta_y^2 f(i,j) \\ = -f(i+1,j)-f(i-1,j)-f(i,j+1)-f(i,j-1)+4f(i,j) \tag{2-54}$$

其中,$\{L(i,j)\}$ 称作边缘图像。

4. Marr 算子

考虑到噪声的影响,Marr 提出首先对原始图像作最佳平滑,再用 Laplacian 算子对平滑结果用提取零点交叉的方法作边缘检测。对原始图像,选择二维正态分布函数:

$$G(r) = \left(\frac{1}{2\pi\sigma^2}\right)\exp(-r^2/2\sigma^2) \tag{2-55}$$

式中，r 为以滤波像素 (i,j) 为中心的极坐标表示的半径；σ^2 为方差。

用 $G(r)$ 对原始图像 $\{f(i,j)\}$ 作卷积，可得到平滑后的图像：

$$I(i,j) = G(r) * f(i,j) \tag{2-56}$$

在上述常用的算法中，梯度算子基本思想简单，运算速度较快，但是梯度算子只有水平和垂直两个方向的模板，其模板方向仅表示灰度值变化的梯度方向，而不是图像的实际边缘方向。Sobel 算子运算速度较快，能滤除一部分噪声，去掉部分伪边缘，并可估计最精确的边缘方向；同时，Sobel 边缘检测算子在检测斜向阶跃边缘时具有较好的效果。但是 Sobel 算子主要有水平和垂直两个方向的模板，算法的有向性不能对隧道衬砌病害中的不规则裂缝进行有效的识别与检测。Laplacian 算子和 Marr 算子在进行边缘检测时首先对原始图像作平滑运算，降低了噪声的影响，并且算子无方向性。但是，由于图像平滑使得算子对图像边缘的定位不准确，处理后的边缘像素数目较多。

2.3.2.5 图像阈值分割

图像分割是将图像中有意义的特征部分如病害的边缘、区域等提取出来，这是进一步进行图像识别、分析和理解的基础[66]。因此，为了更准确地提取出病害信息，需要对图像进行阈值分割，即通过设置阈值，把像素点按灰度级分为若干类，从而实现图像分割。假设图像为 $f(x,y)$，首先以一定准则在 $f(x,y)$ 中找出一个灰度值 T 作为阈值，把图像分割为两部分，把大于该阈值的像素点的灰度值赋值为 255，而把小于该阈值的像素点的灰度值赋值为 0，阈值分割运算后的图像为二值图像 $g(x,y)$，从而实现图像的二值化[67]。阈值分割的运算表达式如下：

$$g(x,y) = \begin{cases} 255, & if \propto f(x,y) \geqslant T \\ 0, & if \propto f(x,y) < T \end{cases} \tag{2-57}$$

在实际的图像处理过程中，阈值的选择可采用迭代分割法或最大类间方差分割法。除此之外，还可采用实时阈值分割方法[68]。

1. 迭代分割法

迭代分割法的具体步骤如下：

(1) 选择初始阈值 T，通常可以选择一幅图像所有像素点的平均灰度值来作为初始阈值；

(2) 通过初始阈值 T，把图像的平均灰度值分割为两部分 I_1 和 I_2；

(3) 计算两部分图像 I_1 和 I_2 的平均灰度值 μ_1 和 μ_2；

(4) 根据平均灰度值 μ_1 和 μ_2，重新选择阈值 $T = (\mu_1 + \mu_2)/2$；

(5) 循环第(2)～(4)步，一直到两组的平均灰度值 μ_1 和 μ_2 不再变化或变化不大为止，也就是说一直到最后两次算得的阈值 T 相差很小为止。

2. 最大类间方差分割法

最大类间方差分割法又称为大津法，由学者 Otsu 提出[69]。此方法是在最小二乘法的基础上推导出来的，基本思路是将直方图在某一阈值处分割成两组，当被分成的两组的方差为最大时，定为最佳阈值。方差是灰度分布均匀性的一种度量，方差值越大，说明构成图像的两部分差别越大，当部分目标错分为背景或部分背景错分为目标时都会导致两部分差别变小，因此使类间方差最大的分割意味着错分概率最小[70]。最大类间方差分割法的具体步骤如下：

(1) 假设一幅图像的灰度级范围为 $[0, 1, 2, \cdots, 255]$，对应于灰度级 i 的像素数为 n_i，整幅图像总的像素数为 $N = n_0 + n_1 + n_2 + \cdots + n_{255}$，则对应于灰度级 i 的像素概率分布为

$$p_i = n_i/N, \quad p_i \geqslant 0, \quad \sum_0^{255} p_i = 1 \tag{2-58}$$

(2) 假如整幅图像以灰度级 k 为阈值，把图像分为两类 C_0 和 C_1。其中，C_0 类灰度级范围为 $[0, 1, 2, \cdots, k]$，C_1 类灰度级范围为 $[k+1, \cdots, 255]$，两类的概率分别为

$$\omega_0 = P(C_0) = \sum_0^k p_i = \omega(k) \tag{2-59}$$

和

$$\omega_1 = P(C_1) = \sum_{k+1}^{255} p_i = 1 - \omega(k) \tag{2-60}$$

(3) 计算两类的均值：

$$\mu_0 = \mu(k) = \sum_0^k (i+1) p_i \tag{2-61}$$

和

$$\mu_1 = \mu(T) = \sum_{k+1}^{255} (i+1) p_i \tag{2-62}$$

(4) 计算整幅图像总的均值：

$$\mu_T = \sum_0^{255} (i+1) p_i \tag{2-63}$$

(5) 计算两类的类间总方差：

$$\sigma_B^2(k) = \frac{[\mu_T \omega(k) - \mu(k)]^2}{\omega(k)[1-\omega(k)]} \tag{2-64}$$

(6) 最优的阈值灰度级 k^* 使得总方差取得最大值，即

$$\sigma_B^2(k^*) = \max [\sigma_B^2(k)], \quad 0 \leqslant k \leqslant 255 \tag{2-65}$$

根据迭代分割法或最大类间方差分割法算出图像的最佳阈值 T 后，根据此阈值 T，可以将图像分割为二值化图像。

2.3.2.6　数学形态学运算

数学形态学的理论基础是集合论,数学形态学中的集合表示图像中的不同对象[71]。灰度级数字图像可以表示为 Z 空间(Z^3)上分量的集合,集合中每个元素的两个分量是像素的坐标,第三个分量对应于像素的离散灰度级值。更高维空间的集合可以包含图像的其他属性,比如颜色和随时间变化的分量等。数学形态学运算主要用于以下目的:图像预处理(去噪声、简化形状等)、增强物体结构(抽取骨骼、细化、粗化、物体标记等)、从背景中分割物体、物体量化描述(周长、面积、投影等特征值)等。

1. 膨胀

数学形态学中的膨胀运算(Dilation)采用向量加法对两个集合进行合并,膨胀 $X \oplus B$ 是所有可能向量和的集合,向量加法的两个操作数分别来自 X 和 B,并且取到任意可能的集合。膨胀运算定义如下:

$$X \oplus B = \{p \in \varepsilon^2 : p = x + b, x \in X \text{ 且 } b \in B\} \tag{2-66}$$

膨胀是一种各向同性的扩张(在所有方向上的行为相同),这种操作有时还称作填充(Fill)或生长(Grow)。采用各向同性结构元素的膨胀运算可以描述为一个将所有与物体邻近的背景像素变为物体像素的变换。膨胀可用来填补物体中小的空洞和狭窄的缝隙,它使物体的大小增加。

2. 腐蚀

腐蚀运算(Erosion)对集合元素采用向量减法,将两个集合合并,腐蚀是膨胀的对偶运算,二者都不是可逆运算。腐蚀运算定义如下:

$$X \ominus B = \{p \in \varepsilon^2 : p + b \in X, \text{对于每一个} b \in B\} \tag{2-67}$$

腐蚀运算表明图像的每个点 p 都被测试到了,腐蚀的结果由所有满足 $p+b$ 属于 X 的点 p 构成。

腐蚀运算可以解释为用结构元素 B 扫描整幅图像 A,若 B 平移 p 后仍属于 X,则平移后 B 的代表点就属于腐蚀结果图像。腐蚀运算可用来简化物体的结构,那些只有一个像素宽的物体或物体的一部分将被去掉,这样就可以把较复杂的物体分解为几个简单部分。

3. 开运算

开运算(Opening)是对图像先进行腐蚀再进行膨胀的一种形态学变换,图像 X 关于结构元素 B 的开运算定义如下:

$$X \circ B = (X \ominus B) \oplus B \tag{2-68}$$

结构元素各向同性的开运算可用于消除图像中小于结构元素的细节部分,物体的局部形状保持不变。

4. 闭运算

闭运算(Closing)是对图像先进行膨胀再进行腐蚀的一种形态学变换,图像 X 关于结构元

素 B 的闭运算定义如下：

$$X \cdot B = (X \oplus B) \ominus B \quad (2\text{-}69)$$

闭运算可用来连接邻近的物体、填补小孔洞、填平窄的缝隙，使得物体边缘更加平滑。

与腐蚀和膨胀不同，开运算和闭运算对于结构元素的平移不具有不变性，从式(2-68)和式(2-69)可以看出，开运算和闭运算都是递增变换，开运算是一种反向扩张 ($X \cdot B \subseteq X$)，而闭运算是一种正向扩张($X \subseteq X \cdot B$)。与腐蚀和膨胀一样，开运算和闭运算也是一对对偶变换。

2.3.2.7 图像阴影修正

由于隧道内环境条件恶劣，采集到的衬砌图像还存在各种噪声和阴影，为了方便将裂缝从背景图像中成功提取出来，必须对目标图像进行预处理，采用基于图像减运算的阴影修正算法可以实现这一功能。具体算法如下：首先采用中值滤波对目标图像进行滤波处理，然后再用原始图像减去滤波后的图像即可得到修正后的衬砌图像，具体可用如下公式表示：

$$g(x, y) = f(x, y) - median[f(x, y)] \quad (2\text{-}70)$$

图 2-41 和图 2-42 分别是原始图像和进行阴影修正后的图像沿裂缝宽度方向的灰度剖面图，从图中可以看出，阴影修正后的图像中裂缝与周围背景区域相比更加突出，而裂缝周围的背景区域其灰度值变化更加平缓，更利于裂缝特征的提取。

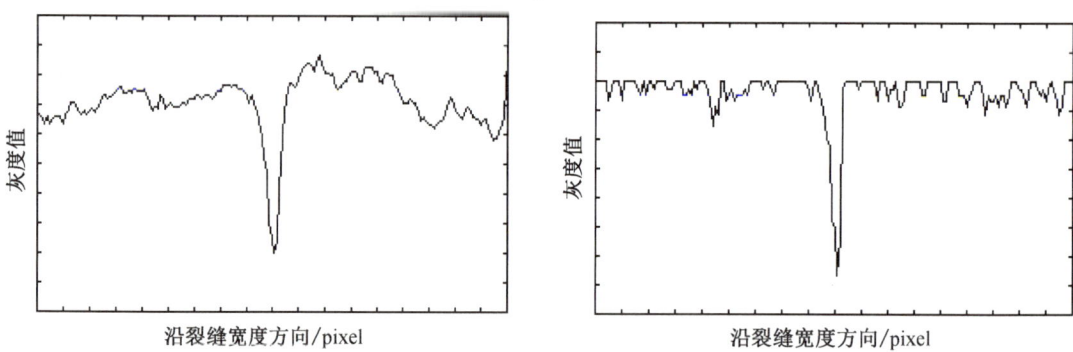

图 2-41 原始图像沿裂缝宽度方向的灰度剖面图　　图 2-42 阴影修正后图像沿裂缝宽度方向的灰度剖面图

2.3.3 基于图像局部网格特征的隧道衬砌裂缝自动识别

2.3.3.1 图像局部网格特征

图 2-43(a)显示了一幅图像的两个局部网格：裂缝网格和背景网格。裂缝网格中沿裂缝宽度方向和沿裂缝长度方向的灰度剖面图分别如图 2-43(b)和图 2-43(c)所示，由图可以看出，沿裂缝宽度方向的灰度剖面图呈现明显的波谷状，而沿裂缝长度方向的灰度剖面图则呈现平缓状。背景网格中沿方向 1 和沿方向 2 的灰度剖面图分别如图 2-43(d)和图 2-43(e)所示，由图可以看出，两个方向的灰度剖面图均呈现平缓状。

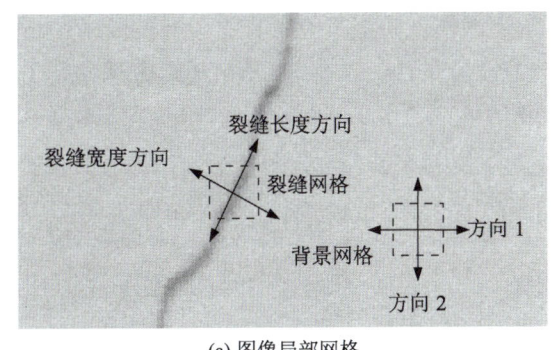
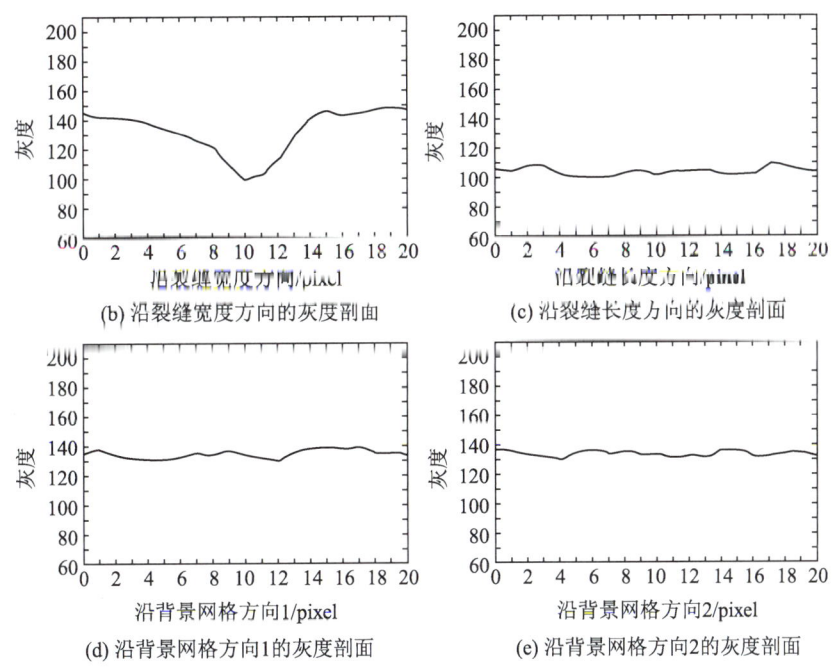

图 2-43　图像局部网格特征

由此可见,图像中裂缝网格和背景网格的灰度剖面特征有明显不同。基于上述图像的局部网格特征,可首先将一幅图像划分为 8 pixel×8 pixel 的局部网格后再进行裂缝识别,由于裂缝像素的灰度值小于周围背景像素的灰度值,每个局部网格中灰度值最小的像素可作为潜在的裂缝种子点。由图 2-43 可以看出,裂缝网格中沿裂缝宽度方向的灰度剖面图有明显的波谷,波谷底部的像素灰度值最小,可作为潜在的裂缝种子点;而背景网格中沿各个方向的灰度剖面图均呈平缓状,则网格中的每一个像素都不是裂缝种子点。由此可识别出所有可能的裂缝种子点,最后将离散的裂缝种子点相连即成为连续裂缝。

2.3.3.2　裂缝种子识别

为了识别局部网格内的裂缝种子像素,设计如图 2-44(a)所示的十字形模板,可充分考虑图像的局部网格特征。十字形模板沿正交方向有两个子模板，每个子模板的宽度为1个像素，长度为n个像素，即每个子模板有$1\times n$个像素，十字形模板总共有$2n-1$个像素。进行裂缝种子识别时，模板还应有一定的角度，如2-44(b)所示，以识别不同方向的裂缝。

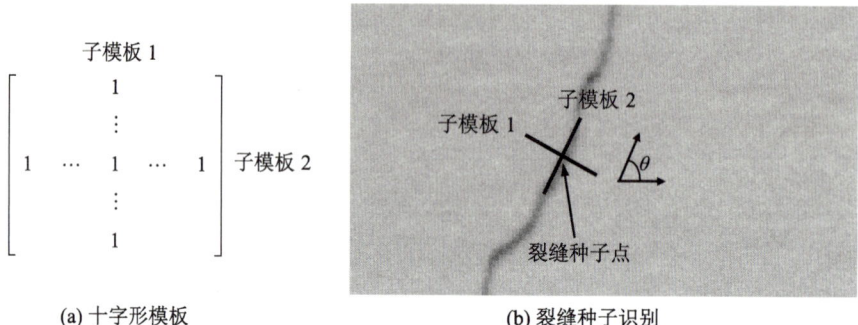

(a) 十字形模板　　　　　　　　(b) 裂缝种子识别

图 2-44　裂缝识别的十字形模板

假设x和y分别表示十字形模板的子模板1和子模板2的像素灰度值集合，即$x=\{x_i \mid i=1,2,\cdots,n\}$和$y=\{y_i \mid i=1,2,\cdots,n\}$，则子模板1与子模板2之间的亮度差异$L$和对比度差异$C$[57,58]可分别表示为

$$L=\frac{2\mu_x\mu_y}{\mu_x^2+\mu_y^2} \tag{2-71}$$

$$C=\frac{2\sigma_x\sigma_y}{\sigma_x^2+\sigma_y^2} \tag{2-72}$$

式中

$$\begin{cases}\mu_x=\dfrac{1}{n}\sum_{i=1}^n x_i\\ \mu_y=\dfrac{1}{n}\sum_{i=1}^n y_i\end{cases} \tag{2-73}$$

$$\begin{cases}\sigma_x^2=\dfrac{1}{n-1}\sum_{i=1}^n(x_i-\mu_x)^2\\ \sigma_y^2=\dfrac{1}{n-1}\sum_{i=1}^n(y_i-\mu_y)^2\end{cases} \tag{2-74}$$

则用于局部网格内裂缝种子识别的十字形模板综合指数S可表示为

$$S=L\cdot C=\frac{4\mu_x\mu_y\sigma_x\sigma_y}{(\mu_x^2+\mu_y^2)(\sigma_x^2+\sigma_y^2)} \tag{2-75}$$

亮度差异L表示子模板1与子模板2之间的亮度差异程度，其值位于0～1之间，当且仅

当 $\mu_x = \mu_y$ 时,$L = 1$;对比度差异 C 表示子模板 1 与子模板 2 之间的对比度差异程度,其值也位于 0~1 之间,当且仅当 $\sigma_x = \sigma_y$ 时,$C = 1$。由式(2-75)可知,十字形模板的综合指数 S 位于 0~1 之间,S 值越小,其中心像素作为裂缝种子点的可能性就越大;反之,其中心像素作为裂缝种子点的可能性就越小。如果十字形模板的综合指数 S 小于预先设定的阈值 T,则其中心像素可确定为裂缝种子点。对每一个局部网格进行类似处理,可识别出所有的裂缝种子点。

2.3.3.3 裂缝种子连接

裂缝种子连接算法首先搜索出裂缝的起始种子点 p_1,通过中间种子点 p_i 的连接,最后与终止种子点 p_n 相连形成连续裂缝,其中关键的一步是如何搜索出与当前种子点 p_i 相连接的下一个种子点 p_{i+1},如图 2-45(a)所示。将 p_i 和 p_{i+1} 连线的中心像素作为十字形模板的中心,p_i 和 p_{i+1} 连线方向作为十字形模板的子模板 2,垂直方向作为子模板 1,则可计算十字形模板的综合指数 S,通过与阈值 T 的比较可确定与当前种子点 p_i 相连接的下一个种子点 p_{i+1}。如果最后两个种子点间的距离小于 16 个像素(两倍局部网格大小),则连接算法终止,并开始下一条裂缝的连接。

裂缝的长度和走向可根据裂缝起始种子点和终止种子点的坐标进行计算,并据此将裂缝分为纵向、环向或斜向裂缝。每一个种子点处沿裂缝宽度方向的灰度剖面图如图 2-45(b)所示,进行卷积后的灰度剖面图如图 2-45(c)所示,裂缝的宽度可根据两个极值点的坐标进行计算,这样沿裂缝长度方向每一点的裂缝宽度都可以计算出来。像素通常是以整数表示的,可采用亚像素插值方法将裂缝边缘像素转化为小数级,以提高裂缝特征参数的计算精度。

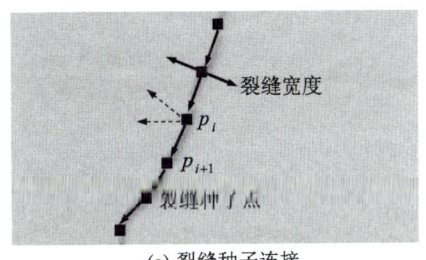

(a) 裂缝种子连接

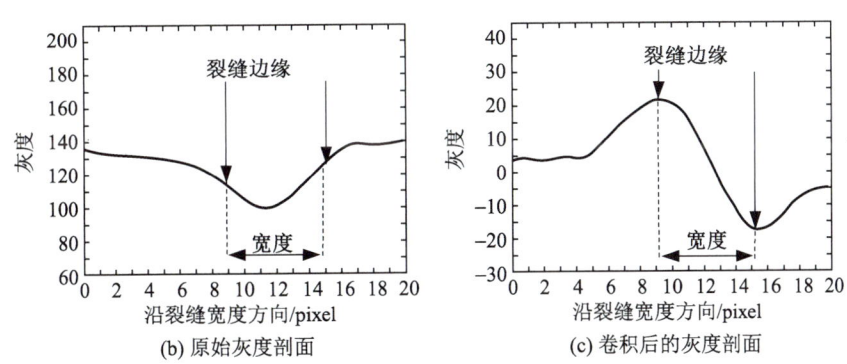

(b) 原始灰度剖面 　　(c) 卷积后的灰度剖面

图 2-45 裂缝种子连接与裂缝宽度计算

2.3.3.4 裂缝识别算法流程

根据以上分析,可归纳出本章提出的裂缝自动识别算法流程图,如图 2-46 所示。首先将一幅衬砌图像划分为 8 pixel×8 pixel 的局部网格,通过设计的十字形模板,将局部网格中灰度值最小的像素作为十字形模板的中心像素,然后计算十字形模板不同方向的综合指数,如果其中的最小值小于预先设定的最佳阈值,则该中心像素可识别为潜在的裂缝种子点,否则认为是非裂缝种子点,并开始下一个局部网格的裂缝种子分析,循环遍历所有的局部网格,可找到所有可能的裂缝种子点,最后通过裂缝种子连接算法将离散的裂缝种子像素连接成为完整的连续裂缝。

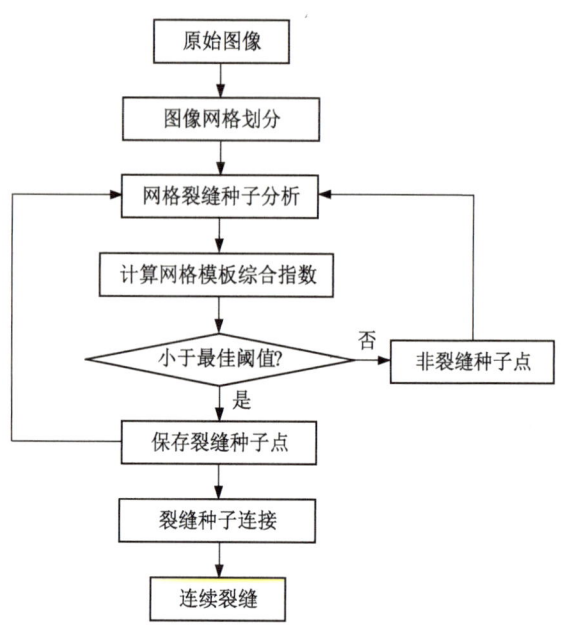

图 2-46 裂缝识别算法流程图

2.3.3.5 最佳参数估计

根据 2.2.3 节介绍的接受者操作特征曲线分析,可以将 ROC 曲线应用到隧道衬砌裂缝自动识别算法中,其真阳性(TP)、假阳性(FP)、假阴性(FN)和真阴性(TN)可分别用提取出的裂缝像素和背景(非裂缝)像素来表示。假定 C_g 和 B_g 分别表示采用手动方法提取出的实际裂缝像素集合和背景(非裂缝)像素集合,C_t 和 B_t 分别表示应用识别算法自动提取出的裂缝像素集合和背景(非裂缝)像素集合,则裂缝识别算法的真阳性(TP)、假阳性(FP)、假阴性(FN)和真阴性(TN)分别表示为

$$\begin{cases} TP = [C_g \cap C_t] \\ FP = [B_g \cap C_t] \\ FN = [C_g \cap B_t] \\ TN = [B_g \cap B_t] \end{cases} \tag{2-76}$$

式中,[·]表示集合的像素数;∩ 表示集合的交运算。

裂缝识别算法的真阳性率(TPR)和真阴性率(TNR)分别表示真阳性(TP)和真阴性(TN)所占的百分比,即灵敏度($Sensitivity$)和特异度($Specificity$)指标,可分别用公式表示为

$$TPR = \frac{TP}{TP+FN} = \frac{[C_g \cap C_t]}{[C_g]} \tag{2-77}$$

$$TNR = \frac{TN}{TN+FP} = \frac{[B_g \cap B_t]}{[B_g]} \tag{2-78}$$

裂缝识别算法的假阳性率（FPR）和假阴性率（FNR）分别表示假阳性和假阴性所占的百分比，且满足 $FPR + Specificity = 1$，可分别用公式表示为

$$FPR = \frac{FP}{FP+TN} = \frac{[B_g \cap C_t]}{[B_g]} \quad (2-79)$$

$$FNR = \frac{FN}{FN+TP} = \frac{[C_g \cap B_t]}{[C_g]} \quad (2-80)$$

将裂缝识别结果的真阳性率（纵坐标）和假阳性率（横坐标）绘制成曲线，即得到一组典型的 ROC 曲线，曲线下的面积（AUC）表示识别的阳性和阴性结果分布的重叠程度，曲线越靠近左上角，AUC 值越大，裂缝识别效果越可靠，理想的 $AUC = 1$，表示裂缝识别效果最佳，无任何假阳性或假阴性错误。

笔者对浙江金丽温等高速公路 19 座隧道的裂缝病害进行了调查，调查结果显示，宽度小于 1 mm 的裂缝所占比例为 90.1%，宽度位于 1~3 mm 之间的裂缝所占比例为 9.9%，由于图像的分辨率为 0.2 mm/pixel，即裂缝最大宽度为 15 pixel，十字形模板的参数 n 表示识别的裂缝宽度，考虑到如果 n 过小，十字形模板的样本参数较少，因此取 $n=9,11,13$，此时十字形模板可覆盖宽度为 0~3 mm 之间的裂缝检测要求。作者选取了 60 幅实际调查的隧道衬砌图像，图像格式为 8 位灰度图像，有 256 个可能的灰度级，大小为 1 024 pixel×1 024 pixel，根据裂缝识别结果计算得到的真阳性率和假阳性率平均值绘制了图 2-47 所示的 ROC 曲线。由图可以看出，随着十字形模板参数 n 的增大，AUC 值逐渐减小，因此可取 $n=9$，此时 $AUC = 0.956$，裂缝识别效果良好。

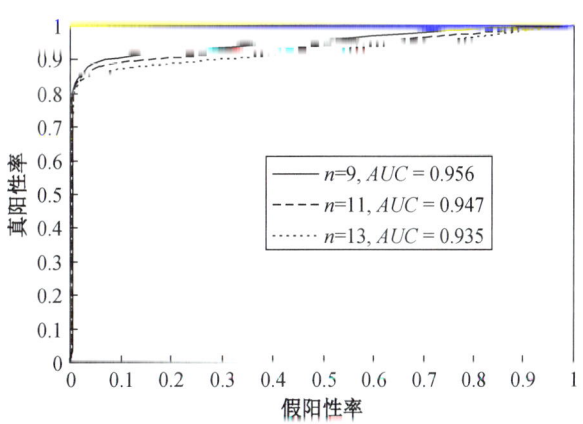

图 2-47 不同模板参数的 ROC 曲线

裂缝识别算法的真阳性率和假阳性率的取值与算法的阈值密切相关，不同的阈值会得到不同的真阳性率和假阳性率，因此同样对采集的 60 幅衬砌图像进行裂缝识别处理后，可绘制出真阳性率与阈值、假阳性率与阈值之间的 ROC 曲线，如图 2-48 所示。由图可以看出，随着识别算法阈值的不断增大，裂缝识别结果的真阳性率和假阳性率均同时增大，良好的识别算法应同时具有较大的灵敏度和特异度，即识别算法的最佳阈值 T 应使真阳性率取得较大值，同时使假阳性率取得较小值。因此，根据图 2-48 可选择位于 0.70~0.75 之间的值作为识别算法的最佳阈值，此时识别算法相应的真阳性率和假阳性率变化范围分别为 0.826~0.852 和 0.009~0.021，可满足实际工程检测要求。

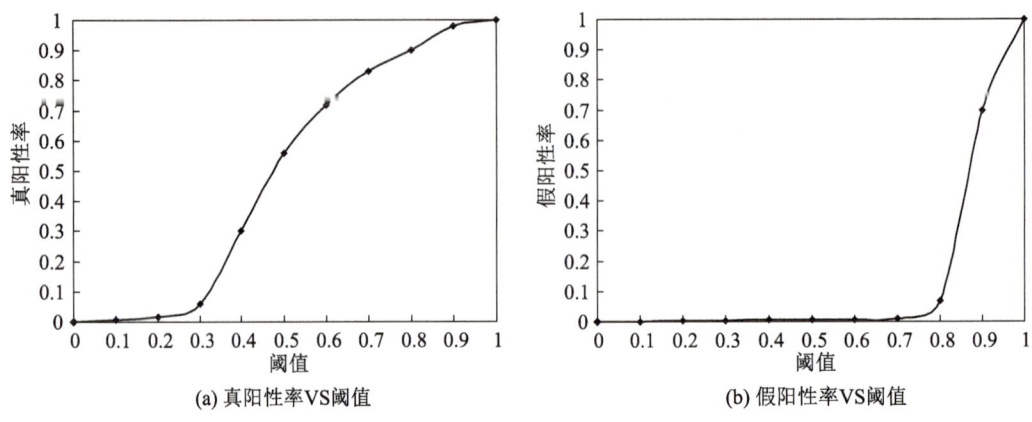

图 2-48 试验图像的 ROC 曲线

2.3.3.6 算法应用实例

为了验证本章提出的裂缝识别方法的应用效果,对采集的浙江金丽温高速公路黄坞垄隧道部分衬砌图像进行了裂缝识别,并与采用 Otsu 方法的识别结果进行了比较,每幅图像大小为 1 024 pixel×1 024 pixel,图像格式为 8 位灰度图像,图像的空间分辨率为 0.2 mm/pixel,采用的计算机 CPU 为 Dual Core 2.6 GHz,内存为 2.0 GB。

图 2-49(a)是包含纵向细微裂缝的隧道衬砌图像,图 2-49(b)是手动提取出的实际裂缝图像。对原始图像分别应用 Otsu 方法(阈值为 112)和本章方法(阈值为 0.74)进行识别后的裂缝图像如图 2-49(c)和图 2-49(d)所示。由图可以看出,Otsu 方法存在较多噪声,不利于裂缝宽度等特征参数的准确计算,且不能识别出细微裂缝,而本章方法能识别出大部分细微裂缝,噪声较少,其识别效果显然优于 Otsu 方法。

表 2-7 是分别采用本章方法和 Otsu 方法对图 2-49 所示的衬砌图像进行识别后计算得到的不同测点的裂缝宽度比较,由表可以看出,本章方法计算得到的裂缝宽度与实际裂缝宽度极为接近,而 Otsu 方法计算得到的裂缝宽度与实际裂缝宽度差别较大,且部分细微裂缝未能检测出。

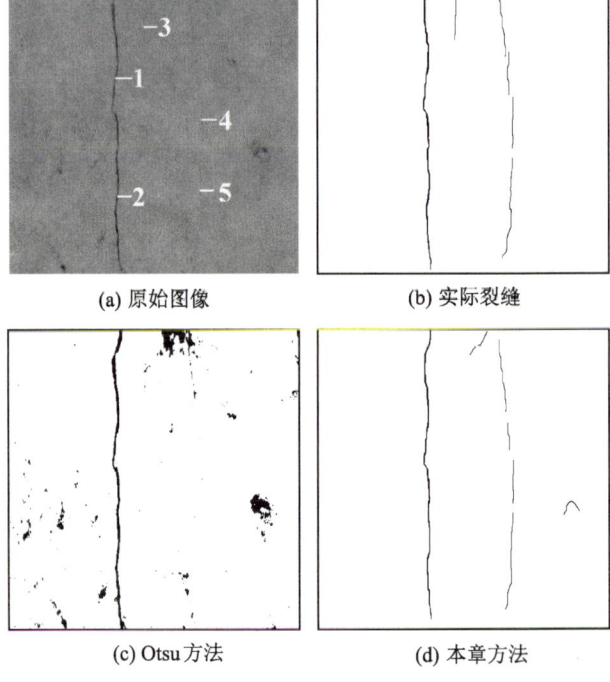

图 2-49 包含细微裂缝的图像检测结果

表 2-7　　　　　　　　　　　不同方法测试的裂缝宽度比较

方法	不同测点裂缝宽度 /mm				
	测点 1	测点 2	测点 3	测点 4	测点 5
实际宽度	0.56	0.63	0.13	0.24	0.27
本章方法	0.52	0.60	未测出	0.20	0.22
Otsu 方法	0.74	0.83	未测出	未测出	未测出

图 2-50(a)是包含渗漏水的隧道衬砌图像,图 2-50(b)是手动提取出的实际裂缝图像。对原始图像分别应用 Otsu 方法(阈值为 105)和本章方法(阈值为 0.72)进行识别后的裂缝图像如图 2-50(c)和图 2-50(d)所示。

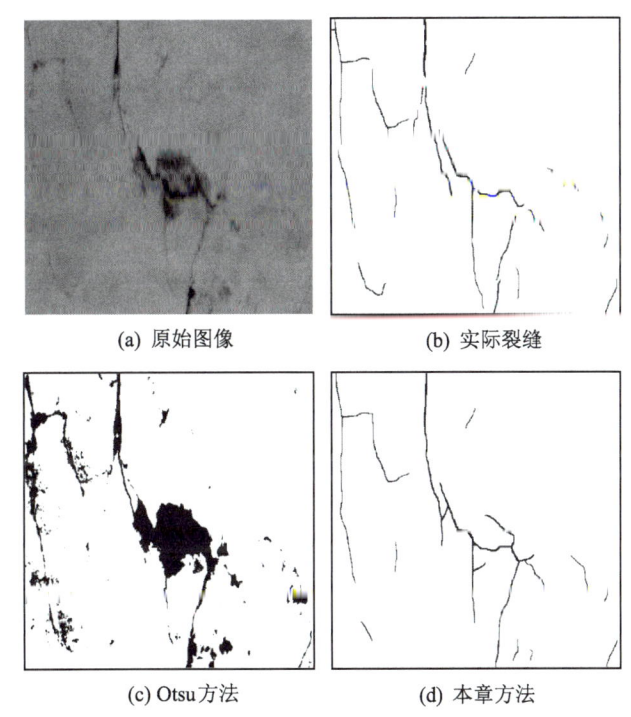

图 2-50　包含渗漏水的图像检测结果

由图可以看出,渗漏水像素的灰度值小于周围背景像素的灰度值,且与裂缝像素的灰度值较为接近,如果不考虑裂缝网格的局部特征,难以将渗漏水和裂缝区分开。Otsu 方法没有考虑图像的局部网格特征,因此不能分离出渗漏水,误将渗漏水像素识别为裂缝像素,识别结果存在较多噪声,不利于裂缝特征参数的准确计算。而本章方法由于考虑了图像的局部网格特征,识别的裂缝图像尽管存在少量噪声,但能分离出渗漏水,有利于裂缝特征参数的准确计算,其识别效果显然也优于 Otsu 方法。

2.3.3.7 应用效果评价

为了对裂缝识别算法效果进行定量评价,采用如下公式来表示裂缝识别算法的识别率 R_c:

$$R_c = \frac{[C_g \cap C_t]}{[C_g \cup C_t]} \tag{2-81}$$

式中,[·]表示集合的像素数;∩ 表示集合的交运算;∪ 表示集合的并运算。R_c 值位于 0~1 之间,其最优值 $R_c = 1$,表示裂缝识别算法可准确地从采集的衬砌图像中提取出全部裂缝像素,并分离出全部背景(非裂缝)像素,即无任何假阳性和假阴性错误。

表 2-8 是分别采用本章方法和 Otsu 方法对图 2-49 和图 2-50 所示的衬砌图像进行裂缝识别后得到的 R_c 值比较结果。由此表可以看出,本章方法明显优于 Otsu 方法。

表 2-8 不同方法的识别率 R_c 值比较

方法	图 2-49	图 2-50
本章方法	0.81	0.59
Otsu 方法	0.43	0.14

2.3.4 隧道衬砌裂缝特征参数计算

进行裂缝识别的最终目的是获得裂缝的特征参数,为隧道衬砌结构的稳定性分析及安全评估提供参考依据[72,73],这些特征参数主要包括裂缝的宽度、长度、位置、走向和分布密度等 5 个参数,因此如何自动计算裂缝的特征参数就显得尤为重要。

1. 裂缝长度

裂缝长度可在裂缝种子连接过程中根据裂缝种子像素坐标计算得到。假设确认后的种子像素为 $p_i(i = 1, 2, \cdots, n)$,n 为一条裂缝的种子像素数目,每个种子像素在图像中的坐标为 (x_i, y_i),则裂缝长度 L 可根据下式计算[74]:

$$L = \sum_{i=1}^{n-1} \sqrt{(x_{i+1} - x_i)^2 + (y_{i+1} - y_i)^2} \tag{2-82}$$

将上式计算的 L 值乘以图像的光学分辨率即得到实际的裂缝长度。实际操作时,采用亚像素方式可获得较高的计算精度。

2. 裂缝宽度

裂缝宽度可根据图 2-45(a) 裂缝种子连接时的示意图进行计算,据此可得到每个种子像素点处的裂缝宽度 W_i,裂缝的平均宽度 W 可根据下式计算[75]:

$$W = \frac{1}{n} \sum_{i=1}^{n} W_i \tag{2-83}$$

与裂缝长度计算类似,将 W_i 乘以图像的光学分辨率即得到实际的裂缝宽度,同样可采用亚像素方式可获得较高的计算精度。

3. 裂缝位置

裂缝位置的计算主要确定裂缝是分布在拱腰、拱顶还是边墙部位,由于在每次检测开始时首先要进行扫描参数设置,此时已经确定了衬砌扫描位置,因此裂缝位置可根据每次检测时的衬砌扫描位置直接得到。此外,编码器记录了每幅图像的里程位置,因此裂缝在隧道纵轴方向的位置可通过换算得到。

4. 裂缝走向

裂缝的走向主要包括纵向、环向、斜向,为方便计算,裂缝走向 R 可根据裂缝种子像素的起点坐标 $p_1(x_1,y_1)$ 和终点坐标 $p_n(x_n,y_n)$ 进行计算,具体用公式表示如下:

$$R = \frac{180}{\pi} \times \arctan\left(\frac{y_n - y_1}{x_n - x_1}\right) \tag{2-84}$$

根据上式计算得到的 R 值,可将裂缝的走向划分为纵向、环向或斜向。

5. 裂缝分布密度

由于每条裂缝的坐标、长度和宽度已经计算得到,因此裂缝的分布密度可根据隧道衬砌单位平方米内所有裂缝的长度之和进行计算。

2.3.5 小结

本节主要针对隧道衬砌裂缝图像自动识别和特征提取方法进行研究。首先介绍了常用的图像处理算法,包括图像增强、图像复原、边缘检测、阈值分割、形态学运算等;在此基础上,根据图像局部网格内不同方向之间的亮度差异和对比度差异特征,并引入十字形模板综合指数,提出了隧道衬砌裂缝自动识别方法,通过 ROC 曲线分析,将裂缝识别的真阳性率和假阳性率转换为以裂缝像素和背景像素表示,用于估计裂缝识别算法的最优参数和最佳阈值,并通过工程实例应用评价了算法的裂缝识别效果;最后介绍了裂缝特征参数的计算方法。取得的主要研究成果和结论如下:

(1) 裂缝识别算法充分考虑了图像的局部特征,可有效地提取出裂缝病害,特别当裂缝和渗水同时存在时,由于二者的像素灰度很接近,既有的识别方法难以将渗水和裂缝区分开,而本算法设计的十字形模板可充分考虑裂缝的局部特征,有很好的适应性。

(2) 十字形模板参数和阈值直接影响算法的裂缝识别效果,当十字形模板最优参数为 9 且最佳阈值为 0.7~0.75 时,裂缝识别的真阳性率和假阳性率分别为 0.826~0.852 和 0.009~0.021,识别效果最佳。

(3) 裂缝种子连接算法同样考虑了图像的局部网格特征,在裂缝种子像素连接过程中,裂缝宽度可根据裂缝种子像素坐标自动计算出来,工程实例应用表明,计算的裂缝宽度与裂缝实际宽度极为接近,可为隧道衬砌结构安全评估提供参考依据。

(4) 图像的局部网格过大,网格间裂缝的不规则和分岔特征就难以识别;局部网格过小,会大大增加裂缝识别算法的运行时间,降低自动检测效率。局部网格采用 8 pixel×8 pixel 时,网格内像素间的最大距离为 5 mm,且裂缝识别的算法运行时间小于 1 s,这样既可识别裂缝的不规则和分岔特征,又能保证较高的识别效率。

(5) 裂缝识别算法主要针对张性裂缝,对于张性裂缝,裂缝像素与背景像素之间的亮度差异和对比度差异明显,十字形模板综合指数通常小于最佳阈值,识别效果较好;对闭合裂缝和张开度很小的裂缝,裂缝像素与背景像素之间的亮度差异和对比度差异不明显,十字形模板综合指数通常大于最佳阈值,识别效果不明显,这也是其他裂缝识别方法存在的问题。因此,需要对裂缝识别方法进行深入研究,期望能实现闭合裂缝和张开度很小裂缝的图像自动识别。

2.4 本章小结

本章首先针对隧道衬砌裂缝检测技术问题,提出了隧道衬砌裂缝机器视觉检测方法,设计了基于线阵 CCD 工业相机和高亮度 LED 光源的移动检测装置,进行了隧道衬砌裂缝机器视觉检测模型试验,选取图像灰度分布和裂缝检测精度作为评价检测性能的定量指标,总结了对衬砌裂缝检测性能的影响因素及其影响规律。其次,针对隧道衬砌裂缝机器视觉检测系统的集成问题,设计了检测系统集成方案,在此基础上,提出了基于卷积滤波和梯度结构相似的隧道衬砌图像质量评价方法。再次,针对隧道衬砌裂缝图像自动识别和特征提取方法进行研究,介绍了常用的图像处理算法,引入十字形模板综合指数,提出了隧道衬砌裂缝自动识别方法,通过 ROC 曲线分析,将裂缝识别的真阳性率和假阳性率转换为以裂缝像素和背景像素表示,并通过工程实例应用评价了算法的裂缝识别效果。最后介绍了裂缝特征参数的计算方法。

参考文献

[1] CHIN R T. Automated visual inspection: A survey[J]. IEEE Transactions on Pattern Analysis and Machine Intelligence,1982,4(6):557-573.

[2] MALAMAS E N,PETRAKIS E G M,ZERVAKIS M,et al. A survey on industrial vision systems, applications and tools[J]. Image and Vision Computing,2003,21(2):171-188.

[3] GOLNABI H,ASADPOUR A. Design and application of industrial machine vision systems[J]. Robotics and Computer-Integrated Manufacturing,2007,23(6):630-637.

[4] 唐向阳,张勇,李江有,等. 机器视觉关键技术的现状及应用展望[J]. 昆明理工大学学报(自然科学版),2004,29(2):36-39.

[5] 雷文华. 机器视觉及其应用(系列讲座)第一讲:机器视觉发展概述[J]. 应用光学,2006(5):1-4.

[6] 谢勇,王耀南,彭涛,等. 基于机器视觉印品缺陷检测的滤波算法[J]. 湖南大学学报(自然科学版),2005,32(4):53-57.

[7] 曹麟,王耀南,肖方良,等. 基于机器视觉的全自动智能包装系统[J]. 仪表技术与传感器,2010(3):22-27.

[8] 彭磊.机器视觉支票印鉴鉴别系统中的关键技术研究[D].武汉:华中科技大学,2003.

[9] 周明辉.基于机器视觉的包装印刷品缺陷检测的应用研究[D].北京:北京工业大学,2011.

[10] 应义斌,饶秀勤,赵匀,等.机器视觉技术在农产品品质自动识别中的应用研究进展[J].农业工程学报,2000,16(3):4-8.

[11] BLASCO J, ALEIXOS N, MOLTO E. Machine vision system for automatic quality grading of fruit[J]. Biosystems Engineering, 2003, 85(4): 415-423.

[12] 何成,王耀南.灌装液体药品质量的机器视觉检测与识别[J].中南大学学报(自然科学版),2009,40(4):1003-1007.

[13] 张辉,王耀南,周博文,等.基于机器视觉的保健酒可见异物检测系统研究与开发[J].仪器仪表学报,2009,30(5):973-979.

[14] WU W Y, WANG M J, LIU C M. Automated inspection of printed circuit boards through machine vision[J]. Computers in Industry, 1996, 28(2): 103-111.

[15] LAHAJNAR F, BERNARD R, PERNUS F, et al. Machine vision system for inspecting electric plates[J]. Computers in Industry, 2002, 47(1): 113-122.

[16] SUN T C, TSENG C C, CHEN M S. Electric contacts inspection using machine vision[J]. Image and Vision Computing, 2010, 28(6): 890-901.

[17] 伍济钢.薄片零件尺寸机器视觉检测系统关键技术研究[D].武汉:华中科技大学,2008.

[18] 刘庆民,王龙山,陈向伟,等.滚珠螺母的机器视觉检测[J].吉林大学学报(工学版),2006,36(4):534-538.

[19] CHEN Y R, CHAO K, KIM M S. Machine vision technology for agricultural applications[J]. Computers and Electronics in Agriculture, 2002, 36(2): 193-213.

[20] BROSNAN T, SUN D W. Inspection and grading of agricultural and food products by computer vision systems-a review[J]. Computers and Electronics in Agriculture, 2002, 36(2): 173-191.

[21] TAO Y, HEINEMANN P H, VARGHESE Z, et al. Machine vision for color inspection of potatoes and apples[J]. Transactions of the ASABE, 1995, 38(5): 1555-1561.

[22] 饶秀勤.基于机器视觉的水果品质实时检测与分级生产线的关键技术研究[D].杭州:浙江大学,2007.

[23] 马蓉.基于机器视觉的作物分类面积地面调查系统关键技术研究[D].北京:中国农业大学,2006.

[24] 魏新华.水果机器视觉自动分选机关键技术研究[D].南京:东南大学,2008.

[25] 刘长红,徐杜,蒋永平.基于机器视觉的心脏医学图像处理研究[J].计算机与应用化学,2010,27(7):997-1000.

[26] 丁萌.空间探测器着陆过程中的机器视觉关键技术研究[D].南京:南京航空航天大学,2010.

[27] 李双,王仲生.基于机器视觉的航空发动机转子裂纹故障识别系统[J].计算机测量与控制,2009,17(4):631-1633.

[28] 姜斌,廖俊必,高中有.基于机器视觉的航空接头气密性全自动检测仪[J].仪表技术与传感器,2009,(3):34-36.

[29] LEE J W. A machine vision system for lane-departure detection[J]. Computer Vision and Image Understanding, 2002, 86(1): 52-78.

[30] 杨俊,张玲霞,陈明.基于视觉检测的城市智能交通管理系统应用研究[J].测控技术,2003,22(2):

55-57.

[31] 刘伟华. 基于机器视觉的煤尘在线检测系统关键技术研究[D]. 济南：山东大学，2011.

[32] 刘娇娇. 基于机器视觉的无砟轨道三维精测系统关键技术研究[D]. 长沙：中南大学，2010.

[33] 鲁欣. 基于机器视觉的道岔安全检测系统的设计与实现[D]. 北京：北京交通大学，2006.

[34] 郑小波. 基于机器视觉的机车车辆动态偏移量检测研究及实现[D]. 长沙：中南大学，2008.

[35] 成鹏飞，杨帆，言立强，等. 基于机器视觉的钢棒自动计数系统[J]. 冶金自动化，2008，32(1)：22-26.

[36] 罗三定. 基于机器视觉的分钢关键技术研究及其应用[D]. 长沙：中南大学，2006.

[37] 童明胜. 基于机器视觉技术的棒材自动计数分离系统[J]. 电气传动，2010，40(1)：72-75.

[38] 杨福刚，孙同景，宋松林. 基于机器视觉的全自动灯检机关键技术研究[J]. 仪器仪表学报，2008，29(3)：562-566.

[39] 李杨果，王耀南，王威. 基于机器视觉的大输液智能灯检机研究[J]. 光电工程，2006，33(11)：69-74.

[40] 龙飞. 基于机器视觉的灯检机关键技术的研究[D]. 武汉：华中科技大学，2008.

[41] 廖强，金大标，甘平. 基于主动机器视觉的工件精密测量系统设计[J]. 激光杂志，2011，32(6)：38-40.

[42] 王晓东，宋洪侠，刘超，等. 基于机器视觉的微小型零件测量与装配控制[J]. 哈尔滨工程大学学报，2011，32(9)：1117-1122.

[43] 袁江涛，杨立，王小川，等. 基于机器视觉的细水雾液滴尺寸测量与分析[J]. 光学学报，2009，29(10)：2842-2847.

[44] HUANG Y X, XU B G. Automatic inspection of pavement cracking distress[J]. Journal of Electronic Imaging, 2006, 15(1).

[45] OH J K, JANG G, OH S, et al. Bridge inspection robot system with machine vision[J]. Automation in Construction, 2009, 18(7)：929-941.

[46] 阮秋琦. 数字图像处理学[M]. 北京：电子工业出版社，2001.

[47] 于泳波，李万恒，张劲泉，等. 基于图像连通域的桥梁裂缝提取方法[J]. 公路交通科技，2011，28(7)：90-93.

[48] LEE B Y, KIM J K, KIM Y Y, et al. A technique based on image processing for measuring cracks in the surface of concrete structures[C]. Transactions, SMiRT 19, Toronto, 2007：1-6.

[49] 中华人民共和国公安部. 混凝土结构防火涂料：GA 98—2005[S]. 北京：中国标准出版社，2006.

[50] 中华人民共和国公安部. 建筑构件防火喷涂材料性能试验方法：GB 12441—2005[S]. 北京：中国标准出版社，2006.

[51] 葛云涛. 机器视觉及其应用（系列讲座）第四讲：机器视觉系统集成技术[J]. 应用光学，2007(2)：14-17.

[52] 蒋刚毅，黄大江，王旭，等. 图像质量评价方法研究进展[J]. 电子与信息学报，2010，32(1)：219-226.

[53] 许志良，谢胜利. 一种基于MRF的自适应块效应去除算法[J]. 华南理工大学学报（自然科学版），2005，33(7)：15-19.

[54] 梁亚玲，杨春玲，余英林，等. 基于人眼视觉特性的任意形状ROI编码[J]. 华南理工大学学报（自然科学版），2005，33(3)：44-49.

[55] WANG Z, BOVIK C. Image quality assessment：from error visibility to structural similarity[J]. IEEE Transactions Image Processing, 2004, 13(4)：600-612.

[56] 杨春玲,旷开智,陈冠豪,等.基于梯度的结构相似度的图像质量评价方法[J].华南理工大学学报(自然科学版),2006,34(9):22-25.

[57] WANG Z,BOVIK A C. A universal image quality index[J]. IEEE Signal Processing Letters,2002,9(3):81-84.

[58] YANG M D,SU T C,PAN N F,et al. Systematic image quality assessment for sewer inspection[J]. Expert Systems with Applications,2011,38(3):1766-1776.

[59] 朱虹.机器视觉及其应用(系列讲座)第三讲:图像处理与分析——机器视觉的核心[J].应用光学,2007(1):10-13.

[60] 王建秀,朱合华,唐益群,等.双连拱公路隧道裂缝成因及防治措施[J].岩石力学与工程学报,2005,24(2):195-202.

[61] 潘洪科,杨林德,黄慷.公路隧道偏压效应与衬砌裂缝的研究[J].岩石力学与工程学报,2005,24(18):3311-3315.

[62] GONZALEZ R C,WOODS R E. Digital Image Processing[M]. 2nd Edition. Prentice Hall Publishing House of Electronics Industry,2002.

[63] 张远鹏,董海,周文ξ.计算机图像处理技术基础[M].1版.北京:北京大学出版社,1996.

[64] 田捷,沙飞,张新生.实用图像分析与处理技术[M].1版.北京:电子工业出版社,1995.

[65] 范立南,韩晓微,张广渊.图像处理与模式识别[M].北京:科学出版社,2007.

[66] 边肇祺,张学工.模式识别[M].北京:清华大学出版社,2000.

[67] SEZGIN M,SANKUR B. Survey over image thresholding techniques and quantitative performance evaluation[J]. Journal of Electronic Imaging,2004,13(1):146-168.

[68] CHENG H D,SHI X J,GLAZIER C. Real-time image thresholding based on sample space reduction and interpolation approach[J]. Journal of Computing in Civil Engineering,2003,17(4):264-272.

[69] OTSU N. A threshold selection method from gray-level histograms[J]. IEEE Transactions on Systems,Man,and Cybernetics,1979,9(1):62-66.

[70] 范九伦,赵凤.灰度图像的二维Otsu曲线阈值分割法[J].电子学报,2007,35(4):751-755.

[71] 闫海霞.基于数学形态学的图像边缘检测和增强算法的研究[D].长春:吉林大学,2009.

[72] ZHU Z Z,GERMA S,BRILAKIS I. Visual retrieval of concrete crack properties for automated post earthquake structural safety evaluation[J]. Automation in Construction,2011,20(7):874-883.

[73] WANG T T. Characterizing crack patterns on tunnel linings associated with shear deformation induced by instability of neighboring slopes[J]. Engineering Geology,2010,115(1):80-95.

[74] LI Q Q,ZOU Q,ZHANG D Q,et al. FoSA:F Seed-growing Approach for crack-line detection from pavement images[J]. Image and Vision Computing,2011,29(12):861-872.

[75] ZHU Z H,BRILAKIS I. Parameter optimization for automated concrete detection in image data[J]. Automation in Construction,2010,19(7):944-953.

3 隧道渗漏水检测技术

3.1 隧道渗漏水红外检测系统及辐射特征模拟试验研究

3.1.1 概述

红外热像仪最早应用在电力行业[1]，最近十多年才被引入到土木工程领域[2]，所以到目前为止，土木工程领域装备红外热像仪的单位并不多，其中有两个原因，其一是红外热像仪价格不菲，不少单位无力购买昂贵的仪器；其二，如前所述，由于缺乏对红外辐射规律的认识，使得这种设备使用技术较复杂，目前在土木工程行业应用面还不广。

红外热像仪是利用红外探测器和光学成像物镜接受被测目标的红外辐射能量分布图形，反映到红外探测器的光敏元件上，从而获得红外热像图，这种热像图与物体表面的热分布场相对应。通俗地讲，红外热像仪就是将物体发出的不可见红外能量转变为可见的热图像。热图像上的不同颜色代表被测物体的不同温度。

经前述分析，本研究采用红外热成像技术进行隧道渗漏水检测，通过本研究旨在为我国岩石公路隧道衬砌渗漏水病害红外无损动态检测技术提供理论指导和技术支持。因此，首先根据病害风险评估所需渗漏水指标及精度要求进行红外热成像设备参数选型工作，然后结合课题开发的硬件系统进行参数分析，最后通过隧道衬砌与围岩模拟试验研究渗漏水红外辐射特征进而完成设备选型。

3.1.2 隧道衬砌与围岩模拟试验

3.1.2.1 试验目的

本次试验目的首先为指导隧道病害检测系统的红外热成像设备选型工作，然后探索隧道衬砌混凝土渗漏水过程中的红外辐射规律。依据云南省典型公路隧道的设计资料制作隧道衬砌与围岩模型墙体，模拟渗漏水过程进行红外辐射特征试验。

3.1.2.2 隧道衬砌与围岩模型设计及制作

岩石隧道衬砌的组成一般为：开挖围岩＋初次衬砌＋防水材料＋二次衬砌。围岩开挖后，隧道初次衬砌为挂钢筋网喷射混凝土，待围岩以及初次衬砌基本稳定后，在初次衬砌上铺设防水层，最后支模浇筑钢筋混凝土作为二次衬砌。典型的云南两车道公路隧道衬砌及组成示意如图9-12（本书第9章）所示。

根据典型岩石隧道结构形式来设计隧道衬砌与围岩模型墙体。具体制作细节见本书第9章9.1.3.1节。

渗漏水红外辐射特征试验设计：由于红外检测只与材料表面的红外辐射率有关，所以渗漏水红外辐射特征试验利用4#素混凝土墙体（图9-13），在墙体布置PVC管，通过控制水流量实现渗漏水过程。

3.1.2.3 试验设备

本次试验采用两种便携式红外热像仪（FLIR ThermaCAM-P65和FLUKE Ti55FT，见图

3-1),设备的参数如下:红外探测器都采用氧化钒,光谱范围分别为 7.5~13 μm 和 8~14 μm,温度灵敏度分别为 0.08℃和 0.05℃(在 30℃时),图像分辨率都为 320 pixel×240 pixel,空间分辨率都为 1.3 mrad,图像最大采集帧频分别为 50 Hz 和 60 Hz。

(a) FLIR P65　　　　　　　(b) FLUKE Ti55FT

图 3-1　试验设备照片

3.1.2.4　试验过程

对隧道衬砌与围岩模型 4# 混凝土墙体预埋的 PVC 管注水,模拟混凝土表面的渗漏水(图 3-2),并通过控制水量大小实现渗漏水过程模拟。

将红外热像仪安装在距隧道衬砌与围岩模型墙体约 1 m 处,进行渗漏水过程中墙体表面的红外温度场变化观测和数据采集。试验共进行两天,且均为阴天,无阳光直射到模型墙体上,故对采集对象(混凝土墙体和渗漏水)温度无直接影响,所以可忽略天气影响。

试验共分为两组:第一组使用 FLIR ThermaCAM-P65 便携式红外热像仪,研究混凝土渗漏水红外辐射一般特征,试验共记录 2 个序列共 30 幅红外热图像(本组试验水温 8℃、环境温度 11℃);第二组使用 FLUKE Ti55FT 便携式红外热像仪,研究混凝土渗漏水过程的红外辐射特征,试验共记录 2 个序列共 68 幅红外热图像(本组试验水温 35℃、环境温度 18℃)。

图 3-2　隧道衬砌与围岩模拟试验渗漏水照片

3.1.3　渗漏水模拟试验结果与分析

在试验结果分析部分,首先对第一组图像进行分析,研究渗漏水红外辐射的一般规律;然后对第二组渗漏水过程图像进行分析,并对 3 个典型渗漏状态进行定量描述,探索渗漏水过程的红外辐射规律。

3.1.3.1　混凝土渗漏水红外辐射一般特征

图 3-3 是渗漏水的一般红外热图像(第一组数据,本组试验水温 8℃、环境温度 11℃,使用

FLIR ThermaCAM-P65 热像仪)。从红外热图像可看出:隧道衬砌与围岩模型墙体表面温度在 8.7~10.7℃之间,共有 2℃的温差;最低的 8.7℃出现在出水口,最高的 10.7℃出现在基底混凝土表面,渗漏水区域边缘的温度在 9℃左右;由于渗漏水和混凝土表面的温度不同,可以通过温度差进行渗漏水识别。

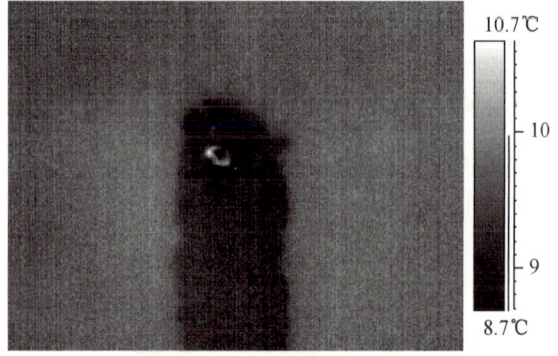

图 3-3 隧道衬砌与围岩模拟试验渗漏水红外图像

3.1.3.2 混凝土渗漏水过程红外辐射特征

按照《公路隧道养护技术规范》中对渗漏水状态的规定,通过逐渐加大水流量模拟不同流量状态渗漏水(第二组数据,本组试验水温 35℃、环境温度 18℃,使用 FLUKE Ti55FT 热像仪),同时进行图像数据采集(图 3-4),研究渗漏水过程中不同流量下红外辐射特征。

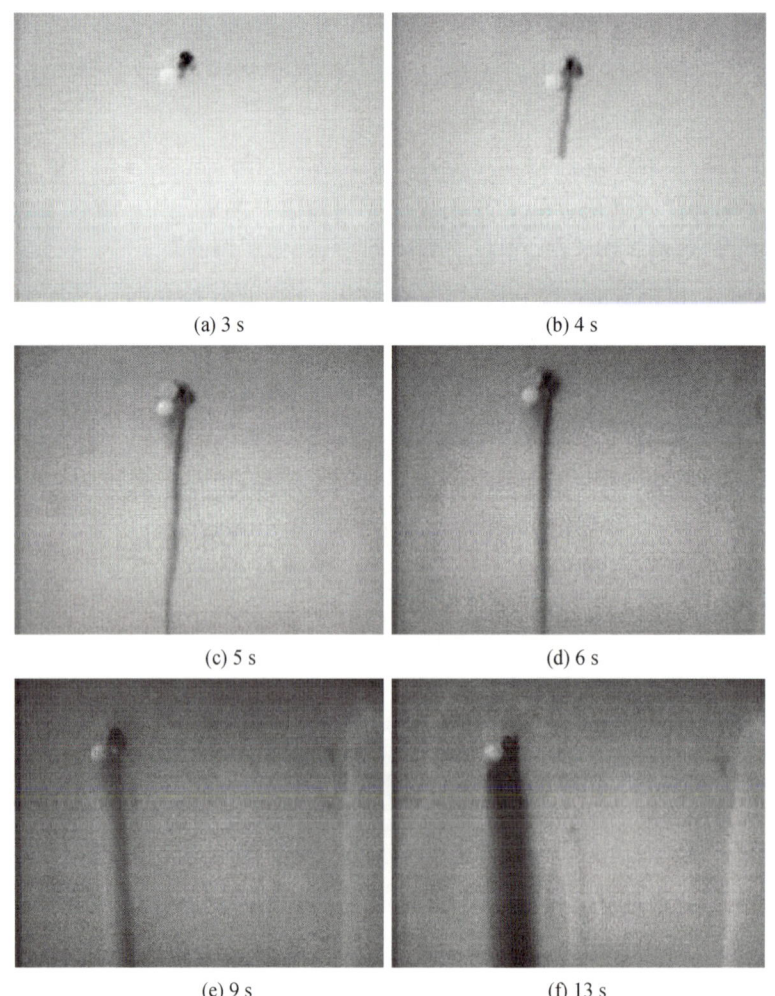

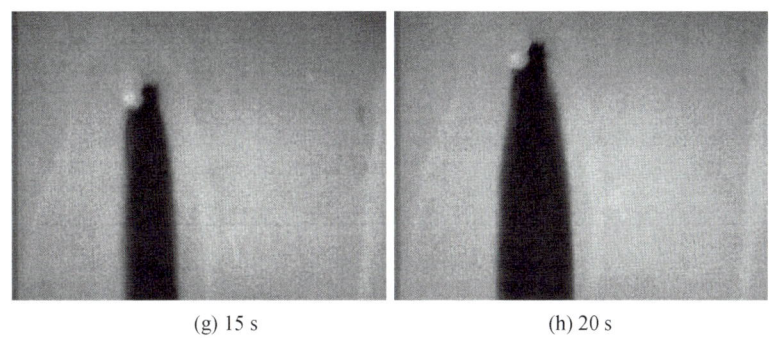

(g) 15 s　　　　　　　　(h) 20 s

图 3-4　隧道衬砌与围岩模拟试验渗漏水过程红外热图像

图 3-4 给出了隧道衬砌与围岩模型墙体渗漏水流量逐渐加大过程中热像仪获得的热图像变化情况。热图像显示，在 3 s 时，水即将流出出水口，隧道衬砌与围岩模型墙体表面辐射温度最高点在出水口。3 s 之后，水从出水口逐渐流出，到 5 s 时渗漏水呈现稳定状态，此时温度最高点依然在出水口，但是温度值有所下降，而且随着水流向下温度值依次减小。13 s 之前，图像特征没有本质变化，13 s 之后，随着水流量的加大，渗漏水的区域宽度逐渐加大，而且随着水流向下温度值逐渐趋于稳定。

对模型墙体不同渗流量的热图像变化进行分析，发现主要存在以下特征：①在水流出出水口之前，模型墙体表面的红外辐射温度最高值出现在出水口；②当水流贯穿成线时，辐射温度最高点依然在出水口，随距离出水口越远温度越低；③当水流量逐渐加大，整个水流区域温度稳定；而在整个渗漏水过程中，水流温度始终高于基底混凝土温度，高温区域始终被低温区域所包围。

3.1.3.3　混凝土渗漏水过程红外辐射特征定量描述

选取 3 个典型渗漏状态(5 s，13 s，20 s)，分别代表渗漏水过程中渗漏初期、中期和后期。对不同渗漏水时期的红外图像进行分析，绘制横断面温度变化趋势图，通过温度值反映不同流量下渗漏水的红外辐射特征，如图 3-5 所示。

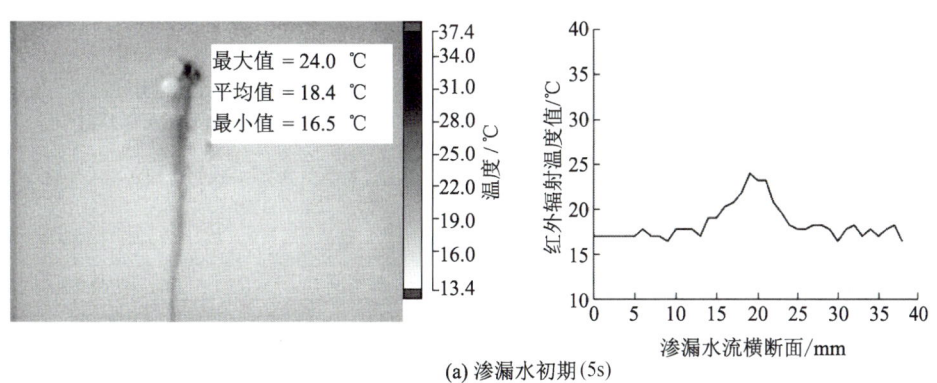

(a) 渗漏水初期(5s)

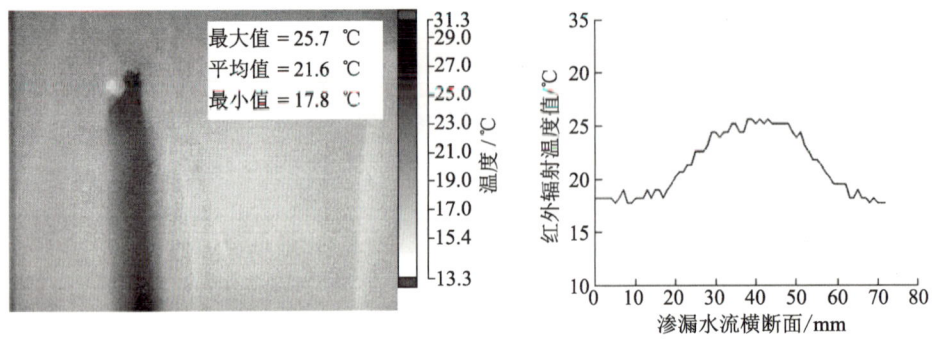

(b) 渗漏水中期(13s)

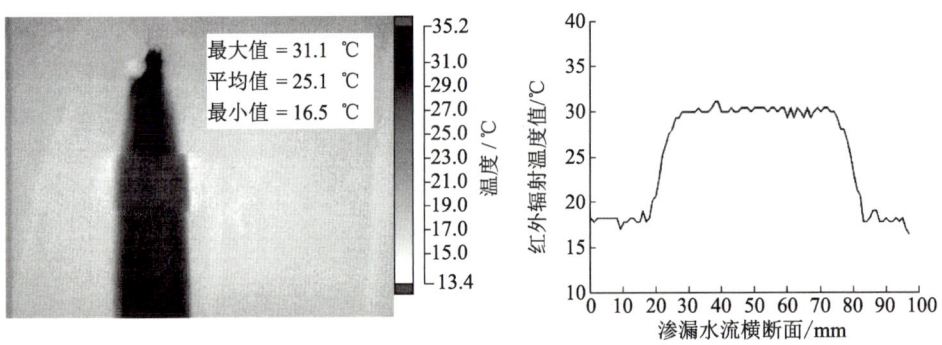

(c) 渗漏水后期(20s)

图 3-5　典型渗漏状态断面温度分布

从 3 种不同流量的红外热图像中渗漏水断面温度分布(图 3-5)可看出：①3 种状态,随水流量增大,温度最大值分别为 24 ℃,25.7 ℃,31.1 ℃,依次增大；②基底混凝土的温度基本上没有变化；③随着渗水宽度的增加,渗漏水区域和基底混凝土的红外辐射温差越大,水域温度越均匀,水域边缘温度场变化越剧烈。

图 3-6 表明,红外热图像中渗漏水的温度最大值及平均值与流量之间存在近似线性的关系,该曲线和渗漏水断面温度指标很好地反映了渗漏水典型断面的温度变化情况。

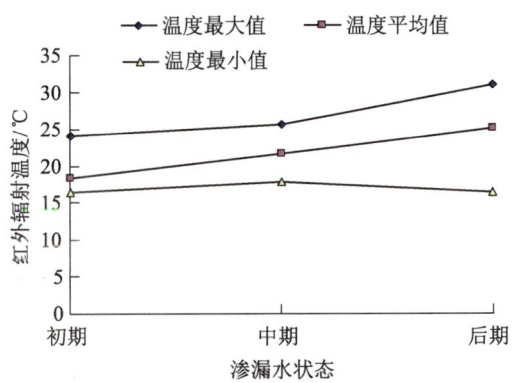

图 3-6　典型渗漏水状态下红外辐射温度

3.1.3.4　讨论

(1) 根据试验用水温度和环境温度的差别,混凝土表面渗漏水的红外辐射温度场一般特征是高温区域包围低温区域或者低温区域包围高温区域,渗漏水区域边缘温度梯度较大。

试验结果表明:由于混凝土和试验用水的温度不同,反映到热图像是混凝土的高温区域和渗漏水的低温区域;实际隧道渗漏水和衬砌混凝土存在温度差,可以利用红外热像仪进行渗漏水的检测。为了评估隧道渗漏水风险状态,需要判别渗漏水的状态,因此进行了第二组不同流量下渗漏水红外辐射特征的试验。

(2) 混凝土表面渗漏水过程红外辐射特征:

① 渗漏水试验初期,混凝土表面渗漏水量较小。此时由于试验用水温度高于混凝土,所以图像中温度最高点出现在出水口。由于渗漏水水膜厚度随水流方向逐渐减小,所以距离出水口越远,水温越接近基底混凝土,显示到热图像上温度随水流方向依次递减,沿水流区域横截面边缘温度梯度较小。

② 渗漏水试验中期,混凝土表面渗漏水量逐渐增大。此时渗漏水温度沿水流方向渐趋稳定,但是有热传递的存在,最高温度依然出现在出水口,沿水流区域横截面边缘温度梯度逐渐变大。

③ 渗漏水试验后期,混凝土表面渗漏水量继续增大。此时由于水流量较大,渗漏水和基底混凝土之间的热交换时间较少,导致渗漏水辐射温度沿水流方向基本趋于稳定,沿水流区域横截面边缘温度梯度更大。

3.1.5 小结

针对隧道衬砌混凝土渗漏水检测问题,制作模型墙体模拟隧道衬砌及围岩,通过控制水流量模拟隧道渗漏水,利用红外热像仪对渗漏水过程进行红外观测试验研究,对红外设备硬件选型方案进行验证,结果表明:

(1) 根据试验用水温度和环境温度的差别,隧道衬砌混凝土渗漏水一般红外辐射特征为:热图像呈现高温区域包围低温区域或者低温区域包围高温区域的温度场特征,渗漏水区域边缘温度梯度较大。

(2) 隧道衬砌混凝土渗漏水过程的红外热图像表明:随渗水流量越大,渗漏水区域和基底混凝土的红外辐射温差也越大,水域温度越均匀,水域边缘温度场变化越剧烈。

(3) 对混凝土渗漏水过程红外辐射特征试验分析结果表明:由于渗漏水和混凝土基底之间的温度和比热不同导致红外辐射温度不同,经过进一步研究我们不仅能够从热图像中判断出渗漏水区域等信息,而且能够判断出渗漏水状态。

3.2 隧道渗漏水及其隐患的红外辐射特征影响因素室内试验研究

3.2.1 概述

3.1节在大型隧道衬砌与围岩模拟试验中探索了渗漏水的红外辐射规律,初步得到流量会影响到渗漏水的红外辐射特征。而实际隧道中影响渗漏水红外辐射规律的因素还有很多,包括渗漏水流量、渗漏水温差、渗漏水位置、衬砌表面材料等。因此有必要进行隧道渗漏水及隐患的红外辐射特征影响因素研究。

但是由于室外试验的局限性，无法全部考虑影响渗漏水红外辐射规律的各种影响因素。所以本节就把这些影响因素全部考虑进来，进行室内的定量试验来研究隧道中常见的理想点渗漏、随机线渗漏和渗漏水隐患在各种影响因素下的红外辐射规律[3]，以指导红外热图像的修正与处理。

目前，国内外未见对混凝土各种影响因素条件下渗漏水及其隐患的红外辐射特征研究的报道。本节通过室内量化混凝土试验模拟隧道渗漏水及其隐患研究其红外辐射特征。

3.2.2 室内试验方案

3.2.2.1 试验目的

为指导红外热像仪对隧道衬砌渗漏水的检测，笔者进行了渗漏水红外定量检测室内试验，探索不同渗漏状态（浸渗、滴漏、涌流等）及其隐患对应的红外热图像规律及其影响因素，通过总结影响规律建立隧道衬砌渗漏水红外辐射特征修正指标，对红外图像进行修正。

本次试验分为两个部分：不同渗漏水状态下的红外辐射规律和渗漏水隐患红外辐射规律。第一部分：通过自制水温及水流控制装置调节水温和流量，模拟实际隧道中不同的渗漏水状态，制作混凝土试块模拟点渗漏和随机线渗漏，探索在各影响因素情况下不同渗漏水状态下的红外辐射规律。第二部分：使用隧道用瓷砖和不同厚度（10 mm，20 mm，30 mm）混凝土试块，在瓷砖和混凝土背后模拟不同渗水温度和水压力等，探索在各影响因素情况下瓷砖和混凝土表面的红外辐射规律。

3.2.2.2 试验试块及工况

为模拟隧道运营过程中常见的衬砌点渗漏和随机线渗漏，参考文献[4]，制作如图 3-7 所示的混凝土小型试块（试块照片见图 3-12）。试块混凝土强度指标为 C25，尺寸分别为 50 mm×180 mm×300 mm 和 50 mm×250 mm×250 mm。

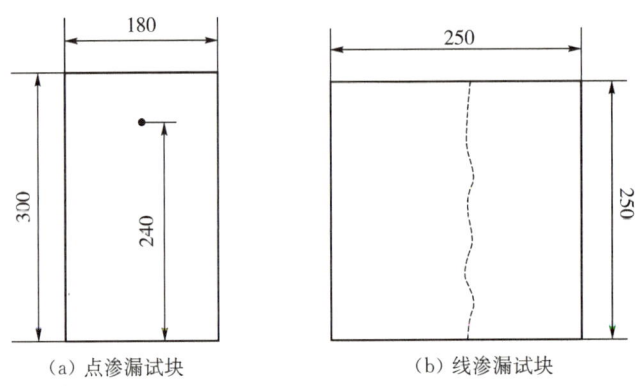

图 3-7　混凝土点渗漏及随机线渗漏试块示意图（单位：mm）

为探索隧道衬砌不同渗漏状态(浸渗、滴漏、涌流等)对应的红外热图像规律以指导养护,故设计室内定量试验如表 3-1 所示。通过获取不同的渗漏水温、流量、位置和表面材料等因素下的红外热图像,探索各因素对渗漏水红外辐射特征的影响规律。

表 3-1　　　　　　　　　　混凝土渗漏水室内定量试验

影响因素	工　　况		
渗漏水温(T)	30℃	35℃	40℃
渗漏水流量(F)	10 mL/min	20 mL/min	30 mL/min
表面材料(S)	混凝土		防火涂料
渗漏水位置(L)	墙	脚	肩
渗漏水形式	隧道衬砌点渗漏		隧道衬砌随机线渗漏

另外,为了扩展红外检测的适应性,探索各因素影响下渗水隐患的红外辐射规律以及不同深度渗水隐患对应的红外热图像,进行个部分试验,设计的定量试验工况详见表 3-2 所列。试块混凝土强度指标为 C25,尺寸分别为 10 mm×180 mm×300 mm、20 mm×180 mm×300 mm 和 30 mm×180 mm×300 mm,瓷砖采用隧道中常用的瓷砖,尺寸为 5 mm×200 mm×300 mm。

表 3-2　　　　　　　　　　混凝土渗漏水隐患室内定量试验

影响因素	工　　况		
水温度(T)	30℃	35℃	40℃
水压力(P)	10 kPa	20 kPa	30 kPa
表面材料(S)	混凝土	防火涂料	瓷砖
隐患深度(D)	10 mm	20 mm	30 mm

3.2.2.3　试验设备及材料

室内定量试验所采用的设备及材料包括:水温、水流控制装置(自制);混凝土试块(强度指标 C25);隧道墙面用瓷砖;隧道用防火涂料[符合《混凝土结构防火涂料》(GA98—2005)[5]和《建筑构件防火喷涂材料性能试验方法》(GA110—1995)[6]];试验台座(自制);红外热像仪;图像采集软件;笔记本电脑;数码相机;等等。详述如下。

1. 红外热像仪及渗漏水模拟系统

本次试验采用 DALI DM60-384 红外热像仪[图 3-8(b)],设备的参数如下:红外探测器采用多晶硅,光谱范围为 8~14 μm,温度灵敏度为 0.08℃(在 30℃时),图像分辨率为 384 pixel×288 pixel,空间分辨率为 0.88 mrad,像元尺寸为 35 μm×35 μm,视场角(FOV)为 32°×24°,图像最大采集帧频为 25 Hz,检测距离为 1 m。另外,根据试验方案要求自制渗漏水模拟系统,如图 3-8(a)所示。

  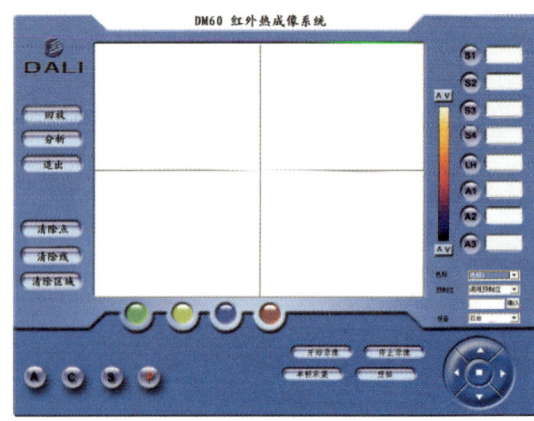

(a) 渗漏水模拟系统　　　　(b) 红外热像仪　　　　(c) 图像采集软件

图 3-8　室内试验渗漏水模拟系统、红外热像仪及图像采集软件

2. 水温控制系统

本次试验使用自制的水温控制系统,核心组件为 REX-C700 全智能温控仪、不锈钢防水插针式感温头(热电偶)和水温加热系统,如图 3-9 和图 3-10 所示。

 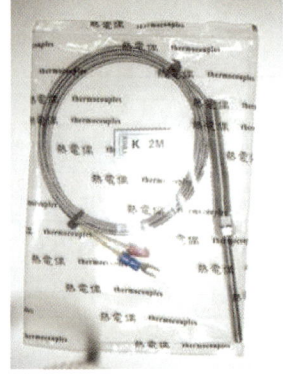

(a) REX-C700 全智能温控仪　　　　　　(b) 插针式感温头(热电偶)

图 3-9　REX-C700 全智能温控仪及不锈钢防水插针式感温头(热电偶)

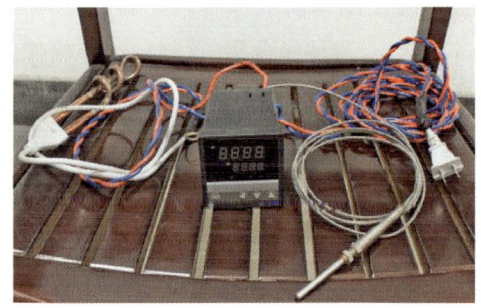 

(a) 水温控制装置　　　　　　　　(b) 水流控制装置

图 3-10　自制水温及水流控制装置

该自制水温控制装置的主要技术参数(带上限绝对值报警的智能多功能仪表)如下。

仪表输入：热电偶 EKJS,热电阻 CU50 Pt100；显示基本误差：小于或等于输入满量程时 1.0%±1 个字；冷端补偿误差≤±2℃,温度系数≤0.05/℃,分辨率：1℃ 或 0.1℃；采样周期：3 次/s；报警功能：上限绝对值,上限偏差值；报警输出：继电器触点 AC250V3A；控制方式：PID 控制、位式控制；控制输出：继电器触点（220 V 阻性负载 3 A）；SSR 驱动电平：DC(0～12)V；过零触发脉冲：光偶可控硅输出 1 A/600 V；工作电源：AC220 V±10%,50 Hz/60 Hz,功耗≤3 W；工作环境：环境温度 0～50℃,湿度 45%～85%,无腐蚀性及无强电磁干扰场合；面板尺寸为 72 mm×72 mm；配用 K 分度号热电偶,量程 0～400℃。

3. 防火涂料

考虑防火要求,隧道衬砌表面大多需要涂装防火涂料,而防火涂料的存在会对红外检测的结果造成影响,所以在室内试验中加入一组防火涂料表面的试块。采用隧道内使用的阻燃型防火涂料,符合《混凝土结构防火涂料》和《建筑构件防火喷涂材料性能试验方法》,由无机阻燃剂、发泡剂、成碳剂、合成乳液、钛白粉、助剂等组成的水性乳液型膨胀防火涂料如图 3-11 所示。

 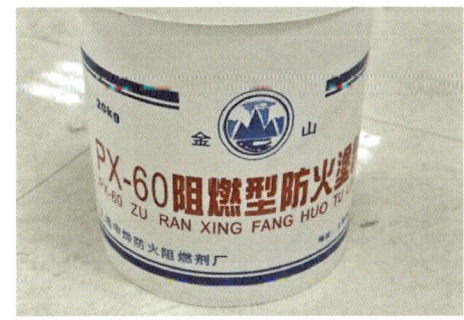

(a) 防火涂料涂装后的混凝土试块　　　　(b) 阻燃型防火涂料

图 3-11　隧道用阻燃型防火涂料

按照上述规范要求,施工温度在 5℃ 以上,施工前将混凝土表面上的尘土、油污等去除干净,并将涂料充分搅拌均匀。由于涂料黏度太大,试验中加入了少量水予以稀释。涂抹 3～4 道,用量约 500 g/m²。

3.2.3　隧道渗漏水红外辐射特征影响因素定量试验

3.2.3.1　渗漏水红外辐射特征影响因素试验方案

1. 试验设计

试验采用 3.2.2 节所示的混凝土小型试块和设备。试块的混凝土强度指标为 C25,尺寸分别为 50 mm×180 mm×300 mm 和 50 mm×250 mm×250 mm,如图 3-12 所示。

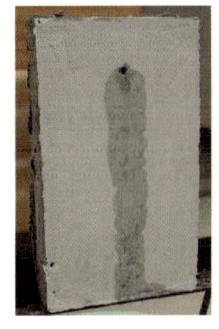 

(a) 点渗漏　　　　　　　　　(b) 线渗漏

图 3-12　混凝土渗漏水室内定量试验照片

根据隧道衬砌渗漏水的影响因素将试验分为以下 5 组,分别为不同的渗漏流量、渗漏温差、材料表面、不同渗漏位置的点渗漏和随机线渗漏。最后,考虑到实际隧道渗漏水中温差很小,补充一组小温差条件下隧道点渗漏的试验,详见表 3-3—表 3-7。按照正交设计共进行 61 组试验,每组进行 3 个平行试验。

表 3-3　不同渗漏流量

渗漏水流量	10 mL/min	20 mL/min	30 mL/min
渗漏水形式	隧道衬砌点渗漏		
	隧道衬砌随机线渗漏		

表 3-4　不同渗漏温差

渗漏水温度	40℃	35℃	30℃
渗漏水形式	隧道衬砌点渗漏		

表 3-5　不同材料表面工况

表面材料	混凝土	防火涂料
渗漏水形式	隧道衬砌点渗漏	

表 3-6　不同渗漏位置

渗漏位置	墙	脚	肩
渗漏水形式	隧道衬砌点渗漏		

表 3-7　小温差条件下渗漏水试验(水温 13℃、环境温度 9℃)

影响因素	工　况		
渗漏水流量	10 mL/min	20 mL/min	30 mL/min
表面材料	混凝土	防火涂料	
渗漏水形式	隧道衬砌点渗漏		

2. 试验步骤

隧道衬砌渗漏水红外辐射特征影响因素试验按渗漏形式分为隧道衬砌点渗漏和衬砌随机线渗漏试验。试验在室内进行，试验步骤如下：

（1）将制作好的混凝土小试块放置在支座上，保持试块表面与水平面分别呈90°，60°或30°夹角，模拟隧道衬砌不同位置的渗漏水；

（2）通过自制的水温控制系统将试验用水分别加热到30℃，35℃和40℃，模拟不同的渗漏温差；

（3）使用自制的水流控制系统将渗漏水流量分别控制在10 mL/min，20 mL/min或30 mL/min，模拟不同流量和水压力的理想点渗漏和随机线渗漏；

（4）将红外热像仪放置在距离试块1 m处，设备与试块渗漏水表面垂直，待渗漏水稳定后进行试块渗漏水表面的红外温度场变化观测和数据采集。

试验结果分为两组：第一组为各种影响因素下的理想点渗漏，以"沿水流方向温度梯度"、"沿水流横断面方向温度梯度"和"渗漏区域最高温度值"为指标，分析各种工况下红外热图像温度分布规律，研究在各种影响因素下理想点渗漏的红外辐射规律。

第二组为3种流量下随机线渗漏，以"随机线渗漏区域的最高温度值"和"随机线渗漏区域面积"为指标，研究不同流量和水压力下随机线渗漏的红外辐射规律。

3.2.3.2 混凝土渗漏水红外辐射一般特征

图3-13是渗漏水的一般红外热图像。从红外热图像可看出：试块渗漏水表面温度在7.6～27.3℃之间，共有19.7℃的温差；最高的27.3℃出现在出水口，最低的7.6℃出现在基底混凝土表面，渗漏水区域边缘的温度在15℃左右；由于渗漏水和混凝土表面的温度不同，直观上可以通过温度差进行渗漏水识别。

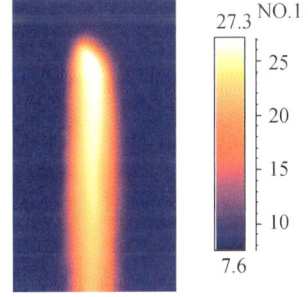

图3-13 混凝土点渗漏室内试验红外热图像

3.2.3.3 渗漏温差影响分析

为便于总结红外辐射规律，采用30℃，35℃和40℃三种水温模拟较大温差下的点渗漏（室温12℃），同时进行图像数据采集（图3-14，为10 mL/min流量、防火涂料和90°工况，由F1S2L1标示），研究不同温差条件下理想点渗漏的红外辐射特征。

图3-14和图3-15分别给出了混凝土试块在不同温差下的红外热图像和沿渗漏点（最高温度点）水流方向温度分布。热图像及温度分布显示，在30℃水温工况下，沿水流方向温度梯度为3.784℃/m。在35℃水温工况下，沿水

(a) 30℃　　(b) 35℃　　(c) 40℃

图3-14 不同温差下渗漏水红外热图像

流方向温度梯度增加为 4.312℃/m。在 40℃ 水温工况下,随着温差的加大,沿水流方向温度梯度继续增大为 24.024℃/m。

对 3 种温差下的红外热图像进行分析,发现当渗漏水温高于环境温度时主要存在以下特征:①试块表面的红外辐射温度最高值出现在出水口或出水口附近,由此规律可确定渗漏点位置;②辐射温度随距离出水口越远温度越低;③当渗漏水温差逐渐变大,水流方向温度梯度增大;而在整个渗漏水过程中,渗漏水温度始终高于基底混凝土,高温区域始终被低温区域所包围。

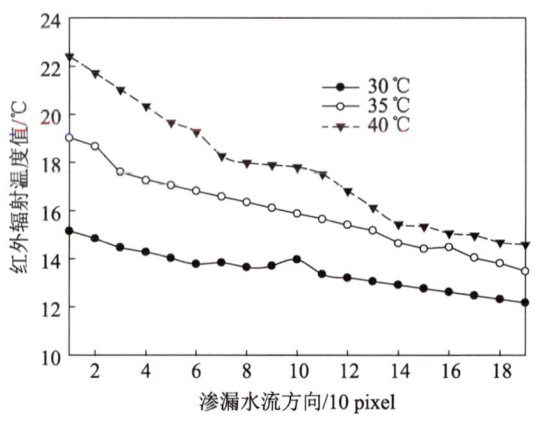

图 3-15 不同渗漏温差沿水流方向温度分布

从 3 种不同渗漏温差的红外热图像中渗漏点水流横断面温度分布(图 3-16)可看出:①3 种状态,随渗漏温差增大,温度最大值分别为 15.15℃,19.01℃,22.41℃,依次增大;②基底混凝土的温度基本上没有变化,所以水流横断面方向温度差(渗漏水区域和基底混凝土的红外辐射温差)越大;③随着渗水温度的增加,渗漏水区域和基底混凝土的红外辐射温差越大,水域温度越不均匀,水域边缘温度场变化越剧烈。

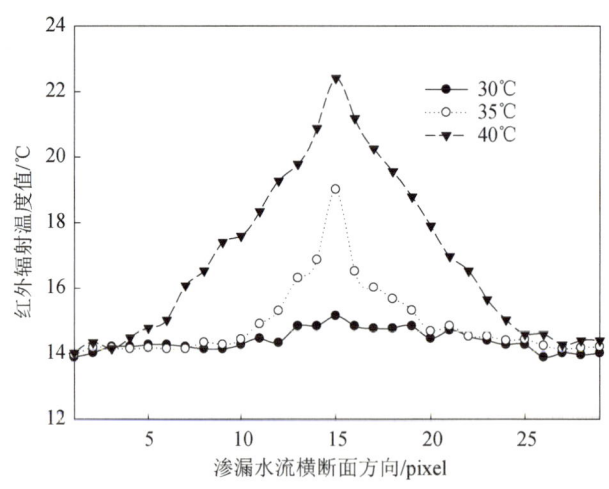

图 3-16 不同渗漏温差沿水流横断面方向温度分布(最高温度处)

由以上规律不仅可判断隧道渗漏水的水温,而且可根据渗漏水红外特征,定量化分析渗漏水状态与特征。

经过不同温差下渗漏水区域最高温度(渗漏点)变化曲线(图 3-17)对比发现,各种工况条件下渗漏水最高温度(用 IR_{max} 表示,单位为℃)随渗漏流水温差的增加基本呈线性增加趋势 $[IR_{max}=0.426T+4.195,T$ 表示渗漏水温度(℃)]。

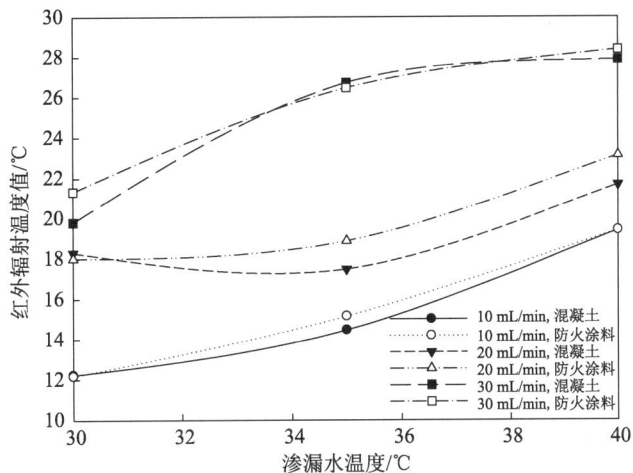

图 3-17 不同温差各工况渗漏水区域最高温度变化趋势

3.2.3.4 渗漏流量影响分析

按照《公路隧道养护技术规范》中对渗漏水状态的规定,通过控制水流量模拟不同流量状态的渗漏水,同时进行图像数据采集(图 3-18,T3S2L1 工况),研究不同流量下的理想点渗漏的红外辐射特征。

图 3-18 和图 3-19 分别给出了混凝土试块在 3 种流量下的红外热图像和沿渗漏点(最高温度点)水流方向温度分布。热图像及温度分布显示,在 10 mL/min 流量下,沿渗漏点水流方向温度梯度为 26.752℃/m;

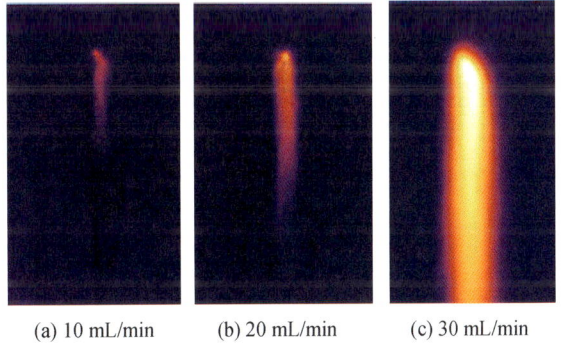

图 3-18 不同流量下渗漏水红外热图像

在 20 mL/min 流量下,水流方向温度梯度增大为 30.36℃/m;在 30 mL/min 流量下,温度最高点范围不局限在出水点,渗漏水的区域宽度逐渐加大,而且沿渗漏点水流方向温度梯度继续增大为 38.632℃/m。

对 3 种不同流量渗漏水的红外热图像进行分析,发现主要存在以下特征:当渗漏水流量越大,渗漏点温度值越大,沿渗漏点水流向下温度梯度越大。

对 3 种流量下的红外图像进行分析,绘制沿渗漏点水流横断面方向的温度分布(图 3-20)。从图中可看出:①3 种状态,随水流量增大,最大温度值(渗漏点)分别为 19.41℃,23.13℃,28.39℃,依次增大;②基底混凝土的温度基本上没有变化,所以水流横断面方向温度差越大;③随着渗水流量的增加,水流横断面方向温度梯度越小(水域温度越均匀),曲线的反弯点位置越靠近两端。

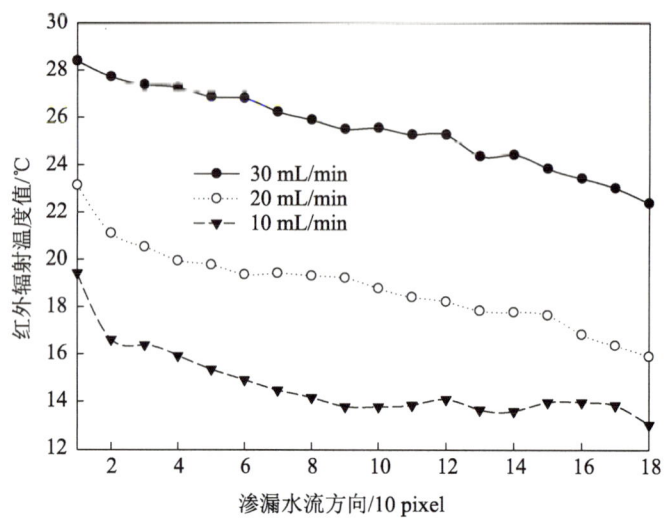

图 3-19 不同渗漏流量沿水流方向温度分布

由以上规律可判断隧道渗漏水的流量,而且可根据渗漏水红外特征,定量化分析渗漏水状态与特征。

经过对比分析,各种工况条件下渗漏点温度随渗漏流量的增加基本呈线性增加趋势 [$IR_{max} = 0.449F + 10.98$,$F$ 表示渗漏水流量(mL/min)],如图 3-21 所示。

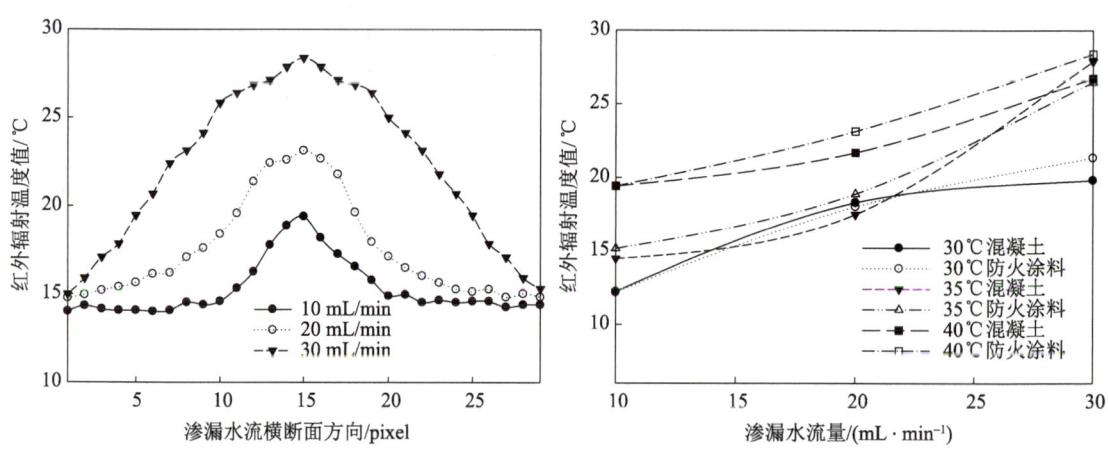

图 3-20 不同渗漏流量沿水流横断面方向温度分布(最高温度处)

图 3-21 不同流量各工况渗漏水区域最高温度变化趋势

3.2.3.5 表面材料影响分析

按照实际运营隧道衬砌表面材料形式,制作混凝土表面和防火涂料表面两种试块,研究在不同表面材料条件下理想点渗漏的红外辐射特征(图 3-22,T2F3L2 工况)。

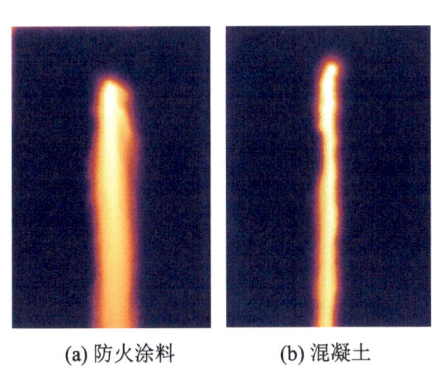

(a) 防火涂料　　(b) 混凝土

图3-22　不同表面材料渗漏水红外热图像

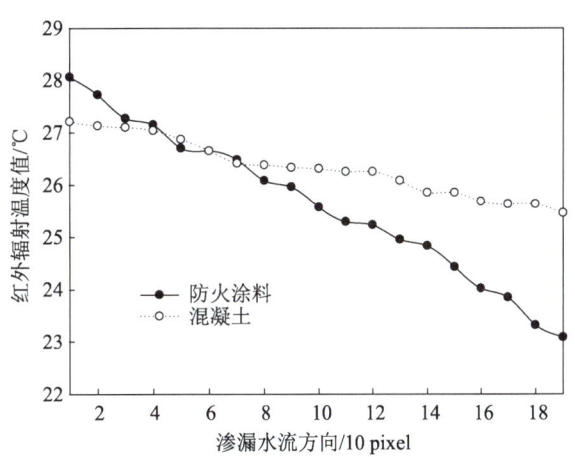

图3-23　不同表面材料沿水流方向温度分布

图3-22和图3-23分别给出了渗漏水在不同试块表面材料上的红外热图像和沿渗漏点水流方向温度分布。热图像及温度分布显示，在表面为混凝土的情况下，沿渗漏点水流方向温度梯度为8.536℃/m；在表面材料为防火涂料的情况下，渗漏点温度值有所上升，沿渗漏点水流方向温度梯度增大为24.2℃/m。

对两种表面材料下的红外热图像进行分析，发现主要存在以下特征：混凝土表面较防火涂料表面的渗漏水温度梯度小。

从两种不同表面材料的红外热图像中沿渗漏点水流横断面方向的温度分布（图3-24）可看出：①表面为防火涂料的试块水域温度最大值（28.06℃）略大于混凝土表面的试块（27.21℃）；②表面涂装防火涂料后，水流及水流横断面红外辐射温度变化规律与增加渗漏水流量状况下的规律类似。

由于防火涂料和混凝土的材料辐射率不同，导致二者具有不同的红外辐射规律。据此可根据隧道衬砌表面材料类型与渗漏水红外特征，定量化分析渗漏水状态与特征。

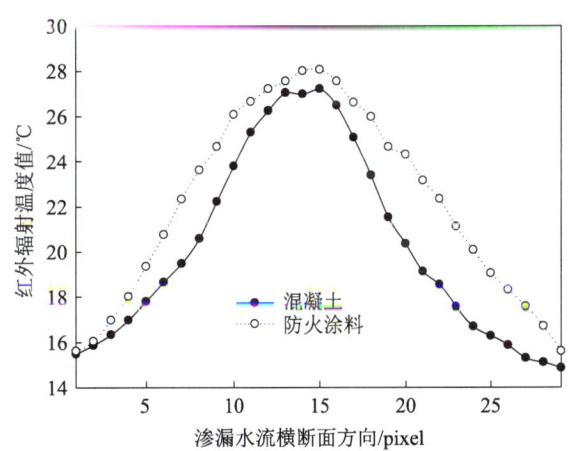

图3-24　不同表面材料沿水流横断面方向温度分布（最高温度处）

经过对比发现，各种工况条件下渗漏点温度随表面涂装防火涂料，渗漏点温度略有增加，如图3-25所示。

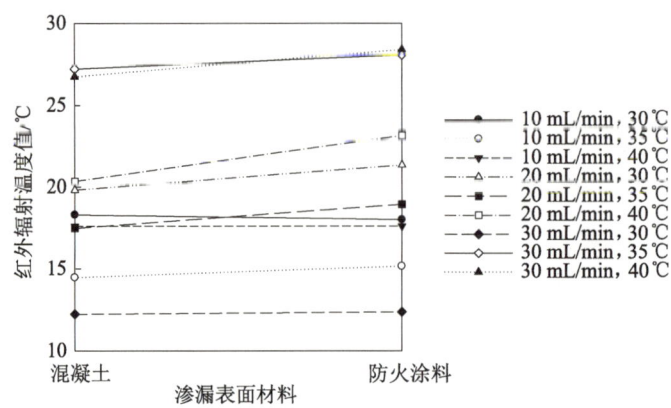

图 3-25　不同表面材料各工况渗漏水区域最高温度变化趋势

3.2.3.6　渗漏位置影响分析

对应于实际运营隧道衬砌不同位置的渗漏水,设置试块渗漏水表面与水平面呈 30°,60°,90° 的角度,来模拟隧道肩、脚和墙位置的渗漏水,研究不同位置点渗漏的红外辐射特征(图 3-26, T2F3S2 工况)。

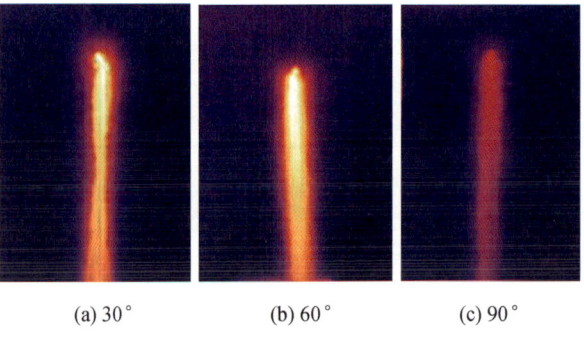

图 3-26　不同位置渗漏水红外热图像

图 3-26 和图 3-27 分别给出了渗漏水在不同角度试块表面的红外热图像和沿渗漏点水流方向温度分布。热图像及温度分布显示,在试块呈 90° 情况下(墙),沿渗漏点水流方向温度梯度为 19.096℃/m;在试块呈 60° 情况下(脚),沿渗漏点水流方向温度梯度增大为 21.032℃/m;在试块呈 30° 情况下(肩),沿渗漏点水流方向温度梯度继续增大为 27.192℃/m。

对 3 种不同位置渗漏水的红外热图像进行分析,发现主要存在以下特征:当渗漏面与水平面夹角越小,渗漏点温度值越大,沿渗漏点水流向下温度梯度越大。

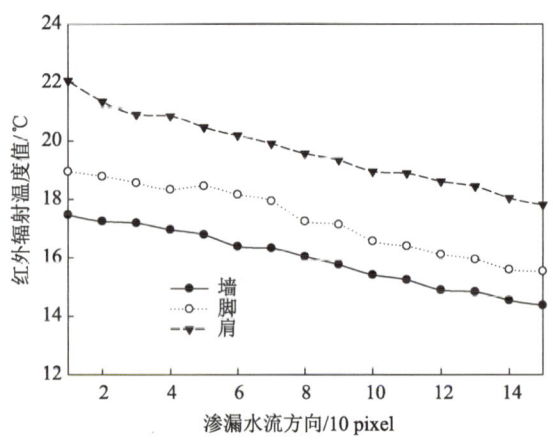

图 3-27　不同渗漏位置沿水流方向温度分布

从3种不同渗漏位置的红外热图像中沿渗漏点水流横断面方向的温度分布(图3-28)可看出：①3种状态，渗漏面与水平面夹角越小，温度最大值分别为17.47℃，18.95℃，22.06℃，依次增大；②随渗漏面与水平面夹角的减小，水流及横断面方向红外辐射温度变化规律与增加渗漏水流量状况下的规律类似。

据此可根据渗漏位置与渗漏水红外特征，定量化分析渗漏水状态与特征。

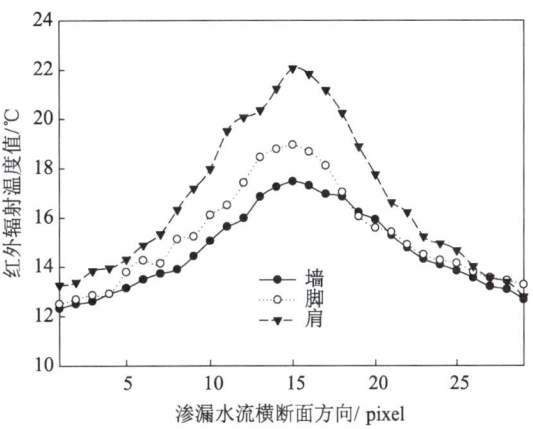

图3-28 不同渗漏位置沿水流横断面方向温度分布(最高温度处)

经过对比分析，各种工况条件下渗漏点温度随渗漏面与水平面夹角的减小基本呈线性增加趋势[$IR_{max}=-0.0765L+19.658$，L表示渗漏面切线与水平面的夹角(°)]，如图3-29所示。

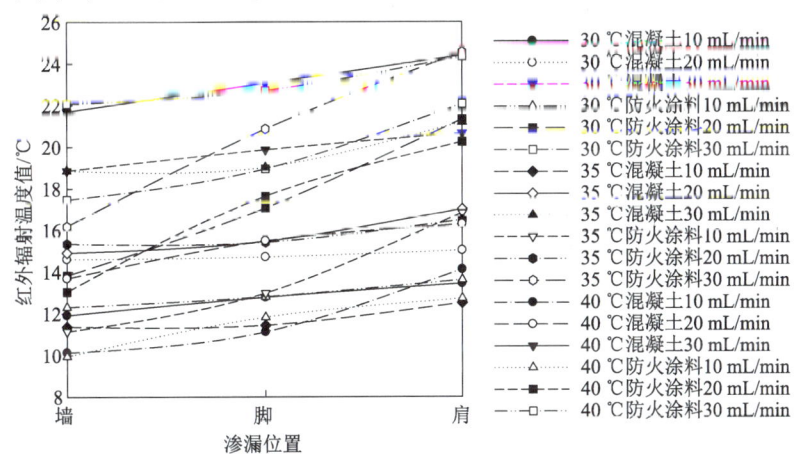

图3-29 不同渗漏位置各工况渗漏水区域最高温度变化趋势

3.2.3.7 随机线渗漏红外辐射特征

按照《公路隧道养护技术规范》中对渗漏水状态的规定，通过控制水流量对4块混凝土试块(图3-30)模拟不同流量状态的随机线渗漏，同时进行图像数据采集(图3-31)，研究不同流

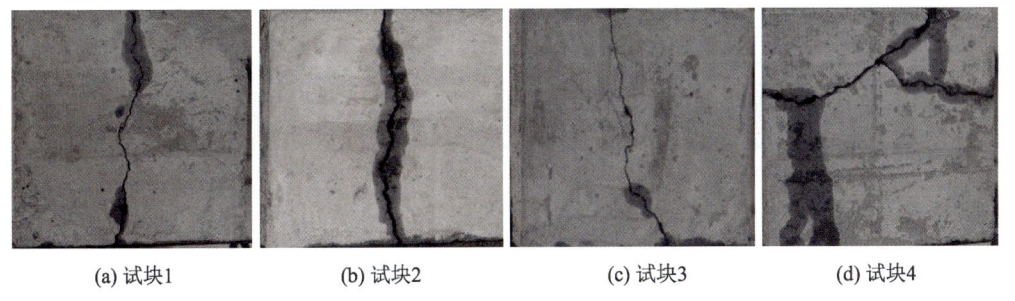

(a) 试块1　　(b) 试块2　　(c) 试块3　　(d) 试块4

图3-30 混凝土随机线渗漏水室内试验照片

量下随机线渗漏的红外辐射特征。

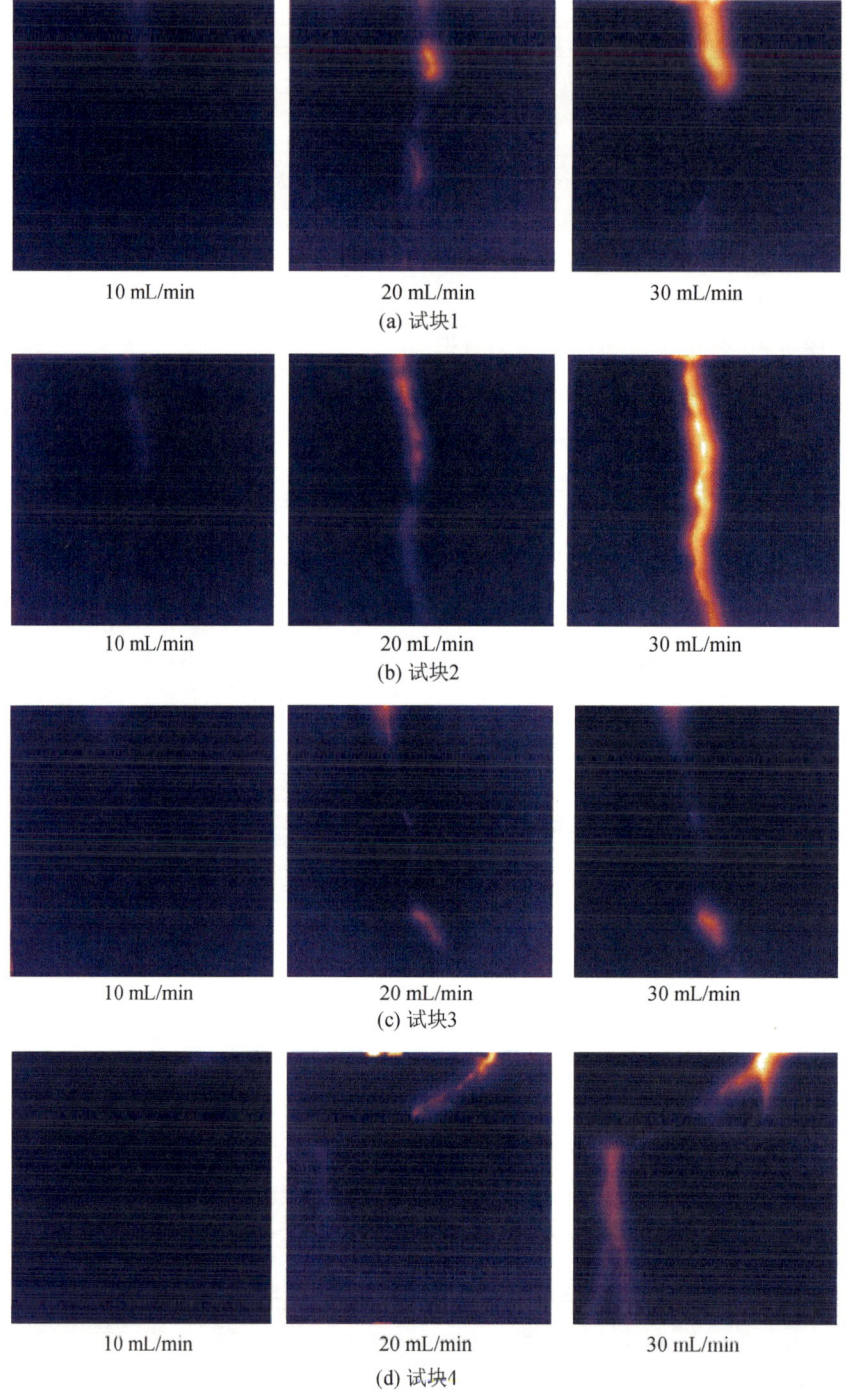

图 3-31　不同流量下随机线渗漏红外热图像

图 3-31 给出了混凝土试块随机线渗漏在不同流量下的红外热图像。热图像结果符合预期,渗漏点随机出现在裂缝位置,从热图像初步判断:①随渗漏水流量增加,渗漏水区域最高温度值逐渐增加;②随渗漏水流量的增加,渗漏水区域的面积逐渐增加。

选取最高温度和渗漏水区域面积作为分析指标,进一步对试块在 3 种流量下的红外热图像进行分析,得出如下结果,见表 3-8。

表 3-8　　　　　　随机线渗漏不同流量下渗漏水区域最高温度　　　　　　单位:℃

试块编号	不同流量		
	10 mL/min	20 mL/min	30 mL/min
S1	16.1	18.7	18.4
S2	16.2	19.1	19.4
S3	16.3	16.6	15.7
S4	19.5	21.2	22.4

从图 3-32 可以看出,随渗漏水流量增加,最高温度基本呈现增加趋势。"随机线渗漏区域的最高温度值"遵循规律:随水流量增大,最高温度基本呈线性增加,分别为 0.115℃/(mL·min^{-1})(S1)、0.16℃/(mL·min^{-1})(S2)、−0.03℃/(mL·min^{-1})(S3)和 0.145℃/(mL·min^{-1})(S4);舍去离散型的第三组数据,平均为 0.14℃/(mL·min^{-1})。详细数据如表 3-9 所示。

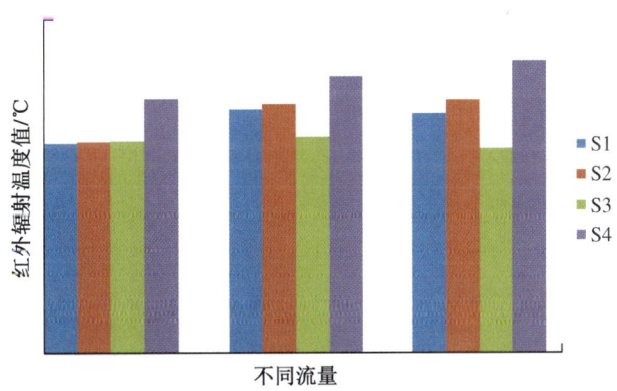

图 3-32　随机线渗漏不同流量下渗漏水区域最高温度

表 3-9　　　　　　随机线渗漏不同流量下渗漏水区域面积　　　　　　单位:pixel

试块编号	不同流量		
	10 mL/min	20 mL/min	30 mL/min
S1	1 000	2 104	1 546
S2	1 427	2 409	3 325
S3	325	658	813
S4	376	720	3 061

渗漏水面积作为指标进行判断,试块表面对应 42 427 个像素;从图 3-33 可以看出,随流量增加,渗漏水区域面积呈现增加趋势。"随机线渗漏区域面积"遵循规律:随水流量增大,区域面积基本呈线性增加,分别为 27.3 pixel/(mL·min^{-1})(S1)、94.9 pixel/(mL·min^{-1})(S2)、24.4 pixel/(mL·min^{-1})(S3)和 134.25 pixel/(mL·min^{-1})(S4);平均为 70.21 pixel/(mL·min^{-1})。

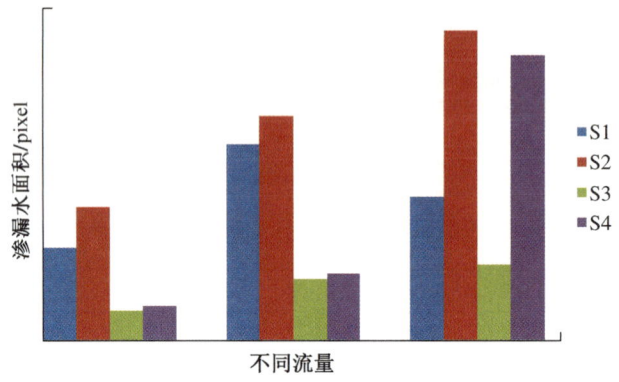

图 3-33 随机线渗漏不同流量下渗漏水区域面积

经过数据分析发现:随渗漏水流量增加,随机线渗漏红外辐射最高温度值和渗漏水区域面积都呈线性增加。这与渗漏水红外辐射随流量变化所呈现的规律相同,其机理也是相同的,即当渗漏水流量增大,渗漏点水膜厚度增大,渗漏区域也变大,所以渗漏水最大温度值和区域面积依次增大。由以上规律可判断隧道渗漏水的流量。

3.2.3.8 小温差条件下渗漏水红外辐射特征

考虑到实际隧道渗漏水中温差很小,补充一组小温差条件下(水温 13℃、环境温度 9℃)隧道点渗漏的试验。按照《公路隧道养护技术规范》中对渗漏水状态的规定,通过控制水流量模拟不同流量状态渗漏水,同时进行图像数据采集(图 3-34),研究小温差条件下不同流量理想点渗漏的红外辐射特征。

图 3-34 和图 3-35 给出了混凝土试块渗漏水在常温、不同流量下的红外热图像和沿渗漏点(最高温度点)水流方向温度分布。热图像及温度分布显示出与之前同样的规律。

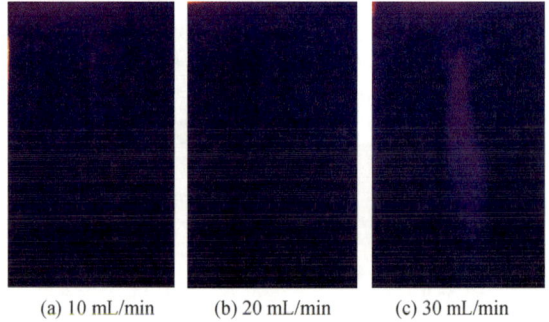

图 3-34 小温差条件下不同流量下渗漏水红外热图像

从 3 种小温差条件下不同流量的红外热图像中渗漏水断面温度分布(图 3-36)可看出:①3 种状态,随水流量增大,温度最大值分别为 10.57℃,10.71℃,10.99℃,依次增大;②基底混凝土的温度基本上没有变化,但是相对于前述非大温差条件下试验,温度值出现明显波动;③随着渗水流量的增加,渗漏水区域和基底混凝土的红外辐射温差增大。

3 隧道渗漏水检测技术

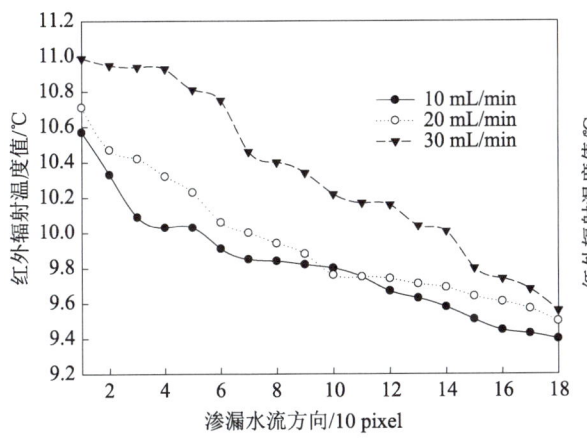

图 3-35 小温差条件下不同渗漏流量沿水流方向温度分布

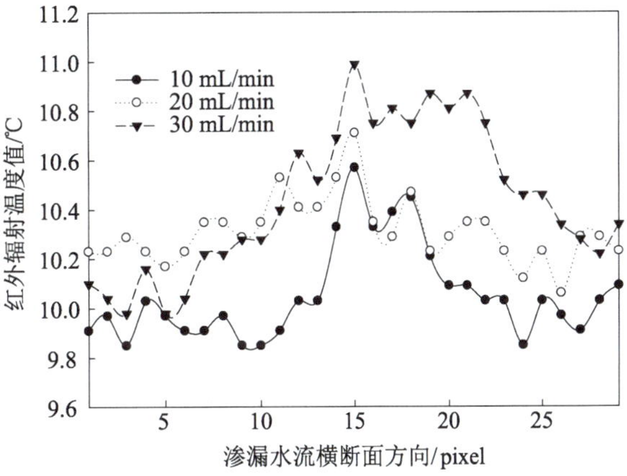

图 3-36 小温差条件下不同渗漏流量沿水流横断面方向温度分布(最高温度处)

经过不同流量下渗漏水区域最高温度(渗漏点)变化曲线(图 3-37)对比发现,各种工况条件下渗漏水区域最高温度(渗漏点)随渗漏流量的增加基本呈线性增加趋势,但是由于温差较小,趋势不甚明显。

从小温差条件下红外辐射规律的分析结果可以看到与之前相同的规律,从而验证了之前规律的可靠性;另外,之前大温差下得到的试验数据和结果可以为进一步总结规律提供依据。

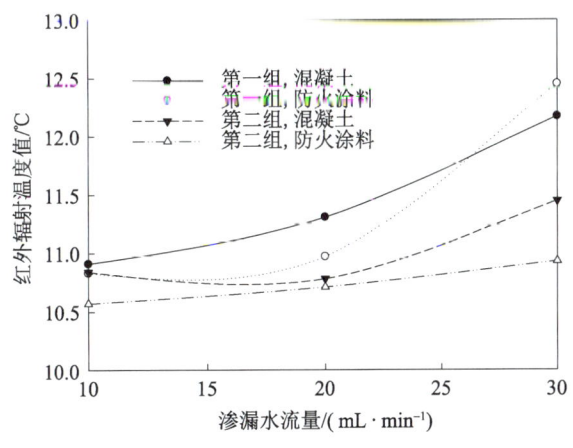

图 3-37 小温差条件下不同流量各工况渗漏水区域最高温度变化趋势

3.2.4 渗漏水隐患红外辐射规律影响因素室内定量试验

3.2.4.1 渗漏水隐患红外辐射特征影响因素试验方案

1. 试验设计

试验采用混凝土小型试块和隧道用瓷砖。试块混凝土强度指标为 C25,尺寸分别为 10 mm×180 mm×300 mm、20 mm×180 mm×300 mm 和 30 mm×180 mm×300 mm,瓷砖采用隧道中常用的瓷砖,尺寸为 5 mm×200 mm×300 mm,如图 3-38 所示。

根据隧道衬砌渗漏水隐患的影响因素将试验分为以下 4 组,分别为不同的背后隐患水压、不同的背后渗漏温差、不同的表面材料和不同的隐患深度。最后,考虑到实际隧道渗漏水中温差较小,补充一组小温差条件下隧道渗漏水隐患的试验(水温 13℃、环境温度 9℃),详见表 3-10—表 3-14。按照正交设计共进行 57 组试验,每组进行 3 个平行试验。

(a) 隧道用瓷砖　　(b) 10 mm厚试块　　(c) 20 mm厚试块　　(d) 30 mm厚试块

图 3-38　混凝土渗漏水隐患室内定量试验照片

表 3-10　不同渗漏隐患水压

水压力	10 kPa	20 kPa	30 kPa
形式	隧道衬砌背后渗漏隐患		

表 3-11　不同渗漏隐患温差

背后水温度	40℃	35℃	30℃
形式	隧道衬砌背后渗漏隐患		

表 3-12　不同材料表面

表面材料	瓷砖	混凝土	防火涂料
形式	隧道衬砌背后渗漏隐患		

表 3-13　不同渗漏隐患深度

渗漏隐患深度	10 mm	20 mm	30 mm
形式	隧道衬砌背后渗漏隐患		

表 3-14　小温差条件下渗漏水隐患试验(水温 13℃、环境温度 9℃)

影响因素	工　况		
水压力	10 kPa	20 kPa	30 kPa
表面材料	混凝土	防火涂料	瓷砖
材料厚度	10 mm	20 mm	30 mm

2. 试验步骤

隧道衬砌渗漏水隐患红外辐射特征试验采用 10 mm、20 mm、30 mm 厚的混凝土试块以及普通隧道墙面用瓷砖。水在试块背后流动，观测试块表面的红外辐射温度；试验在室内进行，环境温度为室温，试验步骤如下：

（1）将制作好的不同厚度的混凝土小试块以及瓷砖放置在支座上，模拟隧道衬砌不同深度的渗漏水隐患；

（2）通过自制的水温控制系统将试验用水分别加热到30℃，35℃，40℃，模拟不同的渗漏水隐患温差；

（3）通过调整试验水箱位置将试块背后水压控制在10 kPa，20 kPa，30 kPa，模拟不同的衬砌背后水压状态；

（4）将红外热像仪放置在距离试块1 m处，设备与试块渗漏水表面垂直，待试块表面有可辨识的温差后进行表面的红外温度场变化观测和数据采集并记录所经历的时间。

试验结果以试块表面红外温度场变化所经历的时间（渗水隐患临界时间）为指标，分析各种工况下红外热图像温度分布规律，研究在各种影响因素下渗漏水隐患的红外辐射规律。

3.2.4.2 渗漏隐患临界状态时间

按照3.2.2节试验设计和步骤进行渗漏隐患的室内试验，获取各工况下的渗水隐患临界时间（试块表面红外温度场变化所经历的时间），见表3-15。

表3-15　　　　　　　　　渗水隐患临界时间统计表　　　　　　　　　单位：s

表面材料	30 kPa			20 kPa			10 kPa		
	水温40℃	水温35℃	水温30℃	水温40℃	水温35℃	水温30℃	水温40℃	水温35℃	水温30℃
瓷砖	8	6	8	13	9	13	42	60	53
	9	8	8	10	9	13	34	50	176
10 mm 涂料	43	43	24	60	33	97	163	175	354
	27	34	49	62	43	65	170	118	
10 mm 混凝土	95	49	40	80	79	102	131	136	363
	51	43	52	77	82	125	143	168	
20 mm 涂料	53	65	69	102	93	126	242	254	400
	65	60	91	101	78	190	273	284	
20 mm 混凝土	33	39	82	77	100	193	227	290	410
	43	31	74	127	116	154	238	246	
30 mm 涂料	125	126	138	201	206	277	591	1 141	
	128	127	178	191	225				
30 mm 混凝土	103	156	160	197	255	365	644	690	
	133	153	150	250	257				

3.2.4.3 隐患温差影响分析

通过控制水温（30℃，35℃，40℃）模拟不同温差状态的隧道衬砌背后水流，进行试块表面的红外热图像观测，记录渗水隐患临界时间（表 3-15）及红外图像（图 3-39，P2S1D2 工况），研究衬砌背后不同水温下试块表面的红外辐射特征。

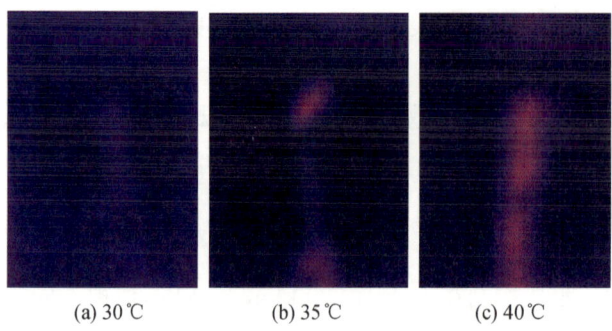

图 3-39　不同温差下渗漏水隐患试块表面红外热图像

对 3 种厚度的试块的临界时间进行分析发现，各种工况条件下渗漏隐患临界时间随衬砌背后水温的增加呈现减小趋势，如图 3-40—图 3-42 所示。

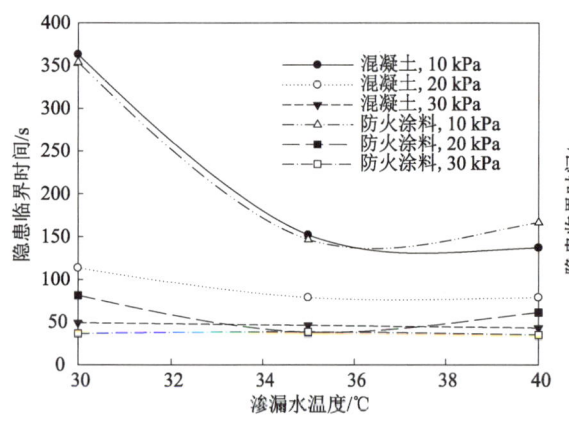

图 3-40　不同隐患温差临界状态时间趋势（10 mm 厚试块）

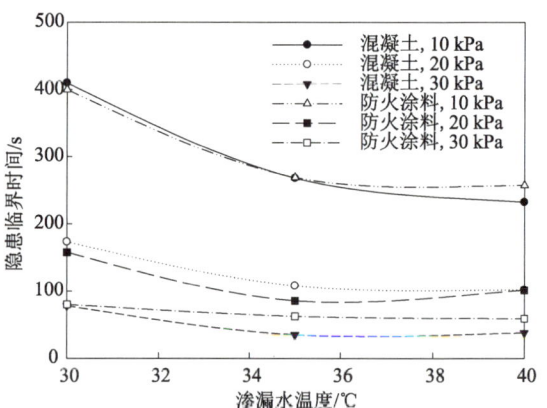

图 3-41　不同隐患温差临界状态时间趋势（20 mm 厚试块）

对于 10 mm 厚的试块，临界时间呈现如下规律：①当水温为 30℃时，不同水压工况的临界时间相差较大；②当水温增加到 35℃时，临界时间除 10 kPa 水压时减小较为明显外，其他工况只是略有减少；③当水温增加到 40℃时，3 种温差工况的临界时间均略有减少，且各工况之间临界时间规律和 35℃时相似。

对于 20 mm 和 30 mm 厚的试块，临界时间呈现出与上述相同的规律。

每种工况下，渗漏隐患临界时间随隐患温

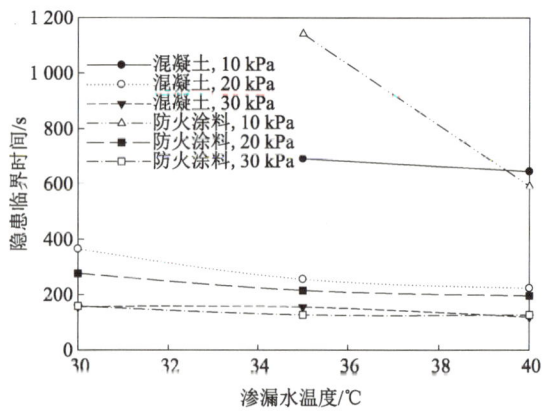

图 3-42　不同隐患温差临界状态时间趋势（30 mm 厚试块）

差的增加呈现减小趋势;水压较低时,温差对临界时间的影响较大,但当水压较大时,隐患温差的影响作用变小;随隐患温差增加,不同隐患深度呈现出相同的临界时间变化规律。

渗漏水隐患临界时间大小的本质是水和混凝土之间的热传导问题;当水温变大时,达到热平衡的时间就短,临界时间变小。根据隐患临界时间随渗漏隐患温差的变化规律,借助隐患温差情况和隧道埋深等信息可以获得渗漏隐患的状态以及对隧道结构的影响。

3.2.4.4 隐患水压影响分析

通过调整试验水箱位置将试块背后水压分别控制在 10 kPa,20 kPa,30 kPa,模拟不同的衬砌背后水压状态,进行试块表面的红外热图像观测,记录渗水隐患临界时间(表 3-15)及红外图像(图 3-43,T3S1D1 工况),研究衬砌背后不同水压下试块表面的红外辐射特征。

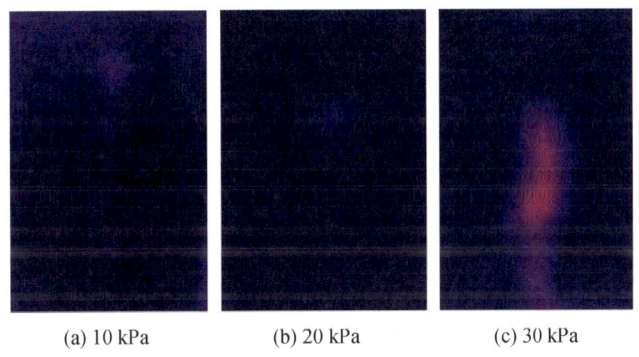

图 3-43 试块背后不同水压下表面红外热图像

对 3 种厚度的试块的临界时间进行分析发现,各种工况条件下渗漏隐患临界时间随衬砌背后水压的增加基本呈现线性减小趋势,如图 3-44—图 3-46 所示。

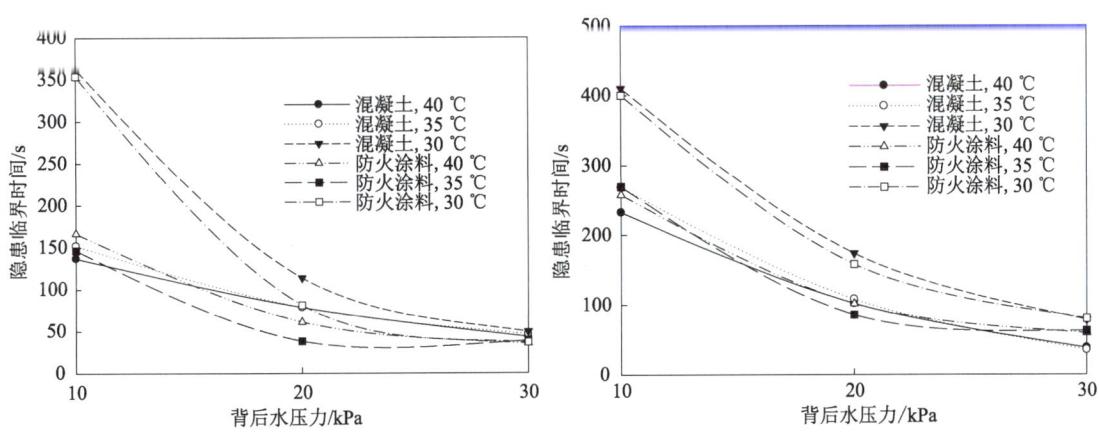

图 3-44 不同隐患背后水压力临界状态时间趋势(10 mm 厚试块)

图 3-45 不同隐患背后水压力临界状态时间趋势(20 mm 厚试块)

对于 10 mm 厚的试块,临界时间呈现如下规律:①当水压为 10 kPa 时,不同温差工况的临界时间相差较大;②当水压增加到 20 kPa 时,临界时间减小较为明显;③当水压增加到 30 kPa 时,3 种温差工况的临界时间较 20 kPa 水压时略有减少,且各工况之间基本相同。

对于 20 mm 和 30 mm 厚的试块,临界时间呈现出与上述相同的规律。

各种工况条件下,渗漏隐患临界时间随衬砌背后水压的增加基本呈现线性减小趋势,10 mm 工况为 8.925 s/kPa,20 mm 工况为 10.406 s/kPa,30 mm 工况

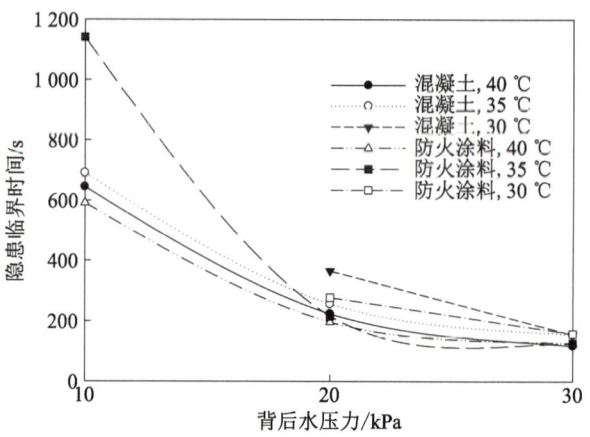

图 3-46 不同隐患背后水压力临界状态时间趋势(30 mm 厚试块)

为 31.781 s/kPa;水压较低情况下,温差对临界时间的影响较大,但当水压较大时,隐患温差的影响作用反而变小;随背后水压增加,不同隐患深度呈现出相同的临界时间变化规律。通过和隐患温差因素对比,水压对临界时间影响较大。

试块渗漏水隐患临界时间大小的另一本质是水和混凝土之间的渗透问题;当水压变大时,混凝土更容易出现渗漏,临界时间变小。根据隐患临界时间随背后水压的变化规律,借助隐患温差情况和隧道埋深等信息也可以获得渗漏隐患的状态以及对隧道结构的影响。

3.2.4.5 表面材料影响分析

通过对三种表面材料(瓷砖、混凝土、涂料)模拟衬砌背后水流,进行试块表面的红外热图像观测,记录渗水隐患临界时间(表 3-15)及红外图像(图 3-47,T3P3D1 工况),研究衬砌不同材料表面渗水隐患的红外辐射特征。

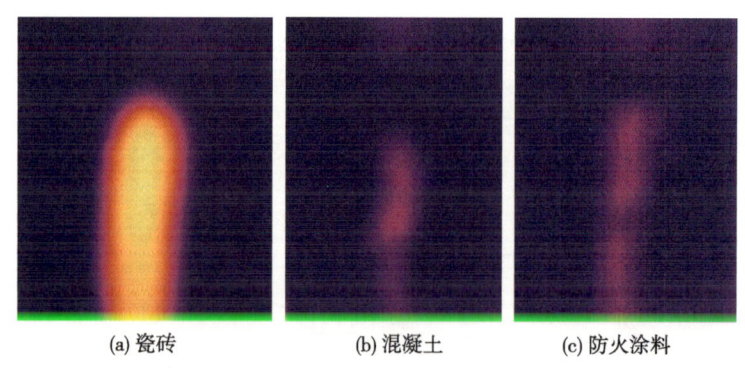

图 3-47 不同表面材料渗漏水红外热图像

对3种表面材料的试块的临界时间进行分析发现,各种工况条件下渗漏隐患临界时间随表面材料辐射率的降低呈现略减小的趋势,如图3-48—图3-50所示。

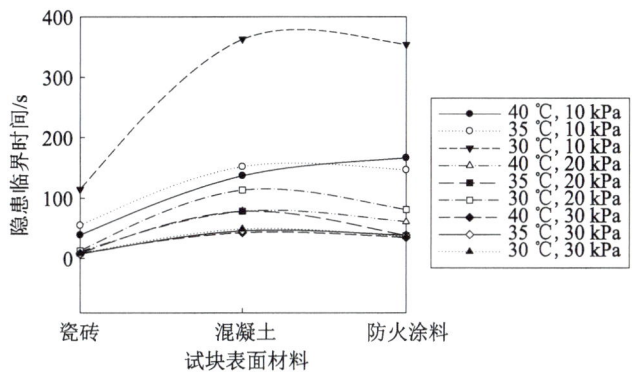

图3-48 不同表面材料临界状态时间趋势(10 mm厚试块)

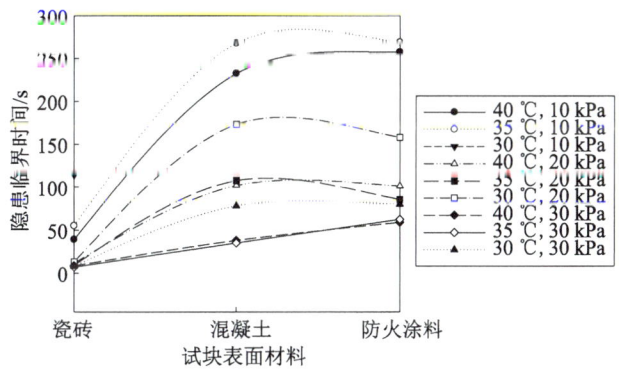

图3-49 不同表面材料临界状态时间趋势(20 mm厚试块)

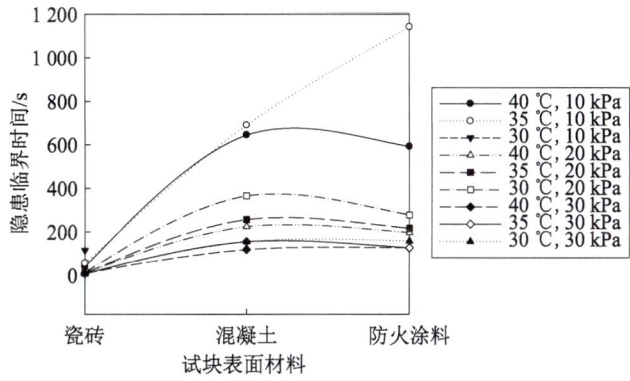

图3-50 不同表面材料临界状态时间趋势(30 mm厚试块)

每种工况下,混凝土表面和防火涂料表面的隐患临界时间基本相同;瓷砖的隐患临界时间明显小于混凝土和涂料表面的工况;当表面材料不同时,不同隐患深度呈现出相同的临界时间变化规律。

由于试块渗漏水隐患临界时间大小的本质是水和混凝土之间的热传导问题,表面辐射率对结果影响不大,所以表面材料的差异对隐患临界时间影响不大,故在判断渗漏隐患状态时,不将表面材料作为主要因素来考虑。由于瓷砖的厚度为 5 mm,所以它的临界时间最短,而且受水温、水流等因素影响较小。

3.2.4.6 隐患深度影响分析

通过对 3 种隐患深度的试块(10 mm,20 mm,30 mm)模拟衬砌渗漏隐患,进行试块表面的红外热图像观测,记录渗水隐患临界时间(表 3-15),研究衬砌不同渗水隐患深度的红外辐射特征。

对 3 种隐患深度的试块的临界时间进行分析发现,各种工况条件下渗漏隐患临界时间随隐患深度的增加呈现迅速增长趋势,如图 3-51、图 3-52 所示。

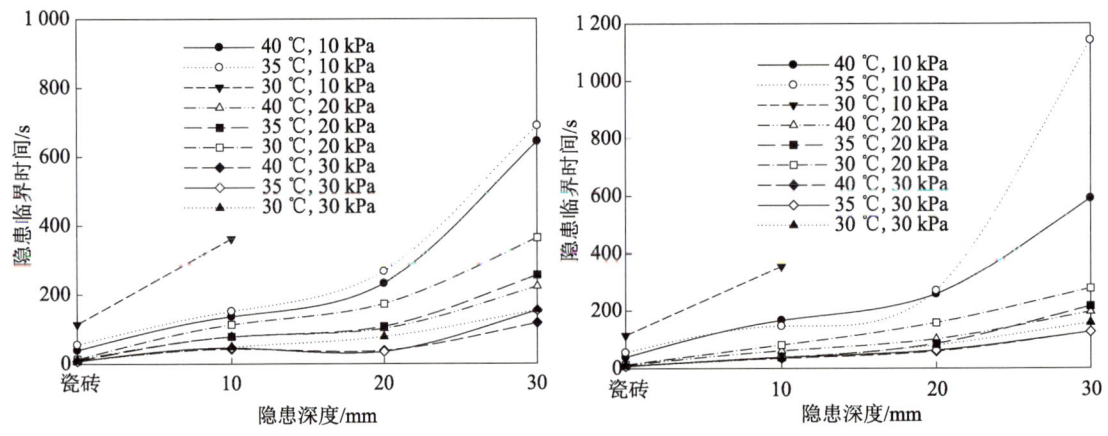

图 3-51 不同隐患深度临界状态时间趋势　　图 3-52 不同隐患深度临界状态时间趋势
　　　　(混凝土表面试块)　　　　　　　　　　　　(防火涂料表面试块)

对于混凝土表面试块,临界时间呈现如下规律:①当隐患深度为 10 mm 时,不同工况的临界时间相差较小;②当隐患深度增加到 20 mm 时,临界时间除 10 kPa 水压、30℃水温的工况增大较为明显外,其他工况只是略有增加;③当隐患深度增加到 30 mm 时,3 种温差工况的临界时间都有较大幅度的增长,水压越小临界时间增加越明显。

对于防火涂料表面试块,临界时间呈现出与混凝土表面试块相似的规律。

渗漏隐患临界时间随隐患深度的增加基本呈现线性增长趋势,两种表面材料遵循相同的规律;混凝土表面的临界时间增长率为 11.93 s/mm,防火涂料表面的临界时间增长率为 13.93 s/mm。水压和温差越小,隐患临界时间对隐患深度越敏感;当隐患深度大于 20 mm 时,已经很难获取临界时间。

渗漏水隐患临界时间大小的本质是水和混凝土之间的热传导问题；当隐患深度变大时，达到热平衡的时间就长，临界时间变大。根据隐患临界时间随渗漏隐患深度的变化规律，借助隐患温差情况和隧道埋深等信息可以获得渗漏隐患临界深度以及隐患对隧道结构的影响。

3.2.4.7 小温差条件下渗漏水隐患红外辐射特征

考虑到实际隧道渗漏水中温差很小，与渗漏水相同，渗漏水隐患部分也进行了一组小温差条件下（水温13℃、环境温度9℃）的试验，获取渗漏水隐患临界时间。对试验中各工况下得到的数据进行整理，绘制临界时间变化趋势图，得到结果如图3-53、图3-54所示。

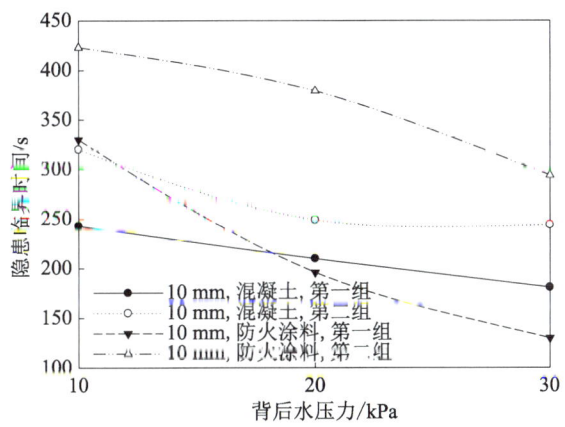

图 3-53 小温差条件下3种渗漏隐患背后水压力临界时间变化趋势

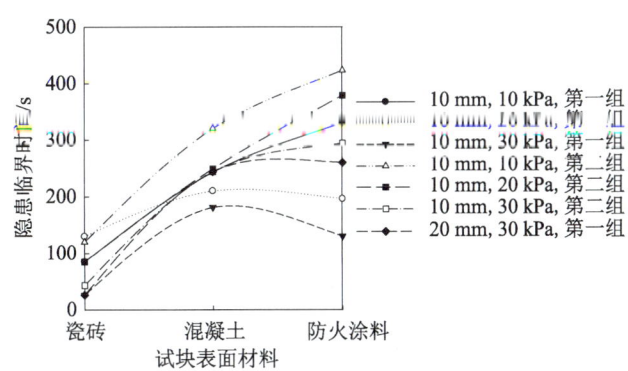

图 3-54 小温差条件下3种表面材料临界时间变化趋势

从小温差条件下渗漏水隐患临界时间的分析规律可以看到与之前相似的结果，从而验证了之前分析规律的可靠性。另外，之前大温差下得到的试验数据和结果可以为进一步的规律总结提供依据。

3.2.5 渗漏水及其隐患的红外辐射特征传热学分析

隧道衬砌渗漏水的检测实际上是对隧道衬砌渗漏水红外辐射的测量和温度变化的分析。研究温差引起的热量传递就离不开传热分析,即除了红外理论和技术之外,还要进行热传导分析。传热学分析可以帮助我们分析试验现象,对红外热图像进行合理的解释[7]。

传热学主要研究的内容包括:在已知工作条件下,计算获取系统温度分布和热传递的情况,或相反,在已知温度分布和热传递的条件下获取工作条件的信息。所以,红外检测与诊断技术中的传热分析也可以分成以下两种情况。

一是在已知被测对象内部结构及其几何形状、热物性参数、边界条件和初始条件等的前提下,通过求解导热微分方程式,获得对象表面的温度分布及其变化规律。其目的在于建立故障(或缺陷)与表面温度分布及其变化之间的关系,为故障(或缺陷)红外检测的可行性及检测条件的选择和建立提供可靠的理论依据。

二是利用从外部红外检测到的表面温度场温度分布数据,利用有关的已知条件和参数,通过传热分析,借助电子计算机与相应的程序,求解导热微分方程式,得到被测对象内部的温度分布,并在此基础上实现故障(或缺陷)的定位、定性及定量诊断,并对故障的严重程度做出评估。

3.2.5.1 温度梯度原理

导热现象是物体或物系中不同温度部分间热量传播的过程,导热的分析可归结为研究温度随空间、时间的变化。人们将某一瞬间空间(或物体内)各点的温度分布称为温度场。一般来说,温度场是空间和时间的函数。在直角坐标系下,温度场可表示为

$$T = f(x, y, z, t) \tag{3-1}$$

式中,x、y、z 为空间直角坐标;t 为时间。

温度场可按时间或空间坐标进行分类。温度场不随时间变化的称为稳态温度场,温度场随时间变化的称为非稳态温度场。稳态温度场可表示为

$$T = f(x, y, z) \tag{3-2}$$

物体温度只沿某一方向或某两个方向变化的温度场,分别称为一维温度场和二维温度场,分别表示为 $T = f(x)$ 和 $T = f(x, y)$。

为了形象地表示物体内的温度场,常使用等温线(面)。等温线(面)由同一时刻物体中温度相同的点连接而成,对二维问题指等温线,对三维问题指等温面。在连续的温度场中,等温线(面)具有以下特点:

(1) 等温线是连续的,不能相交,因为同一点上不可能同时有不同的温度;
(2) 对连续介质,等温线只能在物体边界中断或在物体内完全封闭;
(3) 等温线上温度相等,沿等温线(面)无热量传递;
(4) 等温线的疏密可直观反映出不同区域温度梯度(即热流密度)的相对大小。

不同等温面上存在温差,温度变化在等温面法线方向上最大,称为温度梯度,表示为

$$\mathrm{grad}\, T = \frac{\partial T}{\partial n}\boldsymbol{n} \tag{3-3}$$

式中,$\boldsymbol{n}$ 是等温面法线方向的单位矢量。温度梯度是等温面法线方向上的温度变化率 $\partial T/\partial n$ 与法线方向上单位矢量 $\boldsymbol{n}$ 的乘积。温度变化率是标量,温度梯度是矢量,指向温度升高的方向[7]。

传热学的有限元表达就是求解下面的温度方程。

$$[C]\{\dot{T}\} + [K]\{T\} = \{Q\} \tag{3-4}$$

式中,$[C]$ 称为比热容矩阵;$[K]$ 称为传导矩阵;$\{T\}$ 为温度矩阵;$\{Q\}$ 为热载荷矩阵。

根据实际情况的不同,热分析过程可以分为稳态热分析(Static Analysis)和瞬态热分析(Transient Analysis)。

如果热能流动不随时间变化,就称该热传递过程是稳态的。由于热能流动不随时间变化,系统的温度和热载荷也都不随时间而变化,且稳态热平衡满足热力学第一定律。稳态传热用于分析稳定的热载荷对系统或部件的影响。通常在进行瞬态热分析以前先进行稳态热分析,以确定初始温度分布。稳态热分析可以通过有限元计算确定由于稳定的热载荷引起的温度、热梯度、热流率、热流密度等参数。

对于稳态热传递,由于系统温度不随时间变化,相应的贮存的能量也不可能发生变化,则它表示热平衡的微分方程为

$$\frac{\partial}{\partial x}\left(\lambda_{xx}\frac{\partial T}{\partial x}\right) + \frac{\partial}{\partial y}\left(\lambda_{yy}\frac{\partial T}{\partial y}\right) + \frac{\partial}{\partial z}\left(\lambda_{zz}\frac{\partial T}{\partial z}\right) + \dot{q} = \rho c \frac{\partial T}{\partial t} = 0 \tag{3-5}$$

相应的有限元平衡方程为

$$[K]\{T\} = \{Q\} \tag{3-6}$$

与之不同的是瞬态热分析用于计算一个系统随时间变化的温度场和其他热参数,并且热载荷是随时间变化的。另外,时间在稳态分析中只用于计数,但在瞬态分析中是有确定的物理含义的。热能存储效应在稳态分析中可以忽略,但进行瞬态分析就需要考虑进去。所以除了热导率、密度、比热容,材料特性应包含实体传递和存储热能的材料特性参数。这些材料特性参数用于计算每个单元的热存储性质并叠加到比热容矩阵 $[C]$ 中,如果模型中有热质量交换,这些特性参数还用于确定热传导矩阵 $[K]$ 的修正项。所以在瞬态分析中,热载随时间变化时的传导方程的矩阵形式表达为

$$[C]\{\dot{T}\} + [K]\{T\} = \{Q(t)\} \tag{3-7}$$

而当考虑材料的特性参数也随着时间发生变化时,即需要进行非线性瞬态分析,表达式为

$$[C(T)]\{\dot{T}\} + [K(T)]\{T\} = \{Q(T, t)\} \tag{3-8}$$

考虑到隧道衬砌渗漏水一般经历了较长时间,并且隧道内温度相对恒定,故认为隧道渗漏水是水和混凝土之间的稳态热分析问题。

有限元软件就是通过给定的材料参数和设定的已知边界初始条件,通过迭代求解的方法,获得下一时刻新的数组矩阵,而又将它们作为新的初始条件进入到后面的求解过程。最终计算得到目标时刻每个单元节点的温度及温度梯度,从而确定整个区域温度或热能的分布情况,再把它们回代到应力计算公式中,于是便能获得所需的热应力值[8]。

3.2.5.2 有限元热分析计算模型

1. 衬砌混凝土的热工参数[9]

任何结构中温度分布的变化是受材料的热工性能控制的,尤其是比热和导热系数。对于隧道衬砌混凝土来说,受化学组成的变化、孔隙率和物理结构等因素的干扰,这些热工性能很难明确确定。混凝土的热工性能主要包括比热和热传导系数。

1) 衬砌混凝土的比热 (C_c)

比热是指单位质量的物质升高1℃时所需的热量,单位为J/(kg·℃)。由于衬砌混凝土材料是一种复合材料,影响其比热的因素较多,其中有骨料类型、配合比和含水率的影响,比热随温度的升高和混凝土容重的降低而提高[10]。

衬砌混凝土骨料类型的不同对比热影响较小,实验表明温度低于800℃时,衬砌混凝土的骨料种类对比热无明显影响。当温度超过800℃后,钙质骨料脱水反应加快,混凝土比热快速提高,但总的来说,混凝土的类型对比热的影响不明显。

衬砌混凝土的配合比对其比热的影响较大。当其中水泥砂浆的含量较高时,高温作用下极易发生脱水作用。因为配合比较高的混凝土具有较高的潜热,所以配合比对混凝土比热的影响较大。

含水率在200℃以下时对比热的影响较大。100℃附近比热值有一突然增加,这是由于自由水蒸发的缘故。一般文献没有考虑混凝土比热与骨料类型、配合比、含水率这些因素。文献[10]给出了混凝土比热和温度的关系:

$$C_c = 900 + 80\frac{T}{120} - 4\left(\frac{T}{120}\right)^2 [\text{J/(kg·℃)}] \quad 20 \leqslant T \leqslant 1\,200℃ \quad (3-9)$$

而 Lie[11] 则把混凝土的质量密度 ρ_c 和比热 C_c 放在一起,用分段线性函数给出与温度 T 的关系:

$$\rho_c C_c = \begin{cases} (0.005T+1.7) \times 10^6 & 20 \leqslant T \leqslant 200℃ \\ 2.7 \times 10^6 & 200 < T \leqslant 400℃ \\ (0.013T-2.5) \times 10^6 & 400 < T \leqslant 500℃ \\ (-0.013T+10.5) \times 10^6 & 500 < T \leqslant 600℃ \\ 2.7 \times 10^6 & T > 600℃ \end{cases} [\text{J/(m}^3\text{·℃)}] \quad (3-10)$$

由此,结合隧道和试验室的温度范围,有限元分析中选取衬砌混凝土的比热 $C_c = 920\ \text{J}/(\text{kg}\cdot\text{℃})$。

2) 衬砌混凝土的热传导系数(λ_c)

影响衬砌混凝土热传导系数的主要因素有骨料类型、含水率以及混凝土的配合比等。国外的大量试验表明,由不同试验室测得的混凝土的热工性能其结果差异较大。一般认为,导热系数随着温度的升高而降低是普遍规律。骨料的矿物学特征,对用其配制的混凝土的导热系数影响颇大。一般来说,玄武岩与粗面岩的导热系数低,白云石和石灰岩的导热系数属中等,而石英岩的导热系数最高,并与热流相对于结晶方向的传播方向有关。当混凝土的组成成分确定时,其含水率是影响导热系数的主要因素,当温度小于100℃时的影响大于温度高于100℃时的影响,且温度越高影响越小。这主要是由于随着温度的升高,混凝土中的水分不断蒸发。文献[11]给出了不同类型骨料的热传导系数与温度 T 的关系。

硅质骨料混凝土:

$$\lambda_c = 2 - 0.24\left(\frac{T}{120}\right) + 0.012\left(\frac{T}{120}\right)^2\ [\text{W}/(\text{m}\cdot\text{K})] \quad 20 < T \leqslant 1\,200\text{℃} \quad (3-11)$$

钙质骨料混凝土:

$$\lambda_c = 1.6 - 0.16\left(\frac{T}{120}\right) + 0.008\left(\frac{T}{120}\right)^2\ [\text{W}/(\text{m}\cdot\text{K})] \quad 20 < T \leqslant 1\,200\text{℃} \quad (3-12)$$

在温度较低时,钙质混凝土的热传导系数略高于钙质骨料混凝土的热传导系数;随着温度的提高,骨料的影响逐渐减小,当温度高于700℃后,除了轻质混凝土外,普通混凝土的骨料类型对热传导系数影响不明显。

由于隧道衬砌混凝土骨料一般就地取材,两种类型的骨料都有使用,所以综合考虑材料因素并结合隧道和试验室的温度范围,有限元分析中选取衬砌混凝土的热传导系数 $\lambda_c = 1.5\ \text{W}/(\text{m}\cdot\text{K})$。

2. 温度边界条件

热传导方程建立了物体的温度与时间和空间的关系,但满足热传导方程的解有无限多个,为了确定需要的温度场,还必须知道初始条件和边界条件。初始条件为在初始瞬时物体内部的温度分布规律,边界条件为衬砌混凝土表面与隧道内环境介质之间温度相互作用的规律,初始条件和边界条件合称为边值条件。

在初始瞬时,温度场是坐标 (x, y, z) 的已知函数 $T_0(x, y, z)$,即当 $t = 0$ 时,有

$$T(x, y, z, 0) = T_0(x, y, z) \quad (3-13)$$

在大多数情况下,初始瞬时的温度分布可以认为是常数,即当 $t = 0$ 时,有

$$T(x, y, z, 0) = T_0 = 常数 \quad (3-14)$$

边界条件可以用以下4种方式给出:

(1) 第一类边界条件。混凝土表面温度 T 是时间的已知函数，即

$$T(\tau) = f(\tau) \tag{3-15}$$

混凝土与水接触时，表面温度等于已知的水温，属于这种边界条件。

(2) 第二类边界条件。混凝土表面的热流量是时间的已知函数，即

$$-\lambda \frac{\partial T}{\partial n} = f(\tau) \tag{3-16}$$

式中，n 为表面外法线方向。若表面是绝热的，则有

$$\frac{\partial T}{\partial n} = 0 \tag{3-17}$$

(3) 第三类边界条件。当混凝土与空气接触时，经过混凝土表面的热流量为

$$q = -\lambda \frac{\partial T}{\partial n} \tag{3-18}$$

第三类边界条件假定经过混凝土表面的热流量与混凝土表面温度 T 和气温 T_a 成正比，即

$$-\lambda \frac{\partial T}{\partial n} = \beta(T - T_a) \tag{3-19}$$

式中，β 为表面放热系数 $[kJ/(m^2 \cdot h \cdot ℃)]$。

第三类边界条件表示了固体与流体(如空气)接触时的传热条件。就空气来说，通常它是处于紊流状态，但在贴近固体表面会有一层黏滞流边界层，在黏滞流边界层内，温度是线性分布的，在紊流区内，由于流体的激烈掺混作用，温度也近乎均匀。

(4) 第四类边界条件。两种不同的固体接触时，如果接触良好，则在接触面上温度和热流量都是连续的，边界条件如下：

$$T_1 = T_2, \quad \lambda_1 \frac{\partial T_1}{\partial n} = \lambda_2 \frac{\partial T_2}{\partial n} \tag{3-20}$$

如果两固体之间接触不良，则温度是不连续的，$T_1 \neq T_2$，这时需引入热阻的概念。设接触缝隙中的热容量可以忽略，那么依据接触面上的热流量平衡，可得出边界条件如下：

$$\begin{cases} \lambda_1 \dfrac{\partial T_1}{\partial n} = \dfrac{1}{R_c}(T_2 - T_1) \\ \lambda_1 \dfrac{\partial T_1}{\partial n} = \lambda_2 \dfrac{\partial T_2}{\partial n} \end{cases} \tag{3-21}$$

式中，R_c 为因接触不良而产生的热阻，由实验测定。

在以上 4 种边界条件中，以第一类边界条件的处理最为简便。在混凝土建筑物中广泛适

用的是第三类边界条件,但其在数学处理上比较困难。为了简化计算,在处理隧道渗漏水热分析问题时,根据隧道和试验室环境的实际情况,温度边界条件采用以下近似处理方法。

将第三类边界条件公式改写为

$$-\frac{\partial T}{\partial n} = \frac{T - T_a}{\lambda/\beta} \tag{3-22}$$

上式右边,分子$(T-T_a)$虽是变化的,分母λ/β却是常数。当表面温度从T_1变化到T_2时,表面温度梯度的负值分别为

$$-\frac{\partial T_1}{\partial n} = \tan\varphi_1 = \frac{T_1 - T_a}{\lambda/\beta} \quad \text{及} \quad -\frac{\partial T_2}{\partial n} = \tan\varphi_2 = \frac{T_2 - T_a}{\lambda/\beta} \tag{3-23}$$

在衬砌混凝土表面,将温度曲线T_1和T_2,顺着切线方向延长,经过水平距离$d=\lambda/\beta$后,温度等于外界气温T_a。根据这个原理,当遇到第三类边界时,可以自真实边界向外延拓一个虚厚度d,得到一个虚边界,在虚边界上固体表面温度等于外界介质温度。如果物体的真实厚度为L,在温度计算中采用的厚度为

$$L' = L + 2d \tag{3-24}$$

然后按第一类边界条件计算。当衬砌混凝土与空气接触时,放热系数为$\beta=40\sim80\,\text{kJ}/(\text{m}^2 \cdot \text{h} \cdot \text{℃})$,$\lambda/\beta=0.1\sim0.2\,\text{m}$。当空气温度迅速变化时,虚厚度$0.1\sim0.2\,\text{m}$,已足以使混凝土表面温度与气温有显著差别。但是,由于隧道内空气温度变化很缓慢时,虚厚度$0.1\sim0.2\,\text{m}$影响不大,衬砌混凝土表面温度接近于气温。

为简化计算,我们在进行衬砌渗漏水有限元热分析时可以忽略虚厚度,直接用第一类边界条件处理[12]。

3. 有限元热分析模型

ANSYS是集电场、磁场、声场、结构、载荷、温度场及流体分析于一体的大型通用有限元分析软件。在热分析方面,ANSYS可处理热传递的三种基本热传递方式:传导、对流和辐射;同时还可进行稳态分析、瞬态分析、线性分析和非线性分析。如前所述,渗漏水及其隐患的红外辐射特征本质上是渗漏水和混凝土之间的稳态传热学问题,可以通过传热学分析揭示其规律产生的原因,所以可以利用ANSYS中稳态分析模块进行渗漏水及其隐患的传热学分析[8]。

渗漏水及隐患有限元稳态热分析的目的及实现方式:①根据室内试验的渗漏水形状,在有限元模型中施加相应形状的温度荷载,研究水流横断面的温度梯度规律;②对渗漏水隐患工况下有限元模型背后施加相应的温度荷载,研究不同隐患深度表面温度反应,最终确定红外热成像仪能够检测出的临界隐患深度。

按照室内试验中使用的试块尺寸,分别对渗漏水(室内试验30℃水温、混凝土表面工况)和渗漏水隐患(3种隐患深度,与渗漏水相同工况)两种情况利用ANSYS建立有限元稳态热分析模型,如图3-55和图3-56所示。

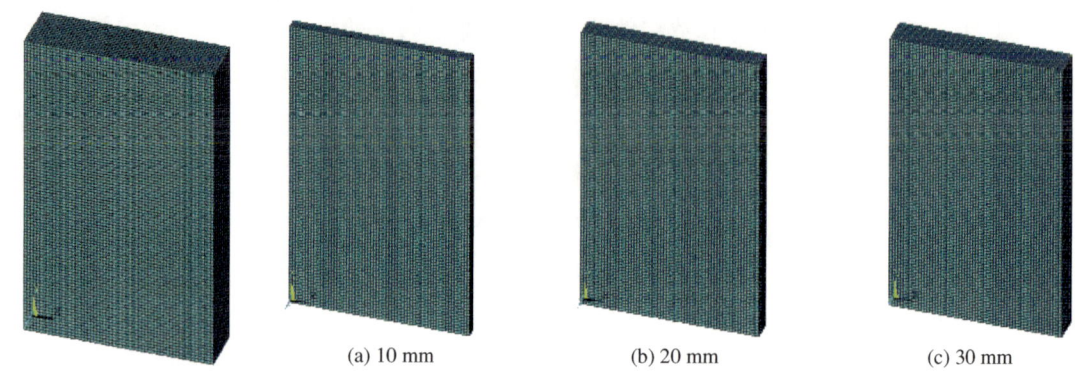

图 3-55 渗漏水热分析有限元模型(50 mm×180 mm×300 mm)

(a) 10 mm　　(b) 20 mm　　(c) 30 mm

图 3-56 不同厚度渗漏水隐患热分析有限元模型(180 mm×300 mm)

根据前面的分析,确定有限元模型的单元类型为 SOLID70,混凝土材料的参数:热传导系数 $\lambda_c=1.5\ \text{W}/(\text{m}\cdot\text{K})$,密度 $\rho_c=2\ 551\ \text{kg}/\text{m}^3$,比热 $C_c=920\ \text{J}/(\text{kg}\cdot℃)$,混凝土初始温度 $T=293\ \text{K}$。

渗漏水和混凝土之间的热传导遵循傅里叶定律:

$$q^*=-\lambda_c\frac{\partial T}{\partial n} \quad (3-25)$$

式中,q^* 为热流密度(W/m^2);λ_c 为混凝土的热传导系数[$\text{W}/(\text{m}\cdot\text{K})$];$\frac{\partial T}{\partial n}$ 为温度梯度;负号表示热量流向温度降低的方向。

因此,渗漏水的温度荷载值可以施加的热量荷载代替,通过施加热量荷载模拟稳定的渗漏水,热荷载施加的范围按照室内试验确定。通过对模型中除施加热荷载的其他表面设置绝热,实现有限元热分析的对称边界条件。对于上述 30℃渗漏水温的工况,热流密度 $q^*=-\lambda_c\times\frac{\partial T}{\partial n}=1.5\times10=15\ \text{W}/\text{m}^2$。

3.2.5.3 热分析计算结果分析

图 3-57—图 3-60 是对上述工况(30℃,混凝土)下渗漏水及其隐患的有限元热分析结果。通过图 3-57(a)热分析结果和(b)试验结果分析计算结果对比可知:有限元热分析计算得到的渗漏水温度梯度规律与试验得到的规律是一致的。

由图 3-57 渗漏水有限元稳态热分析结果可以总结出如下规律:

(1) 从径向温度变化曲线和径向温度分布云图可以看出,有限元稳态热分析与室内试验具有相同的水流横断面温度梯度规律,且温度值近似于正态曲线,这从理论上验证了室内试验总结出的规律的正确性。

(2) 从渗漏水背后温度分布云图和表面温度分布云图可以看出,有限元稳态热分析结果表面温度分布符合室内试验中红外热图像的一般规律,渗漏背后温度恒定为设定的 20℃,这也验证了 50 mm 厚的混凝土试块能够满足渗漏水试验的要求。

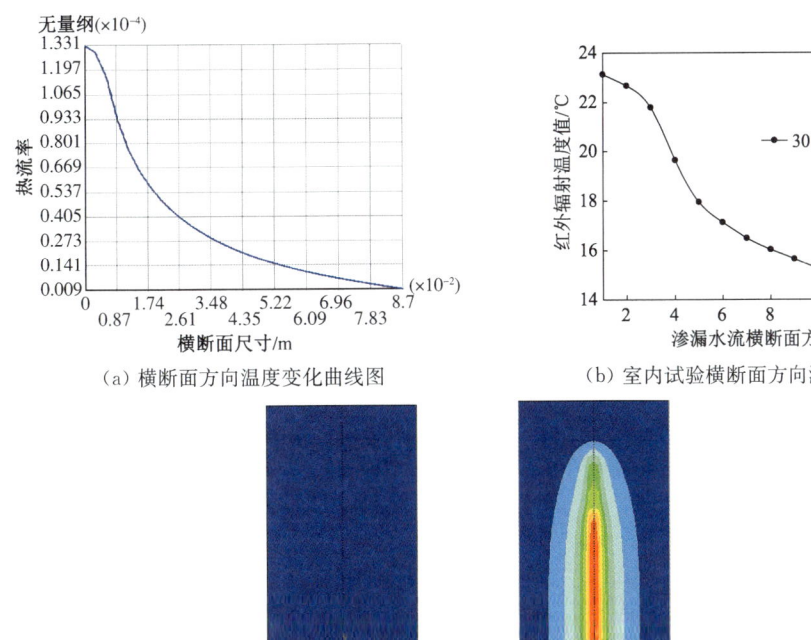

(a) 横断面方向温度变化曲线图 (b) 室内试验横断面方向温度分布图

(c) 渗漏水背后温度分布云图 (d) 渗漏水表面温度分布云图

图 3-57　渗漏水稳态热分析计算结果

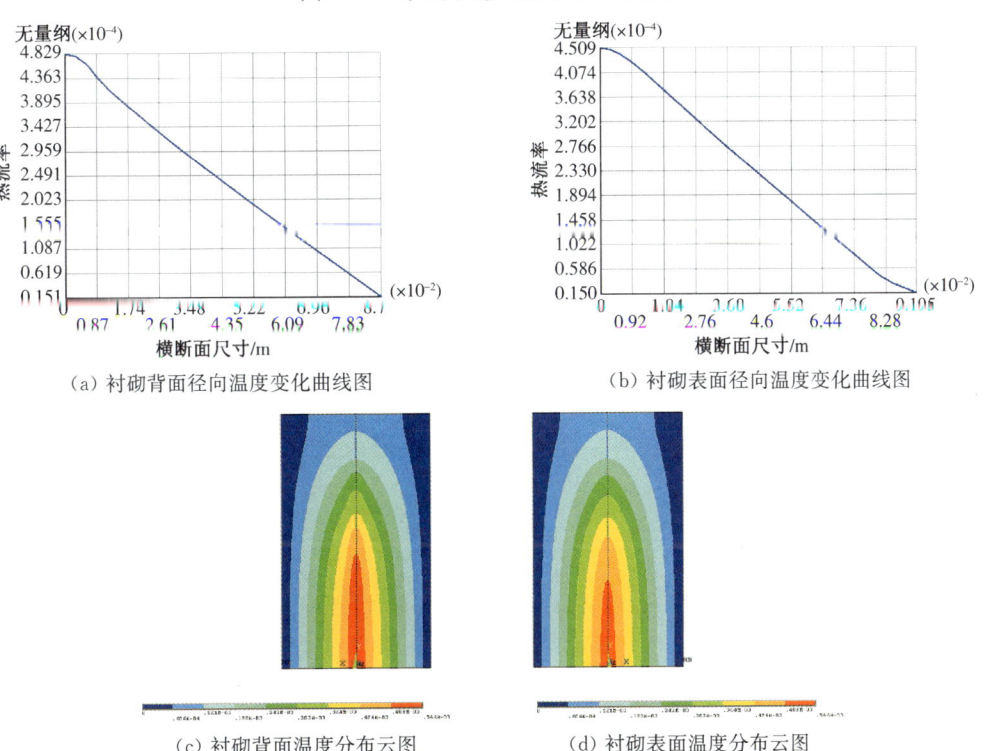

(a) 衬砌背面径向温度变化曲线图 (b) 衬砌表面径向温度变化曲线图

(c) 衬砌背面温度分布云图 (d) 衬砌表面温度分布云图

图 3-58　10 mm 厚试块渗漏隐患热分析计算结果

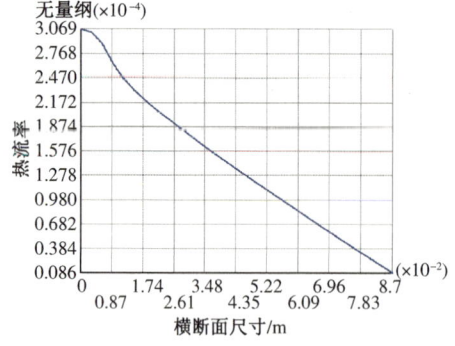

（a）衬砌背面径向温度变化曲线图

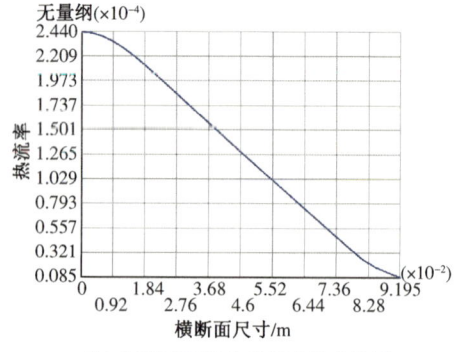

（b）衬砌表面径向温度变化曲线图

（c）衬砌背面温度分布云图

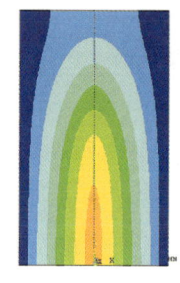

（d）衬砌表面温度分布云图

图 3-59　20 mm 厚试块渗漏隐患热分析计算结果

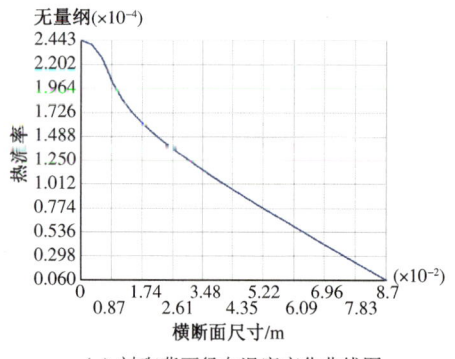

（a）衬砌背面径向温度变化曲线图

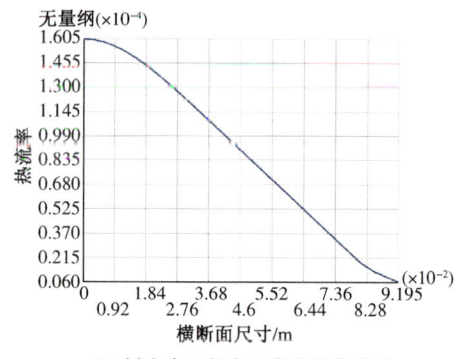

（b）衬砌表面径向温度变化曲线图

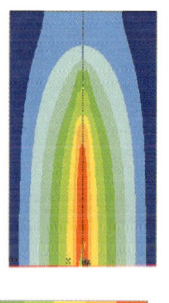

（c）衬砌背面温度分布云图

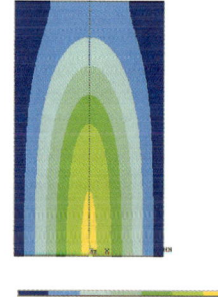

（d）衬砌表面温度分布云图

图 3-60　30 mm 厚试块渗漏隐患热分析计算结果

从图 3-58—图 3-60 渗漏水隐患有限元稳态热分析结果可以总结出如下规律：

（1）根据理想的渗漏水隐患背后和表面温度分布云图可以从理论上为红外热成像仪能够检测渗漏水隐患提供理论基础。

（2）通过 3 种厚度试块的表面温度分布云图可以验证室内试验得出的 20 mm 厚度隐患能够检测出来的结论。

总之，有限元稳态热分析结果与室内试验结果相一致，并且能够从理论上解释室内试验结果，验证了室内试验结果的可靠性。

3.2.6 小结

本节针对隧道衬砌混凝土渗漏水及隐患辐射特征的影响因素问题，制作了室内小型混凝土试块模拟隧道衬砌渗漏水及渗水隐患，通过控制水流量、水温和表面材料等来模拟各种工况，利用红外热像仪进行观测试验研究，探索各因素对隧道渗漏水和渗水隐患的红外辐射特征的影响规律，并通过有限元稳态热分析验证规律的正确性，得到如下结论：

（1）渗漏水影响因素中水流量越大、表面涂装防火涂料、位置越靠近拱顶等，则红外热图像中渗漏水的温差越大；渗漏水隐患影响因素中水压力越大、渗漏水温着越大、隐患深度越浅等，同样条件下采集到的隐患红外热图像的温差越大；二者的规律基本一致，这非常有利于一般使用者对图像的简单判别。

（2）试块渗漏水表面的温度分布本质上是渗漏水和混凝土之间的热传导问题，可从水膜的厚度和厚度梯度角度来反映温度值和温度梯度；其他条件相同时，如果水膜厚度增大，则温度值增高，如果水膜厚度梯度增大，则温度梯度也增大。当渗漏水流量增大时，首先，出水口水膜厚度增大，所以最大温度值依次增大；其次，由于渗漏点区域变大，不局限在出水口，所以导致温度最高点范围不局限在出水点；最后，随水流量增大，沿水流方向水膜厚度梯度越大，则温度梯度也越大。由于防火涂料的辐射率低于混凝土，所以根据斯蒂芬-玻耳兹曼定律得到的防火涂料试块出水口的温度高于混凝土试块；由于防火涂料的吸水性要高于混凝土，防火涂料表面试块渗漏水膜厚度沿水流方向梯度更大，则导致水流方向温度梯度也越大。当渗漏表面与水平面夹角越小时，首先由于渗漏面水膜沿渗漏表面切向受力越小，所以渗漏出水口水膜厚度越大，则最大温度值越大；另外，沿水流方向水膜厚度梯度越大，则温度梯度也越大。根据这个原理，小温差条件下遵循的分布规律与之前的一致，这也是"随机线渗漏区域的最高温度值"和"随机线渗漏区域面积"遵循随水流量增大，最高温度基本呈线性增加规律的原因。据此可根据渗漏水红外辐射特征，定量化分析渗漏水状态与特征。

（3）对隐患临界状态影响最大的是水压力、隐患深度和温差，表面材料对检测影响较小。各种工况条件下渗漏隐患临界时间随隐患温差增加、水压增加和隐患深度减小呈现减小趋势；水压较低情况下，温差对临界时间的影响较大，但当水压较大时，隐患温差的影响作用变小。试块渗漏水隐患临界时间大小的本质是水和混凝土之间的热传导和渗透问题，当水温变大时，达到热平衡的时间就短，临界时间变小；当隐患深度变大时，达到热平衡的时间就长，临界时间变大;当水压变大时,混凝土更容易出现渗漏,临界时间变小。当隐患深度大于 20 mm 时,已经很难获取临界时间。据此可根据渗漏水红外辐射特征,定量化分析渗漏水隐患临界状态与特征。

(4) 隧道渗漏水及其隐患本质上是渗漏水和混凝土之间的热传导问题,所以在室内试验结束之后进行了渗漏水及其隐患典型工况下的有限元稳态热分析;分析结果与室内试验结果对应一致,能够从理论上解释室内试验结果,并且验证了室内试验结果的可靠性。

3.3 渗漏水红外辐射特征修正规律及热图像识别研究

3.3.1 概述

在对隧道渗漏水红外热图像进行研究和应用的过程中,我们只对红外图像中渗漏水部分感兴趣,而图像中渗漏水一般只占据一定的区域比例,并且这些区域中图像的特性(如灰度、轮廓)与基底混凝土的图像有差别。随着计算机图像处理技术的发展,人们可以通过计算机来获取和处理图像信息[13]。图像识别的基础是图像分割,其作用就是把反映物体真实情况的、占据不同区域的、具有不同特征的目标区别开来,形成数字基本特征。图像分割是图像识别和图像理解的基础和前提条件。图像分割的作用可以用图 3-61 来表述[13,14]。

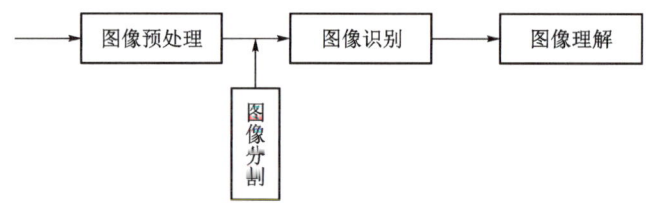

图 3-61 图像分割的作用

图像分割可以形式化定义[15]如下:令有序集合 I 表示图像区域(像素点集),H 表示具有相同性质的谓词,图像分割是把 I 分割成为 n 个区域,记为 $R_i, i = 1, 2, \cdots, n$,满足:

(1) $$\bigcup_{i=1}^{N} R_i = I, R_i \cap R_j = \varphi, \forall i, j, i \neq j \quad (3\text{-}26)$$

(2) $$\forall i, i = 1, 2, \cdots, n, \quad H(R_i) = \text{True} \quad (3\text{-}27)$$

(3) $$\forall i, j, i \neq j, \quad H(R_i \cup R_j) = \text{False} \quad (3\text{-}28)$$

条件(1)表明分割区域要覆盖整个图像且各区域互不重叠,条件(2)表明每个区域都具有相同性质,条件(3)表明相邻的两个区域性质相异不能合并成一个区域。实际的图像分析和处理的过程都是针对某种具体应用,所以上述条件中的各种关系要视情况而定。

由于图像分割问题的重要性和错综复杂性,很多研究学者为之付出了巨大的努力,相继发表了很多研究成果,同时图像分割的综述或评价标准也是层出不穷[16-18]。经过研究发现,目前图像分割大致可以分为如下 5 种类型：①基于阈值化的分割；②基于边缘的分割[19,20]；③基于区域的分割[21]；④基于聚类的分割[22-24]等；⑤基于形态学及其他分割方法[25-28]。实际的图像是千差万别的，而且图像在获取过程和传输过程会受到引入的噪声及辐射不均匀等多方面的影响，因此使得目前还没有一种通用的方法适用于所有图像。

由于渗漏水红外图像中渗漏水区域比较连续集中，区别于裂缝图像的线型特征，适合使用基于阈值化的和基于边缘的分割方法。然而，隧道现场条件较室内试验环境复杂，使得在隧道现场检测出的结果受到各种因素的影响，不能精确真实反映隧道内实际的渗漏水情况。为此，在图像分割前，首先通过对隧道内渗漏水红外辐射特征影响因素关键指标进行修正，对采集到的红外热图像进行预处理，解决红外技术在隧道渗漏水检测中遇到的问题。

3.3.2 隧道渗漏水红外辐射特征影响因素关键指标

由第 3.2 节渗漏水红外辐射特征影响因素室内试验中表面材料影响分析结果可知，由于不同的表面材料具有不同的辐射率，导致对渗漏水红外辐射特征有较大影响。另外，红外热成像仪开机时需要对环境温度进行校正，但是由于隧道纵向环境温度变化较大，导致后期采集到的数据中环境温度不符合实际情况。这些都会对图像处理造成较大影响，所以通过对影响隧道渗漏水红外辐射规律的关键指标（隧道纵向环境温度和衬砌表面辐射率）的分析研究，对红外热图像进行预处理。

3.3.2.1 隧道纵向温度分布规律

隧道内沿纵向环境温度并非均匀，同样条件的渗漏水状态，采集到的红外图像会有差别，如果采用相同的阈值进行图像处理，会造成图像处理结果不准确。隧道衬砌纵向温度分布受多种因素的影响，下面就此问题进行阐述。

1. 外界环境温度对红外检测的影响机理[29]

红外热像仪接收到的辐射有一部分来自大气路径上所处环境和背景反射的辐射。被测目标表面温度随时都会发生变化，它与所处的地理位置、季节、太阳辐射、天空辐射、气候变化、空气流动和有无热源等因素有关。同时，目标表面不断地以辐射、对流和传导等形式与外界介质进行热交换。对目标温度的外界影响基本上可以归于环境因素和背景因素两方面来考虑。环境因素主要是自然环境对目标的影响，包括空气辐射、地面背景辐射及其他辐射的反射、气温变化和风速等。在其他条件确定的情况下，主要影响是气温变化和风速等。

目标-环境对比度是红外热像仪探测目标的基础。任何探测过程都要求目标与背景至少有一个特征有所区别，只有那些与背景特征有明显区别的目标才能被探测到。当利用热像仪来观察目标时，如果目标和背景的温度近于相同，或者说目标和背景的辐射出射度差别不大时，那么探测起来就比较困难，对测温精度的影响也就越大。

热像仪探测到目标需满足两个条件：第一，目标和背景的辐射对比度所对应的探测输出电压应高于系统的噪声，这主要取决于探测系统的设计及光学和电子器件的性能；第二，这种辐射对比度必须能从整个观测场景中分辨出来。假设背景是辐射温度分布均匀的场景,热像仪探测器镜头接收的辐射对比度 ΔE 所产生的相应输出信号(S)明显大于探测器噪声电平(N),则满足探测所要求的阈值条件为

$$\Delta E \geqslant k \cdot NEI \tag{3-29}$$

式中,k 为探测级别;NEI 为噪声平衡辐照度($\omega \cdot m^2$)。

目标-环境对比度 ΔE 是热像仪镜头处目标的辐照度 E_t 和背景的辐照度 E_b 之差。

噪声平衡辐照度是信噪比 $S/N=1$ 时的最小探测辐射对比度,它还与探测的最低能量(温度)值有关。

假定探测的点目标是黑体,且系统的噪声仅受探测器噪声限制,则由点目标发出的到达红外系统入射孔径处的光谱辐照度为

$$E_\lambda = \frac{I_\lambda \tau_a(\lambda)}{R^2} \tag{3-30}$$

式中,I_λ 为目标的光谱辐射强度;$\tau_a(\lambda)$ 为目标到红外系统的传播路程上的大气光谱透射比;R 为目标到系统的距离。

入射到探测器上的光谱辐射功率为

$$P_\lambda = E_\lambda A_0 \tau_0(\lambda) \tag{3-31}$$

式中,A_0 为光学系统入射孔径的面积,$\tau_0(\lambda)$ 为光学系统的光谱透射比(包括保护窗口、聚光系统透镜、滤光片、调制盘基片的透射比、反射镜的反射比或遮挡等)。

探测器上产生的光谱信号电压为

$$U_{S\lambda} = R(\lambda) P_\lambda \tag{3-32}$$

式中,$R(\lambda)$ 为探测器的光谱响应度。

对于选定的光谱区间 $\lambda_1 \sim \lambda_2$,在这段区间内的信号电压为

$$U_S = \int_{\lambda_1}^{\lambda_2} U_{S\lambda} d\lambda \tag{3-33}$$

将式(3-30)—式(3-32)代入式(3-33),得

$$U_S = A_0 \int_{\lambda_1}^{\lambda_2} E_\lambda R(\lambda) \tau_0(\lambda) d\lambda \tag{3-34}$$

用归一化探测率 $D^*(\lambda)$ 表示探测器的性能,则

$$R(\lambda) = \frac{U_n D^*(\lambda)}{(A_d \times \Delta f)^{\frac{1}{2}}} \tag{3-35}$$

式中,A_d 为探测器敏感元的面积;Δf 为等效噪声带宽;U_n 为探测器的噪声电压的均方根值。

将式(3-35)代入式(3-34),得信噪比为

$$\frac{S}{N} = \frac{U_S}{U_n} = \frac{A_0}{(A_d \times \Delta f)^{\frac{1}{2}}} \int_{\lambda_1}^{\lambda_2} E_\lambda \tau_0(\lambda) D^*(\lambda) d\lambda \tag{3-36}$$

采用工程近似法,将式(3-36)中与波长有关的各项用它们在系统光谱通带内的平均值来代替,则

$$\frac{S}{N} = \frac{U_S}{U_n} = \frac{A_0}{(A_d \times \Delta f)^{\frac{1}{2}}} E_{\lambda_1 - \lambda_2} \tau_0 D^* \tag{3-37}$$

如果光学系统的瞬时视场为 Ω_S,光学系统的等效焦距为 f,则探测器的面积为

$$A_d = \Omega_S f^2 \tag{3-38}$$

用数值孔径表示光学系统:

$$(NA) = \frac{D_0}{f} \tag{3-39}$$

式中,(NA) 为光学系统的数值孔径;D_0 为光学系统的通光孔径的直径。对光学系统有 $A_0 = \pi D_0^2 / 4$,则

$$\frac{S}{N} = \frac{U_S}{U_n} = \frac{\pi (NA) D_0}{2(\Omega_S \times \Delta f)^{\frac{1}{2}}} E_{\lambda_1 - \lambda_2} \tau_0 D^* \tag{3-40}$$

令信噪比为1,则

$$NEI = \frac{(A_d \Delta f)^{\frac{1}{2}}}{A_0 \tau_0 D^*} = \frac{2(\Omega_S \Delta f)^{\frac{1}{2}}}{\pi D_0 D^* \tau_0 (NA)} \tag{3-41}$$

从式(3-41)可以看出,对于给定的热像仪,NEI 为一确定的值。

并且,利用热像仪直接探测的就是目标的表观辐射度,测得的温度就是表观温度。目标发射率和表观温度(与表观辐射度相关)是影响辐射对比度的两个目标物理参数。

目标置于一定的背景中,背景对目标将产生影响。一方面是背景辐射到目标上的功率被目标吸收引起温升或被目标反射,导致目标表面温度的变化(其变化程度取决于材料本体的物理性能及其表面特征),从而引起目标-环境对比度发生变化;另一方面是背景的辐射直接被探测系统接收,使探测到的目标-环境对比度发生变化。这两方面都会使测温精度受到影响。

2. 隧道内纵向环境温度分布规律

隧道内空气温度的变化主要与空气与壁面间的对流换热及空气与设备的均匀、局部发热间的热量交换两个热传递有关。据此,在强迫对流条件下,利用能量守恒关系及对流换热基本理论,可得出隧道空气温度满足的方程式[30,31]:

$$C_a\rho_a A\left(\frac{\partial \theta_a}{\partial t}+u\frac{\partial \theta_a}{\partial x}\right)=a_a S(\theta_{co}-\theta_a)+q_u+q_p\delta(x-\xi) \qquad (3-42)$$

式中，C_a，ρ_a 为空气的比热容及密度；A，S 为隧道断面面积和周长；u 为纵向通风速度，可视为常数；a_a 为空气的传热系数；θ_{co} 为壁面温度；q_u，q_p 为设备的均匀、局部发热量；$\delta(x-\xi)$ 为 δ 的函数，随局部发热位置 $(x-\xi)$ 而变。经过分析，通风速度的变化对隧道内温度的影响最为显著。

此外，本课题组在浙江公路隧道调查时记录了浙江高速公路严山岭隧道、东田隧道、溪田隧道、水坑隧道和岩坑尖隧道的纵向温度数据，图 3-62 是其中典型的隧道纵向温度分布趋势图，量测位置在边墙检修道离路面 1 m 处。

经过理论分析和现场实测，首先确定隧道内的温度沿纵向是不均匀的，其次温度分布比较复杂，受多种因素影响，难以总结出一个对所有隧道都适用的规律，而隧道的纵向温度分布不均匀会对

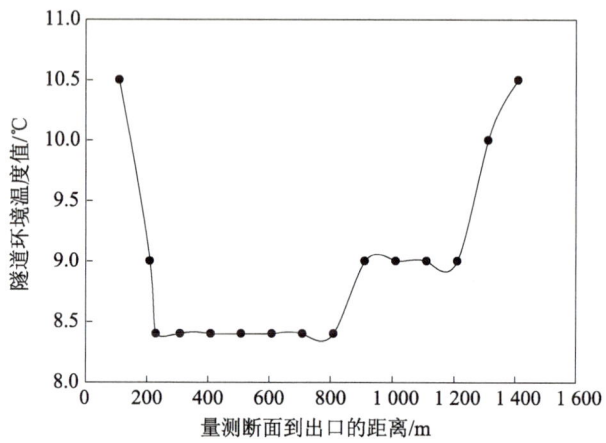

图 3-62　岩坑尖隧道下行左洞纵向温度分布

红外图像采集的精度产生影响，需要我们在检测的时候记录环境温度，在图像处理之前进行预处理。

3.3.2.2　隧道衬砌辐射率规律

如前文所述，辐射率对检测结果会造成影响，如果采用相同的阈值进行红外图像处理，会得到不同的结果。隧道衬砌表面辐射率规律受表面材料（防火涂料和混凝土等材料）的影响。材料辐射率所遵循的原理[7]阐述如下。

1860 年，基尔霍夫(Kirchhoff)在研究辐射传输的过程中发现：在任一给定的温度下，辐射通量密度和吸收率之比，对任何材料都是常数，即"好的吸收体也是好的辐射体"。热平衡条件下，在给定温度下，对某一波长来说，所有物体的发射本领和吸收本领的比值与物体自身的性质无关，它对于一切物体都是恒量，具体表现如式(3-43)所示：

$$\alpha+\rho+\tau=1 \qquad (3-43)$$

式中，α 为吸收的能量与入射总能量之比，称为物体的吸收率(又称吸收系数或吸收比)；ρ 为被反射的能量与入射总能量之比，称为物体的反射率(又称反射系数或反射比)；τ 为透射的能量与入射总能量之比，称为物体的透射率(又称透射系数或透射比)。

物体除了反射、吸收和透射入射到它上面的辐射以外，自身还会发射辐射，用辐射出射度 W 表示。1900 年，普朗克(Planck)提出一种与经典理论完全不同的能量量子化假设，建立起

辐射出射度的正确公式，导出了描述黑体辐射光谱分布的普朗克公式，即黑体的光谱辐射出射度为

$$W_\lambda = \frac{2\pi hc^2}{\lambda^5} \cdot \frac{1}{e^{hc/\lambda k_B T} - 1} \tag{3-44}$$

式中，W_λ 为黑体的光谱辐射出射度[W/(m²·μm)]；λ 为辐射电磁波的波长(μm)；k_B 为玻耳兹曼常数，1.38×10^{-23} W·s·K；h 为普朗克常数，6.6262×10^{-34} J·s；T 为黑体热力学温度(K)；c 为光速，3×10^8 m/s。

对于一定的温度，绝对黑体的光谱辐射出射度有一极大值，相对于这个极大值的波长称为峰值波长，用 λ_m 表示。1894 年，维恩指出绝对黑体光谱辐射峰值波长 λ_m 与热力学温度 T 成反比，即

$$\lambda_m = 2897.8/T = b/T \tag{3-45}$$

式中，λ_m 为黑体最大光谱辐射出射度的波长；b 为维恩常数，值为 2897.8 μm·K。式(3-45)称为维恩位移定律，可以通过对普朗克公式求偏导的方法得到上述关系的定量表示公式。

此外，若将维恩位移定律的值代入普朗克公式，则可得到黑体光谱辐射出射度的峰值，即

$$W_{\lambda_m} = BT^5 \tag{3-46}$$

式中，$B = 1.2862 \times 10^{-11}$ W/(m²·μm·K⁵)。

所以，在一定温度下，黑体对应最大辐射波长的最大辐射出射度与温度的五次方成正比。

1879 年，斯蒂芬观察到黑体全波辐射出射度和黑体热力学温度的四次方成正比。对普朗克定律在整个波段进行积分就可以得到上述结果，即对式(3-44)沿波长从 0 到 $+\infty$ 积分，得出黑体的辐射出射度 W：

$$W_B = \sigma T^4 \tag{3-47}$$

式中，W_B 为黑体的全波辐射出射度(W/m²)；σ 为斯蒂芬-玻耳兹曼常数，$\sigma = 5.67 \times 10^{-8}$ W/(m²·K⁴)。这就是斯蒂芬-玻耳兹曼(Stefan-Boltzmann)定律。斯蒂芬-玻耳兹曼定律表明，黑体的全波辐射出射度与热力学温度的四次方成正比。因此，温度非常微小的变化，就会引起全波辐射出射度的很大变化。

显然实际物体的辐射与黑体将有所不同。黑体辐射只依赖于辐射波长及温度，与构成黑体的材料无关，而所有实际物体发射或吸收的辐射量值都比在相同条件下的黑体的低。并且，实际物体的辐射量除依赖于辐射波长及物体温度外，还与构成物体的材料性质等因素有关。可以用辐射率的概念来进行描述。

辐射率就是实际物体与同温度黑体在相同条件下的辐射出射度之比，常用符号 ε 表示。相同条件包括相同的温度、辐射方向和立体角大小以及光谱范围等，即

$$\varepsilon = \frac{W}{W_B} \tag{3-48}$$

式中，W_B 为黑体辐射出射度；W 为实际物体辐射出射度。辐射率是对物体表面辐射能力大小的描述。根据基尔霍夫定律，黑体的发射率为1，实际物体的发射率都小于1。目前还没有一种理论能够给出发射率与物体基本物理参数（如折射率、导电性等）之间的关系，各种物体的发射率通常是通过实验得到的。

严格地讲，发射率不是一个常数，它与物体表面性质、温度、辐射波长及观察条件等都有关系。这就是光谱发射率的概念，即

$$\varepsilon(\lambda, T, \varphi) = \frac{W_\lambda(\lambda, T, \varphi)}{W_{\lambda B}(\lambda, T, \varphi)} \tag{3-49}$$

实际情况可以做一些近似处理。当物体的发射率与辐射波长无关，虽然小于1，但近似为常数，为灰体。通常在一定的光谱、温度和较小的角度范围内，灰体的发射率都可以看作常数。绝大多数物体既不是黑体也不是灰体，其吸收和辐射具有显著的选择性，为选择性辐射体。

实际中，探测器都工作在某一波段，在有限的波段范围内经常可以将物体近似为灰体。按照上述分析，根据式(3-47)和式(3-48)推导出实际物体的斯蒂芬-玻耳兹曼定律。

$$W = \varepsilon \sigma T^4 \tag{3-50}$$

根据斯蒂芬-玻耳兹曼定律，在热辐射范围内，一切物体都具有与灰体相近的性质，在各种温度和波长下，ε 也为常数。只有准确获取对象的辐射率，才能准确检测出对象的温度。所以，研究辐射率的意义为：修正混凝土和防火涂料的辐射率能够得到可靠对比的图像。对于红外辐射来说，衬砌材料是不透明的，所以衬砌表面以下体内发射到体外的辐射可以忽略不计，而 ε 就只是表面状况的函数。

隧道衬砌表面采用防火涂料和素混凝土，需要对这两种材料的辐射率问题进行研究。目前，混凝土的辐射率研究较多，参考文献[7]并结合本章前述室内试验结果，得到常温下（20℃）混凝土的辐射率基本为 $\varepsilon_{混凝土} = 0.92$，防火涂料的辐射率较为复杂，下面对此作分析。

由于大气对红外辐射的吸收，只留下三个重要的"窗口"区，即 $1 \sim 3\mu m$、$3 \sim 5\mu m$ 和 $8 \sim 13\mu m$ 可让红外辐射通过。常温物体辐射的红外波长集中在 $8 \sim 13\mu m$。涂料所使用的大多数材料在 $8 \sim 14\mu m$ 波长范围内"不透明"，辐射率较高。

翁小龙[32]研究发现防火涂料辐射率的影响因素包括以下几个：

（1）材料类型。在对比了常见的几种涂料（丙烯酸聚氨酯、高氯乙烯、常温固化氟涂料、自制的常温固化硅改性丙烯酸树脂、氯化橡胶和环化橡胶）的辐射率之后，发现不同材料之间辐射率差别比较明显。隧道中较为常用的是由无机阻燃剂、发泡剂、成碳剂、合成乳液、钛白粉、助剂等组成的水性乳液型膨胀防火涂料。

（2）颜色。根据基尔霍夫定律，对于不透明的材料，其发射率与反射率之和为1。反射率

越高,其发射率也就越低。将 3 种不同辐射率的涂料分别配制成土黄、军绿、墨绿 3 种颜色,通过试验发现不同颜色的涂料其辐射率不同,色调越深的涂料其辐射率越大。

(3) 厚度。涂层厚度越大,辐射率越大。

通过计算室内试验中不同材料表面组最大温度值之和的比值(0.9519),利用实际物体的斯蒂芬-玻耳兹曼定律 $W = \varepsilon\sigma T^4$ 可以反推出试验用防火涂料的辐射率为 $\varepsilon_{防火涂料} = 0.76$。

3.3.3 渗漏水红外热图像分割

依据图 3-61 中图像处理的步骤,图像预处理之后,需要进行图像分割,提取研究对象的特征,便于对图像的理解。对于渗漏水红外热图像而言,我们比较关心渗漏水区域,所以需要做图像分割把渗漏水区域提取出来,计算该区域的面积信息等。在之前介绍的众多图像分割方法中,重点对红外图像边缘检测和阈值分割进行研究。

3.3.3.1 红外图像边缘检测

图像的边缘是图像最基本的特征,一幅图像的主要信息是由它的轮廓所提供的,图像边缘包含了一幅图像绝大部分的主要信息。边缘信息便于量化和比较,更适合于检测和定位图像中的物体位置,而且图像边缘信息能揭示目标的重要特性。因此边缘检测技术在数字图像处理中有着极其重要的地位[33]。

经典边缘算子是以微分算子[34]为基础构成的梯度算子,常用的梯度算子有 Roberts 算子、Prewitt 算子、Sobel 算子、Laplace 差分算子、LOG 算子(Laplace of Gaussian 算子)和马尔算子、Canny 算子等[35-39]。

(1) Roberts 算子采用对角线方向相邻两像素之差近似梯度幅值检测边缘。该梯度算子的监测水平和垂直边缘的效果要比斜向边缘好,定位精度较高。但对噪声敏感且容易丢失一些边缘。

(2) Sobel 算子根据像素上下及左右相邻点灰度加权差在边缘处达到极值这一现象来检测边缘。该梯度算子对噪声具有平滑作用,提供的边缘方向信息也比较准确,但边缘的定位精度不够高。当对精度要求不是很高时,是一种较为常用的边缘检测方法。

(3) Prewitt 算子先对图像做加权平滑处理,平滑过程中可以选择不同的权值,然后再进行微分运算,有一定的抵抗噪声的能力。由于噪声是高频分量,和图像的边缘相类似,经过微分运算后会使图像中的噪声增强,可能会把噪声错判为边缘而导致检测出的边缘较粗。

(4) Laplace 差分算子是二阶微分算子,它不依赖于边缘的方向。该梯度算子利用边缘点处二阶导数出现零交叉点原理检测边缘,不具有方向性,对灰度突变敏感,定位精度较高,同时对噪声敏感,不能获得边缘的方向信息。当用此算子检测阶跃型边缘时,若采用过零法则不仅过零点的门限很难选择,检测精度也较低。实际上 Laplace 的二阶方向导数算子在图像边缘检测中并不常用。因为噪声对二阶导数的算子影响变成了双倍。当一阶导数有很小的局部峰值时也有二阶导数的过零点,会造成边缘的不连续。

(5) LOG 算子也是二阶微分算子，是在 Laplace 算子基础上的改进。此算子首先对图像进行高斯滤波处理，所以对噪声点不敏感，能够比 Laplace 算子取得更好的边缘检测效果。这种先平滑处理再进行 Laplace 算子检测边缘，能滤掉噪声的同时使得原有比较尖锐的边缘也平滑掉了而无法检测出来。高斯平滑运算取决于标准差 σ 的值。当 σ 值比较大时，通频带越窄，抑制高频噪声的效果越好。但同时边缘信息被平滑了，丢失了边缘点，影响了边缘检测器的性能。σ 值越小，通频带越宽，图像更高频率的细节可以被检测到，由于平滑不完全又会留有较多的噪声。应用 LOG 算子时，为取得更佳的效果应该对不同图像选择不同参数。但是在不知道物体尺度和位置的情况下，很难准确确定滤波器的尺度，也没有解决如何组合不同尺度滤波器的输出边缘图为一个单一的、正确的边缘图的具体办法。

(6) Canny 算子是基于最优化理论提出的边缘检测算子，该方法是先用高斯滤波器平滑图像，然后用一阶偏导数的有限差分来计算梯度的幅值和方向，为了得到合理的边缘，对梯度幅值进行非极大值抑制，用双阈值算法进行检测和连接真正的边缘。此算子对小区域目标有较好的边缘检测效果，边缘间断的情况很少发生。但它同时将目标中的一些小的区域也进行了边缘放大，甚至背景上不明显的边界也得到了加强。Canny 考察了以往的边缘检测算子和边缘检测应用，归纳了边缘检测的三条准则[34]：

① 最优的检测结果能检测出图像的实际边缘，不遗漏图像中真实边缘，对于非边缘点不错检；

② 最优的边缘定位精度检测出的边缘点和图像上真正边缘点的位置尽量接近；

③ 检测点对单一边缘响应唯一，图像上本来只有一个边缘点的检测出来的边缘点也应该是一个，避免出现多个边缘点，抑制虚假边缘响应。

Canny 首次根据最优边缘检测器的特性要求，采用最优化的思想，用数学的形式将最优边缘检测器表示出来，得到最佳边缘检测模板。对于二维图像，Canny 算子的边缘检测和定位性能要好，有较强的抵抗噪声的能力。Canny 算子的缺点是在无噪声时反而会模糊图像的边缘，其最优化的思想在实际应用中不如理论效果好。为了检测效果好常常会选择较大的滤波尺度从而造成图像细节的丢失。

上面所述的算子大都是基于局部信息的方法，这样就会造成图像边缘模糊问题，而且有的边缘检测算子涉及大量的卷积运算，运算量很大。

MATLAB 对于技术计算来说是一种高性能的语言，它以易于应用的环境集成了计算、可视化和编程，在该环境下，问题及其解以我们熟悉的数学表示法来表示。可利用 MATLAB 强大的函数库编写基于不同边缘检测算法的图像处理程序，通过对比改进，编写适合隧道衬砌渗漏水红外图像处理的算法程序。下面对典型的渗漏水红外图像，通过编写的 MATLAB 程序进行图像处理(图 3-63)。

红外图像所呈现的是场景的温度分布，无色彩或阴影，属于灰度图像，所以对于人眼来说，其分辨率低且没有立体感，使得视觉效果模糊。由图 3-63 可知，经典算法在红外热图像的边缘检测方面有缺陷，所以需要对经典算法进行改进以适应红外热图像。

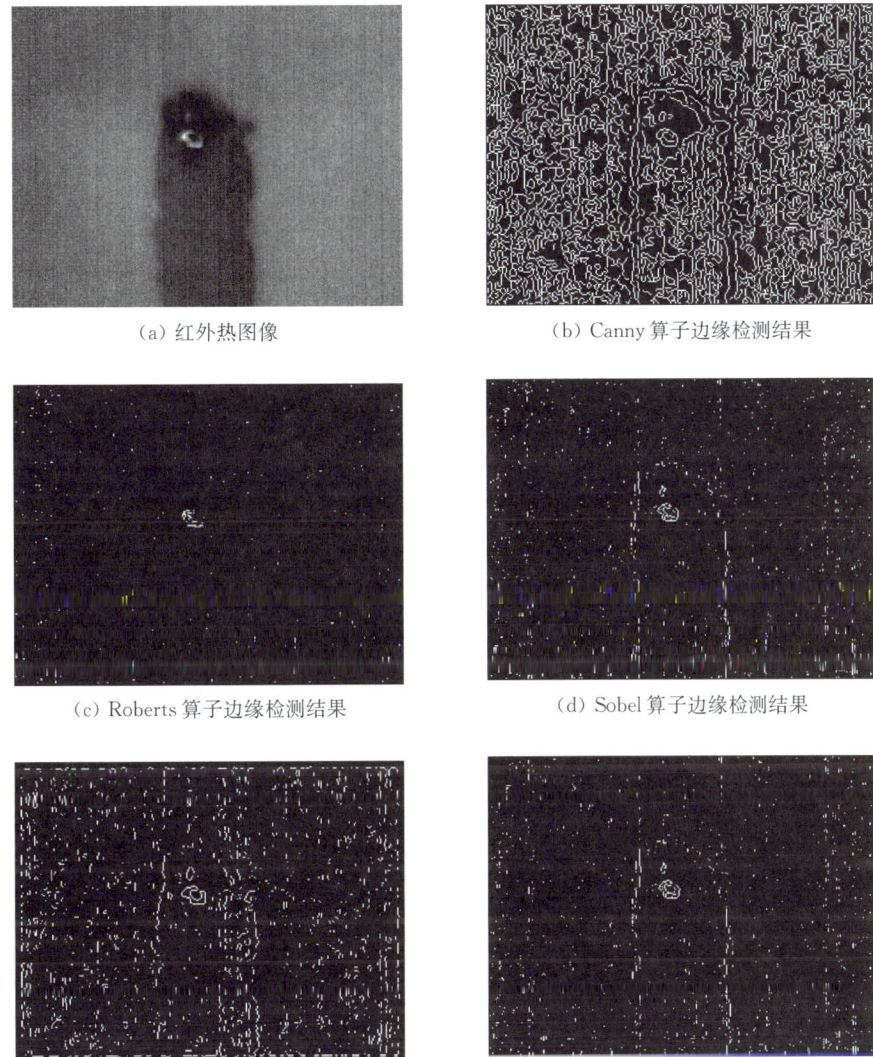

图 3-63 红外图像经典算法边缘检测结果

3.3.3.2 适应红外图像的阈值分割

阈值分割的原理为：以一定方法在灰度图像 f 中确定一个灰度值 t 作为阈值，将原灰度图像分割为二值图像[40]：

$$g(x, y) = \begin{cases} 1 & (f(x, y) \geqslant t) \\ 0 & (f(x, y) < t) \end{cases} \tag{3-51}$$

式中，$g(x, y)$ 为二值图像灰度值；t 为所选阈值。

通过上文的讨论，结合所给公式，可以将阈值分割方法分为以下三类：

（1）全局阈值：$t = t[f(x, y)]$，即仅根据 $f(x, y)$ 来选取阈值，阈值仅与各个图像像素的本身性质有关。

(2) 局部阈值：$t = t[f(x, y), p(x, y)]$，阈值与图像像素的本身性质和局部区域性质相关。

(3) 动态阈值：$t = t[x, y, f(x, y), p(x, y)]$，阈值与像素坐标、图像像素的本身性质和局部区域性质相关。

全局阈值对整幅图像仅设置一个分割阈值，通常在图像不太复杂、灰度分布较集中的情况下采用；局部阈值则将图像划分为若干个子图像，并对每个子图像设定局部阈值；动态阈值是根据空间信息和灰度信息确定。局部阈值分割法虽然能改善分割效果，但存在几个缺点：

(1) 每幅子图像的尺寸不能太小，否则统计出的结果无意义。

(2) 每幅图像的分割是任意的，如果有一幅子图像正好落在目标区域或背景区域，而根据统计结果对其进行分割，也许会产生更差的结果。

(3) 局部阈值法对每一幅子图像都要进行统计，速度慢，难以适应实时性的要求。

全局阈值分割方法在图像处理中应用比较多，它在整幅图像内采用固定的阈值分割图像。考虑到全局阈值分割方法应用的广泛性，本文重点讨论全局阈值分割方法。

全局阈值分割的关键在于阈值的选择，阈值选取过高，过多的目标点会被误归为背景；阈值选择过低，则会出现相反的结果。常用阈值分割方法包括直方图双峰法、最大类间方差法、一维最大熵法、二维最大熵法、模糊阈值法等[41]。笔者对上述方法分别测试，认为最大类间方差法最适合于本书中红外图像阈值分割。

该方法使用 Otsu 算法[42-44]来计算阈值，这是一种基于直方图的方法，从处理离散概率密度函数的归一化直方图开始，如下所示：

$$p_r(r_q) = \frac{n_q}{n} \quad q = 0, 1, 2, \cdots, L-1 \tag{3-52}$$

其中，n 是图像中的像素总数；n_q 是灰度级为 r_q 的像素数目；L 是图像中所有可能的灰度级数。假设我们现在已经选定了一个阈值 k，C_0 是灰度级为 $[0, 1, 2, \cdots, k-1]$ 的像素，C_1 是灰度级为 $[k, k+1, \cdots, L-1]$ 的像素。Otsu 方法选择最大化类间方差 σ_B^2 的阈值 k，类间方差定义为

$$\sigma_B^2 = \omega_0(\mu_0 - \mu_T)^2 + \omega_1(\mu_1 - \mu_T)^2 \tag{3-53}$$

其中

$$\omega_0 = \sum_{q=0}^{k-1} p_q(r_q) \tag{3-54}$$

$$\omega_1 = \sum_{q=k}^{L-1} p_q(r_q) \tag{3-55}$$

$$\mu_0 = \sum_{q=0}^{k-1} q p_q(r_q) / \omega_0 \tag{3-56}$$

$$\mu_1 = \sum_{q=k}^{L-1} q p_q(r_q) / \omega_1 \tag{3-57}$$

$$\mu_{\mathrm{T}} = \sum_{q=0}^{L-1} q p_q(r_q) \tag{3-58}$$

函数 graythresh 取一幅图像,计算它的直方图,找到最大化 σ_B^2 阈值。阈值返回为 0.0 和 1.0 之间的归一化值,实际的阈值可以乘以 255[45]。

渗漏水红外图像阈值分割结果(图 3-64)基本能够提取出渗漏水区域,但是如前所述,在多种因素影响下红外图像存在较多噪声,不便于我们提取渗漏水面积等信息,所以在阈值分割之前需要对红外图像进行平滑处理。

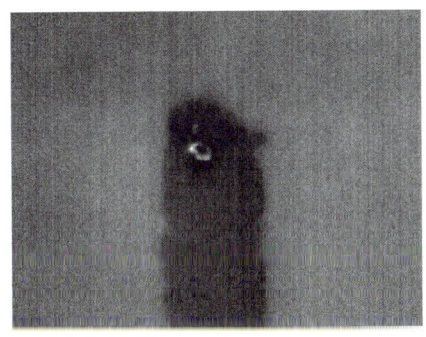 

(a) 原红外图像　　　　　　　　　(b) Otsu 阈值分割后图像

图 3-64　渗漏水红外图像 Otsu 阈值分割结果

3.3.3.3　红外图像平滑处理

在红外图像的生成、传输或变换的过程中,由于许多因素的影响,造成图像质量的下降,也不便于阈值分割(图 3-65)。图像增强是图像处理中的一类基本技术,其主要目的是:改善图像的视觉效果,提高图像的清晰度。"改善"是指针对给定图像的模糊状况以及它的应用场合,有目的地强调图像的整体或局部特性。

图像增强与感兴趣物体特性、观察者的习惯和处理目的相关,因此,图像增强算法应用是有针对性的,并不存在通用的增强算法。近十多年来,图像处理工作者提出了不少卓有成效的增强算法,其中相当一部分已付诸实践。但是,目前的增强技术大多属于试探式和面向问题的。由于评价图像质量的优劣凭观察者的主观而定,没有衡量图像增强质量的通用标准和通用的质量判据,因此图像增强方法目前尚无统一的权威性定义。在实际使用过程中,针对某个应用场合的具体图像,可同时选几种适当的增强算法进行试验,从中选出视觉效果比较好、计算复杂性相对小又合乎应用要求的一种算法。

图像增强技术包括扩展对比度、增强图像中对象的边缘、清除噪声或保留图像中感兴趣的某些特征而抑制另一些特征等。本书根据红外图像的特点,通过消除噪声的图像增强技术实现平滑处理。

一幅图像通常包括光谱、空间、时间等多种信息,对于常见的灰度图像,其光谱信息是以像素点的灰度值来体现的,各种灰度变换方法都可以达到增强光谱信息的目的。图像间的差值运算可以获取图像的时间信息,即动态信息。图像的空间纹理信息增强则可以通过空间域滤波和频率域滤波方法实现。

图像的空间纹理信息可以反映图像中物体的位置、形状和大小等特征,例如,一幅图像内物体的边缘轮廓部分一般灰度值变化较大,因此呈现出高频特征,而一个比较平滑的物体内部,由于灰度值相对均匀则呈现低频特征。

在图像增强处理中,根据需要可以分别采取不同方法对图像的高频和低频特征信息进行增强。增强图像的高频信息称为高通滤波,它可以突出物体的边缘轮廓,从而起到锐化图像的作用,因此又称为锐化滤波器。根据频域分析理论,高通滤波能起到减弱或消除图像的低频分量、保留高频分量的作用。相应地,低通滤波则是指对图像的低频信息进行增强,又称为平滑滤波器。它可以实现图像的平滑处理,一般用于数字图像的噪声消除。平滑滤波可以减弱甚至消除图像的高频分量,保留低频分量。平滑滤波的作用是对图像的高频分量进行削弱或消除,增强图像的低频分量。平滑滤波一般用于消除图像中的随机噪声,从而起到图像平滑的作用。空域平滑滤波的设计原理是借助模板进行邻域操作完成的。

均值滤波是典型的线性滤波算法,它是指在图像上对目标像素给一个模板,该模板包括了其周围的临近像素(以目标像素为中心的周围 8 个像素,构成一个滤波模板,即去掉目标像素本身)。再用模板中全体像素的平均值来代替原来的像素值。常用的 3×3 模板和 5×5 模板如下:

$$\frac{1}{9}\begin{bmatrix} 1 & 1 & 1 \\ 1 & 1^* & 1 \\ 1 & 1 & 1 \end{bmatrix} \quad \frac{1}{25}\begin{bmatrix} 1 & 1 & 1 & 1 & 1 \\ 1 & 1 & 1 & 1 & 1 \\ 1 & 1 & 1^* & 1 & 1 \\ 1 & 1 & 1 & 1 & 1 \\ 1 & 1 & 1 & 1 & 1 \end{bmatrix}$$

邻域平均法的数学含义可用下式表示:

$$g(x, y) = \frac{1}{M} \sum_{(i, j) \in S} f(i, j) \tag{3-59}$$

式中,x(或 y) $= 0, 1, \cdots, N-1$;S 是以 (x, y) 为中心的邻域的集合;M 是 S 内的点数。邻域平均法的思想是通过一点和邻域内像素点求平均来去除突变的像素点,从而滤掉一定的噪声,其优点是算法简单、计算速度快,但代价是会造成图像一定程度上的模糊。对于渗漏水红外热图像,我们关心的是渗漏区域的面积信息等,因此该方法很适合渗漏水红外图像的平滑处理。

图 3-65 是经均值滤波平滑处理前后得到的渗漏水阈值分割结果对比,从图中我们可以明显看到,经过平滑处理的图像效果好,适应红外热图像的特点。然而,对实际隧道渗漏水红外图像进行阈值分割不是最终目的,还需要针对隧道渗漏水红外图像处理结果计算渗漏水区域面积。

(a) 未经过平滑处理　　　　　　　　　(b) 经平滑处理

图 3-65　渗漏水红外图像阈值分割结果对比

3.3.3.4　渗漏水面积计算

经过对修正后的图像进行阈值分割,就能在图像处理中准确计算渗漏水面积,下面就以模型墙体试验和室内定量试验两幅红外图片为例进行图像处理,提取渗漏水面积。

利用 MATLAB 图像处理程序,首先采用均值滤波的方法对图像进行平滑处理,然后做阈值分割(Otsu 算法),将图像转化成二值图像,并利用 MATLAB 中 Bwarea 函数计算提取渗漏水的面积(模型试验为 14 524 个像素,室内试验为 6 715 个像素),计算结果见图 3-66 和图 3-67。

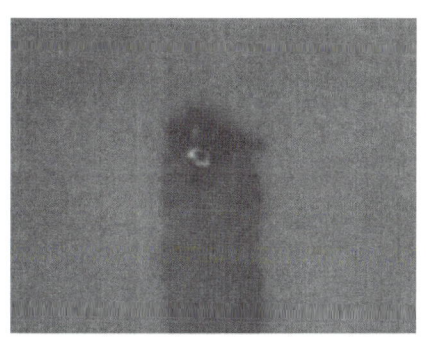
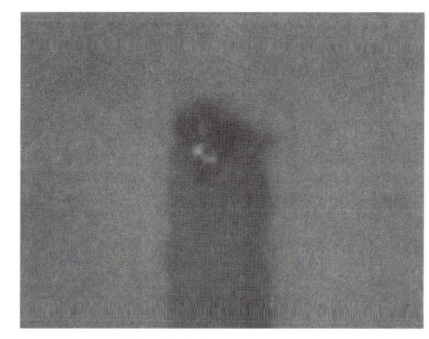

(a) 原图的灰度图　　　　　　　　　(b) 平滑处理后的图像

(c) 阈值分割后的图像(阈值 0.372 5)　　(d) 计算渗漏水面积而反转的图像

图 3-66　隧道衬砌与围岩模拟试验渗漏水区域提取后图像(FLIR A40-M)

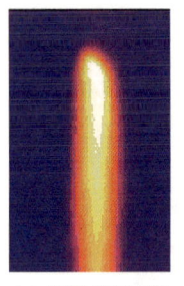 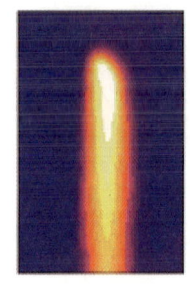 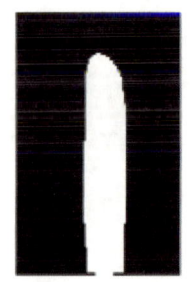

(a) 原图的灰度图　　　　(b) 平滑处理后的图像　　　(c) 阈值分割后的图像(阈值 0.349)

图 3-67　混凝土室内定量试验渗漏水区域提取后图像(DALI DM60-384)

从图 3-66 和图 3-67 可以发现，模型墙体试验图像分割的归一化阈值是 0.372 5，不同于室内试验图像的归一化阈值 0.349，是因为 Otsu 算法具有阈值自适应的功能，这优于固定阈值算法。

下面介绍渗漏水面积的计算方法。热像仪的最小观测目标尺寸 D 为

$$D = IFOV \times L \tag{3-60}$$

式中，$IFOV$ 为空间分辨率；L 为观测距离。

FLIR A40-M 和 DALI DM60-384 两款红外热成像仪的空间分辨率 $IFOV$ 分别为 1.3 mrad 和 0.88 mrad，观测距离 $L = 1$ m，其最小观测目标尺寸 D 分别为 1.3 mm($D = 1.3 \times 10^{-3} \times 1$ m) 和 0.88 mm($D = 0.88 \times 10^{-3} \times 1$ m)，则热图像每个像素面积 A 分别为 1.69 mm²($A = 1.3 \times 1.3$ mm²) 和 0.774 4 mm²($A = 0.88 \times 0.88$ mm²)。

将 MATLAB 程序计算的结果与热图像像素面积相乘得到热图像渗漏水区域面积 S，则图 3-66 和图 3-67 中渗漏水面积分别为 $S = 1.69 \times 14\,524 = 24\,545.6$ mm² 和 $0.774\,4 \times 6\,715 = 5\,200.2$ mm²。

3.3.4　小结

本节首先对隧道渗漏水红外辐射特征影响因素建立修正指标，然后结合图像处理的边缘检测、平滑处理等内容对红外热图像进行阈值分割，计算出渗漏水面积，得到如下结论，以指导第 8 章隧道渗漏水车载动态检测软件系统开发。

(1) 隧道渗漏水红外检测的影响因素关键指标包括隧道纵向温度分布和隧道衬砌辐射率。

(2) 隧道纵向环境温度对红外热像仪检测的影响：一方面是背景辐射到目标上导致目标表面温度的变化，从而引起目标-环境对比度发生变化；另一方面是背景的辐射直接被探测系统接收，使探测到的目标-环境对比度发生变化。这两者都会使测温精度受到影响。经过理论分析和现场实测，首先确定隧道内的温度沿纵向是不均匀的，其次温度分布比较复杂，需要我们检测的时候记录环境温度，在图像处理之前进行预处理。

3.4 本章小结

本章首先针对隧道衬砌混凝土渗漏水检测问题,制作模型墙体模拟隧道衬砌及围岩,通过控制水流量模拟隧道渗漏水,利用红外热像仪对渗漏水过程进行了红外观测试验研究,并对红外设备硬件选型方案进行了验证。其次,针对隧道衬砌混凝土渗漏水及隐患辐射特征的影响因素问题,制作室内小型混凝土试块模拟隧道衬砌渗漏水及渗水隐患,通过控制水流量、水温和表面材料等来模拟各种工况,利用红外热像仪进行观测试验探索了各因素对隧道渗漏水和渗水隐患的红外辐射特征的影响规律,并通过有限元稳态热分析验证了规律的正确性。最后,对隧道渗漏水红外辐射特征影响因素建立了修正指标,并结合图像处理的边缘检测、平滑处理等内容对红外热图像进行阈值分割,计算出渗漏水面积。

参考文献

[1] 戴景民,汪子君.红外热成像无损检测技术及其应用现状[J].自动化技术与应用,2007,26(1):1-7.

[2] TOSHIHIRO Asakura, YOSHIYUKI Kojima. Tunnel maintenance in Japan[J]. Tunnelling and Underground Space Technology, 2003, 18: 161-169.

[3] 同济大学.检测车机械臂振动模态分析及动力时程分析计算书[M].上海:同济大学,2011.

[4] INAGAKI T, OKAMOTO Y. Diagnosis of the leakage point on a structure surface using infrared thermography in near ambient conditions[J]. NDT and E International, 1997, 30(3): 135-142.

[5] 中华人民共和国公安部.混凝土结构防火涂料:GA 98—2005[S].北京:中国标准出版社,2006.

[6] 中华人民共和国公安部.建筑构件防火喷涂材料性能试验方法:GA 110—1995[S].北京:中国标准出版社,1996.

[7] 田裕鹏.红外检测与诊断技术[M].北京:化学工业出版社,2006.

[8] 尹匀丰.Air_gap铜互连结构热力学有限元分析建模与研究[D].上海:上海交通大学,2009.

[9] 高立堂.无粘结预应力混凝土板火灾行为的试验研究及热弹塑性有限元分析[D].西安:西安建筑科技大学,2003.

[10] European Committee for Standardization. Eurocode No. 2, Part 10: Structural Fire Design [R]. Commission of the European Communities, 1990.

[11] LIE T T. A procedure to Calculate fire resistance of structural members[J]. International Seminar on Three Decades of Structural Fire Safety, 1983, 22/23(2): 139-153.

[12] 吕记斌.考虑温度影响的隧道初期支护安全性评估方法研究[D].北京:北京交通大学,2008.

[13] 姚敏.数字图像处理[M].北京:机械工业出版社,2006.

[14] JIANG M. Digital image processing course, technical report[R]. Department of Information Science, School of Mathmatics, Peking University, 2001.

[15] GONZALEZ R C, WOODS R E. Digital Image Processing[M]. 3rd edition. New Jersey: Addison Wesley, 1992.

[16] 乐宋进,武和雷,胡泳芬.图像分割方法的研究现状与展望[J].南昌水专学报,2004,23(2):15-20.

[17] 赵荣椿,迟耀斌,朱重光. 图像分割技术发展[J]. 中国体现学和图像分析,1998,3(2): 121-128.

[18] WESZKA J S, ROSEFIELD A. Histogram modification for threshold selection[J]. IEEE-SMC, 1979, 9: 38-72.

[19] NALWA V S, BINFORD T O. On detecting edges[J]. IEEE Trans on Pattern Analysis and Machine Intelligence, 1986, 8(6): 699-714.

[20] HARALICK R M. Digital step edges from zero crossing of second directional derivatives[J]. IEEE Trans on Pattern Analysis and Machine Intelligence, 1984, 6(1): 58-68.

[21] HOROWITZ S L, PAVLIDIS T. Picture segmentation by a tree traversal algorithm[J]. J ACM, 1976, 23: 368-388.

[22] 边肇祺,张学工. 模式识别[M]. 北京: 清华大学出版社,2000.

[23] KOTROPOULOS C, PITAS I. Segmentation of ultrasonic images using Support Vector Machines[J]. Pattern Recognition Letters, 2003, 24: 715-727.

[24] PEI Ji hong, XIE Wei xin. Adaptive multi-thresholds image segmentation based on potential function clustering[J]. Chinese Journal of Computers, 1999, 22(7): 758-762.

[25] LEE C K, WONG S P. A mathematical morphological approach for segmenting heavily noise-corrupted images[J]. Pattern Recognition, 1996, 29(8): 1347-1357.

[26] 胡炯炯,于慧敏,房波. 基于形态学约束的 B. Snake 模型的细胞图像自动分割方法[J]. 中国图象图形学报,2005,10: 31-37.

[27] GAO H, SIU W C, HOU C H. Improved techniques for automatic image segmentation[J]. IEEE Transactions on Circuits & Systems for Video Technology, 2001, 11(12): 1273-1281.

[28] 马培培. 基于粒子群的图像阈值化分割的研究及应用[D]. 合肥: 合肥工业大学,2010.

[29] 李操. 测温红外热像仪测温精度与外界环境影响的关系研究[D]. 长春: 长春理工大学,2008.

[30] 麦继婷,陈春光. 秦岭特长隧道内温度预测[J]. 西南交通大学学报,1998,33(2): 153-157.

[31] 麦继婷,陈春光. 通风速度和外界气温对秦岭隧道温度的影响[J]. 石家庄铁道学院学报,1998,11(2): 6-10.

[32] 翁小龙,张捷,刘孝会. 热红外低辐射率涂料的研制[J]. 表面技术,2001,30(4): 36-38.

[33] 闫海霞. 基于数学形态学的图像边缘检测和增强算法的研究[D]. 长春: 吉林大学,2009.

[34] CASTLEMAN R K. Digital Image Processing[M]. New York: Prentice-Hall International Inc.;北京: 清华大学出版社,1998.

[35] 章毓晋. 图像处理和分析[M]. 北京: 清华大学出版社,1999.

[36] 范立南,韩晓微,张广渊. 图像处理与模式识别[M]. 北京: 科学出版社,2007.

[37] CANNY J. A computational approach to edge detection[J]. IEEE PAMI, 1986, 8(6): 679-698.

[38] CLARK J J. Authenticating edges produced by zero-crossing algorithm[J]. IEEE Trans on PAMI, 1998, 2(1): 43-57.

[39] 章霄,董艳雪,赵义娟,等. 数字图像处理技术[M]. 北京: 冶金工业出版社,2005.

[40] 周春霖,朱合华,李晓军. 新奥法施工隧道掌子面红外照相及图像处理[J]. 岩石力学与工程学报,2008,27(1): 3166-3172.

[41] 马时平,毕笃彦,黄文涛. 一种基于噪声拓扑结构的红外图像去噪方法[J]. 计算机工程与应用,2004,40

(32):93-95.
- [42] OTSU N. A threshold selection method from gray-level histograms[J]. IEEE Trans Systems, Man, and Cybernetics,1979,9(1):62-66.
- [43] 范九伦,赵凤.灰度图像的二维Otsu曲线阈值分割法[J].电子学报,2007(4):751-755.
- [44] 张新明,孙印杰,郑延斌.二维直方图准分的Otsu图像分割及其快速实现[J].电子学报,2011(8):1778-1784.
- [45] GONZALEZ R C, WOODS R E. Digital Image Processing[M]. New Jersey:Prentice-Hall, Englewood Cliffs,2002.

4 隧道空洞检测技术

4.1 概述

要对衬砌背后空洞进行评估,首先要对衬砌背后空洞进行检测,在掌握了衬砌背后空洞的特征之后才能对其进行评估。本章主要对衬砌背后空洞的检测设备——探地雷达天线展开研究。探地雷达天线在使用过程中,其特性会受到地层特性和地下媒质中异常体的影响,地层特性中对天线特性影响较大的因素主要是介电常数和电导率。同时地层中会存在各种各样的异常体,其中金属对探地雷达的影响最大,因此本章首先对这些因素的影响进行分析。了解了影响探地雷达天线特性的因素之后,本章还对现有的 Vivaldi 天线进行改进,提出了一系列新型的天线形式,使其更适合在隧道这个复杂的检测环境中使用。

4.2 探地雷达电磁波用于检测空洞的原理简介

一般情况下,探地雷达要探测的目标均位于地下某一深度或者某种障碍物的后方,故天线一般都是放置在地表或者障碍物的表面。所以,探地雷达的电磁波传播过程是从空中到地下,在地下被目标散射,然后又从地下传播到空中。此外,地下媒质一般都是分层的,在这些分层面上,会发生电磁波的反射和透射。因此,探地雷达的电磁波原理主要涉及三个问题:①电磁波在地下媒质中的传播;②电磁波在分界面上的反射与透射;③地下媒质中异常体对电磁波的散射。下面简单介绍电磁波在地下媒质中的传播、反射、散射特性和探地雷达的一些特性参数。

4.2.1 地下媒质中电磁波的传播特性

地下媒质通常为非磁性介质,其电磁特性可用介电常数 ε 和电导率 σ 两个电参数来表示,这两个参数一般都与频率相关,因此常用复数表示,如式(4-1)、式(4-2)所示[1]:

$$\varepsilon = \varepsilon' + j\varepsilon'' \tag{4-1}$$

$$\sigma = \sigma' + j\sigma'' \tag{4-2}$$

式中,ε'、σ' 为实部;ε''、σ'' 为虚部;$j = \sqrt{-1}$ 为单位虚数。

电磁波在地下媒质中传播时,会受到传导媒质和介电效应的影响。在麦克斯韦方程中,介电常数 ε 和电导率 σ 总是以组合的形式 $\varepsilon + j\sigma/\omega$($\omega$ 为激励电流的角频率)出现,因此,引入表观介电常数 $\tilde{\varepsilon}$ [1]:

$$\tilde{\varepsilon} = \varepsilon + j\sigma/\omega \tag{4-3}$$

将式(4-1)、式(4-2)带入式(4-3)可得

$$\tilde{\varepsilon} = (\varepsilon' - \sigma''/\omega) + j(\varepsilon'' - \sigma'/\omega) \tag{4-4}$$

由此得到实等效介电常数 ε_e 和实等效电导率 σ_e：

$$\varepsilon_e = \varepsilon' - \sigma''/\omega \tag{4-5}$$

$$\sigma_e = \sigma' + \varepsilon''\omega \tag{4-6}$$

利用麦克斯韦方程，可以得到垂直向下的平面电磁波在媒质中的传播方程(设 z 轴垂直向上)：

$$E(z,t) = E_0 \exp(\alpha z) e^{j(\omega t - \beta z)} \tag{4-7}$$

式中，β 为相常数；α 为衰减常数。它们分别为

$$\beta = \omega \left\{ \frac{\mu \varepsilon_e}{2} \left[\sqrt{1 + \left(\frac{\sigma_e}{\omega \varepsilon_e}\right)^2} + 1 \right] \right\}^{1/2} \tag{4-8}$$

$$\alpha = \omega \left\{ \frac{\mu \varepsilon_e}{2} \left[\sqrt{1 + \left(\frac{\sigma_e}{\omega \varepsilon_e}\right)^2} - 1 \right] \right\}^{1/2} \tag{4-9}$$

由式(4-9)可见，衰减常数 α 是与频率相关的。考虑两种特殊情况，在 $\sigma_e/\omega\varepsilon_e \ll 1$ 时，近似有

$$\alpha = \frac{\sigma_e}{2}\sqrt{\mu/\varepsilon_e} \tag{4-10}$$

此时，衰减常数 α 与频率 ω 无关，与实等效电导率成正比。在 $\sigma_e/\omega\varepsilon_e \gg 1$ 时，近似有

$$\alpha = \sqrt{\sigma_e \mu \omega/2} \tag{4-11}$$

此时，衰减常数 α 与频率 ω 的平方根成正比。一般情况应该位于这两种特殊情况之间，由此可以得出如下结论：衰减常数 α 不仅随实等效电导率 σ_e 的增大而增大，同时还随频率 ω 的增大而增大。除此之外，一般媒质的实等效电导率也随频率的增大而增大。所以，总的来说衰减常数 α 随频率 ω 的增大而增大。这是探地雷达的探测深度与雷达工作频率相关的主要原因。

地下媒质常常是多种成分的混合物，每一成分都会对介质的电磁特性产生影响，其中水的含量对媒质的影响很大。随着含水量增大，地下媒质的介电常数增大，衰减常数也迅速增大。表 4-1 给出了一组典型介质的衰减率和相对介电常数[2]，从中可以很明显地看到上述结论。由于不同介质的电磁参量随含水量变化不同，在一些特殊情况下，可以通过加水的方法来提高目标与周围介质的差异程度，改善雷达的探测效果。

表 4-1　　　　　　　　　　　　不同介质的衰减率和相对介电常数[2]

介　质	衰减率/(dB·m^{-1})	相对介电常数 ε_r
空气	0	1
混凝土(干)	2～12	4～10
混凝土(湿)	10～25	10～20
淡水	0.1	81
淡水冰	0.1～2	4
海水	1 000	81
海水冰	10～30	4～8
花岗岩(湿)	2～5	7
石灰岩(湿)	10～25	8
砂(干)	0.01～1	4～6
砂(饱和水)	0.03～0.3	20～30
砂岩(湿)	10～20	5～10
页岩(饱和水)	10～100	6～9
砂质土壤(干)	0.1～2	4～6
砂质土壤(湿)	1～5	15～30
黏土(干)	0.3～3	4～6
黏土(湿)	5～30	10～15

4.2.2　电磁波在分层媒质界面上的反射与透射

电磁波在分层媒质的界面上会发生反射与透射，其反射和透射特性受分界面两侧媒质的电磁特性影响，同时还与波的极化方向相关。考虑位于 $z=0$ 处的一个平面边界面所分隔开的两均匀媒质，假设平面波从媒质 1(电参数为 $\varepsilon_1,\mu_1,\sigma_1$)入射到媒质 2(电参数为 $\varepsilon_2,\mu_2,\sigma_2$)，在媒质 1 与媒质 2 的边界面上会发生反射和透射。假设入射波、反射波和透射波的时空关系如图 4-1 所示。

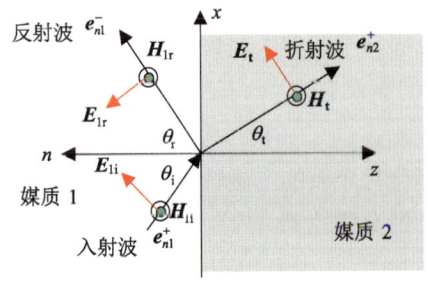
(a) 平行极化波

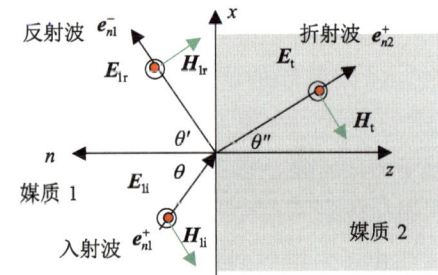
(b) 垂直极化波

图 4-1　波在理想介质表面的反射与折射

对于平行极化波,假设:

入射波传播方向单位矢量:$\boldsymbol{e}_{n1}^+ = \boldsymbol{e}_x \sin\theta + \boldsymbol{e}_z \cos\theta$;

反射波传播方向单位矢量:$\boldsymbol{e}_{n1}^- = \boldsymbol{e}_x \sin\theta' - \boldsymbol{e}_z \cos\theta'$;

折射波传播方向单位矢量:$\boldsymbol{e}_{n2}^+ = \boldsymbol{e}_x \sin\theta'' + \boldsymbol{e}_z \cos\theta''$。

则1区的合成波电场为

$$\boldsymbol{E}_1(x,z) = \boldsymbol{E}_{1i} + \boldsymbol{E}_{1r} = \boldsymbol{E}_{im} e^{jk\boldsymbol{e}_{n1}^+ \cdot \boldsymbol{r}} + \boldsymbol{E}_{rm} e^{-jk\boldsymbol{e}_{n1}^- \cdot \boldsymbol{r}}$$

$$\begin{cases} E_{x1}(x,z) = E_{im}\cos\theta_i e^{-jk_1(x\sin\theta_i + z\cos\theta_i)} - E_{rm}\cos\theta_r e^{-jk_1(x\sin\theta_r - z\cos\theta_r)} \\ E_{z1}(x,z) = -E_{im}\sin\theta_i e^{-jk_1(x\sin\theta_i + z\cos\theta_i)} - E_{rm}\sin\theta_r e^{-jk_1(x\sin\theta_r - z\cos\theta_r)} \end{cases} \tag{4-12}$$

其中,$k = \omega\sqrt{\mu\varepsilon}$,则1区合成波磁场为

$$H_{y1}(x,z) = \frac{E_{im}}{\eta_1}\cos\theta_i e^{-jk_1(x\sin\theta_i + z\cos\theta_i)} + \frac{E_{rm}}{\eta_1}\cos\theta_r e^{-jk_1(x\sin\theta_r - z\cos\theta_r)} \tag{4-13}$$

2区只有折射波,其电场和磁场为

$$E_{x2}(x,z) = E_{tm}\cos\theta_t e^{-jk_2(x\sin\theta_t + z\cos\theta_t)}$$
$$E_{z2}(x,z) = -E_{tm}\sin\theta_t e^{-jk_2(x\sin\theta_t + z\cos\theta_t)} \tag{4-14}$$
$$H_{y2}(x,z) = \frac{E_{tm}}{\eta_2} e^{-jk_2(x\sin\theta_t + z\cos\theta_t)}$$

边界条件要求切向电场 E 和磁场 H 分界面两侧连续,因此有

$$E_{x1} = E_{x2}|_{z=0} \Rightarrow E_{im}\cos\theta_i e^{-jk_1 x\sin\theta_i} - E_{rm}\cos\theta_r e^{-jk_1 x\sin\theta_r} = E_{tm}\cos\theta_t e^{-jk_2 x\sin\theta_t} \tag{4-15}$$

由此可得

$$k_1 x\sin\theta_i = k_1 x\sin\theta_r = k_2 x\sin\theta_t \tag{4-16}$$

由此可导出反射定律:

$$\theta_r = \theta_i \tag{4-17}$$

折射定律:

$$\frac{\sin\theta_t}{\sin\theta_i} = \frac{k_1}{k_2} = \frac{\sqrt{\varepsilon_1 \mu_1}}{\sqrt{\varepsilon_2 \mu_2}} = \frac{v_2}{v_1} \tag{4-18}$$

由上可得

$$E_{im}\cos\theta_i - E_{rm}\cos\theta_i = E_{tm}\sqrt{1 - \frac{\varepsilon_1}{\varepsilon_2}\sin^2\theta_i} \tag{4-19}$$

同时由边界条件:

$$H_{y1} = H_{y2}|_{z=0} \Rightarrow \frac{E_{01}^+}{\eta_1} + \frac{E_{rm}}{\eta_1} = \frac{E_{tm}}{\eta_2} \tag{4-20}$$

可得水平极化波（TE 波）的反射系数和透射系数为

$$\Gamma_{/\!/} = \frac{E_{\text{rm}}}{E_{\text{im}}} = \frac{(\varepsilon_2/\varepsilon_1)\cos\theta_i - \sqrt{(\varepsilon_2/\varepsilon_1) - \sin^2\theta_i}}{\sqrt{(\varepsilon_2/\varepsilon_1) - \sin^2\theta_i} + (\varepsilon_2/\varepsilon_1)\cos\theta_i}$$

$$\tau_{/\!/} = \frac{E_{\text{tm}}}{E_{\text{im}}} = \frac{2\cos\theta_i \sqrt{(\varepsilon_2/\varepsilon_1)}}{\sqrt{(\varepsilon_2/\varepsilon_1) - \sin^2\theta_i} + (\varepsilon_2/\varepsilon_1)\cos\theta_i} \tag{4-21}$$

同样可以得到垂直极化波的反射系数和透射系数为

$$\Gamma_{\perp} = \frac{E_{\text{rm}}}{E_{\text{im}}} = \frac{\cos\theta_i - \sqrt{(\varepsilon_2/\varepsilon_1) - \sin^2\theta_i}}{\cos\theta_i + \sqrt{(\varepsilon_2/\varepsilon_1) - \sin^2\theta_i}}$$

$$\tau_{\perp} = \frac{E_{\text{tm}}}{E_{\text{im}}} = \frac{2\cos\theta_i \sqrt{(\varepsilon_2/\varepsilon_1)}}{\cos\theta_i + \sqrt{(\varepsilon_2/\varepsilon_1) - \sin^2\theta_i}} \tag{4-22}$$

4.2.3 地下媒质中异常体对电磁波的散射

假设地下媒质为各向同性的均匀媒质，相对介电常数（以预测材料为介质与以真空为介质制成的同尺寸电容器电容量之比值）为 ε_{1r}，在媒质中存在一相对介电常数为 $\varepsilon_{2c} = \varepsilon_{2r} - \sigma_2/j\omega$ 的异常体，如图 4-2 所示。

在入射场 E^{inc} 的照射下，异常体会产生散射，散射场为 E^s，那么，总场可表示为

$$E(r) = E^{\text{inc}}(r) + E^s(r) \tag{4-23}$$

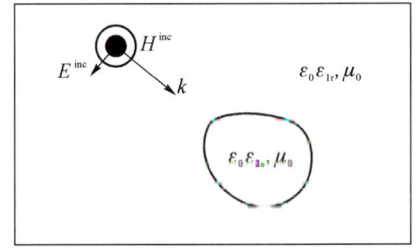

图 4-2 地下媒质中的异常体

散射场是由异常体内的极化电流产生的，异常体内的净极化电流可以表示为[3]

$$J(r) = j\omega[\varepsilon_{2e} - \varepsilon_{1r}]E(r) \tag{4-24}$$

这样，散射场即可表示为

$$E^s(r) = -j\omega A(r) - \nabla\Phi(r) \tag{4-25}$$

其中

$$A(r) = \frac{\mu_0}{4\pi}\int_{\Gamma} J(r')G(r, r')\mathrm{d}v'$$

$$\Phi(r) = \frac{1}{4\pi\varepsilon_0\varepsilon_{1r}}\int_{\Gamma} q(r')G(r, r')\mathrm{d}v' \tag{4-26}$$

$$G(r, r') = \frac{\mathrm{e}^{-jk|r, r'|}}{|r - r'|}$$

这里电荷密度 $\rho(r)$ 根据电流连续性方程确定：

$$\nabla \cdot J(r) = -j\omega\rho(r) \tag{4-27}$$

利用式(4-24)—式(4-27)即可求解方程(4-23)获得异常体的散射场。

由式(4-24)可以发现，异常体与周围介质的介电常数差异越大，异常体内的净极化电流越大，产生的散射场越强。

4.2.4 雷达方程与探测距离

探地雷达的方程可用式(4-28)表示[4]：

$$P_R = \frac{P_T G^2 \lambda_0^2 S}{(4\pi)^3 R^4} L_{10} L_{01} L_s e^{-4\alpha R} \tag{4-28}$$

式中，P_R 为雷达的接收功率；P_T 为雷达的发射功率；G 为天线的增益；S 为目标散射截面；R 为目标深度；α 为地下媒质的吸收导致的电磁波衰减率；L_{10}、L_{01} 分别为收发天线与地面的耦合损耗；L_s 是传播媒质的散射损耗；λ_0 为波长。

对于确定的最大发射功率和最小接收功率，利用式(4-28)可以估算雷达的最大探测深度。由于地下媒质和探测目标差异较大，式(4-28)只能是一个粗略的估计。另外该方程是在假设天线和目标为电源的条件下得到的，如果上述条件不成立，就不能得到接收功率与目标埋深的四次幂成反比的结论。一般情况下，探测目标的深度在几个波长到十几个波长的范围内，所以式(4-28)是一个比较粗糙的近似结果。该方程中，L_{10}、L_{01}、L_s 和 $e^{-4\alpha R}$ 都是由于地面耦合和地下媒质的损耗而引入的，在探空雷达中，雷达的接收功率 P_R 下降主要是由于球面波的发散导致的，而探地雷达除了上述的原因外，还有一个重要的原因就是地下媒质对电磁波的吸收，该因素为地下媒质中电磁波衰减的主要原因，探地雷达的探测深度主要是由这个因素决定的。以下是一些有用的结论：在探地雷达的频率范围内，①不同地下媒质的衰减常数变化范围极大；②衰减常数随频率的增高而增大；③含水量增大会导致介质的介电常数和衰减常数增大；④含水量较大的介质在冰冻状态下，其介电常数和衰减常数会大大减小。所以，要探测地下的深层目标，采用较低频率的雷达系统，并选择在干燥的季节或者冰冻的季节是有益的。表4-2是美国 SIR-10 型雷达在频率为 100 MHz 时的探测深度的统计数据。

表 4-2　　SIR-10 型雷达在频率为 100 MHz 时探测深度实例统计[2]

岩性	电阻率衰减率/(Ω·m)	探测深度/m
基岩花岗岩	7 000~15 000	20~50
辉长岩	10 000~40 000	30~50
石英	5 000~10 000	20~50
土壤粗砂(干)	20 000~80 000	25~40
卵石(湿)	1 000~5 000	10~15

续 表

岩性	电阻率衰减率/(Ω·m)	探测深度/m
砂(干)	5 000~20 000	15~30
砂(湿)	200~1 000	5~10
粉砂(干)	400~2 000	5~10
粉砂(湿)	30~200	3~8
耕作土(干)	1 000~15 000	10~20
耕作土(湿)	200~10 000	5~10

4.2.5 探地雷达的分辨率

分辨率是雷达的一个重要指标,它决定了雷达分辨最小异常介质体的能力。分辨率又可以分为垂直分辨率和水平分辨率。

4.2.5.1 垂直分辨率

垂直分辨率决定于区分回波在时间上靠得最近的两个信号的能力,用时间间隔表示为

$$\Delta t = \frac{1}{B_{\text{eff}}} \tag{4-29}$$

其中,B_{eff} 为接收信号频谱的有效带宽。转换为深度,表示为

$$\Delta h = \frac{v \Delta t}{2} = \frac{v}{2B_{\text{eff}}} \tag{4-30}$$

式中,v 为波速。

由式(4-30)可以看出,当介质中的波速减小时,雷达的垂直分辨率提高,即在介电常数较大的介质中,雷达的垂直分辨率要高;当接收信号频谱的有效带宽 B_{eff} 越大时,雷达的垂直分辨率越高。其中,B_{eff} 不仅取决于发射信号的带宽,还受地下媒质的影响。脉冲波在地下媒质中传播时,由于受色散的影响,高频分量迅速衰减,脉冲会越来越宽,B_{eff} 下降,所以随着深度的增加,分辨率随之下降;除此之外,B_{eff} 还受接收电路带宽的影响。对于探地雷达系统而言,地下媒质的影响为外部因素,无法改变,要提高雷达的分辨率,必须提高雷达的发射信号带宽,并采用相应的宽带接收电路。

实际应用中,常采用经验方法来快速确定雷达的垂直分辨率,最常用的是 $\frac{1}{4}\sqrt{\frac{\lambda h}{2}}$,其中 λ 为电磁波在介质中的波长,h 为探测物深度[5,6]。

4.2.5.2 水平分辨率

如果两个目标相距为 H,位于同一平面内,埋深为 d,雷达系统是否能够区分这两个目标,

取决于雷达的水平分辨率。要在时间上分辨出两个目标的回波,由图4-3可知,需满足

$$2\sqrt{H^2+d^2}-2d>\frac{v}{B_{\text{eff}}} \tag{4-31}$$

即

$$H>\sqrt{\left(\frac{v}{2B_{\text{eff}}}\right)^2+\frac{vd}{B_{\text{eff}}}} \tag{4-32}$$

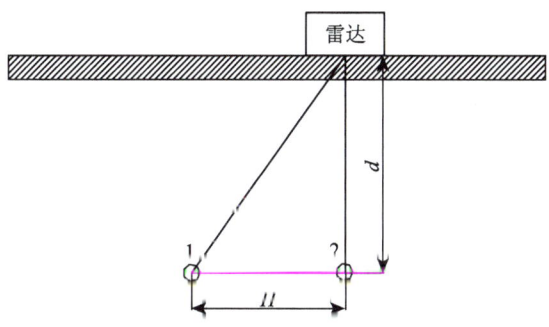

图4-3 探地雷达水平分辨率示意图

由式(4-32)可知,雷达的水平分辨率与垂直分辨率相似,主要取决于接收信号频谱的有效带宽 B_{eff},目标深度越大,水平分辨率也越低。实际应用中,一般常用 $\lambda/4$ 作为探地雷达的水平分辨率,λ 为电磁波在介质中的波长[5,6]。

4.2.6 雷达天线的基本参数

天线的基本功能是能量的转换和辐射,天线的有关参数就是能定量表征其能量转换和定向辐射能力的量。天线的基本参数包括天线效率、输入阻抗、方向图、主瓣宽度、旁瓣电平、方向系数、极化特性、频带宽度和天线的增益等。发射天线和接收天线变换能量的物理过程不同,但同一天线用作收发天线时的电参数是相同的,也就是说,收发天线具有互易性。

1. 天线效率

天线效率一般定义为天线的辐射功率与输入功率之比,即

$$\eta=\frac{P_r}{P_i}=\frac{P_r}{P_r+P_l} \tag{4-33}$$

式中,P_r 为天线的辐射功率;P_l 为损耗功率,由天线的铜耗、介质损耗、加载元件以及接地的损耗等组成。一般来说,在长波、中波和电尺寸很小的天线中,由地面及临近物体的吸收所造成的损耗比较大,所以天线的效率一般比较低,仅有百分之几左右。在超短波和微波波段,天线尺寸可以做得比较大,辐射能力较强,其效率可以近似为1。

2. 输入阻抗

将天线输入端电压与输入端电流的比值定义为天线的输入阻抗，即

$$Z_i = \frac{V_i}{I_i} \tag{4-34}$$

当输入电压与输入电流相同时，输入阻抗呈纯阻性，一般情况下输入阻抗由电阻和电抗两部分组成。

$$Z_i = R_i + jX_i \tag{4-35}$$

接到发射机或者接收机的天线，其输入阻抗则可等效为发射机或者接收机的负载，因此，输入阻抗的大小就表征了天线与发射机或者接收机的匹配状况，即表示了导行波与辐射波之间能量转换的好坏，因此是天线的一个重要电路参数。

3. 天线的方向性

天线的远区场可以表示为

$$E(r, \theta, \varphi) = E_m(r, I_A) f(\theta, \varphi) e^{-jkr} \tag{4-36}$$

其中，$f(\theta, \varphi)$ 为方向性函数，与 r，I_A 无关。用此函数绘制的图形即为天线的方向图。如果令空间方向图最大值等于 1，则该方向图成为归一化方向图，相应的函数称为归一化方向函数，用 $F(\theta, \varphi)$ 表示，即

$$F(\theta, \varphi) = \frac{f(\theta, \varphi)}{f_{\max}} \tag{4-37}$$

对于一个天线来说，在大多数情况下，其 E 面或者 H 面的方向图多呈花瓣状，故方向图又称为波瓣图。最大辐射方向所在的波瓣称为主瓣，其余的波瓣称为旁瓣或副瓣，如图 4-4 所示。在主瓣最大值两侧，功率密度下降到一半（场强下降 0.707 倍）的两个方向之间的夹角称为半功率波瓣宽度，记为 $2\theta_{0.5}$ 或 $2\theta_{3dB}$。显然，主瓣宽度表示能量辐射集中的程度，对于主瓣以外的旁瓣而言，当然希望其越小越好，因为它的大小表示辐射到这些方向上的能量的大小。旁瓣最大值与主瓣最大值之比称为旁瓣电平，记为 $FSLL$，通常以分贝表示：

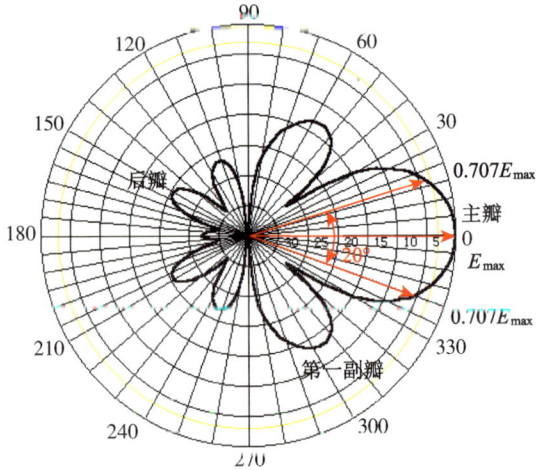

图 4-4 天线的方向图

$$FSLL = 10\lg\left(\frac{S_2}{S_1}\right) = 20\left(\frac{|E_2|}{|E_1|}\right) \tag{4-38}$$

4. 天线的极化

极化是天线的一项重要参数,发射天线的极化是指在最大辐射方向上辐射电磁波的极化,其定义为在最大辐射方向上电场矢量端点运动的轨迹,即天线辐射时形成的电场强度方向。极化可分为线极化(水平极化和垂直极化)、圆极化和椭圆极化。一般使用的天线为单极化电线。图4-5给出了两种基本的单极化情况:垂直极化(电场强度方向垂直于地面)和水平极化(电场强度方向平行于地面)。由于电波的特性,决定了水平极化传播的信号在贴近地面时会在大地表面产生极化电流,极化电流因受大地阻抗影响产生热能而使电场信号迅速衰减,而垂直极化方式则不易产生极化电流,从而避免了能量的大幅衰减,保证了信号的有效传播。

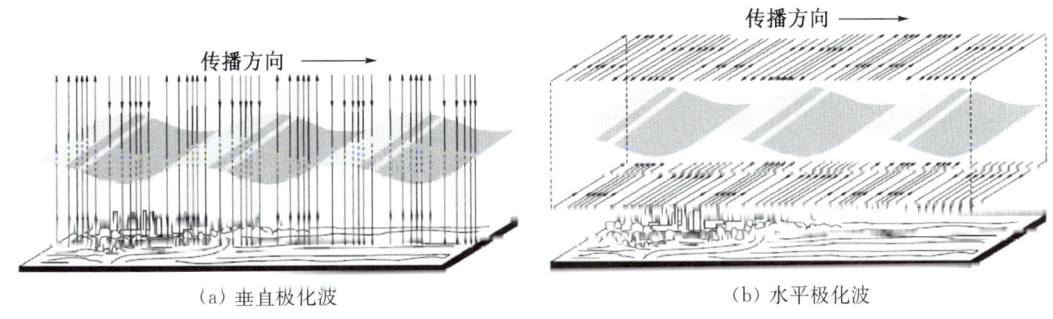

(a) 垂直极化波　　　　　　　　　(b) 水平极化波

图 4-5　天线的极化方向[7]

电磁基本振子及对称振子和直立线天线等均为线极化天线。若将两尺寸相同、激励电流的幅度相同但相位差90°的电或磁基本振子正交放置,则构成圆极化天线。任何一个圆极化都可以分解为两个振幅相等、相位差90°的线极化;任何一个椭圆极化都可以分解为两个振幅不等旋向相反的圆极化。所需的极化为主极化分量,与主极化正交的非所需的极化称交叉极化或寄生极化。如果接收天线与空间传来的电磁波的极化方向形式一致,称为极化匹配,反之则称为极化失配。

5. 频带宽度

天线实际上是在一定的频带宽度内工作的,当工作频率偏离设计频率(中心频率)时,往往会引起各种电参数的变化,如波瓣宽度增大、副瓣电平增高、方向系数下降、极化特性变化以及失配等。当工作频率变化时,天线电参数不超过容许值的频率范围,称为天线的工作频带宽度,简称带宽。

天线带宽的表示方法有两种,一种是绝对带宽,它是指天线能实际工作的频率范围,即高端频率与低端频率之差;另一种是相对带宽,它是绝对带宽与中心频率之比的百分数,即

$$W_q = \frac{f_{\max} - f_{\min}}{f_0} \tag{4-39}$$

式中,f_0为天线的中心频率。

6. 天线增益

天线增益是以天线的输入功率为基点来定义的,即在输入功率相同的条件下,天线在某方

向产生场强平方与点源天线(效率为100%)在同一方向同一点产生场强平方的比值,即

$$G(\theta,\varphi) = \frac{E^2(\theta,\varphi)}{E_0^2}(相同输入功率) \tag{4-40}$$

或者定义为在某方向某点产生相同场强的情况下,点源天线的输入功率与该天线输入功率的比值,即

$$G(\theta,\varphi) = \frac{P_{0\text{in}}}{P_{\text{in}}(\theta,\varphi)}(相同电场强度) \tag{4-41}$$

通常天然增益均指最大辐射方向的增益,因此,上面两式可写为

$$G = \frac{E_m^2}{E_0^2}(相同输入功率) = \frac{P_{0\text{in}}}{P_{\text{in}}}(相同电场强度) \tag{4-42}$$

4.3 Vivaldi Ⅰ型天线的特性分析

天线是探地雷达一个极其重要的部件,其性能直接决定了雷达的探测效果,而决定天线性能的主要因素包括:①天线的方向性;②天线辐射的效率;③天线末端反射波强度和多次波反射强度。本节采用时域有限差分法(Finite Difference Time Domain,FDTD)和有限积分法(Finite Integration Technique,FIT)对天线的特性以及地层对天线特性的影响进行分析,重点分析Vivaldi Ⅰ型天线辐射场的方向特性和辐射场在地下媒质中的衰减特性和散射特性。

4.3.1 天线的数值方法简介

4.3.1.1 有限差分法简介

1966年K. S. Yee首次提出了一种电磁场数值计算的新方法——时域有限差分法[8,9]。该方法对电磁场E,H分量在空间和时间上采取交替离散的方式,每一个E(或H)场分量周围有4个H(或E)分量环绕,应用这种离散方式将含时间变量的麦克斯韦旋度方程转为一组差分方程,并在时间轴上逐步地求解空间电磁场。在时域有限差分算法中,首先把计算空间划分成网格,来离散空间上连续分布的物理量,并且只计算网格结点上的物理量。时域有限差分法用于计算电磁场问题,它基于麦克斯韦旋度方程,计算电场和磁场的6个分量,需要多个空间网格结构相互关联。K. S. Yee在提出FDTD算法时,给出著名的Yee氏网格结构图,如图4-6所示。Yee氏网格图很直观地表示出在直角坐标系中网格空间划分的特点,坐标平面上每个电场分量被磁场环绕,同时每个磁场分量被电场环绕,电场和磁

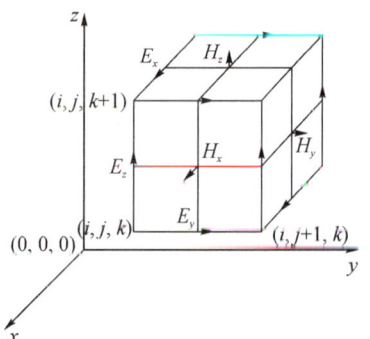

图4-6 Yee氏网格结构图

场分量在空间上交叉放置。这种电磁场的空间结构符合电磁感应和电波传输的规律,每一个网格单元上的电磁场的结构满足法拉第感应定律和安培环流定律。这样时域有限差分法就很容易模拟电磁波的空间传播、辐射及散射体相互作用等物理过程[10,11]。

根据 FDTD 差分方程组,在已知初始条件和边界条件的前提下,逐步求得每个时间步上的电磁场量。通过给定信号脉冲的激励得到时域响应,直接给出瞬态电磁场的时域信息和变化图像,这样既便于定性理解其工作的物理过程,又便于得到定量分析的有关电参量。通过对时域响应进行时域—频域的转换可得到极宽的频带范围信息;通过计算所得的电场和磁场分量,经过处理可得到诸如散射参数、辐射和散射等特性。目前有多种商业应用软件采用这一计算方法,例如 SEMCAD,XFDTD,EASTFDTD 等,本文主要采用 XFDTD 软件[12]对天线的辐射场分布及隧道探测时常见的异常体的散射特征进行模拟。

4.3.1.2 有限积分法简介

有限积分法由托马斯·维兰特教授(Prof. Thomas Weiland)[13]提出,后来成为电磁仿真领域一个重要算法的基石。由 FIT 所导出的矩阵方程保持了解析麦克斯韦方程各种固有的特性,如:电荷守恒性和能量守恒性,解析下的梯度、散度和旋度算子在 FIT 下具有一一对应的矩阵。这些矩阵满足解析形式下的算子恒等式,故 FIT 保证了非常好的数值收敛性。另一个区别于其他算法的关键之处是 FIT 可被用于所有频段的电磁仿真问题。软件 CST[14]采用的就是有限积分法,本书主要采用该软件对天线的性能进行模拟。

CST 空间离散化也是建立在 Yee 氏网格结构图基础之上[15],它包含了 4 种求解器:瞬态求解器、频域求解器、本征模求解器和模式分析求解器,都有各自最适合的应用范围。瞬态求解器为时域算法,只需要进行一次计算就可得到在整个频带内的响应,该求解器适合于大部分高频应用领域,对宽带问题优点尤为突出。对于高谐振结构,例如滤波器,需要求得本征模式,可以使用本征求解器,结合模式分析求解器可以得到散射参量。对于结构尺寸远小于最短波长的低频问题,频域求解器最为有效。

4.3.2 Vivaldi Ⅰ型天线的辐射特性

分析时,天线采用 Vivaldi Ⅰ型天线,如图 4-7 所示。其中天线宽度 $w = 205$ mm,天线高度 $H = 252$ mm,天线末端开口宽度 $w_e = 100$ mm,中心频率约为 1 GHz。天线的近场特性采用 FDTD 算法进行分析,而天线的远场方向特性等则采用 FIT 算法进行分析。

图 4-8 为天线的直角坐标系和极坐标系示意图,图中 $\theta = 0°$ 平面为 H 平面,$\theta = 90°$ 平面即为 E 平面。在对天线的方向性进行分析时,这两个平面的方向性最为重要,因此通常以这两个平面为主对天线的特性进行分析,而 H 平面的法线方向同时也是天线探测时的移动方向,因此 H 平面的方向性相对而言更为重要。本文在分析天线的电场分布时,主要考虑 E 平面和 H 平面两个方向,而在分析天线的远场方向图时,则主要对 H 平面的远场方向图进行分析。

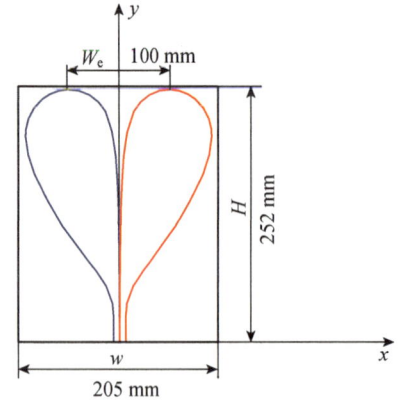
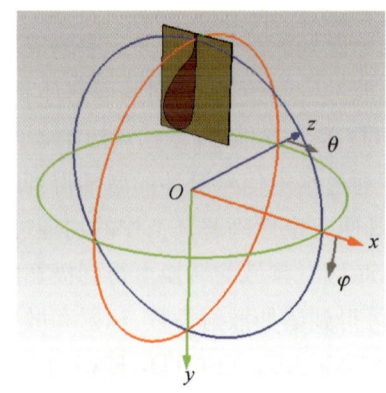

图 4-7　Vivaldi Ⅰ型天线结构图　　　图 4-8　天线直角坐标系与极坐标示意图

图 4-9 为 Vivaldi Ⅰ型天线在空气中的近场 $E(XOY)$ 平面和 $H(YOZ)$ 平面电场分布图，可以看出该天线辐射方向性较好，主要辐射能量集中在天线的下方。

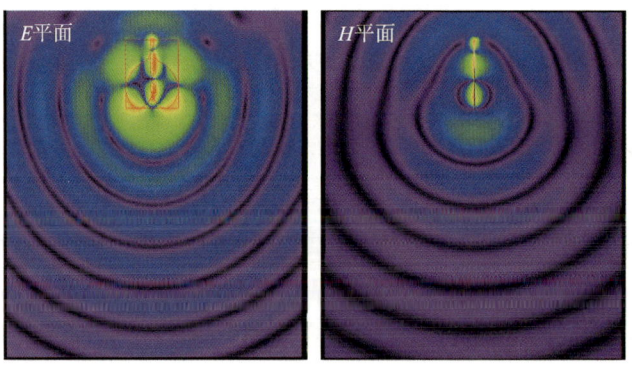

图 4-9　Vivaldi Ⅰ型天线在空气中的近场电场分布图

图 4-10 为天线仿真所得的输入回波损耗曲线，从图中可以看出，天线在 980 MHz～5 GHz 范围内输入回波损耗基本都小于 10 dB，具有较好的辐射特性。

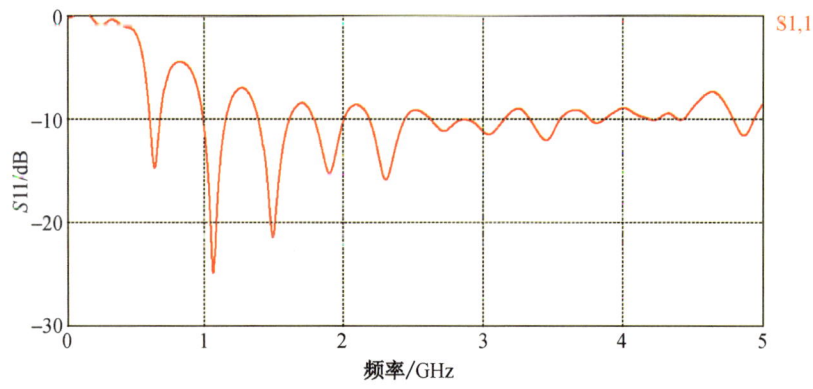

图 4-10　Vivaldi Ⅰ型天线输入回波损耗曲线（仿真结果）

图 4-11 为仿真得到的 Vivaldi Ⅰ型天线的驻波比(VSWR)曲线。天线在 950 MHz～5 GHz 频带内具有较好的驻波特性，VSWR 基本小于 2，另外可以看出天线在低频端驻波较高频段稍差，这主要是由于低频端由天线末端的区域进行辐射，天线在天线末端没有有效的衰减被反射回来，而高频时天线上的电流沿天线衰减较为迅速的缘故。

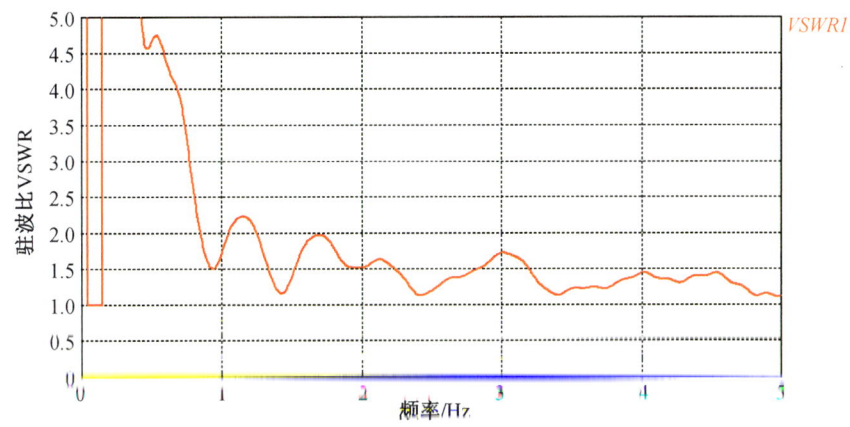

图 4-11　Vivaldi Ⅰ型天线的驻波比(VSWR,仿真结果)

图 4-12 为 Vivaldi Ⅰ型天线在不同频率时的远场方向图。从图中可以看出，在低频时，天线的波束宽度较宽，随着频率的升高，波束宽度变窄，但高频时，主瓣出现了分裂，出现旁瓣。这可能是由于频率较高时，在介质基片中出现了表面波所致。同时，可以看出 Vivaldi 天线在 E 面为全向天线，在 H 面的方向性要比 E 面的更好，因此检测时被检测物沿着 H 面进行检测的话能够获得更好的检测效果。

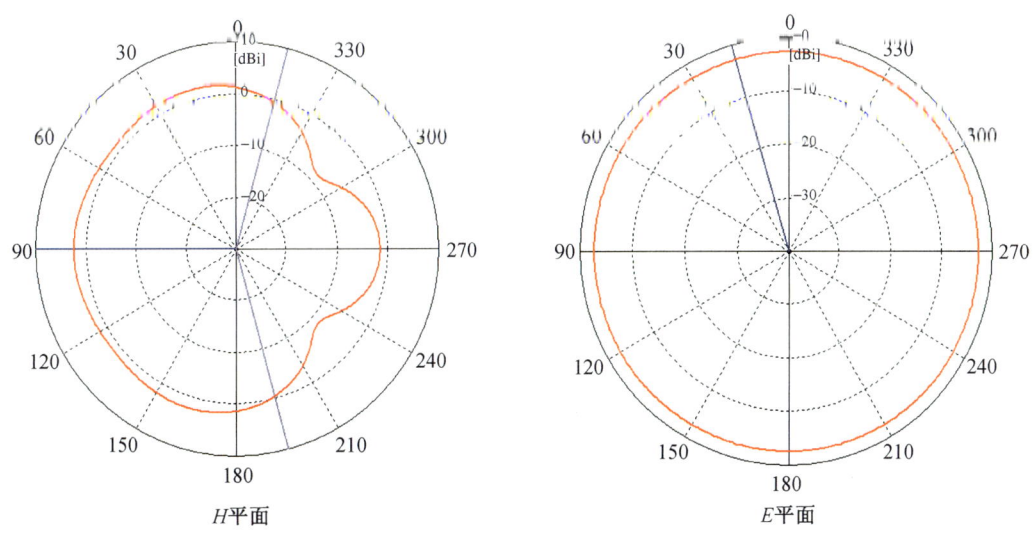

(a) 1 GHz 时天线远场方向图

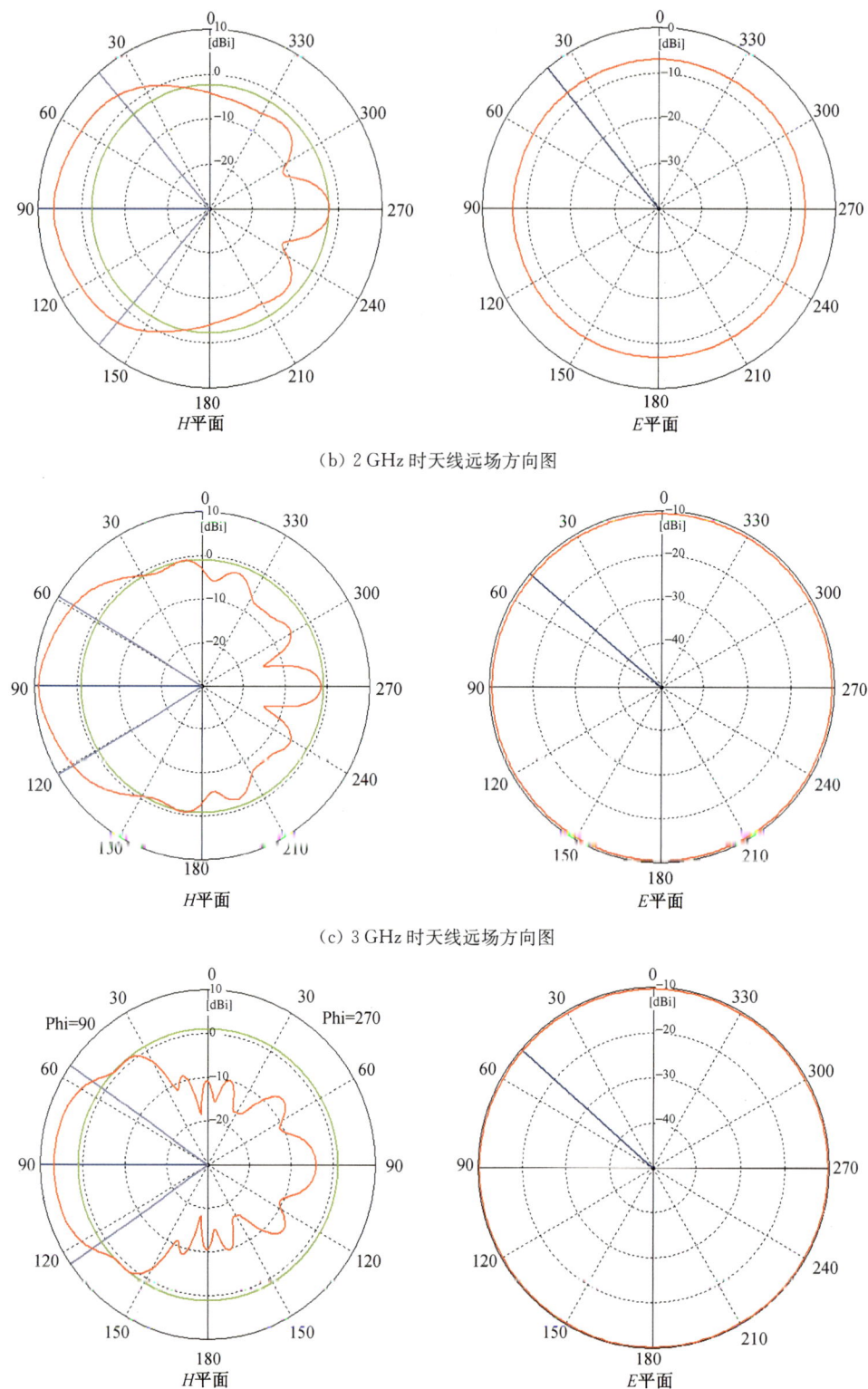

(b) 2 GHz 时天线远场方向图

(c) 3 GHz 时天线远场方向图

(d) 4 GHz 时天线远场方向图

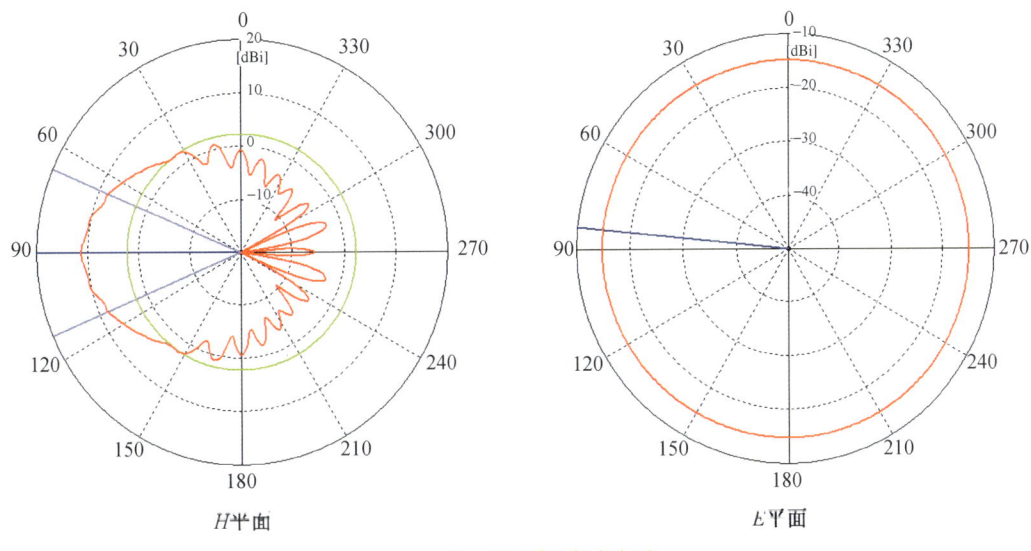

(e) 5 GHz时天线远场方向图

图 4-12　Vivaldi Ⅰ型天线在空气中的远场方向图(仿真结果)

4.3.3　地层特性对 Vivaldi Ⅰ型天线辐射场的影响

探地雷达的探测目标为地层或者各种结构物,如混凝土结构等,而地层和混凝土等会对天线的辐射方式产生影响,因此在进行天线设计时,也需要考虑地层和天线之间的相互作用。天线与地层布置如图 4-13 所示。

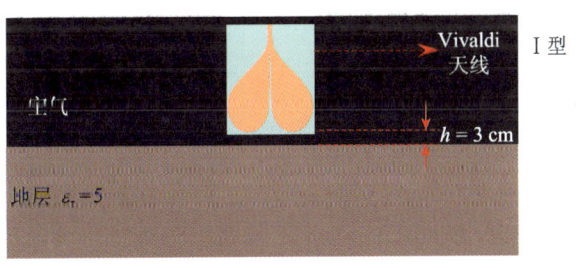

图 4-13　Vivaldi Ⅰ型天线与地下媒质示意图

图 4-14 是 Vivaldi Ⅰ型天线 H 平面(YOZ 平面)在空气和地层中的电场分布示意图。天线位于地层上方高度 $h=3$ cm 处,地层的相对介电常数 $\varepsilon_r=5$,电导率 $\sigma=0$ S/m,采用时域有限差分法(FDTD)进行模拟,模拟时频率为 $f=1$ GHz。其物理意义可以解释如下(图 4-14):电磁波在空气和地层中呈球状进行传播,并且传播速度不同,由于传播速度的差异,在空气和地层分界面上会产生折射现象。由于电场和磁场的能流密度是连续的,电场和磁场分布也是连续的,所以在边界面上会产生侧面波,且侧面波与边界面的夹角即为折射临界角($\theta=38°$)。侧面波在空间呈圆锥状分布,开始于地层波的切线处,止于地层空气分界面,侧面波则可以视

为空间波的波前。地层波的波前则为图 4-15 中所示的衰减波,因为衰减波在空气中会以指数形式衰减,因此只有在地层上方很小范围内才能探测到。

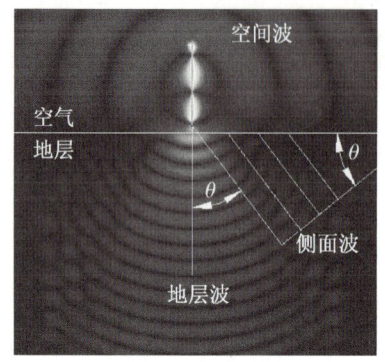

图 4-14 电磁波在空气和地层中的电场分布示意图($\varepsilon_r = 5$)

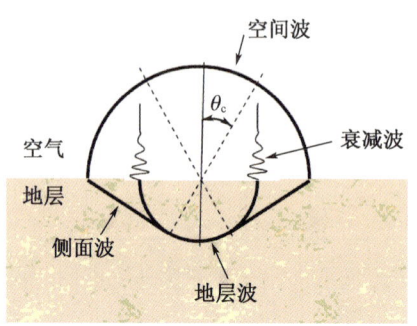

图 4-15 空气和地层中的电磁波的相互关系[16]

由于探地雷达天线辐射场存在于损耗媒质中,辐射场强度随着传播距离的增大迅速衰减,利用天线辐射远场分布来描述天线的方向性并不太合适,而且,探地雷达的探测深度一般也仅在几倍波长到十几倍波长,并不一定工作在天线的远场范围。因此,在分析时除了分析天线的远场特性外,还应分析距天线一定距离的地层内的近场场分布来观察天线的方向特性。由于我们所开发的天线主要是用于隧道衬砌及背后空洞的检测,而隧道衬砌厚度一般不超过 65 cm,再加上喷射混凝土厚度一般为 20 cm 左右,因此本书在分析近场特性时,取天线下方厚度约 90 cm(因分析时频率设置为 1 GHz,波长 $\lambda = 30$ cm,90 cm 即为 3λ)范围内地层的场分布进行分析。

4.3.3.1 介电常数对 Vivaldi 天线辐射场的影响

介电常数 ε 又称电容率,表征电介质极化性质,是用来度量材料中的电荷在外加电磁场作用下发生极化后的分布情况的一个常量,定义为电位移 D 和电场强度 E 之比,即 $\varepsilon = \dfrac{D}{E}$,其单位为法拉每米(F/m)。电介质在电场作用下极化能力愈强,其介电常数则愈大,同时,电介质在电场作用下会产生一个传导电流,在电介质内部会引起电热损耗,这也叫作介电损失。因此不同介电常数的地层会对天线的辐射产生较大的影响。

图 4-16 是 Vivaldi Ⅰ 型天线在不同介电常数(分别为 $\varepsilon_r = 5$,$\varepsilon_r = 10$ 和 $\varepsilon_r = 15$)的地层中的近场电场分布图,输入信号的频率为 1 GHz,左侧为 E 平面(XOY 平面),右侧为 H 平面(YOZ 平面)。从图中可以发现:①随着介电常数的增加,折射临界角从 38°减小到 20°左右;②随着介电常数的增加,H 平面的波束宽度也越来越窄,说明由于地下媒质的作用,天线辐射的能量被汇聚,即地下媒质可以改善天线与地面的耦合,这一特性比较有利于探地雷达的工作;③Vivaldi Ⅰ 型天线的辐射场呈锥形分布,天线最强辐射方向位于天线的正下方。

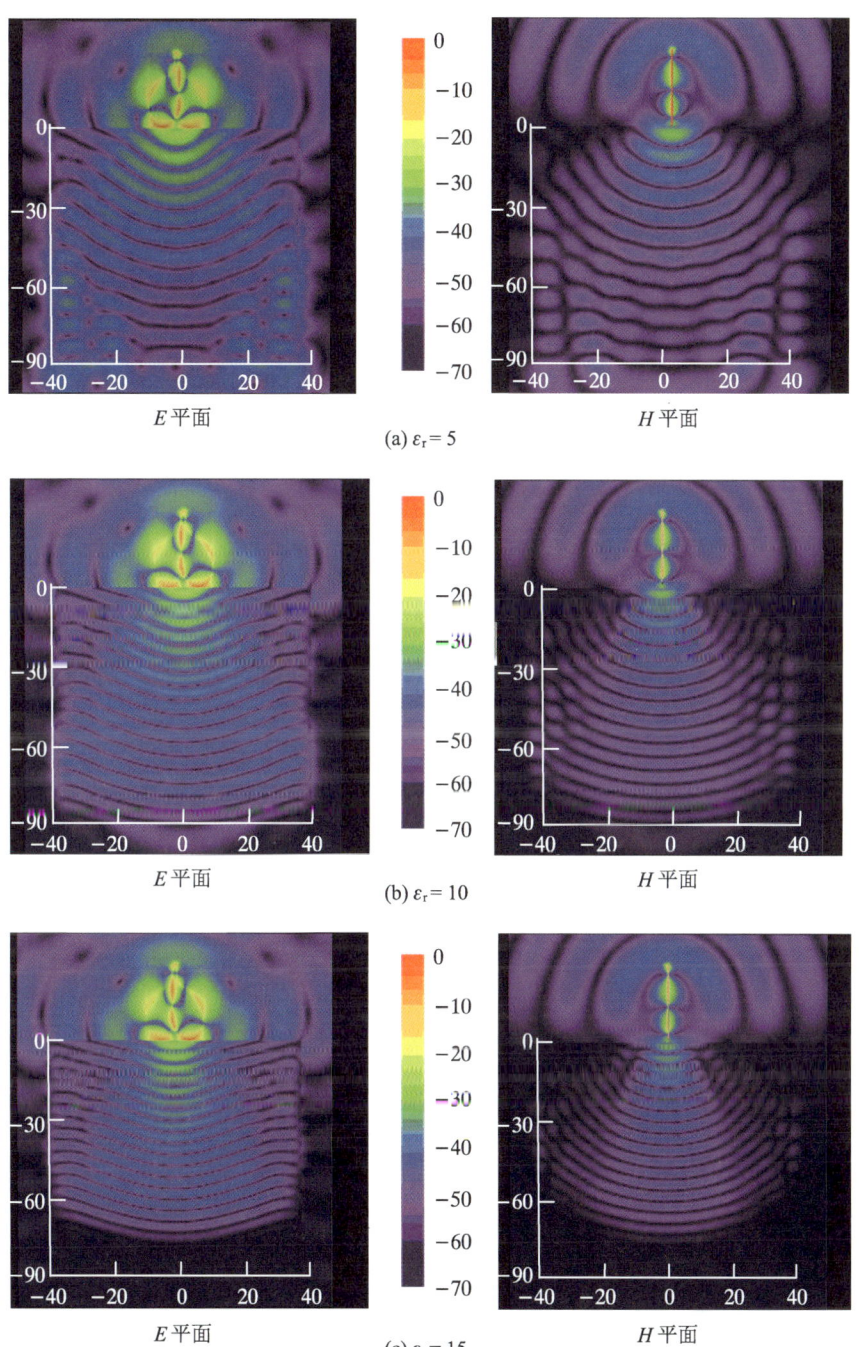

图 4-16　Vivaldi Ⅰ型天线在不同介电常数地层中的近场电场分布图

（横、纵坐标单位：cm）

图 4-17 为 Vivaldi Ⅰ型天线在不同介电常数地层中的远场方向图。与其在空气中的远场方向图相比较也可以发现，随着介电常数的增加，H 平面的波束宽度也越来越窄并且更为

集中,说明地下媒质具有汇聚能量的作用,而 E 平面远场方向图基本没有变化,仍为全向辐射。

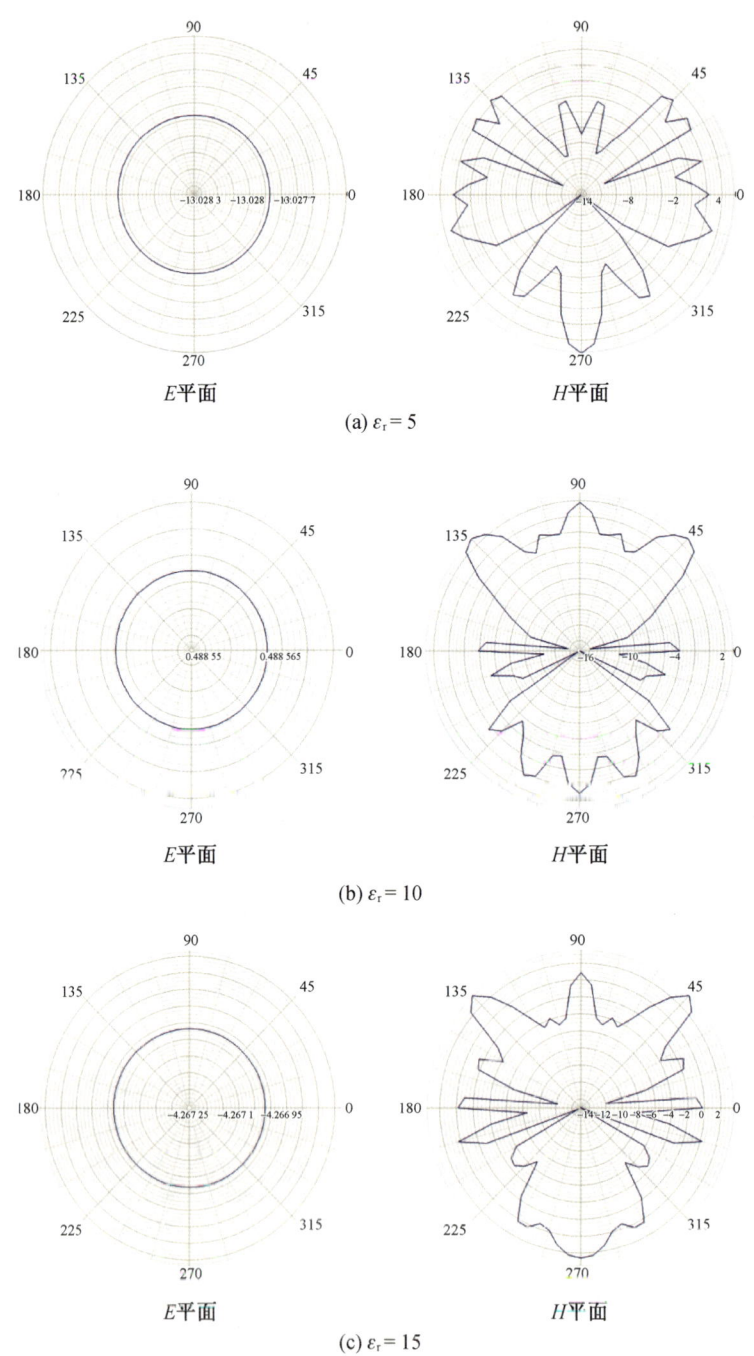

图 4-17 Vivaldi Ⅰ型天线在不同介电常数地层中的远场方向图

表4-3为天线处在不同介电常数地层上方时天线的效率,可以看出,地层介电常数增加对天线的总效率及辐射效率影响均比较大。介电常数越大,天线的效率越低,也就是说介电常数越大,在地层中损耗的能量越多。

表 4-3　　　　　　　　　Vivaldi Ⅰ型天线在不同介电常数地层中的效率

介电常数 ε_r	系统效率/%	辐射效率/%
5	70.1	85.9
10	51.5	77.7
15	47.2	67.3

4.3.3.2 电导率对 Vivaldi 天线辐射场的影响

电导率的物理意义是表示物质导电的性能。电导率越大则导电性能越强,反之越小,当电导率趋于无穷大时,也就是通常说的良导体的情形,电磁波在物体内的透入深度将为零,因为电荷具有"趋肤"效应,使得电磁波仅集中在导体表面很薄的一层中,导体内部将不存在电磁波。

图 4-18 是 Vivaldi Ⅰ型天线在不同电导率(分别为 $\sigma=0$ S/m,$\sigma=0.01$ S/m 和 $\sigma=0.1$ S/m)、相同介电常数($\varepsilon_r=10$)的地层中的近场电场分布图,输入信号的频率为 1 GHz,左侧为 E 平面(XOY 平面),右侧为 H 平面(YOZ 平面)。从图中可以发现:①电导率越大,地层中的电场分布越弱,电磁波的透入深度也越小;②电导率越小,地层中侧面波的分布越明显。这是因为随着电导率的增大,电磁波在地层中的透入深度明显减小,地层中的电场分布也会更弱,侧面波同样。以上结果表明电导率增大时非常不利于探地雷达的探测,而电导率增大通常是由于地下水的作用,也就是说地下水的存在会严重影响探地雷达的探测。

图 4-19 为 Vivaldi Ⅰ型天线在不同电导率地层中的远场方向图。可以发现,随着电导率的增加,H 平面的波束更为集中,能量被更多地汇集到地下,但由于电磁波随着探测深度的增加衰减比较严重,所以远场的电磁波反射信号可能十分微弱,对于探地雷达的探测来说意义较小。

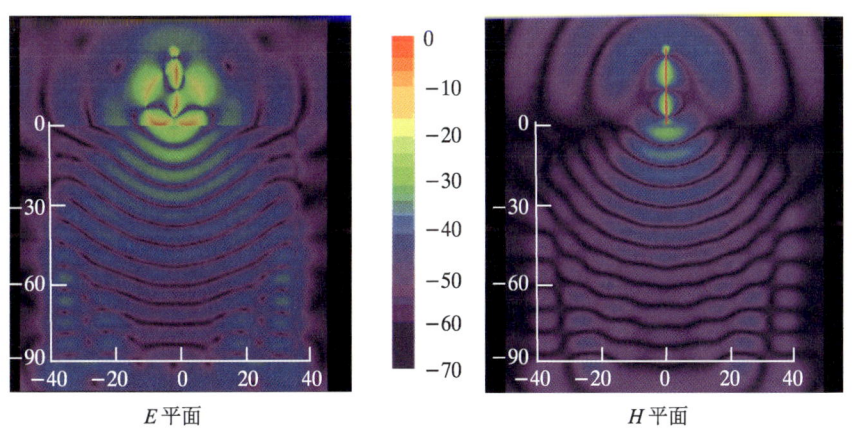

(a) $\varepsilon_r=10$,$\sigma=0$ S/m

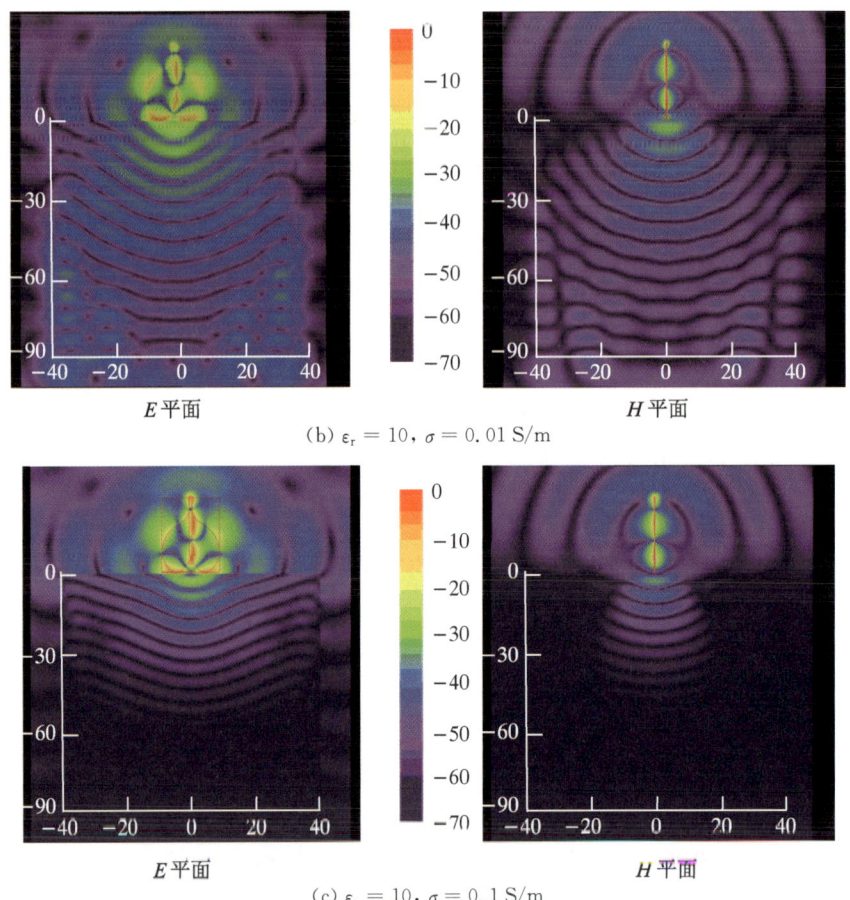

(b) $\varepsilon_r = 10$, $\sigma = 0.01$ S/m

(c) $\varepsilon_r = 10$, $\sigma = 0.1$ S/m

图 4-18 Vivaldi Ⅰ型天线在不同电导率地层中的近场电场分布图
（横、纵坐标单位：cm）

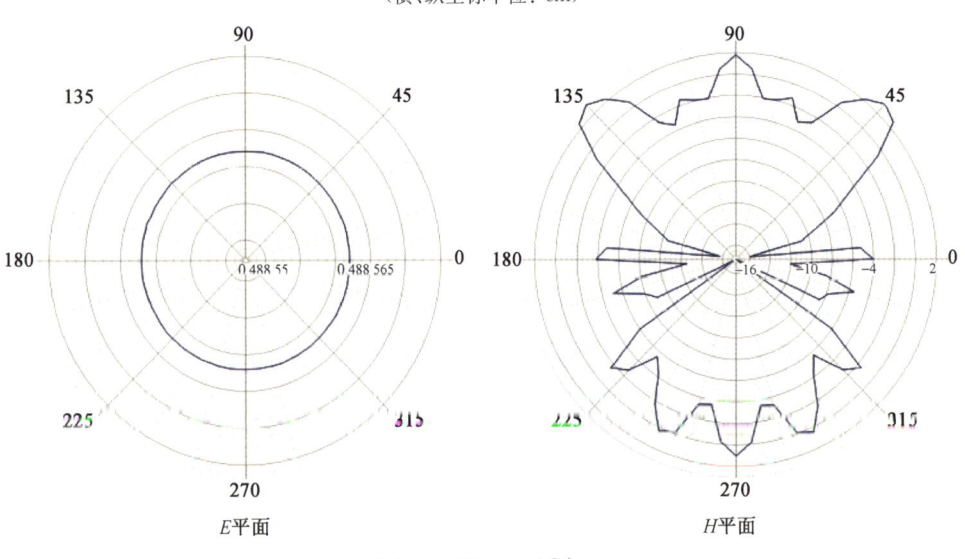

(a) $\varepsilon_r = 10$, $\sigma = 0$ S/m

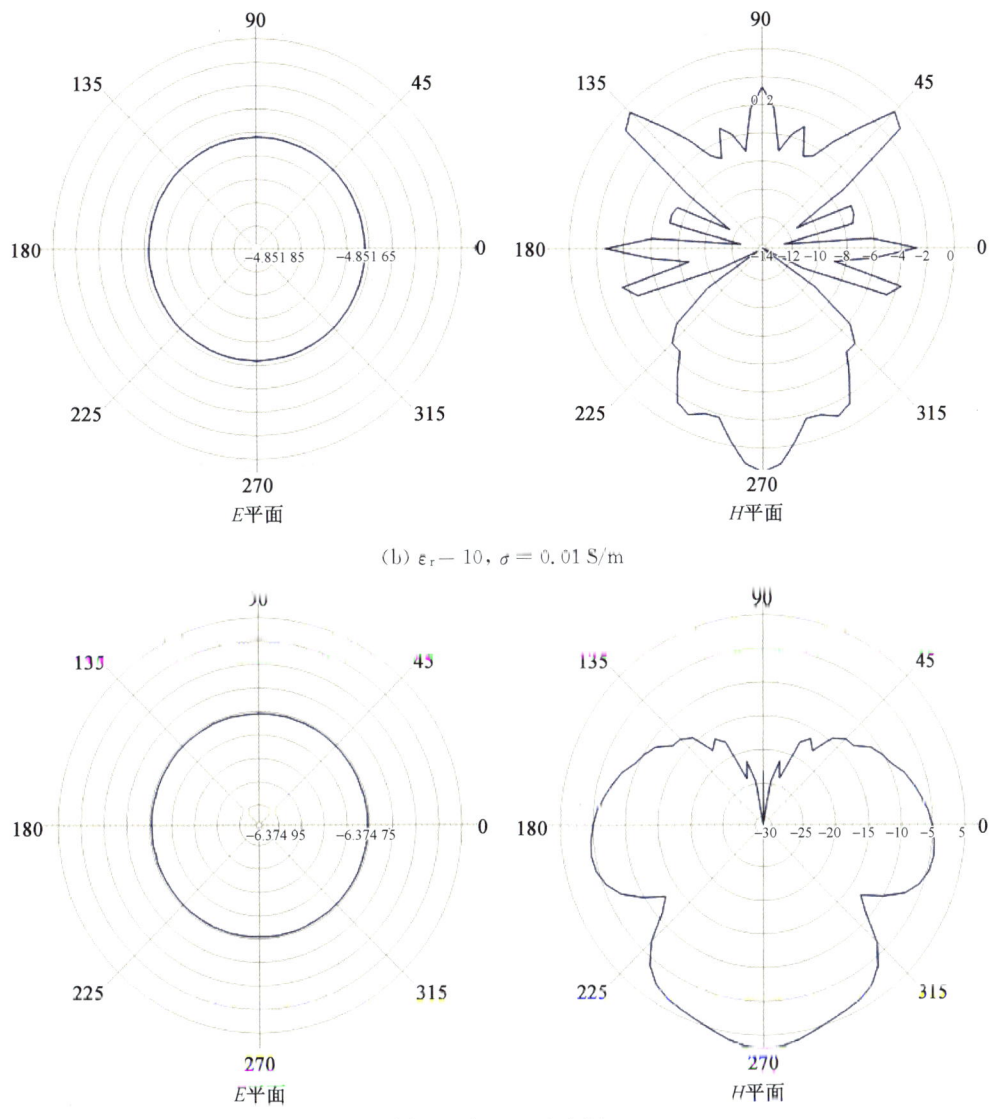

图 4-19　Vivaldi Ⅰ型天线在不同电导率地层中的远场方向图

表 4-4 为天线处在不同电导率地层上方时天线的效率,可以看出,电导率与介电常数对天线效率的影响类似,电导率越高,电磁波的透入深度越小,能量大多耗散在地层中,因此系统的效率以及天线的辐射效率也就越低。

表 4-4　　　　　　　　Vivaldi Ⅰ型天线在不同电导率地层中的效率

电导率 $\sigma/(S \cdot m^{-1})$	系统效率/%	辐射效率/%
0	51.5	77.7
0.01	34.8	49.7
0.1	25.6	36.4

4.3.4 天线高度对天线辐射场的影响

探地雷达在工作时,经常会面临一个问题:天线应该距地面多高?换句话说,天线在什么样的高度工作时能达到最佳状态?这个问题很难回答,因为这取决于天线所要达到的目的,探地雷达天线的目的主要有:①深部探测;②浅层探测;③较好的方向性,即在主要探测方向上具有较高的增益;④端口阻抗匹配。天线的方向性较好,或者说在某个方向的增益较高,说明天线的辐射效率高,探测效果也较好。而我们在使用 Vivaldi Ⅰ 型天线进行探测时,由于天线的移动方向为 H 平面的法线方向,因此本节主要关注天线的 H 平面(正下方 $\theta = 90°$ 处,如图4-8所示)的方向性。以此为依据分析天线高度对天线的方向性的影响。分析时主要采用有限差分方法。

图 4-20 为 Vivaldi Ⅰ 型天线在频率为 1 GHz、位于 6 种不同的高度时 H 平面的远场方向图,地层的相对介电常数为 $\varepsilon_r = 10$,电导率 $\sigma = 0$ S/m。从图中可以发现,由于地层波和侧面波的相互作用,H 平面天线的最大辐射方向基本上都位于临界角附近;位于最大辐射方向外侧的区域侧面波的作用比较明显,而随着天线高度的增加,侧面波的作用越来越小。另外值得注意的是随着天线高度的增加,Vivaldi Ⅰ 型天线下方的辐射越来越明显,说明该天线并非地面耦合型天线;这一特性非常有利于快速检测的需求,因为天线距离探测表面高度增加,意味着探测时天线不需要紧贴探测物的表面,而是可以将天线放置距离探测表面较远处的载体上,可以大大提高探测的速度。同时可以发现

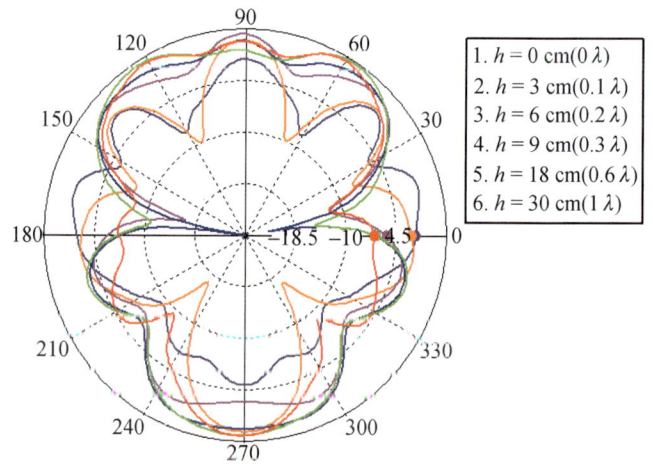

图 4-20 Vivaldi Ⅰ 型天线位于地层上方不同高度时的 H 平面远场方向图

天线的高度并非越高越好,当天线距离地面高度较小时,天线的主瓣方向位于天线的下方;而且当天线的高度为 9 cm 时,主瓣方向位于天线的正下方,比较有利于探测;当天线高度继续增加时,天线的旁瓣逐渐增多,且主瓣方向均偏离天线正下方,位于天线的侧面甚至上方,这会大大影响探测的效果。

天线位于不同高度时天线主瓣方向的增益以及天线正下方的增益如表 4-5 所示。从表中可以看出,当天线距离地面较小时,主要辐射方向均在天线下方,当天线高度为 9 cm (0.3λ) 时,天线的主方向位于天线正下方,且增益达到最大值,当天线高度继续增加时,天线正下方的增益又开始减小,且高度越高,增益越小。因此,虽然 Vivaldi Ⅰ 型天线并非地面耦合型天线,但也并不意味着距离地面的高度越高越好,当其距离地面的高度约为 0.3 个波长时达到最佳工作状态。

表 4-5　　　　　　　　　距地面不同高度时天线的主方向及增益($f=1$ GHz)

天线距离地面		主瓣方向/(°)	主瓣增益/dBi	天线正下方增益/dBi
高度/cm	波长			
0	0λ	62	6.3	4.4
3	0.1λ	65	6.8	4.8
6	0.2λ	70	5.5	4.9
9	0.3λ	90	6.3	6.3
18	0.6λ	285	6.3	4.5
30	1λ	20	5.5	2.7

图 4-21 为 Vivaldi Ⅰ 型天线在距离地面 3 种不同高度时的 E 平面和 H 平面近场分布图，同样可以发现天线高度增加时，天线下方的电场分布也较强，因此对于快速探测来说十分有利。

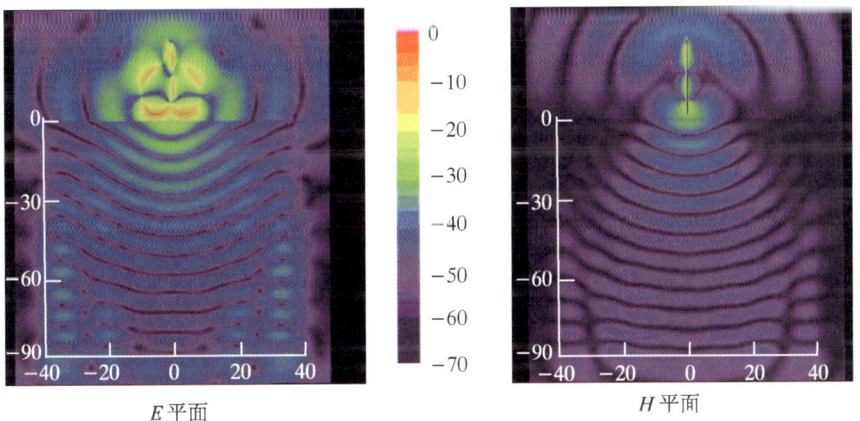

(a) $h=3$ cm(0.1λ)

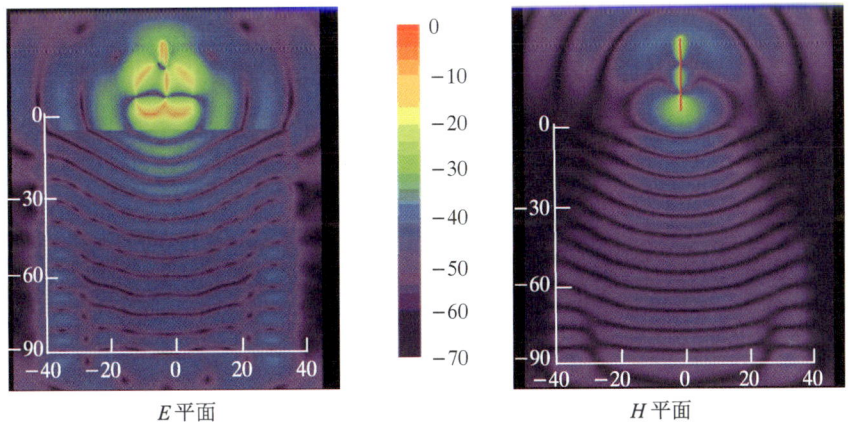

(b) $h=6$ cm(0.2λ)

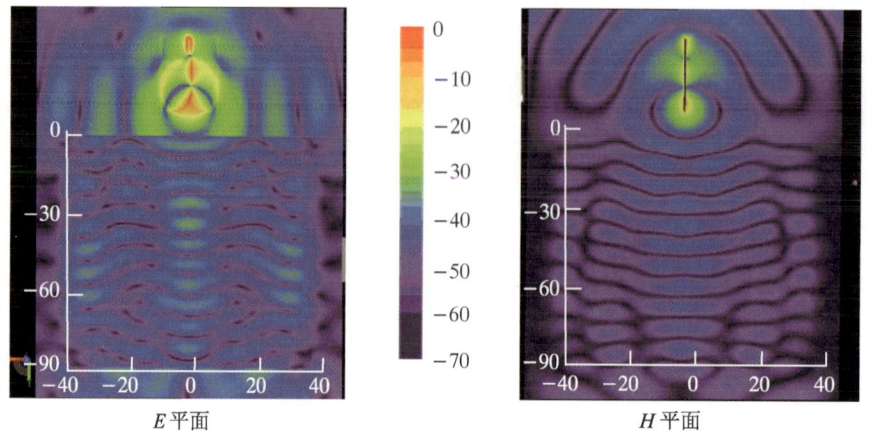

(c) $h = 9 \text{ cm}(0.3\lambda)$

图 4-21 Vivaldi Ⅰ型天线位于地层上方不同高度时地层中的近场电场分布图

（横、纵坐标单位：cm）

Hyoung-Sun Youn[17]曾研究过天线高度对耦合进地层的能量的影响，假设天线底部为波源处，位于地层上方 h 处，地层的相对介电常数为 ε_r，如图 4-22 所示。图中点 A 和点 A' 为电磁波经过相同时间传播后同时到达的两点，位于空气中点 A 处的空间波的电场是由天线直达波和地面反射波两部分组成的，可表示为

$$E^{air} = E_D^{air} + E_R^{air} \tag{4-43}$$

式中，E_D^{air} 和 E_R^{air} 分别表示天线直达波和地面反射波在该点处形成的电场。在点 A 所在位置 $h + d\sqrt{\varepsilon_r}$ 处，E_D^{air} 和 E_R^{air} 分别为

$$E_D^{air} = E_0 \frac{h}{h + d\sqrt{\varepsilon_r}} e^{-jk_0(d\sqrt{\varepsilon_r})} \tag{4-44}$$

$$E_R^{air} = \Gamma E_0 \frac{h}{2h + (h + d\sqrt{\varepsilon_r})} e^{-jk_0(2h + d\sqrt{\varepsilon_r})} \tag{4-45}$$

式中，Γ 为地层的反射系数；k_0 为空气中的相位常数。

同样，点 A' 的地层波电场 E^{ground} 可以表示为

$$E^{ground} = TE_0 \frac{h}{h + d} e^{-jk_r d} \tag{4-46}$$

式中，T 为地层的透射系数；k_r 为地层中的相位常数；d 为在地层中传播的距离。

由以上公式就可以得到空气中和地层中的电场比：

$$\frac{E^{air}}{E^{ground}} = \frac{\dfrac{1}{(h + d\sqrt{\varepsilon_r})} + \dfrac{\Gamma e^{-j2k_0 h}}{(3h + d\sqrt{\varepsilon_r})}}{\dfrac{T}{(h + d/\sqrt{\varepsilon_r})}} \tag{4-47}$$

4 隧道空洞检测技术

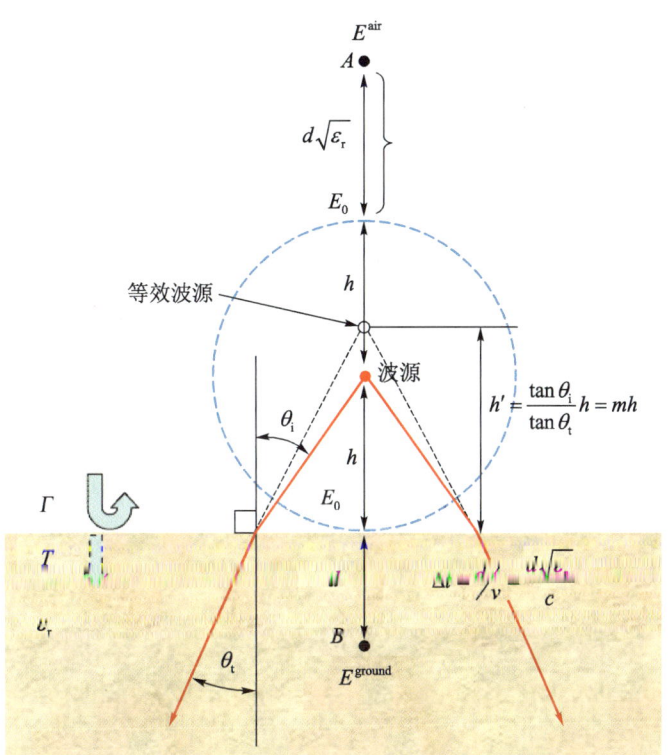

图 4-22 距离地面一定高度天线的空间波和地层波的传播[17]

图 4-23 为在不同地层中、不同天线高度时的空气和地层中的电场比曲线图。从图中可以看出,当天线位于地层上方 ($h = 0$) 时,电场比等于地层的介电常数值,此时地层的相对介电常数对地层内的电场分布影响最大。当天线高度增加时,不同地层的电场比越来越接近,当高度为 0.3λ 时达到第一个最小值,高度为 0.8λ 和 1.3λ 时也达到极小值,但由于天线距离地面越高,受到的环境干扰因素越大,因此,综合考虑环境影响因素以及天线高度对天线方向性和增益的影响分析可知,天线距离地面的最佳高度应为 0.3λ。

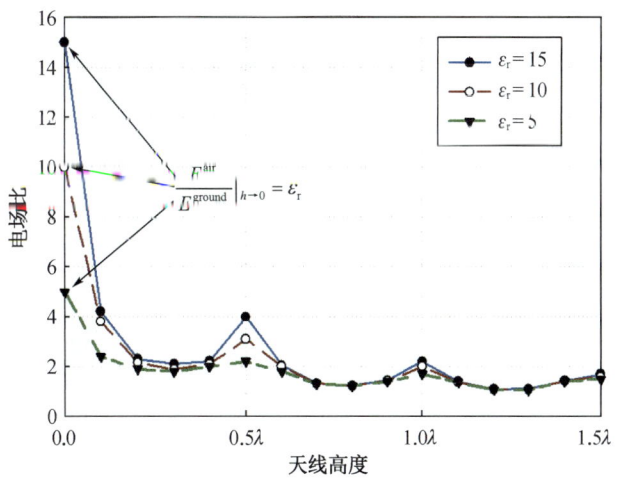

图 4-23 不同地层中不同天线高度时空气地层电场比曲线图[17]

4.4 地下媒质中异常体对电磁波的散射研究

雷达天线的探测效果不仅取决于天线的辐射场的强度和方向性等，还与探测目标的散射特性相关。探测目标对电磁波的散射特性比较复杂，不仅取决于目标的电磁参数，还与目标的形状、大小等相关，下面简单讨论几种在雷达探测隧道病害过程中比较常见的异常体对电磁波的散射问题。分析时均采用有限差分方法。

4.4.1 空洞对电磁波的散射

衬砌背后空洞是运营隧道中比较常见的一种病害，这里考虑一种比较简单的情况，假设空洞位于各向同性的均匀地层中，且 $\varepsilon_r = 5$，$\sigma = 0.01$ S/m，空洞顶部距离地表深度为 20 cm。将发射天线和接收天线平行放置在地层上方，相距 20 cm，发射天线和接收天线均为 Vivaldi Ⅰ型天线。天线距离地层表面距离为 3 cm（0.1λ），空洞宽度为 40 cm，高度 20 cm，空洞内充满空气（$\varepsilon_r = 1$，$\sigma = 0$ S/m），如图 4-24 所示。

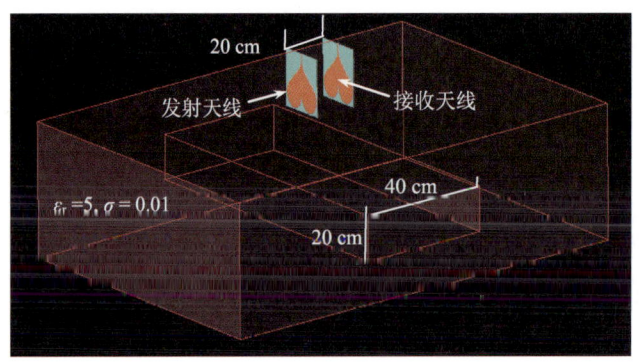

图 4-24　雷达天线与空洞模型示意图

采用时域有限差分法进行模拟，图 4-25 是地层中近场的电场分布情况。可以发现，由于空洞的存在，电磁波会在空洞的边界面上形成多次反射，反射信号会被接收天线所接收，这些反射信号与均匀地层的反射信号会有明显的区别，可见使用探地雷达探测隧道衬砌背后存在的空洞是比较理想的方法。

图 4-26 为仿真得到的有空洞时接收天线的回波电流。图中脉冲信号 1 是发射脉冲直接耦合到接收天线的结果，脉冲信号 2 才是空洞产生的回波电流，可以看出空洞的

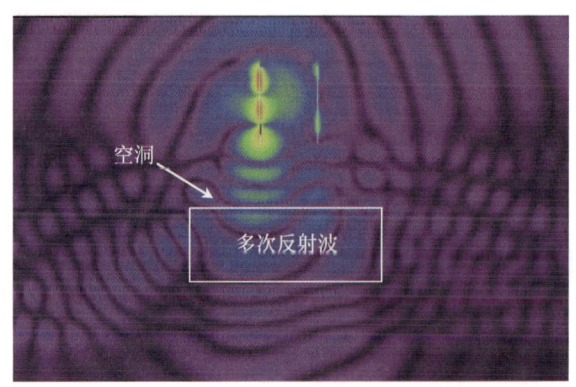

图 4-25　电磁波在有空洞的地层中的传播

回波电流是一串较小的脉冲,正是由于电磁波在空洞内的多次反射形成的。发射天线和接收天线的互耦可以看作是一种背景噪声,它在整个测量过程中保持不变,在数据处理的过程中可以消除掉。

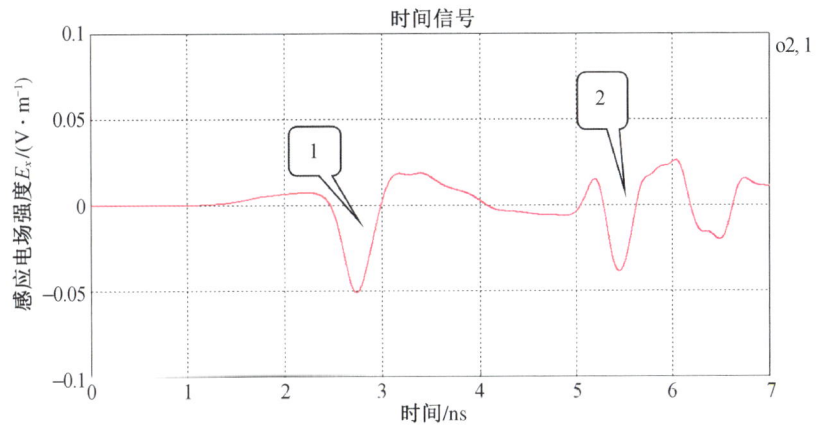

图 4-26　有空洞时接收天线的回波电流

4.4.2　钢板对电磁波的散射

在地质情况比较差时,常采用型钢对衬砌结构进行加固,而钢板的存在会对探地雷达的探测产生很大的影响。这里考虑一种比较简单的情况,假设钢板位于各向同性的均匀地层(混凝土)中,且 $\varepsilon_r = 5$,$\sigma = 0.01$ S/m,深度 40 cm。将发射天线和接收天线平行放置在钢板正上方,相距 20 cm,发射天线和接收天线均为 Vivaldi Ⅰ 型天线。天线距离地层表面距离为 3 cm(0.1λ),钢板宽度为 20 cm,厚度 1 cm,如图 4-27 所示。

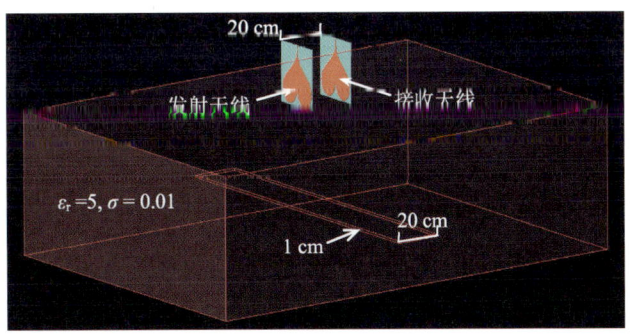

图 4-27　雷达天线与钢板模型示意图

采用时域有限差分法进行模拟,图 4-28 是地层中近场的电场分布情况。可以发现,电磁波到达钢板表面后,由于钢板的尺寸较大,有很大一部分电磁波都会被反射,在钢板的下方会形成探测"盲区",即在钢板下方某些区域电磁波信号会被屏蔽。因此如果一些病害位于钢板后方,将难以探测到或者探测的效果会比较差。

图 4-29 为仿真得到的有钢板时接收天线的回波电流。图中脉冲信号 1 是发射脉冲直接耦合到接收天线的结果,脉冲信号 2 是钢板产生的回波电流,可以看出钢板的回波电流是一个很强的脉冲,这是由于钢板对电磁波的反射而形成的。发射天线和接收天线的互耦同样可以看作是一种背景噪声,可以在数据处理的过程中消除掉。

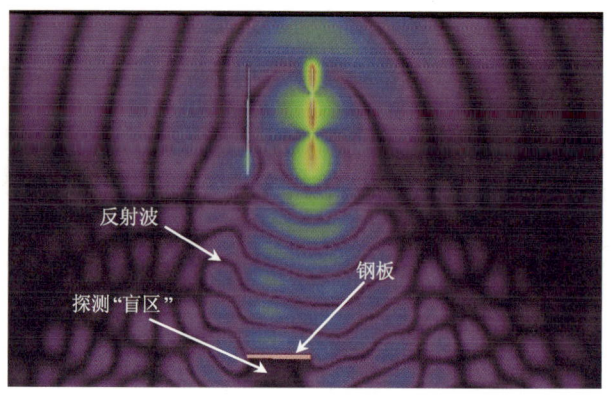

图 4-28 电磁波在有钢板的地层中的传播

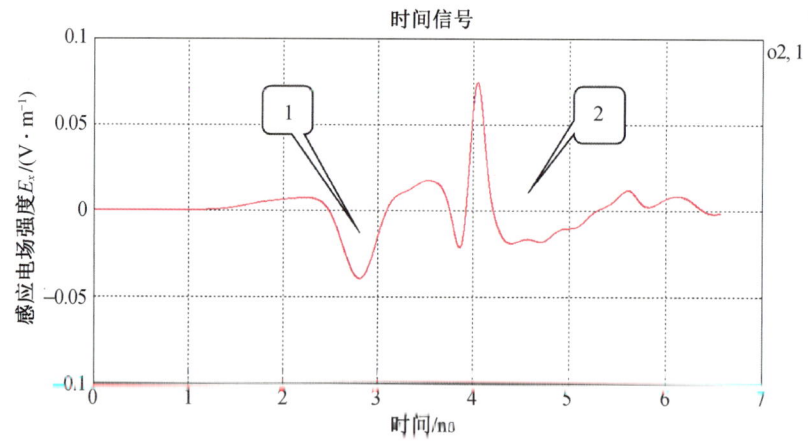

图 4-29 有钢板时接收天线的回波电流

4.4.3 钢筋对电磁波的散射

隧道衬砌中为改善混凝土受力,均配有主筋(受力钢筋)及构造钢筋,钢筋对探地雷达探测的影响也很大。为了解钢筋对电磁波的影响,假设钢筋位于各向同性的均匀地层(混凝土)中,且 $\varepsilon_r = 5$,$\sigma = 0.01 \text{S/m}$,钢筋共上、下两排,直径为 28 mm,保护层厚度约为 5 cm,混凝土厚度 60 cm。将发射天线和接收天线平行放置在地层上方,相距 20 cm,发射天线和接收天线均为 Vivaldi I 型天线,天线距离地层表面距离为 3 cm(0.1λ)。考虑两种不同的钢筋间距,$d = 10$ cm 和 $d = 20$ cm,如图 4-30 所示。

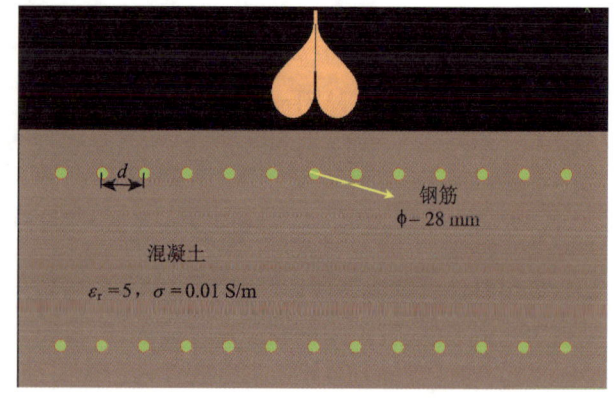

图 4-30 雷达天线和钢筋混凝土模型

图 4-31 是地层中近场的电场分布情况。可以发现,电磁波到达钢筋所在位置时,由于钢筋的尺寸较小,电磁波会"绕过"钢筋继续传播,但由于钢筋的屏蔽作用依然存在,电磁波绕过钢筋之后,其电场分布没有在均匀地层中那么连续,而且在钢筋的下方会有一个很小的探测"盲区",不过这个盲区不会影响对其他病害的探测。

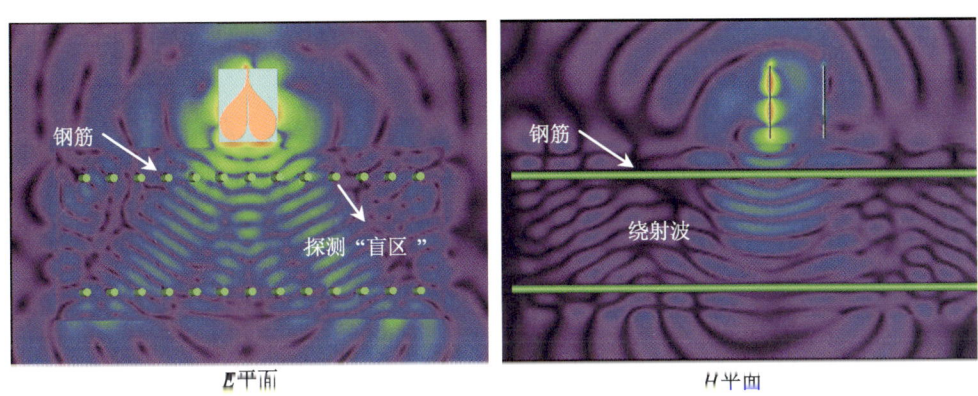

图 4-31 电磁波在钢筋混凝土中的传播

图 4-32 和图 4-33 为仿真得到的钢筋间距分别为 10 cm 和 20 cm 时接收天线的回波电流。图中脉冲信号 1 是发射脉冲直接耦合到接收天线的结果,脉冲信号 2 是钢筋产生的回波电流。可以看出,二者的回波电流基本相同。钢筋的回波电流是一个较小的脉冲,这是由于钢筋对电磁波的反射而形成的,不过由于钢筋的截面尺寸较小,所以反射信号比较弱。

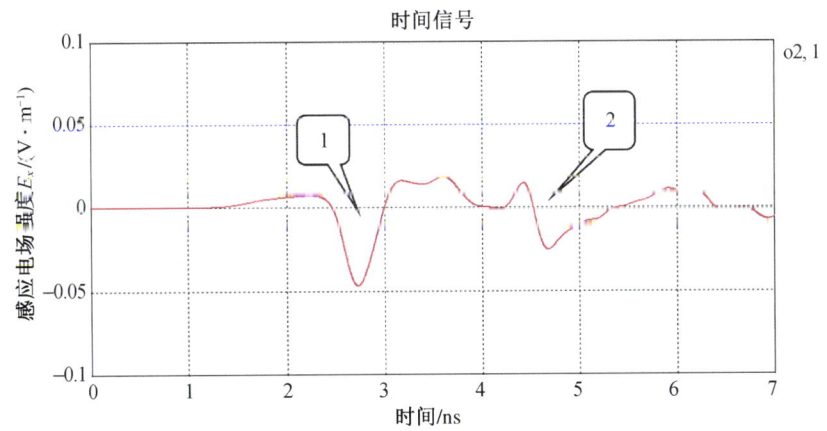

图 4-32 钢筋间距 10 cm 时接收天线的回波电流

表 4-6 为不同钢筋间距时天线系统的辐射效率、总效率以及主瓣方向的增益对比,可以看出钢筋间距较密时,系统的效率也会下降,主瓣增益也会降低。这是由于钢筋间距越密,在钢筋上产生的感应电流总数越多,因此也会消耗更多的辐射能量,所以才会导致系统效率的下降。

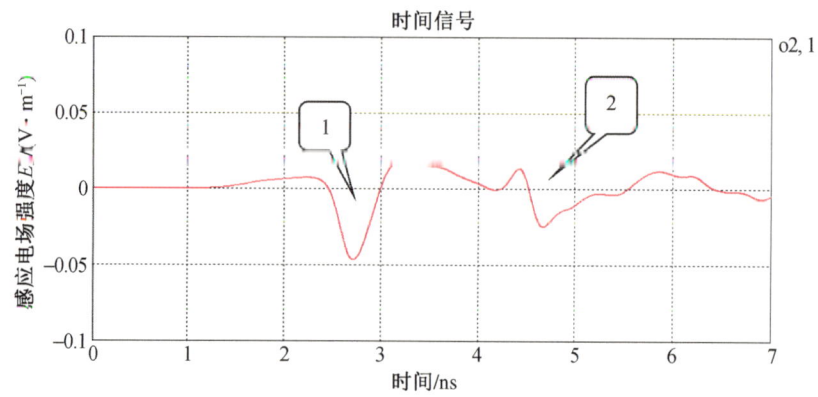

图 4-33　钢筋间距 20 cm 时接收天线的回波电流

表 4-6　不同钢筋间距时天线的效率及增益（$f=1$ GHz）

钢筋间距/cm	辐射效率/%	系统效率/%	主瓣增益/dBi
10	72.9	54.8	7.1
20	76.8	61.8	7.4

4.4.4　多个异常体对电磁波的散射

考虑实际探测过程中可能遇到的最不利的状况,就是在钢筋混凝土衬砌的后面还存在空洞,并且空洞中还存水,此时电磁波的传播情况更为复杂。假设钢筋位于各向同性的均匀地层(混凝土)中,且 $\varepsilon_r=5$,$\sigma=0.01$ S/m,钢筋共上、下两排,直径为 28 mm,间距 d 为 10 cm,保护层厚度为 5 cm,混凝土厚度 60 cm。将发射天线和接收天线平行放置在地层上方,相距 20 cm,发射天线和接收天线均为 Vivaldi I 型天线。天线距离地层表面距离为 3 cm(0.1λ)。空洞内的介质考虑三种情况:①充满空气($\varepsilon_r=1$);②一半水($\varepsilon_r=80$),一半空气;③充满水($\varepsilon_r=80$)。地层 $\varepsilon_r=7$,$\sigma=0.01$ S/m,如图 4-34 所示。

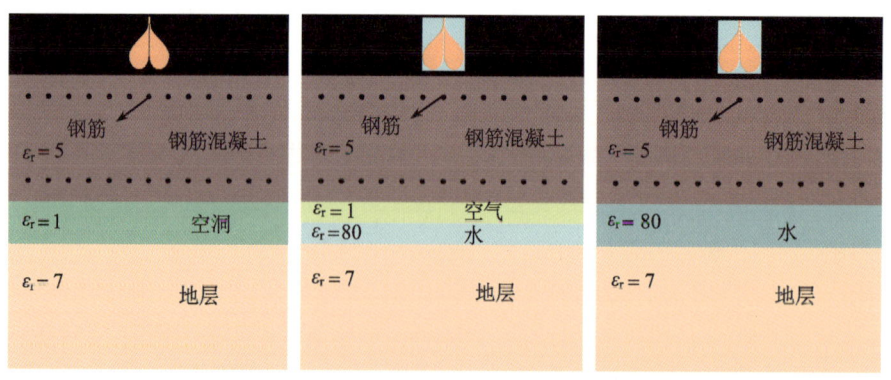

图 4-34　隧道衬砌、空洞(水)与雷达天线模型示意图

图 4-35 是地层中近场的电场分布情况。同样可以发现,电磁波"绕过"钢筋继续传播,在空洞内也能形成较强的多次反射,但经过空洞进入到下方地层后,电场强度明显减弱很多;当

空洞中有水时,由于水的相对介电常数很大($\varepsilon_r = 80$),电磁波在水中衰减很快,透过含水层之后,电场强度明显较无水情况时降低许多,另外,空洞中充满水时的电场强度比一半充满水时则更低。由于模拟时采用的是频率为 1 GHz 的电磁波,而高频电磁波的衰减也比较快,虽然模拟时在空洞内也有较强的反射信号,但实际探测过程中,由于钢筋的反射信号和空洞的反射信号相互干扰较为厉害,往往衬砌背后的空洞很难分辨出来,因此使用较低频率(如400 MHz)进行探测才能达到比较好的效果。

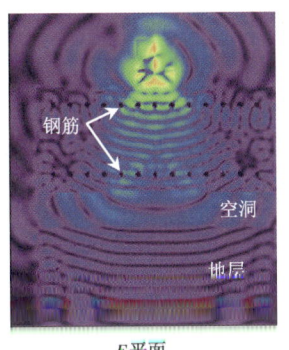 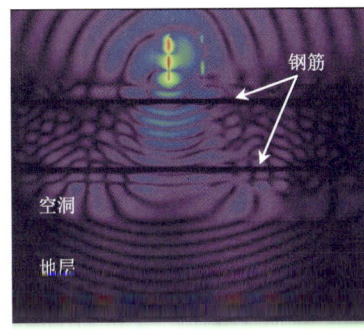

(a) 空洞中无水

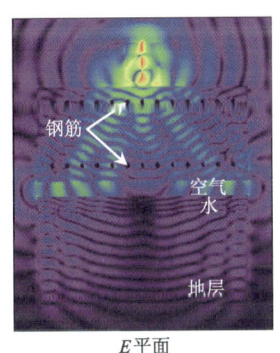 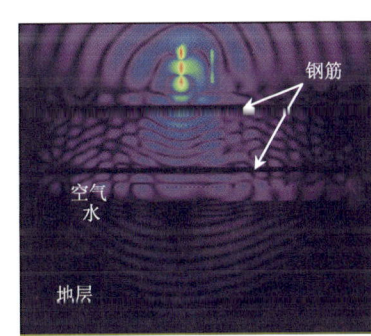

(b) 空洞中一半充满水

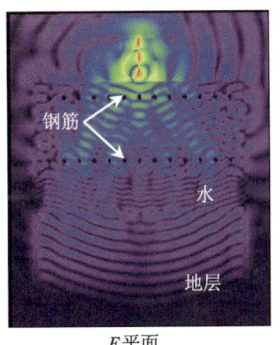 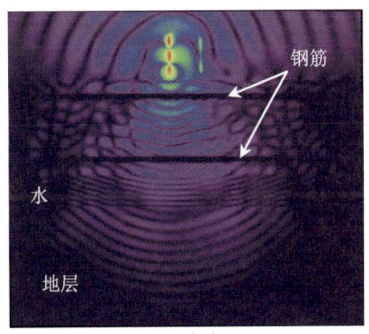

(c) 空洞中充满水

图 4-35 电磁波在混凝土和有空洞(水)地层中的传播

图 4-36 为仿真得到的钢筋混凝土和空洞(水)同时存在时接收天线的回波电流。图中脉冲信号 1 是发射脉冲直接耦合到接收天线的结果,脉冲信号串 2 是钢筋混凝土和空洞(水)产生的回波电流。可以看出,钢筋和空洞(水)同时存在时,会产生多个回波电流,分别由钢筋的反射和空洞(水)内的多次反射而形成。从回波电流的强度来看,空洞中无水时回波电流的强度要明显高于有水时的电流强度,其中无水时首个回波电流的强度是空洞中一半充满水时回波电流强度的一倍左右,是空洞中全部充满水时回波电流强度的 2 倍。回波电流的强度越高,信号越容易识别,电流强度越低,识别的难度也就越大。一般来说由于钢筋总是位于空洞的上方,信号的双程走时短,所以第一个较强的回波电流一般是由于钢筋的反射而产生的,而空洞内的反射信号产生的回波电流由于双程走时长,所以后面的回波电流一般是由于空洞的多次反射而形成的。根据这个特点,在对雷达探测结果进行处理时,可以比较容易地区分出钢筋和空洞各自的反射信号。

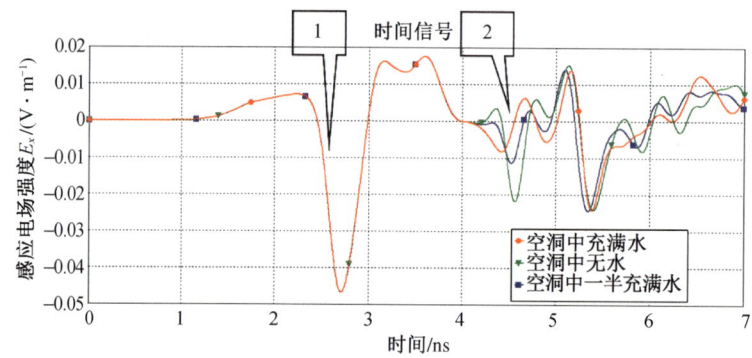

图 4-36 钢筋混凝土和空洞同时存在时接收天线的回波电流

4.5 对 Vivaldi Ⅰ 型天线的优化与改进技术研究

通过对影响天线的各种因素的分析可以发现,探地雷达在对隧道衬砌及衬砌背后缺陷进行探测时,由于受到混凝土、钢筋、地层等的影响,其辐射效率降低,增益也下降,并且在接收天线中会产生拖尾震荡。为了使 Vivaldi 天线更加适合隧道衬砌缺陷的检测,本节对 Vivaldi Ⅰ 型天线进行了一系列的改进,减小不利因素对天线辐射场的影响,改进后的天线称之为 Vivaldi 系列天线。

4.5.1 Vivaldi Ⅱ 型天线(梳状天线)

4.5.1.1 Vivaldi Ⅱ 型天线简介

为改善 Vivaldi 天线的方向性,对 Vivaldi Ⅰ 型天线加以改进,将天线形状改为梳子形状,梳齿之间的空隙可起到类似电容加载的作用,以期提高天线的增益,使其具有更好的方向性。为与上一节中的天线有所区别,将这种天线命名为 Vivaldi Ⅱ 型天线。考虑到天线加工的难易程度,这里取齿梳间距 $d_1 =$ 齿梳宽度 d_2(分别取 5 mm,10 mm,15 mm,20 mm 四种工况),天线齿梳的末端位于距离馈电点 23 cm 处,如图 4-37 所示。采用 CST 软件进行模拟分析。

4.5.2.2 Vivaldi Ⅱ型天线辐射特性

仿真得到的不同齿梳间距和宽度的输入回波损耗曲线如图 4-38 所示。从图中可以看出,天线在 0~5 GHz 范围内谐振点更多,且损耗减小,但在其中心频率 1 GHz 附近,损耗随着齿梳间距和宽度的增加而有所增加,但齿梳间距为 5 mm 时,天线性能并未有明显下降,说明改进后的天线性能有所改善。

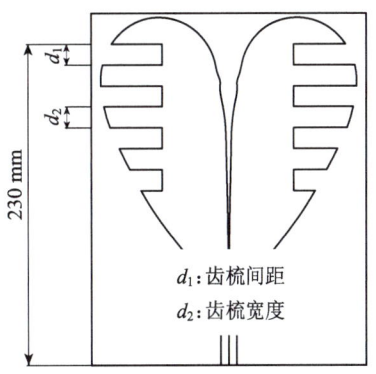

图 4-37 Vivaldi Ⅱ型天线结构图

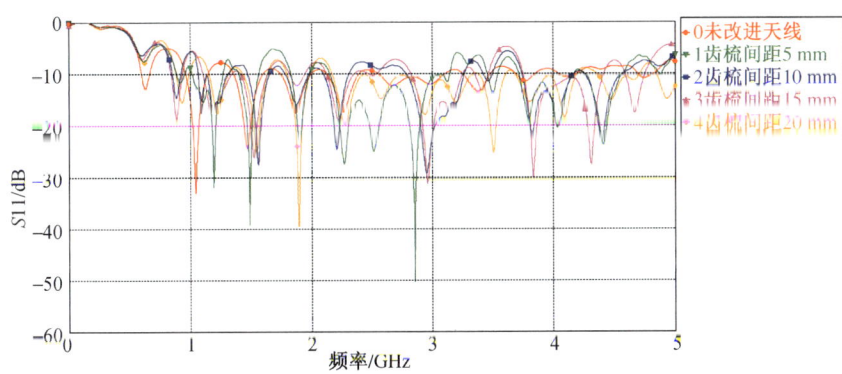

图 4-38 不同齿梳间距天线的输入回波损耗曲线对比

仿真得到的不同齿梳间距和宽度的驻波比曲线如图 4-39 所示。从图中可以看出,天线在 1~5 GHz 范围内驻波比基本都小于 3,在中心频率 1 GHz 附近时,驻波比基本都在 1.5 附近,可以满足天线的正常工作需求。但总的来说,进行改进后的天线驻波比要比未进行改进时的天线稍差,这是由于增加齿梳之后,齿梳边缘处也有电流经过,改变了天线中的电流形式,导致天线驻波比恶化,不过总的来说并不影响天线的正常工作。

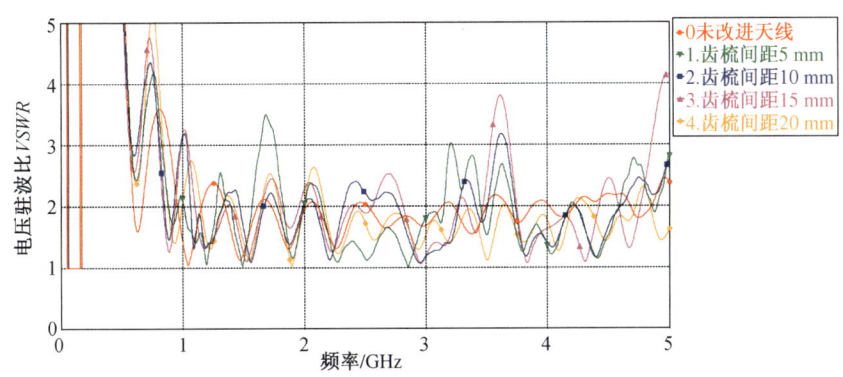

图 4-39 不同齿梳间距天线的驻波比曲线对比

不同齿梳间距和宽度的天线在不同频率时 H 面的方向图如图 4-40 所示。从图中可以明

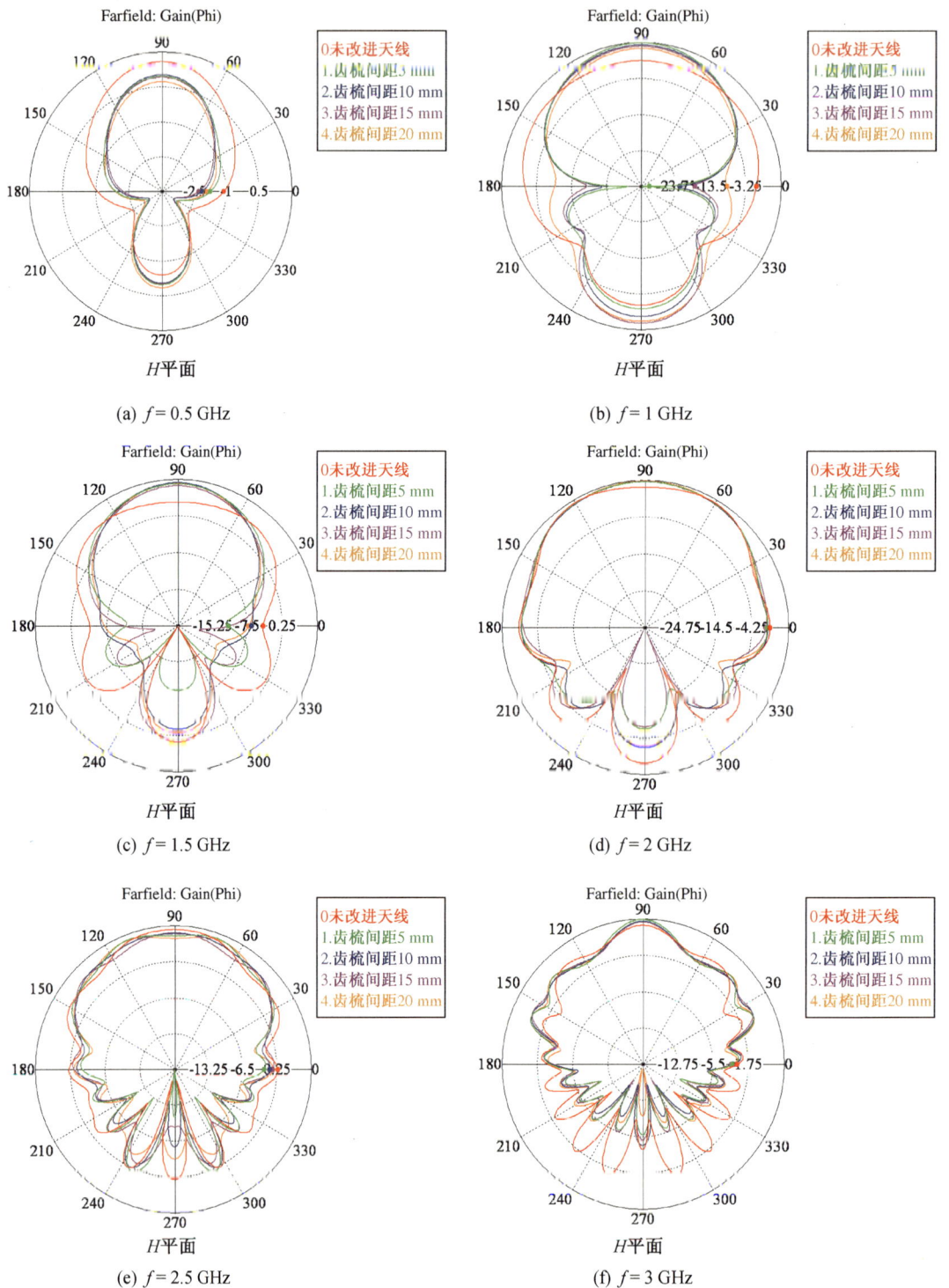

图 4-40 不同齿梳间距和宽度天线 H 平面方向图对比

显看出，天线在 0.5～1.5 GHz（中心频率 1 GHz）范围内方向图的波束宽度变窄，因此具有更好的方向性。在 0.5 GHz 时，天线的最大增益值较没有改进时有所下降，但在 1 GHz 和 1.5 GHz 时，最大增益明显增加，说明天线在中心频率工作时性能要更优于未改进时的天线。在较高频段工作时，虽然波束宽度没有明显改善，但与未改进天线相比差别不大，说明其工作性能并未恶化。

改进前后天线在不同频段的最大增益对比如图 4-41 所示。可以看出，Vivaldi Ⅱ型天线在 0.6～2 GHz 频段的增益要明显高于 Vivaldi Ⅰ型天线，具有更好的工作性能，部分高频段的增益虽有所下降，但下降不是很明显，不影响天线的正常工作。综上所述，增加齿梳后，天线内的电流方向发生了改变，电流流经齿梳部位时，部分电流转化成了热能，而齿梳部位的电流是后向辐射的主要来源，转换成热能后，后向辐射减弱，前向辐射则更加集中，因此该天线的方向性要明显优于未经改进的天线。同时，从模拟结果可以看出，齿梳间距为 5 mm 时，天线的性能最佳。

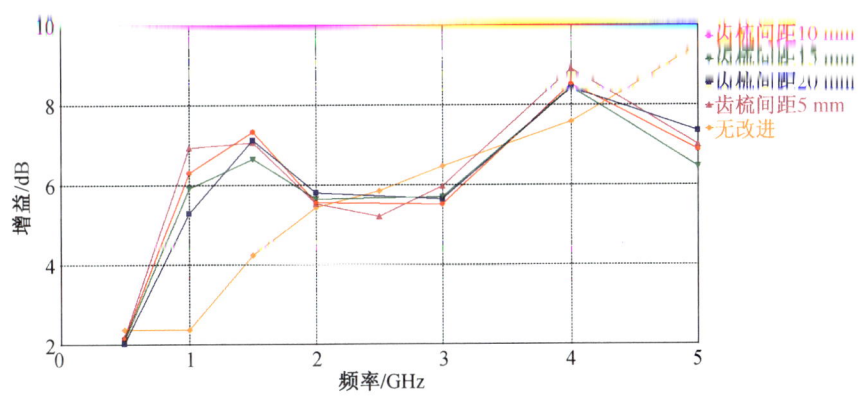

图 4-41 不同齿梳间距对天线增益的影响对比

4.5.2 Vivaldi Ⅲ型天线（电阻加载天线）

4.5.2.1 电阻加载及 Vivaldi Ⅲ型天线简介

探地雷达要获得良好的信号就需要天线有足够的带宽，而宽带通信系统要求天线能够无失真地辐射超宽带窄脉冲信号，且天线输入端的反射信号应该足够小，在规定方向的辐射信号应该足够大。理论上，无限长的偶极天线可以满足上述要求，但实际中天线长度都是有限的，因而有限长的天线并不能满足上述要求，在天线的激励点和端点都存在反射，从而引起辐射脉冲波形的失真。电阻加载可以用来改善天线的脉冲辐射特性，使天线上的电流部分或者全部为行波状态，从而最大限度地展宽天线带宽。

天线加载并不是一个新概念，1961 年 Altshuler 就提出在距离偶极子天线终端四分之一波长处实施电阻加载，使天线上的电流呈行波分布，但这种行波天线的频带很窄；Wu 和 King 提出用连续分布电阻加载来消除天线端点的反射，实现了宽带行波天线[18]；Garcia 等讨论了具有 Wu-King 电阻加载的 V 形偶极天线的脉冲接收特性[19]；Pantoja 等用 GA 算法对加载电阻进行了优化[20]；Mosquera 等讨论了 Wu-King 电阻加载的 UWB 偶极天线[21]；Kim 和 Scott 讨论了 Wu-King 电阻加载的 V 形偶极天线在探地雷达中的应用[22]。

天线加载技术就是在天线的适当位置插入电阻元件或者某种网络，以改变天线中的电流分布，进而改善天线的电特性。按照天线加载元件类型可将加载天线分成无源加载天线和有源加载天线；按照加载元件的接入特点可将加载天线分为串联加载天线和并联加载天线；按照加载的形态可将加载天线分成分布式加载天线、集中式加载天线和混合式加载天线。

1965 年，T. T Wu 和 R. W. P King 推导出针对中心馈电的细长圆柱形天线的内阻抗加载公式：

$$Z^i(z) = \frac{60\psi}{L-|z|} \tag{4-48}$$

式中，L 为圆柱形天线长度的一半；z 为加载阻抗的位置。按照上式进行加载，可在圆柱天线内部近似获得行波电流。其中 ψ 由下式确定：

$$\psi = \frac{1}{I(0)} \int_{-L}^{L} I(z') \frac{e^{-jkR}}{R} dz', \quad R = \sqrt{z'^2 + a^2} \tag{4-49}$$

$$\psi \cong 2[\text{arsh}(L/a) - C(2ka, 2kL) - jS(2ka, 2kL)] + \frac{j}{kL}(1 - e^{-2jkL}) \tag{4-50}$$

式中，a 为圆柱天线的半径；$C(a, x)$ 和 $S(a, x)$ 分别是广义余弦和广义正弦积分，定义如下：

$$C(a, x) = \int_0^x \frac{1-\cos\sqrt{u^2+a^2}}{\sqrt{u^2+a^2}} du \tag{4-51}$$

$$S(a, x) = \int_0^x \frac{\sin\sqrt{u^2+a^2}}{\sqrt{u^2+a^2}} du \tag{4-52}$$

计算结果表明，ψ 随频率变化是缓慢的，因此这种内阻抗连续加载天线具有宽带特性。实际应用中的连续加载天线是取 ψ 的绝对值，为电阻性加载，即

$$R^i(z) = \frac{\eta\alpha}{L-|z|} \tag{4-53}$$

式中，$\alpha = |\psi|/(2\pi)$ 是标志加载程度的无量纲参数。按照上式进行加载时，在天线的末端位置即 $L=|z|$ 处，单位长度电阻量达到无穷大，将会阻断电流前行，因此加载电阻太大时，对天线的效率是很不利的。

基于 Wu 和 King 的加载理论，目前有针对很多天线形式的行波加载公式，但是对于 Vivaldi 天线，并没有严格的理论模型和等效电路，因此并没有该天线形式的行波加载公式，目前使用较多的电阻加载方式是在天线的末端用一个或者多个电阻与地面相连，但这种加载方

式对末端电流的吸收作用有限,因而对改善天线的行波电流分布作用也有限。本书参考领结(Bowtie)形天线的离散电阻加载方法,将 Vivaldi 天线的辐射区域分段截断,在截断区域连接一定阻值的电阻;加载阻值借鉴 Wu 和 King 的加载公式,结合 Vivaldi 天线的特点,采用如下加载公式:

$$R = R_0 e^{\frac{\gamma|y-y_0|}{b}} \quad (4-54)$$

式中,R_0 为初始位置加载阻值;γ 为加载系数;y 为加载位置;y_0 为初始加载位置;b 为 Vivaldi 天线的高度,如图 4-42 所示。

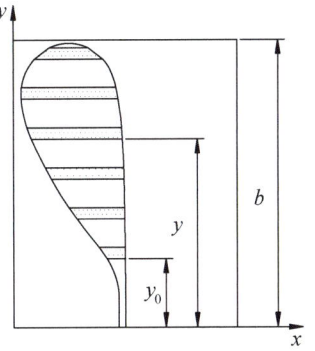

图 4-42 电阻加载示意图

4.5.2.2 加载位置对 Vivaldi Ⅲ 型天线辐射特性的影响

为了解电阻加载的效果,采用 CST 软件对 Vivaldi Ⅲ 型天线电阻加载天线进行模拟。模拟时,为了对比加载的效果,选取 4 种不同的加载起点位置。同时为了解不同加载阻值对加载效果的影响,也选取不同的 R_0 值来进行分析。其中,两排电阻之间的距离根据天线的尺寸进行确定,因此在分析时不变化。电阻加载的模型如图 4-43 所示。

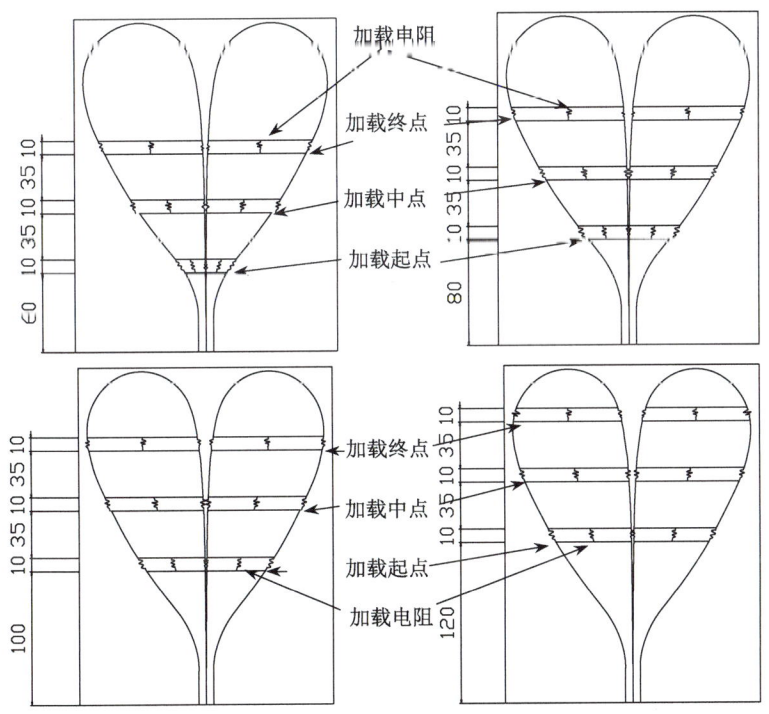

图 4-43 电阻加载模型示意图(单位:mm)

为对比不同加载位置对加载效果的影响，选取 $R_0 = 18$ mm，同时选取不同的 y_0 值，为了使结果有可比性，选取相同的加载阻值，具体如表 4-7 所列。

表 4-7　不同加载位置及加载阻值

初始阻值 R_0/Ω	初始位置 y_0/mm	天线高度 b/mm	加载阻值 R/Ω
18	60	252	18
	80		25
	100		
	120		35

图 4-44 为加载位置不同时 Vivaldi Ⅲ 型天线的输入回波损耗曲线与 Vivaldi Ⅰ 型天线的输入回波损耗曲线对比图。从图中可以看出，加载位置靠近馈电点时，天线的中心频率降低；当加载初始位置为 60 mm 时，天线的中心频率约为 400 MHz，这对增加探测深度较为有利，但是此时天线高频端的谐振点较少，因此天线的性能并不好；当加载初始位置为 120 mm 时，低频端的性能没有得到明显的改善，而高频端的性能反而有所降低。总体来说，加载后天线的带宽还是有一定的改善。综合进行比较，可以发现，当加载初始位置为 100 mm 时，天线的性能最佳。

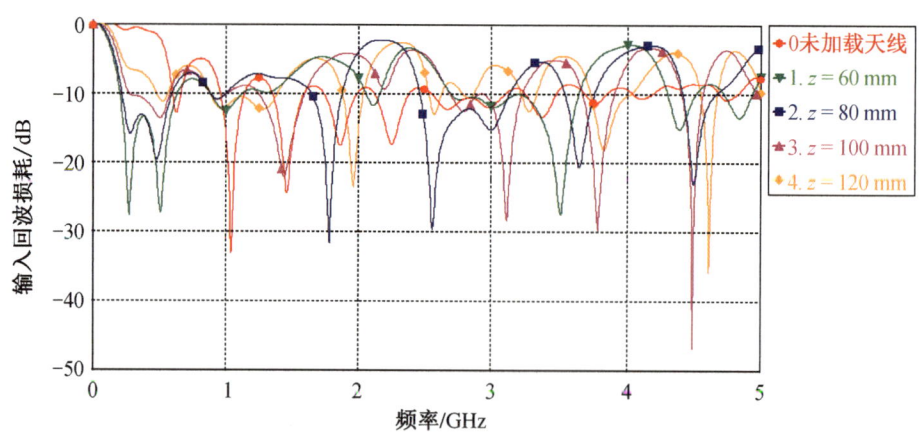

图 4-44　不同加载位置对天线输入回波损耗的影响对比

图 4-45 为加载位置不同时 Vivaldi Ⅲ 型天线的驻波比曲线与 Vivaldi Ⅰ 型天线的驻波比

曲线对比图。从图中可以看出,将天线截断进行电阻加载后,驻波比较未加载天线反而有所增加;加载初始位置为 80 mm 和 120 mm 时,驻波比情况最差;当加载初始位置为 100 mm 时,驻波比相比较而言最为理想,在 0.5~1.5 GHz 这个范围内基本都小于 2,可以满足检测需要。

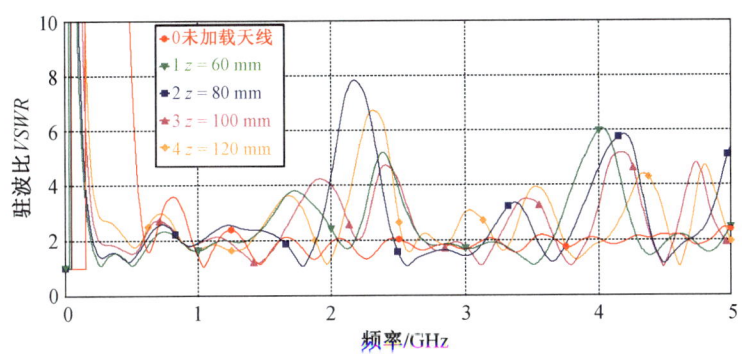

图 4-45　不同加载位置对天线驻波比的影响对比

图 4-46 为加载位置不同时 Vivaldi Ⅲ 型天线的 H 面方向图与 Vivaldi Ⅰ 型天线的 H 面方向图的对比。从图中可以看出,将天线截断进行电阻加载后,天线的最大增益减小,这是由于电阻消耗了一部分能量,从而导致辐射效率降低,因此天线的增益减小;同时可以看出,进行电阻加载后,天线的后向辐射有所减小,尤其是天线在中心频率 1 GHz 附近工作时,后向辐射的改善更为明显,说明加载电阻改善了天线中的电流分布。从方向图中也可以看出,加载初始位置越靠近馈电点,天线的辐射效率越低,这是由 Vivaldi 天线的辐射特性所决定的,Vivaldi 天线的辐射大多在前端就已完成,而加载位置越靠前,则电阻消耗掉了一部分能量,因此天线的辐射效率也就越低。综合考虑天线的输入回波损耗、驻波比以及天线的方向性,加载初始位置选择 100 mm 时最优。

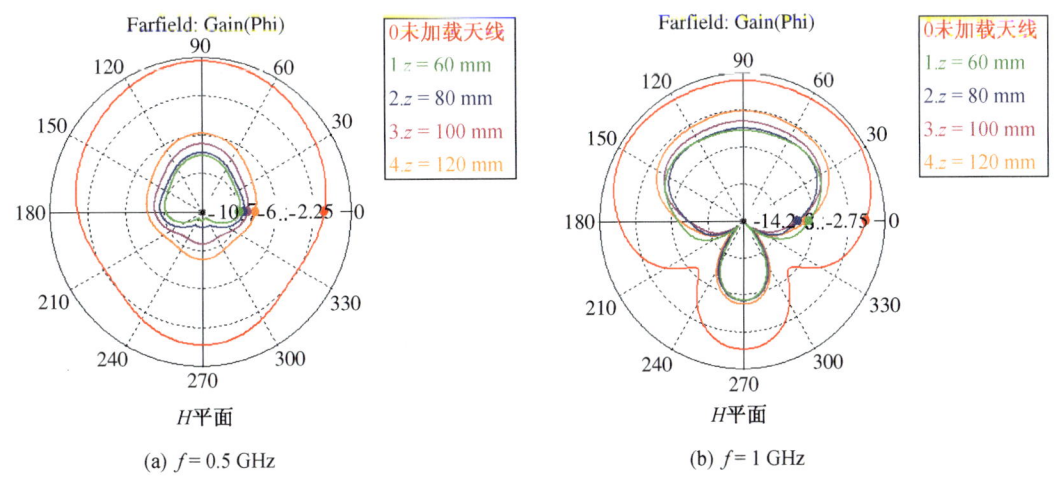

(a) $f = 0.5$ GHz 　　　　　　　(b) $f = 1$ GHz

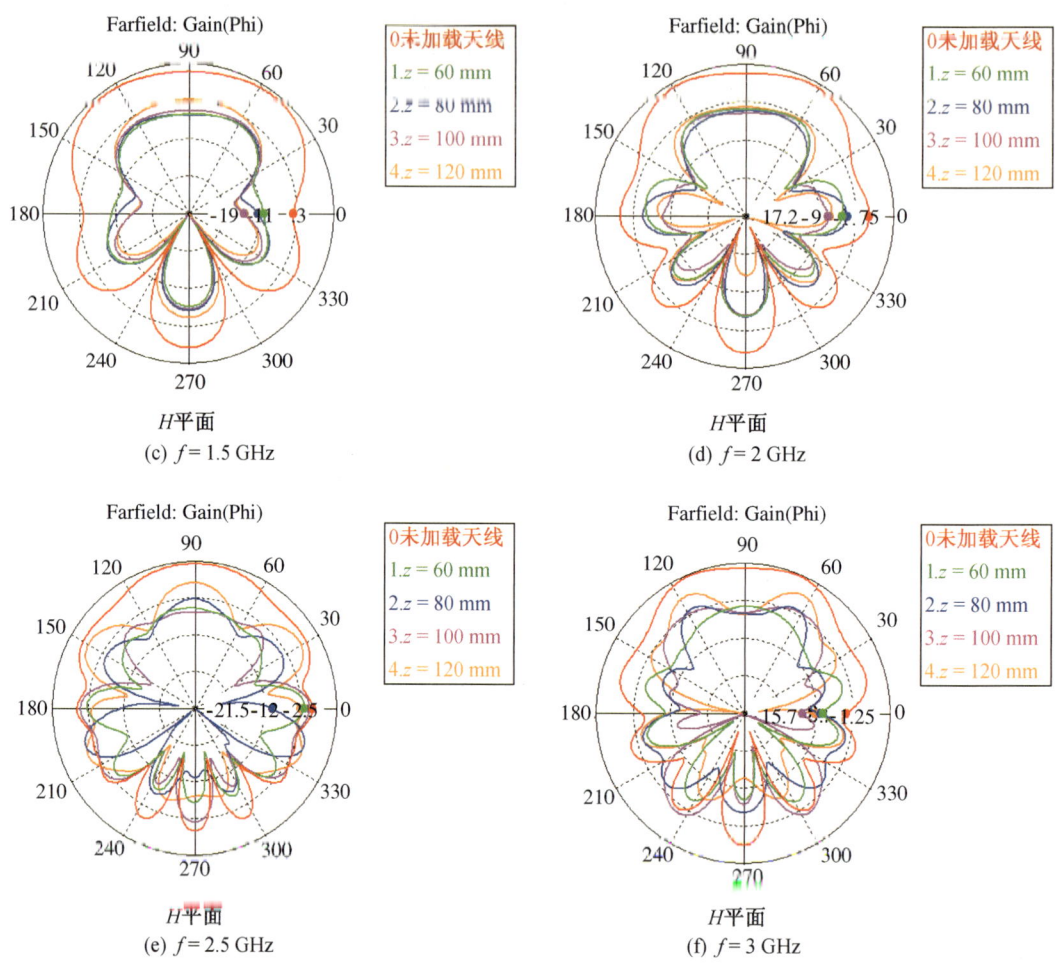

图 4-46 不同加载位置对天线方向图的影响对比

4.5.2.3 加载阻值对 Vivaldi Ⅲ 型天线辐射特性的影响

为对比不同加载阻值对加载效果的影响,选取初始加载位置为 $y_0 = 100$ mm,同时选取不同的初始阻值 R_0,如表 4-8 所示。

表 4-8 不同加载位置及加载阻值

初始阻值 R_0/Ω	初始位置 y_0/mm	天线高度 b/mm	加载阻值 R/Ω
9	100	252	9, 12, 18
18			18, 25, 35
27			27, 35, 55
36			36, 48, 75
54			54, 70, 105

图 4-47 为加载位置不同时 Vivaldi Ⅲ型天线的输入回波损耗曲线与 Vivaldi Ⅰ型天线的输入回波损耗曲线对比图。从图中可以看出,采用不同阻值的电阻加载时,随着阻值的增大,天线的中心频率越低,但基本都在 400 MHz 以上,这对增加探测深度比较有利;而天线高频端的谐振点则基本相似,总的来看,加载阻值越小,谐振点越多。

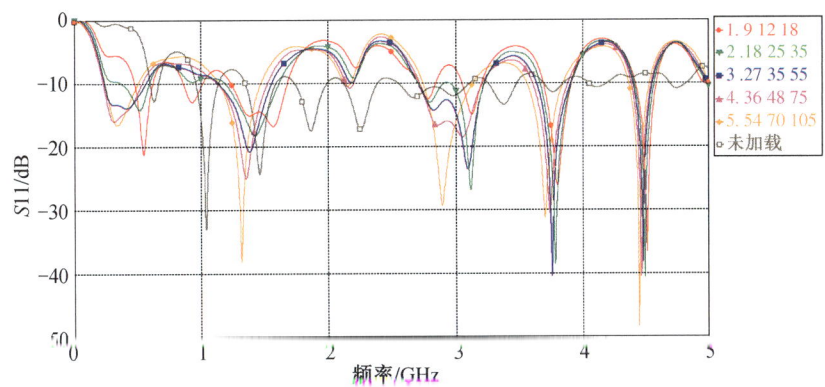

图 4-47　不同加载阻值对天线输入回波损耗的影响对比

图 4-48 为加载阻值不同时 Vivaldi Ⅲ型天线的驻波比曲线与 Vivaldi Ⅰ型天线的驻波比曲线对比图。从图中可以看出,加载不同阻值的电阻后,驻波比较未进行加载时增加明显,且加载阻值越大驻波比情况越差,但在 0.5～1.5 GHz 范围内基本都小于 3,可以满足检测的需要。

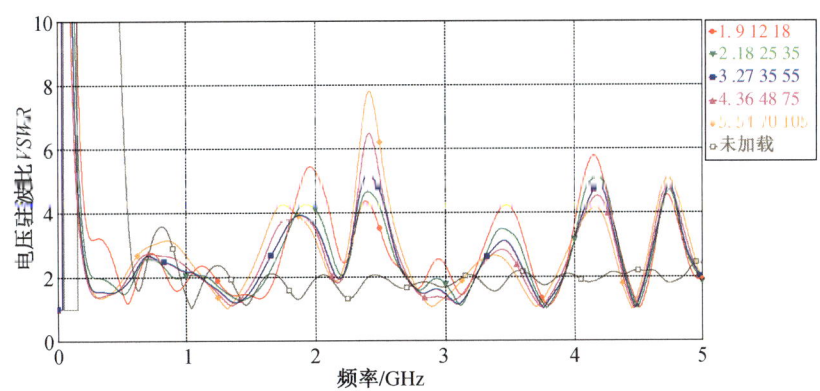

图 4-48　不同加载阻值对天线驻波比的影响对比

图 4-49 为加载位置不同时 Vivaldi Ⅲ型天线的 H 面方向图与 Vivaldi Ⅰ型天线的 H 面方向图的对比。从图中可以看出,加载不同阻值的电阻后,天线的最大增益减小,且阻值越大,增益减小越明显,这是因为电阻越大,消耗的能量也就越多,从而导致辐射效率降低也就越明显。综合进行考虑,为了保证天线的辐射性能,选取较小的初始阻值进行加载,即 $R_0 = 9\ \Omega$。

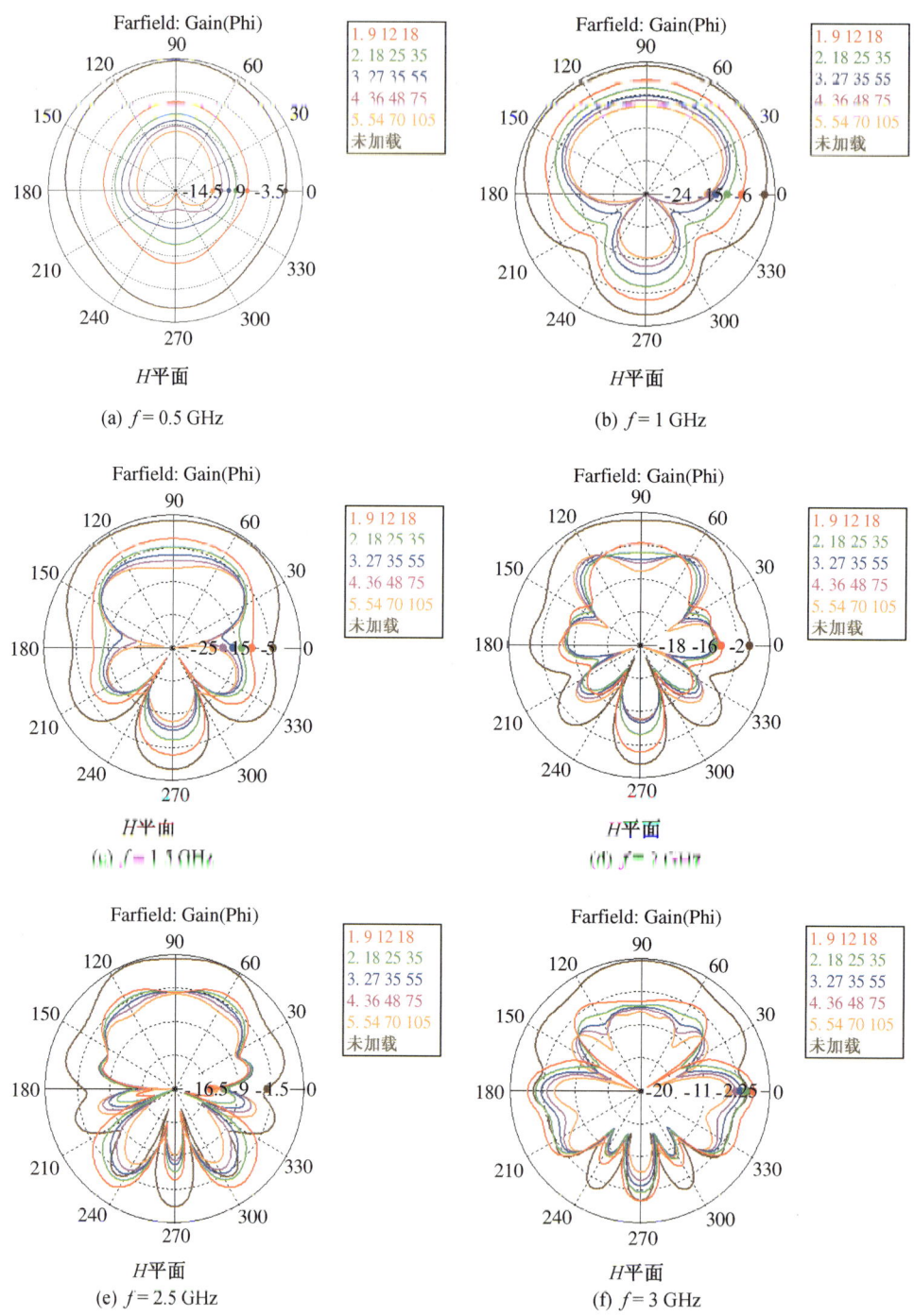

图 4-49 不同加载阻值对天线方向图的影响

吴秉横等[23]提出了一种新型的领结形（Bowtie）探地雷达天线，并给出了该天线的增益。表 4-9 是对本书所确定采用的改进天线形式与该天线的增益的对比，可以看出，本书所提出的

Vivaldi Ⅲ型天线形式具有良好的辐射性能。

表4-9　　　　　　　　　　　天线增益对比($f=1$ GHz)

天线类型	改进Bowtie天线	电阻加载Bowtie天线	Vivaldi Ⅰ型天线	Vivaldi Ⅱ型天线	Vivaldi Ⅲ型天线
天线对比	（吴秉横等[23]，2009）		本书天线		
天线增益	3.534	3.745	2.378	6.926	−4.221

4.6　本章小结

为了开发适用于隧道衬砌及背后空洞快速检测的探地雷达天线，本章研究了地层特性对探地雷达天线的影响，对天线的最佳探测高度也进行了分析，通过模拟发现 Vivaldi 天线的最佳探测高度为 0.3λ（λ 为雷达波的波长）；同时还分析了常见的异常体对探地雷达探测的影响；了解影响探测的因素后，对现有的 Vivaldi 天线（Vivaldi Ⅰ型天线）进行了一系列的改进，开发出了新型的 Vivaldi 系列天线（Vivaldi Ⅱ、Ⅲ型天线），并对其性能进行了模拟分析，初步了解了新型 Vivaldi 系列天线的一些基本性能，为下一步的性能测试和探测试验提供了参考依据。

参考文献

[1] DANIELS D J. Ground Penetrating Radar [M]. 2nd Edition. London：The Institution of Engineering and Technology，2004.

[2] 范国新，陈平. 探地雷达原理、设计思想及其实现[J]. 电波科学学报，1992，7(9)：1-20.

[3] KUCHARSKI Andrzej A. A method of moments solution for electromagnetic scattering by inhomogeneous dielectric bodies of revolution [J]. IEEE Trans on Antennas and Propagation，2000，F48(8)：1202-1210.

[4] COMPTON Richard C. Bowtie antennas on a dielectric half-space：Theory and experiment [J]. IEEE Trans on Antennas and Propagation，1987，35(6)：622-631.

[5] JOL H M. Ground Penetrating Radar：Theory and applications [M]. Oxford：Elsevier Science，2009.

[6] 覃晖. 探地雷达探测隧道衬砌空洞模型试验与识别技术研究[D]. 上海：同济大学，2010.

[7] CARR Joseph J. Practical antenna handbook [M]. Fourth Edition. New York：McGraw-Hill，2001.

[8] YEE K S. Numerical solution of initial boundary value problems involving Maxwell's equations in isotropic media [J]. IEEE Trans Antennas Propagat，1966，AP-14：302-307.

[9] 王长清，祝西里. 电磁场计算中的时域有限差分法[M]. 北京：北京大学出版社，1994.

[10] 高本庆. 时域有限差分法[M]. 北京：国防工业出版社，1995.

[11] 葛德彪，闫玉波. 电磁场时域有限差分方法[M]. 西安：西安电子科技大学出版社，2002.

[12] Remcom Inc. The XFDTD Reference Manual [R]. 2010.
[13] THOMAS Weiland. A discretization method for the solution of Maxwell's Equations for six-component fields [J]. Electronics and Communication(AEO), 1977, 31(3): 116-120.
[14] CST-Computer Simulation Technology AG. CST Microwave Studio 2009-Workflow and Solver Overview [R]. 2008.
[15] 张敏. CST 微波工作室用户手册[M]. 成都：电子科技大学出版社，2004.
[16] RADZEVICIUS Stanley J, CHEN Chi-Chih, JR. Leon Peters, et al. Near-field dipole radiation dynamics through FDTD modeling [J]. Journal of Applied Geophysics, 2003, 52: 75-91.
[17] YOUN Hyoung-Sun. Development of Unexploded Ordnances (UXO) detection and classification system using ultra wide bandwidth fully polarimetric Ground Penetration Radar (GPR) (Dissertation) [D]. USA: The Ohio State University, 2007.
[18] WU T T, KING P W P. The cylindrical antenna with nonreflecting resistive loading [J]. IEEE Trans on Antennas and Propagation, 1965, 13(3): 369-373.
[19] GARCIA I S, BRETONS A R, MARTIN R G. Pulse-receiving characteristics of V-dipole antennas with resistive loading [J]. IEEE Trans EMC, 1998, 40(2): 174-176.
[20] PANTOJA M F, MONORCHIO A, BRETONES A R. Direct GA2 based optimization of resistively loaded wire antennas in the time domain [J]. Electronics Letters, 2000, 36(24): 1988-1990.
[21] MOSQUERA J M P, ISASA M V. Planar resistively loaded UWB dipoles analysis and comparison [J]. IEEE Antennas and Propagation Society International Symposium. Ohio: IEEE, 2003.
[22] KIM K, SCOTT W R. Design of a resistively loaded vee-dipole for ultra wide band ground penetrating radar applications [J]. IEEE Trans AP, 2005, 53(8): 2525-2532.
[23] 吴秉横，纪奕才，方广有. 一种新型探地雷达天线的设计分析[J]. 电子与信息学报，2009，31(6)：1407-1409.

中篇

病害影响分析及健康评估

5 带裂缝隧道衬砌结构稳定性及安全评估研究

5.1 概述

裂缝是隧道衬砌最常见也是最严重的病害之一,而且是渗漏水、剥落、掉块、坍塌等其他病害的直接或间接原因。隧道衬砌出现裂缝后会破坏结构的稳定性,降低结构的安全可靠性,影响隧道的正常使用,甚至危害行车安全。其主要危害包括如下几方面:降低衬砌结构对围岩的承载能力;裂缝过大会导致衬砌掉块,影响行车和行人安全;裂缝部位会出现漏水,造成洞内设施锈蚀,道床翻浆,严寒和寒冷地区甚至出现冻害;在运营条件下对衬砌裂缝进行大修整治,施工与交通运输会互相干扰,造成费用增加。对裂缝进行检测并提取出裂缝的长度、宽度、位置、走向、分布密度等特征参数后,只能大体了解裂缝病害的严重程度,并不能从力学性能上判定衬砌结构的稳定性。因此,研究带裂缝隧道衬砌结构的稳定性并对结构安全进行评估就显得尤为重要。

本章在收集 26 座隧道衬砌裂缝病害案例的基础上,选取浙江省内具有典型地形地貌特征的 5 条高速公路(共 19 座隧道),历时半年进行裂缝病害调查,并根据相关文献对衬砌裂缝病害的成因和类型进行了总结和分类。

裂缝会影响隧道衬砌结构的稳定性。衬砌出现裂缝后,裂缝尖端区域的应力场会发生应力集中现象,部分裂缝会失稳扩展,从而降低衬砌结构的稳定性。裂缝力学模型主要包括分离裂缝模型、分布裂缝模型和内嵌裂缝模型等,为分析带裂缝隧道的稳定性,本章采用大型有限元分析软件 ABAQUS,对带裂缝隧道衬砌结构的稳定性进行数值模拟,选择裂缝尖端的应力强度因子及基于应力强度因子和混凝土断裂准则的裂缝稳定系数作为评价裂缝稳定性的定量指标,分析裂缝的深度、宽度、长度、位置、走向和分布密度等不同参数对衬砌结构稳定性的影响规律。这些研究将为后续的衬砌结构安全评估提供参考依据。

本章最后在总结国内外隧道衬砌裂缝安全等级评价标准的基础上,采用模拟综合评判的方法对带裂缝隧道衬砌结构安全评估进行了研究,根据数值模拟结果,采用改进的层次分析法确定了裂缝各个参数指标的权重,最终确定了隧道衬砌裂缝的安全等级评价标准,并通过实际工程案例验证了方法的实用性和有效性。

5.2 隧道衬砌裂缝稳定性分析方法

5.2.1 隧道衬砌裂缝病害成因分析

1. 隧道衬砌裂缝成因

根据有关工程实例和统计资料[1-3],隧道衬砌裂缝病害发生的主要原因有以下几方面。

(1) 外荷载的直接应力因素引起的裂缝:其中围岩压力占很大一部分。

(2) 由变形变化引起的裂缝:这类裂缝是由于材料收缩和膨胀、结构不均匀沉降、温度应力等因素导致衬砌结构出现变形而引起的。

(3) 地质因素引起的裂缝:由于受软弱围岩松动压力、大变形围岩挤压作用、偏压隧道的不均匀受力等,这些因素主要是改变了隧道的受力状况,出现应力重分布或局部应力集中、偏压等,导致衬砌结构出现裂缝。

(4) 勘察、设计因素引起的裂缝:主要是勘察设计单位无法深入地开展地质勘探工作,隧道位置选择不好,穿越的地质条件和环境条件复杂;隧道围岩类别评价及支护结构设计缺乏依据,设计的地质条件与实际偏差较大,结构形式和断面形式不合理,支护结构承载力强度不够,细部处理不当,导致隧道使用年限减少。

(5) 施工因素引起的裂缝:主要是开挖和支护方法不合理,光面爆破不够完善,欠挖未进行处理,超挖未进行回填;支护结构背后存在空洞,隧道基底未清理干净,回填不符合要求,衬砌结构未按要求配筋;混凝土强度还未形成就去掉支撑和模板,使混凝土过早受力,导致衬砌开裂。

(6) 环境因素:主要包括地下水的侵蚀、混凝土的碳化及混凝土在寒冷气候和地下水的共同作用下引起的结构冻融破坏,这些因素都会导致衬砌出现裂缝,严重时会出现混凝土剥落。

(7) 其他因素影响:诸如列车荷载、地震荷载、山体采空区、泥石流、洪水、滑坡等自然灾害会引起隧道不同程度的衬砌开裂,相邻洞室的开挖或其他临近构筑物的修建也会对正在使用的隧道产生影响,主要是会改变隧道的受力状况,导致结构开裂和破坏。

2. 隧道衬砌裂缝类型

隧道衬砌裂缝按走向可分为纵向裂缝、斜向裂缝和环向裂缝 3 种,根据有关统计资料[4-6],纵向裂缝约占 80%,斜向裂缝约占 5%,环向裂缝约占 15%。对浙江省内 19 座公路隧道裂缝病害的调查显示,环向裂缝所占比例最大,为 55.3%,原因在于所调查的隧道多数为连拱隧道,由于施工不当在中隔墙附近出现较多的环向裂缝。裂缝按衬砌受力变形及裂口特征可分为 4 种。

(1) 衬砌受弯张口型裂缝:常见于拱腰部位、边墙中部,衬砌承受较大的地层压力作用,衬砌受弯向内位移,内缘拉应力超过混凝土的极限抗拉强度,从而产生张口型裂缝。

(2) 内缘受压闭口型裂缝:常见于对应于两拱腰发生较严重的纵向张裂内移地段的拱顶部位,出现闭口型纵裂,衬砌向上位移,其中较严重处,拱顶内缘在高挤压应力作用下发生剥落掉块。

(3) 衬砌受剪错台型裂缝:偶见拱腰部位衬砌,在其背后局部松动滑移围岩的推力作用下,沿水平工作缝较薄弱处,有一侧的衬砌变形突出,形成错台型裂缝。

(4) 收缩性环向裂缝:多见于隧道靠洞口地段,受气温变化影响较大,混凝土衬砌环向施工缝出现收缩性裂缝。其中,以拱腰受弯张口型纵向裂缝、拱腰处衬砌向内位移最为常见,相应拱顶部位发生内缘受压闭口型裂缝,拱顶处衬砌向上位移。

当衬砌被各种裂缝切割成小块状时,容易造成结构失稳而发生坍落,对隧道运营安全威胁很大。裂缝出现后如果不及时进行治理,经过扩展后会导致掉块和坍塌,影响隧道本身的承载力,危及结构的安全。对于穿越富水地带的山岭隧道,裂缝的出现会导致地下水沿裂缝渗漏进入隧道衬砌内,导致隧道衬砌钢筋锈蚀以及混凝土腐蚀等灾害产生,严重影响隧道的使用性能,导致隧道衬砌的破坏甚至使隧道失效而不得不另改道运行。

隧道衬砌裂缝按成因又可分为干缩裂缝、温度裂缝、荷载变形裂缝和施工缝 4 种[7-9]。

(1) 干缩裂缝：混凝土在硬化过程中水分逐渐蒸发，使水泥石中的凝结胶体干燥收缩产生变形。由于受到围岩和模板的约束变形产生应力，当应力值超过混凝土的抗拉强度时，就会出现干缩裂缝。干缩裂缝多为表面性的，走向没有规律。影响混凝土干缩裂缝的因素主要有：水泥品种、水泥用量、水灰比、骨料的大小级配、外加剂的品种和掺量。

(2) 温度裂缝：水泥水化过程中产生大量的热量，会在混凝土内部和表面间形成温度梯度而产生应力，当温度应力超过混凝土内外的约束力时，就会产生温度裂缝。温度裂缝一般为冬季较宽、夏季较窄，主要影响因素有二次衬砌混凝土的厚度及水泥的品种和用量。

(3) 荷载变形裂缝：仰拱和边墙基础的虚渣若未清理干净，混凝土浇筑后，基底产生不均匀沉降，模板台车或堵头板没有固定住，以及过早脱模时混凝土受到较大的外力撞击等都会产生变形裂缝。荷载变形裂缝在隧道衬砌混凝土病害中占有的比例逐年增大。

(4) 施工缝：施工过程中由于停电、机械故障等原因迫使混凝土浇筑中断或停电时间超过混凝土初凝时间，继续浇筑混凝土时，原有的混凝土表面若没有进行凿毛处理，或处理不彻底，会致使新旧混凝土接茬处出现裂缝。

5.2.2 裂缝力学模型及扩展类型

1. 裂缝力学模型

裂缝的力学模型主要有分离裂缝模型（Discrete Crack Model）、分布裂缝模型（Smeared Crack Model）和内嵌裂缝模型（Embedded Crack Model）3 种。

(1) 分离裂缝模型[10]认为裂缝在相邻单元的边界面上形成，并在裂缝两边的单元引入各自的节点。分离裂缝模型是最早被提出的模拟混凝土开裂的裂缝模型，其基本思路是将裂缝处理为单元边界，一旦出现裂缝就调整节点位置或增加新的节点，并重新划分单元网格，使裂缝处于单元边界与边界之间。这样，由裂缝引起的非连续性可以很自然地得到描述，裂缝的位置、形状、宽度也可以得到较清晰的表达。由于分离裂缝模型使用单元边界来模拟裂缝，因此随着裂缝的发生和发展，需要不断调整单元网格，这需要消耗大量的时间，成为妨碍分离裂缝模型发展的主要原因。

(2) 分布裂缝模型[11,12]假定裂缝在单元内部形成，当单元达到开裂条件后，就在垂直于主拉应力的方向产生裂缝。分布裂缝模型也被称为弥散裂缝模型，其实质是将实际的混凝土裂缝"弥散"到整个单元中，将混凝土材料处理为各向异性材料，利用混凝土的材料本构模型模拟裂缝的影响。这样，当混凝土某一单元的应力超过开裂应力，则只需将材料本构矩阵加以调整，无需改变单元形式或重新划分单元网格，易于有限元程序的实现，因此分布裂缝模型得到非常广泛的应用。

(3) 内嵌裂缝模型[13-15]是一种通过改造单元形函数构造内嵌裂缝的特殊单元模型。

2. 裂缝扩展类型

隧道衬砌混凝土开裂后，在某种条件下裂缝会失稳扩展，按照它们在荷载作用下扩展形态的不同,可以分为3种基本类型:张开型(Ⅰ型)裂缝、滑开型(Ⅱ型)裂缝和撕开型(Ⅲ型)裂缝[16],如图5-1所示。

(1) 张开型(Ⅰ型)裂缝,如图5-1(a)所示。正应力σ和裂缝面垂直,在正应力作用下,裂缝尖端处的上、下两个平面张开而扩展,且扩展方向和正应力σ作用方向相垂直。

(2) 滑开型(Ⅱ型)裂缝,如图5-1(b)所示。在构件或试样受剪切的情况下,若剪应力τ作用方向与裂缝尖端线相垂直,则会使裂缝尖端处的上、下两个平面相对滑移而扩展。

(3) 撕开型(Ⅲ型)裂缝,如图5-1(c)所示。剪应力τ和裂缝表面平行,且剪应力作用方向与裂缝尖端线相平行,在剪应力作用下裂缝的上、下两个平面沿裂缝面因非相对滑动撕开而扩展。

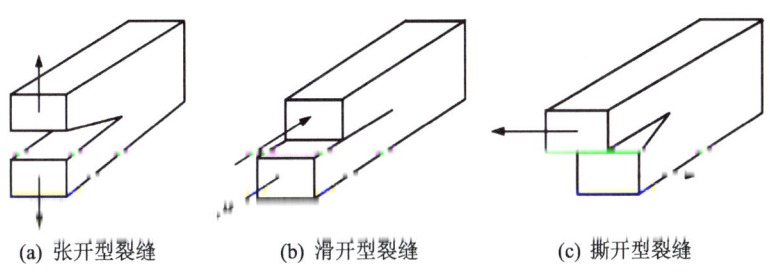

(a) 张开型裂缝　　(b) 滑开型裂缝　　(c) 撕开型裂缝

图 5-1　裂缝扩展的基本类型

如果构件或材料内部的裂缝同时受正应力和剪应力的作用,则可能同时存在Ⅰ型和Ⅱ型或Ⅰ型和Ⅲ型裂缝,称为复合型裂缝。

5.2.3　裂缝尖端附近的应力场和位移场

为了了解结构出现裂缝后裂缝尖端区域应力场和位移场的变化情况,现以Ⅰ型裂缝为例,分析线弹性条件下裂缝尖端的应力场和位移场。取一块在长度和宽度方向均为无限大的平板,在x方向和y方向均承受拉应力σ作用,在平板中间有一条长度为$2a$的裂缝,如图5-2所示。

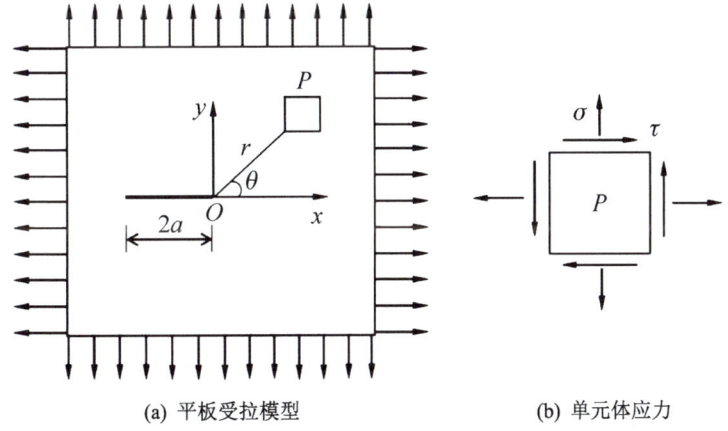

(a) 平板受拉模型　　　　(b) 单元体应力

图 5-2　含有裂缝的无限大平板受拉模型示意图

按线弹性力学的平面问题求解,可得出裂缝尖端附近的应力场和位移场计算公式[17]。

裂缝尖端附近的应力场表示为

$$\sigma_x = \frac{K_\mathrm{I}}{\sqrt{2\pi r}} \cos\frac{\theta}{2} \left(1 - \sin\frac{\theta}{2}\sin\frac{3\theta}{2}\right) \tag{5-1}$$

$$\sigma_y = \frac{K_\mathrm{I}}{\sqrt{2\pi r}} \cos\frac{\theta}{2} \left(1 + \sin\frac{\theta}{2}\sin\frac{3\theta}{2}\right) \tag{5-2}$$

$$\tau_{xy} = \frac{K_\mathrm{I}}{\sqrt{2\pi r}} \cos\frac{\theta}{2} \sin\frac{\theta}{2} \cos\frac{3\theta}{2} \tag{5-3}$$

$$\sigma_z = \upsilon(\sigma_x + \sigma_y) \quad (\text{平面应变}) \tag{5-4}$$

$$\sigma_z = 0 \quad (\text{平面应力}) \tag{5-5}$$

裂缝尖端附近的位移场表示为

$$u = \frac{2(1+\upsilon)K_\mathrm{I}}{4E}\sqrt{\frac{r}{2\pi}}\cos\frac{\theta}{2}\left[(2k-1)\cos\frac{\theta}{2} - \cos\frac{3\theta}{2}\right] \tag{5-6}$$

$$v = \frac{2(1+\upsilon)K_\mathrm{I}}{4E}\sqrt{\frac{r}{2\pi}}\cos\frac{\theta}{2}\left[(2k+1)\sin\frac{\theta}{2} - \sin\frac{3\theta}{2}\right] \tag{5-7}$$

式中,r,θ 为裂缝尖端附近点的极坐标;u,v 为位移分量;$\sigma_x, \sigma_y, \tau_{xy}, \sigma_z$ 为应力分量;E 为弹性模量;υ 为泊松比;K_I 为裂缝尖端的应力强度因子,可以反映出裂缝尖端附近应力场的强度。其中 k 表示为

$$k = 3 - \upsilon \quad (\text{平面应变})$$

$$k = \frac{3-\upsilon}{1+\upsilon} \quad (\text{平面应力})$$

由以上公式可以看出,裂缝尖端附近的应力场具有以下特点:
(1) 在裂缝尖端,即 $r=0$ 处,应力趋于无穷大,应力在裂缝尖端出现奇异点;
(2) 裂缝尖端附近区域的应力分布是 r 和 θ 的一定函数关系,与无限远处的应力和裂缝长度无关。

对于线弹性材料,可以用线弹性断裂力学的方法研究裂缝开展问题,在裂缝尖端的某一区域内,其应力场主要由应力强度因子决定,该区域称为应力强度因子的主导区,即 K 主导区。对于隧道衬砌等弹塑性材料,应力不可能是无穷大的,在外荷载的作用下裂缝尖端会出现塑性区。如果裂缝尖端附近塑性区的尺寸小于应力强度因子的主导区尺寸及有关的几何尺寸,称之为小范围屈服,由于小范围屈服的塑性区对广大弹性区的应力场影响不大,因此仍然可以采用应力强度因子表征裂缝尖端附近应力场的强度。

5.2.4 混凝土裂缝扩展的断裂准则

1. 混凝土裂缝断裂准则

断裂力学将裂纹尖端开展或破坏的临界条件称为断裂准则,可分为理论断裂准则和工程断裂准则两大类。理论断裂准则是在理论推导的基础上建立的,主要包括应力强度因子、最大环向应力、最大能量释放率及最小应变能等形式。工程断裂准则是在室内试验以及现场试验的基础上总结提炼出的经验公式。理论断裂准则意义明确,适用性广,但形式复杂,不便于工程应用,实际工程情况复杂多变,材料不均匀性和离散性很大,计算结果与实际情况之间存在误差。工程断裂准则形式简单,便于使用,但缺乏可靠的理论基础[18]。

1) 单一型裂缝的断裂准则

存在裂缝时,衬砌的稳定性不能单纯通过材料强度准则确定,需要考虑裂缝的几何形状和相对位置,衬砌的安全性须由裂缝是否开展决定。单一型裂缝常用的断裂准则有应力强度因子K准则、COD准则、J积分准则以及能量准则等,其中最常用的是应力强度因子K准则,可用公式表示为

$$K_i \leqslant K_{iC}(i = \text{I}, \text{II}, \text{III}) \tag{5-8}$$

式中,K_{iC} 是 $i(i = \text{I}, \text{II}, \text{III})$ 型裂纹的断裂韧度,它表征具体材料阻止裂纹传播的能力,是材料抵抗脆性破坏能力的一个韧性指标,可以根据相关室内试验或现场试验进行测定。

COD(Crack Tip Opening Displacement)是指裂缝受力后在裂缝尖端沿垂直裂缝面方向所产生的裂缝尖端张开位移,COD准则的基本思想是将D-M模型得出的裂缝张开位移作为裂缝尖端位移场的物理变量,并用来建立裂缝在弹塑性条件下的断裂准则。J积分是围绕裂缝尖端的一个围线积分,反映裂缝尖端由于大范围屈服而产生的应力场强度,J积分决定裂缝尖端弹塑性应力场的强度,与路径无关,基于J积分理论建立的断裂准则即为J积分准则。COD和J积分已成为弹塑性断裂力学中两个最主要的参量。

2) 复合型裂缝的断裂准则

在复杂几何形状、材料不均匀性及荷载作用不对称等因素的影响下,衬砌裂缝通常处于复杂的应力状态作用下,断裂力学将平面内法向应力与剪应力共同作用下的裂缝称为I-II复合型裂缝,并根据裂纹面法向应力的正负将I-II复合型裂纹分为拉剪裂缝和压剪裂缝。工程中单纯的 I、II、III 型裂缝并不常见,多数是两种或两种以上不同类型裂缝组成的复合型裂缝。

复合型裂缝扩展也有理论断裂准则和工程断裂准则两种,目前常用的复合型断裂准则有最大周向应力理论、能量释放率理论、应变能理论等。对于拉剪复合型裂缝,根据线弹性断裂力学原理,应力强度因子可以利用叠加原理进行计算,即复合型裂缝可以分解为多个单一型裂缝的叠加。对于压剪复合型裂缝,裂缝的断裂准则和断裂机理尚不清楚,裂缝断裂过程中涉及接触、摩擦等非线性现象,断裂准则推导中无法应用叠加原理。为了实际工程应用方便,复合型裂缝还建立了工程断裂准则,可用公式表示为

$$F(K_\text{I}, K_\text{II}, K_\text{III}, K_{IC}) = 0 \tag{5-9}$$

式中，F 的具体形式可由室内试验或现场试验确定。

拉剪型裂缝的裂缝面处于张开状态，可利用线弹性断裂力学叠加原理中的分解方法分别求出 K_I 和 K_{II}。压剪型裂缝的裂缝表面存在法向压应力，即裂缝表面相互接触在剪切作用下产生相对滑动或滑动趋势，且裂缝表面的摩擦力会阻止剪切裂缝的扩展。根据断裂力学可知，裂缝的应力强度因子是结构与裂缝外形、荷载相关的力学量，裂缝表面接触时荷载分布规律复杂，应力强度因子计算比较困难，也难以利用理论方法给出裂缝的断裂准则，因此与拉剪型裂缝断裂准则类似，压剪型裂缝的工程断裂准则一般利用试验方法确定[19]。

2. 隧道衬砌裂缝扩展类型

隧道衬砌结构一般承受弯矩、轴力、剪力等多种荷载形式，衬砌内部应力状态复杂多变，从断裂力学来看，衬砌结构中裂缝可能是Ⅰ，Ⅱ，Ⅲ型等单一型裂缝，也可能是多种类型同时存在的复合型裂缝。

隧道衬砌裂缝按照受力特性可分为弯张裂缝、剪切裂缝、扭转裂缝、压剪裂缝、拉剪裂缝等，其中弯张裂缝、剪切裂缝、扭转裂缝分别对应于Ⅰ，Ⅱ，Ⅲ型裂缝，属于单一型裂缝，压剪裂缝、拉剪裂缝属于Ⅰ-Ⅱ复合型裂缝。实际隧道衬砌结构属于偏心受压构件，主要承受弯矩、轴向压缩荷载和剪切荷载，衬砌裂缝通常不是单一型裂缝，而是多种类型同时存在的复合型裂缝。纵向裂缝在垂直裂缝面方向受到正应力作用，同时沿裂缝面方向受到剪应力作用，因此纵向裂缝属于Ⅰ-Ⅱ复合型裂缝。环向裂缝在平行于裂缝面而与裂缝尖端线平行方向受到剪应力作用，同时沿裂缝面方向受到剪应力作用，此时环向裂缝属于Ⅱ-Ⅲ复合型裂缝。斜向裂缝同时承受三种应力作用：在垂直裂缝面方向受到正应力作用，沿裂缝面方向受到剪应力作用，同时在平行于裂缝面而与裂缝尖端线平行方向受到剪应力作用，由此可见，斜向裂缝属于Ⅰ-Ⅱ-Ⅲ复合型裂缝。目前关于Ⅲ型裂缝的扩展机理和断裂准则研究较少，鉴于此，本书重点对纵向裂缝（Ⅰ-Ⅱ复合型裂缝）进行研究，分析纵向裂缝不同特征参数对隧道衬砌结构稳定性的影响，随后通过一些假定再对斜向和环向裂缝的稳定性进行研究。

5.2.5 应力强度因子及计算方法

由上节可以看出，公式中的共有系数 K_I 称为裂缝尖端的应力强度因子，可以反映出裂缝尖端附近的应力场强度。对于无限大板有中心裂缝、受双轴拉应力的情况为

$$K_I = \sigma\sqrt{\pi a} \tag{5-10}$$

对于其他类型的裂缝，应力强度因子可统一表示为

$$K_I = Y\sigma\sqrt{\pi a} \tag{5-11}$$

式中，σ 为名义应力（裂缝位置上按无裂缝计算的应力）；a 为裂缝尺寸（裂缝长度或深度）；Y 为形状系数（与裂缝大小、位置等有关）。

由以上公式可以看出，应力强度因子在裂缝尖端处为一有限量。当荷载较为复杂、构件尺

寸不规则时,就需要借助有限元等数值方法求解裂缝尖端的应力强度因子。

采用有限元方法直接计算应力强度因子时,需要在裂缝尖端设定积分区域,利用单元的高斯积分点,其网格划分和模型应用比较复杂。实际应用时,可求得裂缝尖端附近的应力分量或位移分量的数值解,再利用裂缝尖端应力场或位移场的表达式,推算裂缝尖端的应力强度因子,这种方法以位移法精度较高,具体计算方法介绍如下[19]。

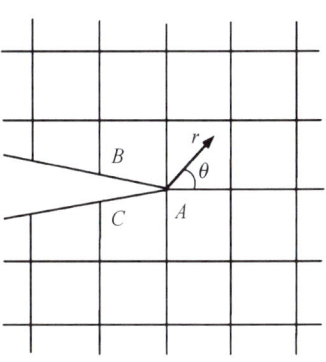

图 5-3 裂缝尖端区域有限元网格划分示意图

图 5-3 为裂缝尖端的有限元网格,通过有限元计算可得到节点 A,B,C 的位移,I 型裂缝尖端任一点的水平位移和竖向位移如式(5-6)和式(5-7)所示。

将 $\theta=180°$,$r=r_{AB}$ 及节点 B 相对于节点 A 的裂缝竖向位移 v_{BA} 代入式(5-6) 和式(5-7)后可解得

$$K_{\mathrm{I}} = \sqrt{\frac{2\pi}{r_{AB}}} \frac{E}{(1+k)(1+v)} v_{BA} \tag{5-12}$$

同样,将 $\theta=180°$、$r=r_{AC}$ 及节点 C 相对于节点 A 的裂缝竖向位移 v_{CA} 代入式(5-6)和式(5-7)后可解得

$$K_{\mathrm{I}} = -\sqrt{\frac{2\pi}{r_{AB}}} \frac{E}{(1+k)(1+v)} v_{CA} \tag{5-13}$$

令 $r_{AB}=r_{AC}$,结合式(5-12)和式(5-13)后可得到利用裂缝尖端张开位移 COD 表示的 I 型裂缝应力强度因子表达式:

$$K_{\mathrm{I}} = \sqrt{\frac{2\pi}{r_{AB}}} \frac{E}{2(1+k)(1+v)} (v_{BA}-v_{CA}) \tag{5-14}$$

同样,可得到利用裂缝尖端错动位移 CSD(Crack Tip Shear Displacement)表示的 II 型裂缝应力强度因子表达式:

$$K_{\mathrm{II}} = \sqrt{\frac{2\pi}{r_{AB}}} \frac{E}{2(1+k)(1+v)} (v_{BA}-v_{CA}) \tag{5-15}$$

裂缝尖端张开位移: $COD=v_{BA}-v_{CA}$;

裂缝尖端错动位移: $CSD=u_{BA}-u_{CA}$。

式(5-14)和式(5-15)给出的裂缝尖端应力强度因子计算简单,意义明确,对单一裂缝和复合裂缝都适用,应用范围较广。此外采用有限元方法计算应力和位移比较准确,因此式(5-14)和式(5-15)计算得到的裂缝尖端应力强度因子有足够的精度,可满足工程应用。

5.2.6 隧道衬砌裂缝病害计算模型

隧道衬砌结构属于偏心受压构件,主要承受弯矩、轴向压缩荷载和剪切荷载,隧道设计时一般将衬砌结构简化为梁单元,并按照矩形偏心受压构件对衬砌截面进行强度验算,以确保衬砌截面不会发生混凝土压碎或拉伸破坏。与正常衬砌相同,带裂缝衬砌构件同样承受弯矩 M、轴力 N、剪力 Q 三种荷载,对于内侧存在裂缝的衬砌结构,取出一段可简化为如图 5-4 所示的衬砌裂缝病害力学计算模型,衬砌结构两端除承受弯矩 M、轴力 N、剪力 Q 外,还承受围岩压力 $q(x)$ 的作用,带裂缝衬砌结构的稳定性分析即简化为图中所示结构的稳定性分析。

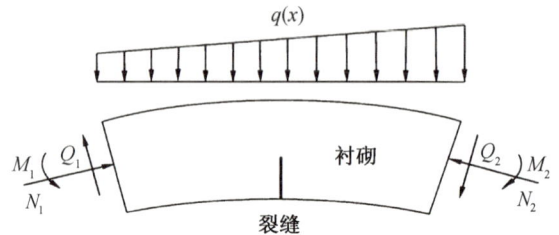

图 5-4 隧道衬砌裂缝病害力学计算模型

根据隧道衬砌裂缝病害计算模型和裂缝扩展类型可知,隧道衬砌结构在偏心受压情况下,衬砌纵向裂缝一般属于Ⅰ-Ⅱ复合型裂缝(压剪或拉剪型裂缝),对于Ⅰ-Ⅱ型裂缝的断裂准则和断裂韧度研究比较多;而衬砌斜向裂缝一般属于Ⅰ-Ⅲ、Ⅱ-Ⅲ或Ⅰ-Ⅱ-Ⅲ复合型裂缝,目前关于Ⅲ型裂缝的断裂准则和断裂韧度研究较少。根据隧道衬砌裂缝病害调查可知,纵向裂缝占 80%,大多数属于结构性裂缝,对衬砌结构危害最大,为便于分析且从偏于安全方面考虑,本节首先采用二维有限元模型对纵向裂缝进行重点研究,在此基础上,建立衬砌结构的三维有限元模型分析斜向和环向裂缝对衬砌结构稳定性的影响。

5.2.7 隧道衬砌裂缝稳定系数

由前文研究可以看出,对于线弹性材料,裂缝尖端区域的应力趋于无穷大,应力具有奇异性。在实际工程材料中,不可能承受无穷大的应力作用,这种理想化的情况不会出现。对于金属材料,在裂缝尖端前沿,当应力达到屈服极限时会发生塑性变形,在裂缝尖端区域形成一个塑性区,在此区域内,应力达到某一极限后便不再增长或只有较小的增长。对于隧道衬砌混凝土材料,衬砌出现裂缝后,会在裂缝尖端前沿出现一个微裂区,从而导致裂缝尖端不会出现应力无穷大的情况。

应力集中系数主要着眼于裂缝尖端附近区域某一点的应力状态,反映的是应力场的变化程度;应力强度因子则是从裂缝尖端附近奇异性应力场出发,反映的是奇异性应力场的强度。应力集中系数只考虑了材料的强度,未考虑材料的断裂韧度,因此用应力集中系数来表示衬砌结构的稳定性是不全面的;应力强度因子建立的断裂准则,是从材料的强度和断裂韧度两方面综合考虑,因此采用应力强度因子分析衬砌结构出现裂缝后的稳定性更为合理。

于骁中[20]提出了混凝土拉-剪复合型裂缝的断裂准则,如式(5-16)所示:

$$K_I^2 + 4.2 K_{II}^2 = K_{IC}^2 \tag{5-16}$$

式中，K_{I} 和 K_{II} 分别表示 I 型和 II 型裂缝的应力强度因子；K_{IC} 表示 I 型裂缝的断裂韧度，一般情况下 $K_{\mathrm{IC}} = 0.3 \sim 1.3 \mathrm{MN} \cdot \mathrm{m}^{-3/2}$，从偏于安全考虑[21]，本书研究在不考虑渗水时可取 $K_{\mathrm{IC}} = 0.4 \mathrm{MN} \cdot \mathrm{m}^{-3/2}$。

为了分析隧道衬砌结构出现裂缝后的稳定性，定量研究裂缝的深度、宽度、位置、分布密度等参数对结构稳定性的影响，可采用裂缝稳定系数 f 来表示衬砌出现裂缝后的稳定性，具体可用公式表示如下：

$$f = \frac{K_{\mathrm{IC}}^2}{K_{\mathrm{I}}^2 + 4.2 K_{\mathrm{II}}^2} \tag{5-17}$$

根据式(5-17)，隧道衬砌结构稳定性的判别标准如下：
(1) 当 $f > 1$ 时，裂缝不发展，衬砌结构处于稳定状态，且 f 值越大，结构稳定性越高；
(2) 当 $f = 1$ 时，裂缝处于临界状态，衬砌结构处于稳定的临界状态；
(3) 当 $f < 1$ 时，裂缝将发展，衬砌结构处于不稳定状态，且 f 值越小，结构稳定性越低。

因此，可根据 f 值的变化情况分析衬砌结构出现裂缝后不同裂缝特征参数对结构稳定性的影响规律，为衬砌结构安全评估提供参考依据。

5.2.8 裂缝稳定性分析方法

1. 扩展有限元分析基本理论

数值方法在岩石及地下工程中占有重要的地位，已有的理论解只能解决圆形或椭圆形等具有简单形体的问题，而对于几何形状复杂的问题只能借助数值方法获得近似解，目前已涌现出各种不同的数值方法[22-24]，其中包括应用广泛的有限元方法。传统的有限元方法对位移场的描述是基于单元的，单元之间的位移可以是协调的也可以是不协调的，但每个单元内部的位移场总是通过形函数和单元节点位移来表示：

$$u^{\mathrm{e}}(x) = \sum_k N_k^{\mathrm{e}}(x) u_k \tag{5-18}$$

式中，$u^{\mathrm{e}}(x)$ 是单元内部的位移场；u_k 是单元节点位移；$N_k^{\mathrm{e}}(x)$ 是形函数，x 是空间坐标，下标 k 代表单元的节点。传统有限元方法在求解裂纹等不连续问题时，需要通过不断调整单元网格来适应不断变化的非连续界面，而且需要在裂缝尖端划分密集的单元网格[25]。

近年来，以美国西北大学 T. Belytschko 教授为代表的研究组提出的扩展有限元法（Extended Finite Element Method，XFEM）[26-30]为裂缝的扩展分析提供了新的数值方法。XFEM 是基于单位分解的方法（PUM）对单元的形函数加以改进，从而考虑所研究问题的不连续、奇异性和边界层等特性。XFEM 所使用的网格与结构内部几何或物理界面无关，从而克服了裂纹尖端等高应力和变形集中区网格划分的困难，使得模拟裂纹生长无需对网格进行重新划分[31]。它利用有限元的形函数作为一组单位分解函数，通过引入非连续位移模式来描述非连续性位移场。同基于单元层次的嵌入非连续方法相比，扩展有限元方法是基于节点影响域的,能够保证对非连续界面的描述在单元间协调。

XFEM 利用有限元形函数构造出求解域上的一组单位分解函数,将节点相邻单元组成的节点影响域看作一组覆盖,通过在每个覆盖上定义位移模式,相应的全域的位移近似描述可以写为

$$u_{\text{app}}(x) = \sum_i N_i(x) \sum_j \beta_{ij} p_j(x) \tag{5-19}$$

式中,下标 i 表示节点影响域;$N_i(x)$ 为定义在节点影响域上的单位分解函数,是该节点在其影响域内所有单元上形函数的合并;$p_j(x)$ 是局部近似空间上的一组基,它可以是连续的,也可以是断续的。当有非连续界面穿过某一节点的影响域时,可以选择 Heaviside 函数作为其中的一项,从而采用断续的基向量来表达非连续界面带来的位移不连续。当 $p_j(x)$ 仅含有常数项时,β_{ij} 即为节点位移,式(5-19)也就可以退化为传统有限元的位移近似公式。

XFEM 是单位分解方法的一种特例,它利用有限元网格的节点影响域生成覆盖系统,以单元形函数构造单位分解函数;同时它又是传统有限元方法的扩展,它的位移模式定义在覆盖上,可以包含非常数项的位移模式。相对于后者来说,XFEM 的这种基于单位分解的位移场函数构造模式提高了描述复杂位移场的能力,特别是增加了对演化的非连续边界进行跟踪的灵活性,避免了网格重划分工作[32]。自 XFEM 问世以来,其在国际上得到了很快的发展和广泛的应用[33-36],目前已成为模拟裂缝等不连续问题最为有效的数值方法。

方修君等[32]通过在单元每个节点的同一位置上分别设置相应的虚节点,利用大型通用有限元软件 ABAQUS 实现了扩展有限元,并对三点弯梁的断裂过程进行了数值模拟。该方法有如下几个特点:①使同一类型的单元具有表达不同形式的位移场的能力;统一的单元构造满足商用程序接口模块化的需要,不同的虚节点状态则对应变化的位移描述需要;②虚节点的激活取决于节点影响域内是否要引入新的位移模式,保证了位移模式在单元间是协调的;③在每个节点上可以预设多个虚节点,虚节点未知量对应的位移模式也可以根据对问题的认识灵活选取,使得单元能够更好地描述各种复杂的位移形式。

2. 基于 ABAQUS 的裂缝稳定性分析

本章将采用大型通用有限元软件 ABAQUS 进行隧道衬砌裂缝的稳定性分析,该软件具有强大的非线性分析功能,具有可模拟任意几何形状的单元库及各种类型的材料模型库(如 Druker-Prager 模型、Cam-Clay 模型及 Mohr-Coulomb 模型等),可以模拟各种典型工程材料的性能,包括金属、橡胶、高分子材料、复合材料、钢筋混凝土、可压缩超弹性泡沫材料以及土壤和岩石等地质材料[37]。ABAQUS 除了能解决大量工程结构(应力-位移)问题外,还可以模拟其他工程领域的许多问题,例如热传导、质量扩散、热电耦合分析、声学分析、岩土力学分析(流体渗透-应力耦合分析)及电介质分析。ABAQUS 为用户提供了广泛的功能,且使用起来又非常简单,大量的复杂问题可以通过选项块的不同组合很容易模拟出来。在大部分模拟中,甚至高度非线性问题中,用户只需提供一些工程数据,诸如结构的几何形状、材料性质、边界条件及载荷工况,ABAQUS 就能自动选择相应的载荷增量和收敛限度,它不仅能够选择合适的参

数,而且能连续调节参数以确保求解精度,用户通过准确的参数定义能很好地控制计算结果。

ABAQUS 6.10 版本具有专门的扩展有限元分析模块,可以模拟裂缝等不连续问题。ABAQUS 模拟裂缝的要点是在"interaction"模块"special"中定义"crack seam",同时定义好裂尖和方向,此时网格须进行细化,采用"collapse element"模拟"singularity"。ABAQUS 定义了围线积分,即围绕着裂尖由单元组成的环形区域,这种方法可以计算 J 积分和应力强度因子等断裂力学参数。此外,ABAQUS 直接计算应力强度因子会有一定的误差,但计算应力和位移则比较准确,因此应力强度因子可通过裂缝尖端张开位移(COD)和裂缝尖端错动位移(CSD)所表示的位移外推公式(5-14)和公式(5-15)进行计算,这种方法得到的裂缝尖端应力强度因子有足够的精度,可满足工程应用。

5.3 裂缝对隧道衬砌结构稳定性影响的数值分析

5.3.1 隧道衬砌结构有限元计算模型

地层-结构模型把围岩与衬砌作为一个受力变形的整体,按照连续介质力学原理计算隧道衬砌结构及围岩的变形,不仅计算出衬砌结构的内力和变形,而且计算出围岩的应力和变形,充分体现衬砌结构与围岩的相互作用。相对于荷载-结构模型,地层-结构模型充分考虑了衬砌结构与围岩的相互作用,结合具体的施工过程可以充分模拟衬砌结构及围岩在每一个施工工况的结构内力及围岩变形,因此更符合隧道工程实际情况。

隧道工程中的岩石类材料变形存在时间效应,隧道施工结束较长时间后围岩的变形才会结束,施工结束后一段时期内衬砌的围岩压力会不断增加,所以三维的黏弹塑性有限元方法才能比较准确地进行隧道施工过程模拟,但二维的黏弹塑性的计算代价相当高,且需要复杂的材料参数以及大量详细的施工信息(开挖与支护信息等相关参数),属于比较复杂的研究,故在一般研究和实际工程中应用较少,因此本节首先采用二维弹塑性分析并结合荷载或位移释放的方法建立隧道衬砌结构的计算模型,对纵向裂缝进行重点分析,在此基础上再采用三维弹塑性计算模型分析斜向和环向裂缝对衬砌稳定性的影响。图 5-5 是采用地层-结构法建立的隧道有限元计算模型,本节也将依据此模型对衬砌裂缝的稳定性进行分析。

图 5-5 隧道有限元计算模型

隧道衬砌裂缝病害的形成与隧道的施工和运营都有关系,因此隧道衬砌裂缝的计算模型应该体现衬砌施工过程的影响。本节将围岩与衬砌相互作用简化为初始地应力计算、隧道开挖、施加衬砌、施工结束后荷载释放这 4 个步骤来模拟隧道围岩"开挖"和衬砌"支护"过程,在此基础上分析裂缝病害对衬砌结构稳定性的影响规律。

5.3.2 数值计算参数及工况

为了探索裂缝对隧道衬砌结构稳定性的影响规律,采用大型通用有限元软件 ABAQUS 对存在裂缝的衬砌结构进行数值模拟。衬砌存在裂缝时,对结构稳定性产生影响的裂缝特征参数主要包括裂缝的长度、宽度、深度、位置、走向和分布密度等,因此应分别对这些参数进行分析,了解各种不同参数对衬砌结构稳定性的影响。结合《公路隧道设计规范》(JTG D70—2004)和云南省高速公路隧道工程实例选取围岩和衬砌的材料参数,围岩和衬砌的本构模型采用摩尔-库仑(Mohr-Coulomb)模型,具体材料参数如表 5-1 所示。

表 5-1 围岩和衬砌材料参数

材料参数	数值	材料参数	数值
围岩级别	Ⅳ级	隧道埋深/m	50
围岩弹性模量 E/GPa	2	衬砌弹性模量 E/GPa	30
围岩泊松比 μ	0.32	衬砌泊松比 μ	0.2
围岩黏聚力 c/MPa	0.6	衬砌黏聚力 c/MPa	1.0
围岩内摩擦角 φ/(°)	30	衬砌内摩擦角 φ/(°)	60
围岩自重 γ/(kN·m^{-3})	22	衬砌自重 γ/(kN·m^{-3})	25
围岩水平侧压力系数 λ	0.47	衬砌厚度 t/cm	50
围岩渗透系数 k/(m·s^{-1})	1×10^{-13}	衬砌渗透系数 k/(m·s^{-1})	1×10^{-11}
围岩空隙比 e	0.025	衬砌空隙比 e	0.015

总结影响隧道衬砌结构稳定性的裂缝特征参数指标,建立 6 种裂缝特征参数(深度、宽度、位置、分布密度、长度和走向)的数值模拟试验方案,全部数值模拟共分 729 组,每组 3 个平行试验,具体数值模拟工况如表 5-2 所示,为减少数值模拟次数,需进行正交试验。根据隧道衬砌裂缝病害调查可知,纵向裂缝占 80%,大多数属于结构性裂缝,对衬砌结构危害最大,为便于分析且从偏于安全方面考虑,首先重点对纵向裂缝进行研究,同时选取裂缝深度(D)、宽度(W)、位置(P)和分布密度(E)等 4 种指标进行正交模拟试验,此时可将计算模型简化为平面应变情况,根据正交试验表,选取具有代表性的 9 组工况进行数值模拟。对于不同裂缝长度和走向对隧道衬砌结构稳定性的影响,需建立三维有限元模型进行分析,这部分内容将随后进行研究。

表 5-2 裂缝特征参数影响分析数值模拟工况

裂缝深度 D/cm	裂缝宽度 W/mm	裂缝位置 P	裂缝分布密度 E/(cm·m^{-2})	裂缝长度 L/m	裂缝走向 R
5	0.5	拱顶	100	5	纵向
15	2.5	拱腰	200	10	斜向
25	4.5	边墙	300	15	环向

图 5-6 是数值模拟时隧道衬砌拱顶、拱腰和边墙裂缝的计算位置示意图。

图 5-7—图 5-9 分别是裂缝位于拱顶、拱腰和边墙时衬砌结构局部区域的有限元网格。

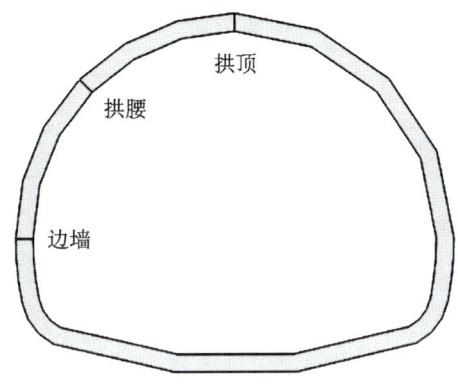
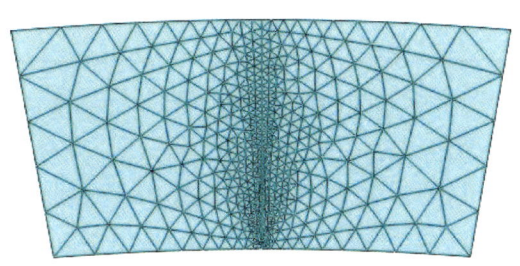

图 5-6 隧道衬砌拱顶、拱腰和边墙裂缝计算位置

图 5-7 拱顶裂缝附近区域有限元网格

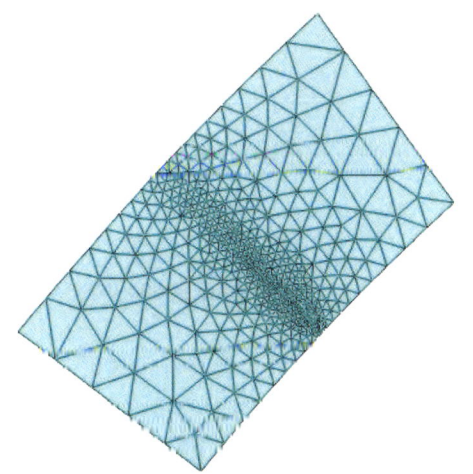
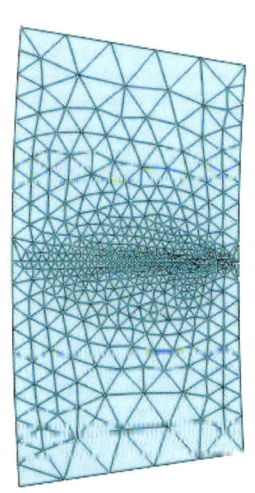

图 5-8 拱腰裂缝附近区域有限元网格　　图 5-9 边墙裂缝附近区域有限元网格

5.3.3 隧道衬砌裂缝稳定性计算结果

1. 裂缝深度影响分析

通过有限元计算,裂缝尖端Ⅰ型应力强度因子 $K_Ⅰ<0$,说明属于压剪型裂缝,在计算裂缝稳定系数时可不考虑 $K_Ⅰ$ 的影响。

表 5-3 是不同裂缝深度条件下裂缝宽度不同时计算得到的Ⅱ型应力强度因子 $K_Ⅱ$(单位:$MN·m^{-3/2}$)和裂缝稳定系数 f,数值模拟工况为 $P=$ 拱腰,$E=100\ cm/m^2$,具体标示为 P2E1。

表 5-3　　不同裂缝深度条件下应力强度因子和裂缝稳定系数

裂缝宽度 W	裂缝深度 D=5 cm		裂缝深度 D=15 cm		裂缝深度 D=25 cm	
	K_{II}	f	K_{II}	f	K_{II}	f
0.5 mm	0.025 83	57.09	0.051 38	14.43	0.132 46	2.17
2.5 mm	0.026 52	54.17	0.052 14	14.01	0.131 25	2.21
4.5 mm	0.027 14	51.72	0.053 27	13.42	0.132 36	2.17

图 5-10 是不同裂缝位置条件下应力强度因子随裂缝深度变化的曲线,数值模拟工况为 $W=2.5$ mm,$E=100$ cm/m²,具体标示为 W2E1。由图可以看出,随裂缝深度增大,不同位置裂缝的应力强度因子均呈增大趋势;裂缝深度相同时,边墙裂缝的应力强度因子最大,其次为拱腰裂缝,而拱顶裂缝的应力强度因子则最小。

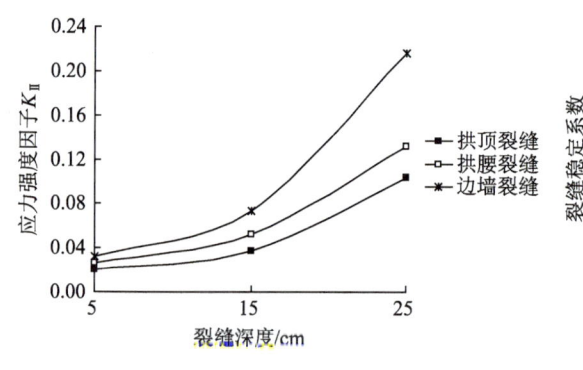

图 5-10　不同深度时各位置裂缝应力强度因子变化曲线

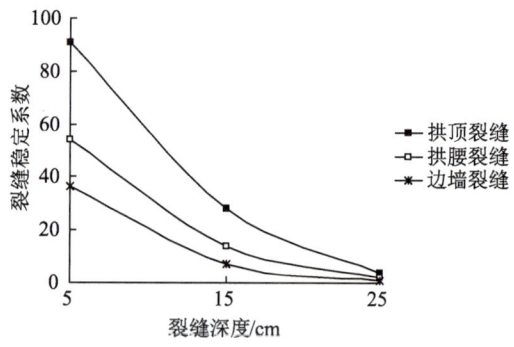

图 5-11　不同深度时各位置裂缝稳定系数变化曲线

图 5-11 是计算得到的不同裂缝位置条件下裂缝稳定系数随裂缝深度变化的曲线。由图可以看出,随裂缝深度增大,不同位置裂缝的稳定系数均呈减小趋势;裂缝深度相同时,边墙裂缝的稳定系数最小,其次为拱腰裂缝,拱顶裂缝的稳定系数则最大。

图 5-12 是各数值模拟工况条件下裂缝尖端的应力强度因子随不同裂缝深度变化的曲线。由图可以看出,各工况条件下裂缝尖端的应力强度因子随裂缝深度增大呈增大趋势。当裂缝深度从 15 cm 增大到 25 cm 时,应力强度因子呈现急剧增大趋势。由此可见,裂缝深度对裂缝尖端的应力强度因子有较大影响,其中 W3P3E3 工况下不同深度裂缝尖端的应力强度因子均大于其他工况。

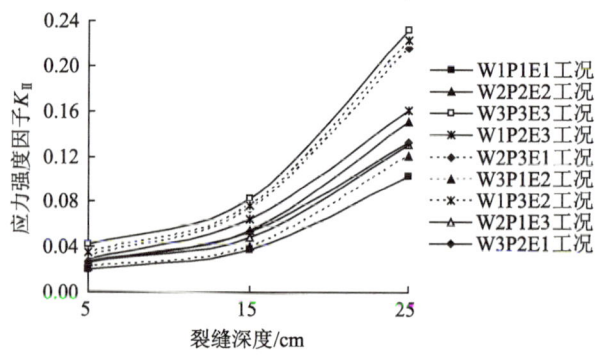

图 5-12　不同深度时各工况应力强度因子变化曲线

图 5-13 是各数值模拟工况条件下裂缝稳定系数随不同裂缝深度变化的曲线。由图可以看出,各工况条件下裂缝稳定系数随裂缝深度增大基本呈减小趋势。当裂缝深度从 15 cm 增大到 25 cm 时,裂缝稳定系数呈现急剧减小趋势,此时部分裂缝的稳定系数已小于 1,裂缝将失稳扩展,衬砌结构也将处于不稳定状态。由此可见,裂缝深度对衬砌结构的稳定性有较大影响,裂缝深度越大,衬砌结构的稳定性越低。

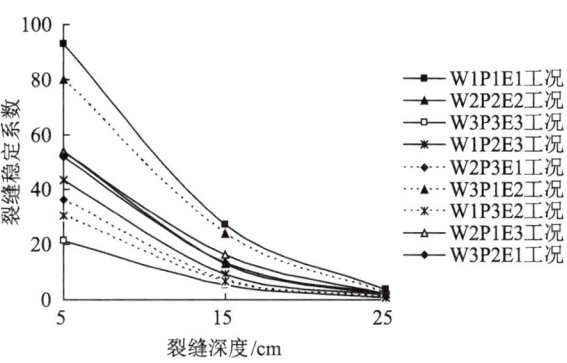

图 5-13 不同深度时各工况裂缝稳定系数变化曲线

2. 裂缝宽度影响分析

表 5-4 是不同裂缝宽度条件下裂缝位于不同位置时计算得到的应力强度因子 K_{II}(单位:MN·m$^{3/2}$)和裂缝稳定系数 f,数值模拟工况为 $D=15$ cm,$E=100$ cm/m²,具体标示为 D2E1。

表 5-4　　　　　不同裂缝宽度条件下应力强度因子和裂缝稳定系数

裂缝位置 P	裂缝宽度 $W=0.5$ mm		裂缝宽度 $W=2.5$ mm		裂缝宽度 $W=4.5$ mm	
	K_{II}	f	K_{II}	f	K_{II}	f
拱顶	0.037 29	27.39	0.036 83	28.08	0.038 26	26.02
拱腰	0.051 38	14.43	0.052 14	14.01	0.053 27	13.42
边墙	0.072 39	7.27	0.073 68	7.02	0.074 25	6.91

图 5-14 是不同裂缝深度条件下应力强度因子随裂缝宽度的变化曲线,数值模拟工况为 $P=$ 拱腰,$E=100$ cm/m²,具体标示为 P2E1。由图可以看出,随裂缝宽度增大,不同深度裂缝的应力强度因子基本保持不变;裂缝宽度相同时,25 cm 深度裂缝的应力强度因子最大,而 5 cm 深度裂缝的应力强度因子则最小。

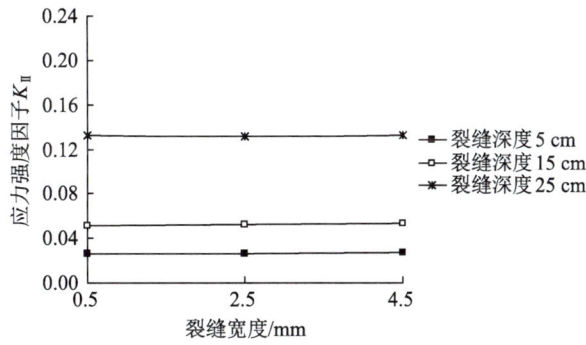

图 5-14 不同宽度时各深度裂缝应力强度因子变化曲线

图 5-15 是计算得到的不同裂缝深度条件下裂缝稳定系数随裂缝宽度变化的曲线。由图可以看出，不同深度裂缝的应力强度因子随宽度增大呈轻微减小。

图 5-16 是各数值模拟工况条件下裂缝尖端的应力强度因子随不同裂缝宽度变化的曲线。由图可以看出，各工况条件下裂缝尖端的应力强度因子随裂缝宽度增大呈轻微增大趋势，其中 D3P3E2 工况下不同宽度裂缝的应力强度因子均大于其他工

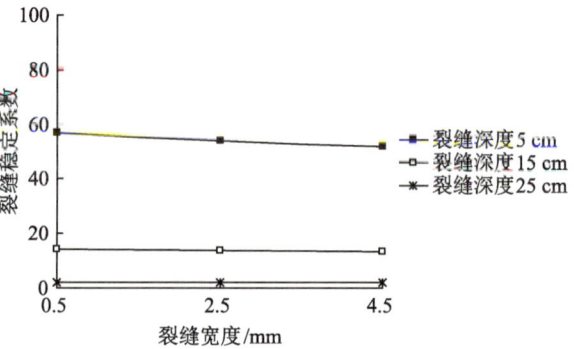

图 5-15 不同宽度时各深度裂缝稳定系数变化曲线

况，而 D1P1E1 工况下不同宽度裂缝的应力强度因子最小。由此可见，裂缝宽度对裂缝尖端的应力强度因子影响很小。

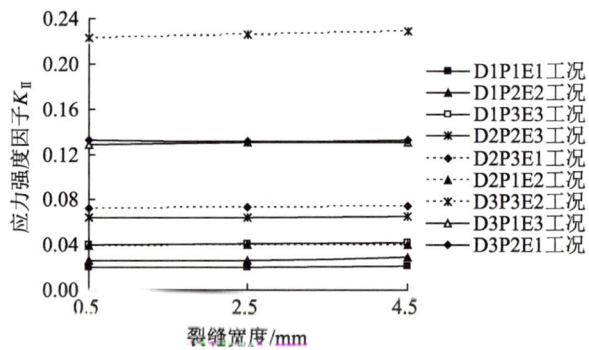

图 5-16 不同宽度时各工况应力强度因子变化曲线

图 5-17 是各数值模拟工况条件下裂缝稳定系数随不同裂缝宽度变化的曲线。由图可以看出，各工况条件下裂缝稳定系数随裂缝宽度增大呈轻微减小趋势，其中 D3P3E2 工况下不同宽度裂缝的稳定系数均小于其他工况，且小于 1，此时裂缝将失稳扩展，衬砌结构也将处于不稳定状态，而 D1P1E1 工况下不同宽度裂缝的稳定系数最大，远远大于 1，此时衬砌结构将处于稳定状态。由此可见，裂缝宽度对衬砌结构的稳定性影响很小。

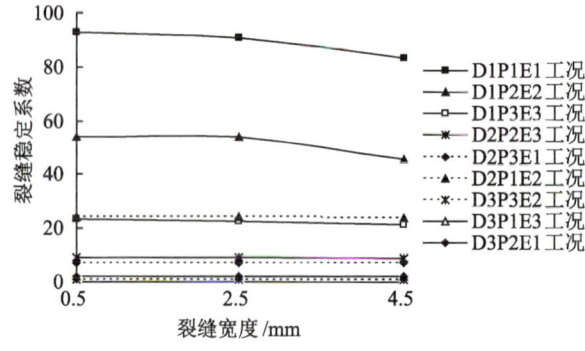

图 5-17 不同宽度时各工况裂缝稳定系数变化曲线

3. 裂缝位置影响分析

表 5-5 是不同裂缝位置条件下裂缝深度不同时计算得到的 Ⅱ 型应力强度因子 $K_Ⅱ$（单位：$MN·m^{-3/2}$）和裂缝稳定系数 f，数值模拟工况为 $W=2.5$ mm，$E=100$ cm/m²，具体标示为 W2E1。

表 5-5　　　　　　　不同裂缝位置条件下应力强度因子和裂缝稳定系数

裂缝深度 D	拱顶		拱腰		边墙	
	$K_Ⅱ$	f	$K_Ⅱ$	f	$K_Ⅱ$	f
5 cm	0.020 46	91.00	0.026 52	54.17	0.032 26	36.61
15 cm	0.036 83	28.08	0.052 14	14.01	0.073 68	7.02
25 cm	0.103 28	3.57	0.131 25	2.21	0.215 94	0.82

图 5-18 是不同裂缝深度条件下应力强度因子随裂缝位置变化的曲线，数值模拟工况为 $W=2.5$ mm，$E=100$ cm/m²，具体标示为 W2E1。由图可以看出，随裂缝位置从拱顶变化至边墙，裂缝尖端的应力强度因子呈增大趋势，边墙裂缝的应力强度因子大于拱顶裂缝和拱腰裂缝的应力强度因子；裂缝深度越大，不同裂缝位置对应力强度因子的影响就越大。

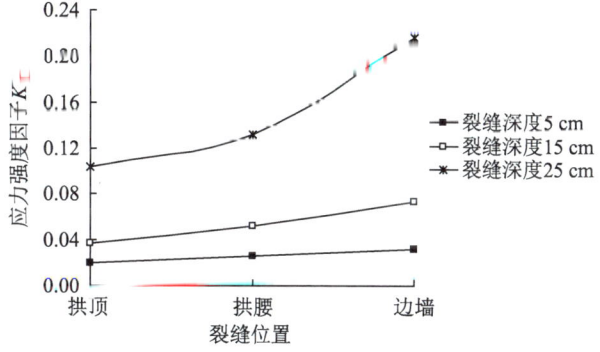

图 5-18　不同位置时各深度裂缝应力强度因子变化曲线

图 5-19 是计算得到的不同裂缝深度条件下裂缝稳定系数随裂缝位置变化的曲线。由图可以看出，随裂缝位置从隧道拱顶变化至边墙，裂缝稳定系数呈不断减小趋势，衬砌结构则趋于不稳定状态；边墙裂缝的稳定系数最小，拱腰裂缝次之，而拱顶裂缝的稳定系数最大；当裂缝深度为 25 cm 时，边墙裂缝的稳定系数已小于 1，此时裂缝将失稳扩展，衬砌结构也将处于不稳定状态，而拱顶与拱腰裂缝的稳定系数均大于 1，裂缝不会失稳扩展，衬砌结构则处于稳定状态。

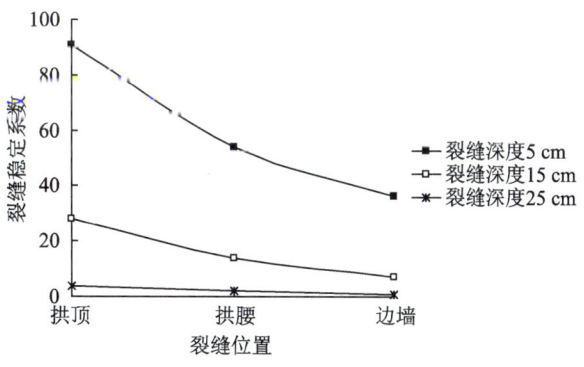

图 5-19　不同位置时各深度裂缝稳定系数变化曲线

图 5-20 是各数值模拟工况下裂缝尖端的应力强度因子随不同裂缝位置变化的曲线。由图可以看出，各工况条件下裂缝尖端的应力强度因子随裂缝位置从拱顶变化至边墙呈不断增

大趋势,边墙裂缝的应力强度因子均大于拱顶裂缝和拱腰裂缝的应力强度因子,原因在于采用对称加载时,边墙受到较大的剪切荷载作用,因此边墙裂缝的应力强度因子较大。由此可见,裂缝位置对裂缝尖端的应力强度因子有较大影响。

图 5-21 是各数值模拟工况下裂缝稳定系数随不同裂缝位置变化的曲线。由图可以看出,各工况条件下裂缝稳定系数随裂缝位置从拱顶变化至边墙呈不断减小趋势,边墙裂缝的稳定系数小于拱腰和拱顶裂缝的稳定系数;当裂缝深度为 25 cm 时,边墙裂缝的稳定系数均小于 1,此时裂缝将失稳扩展,衬砌结构也将处于不稳定状态。由此可见,裂缝位置对衬砌结构的稳定性有较大影响,其中边墙裂缝对衬砌结构的稳定性影响最为显著。

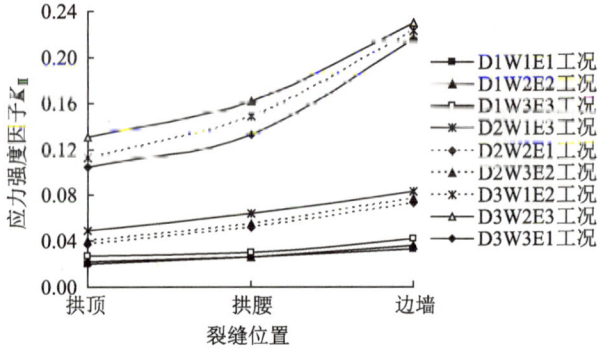

图 5-20 不同位置时各工况应力强度因子变化曲线

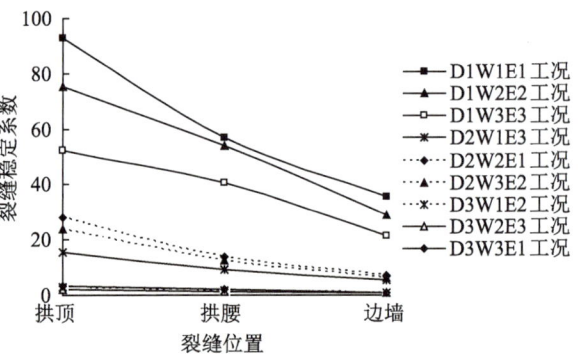

图 5-21 不同位置时各工况裂缝稳定系数变化曲线

4. 裂缝分布密度影响分析

表 5-6 是不同裂缝分布密度条件下裂缝位于不同位置时计算得到的 Ⅱ 型应力强度因子 $K_{\text{Ⅱ}}$(单位:$\text{MN} \cdot \text{m}^{-3/2}$)和裂缝稳定系数 f,数值模拟工况为 $D=15\text{ cm}$,$W=2.5\text{ mm}$,具体标示为 D2W2。

表 5-6 不同裂缝分布密度条件下应力强度因子和裂缝稳定系数

裂缝位置 P	裂缝密度 $E=100\text{ cm/m}^2$		裂缝密度 $E=200\text{ cm/m}^2$		裂缝密度 $E=300\text{ cm/m}^2$	
	$K_{\text{Ⅱ}}$	f	$K_{\text{Ⅱ}}$	f	$K_{\text{Ⅱ}}$	f
拱顶	0.036 83	28.08	0.039 69	24.18	0.048 43	16.24
拱腰	0.052 14	14.01	0.054 62	12.77	0.064 62	9.12
边墙	0.073 68	7.02	0.076 24	6.55	0.080 38	5.90

图 5-22 是不同裂缝位置条件下应力强度因子随裂缝分布密度变化的曲线,数值模拟工况为 $D=15\text{ mm}$,$W=2.5\text{ mm}$,具体标示为 D2W2。

由图 5-22 可以看出,随裂缝分布密度增大,不同位置裂缝的应力强度因子呈轻微增大趋势。

5　带裂缝隧道衬砌结构稳定性及安全评估研究

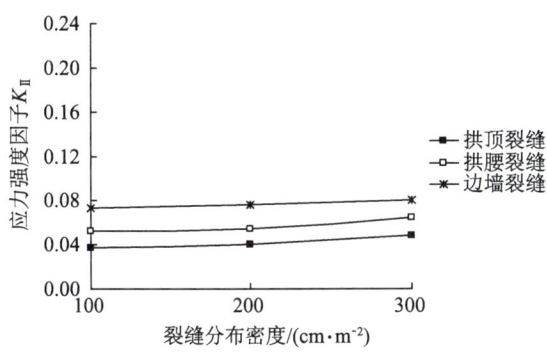

图 5-22　不同分布密度时各位置裂缝应力强度因子变化曲线

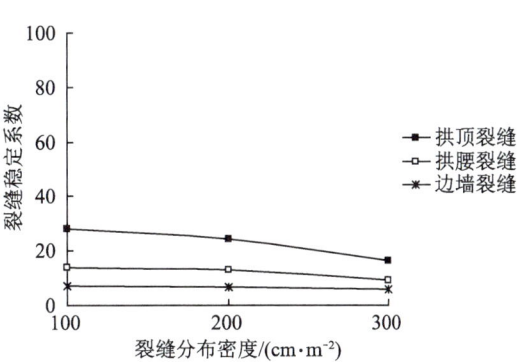

图 5-23　不同分布密度时各位置裂缝稳定系数变化曲线

图 5-23 是计算得到的不同裂缝位置条件下裂缝稳定系数随裂缝分布密度变化的曲线。由图可以看出，随裂缝分布密度增大，不同位置裂缝的稳定系数呈轻微减小趋势。

图 5-24 是各数值模拟工况下裂缝尖端的应力强度因子随不同裂缝分布密度变化的曲线。由图可以看出，各工况条件下裂缝尖端的应力强度因子随裂缝分布密度增大呈轻微线性增大趋势；其中 D3W1P3 工况下不同分布密度裂缝的

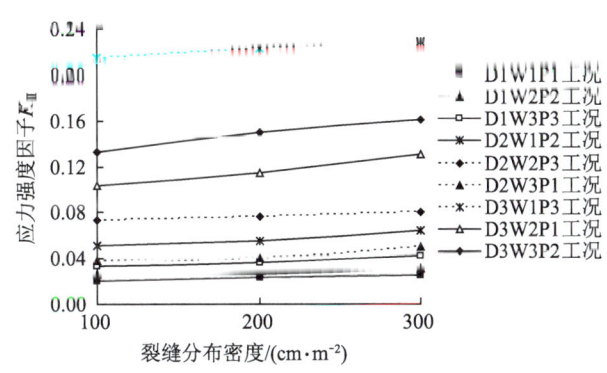

图 5-24　不同分布密度时各工况应力强度因子变化曲线

应力强度因子均大于其他工况。由此可见，裂缝分布密度对裂缝尖端的应力强度因子有一定影响，但影响程度较小。

图 5-25 是各数值模拟工况下裂缝稳定系数随不同裂缝分布密度变化的曲线。由图可以看出，各工况条件下裂缝稳定系数随裂缝分布密度增大基本呈轻微减小趋势；其中 D1W1P1 工况下不同分布密度裂缝的稳定系数均大于其他工况，且远大于 1，衬砌结构处于稳定状态；D3W1P3 工况下不同分布密度裂缝的稳定系数最小，已小于 1，此时裂缝将失稳扩展，衬砌结构也将处于不稳定状态。由此可见，裂缝分布密度对衬砌结构的稳定性有一定影响。

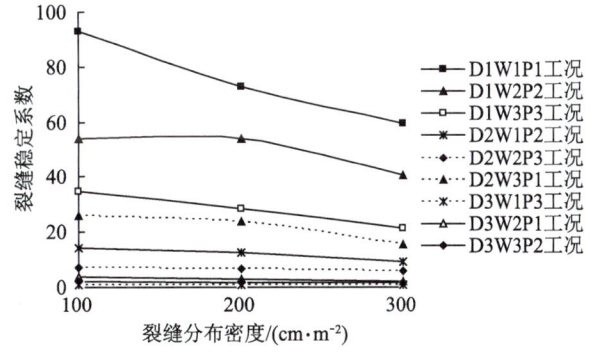

图 5-25　不同分布密度时各工况裂缝稳定系数变化曲线

5. 裂缝长度影响分析

为了研究不同裂缝长度和走向对隧道衬砌结构稳定性的影响,需建立衬砌结构的三维有限元模型进行分析,根据表 5-2 所示的数值模拟工况,选取裂缝深度(D)、位置(P)、长度(L)和走向(R)等 4 种指标进行正交数值模拟试验,根据正交试验表,选取具有代表性的 9 组工况进行数值模拟。图 5-26 是衬砌结构的三维有限元模型,分析时沿隧道纵向取 15 m 作为一个分析单元,研究不同裂缝长度和走向对衬砌结构稳定性的影响。

为了分析不同裂缝长度对隧道衬砌结构稳定性的影响,取裂缝长度分别为 $L=5$ m,10 m,15 m 三种情况进行分析,分别计算不同工况下裂缝尖端的应力强度因子和裂缝稳定系数。当裂缝长度为 15 m 时,衬砌可简化为平面应变模型,此时可与前节的二维有限元分析进行比较。图 5-27 是裂缝长度为 10 m 时衬砌局部三维有限元模型,具体数值模拟工况为 $D=15$ cm,$P=$ 拱腰,$R=$ 纵向。

图 5-26 无裂缝情况下衬砌结构三维有限元模型

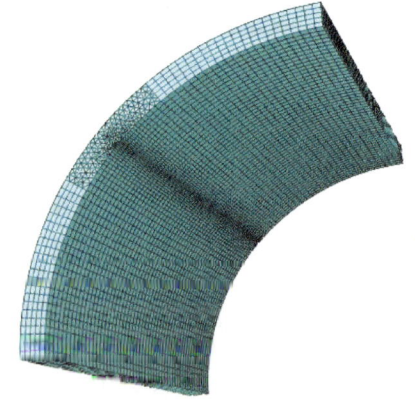

图 5-27 裂缝长度为 10 m 时衬砌局部三维有限元模型

表 5-7 是不同裂缝长度条件下裂缝位于不同位置时计算得到的 Ⅱ 型应力强度因子 $K_{Ⅱ}$(单位:MN·m$^{-3/2}$)和裂缝稳定系数 f,数值模拟工况为 $D=15$ cm,$R=$ 纵向,具体标示为 D2R1。

表 5-7 不同长度时各位置裂缝应力强度因子和裂缝稳定系数

裂缝位置 P	裂缝长度 $L=5$ m		裂缝长度 $L=10$ m		裂缝长度 $L=15$ m	
	$K_{Ⅱ}$	f	$K_{Ⅱ}$	f	$K_{Ⅱ}$	f
拱顶	0.029 62	43.42	0.031 78	37.72	0.036 97	27.87
拱腰	0.045 83	18.14	0.049 26	15.70	0.052 83	13.65
边墙	0.062 38	9.79	0.068 25	8.18	0.073 19	7.11

图5-28—图5-30分别是纵向、斜向和环向裂缝尖端的应力强度因子随不同裂缝长度的变化曲线。

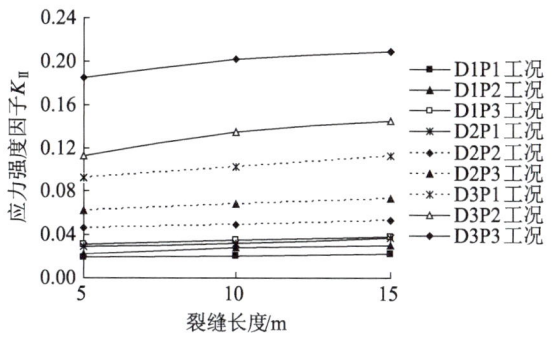

图5-28 不同长度时纵向裂缝应力强度因子变化曲线

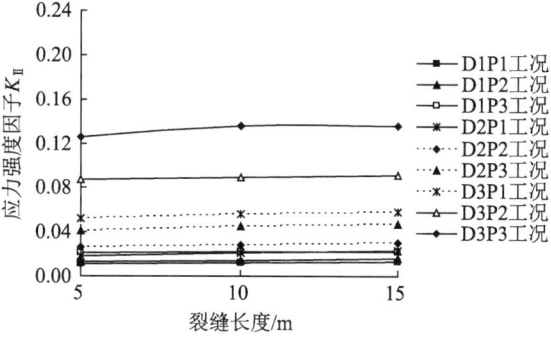

图5-29 不同长度时斜向裂缝应力强度因子变化曲线

由上图可以看出,各工况条件下应力强度因子随裂缝长度增大,均呈一定程度增大趋势,当裂缝长度增大到15 m时,应力强度因子基本不再变化。由此可见,裂缝长度增大到一定程度时对应力强度因子的影响趋于稳定。

图5-31—图5-33分别是裂缝走向为纵向、斜向和环向情况下裂缝稳定系数随不同裂缝长度变化的曲线。由图可以看出,各工况条件下裂缝稳定系数随裂缝长度增大呈轻微减小趋势,当裂缝长度增大到15 m时,

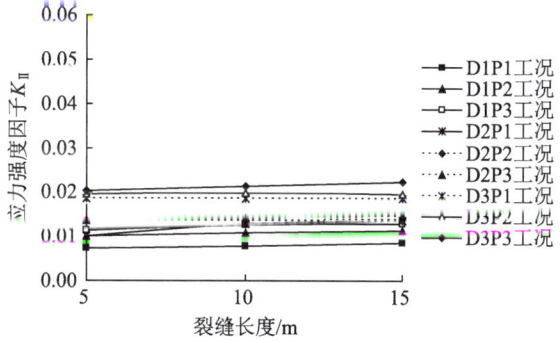

图5-30 不同长度时环向裂缝应力强度因子变化曲线

裂缝稳定系数趋于稳定,且与平面分析结果相近。由此可见,裂缝长度对衬砌的稳定性影响较小。

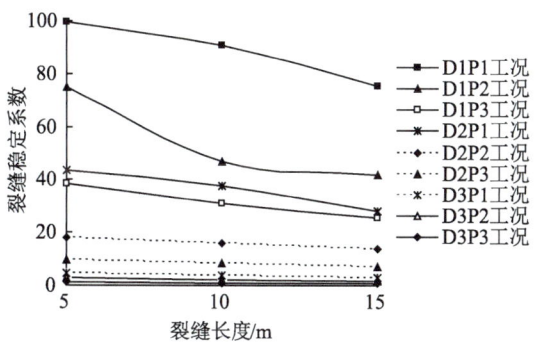

图5-31 不同长度时纵向裂缝稳定系数变化曲线

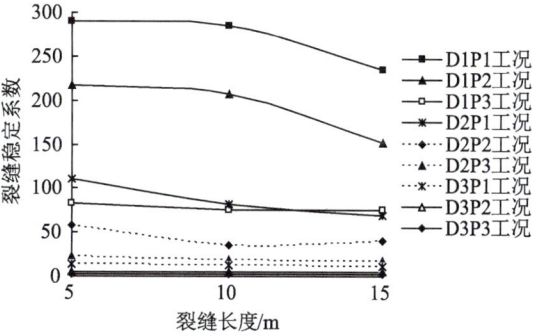

图5-32 不同长度时斜向裂缝稳定系数变化曲线

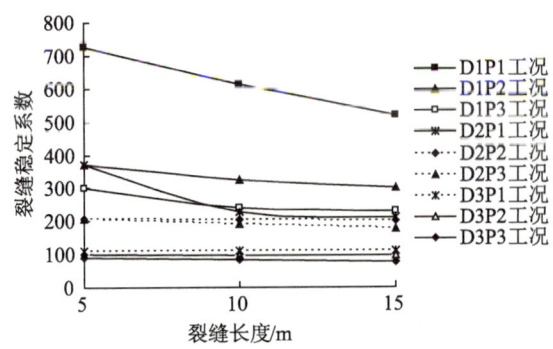

图 5-33　不同长度时环向裂缝稳定系数变化曲线

由以上分析可知,不同裂缝长度对衬砌裂缝尖端的应力强度因子和裂缝稳定系数有一定影响,但影响程度较小,而且裂缝长度增大到一定程度时对应力强度因子和稳定系数的影响则趋于稳定,且与二维平面分析结果较为接近,因此将衬砌裂缝假设为二维平面模型进行有限元分析是合适的。

6. 裂缝走向影响分析

为了分析不同裂缝走向对隧道衬砌结构稳定性的影响,分别取裂缝走向 R 为纵向、斜向和环向三种情况进行计算,图 5-34 是裂缝走向为斜向(裂缝长度方向与隧道纵轴线呈 $45°$)时衬砌局部三维有限元模型。根据衬砌结构受力可知,裂缝为环向或斜向时,裂缝将出现Ⅲ型扩展,此时裂缝属于Ⅰ-Ⅲ或Ⅰ-Ⅱ-Ⅲ复合型裂缝,采用式(5-17)计算裂缝稳定系数时,可假定Ⅲ型应力强度因子 $K_Ⅲ=0$。与二维平面有限元分析类似,分别计算不同工况下裂缝尖端的应力强度因子和裂缝稳定系数。

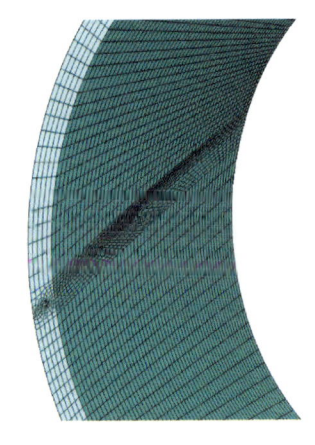

图 5-34　裂缝走向为斜向时衬砌局部三维有限元模型

表 5-8 是不同裂缝走向条件下裂缝位于不同位置时计算得到的Ⅱ型应力强度因子 $K_Ⅱ$(单位:$MN \cdot m^{-3/2}$)和裂缝稳定系数 f,数值模拟工况为 $D=15\ cm$,$L=10\ m$,具体标示为 D2L2。

表 5-8　　不同裂缝走向条件下应力强度因子和裂缝稳定系数

裂缝位置 P	纵向		斜向		环向	
	$K_Ⅱ$	f	$K_Ⅱ$	f	$K_Ⅱ$	f
拱顶	0.031 78	37.72	0.021 53	82.18	0.012 89	229.28
拱腰	0.049 26	15.70	0.032 84	35.32	0.013 62	205.36
边墙	0.068 25	8.18	0.045 36	18.52	0.014 18	189.46

图 5-35—图 5-37 分别是裂缝长度为 5 m,10 m,15 m 情况下裂缝尖端的应力强度因子随不同裂缝走向的变化曲线。

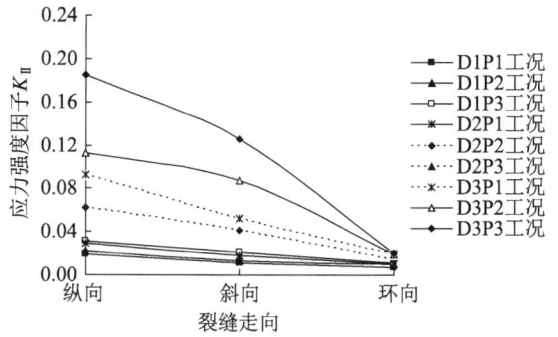

图 5-35 长度为 5 m 时不同走向裂缝应力强度因子变化曲线

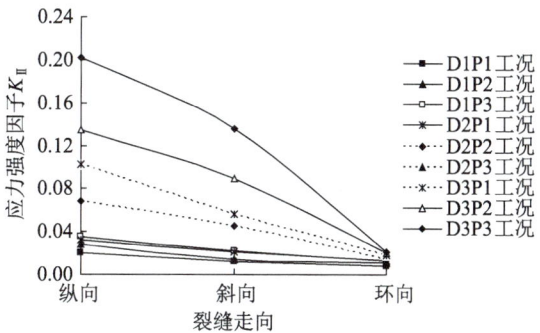

图 5-36 长度为 10 m 时不同走向裂缝应力强度因子变化曲线

由以上图可以看出,随裂缝走向从纵向变化至环向,各工况条件下裂缝尖端的应力强度因子呈减小趋势,纵向裂缝的应力强度因子最大,斜向裂缝次之,环向裂缝的应力强度因子最小。由此可见,裂缝走向对裂缝尖端的应力强度因子有较大影响。

图 5-38—图 5-40 分别是裂缝长度为 5 m,10 m,15 m 情况下裂缝稳定系数随不同裂缝走向的变化曲线。由图可以看出,随裂缝走向从纵向变化至环向,各工况条件下裂缝稳定系数呈增大趋势,纵向裂缝的稳定系数最小,斜向裂缝的稳定系数次之,环向裂缝的稳定系数最大。当裂缝深度为 25 cm 时,边墙纵向裂缝的稳定系数均小于 1,此时裂缝将失稳扩展,衬砌结构也将处于不稳定状态,而斜向裂缝和环向裂缝的稳定系数均大于 1,此时裂缝不会失稳扩展,衬砌结构也将处于稳定状态;斜向裂缝的稳定系数在大多数工况下大于 1,而环向裂缝的稳定系数几乎在所有工况下均大于 1,说明环向裂缝对衬砌结构的稳定性影响最小。由此可见,裂缝走向对衬砌结构的稳定性有较大影响,且纵向裂缝对衬砌结构的稳定性影响最为明显。

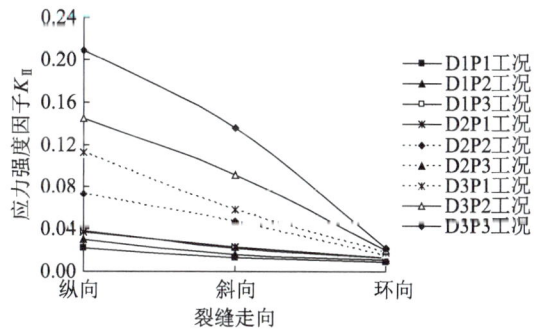

图 5-37 长度为 15 m 时不同走向裂缝应力强度因子变化曲线

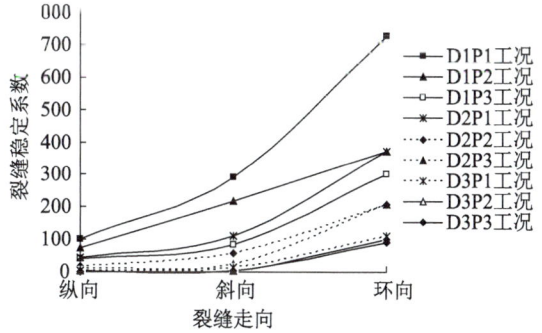

图 5-38 长度为 5 m 时不同走向裂缝稳定系数变化曲线

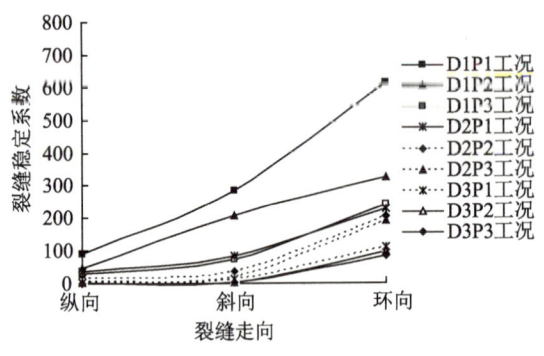

图 5-39 长度为 10 m 时不同走向裂缝稳定系数变化曲线

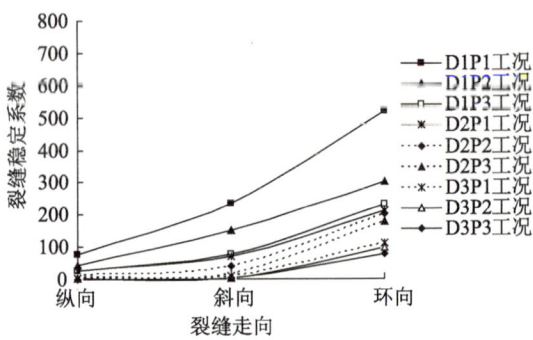

图 5-40 长度为 15 m 时不同走向裂缝稳定系数变化曲线

5.3.4 计算结果讨论

应力强度因子从总体上表示裂缝尖端附近区域应力场的强度，采用基于应力强度因子的裂缝断裂准则来表征隧道衬砌结构出现裂缝后的稳定性是可行和合理的。

通过有限元数值分析可以看出，对于纵向裂缝，裂缝深度对裂缝尖端的应力强度因子和裂缝稳定系数影响最为明显，其次是裂缝位置和裂缝分布密度，裂缝宽度则影响较小。随裂缝深度增大，裂缝位置从隧道拱顶变化至边墙，裂缝尖端的应力强度因子增大，裂缝稳定系数相应减小，衬砌结构的稳定性则相应降低；当边墙裂缝深度增大到 25 cm 时，各工况条件下裂缝稳定系数均小于 1，此时裂缝将失稳扩展，衬砌结构也将处于不稳定状态。

裂缝长度对裂缝尖端的应力强度因子和裂缝稳定系数影响较小，当裂缝长度增加到一定程度时，裂缝长度对应力强度因子和稳定系数的影响基本趋于稳定。纵向裂缝主要由衬砌内缘受压形成内侧挤压或内缘受拉导致张开引起，斜向裂缝主要由混凝土衬砌的环向应力和纵向受力组合而成的拉应力造成，环向裂缝通常由纵向不均匀荷载、围岩地质变化及沉降缝等处理不当引起。根据有限元数值分析结果可知，裂缝走向对裂缝尖端的应力强度因子和稳定系数有较大影响，且纵向裂缝对衬砌结构的稳定性影响最为明显，斜向裂缝次之，环向裂缝影响最小，在大多数情况下，环向裂缝的稳定系数大于 1，裂缝不会失稳扩展。

5.4 渗水对隧道衬砌裂缝稳定性的影响分析

5.4.1 孔隙水对裂缝应力强度因子的影响

隧道衬砌裂缝在有些情况下是与渗水同时存在的，水的存在不但会影响裂缝的扩展，同时还会影响结构的损伤。王海龙等[38]针对孔隙水对湿态混凝土抗压强度和裂缝开展的影响，采用断裂力学方法进行了研究，结果表明：湿态混凝土中的孔隙水压力主要与混凝土的体积变形有关，当混凝土的体积变形处在压缩状态时，混凝土中孔隙水压力随着外部荷载的增长而逐渐增加，且增量为正；随着损伤的发展，混凝土体积发生膨胀，混凝土中的孔隙水压力有所减小，增量为负;混凝土中的孔隙水压力减小了阻碍混凝土开裂的摩阻力,相当于楔体的"楔入"作用,加速了混凝土的损伤和微裂纹的扩展,与干燥态的混凝土相比,湿态混凝土的开裂应力和抗压强度都有所降低。

邓华锋等[39]从断裂力学角度分析了岩体裂隙水压力对裂纹应力强度因子的影响,对考虑裂隙水压力作用的Ⅰ-Ⅱ型复合裂纹扩展规律进行了研究,结果表明:裂隙水压力的存在会使断裂面上的有效应力降低,导致裂纹面尖端的应力强度因子增加,当达到临界强度因子时,可能使岩体内裂纹和裂隙贯通、扩展形成连续的复合破坏面。李夕兵等[40]研究了渗透水压下类岩石材料张开型裂纹的启裂特性,研究指出张开型裂纹尖端的应力强度因子受围压、渗透水压力、裂纹尖端曲率半径以及裂纹倾角等因素的影响;裂纹启裂角随预制裂纹角度的变化不大,其值约为70.5°;裂纹启裂强度与渗透水压力、裂纹长度、裂纹尖端曲率半径成反比,与围压的大小成正比,此外还与裂纹倾角有关。算例验证表明,运用不同的断裂判断准则均可得出岩石裂纹初裂强度随渗透水压力的增大而呈减小趋势,进一步的试验也验证了启裂强度与渗透水压成反比而与围压成正比;当裂隙角度为30°时裂纹启裂强度最大,60°次之,45°最小;提高渗透水压可显著降低张开型裂纹的启裂强度。

汤连生等[41-43]分别研究了无水和有水作用下岩体复合型裂缝的扩展规律,探讨了水对岩体断裂强度的影响,结果表明:水对岩体断裂强度的影响主要来自水压力和水化学损伤两方面的作用,而水压力又包括静水压力和动水压力。水压力的作用主要表现在如下几方面:①降低裂纹面上的正压力,减少摩阻力,进而产生对裂纹尖端应力强度因子的影响;②孔隙水压力的"楔入"作用,推动了裂纹的扩展过程,使岩体产生渐进性破坏;③在动水压力作用下,边坡中某些岩土体软弱结构面以及岩体中某些接触面上的颗粒被渗透水冲刷转移,使岩土体产生渗透变形,强度降低而产生变形破坏。水对含结构面(裂纹或节理)岩体的断裂力学效应的作用包括直接与间接两方面,直接作用来源于裂纹中的静水压力或动水压力;间接作用来源于水对裂纹面上的剪切强度(黏聚力与内擦角)的损伤。

目前,关于渗水对隧道衬砌裂缝应力强度因子及其稳定性的影响这方面的研究还比较少,因此有必要探讨隧道渗水情况下衬砌裂缝的稳定性,为渗水条件下带裂缝衬砌结构安全评估提供参考依据。

1. 无水压力作用下裂缝应力强度因子

对于承受双向压应力 σ_1,σ_3 作用下含裂缝的混凝土材料,如图 5-41 所示,假定 σ_1 为最大主压应力,σ_3 为最小主压应力,则作用在裂缝面上的正应力 σ_n 和剪应力 τ_n 分别为[43]

$$\sigma_n = \frac{1}{2}[(\sigma_1+\sigma_3)+(\sigma_1-\sigma_3)\cos 2\theta] \quad (5-20)$$

$$\tau_n = \frac{1}{2}(\sigma_1-\sigma_3)\sin 2\theta \quad (5-21)$$

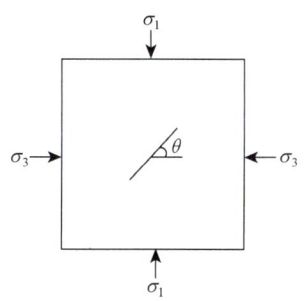

图 5-41 含裂缝混凝土材料双向受力状态

当 $0<\theta<90°$ 时,由式(5-20)可知,正应力 σ_n 恒大于零,裂缝

面始终承受压应力作用。

根据式(5-10)可知,裂缝尖端的Ⅰ、Ⅱ型应力强度因子可表示为

$$K_{\mathrm{I}} = -\sigma\sqrt{\pi a} \tag{5-22}$$

$$K_{\mathrm{II}} = \tau\sqrt{\pi a} \tag{5-23}$$

以上式中,σ 和 τ 分别为裂缝面上承受的有效正应力和有效剪应力;a 为裂缝面长度;式(5-22)中的负号表示裂缝在压应力作用下的应力强度因子为负值。

1) Ⅰ型应力强度因子

当裂缝无孔隙水压力作用时,裂缝面上承受的有效正应力 $\sigma = \sigma_{\mathrm{n}}$,根据式(5-20)和式(5-22),可得到无孔隙水压力作用下Ⅰ型裂缝的应力强度因子为

$$K_{\mathrm{I}}^{0} = -\sigma\sqrt{\pi a} = -\frac{1}{2}[(\sigma_1 + \sigma_3) + (\sigma_1 - \sigma_3)\cos 2\theta]\sqrt{\pi a} \tag{5-24}$$

2) Ⅱ型应力强度因子

对于张开裂缝,不存在接触面上的反向剪应力,此时裂缝面上承受的有效剪应力 $\tau = \tau_{\mathrm{n}}$,根据式(5-21)和式(5-23),可得到无孔隙水压力作用下Ⅱ型张开裂缝的应力强度因子为

$$K_{\mathrm{II}}^{0k} = \tau\sqrt{\pi a} = \frac{1}{2}(\sigma_1 - \sigma_3)\sin 2\theta \tag{5-25}$$

对于闭合裂缝,裂缝面上将产生反向的剪应力 $\tau_{\mathrm{b}} = c + \sigma\tan\varphi = c + \sigma_{\mathrm{n}}\tan\varphi$,此时裂缝面上承受的有效剪应力 $\tau = \tau_{\mathrm{n}} - \tau_{\mathrm{b}}$,根据式(5-21)和式(5-23),可得到无孔隙水压力作用下Ⅱ型闭合裂缝的应力强度因子为

$$K_{\mathrm{II}}^{0b} = \tau\sqrt{\pi a} = \left[\frac{1}{2}(\sigma_1 - \sigma_3)\sin 2\theta - (c + \sigma_{\mathrm{n}}\tan\varphi)\right]\sqrt{\pi a} \tag{5-26}$$

2. 有水压力作用下裂缝应力强度因子

1) Ⅰ型应力强度因子

考虑水压力作用时,假定裂缝所受到的孔隙水压力为 σ_{w},此时裂缝面上承受的有效正应力 $\sigma = \sigma_{\mathrm{n}} - \sigma_{\mathrm{w}}$,根据式(5-20)和式(5-22),可得到孔隙水压力作用下Ⅰ型裂缝的应力强度因子为

$$K_{\mathrm{I}}^{w} = -\sigma\sqrt{\pi a} = -\left\{\frac{1}{2}[(\sigma_1 + \sigma_3) + (\sigma_1 - \sigma_3)\cos 2\theta] - \sigma_{\mathrm{w}}\right\}\sqrt{\pi a} \tag{5-27}$$

2) Ⅱ型应力强度因子

对于张开裂缝,由于不存在接触面上的反向剪应力,水压力对裂缝面上的剪应力无任何影响,裂缝面上承受的有效剪应力 $\tau = \tau_{\mathrm{n}}$ 时有孔隙水压力作用下Ⅱ型张开裂缝的应力强度因子 K_{II}^{wk} 与无孔隙水压力作用下Ⅱ型张开裂缝的应力强度因子 K_{II}^{0k} 相等,即

$$K_{\mathrm{II}}^{\mathrm{wk}} = K_{\mathrm{II}}^{0\mathrm{k}} = \frac{1}{2}(\sigma_1 - \sigma_3)\sin 2\theta \tag{5-28}$$

对于闭合裂缝,饱水后裂缝面上产生的反向剪应力为

$$\tau_{\mathrm{w}} = c + \sigma\tan\varphi = c + (\sigma_{\mathrm{n}} - \sigma_{\mathrm{w}})\tan\varphi \tag{5-29}$$

此时裂缝面上承受的有效剪应力 τ 为外荷载剪应力 τ_{n} 减去饱水后剪切面上的反向剪应力 τ_{w},即

$$\tau = \tau_{\mathrm{n}} - \tau_{\mathrm{w}} = \frac{1}{2}(\sigma_1 - \sigma_3)\sin 2\theta - [c + (\sigma_{\mathrm{n}} - \sigma_{\mathrm{w}})\tan\varphi] \tag{5-30}$$

根据式(5-21)和式(5-23),可得到孔隙水压力作用下Ⅱ型闭合裂缝的应力强度因子为

$$K_{\mathrm{II}}^{\mathrm{wb}} = \tau\sqrt{\pi a} = \left\{\frac{1}{2}(\sigma_1 - \sigma_3)\sin 2\theta - [c + (\sigma_{\mathrm{n}} - \sigma_{\mathrm{w}})\tan\varphi]\right\}\sqrt{\pi a} \tag{5-31}$$

由此可以看出,对于Ⅰ型裂缝,考虑孔隙水压力时,会导致应力强度因子增大,其增大值为

$$\Delta K_{\mathrm{I}} = K_{\mathrm{I}}^{\mathrm{w}} - K_{\mathrm{I}}^{0} = \sigma_{\mathrm{w}}\sqrt{\pi a} \tag{5-32}$$

增大值 ΔK_{I} 随孔隙水压力的增大而增大。

对于Ⅱ型张开裂缝,孔隙水压力对裂缝面上的反向剪应力无影响,因此不会导致应力强度因子的变化;对于Ⅱ型闭合裂缝,考虑孔隙水压力时,会导致应力强度因子增大,其增大值为

$$\Delta K_{\mathrm{II}}^{\mathrm{b}} = K_{\mathrm{II}}^{\mathrm{wb}} - K_{\mathrm{II}}^{0\mathrm{b}} = \sigma_{\mathrm{w}}\tan\varphi\sqrt{\pi a} \tag{5-33}$$

可见,增大值 $\Delta K_{\mathrm{II}}^{\mathrm{b}}$ 随孔隙水压力的增大而增大。

隧道衬砌结构主要承受弯矩、剪力和轴力作用,属于偏心受压构件,对于纵向裂缝,一般属于Ⅰ-Ⅱ复合型裂缝,因此考虑孔隙水压力作用时,将会导致Ⅰ型或Ⅱ型应力强度因子增大,会增大裂缝扩展失稳的可能性。由于衬砌裂缝一般处于复杂的应力状态下,要准确分析渗水对衬砌裂缝应力强度因子及稳定性的影响,单纯采用解析方法难以奏效,还须借助数值方法才能获得可靠的研究数据。根据前面研究可知,孔隙水会对混凝土材料产生损伤作用,导致材料的断裂韧度降低,因此采用式(5-17)计算裂缝稳定系数时断裂韧度取较小值,可取 $K_{\mathrm{IC}} = 0.35 \mathrm{MN} \cdot \mathrm{m}^{-3/2}$。

5.4.2 渗水对裂缝稳定性影响的分析方法

1. 隧道渗流场-应力场耦合分析

目前在实际工程中,多孔岩土介质应力场的模拟计算往往忽略了渗流的影响,或以静水压力形式来考虑渗流场中的水体。然而实际研究的多孔岩土介质多存在水的作用,水头差引起

内部水体的渗流运动,产生的渗流动水压力以渗流体积力的形式作用于围岩上,从而使围岩产生一系列的变化,包括应力场的变化直至位移场的变化。一般情况下,渗透体积力与渗流场的分布有着密切的关系,一定的渗流场分布对应一定的渗透体积力分布,渗流场的变化也将引起渗透体积力分布的变化,所以渗流场是通过改变岩土介质的渗透体积力来影响应力场的分布[44]。而隧道衬砌裂缝在多数情况下是与渗漏水同时存在的,根据上节研究可知,孔隙水的存在将影响裂缝尖端区域的应力场和应力强度因子,进而影响隧道衬砌裂缝的稳定性,因此研究渗水对衬砌裂缝稳定性的影响具有重要意义。

隧道的渗流场受围岩和衬砌的双重影响。当衬砌材料具有一定的渗透性且隧道衬砌和围岩结合紧密时,可以认为地下水的渗流运动是连续的,不仅存在于岩体渗流场中,同时也存在于衬砌中,渗流场可以理解为一种体积力。当衬砌不透水或渗透性极小时,它与围岩结合不紧密,地下水从围岩中渗出,当以全部接触面积作用于衬砌-围岩脱离外表面时,体积力转化为边界力。因此可以将岩石中渗流-应力的耦合作用引入混凝土衬砌的研究中,理由是同样作为脆性材料的岩石和混凝土有许多相同之处,特别是这两种材料组织中都有微裂隙,有时还有宏观的缺陷如裂纹、夹渣、气泡、孔穴、偏析及节理等。岩石和混凝土是对缺陷十分敏感的脆性材料,其损伤与破裂过程有一定的相似性[45]。

渗流是一个极其复杂的问题,无论采用何种完善的渗流数学模型,都难以符合实际情况,很难通过计算手段求得准确的渗流场,甚至要准确、完整地描述其渗流特征也是不可能的。从隧道工程需要出发,为使研究的问题得以简化,提出以下几点基本假设[46]:①岩体节理裂隙间距远小于隧道直径,岩体与混凝土衬砌为均匀多孔介质,各方向渗透系数相同;②地下水渗流服从达西定律,渗流速度与水力坡度成正比,即 $V = KJ$;③渗流断面近似为圆形的变截面;④流体不可压缩;⑤地下水为稳定渗流,即地下水水位、流量、速度不随时间变化。

渗流场-应力场的耦合计算可分为间接耦合和直接耦合。间接耦合是将渗流场和应力场分开计算,然后通过渗流场和应力场的交叉迭代达到耦合目的;直接耦合是建立渗流场与应力场为未知量的有限元方程,通过求解方程达到完全耦合的目的。根据渗流场与应力场的相互作用机理,可推导出两场耦合的有限元数学方程[44]。

(1) 考虑应力场作用的二维稳定渗流有限元方程:

$$\begin{cases} \frac{\partial}{\partial x}[k(\sigma_{ij})]\frac{\partial H}{\partial x} + \frac{\partial}{\partial y}[k(\sigma_{ij})]\frac{\partial H}{\partial y} = 0 & (x, y) \in \Omega \\ H(x, y) = H_1(x, y) & (x, y) \in \Gamma_1 \\ k(\sigma_{ij})\frac{\partial H}{\partial n_2} = q(x, y) & (x, y) \in \Gamma_2 \\ H(x, y) = y, k(\sigma_{ij})\frac{\partial H}{\partial n_3} = 0 & (x, y) \in \Gamma_3 \end{cases} \quad (5-34)$$

式中,H 为水头;Ω 为计算区域;$k(\sigma_{ij})$ 为渗透系数;H_1 为已知水头边界;$q(x, y)$ 为流量边界;n_i 为边界 Γ_i 的外法向;Γ_1、Γ_2、Γ_3 为三类渗流边界条件。

(2) 考虑渗流场作用的应力场有限元方程：

$$\begin{cases} K\Delta\delta = \Delta F + \Delta F_s & (x, y) \in \Omega \\ \delta = \delta_0 & (x, y) \in S_u \\ \sigma_{ij} n_j = T_i & (x, y) \in S_\sigma \end{cases} \quad (5\text{-}35)$$

式中，K 为刚度矩阵；ΔF 为自重等外荷载引起的节点荷载增量；ΔF_s 为变化的渗流体积力节点荷载增量；$\Delta\delta$ 为位移增量；δ_0 为初始位移矩阵；S_u 为位移边界条件；S_σ 为应力边界条件；n_j 为边界外法线在 3 个方向的余弦；T_i 为作用在已知单位面积上的力。

(3) 考虑渗流场-应力场耦合作用的有限元方程：

$$\begin{cases} K\Delta\delta = \Delta F + \Delta F_s \\ k(\sigma_{ij}) H + f = 0 \\ h = h(\sigma_{ij}) \end{cases} \quad (5\text{-}36)$$

式中，f 为渗流场水头分布函数。

根据渗流场-应力场耦合作用的有限元方程，并结合渗流边界条件、应力边界条件、位移边界条件及初始条件，即可进行隧道渗流场-应力场的耦合效应分析，从而研究渗水对隧道衬砌裂缝稳定性的影响。

2. 基于 ABAQUS 的隧道渗流场-应力场耦合分析

本节将采用大型通用有限元软件 ABAQUS 进行隧道渗流场-应力场的耦合分析。ABAQUS 软件可以对岩土中水的渗流和岩土体变形进行耦合分析，岩土材料（骨架）可采用任何一种线性、非线性岩土材料或用户自定义的材料，孔隙水的属性主要由渗透系数来定义。对于流体-固体组成的多相系统，由于多孔介质中孔隙结构的复杂性，很难用精确的表达式将流、固两相加以区别。当采用连续介质方法分析时，就可以将固体相和流体相视为相互重叠在一起的连续体，用一个理想的连续系统来代替起初的多孔介质系统。该方法忽略了多孔介质在微观水平上所发生的现象，但能够用一些可以测定的变量来描述多孔介质中流体的流动过程，使渗流和变形耦合问题的控制方程能够建立在具体的物理现象上。ABAQUS 软件正是采用这种方法建立控制方程的，采用位移有限元法，用拉格朗日公式将虚功方程离散化得到固相材料的有限元网格，并使流体可以流经这些网格，此时流体还需要满足连续方程，使得在某时间增量内流入的流体流量等于流体体积的增加速率。渗流连续方程采用反向欧拉法近似积分，并将孔隙压力视为变量进行有限元离散，孔隙流体的渗流行为遵循 Darcy 定律或 Forchheimer 定律，前者适用于低流速流体，而后者适用于高流速流体。

ABAQUS 能将渗流场和应力场直接耦合，无需进行渗流场和应力场的反复迭代，只要按时间过程连续求解就可得到全部结果，即通过将节点位移和孔隙水压力作为节点自由度进行空间离散，将应力平衡方程和渗流连续方程写成矩阵形式，并对渗流连续方程引入时间积分，得到耦合控制方程，然后在每个时间步内求解方程，并同时满足位移边界条件和渗流边界条件[37]。ABAQUS 对多孔介质的渗流和变形进行耦合分析具有以下功能：①可进行饱和土和非饱和土的渗流计算；②孔隙水压力可以采用总水压力，也可采用超孔隙水压力进行分析；③可进行瞬态分析和稳态分析；④岩土材料可以是线性的，也可以是非线性的。通过隧道渗流场与应力场的耦合计算，分析渗水对隧道衬砌裂缝稳定性的影响。

根据上节研究可知，不同裂缝走向中纵向裂缝对衬砌结构的稳定性影响最为显著，此外，裂缝深度和裂缝位置对衬砌的稳定性也有很大影响，因此，本节主要研究渗水条件下纵向裂缝在不同深度和位置时对衬砌结构稳定性的影响规律。此外，在进行数值分析时，地下水位深度取为 20 m。

5.4.3 渗水对裂缝稳定性影响的计算结果

1. 拱顶裂缝影响分析

图 5-42—图 5-44 分别是裂缝深度为 5 cm，15 cm，25 cm 情况下拱顶裂缝区域的孔隙水压力云图（单位：Pa）。由图可以看出，当裂缝深度 D 为 5 cm，15 cm，25 cm 时，最大孔隙水压力分别为 87.81 kPa，89.86 kPa，85.43 kPa；在裂缝尖端区域，孔隙水压力分布出现了不同程度的改变，裂缝深度越大，孔隙水压力分布的变化程度越明显。

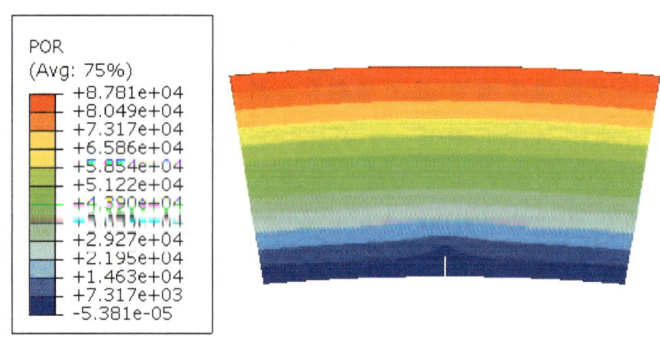

图 5-42　裂缝深度为 5 cm 时拱顶区域孔隙水压力云图

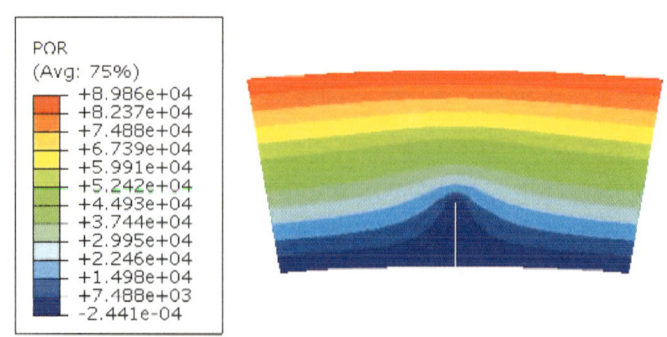

图 5-43　裂缝深度为 15 cm 时拱顶区域孔隙水压力云图

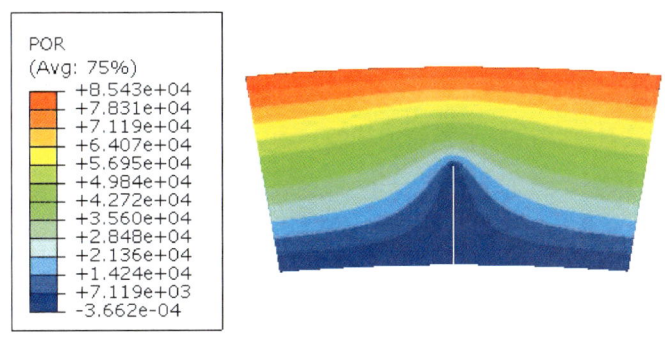

图 5-44　裂缝深度为 25 cm 时拱顶区域孔隙水压力云图

经有限元数值计算,尽管考虑孔隙水压力后裂缝尖端的Ⅰ型应力强度因子 $K_Ⅰ$ 出现了不同程度的增大但仍然小于零,说明裂缝仍然属于压剪型裂缝,在计算裂缝稳定系数时可不考虑。表 5-9 是拱顶裂缝在不同裂缝深度条件不考虑渗水和考虑渗水时分别计算得到的Ⅱ型应力强度因子 $K_Ⅱ$（单位：$MN \cdot m^{-3/2}$）和裂缝稳定系数 f。

表 5-9　不同深度时拱顶裂缝应力强度因子和裂缝稳定系数

渗水情况	裂缝深度 $D=5$ cm		裂缝深度 $D=15$ cm		裂缝深度 $D=25$ cm	
	$K_Ⅱ$	f	$K_Ⅱ$	f	$K_Ⅱ$	f
不考虑渗水	0.020 46	91.00	0.036 83	28.08	0.103 20	3.57
考虑渗水	0.028 46	36.01	0.043 86	15.16	0.112 92	2.29

图 5-45 是不考虑渗水和考虑渗水两种情况下拱顶裂缝尖端的应力强度因子随不同裂缝深度变化的曲线。由图可以看出,在不考虑渗水和考虑渗水两种情况下,裂缝尖端的应力强度因子随裂缝深度增大均呈增大趋势,而且在不同裂缝深度情况下,考虑渗水时的应力强度因子均大于不考虑渗水时的应力强度因子。由此可见,渗水对不同裂缝深度情况下拱顶裂缝尖端的应力强度因子有较大影响。

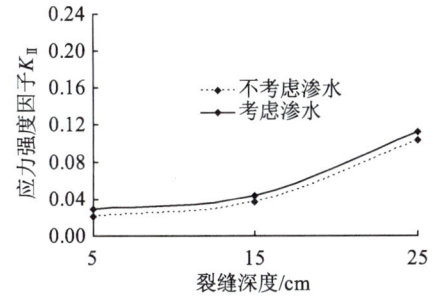
图 5-45　不同深度时拱顶裂缝应力强度因子变化曲线

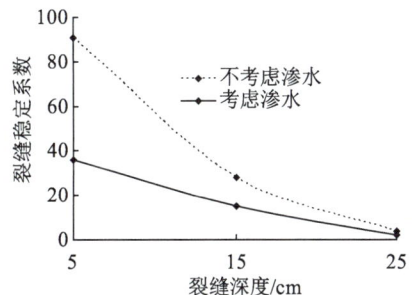
图 5-46　不同深度时拱顶裂缝稳定系数变化曲线

图 5-46 是不考虑渗水和考虑渗水两种情况下拱顶裂缝的稳定系数随不同裂缝深度变化

的曲线。由图可以看出,在不考虑渗水和考虑渗水两种情况下,裂缝稳定系数随裂缝深度增大均呈减小趋势,且在不同裂缝深度情况下,考虑渗水时的裂缝稳定系数均小于不考虑渗水时的裂缝稳定系数。当裂缝深度为 25 cm 时,考虑渗水时裂缝稳定系数更可能小于 1,此时裂缝更加容易失稳扩展,导致衬砌结构处于不稳定状态。由此可见,渗水对不同裂缝深度情况下拱顶裂缝的稳定性有较大影响。

2. 拱腰裂缝影响分析

图 5-47—图 5-49 分别是裂缝深度为 5 cm,15 cm,25 cm 情况下拱腰裂缝区域的孔隙水压力云图(单位:Pa)。由图可以看出,裂缝深度 $D=5$ cm,15 cm,25 cm 时,最大孔隙水压力分别为 109.4 kPa,106.2 kPa,106.4 kPa,在裂缝尖端区域,孔隙水压力分布出现了不同程度的改变。

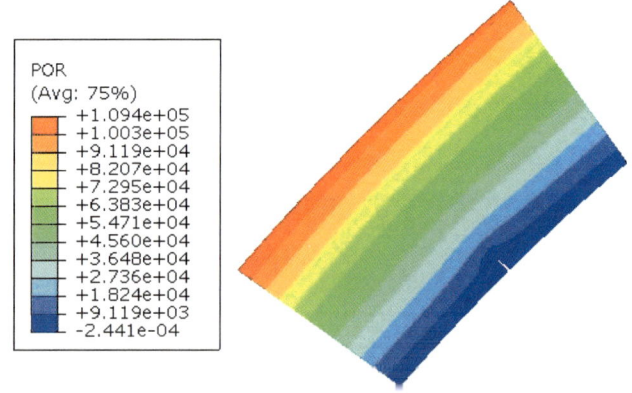

图 5-47　裂缝深度为 5 cm 时拱腰区域孔隙水压力云图

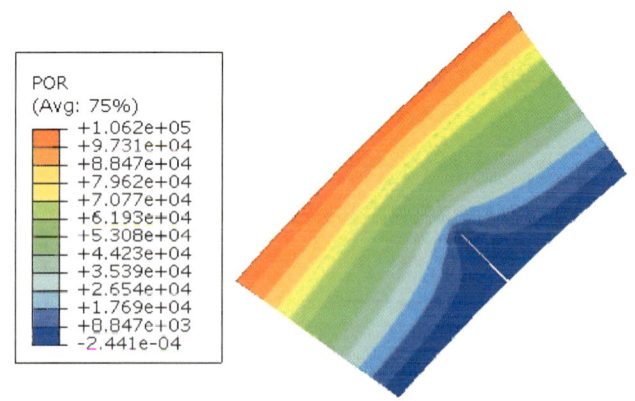

图 5-48　裂缝深度为 15 cm 时拱腰区域孔隙水压力云图

表 5-10 是拱腰裂缝在不同深度条件不考虑渗水和考虑渗水时计算得到的 Ⅱ 型应力强度因子 $K_{\parallel}$(单位:MN·m$^{-3/2}$)和裂缝稳定系数 f。

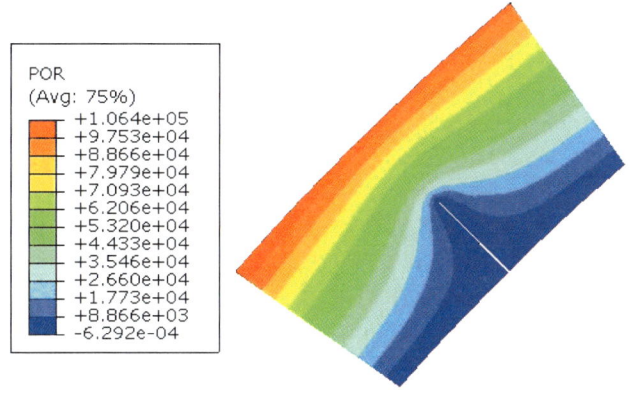

图 5-49　裂缝深度为 25 cm 时拱腰区域孔隙水压力云图

表 5-10　不同深度时拱腰裂缝应力强度因子和裂缝稳定系数

渗水情况	裂缝深度 D=5 cm		裂缝深度 D=15 cm		裂缝深度 D=25 cm	
	K_II	f	K_II	f	K_II	f
不考虑渗水	0.026 52	54.17	0.052 14	14.01	0.131 25	2.21
考虑渗水	0.031 57	29.26	0.062 59	7.45	0.140 49	1.48

图 5-50 是不考虑渗水和考虑渗水两种情况下拱腰裂缝尖端的应力强度因子随不同裂缝深度变化的曲线。由图可以看出,在不考虑渗水和考虑渗水两种情况下,裂缝尖端的应力强度因子随裂缝深度增大均呈增大趋势,而且在不同裂缝深度情况下,考虑渗水时的应力强度因子均大于不考虑渗水时的应力强度因子。由此可见,渗水对不同裂缝深度情况下拱腰裂缝尖端的应力强度因子有较大影响。

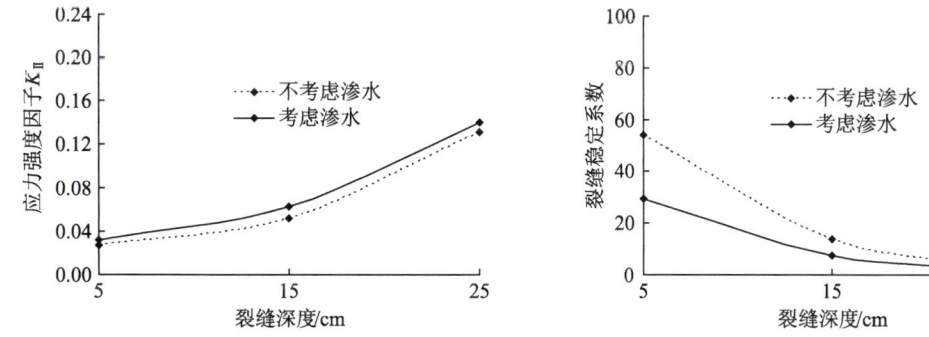

图 5-50　不同深度时拱腰裂缝应力强度因子变化曲线　图 5-51　不同深度时拱腰裂缝稳定系数变化曲线

图 5-51 是不考虑渗水和考虑渗水两种情况下拱腰裂缝稳定系数随不同裂缝深度变化的曲线。由图可以看出,不考虑渗水和考虑渗水两种情况下裂缝稳定系数随裂缝深度增大呈减小趋势,而且在不同裂缝深度情况下,考虑渗水时的裂缝稳定系数均小于不考虑渗水时的裂缝

稳定系数。当裂缝深度位于 20~25 cm 之间时,考虑渗水时裂缝稳定系数更有可能小于 1,此时裂缝更加容易失稳扩展,导致衬砌结构处于不稳定状态。由此可见,渗水对不同裂缝深度情况下拱腰裂缝的稳定性有较大影响。

3. 边墙裂缝影响分析

图 5-52—图 5-54 分别是裂缝深度为 5 cm,15 cm,25 cm 情况下边墙裂缝区域的孔隙水压力云图(单位:Pa)。由图可以看出,当裂缝深度 D 为 5 cm,15 cm,25 cm 时,最大孔隙水压力分别为 148.3 kPa,148.7 kPa,160.9 kPa;在裂缝尖端区域,孔隙水压力分布出现了不同程度的改变,裂缝深度越大,孔隙水压力分布的变化程度越明显。

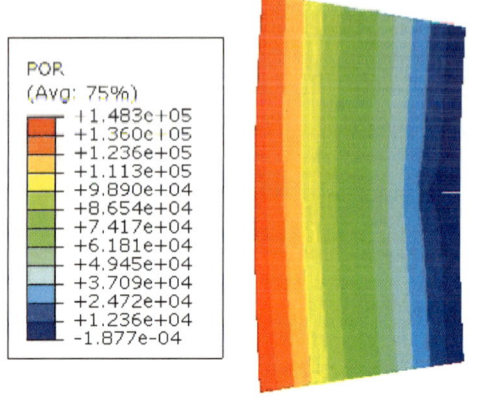

图 5-52 裂缝深度为 5 cm 时边墙区域孔隙水压力云图

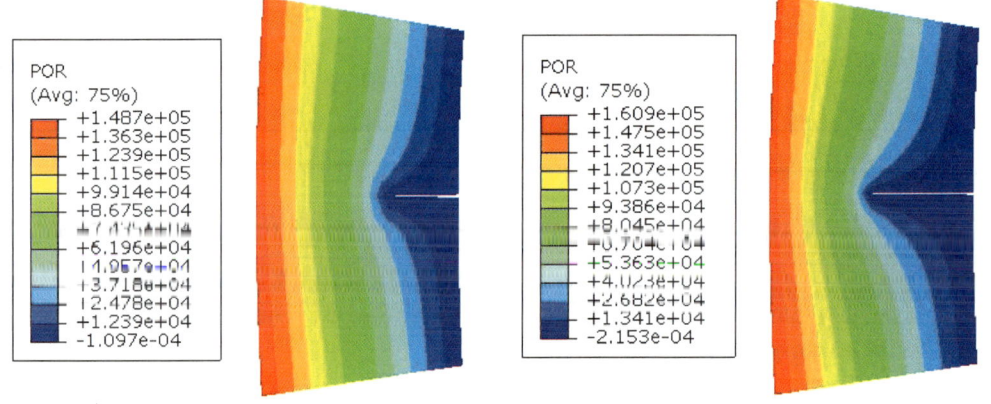

图 5-53 裂缝深度为 15 cm 时边墙区域孔隙水压力云图　　图 5-54 裂缝深度为 25 cm 时边墙区域孔隙水压力云图

表 5-11 是边墙裂缝在不同深度条件不考虑渗水和考虑渗水时计算得到的 Ⅱ 型应力强度因子 $K_{Ⅱ}$(单位:MN·m$^{-3/2}$)和裂缝稳定系数 f。

表 5-11　　不同深度时边墙裂缝应力强度因子和裂缝稳定系数

渗水情况	裂缝深度 $D=5$ cm		裂缝深度 $D=15$ cm		裂缝深度 $D=25$ cm	
	$K_{Ⅱ}$	f	$K_{Ⅱ}$	f	$K_{Ⅱ}$	f
不考虑渗水	0.032 26	36.61	0.073 68	7.02	0.215 94	0.82
考虑渗水	0.037 54	20.70	0.082 59	4.28	0.223 58	0.58

图 5-55 是不考虑渗水和考虑渗水两种情况下边墙裂缝尖端的应力强度因子随不同裂缝

深度变化的曲线。由图可以看出,在不考虑渗水和考虑渗水两种情况下,裂缝尖端的应力强度因子随裂缝深度增大均呈增大趋势,而且在不同裂缝深度情况下,考虑渗水时的应力强度因子均大于不考虑渗水时的应力强度因子。因此,渗水对不同裂缝深度情况下边墙裂缝尖端的应力强度因子有较大影响。

图 5-56 是不考虑渗水和考虑渗水两种情况下边墙裂缝稳定系数随不同裂缝深度的变化曲线。由图可以看出,在不考虑渗水和考虑渗水两种情况下,裂缝稳定系数随裂缝深度增大均呈减小趋势,而且在不同裂缝深度情况下,考虑渗水时的裂缝稳定系数均小于不考虑渗水时的裂缝稳定系数。尽管裂缝深度为 25 cm 时,两种情况下的裂缝稳定系数均小于 1,但当裂缝深度位于 20~25 cm 之间时,考虑渗水时裂缝稳定系数更可能小于 1,此时裂缝更加容易失稳扩展,导致衬砌结构处于不稳定状态。由此可见,渗水对不同裂缝深度情况下边墙裂缝的稳定性有较大影响。

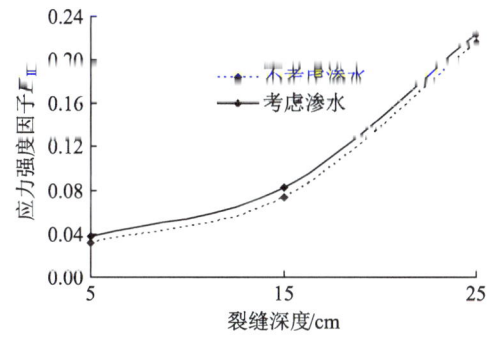

图 5-55 不同深度时边墙裂缝应力强度因子变化曲线

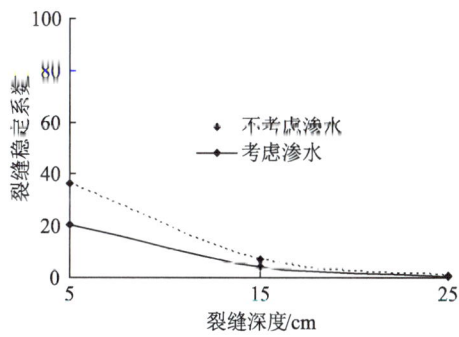

图 5-56 不同深度时边墙裂缝稳定系数变化曲线

4. 不同位置裂缝影响分析

为了分析渗水对隧道衬砌不同位置裂缝稳定性的影响,沿隧道拱顶至边墙区域选取 9 个裂缝位置进行有限元分析,如图 5-57 所示,其中编号"1"、"5"和"9"分别对应前节所分析的衬砌拱顶、拱腰和边墙部位。

图 5-58 和图 5-59 分别是深度为 15 cm 情况下 3 号和 7 号裂缝附近区域的孔隙水压力云图(单位:Pa)。由图可以看出,3 号和 7 号裂缝附近区域的最大孔隙水压力分别为 91.61 kPa 和 126.6 kPa,在裂缝尖端区域,孔隙水压力分布出现了一定程度改变。

表 5-12 和表 5.13 分别是 3 号和 7 号裂缝在不同深度条件下不考虑渗水和考虑渗水时计算得到的 II 型应力强度因子 K_{II}(单位:MN·m$^{-3/2}$)和裂缝稳定系数 f。

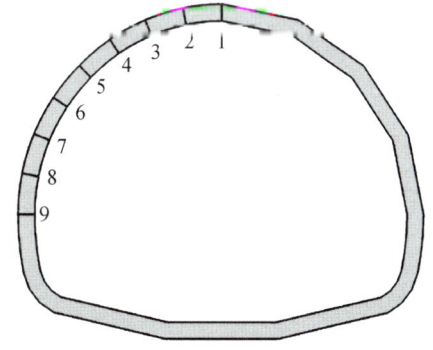

图 5-57 隧道衬砌不同位置裂缝编号

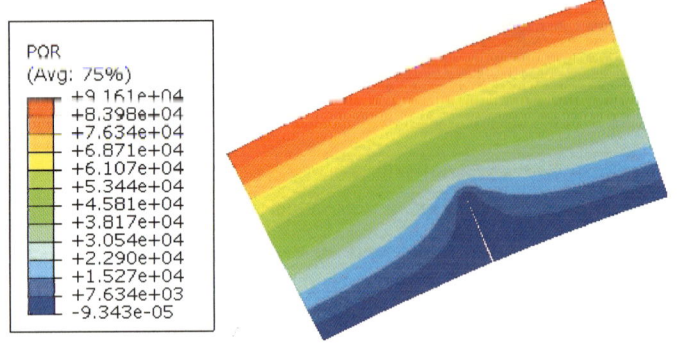

图 5-58　深度为 15 cm 时 3 号裂缝区域孔隙水压力云图

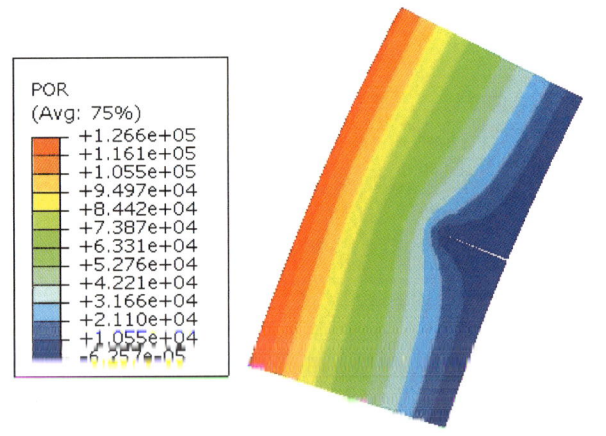

图 5-59　深度为 15 cm 时 7 号裂缝区域孔隙水压力云图

表 5-12　　不同深度时 3 号裂缝应力强度因子和裂缝稳定系数

渗水情况	裂缝深度 $D=5$ cm		裂缝深度 $D=15$ cm		裂缝深度 $D=25$ cm	
	K_{II}	f	K_{II}	f	K_{II}	f
不考虑渗水	0.022 36	76.20	0.043 95	19.72	0.116 34	2.81
考虑渗水	0.028 62	35.61	0.051 47	11.01	0.119 47	2.04

表 5-13　　不同深度时 7 号裂缝应力强度因子和裂缝稳定系数

渗水情况	裂缝深度 $D=5$ cm		裂缝深度 $D=15$ cm		裂缝深度 $D=25$ cm	
	K_{II}	f	K_{II}	f	K_{II}	f
不考虑渗水	0.029 37	44.16	0.058 42	11.16	0.183 54	1.13
考虑渗水	0.035 28	23.43	0.065 46	6.81	0.192 56	0.79

图 5-60—图 5-62 分别是裂缝深度为 5 cm，15 cm，25 cm 情况下裂缝尖端的应力强度因子随衬砌不同裂缝位置变化的曲线。由图可以看出，在不考虑渗水和考虑渗水两种情况下，应力强度因子沿衬砌拱顶至边墙呈现逐渐增大趋势；随裂缝深度增大，衬砌不同位置裂缝的应力强度因子均呈增大趋势；在不同裂缝深度情况下，考虑渗水时的应力强度因子均大于不考虑渗水时的应力强度因子。由此可见，渗水对不同裂缝深度情况下衬砌不同位置裂缝尖端的应力强度因子均有较大影响。

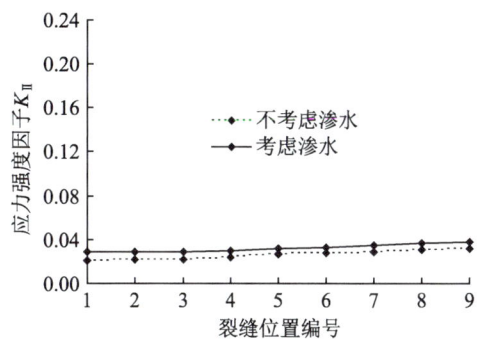

图 5-60 深度为 5 cm 时不同位置裂缝应力强度因子变化曲线

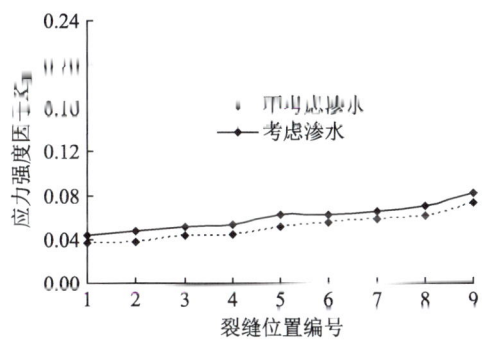

图 5-61 深度为 15 cm 时不同位置裂缝应力强度因子变化曲线

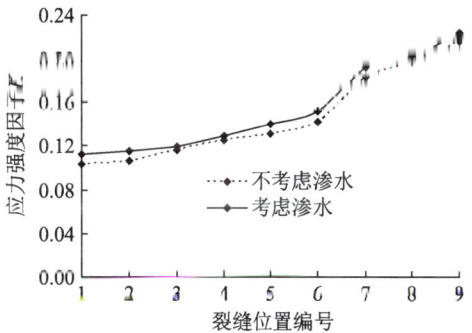

图 5-62 深度为 25 cm 时不同位置裂缝应力强度因子变化曲线

图 5-63—图 5-65 分别是裂缝深度为 5 cm，15 cm，25 cm 情况下裂缝稳定系数随衬砌不同裂缝位置变化的曲线。由图可以看出，在不考虑渗水和考虑渗水两种情况下，裂缝稳定系数沿衬砌拱顶至边墙呈现逐渐减小趋势；随裂缝深度增大，衬砌不同位置裂缝稳定系数均呈减小趋势；当裂缝深度增大至 25 cm 时，7 号、8 号和 9 号（边墙位置）裂缝在考虑渗水时的稳定系数均小于 1，此时裂缝将失稳扩展，而 7 号裂缝在不考虑渗水时的稳定系数大于 1，此时裂缝处于稳定状态；在不同裂缝深度情况下，考虑渗水时的裂缝稳定系数均小于不考虑渗水时的裂缝稳定系数。由此可见，渗水对不同裂缝深度情况下衬砌不同位置裂缝的稳定性均有较大影响。

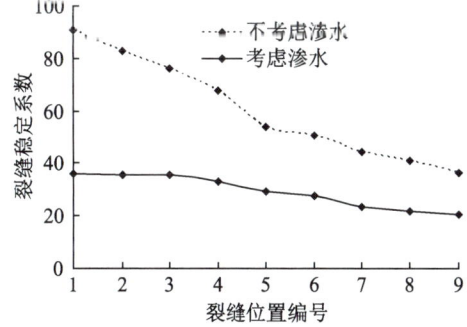

图 5-63 深度为 5 cm 时不同位置裂缝稳定系数变化曲线

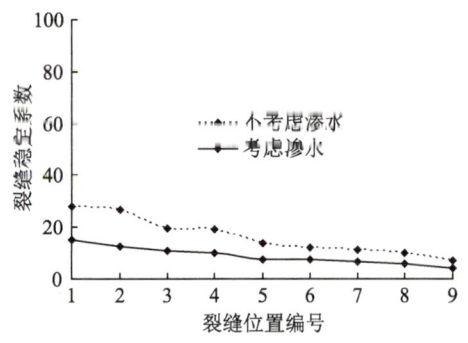
图 5-64 深度为 15 cm 时不同位置裂缝稳定系数变化曲线

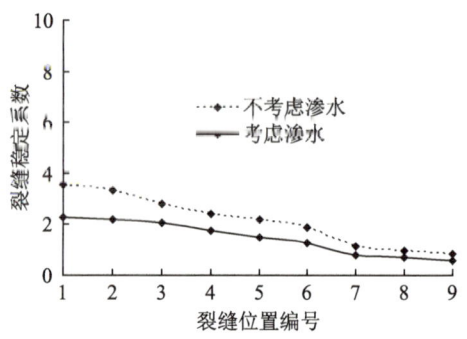
图 5-65 深度为 25 cm 时不同位置裂缝稳定系数变化曲线

5.4.4 计算结果讨论

混凝土中的孔隙水压力减小了阻碍混凝土开裂的摩阻力，相当于楔体的"楔入"作用，加速了混凝土的损伤和微裂纹的扩展。由于隧道衬砌结构主要承受弯矩、剪力和轴力作用，属于偏心受压构件，对于纵向裂缝，一般属于Ⅰ-Ⅱ复合型裂缝（压剪或拉剪型裂缝），因此考虑孔隙水压力作用时，将会导致Ⅰ型或Ⅱ型应力强度因子的增大，从而降低裂缝稳定系数，加大裂缝扩展失稳的可能性和衬砌结构的不稳定性。

渗水对不同裂缝深度情况下裂缝的稳定性有较大影响。随裂缝深度增大，裂缝尖端的应力强度因子增大，裂缝稳定系数相应减小，衬砌结构的稳定性则相应降低；而且在不同的裂缝深度情况下，考虑渗水时的裂缝稳定系数均小于不考虑渗水时的裂缝稳定系数，说明渗水会降低带裂缝衬砌结构的稳定性。对于边墙纵向裂缝，尽管裂缝深度为 25 cm 时，不考虑渗水和考虑渗水两种情况下的裂缝稳定系数均小于 1，但当裂缝深度位于 20～25 cm 之间时，考虑渗水时裂缝稳定系数更可能小于 1，此时裂缝更加容易失稳扩展，导致衬砌结构处于不稳定状态。此外，渗水对不同裂缝深度情况下衬砌不同位置裂缝的稳定性也有较大影响，随裂缝位置从隧道拱顶变化至边墙，裂缝尖端的应力强度因子增大，裂缝稳定系数相应减小，衬砌结构的稳定性则相应呈降低趋势。

5.5 带裂缝隧道衬砌结构安全评估

5.5.1 隧道安全等级定性划分标准

各国规范在隧道安全等级的划分上，采用的划分方法有：三级划分法（中国、日本、德国）、四级划分法（中国、日本）、五级划分法（中国、日本）和十级划分法（美国）等。其中最常用的是四级划分法，详细介绍如下。

1. 日本铁路隧道安全等级划分

日本铁路隧道总体检查中将安全等级划分为 A，B，C，S 四个等级，其中 A 级又划分为 AA，A1，A2 三级[47]，如表 5-14 所示。

表 5-14　　　　　　　　　　　　日本铁路隧道健全度等级

等级		安全影响	变异程度	采取措施
A	AA	危险	重大	立即采取
	A1	迟早会造成威胁,有异常外力时危险	变异发展,功能持续降低	及早采取
	A2	以后将会有危险	变异发展,功能以后会降低	必要时采取
B		如发展,变为A级	如发展,变为A级	监视,必要时采取
C		现状时无危险	轻微	重点检查
S		无影响	无	无

2. 日本公路隧道安全等级划分

日本《公路隧道维持管理便览》将隧道的健全度划分为 3A,2A,A,B 四级[48],如表 5-15 所示。

表 5-15　　　　　　　　　　　　日本公路隧道健全度等级

等级	判定因素				采取措施
	对交通安全影响	对结构安全影响	对维护作业影响	变异程度	
3A	危险	重大	显著	重大	立即采取
2A	早晚会有危险,异常时会有危险	早晚会变成重大	大	发展中,功能降低	及早采取
A	以后有危险	以后重大	中等程度	发展中,功能以后会降低	重点监视
B	无影响	无影响	几乎无影响	轻微	监视

3. 我国公路隧道安全等级划分

我国《公路隧道养护技术规范》将隧道土建结构检查结果的判定划分为 3A,2A,1A,B 四级,判定标准依据的指标有三类:①由外荷载作用导致的结构破损,具体包括衬砌变形、移动、沉降、裂缝、起层、剥落、空洞及突发性坍塌等;②由材料劣化导致的结构破损,具体包括衬砌强度降低、起层剥落及钢材锈蚀等;③其他破损,具体包括渗漏水、结冰及砂土流出等。判定等级如表 5-16 所示。

表 5-16　　　　　　　　　　　　我国公路隧道健全度等级

等级	判定因素				采取措施
	对交通安全影响	对结构安全影响	破损发展趋势	破损程度	
3A	危险	危险	迅速	严重	立即紧急采取
2A	比较危险,已有一定威胁	比较危险,已有一定威胁	较快	较重	尽快采取
1A	暂无,以后可能构成危险	暂无,以后可能构成危险	较慢	一般	准备采取
B	无或轻微	无或轻微	无或稳定	轻微	监视、观测

5.5.2 隧道衬砌裂缝安全等级判定标准

1. 我国公路隧道裂缝判定标准

日本《公路隧道维持管理便览》和我国《公路隧道养护技术规范》对衬砌裂缝都给出了判定标准,两个判定标准基本相同,只有在表述上略有差异。我国《公路隧道养护技术规范》对衬砌裂缝的定性判定标准,划分为 3A,2A,1A,B 四级,如表 5-17 所示。

表 5-17　　　　　　　　我国公路隧道裂缝安全等级判定标准

判定等级	3A	2A	1A	B
裂缝状态	裂缝密集,出现剪切裂缝,且发展速度快	裂缝密集,出现剪切裂缝,且发展速度较快	存在裂缝,有一定发展趋势	存在裂缝,但无发展趋势

2. 日本铁路隧道裂缝判定标准

各国规范在裂缝的判定指标选取上,主要考虑了裂缝的宽度和长度,日本《铁道土木构造物等维持管理标准·同解说(隧道篇)》给出了根据裂缝长度和宽度对隧道进行定量判定分级的标准,如表 5-18 所示。

表 5-18　　　　　　　　日本铁路隧道裂缝判定指标

裂缝宽度 W/mm	裂缝长度 L/m		
	$L \geqslant 10$	$5 \leqslant L < 10$	$L < 5$
$W > 5$	A1/AA	A1	A1
$3 < W \leqslant 5$	A1	A1	A2

3. 我国铁路隧道裂缝判定标准

我国《铁路桥隧建筑物劣化评定标准　隧道》(TB/T 2820.2—1997)采用定量和定性相结合的方法将隧道裂缝安全等级分为五级,分别为 AA,A1,B,C,D,定量判定综合考虑了裂缝的长度和宽度指标[49],如表 5-19 所示。

表 5-19　　　　　　　　我国铁路隧道裂缝判定指标

判定等级		裂缝状态
A	AA	长度 $L > 10$ m,宽度 $W > 5$ mm,变形持续发展,拱部开裂成块状,有可能掉落
	A1	长度 $5\ \text{m} \leqslant L \leqslant 10\ \text{m}$ 且宽度 $3\ \text{mm} \leqslant W \leqslant 5\ \text{mm}$,衬砌开裂成块状,在外力作用下有可能掉落
B		长度 $L < 5\ \text{m}$ 且宽度 $3\ \text{mm} \leqslant W \leqslant 5\ \text{mm}$,裂缝有发展,但速度不快
C		长度 $L < 5\ \text{m}$ 且宽度 $W < 3\ \text{mm}$
D		一般龟裂或无发展状态

4. 我国公路隧道裂缝参数判定指标

我国《公路隧道养护技术规范》采取的判定指标为裂缝的长度和宽度,判定时首先根据裂缝有无发展情况将裂缝分为存在开展的裂缝和无法确定是否存在开展的裂缝两类,然后根据裂缝的长度和宽度给出两种情况下的判定标准,如表 5-20 和表 5-21 所示。表中裂缝是以纵向裂缝为主要研究对象的,对于环向裂缝,可将判定等级相应降低一个等级。对于宽度在 0.3~0.5 mm 以上的裂缝,当分布密度大于 200 cm/m² 时,可提高一个判定等级或采用判定等级中较高的等级。

表 5-20　　　　　我国公路隧道裂缝判定指标(裂缝存在开展)

裂缝宽度 W/mm	裂缝长度 L/m	
	$L \geqslant 5$	$L < 5$
$W > 3$	2A/3A	1A/2A
$W \leqslant 3$	1A	1A

表 5-21　　　　我国公路隧道裂缝判定指标(无法判定裂缝是否开展)

裂缝宽度 W/mm	裂缝长度 L/m		
	$L > 10$	$5 < L \leqslant 10$	$L \leqslant 5$
$W > 5$	2A/3A	1A/2A	1A/2A
$3 < W \leqslant 5$	2A	1A/2A	1A
$W \leqslant 3$	1A/B	1A/B	1A/B

5.5.3　隧道衬砌裂缝安全评估方法

1. 裂缝指标体系评判方法

隧道衬砌出现裂缝的因素比较复杂,这些因素自身表现为随机性,与结构安全状态的关系又表现为模糊性。一方面,有些因素不能用精确的数量来描述,只能是模糊概念;另一方面,各种因素的变化与结构安全状态之间不存在对应的函数关系,不可能建立精确的数学模型来求解。因此,可引入模糊集合论对隧道衬砌裂缝的安全性进行综合评价。

模糊集合论把传统数学从二值逻辑的基础扩展到连续值上来,用精确的数学语言对模糊性进行描述,解决了科学发展中精确性与模糊性这一突出矛盾。模糊集合论的出现为综合评价问题提供了一种新的方法,模糊综合评价就是以模糊集合论为基础,应用模糊关系合成的原理,将一些边界不清、不易定量的因素定量化,然后进行综合评价,可以使定性的评价指标定量化,定量的模糊评价指标向精确性逼近。

模糊综合评价的数学模型涉及 3 个基本要素[50]:

(1) 评价指标集 $U = \{x_1, x_2, \cdots, x_m\}$;

(2) 评语等级集合 $V = \{y_1, y_2, \cdots, y_m\}$;

(3) 单因素判断 $\tilde{f} : C \to F(V)$, $c_i \to \tilde{f}(c_i) = (r_{i1}, r_{i2}, \cdots, r_{in}) \in F(V)$。

其中，U 代表综合评判的多种因素组成的集合，即被评价对象的 m 种评价指标的集合，称为因素集；V 为多种决断构成的集合，即为描述某一指标所处状态的 n 个评语等级的集合，称为评判集或评语集。这里存在两类模糊集，一类是指由于因素集中各因素对被评价事物的影响不一致造成的各因素权重分配在 U 上的一个模糊向量，记为

$$\omega = \{\omega_1, \omega_2, \cdots, \omega_m\}$$

其中，ω_i 表示 U 中第 i 个因素的权重，且满足 $\sum\limits_{1}^{m}\omega_i = 1$。

另一类是 U 到 V 的模糊关系，表现为模糊关系矩阵。这两类模糊集都是人们价值观念或偏好结构的反映。这两类集合施加某种模糊运算，便得到 V 上的模糊子集 $Z = \{z_1, z_2, \cdots, z_n\}$。

模糊综合评价的基本步骤如下：

（1）确定评价指标集。根据评价对象的特点，确定评价指标集：

$$U = \{x_1, x_1, \cdots, x_m\}$$

（2）确定评语等级集合。根据评价对象的特点，将评价指标划分为若干等级，制定相应的等级判定准则，从而将定性指标转化为定量指标。假设评语有 m 个，评语等级集合为

$$V = \{y_1, y_2, \cdots, y_m\}$$

（3）确定评价指标的权重向量。一般情况下，各评价指标对被评价对象并非是同等重要的，各个指标对总体表现的影响是不同的，因此在模糊合成之前要确定权重向量：

$$\omega = \{\omega_1, \omega_2, \cdots, \omega_m\}$$

（4）利用隶属函数进行单因素模糊评价，建立模糊关系矩阵。

（5）进行复合运算得到综合评价向量。

（6）对模糊综合评价向量进行分析。

模糊综合评价的结果是被评对象对各等级的隶属度，它构成了一个模糊向量，而不是一个值，这是与其他方法中每一个被评价对象得到一个综合评价值是不同的，它包含了更丰富的信息。

2. 裂缝指标权重确定方法

隧道衬砌裂缝安全评估指标体系是一个多项目、多层次的复杂系统，每个层次又由多个评价指标组成，要对隧道衬砌裂缝的安全状态进行综合评价，需要对各层中评价指标的评价结果进行综合。由此，可引入层次分析法确定隧道衬砌裂缝安全评估所采用的指标权重。层次分析法采用数字标度的形式，将定量与定性相结合，将人的主观判断用数量形式表达和处理，提高了决策的有效性、可靠性和可行性。

层次分析法的基本步骤[50]是：①建立层次结构；②两两比较，建立判断矩阵；③计算单一准则下的权重（排序权向量）；④一致性检验。

层次分析法的关键步骤在于通过因素之间的两两比较获得因素之间的相对重要性,然后根据给定的数字标度,将相对重要性的语言描述转化为数字描述,从而获得相应的判断矩阵。一些研究者对数字标度进行了研究,并提出了1-9标度法、9/9-9/1标度法、10/10-18/2标度法、指数标度法等,其具体标度如表5-22所示。

表5-22 层次分析法的不同标度法

分类	1-9标度法	9/9-9/1标度法	10/10-18/2标度法	指数标度法
相同	1	9/9(1.000)	10/10(1.000)	9^0(1.000)
稍微大	3	9/7(1.286)	12/8(1.500)	$9^{(1/9)}$(1.277)
明显大	5	9/5(1.800)	14/6(2.333)	$9^{(3/9)}$(2.080)
强烈大	7	9/3(3.000)	16/4(4.000)	$9^{(6/9)}$(4.237)
极端大	9	9/1(9.000)	18/2(9.000)	$9^{(9/9)}$(9.000)
通式	K $K=1\sim9$	$9/(10-K)$ $K=1\sim9$	$(8+K)/(10-K)$ $K=1\sim9$	$9^{K/9}$ $K=1\sim9$

具体分析时可采用乘积标度法,这是一种可以充分考虑隧道衬砌裂缝安全评价客观特点的权重确定方法。该方法以层次分析法为基础,分析思路是:在评价指标重要性的两两比较时,不先划分过多的等级,而只设置两个等级,即评价指标A与评价指标B的重要性"相同"或"稍微大",然后以此作为基础进行递进乘积分析,这样可以使分析方法具有更大的灵活性。

在对指标A和指标B进行两两比较时,对"相同"和"稍微大"一般有如下数量上的大体概念:认为"相同"差别(绝对的"相同"是不存在的),是指允许指标A和指标B之间存在微小的差别,通常在做工程计算时允许误差为10%,因此可以认为权重之比为

$$\omega_A : \omega_B \approx 1 : (0.9\sim1.1) \tag{5-37}$$

则取乘积标度法中"相同"的标度值为

$$\omega_A : \omega_B = 1 : 1 \tag{5-38}$$

认为"稍微大"是指标A和指标B之间存在的差别不应大于1.5,即认为权重之比为

$$\omega_A : \omega_B \approx (1.1\sim1.5) : 1 \tag{5-39}$$

由表5-22所示的几种标度方法可以看出,"相同"的标度值均取为1,"稍微大"的标度值分别为3,1.286,1.500,1.277。除1-9标度法关于"稍微大"的标度值较大外,其余3种标度方法关于"稍微大"的标度值都比较接近,均在1.1~1.5之间。为此,乘积标度法中"稍微大"的标度值取为后3种标度法中"稍微大"的标度值的平均值,可表示为

$$\omega_A : \omega_B = \frac{1.286+1.500+1.277}{3} : 1 = 1.354 : 1 \tag{5-40}$$

根据乘积标度法中"相同"和"稍微大"的标度值以及乘积标度法的思路,确定简单二层评价系统评价指标权重的乘积标度法的基本步骤:

(1) 根据经验或实测资料,对 m 个评价指标定性地进行重要性排序。

(2) 对评价指标进行两两对比,确定评价指标 A 与评价指标 B 之间的重要性差异属于"相同"或"稍微大"。当评价指标 A 与评价指标 B 之间的重要性"相同"时,取权重为

$$(\omega_A, \omega_B) = (0.5, 0.5) \tag{5-41}$$

当评价指标 A 的重要性比评价指标 B 的重要性"稍微大"时,取权重为

$$(\omega_A, \omega_B) = \left(\frac{1.354}{1+1.354}, \frac{1}{1+1.354}\right) = (0.575, 0.425) \tag{5-42}$$

(3) 当评价指标 A 与评价指标 B 之间的重要性用"稍微大"还不足以反映时,可以用多个"稍微大"来反映。如当认为 A 与 B 之间的重要性差异比"稍微大"还要稍微大时,可取为

$$(\omega_A, \omega_B) = (1.354 \times 1.354) : 1 = 1.833 : 1 \tag{5-43}$$

则权重为

$$(\omega_A, \omega_B) = \left(\frac{1.833}{1+1.833}, \frac{1}{1+1.833}\right) = (0.647, 0.353) \tag{5-44}$$

依此类推。

(4) 将同一层的 m 个评价指标两两比较的结果进行综合,并满足归一化条件,即 $\sum_{1}^{m} \omega_i = 1$,最终得到下一层各评价指标对相邻上层研究对象的层次单排序权重。

5.5.4 隧道衬砌裂缝安全评估标准

1. 裂缝安全评估等级

在实际隧道衬砌裂缝检测中,测量裂缝深度较为麻烦,特别是采用自动快速检测技术时,深度的测量更加难以操作。本书为了考虑裂缝深度对结构安全等级的影响,采用裂缝的宽度来表征其深度,假定裂缝的深度与宽度之间呈线性关系,裂缝深度越大,其宽度也越大。因此,本书采用的裂缝安全等级判定指标选取分为两类指标:第一类为裂缝的长度 L 和宽度 W,作为主要指标;第二类为裂缝的走向 R(纵向、环向和斜向)、分布密度 E 和位置 P(拱顶、拱腰和边墙)作为辅助指标。综合考虑裂缝的长度 L、宽度 W、走向 R、分布密度 E 和位置 P 建立安全等级评判因子 F,根据综合评判因子 F 将裂缝的安全等级划分为 3A、2A、1A、B 四级,如表 5-23 所示。

表 5-23　　　　　　　本文采用的裂缝安全评估等级判定标准

评判因子 F	$1.0 \leq F \leq 1.5$	$1.5 < F \leq 2.5$	$2.5 < F \leq 3.5$	$3.5 < F \leq 4.0$
裂缝安全等级	3A	2A	1A	B
隧道安全影响	严重	较重	一般	无或轻微

2. 裂缝安全评估指标权重确定

考虑到裂缝的深度测量不太方便,而裂缝的长度和宽度测量比较方便,并且认为二者在综合评判中的重要性相同,因此裂缝的长度 L 和宽度 W 所占的权重分别取为 0.5 和 0.5,即指标权重向量为

$$\omega = (\omega_L \quad \omega_W) = (0.5 \quad 0.5) \tag{5-45}$$

3. 裂缝安全等级评估矩阵

(1) 对于裂缝长度 L,构造的隶属度函数为

$$u_1 = \begin{cases} 1 & L \leqslant 0.2 \\ \dfrac{1}{1+0.2(L-0.2)^2} & L > 0.2 \end{cases} \tag{5-46}$$

$$u_2 = \frac{1}{1+0.2(L-5)^2} \tag{5-47}$$

$$u_3 = \begin{cases} \dfrac{1}{1+0.2(L-10)^2} & L \leqslant 10 \\ \dfrac{1}{1+0.6(L-10)^2} & L > 10 \end{cases} \tag{5-48}$$

$$u_4 = \begin{cases} 0 & L \leqslant 10 \\ \dfrac{1}{1+1.4(L-10)^2} & L > 10 \end{cases} \tag{5-49}$$

(2) 对于裂缝宽度 W,构造的隶属度函数为

$$v_1 = \begin{cases} 1 & W \leqslant 0.2 \\ \dfrac{1}{1+0.5(W-0.2)^2} & W > 0.2 \end{cases} \tag{5-50}$$

$$v_2 = \begin{cases} \dfrac{1}{1+0.6(W-3)^2} & W \leqslant 3 \\ \dfrac{1}{1+0.8(W-3)^2} & W > 3 \end{cases} \tag{5-51}$$

$$v_3 = \frac{1}{1+1.2(W-5)^2} \tag{5-52}$$

$$v_4 = \begin{cases} 0 & W \leqslant 5 \\ \dfrac{1}{1+1.1(W-5)^{-2}} & W > 5 \end{cases} \tag{5-53}$$

(3) 将 u_1, u_2, u_3, u_4 和 v_1, v_2, v_3, v_4 分别归一化后建立的隧道裂缝安全等级评级矩阵为

$$\begin{bmatrix} u_1 & u_2 & u_3 & u_4 \\ v_1 & v_2 & v_3 & v_4 \end{bmatrix}$$

4. 裂缝安全评估等级

根据以上建立的隧道裂缝安全等级判定标准来衡量评价目标的安全状态,安全评语等级向量为

$$\boldsymbol{A} = (a_1 \quad a_2 \quad a_3 \quad a_4) = (4 \quad 3 \quad 2 \quad 1) \tag{5-54}$$

集合中 a_1, a_2, a_3, a_4 分别表示裂缝的安全等级 B,1A,2A,3A,在计算评判因子时评语 a_1, a_2, a_3, a_4 分别赋予 4、3、2、1。

5. 裂缝安全等级评估因子

(1) 裂缝安全等级综合评判向量 $\boldsymbol{Z}$ 的确定:

$$\boldsymbol{Z} = (z_1 \quad z_2 \quad z_3 \quad z_4) = (0.5 \quad 0.5) \times \begin{bmatrix} u_1 & u_2 & u_3 & u_4 \\ v_1 & v_2 & v_3 & v_4 \end{bmatrix} \tag{5-55}$$

$$\boldsymbol{Z} = \begin{bmatrix} z_1 \\ z_2 \\ z_3 \\ z_4 \end{bmatrix} = \begin{bmatrix} 0.5(u_1+v_1) \\ 0.5(u_2+v_2) \\ 0.5(u_3+v_3) \\ 0.5(u_4+v_4) \end{bmatrix} \tag{5-56}$$

(2) 考虑判定指标(长度 L、宽度 W)时裂缝安全等级评判因子 F_1 的确定:

$$F_1 = \frac{4 \cdot z_1 + 3 \cdot z_2 + 2 \cdot z_3 + 1 \cdot z_4}{z_1 + z_2 + z_3 + z_4} \tag{5-57}$$

$$F_1 = \frac{2.0(u_1+v_1) + 1.5(u_2+v_2) + 1.0(u_3+v_3) + 0.5(u_4+v_4)}{0.5(u_1+v_1+u_2+v_2+u_3+v_3+u_4+v_4)} \tag{5-58}$$

(3) 考虑判定指标(长度 L、宽度 W、走向 R)时裂缝安全等级评判因子 F_2 的确定:

① 纵向裂缝(走向: $-22.5° < O \leqslant 22.5°$): $F_2 = F_1$;

② 斜向裂缝(走向: $22.5° < O \leqslant 67.5°$): $F_2 = F_1 + 0.5$;

③ 环向裂缝(走向: $67.5° < O \leqslant 112.5°$): $F_2 = F_1 + 1.0$。

(4) 综合考虑所有判定指标(长度 L、宽度 W、走向 R、分布密度 E、位置 P)时裂缝安全等级评判因子 F 的确定:

① 裂缝宽度 $W \geqslant 0.5$ mm,且分布密度 $D \geqslant 200$ cm/m²:$F = F_2 - 1.0$,如果 $F < 1.0$,取 $F = 1.0$;

② 除①以外的其他情况:$F = F_2$,如果 $F > 4.0$,取 $F = 4.0$。

(5) 根据以上计算所得到的综合评判因子 F,并参考表 5-23 可以确定隧道出现裂缝后衬砌结构的安全等级。

5.5.5 评估方法应用实例

以浙江金丽温高速公路某隧道 K102+100—K102+115 段的裂缝病害检测结果为例,对

评估方法进行验证,具体检测数据如表 5-24 所示。分析时取每 15 m 区段长度作为一个评估单元,计算每一条裂缝的综合评判因子 F,同时考虑评估区段内裂缝的最大分布密度 E,确定该区段的裂缝安全等级。分析时分别根据我国《公路隧道养护技术规范》划分的安全等级判定标准和本文建议的综合评估因子进行判定,详细过程如下。

表 5-24　　　　　某隧道 K102＋100—K102＋115 段裂缝检测结果

裂缝编号	桩号	位置	长度/m	宽度/mm	走向	分布密度/$(cm \cdot m^{-2})$
①	K102＋101.5	拱腰	4.5	1.0	环向	225
②	K102＋103.0	拱腰	4.2	0.8	斜向	
③	K102＋105.7	拱顶	6.4	1.5	纵向	
④	K102＋110.8	拱腰	2.3	0.5	环向	
⑤	K102＋111.3	拱腰	3.0	0.6	环向	
⑥	K102＋114.4	拱腰	2.8	0.8	斜向	

1. 根据《公路隧道养护技术规范》进行评判

裂缝①:$L \leq 5$,$W \leq 3$,等级为 1A;

裂缝②:$L \leq 5$,$W \leq 3$,等级为 1A;

裂缝③:$5 < L \leq 10$,$W \leq 3$,等级为 2A;

裂缝④:$L \leq 5$,$W \leq 3$,等级为 B;

裂缝⑤:$L \leq 5$,$W \leq 3$,等级为 B;

裂缝⑥:$L \leq 5$,$W \leq 3$,等级为 B。

综合以上分析,该区段隧道衬砌裂缝的安全等级为 2A,较重。

2. 根据本书建议的综合评估因子进行判定

裂缝①:

$$\begin{bmatrix} u_1 & u_2 & u_3 & u_4 \\ v_1 & v_2 & v_3 & v_4 \end{bmatrix} = \begin{bmatrix} 0.213 & 0.952 & 0.142 & 0.000 \\ 0.758 & 0.294 & 0.050 & 0.000 \end{bmatrix}$$

$$F_1 = \frac{2.0(u_1+v_1)+1.5(u_2+v_2)+1.0(u_3+v_3)+0.5(u_4+v_4)}{0.5(u_1+v_1+u_2+v_2+u_3+v_3+u_4+v_4)} = \frac{4.003}{1.205} = 3.3$$

$$F_2 = F_1 + 1.0 = 3.3 + 1.0 = 4.3$$

$$F = F_2 - 1.0 = 4.3 - 1.0 = 3.3$$

$2.5 < F \leq 3.5$,等级:1A。

裂缝②:

$$\begin{bmatrix} u_1 & u_2 & u_3 & u_4 \\ v_1 & v_2 & v_3 & v_4 \end{bmatrix} = \begin{bmatrix} 0.238 & 0.887 & 0.129 & 0.000 \\ 0.847 & 0.256 & 0.045 & 0.000 \end{bmatrix}$$

$$F_1 = \frac{2.0(u_1+v_1)+1.5(u_2+v_2)+1.0(u_3+v_3)+0.5(u_4+v_4)}{0.5(u_1+v_1+u_2+v_2+u_3+v_3+u_4+v_4)} = \frac{4.059}{1.201} = 3.4$$

$$F_2 = F_1 + 0.5 = 3.4 + 0.5 = 3.9$$

$$F = F_2 - 1.0 = 3.9 - 1.0 = 2.9$$

$2.5 < F \leqslant 3.5$,等级:1A。

裂缝③:

$$\begin{bmatrix} u_1 & u_2 & u_3 & u_4 \\ v_1 & v_2 & v_3 & v_4 \end{bmatrix} = \begin{bmatrix} 0.115 & 0.718 & 0.278 & 0.000 \\ 0.542 & 0.426 & 0.064 & 0.000 \end{bmatrix}$$

$$F_1 = \frac{2.0(u_1+v_1)+1.5(u_2+v_2)+1.0(u_3+v_3)+0.5(u_4+v_4)}{0.5(u_1+v_1+u_2+v_2+u_3+v_3+u_4+v_4)} = \frac{3.372}{1.072} = 3.1$$

$$F_2 = F_1 = 3.1$$

$$F = F_2 - 1.0 = 3.1 - 1.0 = 2.1$$

$1.5 < F \leqslant 2.5$,等级:2A。

裂缝④:

$$\begin{bmatrix} u_1 & u_2 & u_3 & u_4 \\ v_1 & v_2 & v_3 & v_4 \end{bmatrix} = \begin{bmatrix} 0.531 & 0.407 & 0.078 & 0.000 \\ 0.957 & 0.211 & 0.040 & 0.000 \end{bmatrix}$$

$$F_1 = \frac{2.0(u_1+v_1)+1.5(u_2+v_2)+1.0(u_3+v_3)+0.5(u_4+v_4)}{0.5(u_1+v_1+u_2+v_2+u_3+v_3+u_4+v_4)} = \frac{4.021}{1.112} = 3.6$$

$$F_2 = F_1 + 1.0 = 3.6 + 1.0 = 4.6$$

$$F = F_2 - 1.0 = 4.6 - 1.0 = 3.6$$

$3.5 < F \leqslant 4.0$,等级:B。

裂缝⑤:

$$\begin{bmatrix} u_1 & u_2 & u_3 & u_4 \\ v_1 & v_2 & v_3 & v_4 \end{bmatrix} = \begin{bmatrix} 0.389 & 0.556 & 0.093 & 0.000 \\ 0.926 & 0.224 & 0.041 & 0.000 \end{bmatrix}$$

$$F_1 = \frac{2.0(u_1+v_1)+1.5(u_2+v_2)+1.0(u_3+v_3)+0.5(u_4+v_4)}{0.5(u_1+v_1+u_2+v_2+u_3+v_3+u_4+v_4)} = \frac{3.934}{1.115} = 3.5$$

$$F_2 = F_1 + 1.0 = 3.5 + 1.0 = 4.5$$

$$F = F_2 - 1.0 = 4.5 - 1.0 = 3.5$$

$2.5 < F \leqslant 3.5$,等级:1A。

裂缝⑥:

$$\begin{bmatrix} u_1 & u_2 & u_3 & u_4 \\ v_1 & v_2 & v_3 & v_4 \end{bmatrix} = \begin{bmatrix} 0.425 & 0.508 & 0.088 & 0.000 \\ 0.957 & 0.211 & 0.040 & 0.000 \end{bmatrix}$$

$$F_1 = \frac{2.0(u_1+v_1)+1.5(u_2+v_2)+1.0(u_3+v_3)+0.5(u_4-v_4)}{0.5(u_1+v_1+u_2+v_2+u_3+v_3+u_4+v_4)} = \frac{3.971}{1.115} = 3.6$$

$$F_2 = F_1 + 0.5 = 3.6 + 0.5 = 4.1$$

$$F = F_2 - 1.0 = 4.1 - 1.0 = 3.1$$

$2.5 < F \leqslant 3.5$,等级：1A。

综合以上分析,该区段隧道衬砌裂缝的安全等级为2A,较重。

5.6 本章小结

本章主要针对带裂缝隧道衬砌结构的稳定性进行研究,运用有限元数值模拟方法,分析了不考虑渗水和考虑渗水两种情况下裂缝不同特征参数对隧道衬砌结构稳定性的影响,并结合模糊综合评价和改进的层次分析方法建立了隧道衬砌裂缝的安全等级评价标准,最后将上述方法应用于实际隧道裂缝病害检测,用实例验证了该方法的可行性和有效性。取得的主要研究成果和结论如下：

(1) 隧道衬砌裂缝病害调查显示,衬砌裂缝产生的原因很多,主要包括荷载作用、温度应力、不均匀沉降、地质因素、勘察设计不当、施工及环境因素等,这些因素导致裂缝的受力变形特征极为复杂,具体可分为受弯张口型裂缝、内缘受压闭口型裂缝、受剪错台型裂缝和收缩性环向裂缝等4种类型。

(2) 裂缝的力学模型主要包括分离裂缝模型、分布裂缝模型和内嵌裂缝模型3种;通过线弹性条件下Ⅰ型裂缝尖端的应力场和位移场分析,发现应力在裂缝尖端处出现奇异点;应力强度因子表示裂缝尖端区域应力场的强度,将应力强度因子的计算公式以裂缝尖端张开位移和错动位移表示后,通过计算裂缝尖端附近的位移分量,可推算裂缝尖端的应力强度因子,该方法计算简单,意义明确,对单一型和复合型裂缝都适用,应用范围较广,精度较高。

(3) 采用ABAQUS有限元软件对带裂缝隧道衬砌结构的稳定性进行了数值模拟,分析结果显示:裂缝深度对裂缝尖端的应力强度因子和裂缝稳定系数影响最为明显,其次是裂缝位置和裂缝分布密度,裂缝宽度则影响较小。随裂缝深度增大,裂缝位置从隧道拱顶变化至边墙,裂缝尖端的应力强度因子增大,裂缝稳定系数相应减小,衬砌结构的稳定性则相应降低;裂缝长度对裂缝尖端的应力强度因子和稳定系数影响较小,当裂缝长度增加到一定程度时对应力强度因子和裂缝稳定系数的影响基本趋于稳定;裂缝走向对裂缝尖端的应力强度因子和稳定系数有较大影响,且纵向裂缝对衬砌结构的稳定性影响最为明显,斜向裂缝次之,环向裂缝影响最小,在大多数情况下,环向裂缝的稳定系数大于1,裂缝不会失稳扩展。

(4) 渗水对不同裂缝深度情况下裂缝的稳定性有较大影响。随裂缝深度增大,裂缝尖端的应力强度因子增大,裂缝稳定系数相应减小,衬砌结构的稳定性则相应降低;而且在不同的裂缝深度情况下,考虑渗水时的裂缝稳定系数均小于不考虑渗水时的裂缝稳定系数,说明渗水会降低带裂缝衬砌结构的稳定性。渗水对不同裂缝深度情况下衬砌不同位置裂缝的稳定性也有较大影响,随裂缝位置从隧道拱顶变化至边墙,裂缝尖端的应力强度因子增大,裂缝稳定系数相应减小,衬砌结构的稳定性则相应呈降低趋势。

（5）根据隧道衬砌裂缝数值分析结果,结合模糊综合评价和改进的层次分析方法建立了隧道衬砌裂缝的安全等级评价标准。评价标准考虑了裂缝的长度、宽度、位置、走向和分布密度等5个指标,根据实际隧道裂缝检测结果,将评价标准进行了工程实际应用,用实例验证了评价标准的可行性和有效性。

参考文献

[1] ACI Committee 224. Causes, evaluation and repair of cracks in concrete structures[J]. Journal Proceedings,1984,81(3):211-230.
[2] 黄友林,吴连波. 公路隧道衬砌开裂和渗漏水的分析及防治[J]. 公路交通科技,2008,2(1):115-118.
[3] 李治国,张玉军. 衬砌开裂隧道的稳定性分析及治理技术[J]. 现代隧道技术,2004,41(1):26-31.
[4] 刘方. 隧道衬砌裂缝产生机理及处治方案研究[D]. 重庆:重庆交通大学,2009.
[5] 王建秀,朱合华,唐益群,等. 连拱隧道裂缝运动的监测与分析[J]. 土木工程学报,2007,40(5):69-73.
[6] 王建秀,朱合华,唐益群. 高速公路隧道跟踪监测及承载状况诊断[J]. 土木工程学报,2005,38(2):110-114.
[7] 王建秀. 博士后研究报告:连拱隧道建设中的几个关键问题研究:选型、偏压、裂缝、抗震和监测[D]. 上海:同济大学,2004.
[8] 苏生. 公路隧道二次衬砌开裂机理与抗裂性试验研究[D]. 杭州:浙江大学,2008.
[9] 朱根桥,沈明荣. 岩石隧道衬砌裂缝机理分析及治理措施[C]//中国岩石力学与工程学会第七次学术大会论文集. 西安,2002:561-563.
[10] LOHRASBI A R, ATTARNEJAD R. Crack growth in concrete gravity dams based on discrete crack method[J]. American Journal of Engineering and Applied Sciences,2008,1(4):318-323.
[11] LEE J S,CHOI I Y,CHO H N. Modeling and detection of damage using smeared crack model[J]. Engineering Structures,2004,26(2):267-278.
[12] YIN J,WU Z,ASAKURA T,et al. Cracking and failure behavior of concrete tunnel lining by smeared crack model[J]. JSCE Structural Engineering,2001,18(1):17-27.
[13] SANCHO J M,PLANAS J,CENDON D A,et al. An embedded crack model for finite element analysis of concrete fracture[J]. Engineering Fracture Mechanics,2007,74(1):75-86.
[14] JIRASEK M,ZIMMERMANN T. Embedded crack model part Ⅰ:basic formulation[J]. International Journal of Numerical Methods in Engineering,2001,50(6):1269-1290.
[15] JIRASEK M,ZIMMERMANN T. Embedded crack model part Ⅱ:combination with smeared cracks[J]. International Journal of Numerical Methods in Engineering,2001,50:1291-1305.
[16] 江见鲸,陆新征,叶列平. 混凝土结构有限元分析[M]. 北京:清华大学出版社,2005.
[17] 程靳,赵树山. 断裂力学[M]. 北京:科学出版社,2006.
[18] 徐世烺,赵国藩. 混凝土断裂力学[M]. 大连:大连理工大学出版社,1991.
[19] 刘海京. 公路隧道健康诊断计算模型研究[D]. 上海:同济大学,2006.

[20] 于骁中. 岩石和混凝土断裂力学[M]. 长沙：中南工业大学出版社，1991.
[21] 张玉军，李治国. 带裂纹隧道二次衬砌承载能力的平面有限元计算分析[J]. 岩土力学，2005，26(8)：1201-1206.
[22] AUGARDE C E, BURD H J. Three-dimensional finite element analysis of lined tunnels[J]. International Journal for Numerical and Analytical Methods in Geomechanics，2001，25(3)：243-262.
[23] JING L，HUDSON J A. Numerical methods in rock mechanics[J]. International Journal of Rock Mechanics and Mining Sciences，2002，39(4)：409-427.
[24] JING L. A review of techniques advances and outstanding issues in numerical modelling for rock mechanics and rock engineering[J]. International Journal of Rock Mechanics and Mining Sciences，2003，40(3)：283-353.
[25] CHEN J S，MO H H. Numerical study on crack problems in segments of shield tunnel using finite element method[J]. Tunnelling and Underground Space Technology，2009，24(1)：91-102.
[26] MOES N，DOLBOW J，BELYTSCHKO T. A finite element method for crack growth without remeshing[J]. International Journal of Numerical Methods in Engineering，1999，46：131-150.
[27] BELYTSCHKO T，BLACK T. Elastic crack growth in finite element with minimal remeshing[J]. International Journal of Numerical Methods in Engineering，1999，45(5)：601-620.
[28] MOES N，SUKUMAR N，MORAN B，et al. An extended finite element method (X-FEM) for two-and three-dimensional crack modeling[C]. ECCOMAS 2000，Barcelona，Spain，2000.
[29] SUKUMAR N，MOES N，MORAN B，et al. Extended finite element method for three-dimensional crack modelling[J]. International Journal for Numerical Methods in Engineering，2000，48(11)：1549-1570.
[30] MOES N，BELYTSCHKO. Extended finite element for cohesive crack grow method[J]. Engineering Fracture Mechanics，2002，69(7)：813-833.
[31] ABDELAZIZ Y，HAMOUINE A. A survey of the extended finite element[J]. Computers and Structures，2008，86(11)：1141-1151.
[32] 方修君，金峰. 基于ABAQUS平台的扩展有限元法[J]. 工程力学，2007，24(7)：6-10.
[33] 李录贤，王铁军. 扩展有限元法(XFEM)及其应用[J]. 力学进展，2005，35(1)：5-20.
[34] 茹忠亮，朱传锐，张友良，等. 断裂问题的扩展有限元法研究[J]. 岩土力学，2011，32(7)：2171-2176.
[35] 董玉文，任青文，余天堂. 扩展有限元法在重力坝断裂分析中的应用研究[J]. 重庆建筑大学学报，2008，30(3)：36-40.
[36] 余天堂. 模拟三维裂纹问题的扩展有限元法[J]. 岩土力学，2010，31(10)：3280-3285.
[37] 张晓咏，戴自航. 应用ABAQUS进行渗流作用下的边坡稳定分析[J]. 岩石力学与工程学报，2010，29(S1)：2927-2934.
[38] 王海龙，李庆斌. 孔隙水对湿态混凝土抗压强度的影响[J]. 工程力学，2006，23(10)：141-145.
[39] 邓华锋，李建林，刘杰，等. 考虑裂隙水压力的岩体压剪裂纹扩展规律研究[J]. 岩土力学，2011，32(S1)：297-302.
[40] 李夕兵，贺显群，陈红江. 渗透水压作用下类岩石材料张开型裂纹启裂特性研究[J]. 岩石力学与工程学报，2012，31(7)：1317-1324.
[41] 汤连生，张鹏程，王洋. 岩体复合型裂纹的扩展规律Ⅰ——无水作用条件下[J]. 中山大学学报(自然科学

版),2002,41(6):84-87.
- [42] 汤连生,张鹏程,王洋.岩体复合型裂纹的扩展规律Ⅱ——有水作用条件下[J].中山大学学报(自然科学版),2003,42(1):00-04.
- [43] 汤连生,张鹏程,王洋.水作用下岩体断裂强度探讨[J].岩石力学与工程学报,2004,23(19):3337-3341.
- [44] 张伟.渗流场及其与应力场的耦合分析和工程应用[D].武汉:武汉大学,2004.
- [45] 杨天鸿,唐春安,徐涛,等.岩石破裂过程的渗透特性:理论、模型与应用[M].北京:科学出版社,2004.
- [46] 陶伟明."以堵为主,限量排放"隧道防排水原则的理论基础及其工程实践[J].铁道标准设计,2006(9):78-82.
- [47] 关宝树.日本铁路隧道维修养护管理技术的现状[J].隧道译丛,1993(6):1-8.
- [48] 罗鑫,夏才初.隧道病害分级的现状及问题[J].地下空间与工程学报,2006,2(5):877-880.
- [49] 中华人民共和国铁道行业标准.铁路桥隧建筑物劣化评定标准 隧道:TB/T 2820.2—1997[S].北京:中华人民共和国铁道部,1998.
- [50] 罗鑫.公路隧道健康状态诊断方法及系统的研究[D].上海:同济大学,2007.

6 隧道衬砌渗漏水病害分析与风险评价研究

6.1 概述

渗漏水的主要原因在于隧道的修建破坏了山体原始的水系平衡,而隧道成为所穿越山体附近地下水积聚的通道。当隧道围岩与含水地层连通,而衬砌的防水及排水设施不完善并伴随衬砌存在损伤裂缝时,就会引起隧道渗漏水。

本章在收集53座隧道衬砌渗漏水案例的基础上,对衬砌渗漏水进行了分类。另外,选取浙江省内具有典型地形地貌特征的5条高速公路(共19座隧道)历时半年进行渗漏水调查,总结渗漏水产生的原因,编制事故树。以事故树的方法对岩石隧道衬砌渗漏水机理进行分析,找出产生渗漏水的原因并总结渗漏水治理的关键性原则,从而为后续研究提供依据。

由于以往"以排为主"的修建原则,大量排水造成部分隧道地表井泉干枯、工农业生产生活用水缺失、地表沉降、岩溶塌陷、水土流失、土壤沙化等系列环境问题,所以"限量排放""以堵为主""控制排放"等新的隧道防排水原则[1]开始被提出,并逐渐得到广泛应用,且已成为隧道工程界的主流认识,而水荷载的问题也就相应更为突出。地下水渗流研究是地下水荷载的一个研究方向。山岭隧道是在岩体中建造的,其穿越的岩体多数为裂隙型和裂隙岩溶型,山岭隧道衬砌渗漏水主要是围绕裂隙岩体的渗流,国内外学者[2-5]对其进行了大量研究。当衬砌材料(如混凝土)具有一定的渗透性时,隧道衬砌和围岩结合紧密。可以认为,地下水的渗流运动是连续的,其不仅存在于岩体渗流场中,同时也存在于衬砌中,渗流场可以理解为一种体积力[6]。因此,我们可以将岩石中渗流-应力的耦合作用引入混凝土的研究中。本章采用隧道FLAC3D模型,模拟隧道围岩、地下水、初期支护和二次衬砌等,探讨隧道衬砌在不同位置发生渗漏以及不同地下水位条件下,衬砌的各种力学变形响应,为后续结构安全评价提供依据。

风险评估是基于风险理论,对不确定事件采用定性或定量方法进行概率与后果的综合分析,从而评估事故风险等级的一种方法,由于采用了系统分析技术,因此对事件的分析更为全面;同时考虑了事故的后果,因此所评估的指标也更全面。本章利用风险理论对现有隧道渗漏水病害结构安全评价方法进行改进,提出隧道衬砌渗漏水病害结构风险评价方法。

6.2 岩石公路隧道渗漏水病害成因分析

许多学者和工程技术人员结合实际工程对渗漏水的成因做了很多工作,但多数仅针对具体隧道"就事论事"进行分析。本节主要针对岩石隧道衬砌渗漏水病害,运用数据挖掘技术,融合逻辑诊断、粗集理论等理论和方法,建立渗漏水成因事故树,以分析渗漏水产生的主要原因,并将上述方法应用于工程实际,用实例验证方法的合理性和可行性。

6.2.1 成因研究思路[7]

数据挖掘[8]就是从大量数据中发现潜在规律并提取有用知识的方法和技术,是一门新兴的、来自机器学习、模式识别、统计学、智能数据库、知识获取、数据可视化、高性能计算、专家系统等不同领域的交叉性学科。数据是指一个有关事实的集合（如产生渗漏水的各种可能原因），它是用来描述事物有关方面的信息，是进一步发现知识的原材料。数据挖掘不但能够学习已有的知识，而且能够发现未知的知识；不但可以处理时间序列数据，还可以处理文本数据、多媒体数据等大量数据；对数据背后隐藏的特征和规律进行分析，形成一定的以规则、模式等形式表示的知识；获得的知识是易于编程实现和可以理解的显式知识，如"If … then … "的形式。数据挖掘的对象是某一专业领域中积累的数据，挖掘过程是一个人机交互、多次反复的过程，挖掘的结果要应用于该专业。因此数据挖掘的整个过程都离不开应用领域的专业知识。

一般来说，具有以下特点的领域都可以采用数据挖掘：①具有大量、充足的相关数据；②需要基于知识来实现的决策。在隧道结构安全监控领域，与衬砌结构渗漏水形成相关的数据很多，包括渗漏水量的实测数据，设计、施工、运行、管理过程中的相关数据和资料等，而且对渗漏水成因的判断是一个复杂的决策过程，因此，可以采用数据挖掘技术对众多数据中所隐藏的信息、规律进行挖掘和提炼，得出渗漏水产生的主要原因。由于粗集理论[9]是一种研究不精确、不确定性知识的数学工具，它不仅能够在缺少关于数据的先验知识的情况下，解决模糊或不确定数据的分析和处理，而且算法简单、易于操作。因此本章融合逻辑诊断、粗集理论与数据挖掘等理论和方法，提出渗漏水成因挖掘方法，其流程图如图 6-1 所示。研究思路如下：首先，调查收集与渗漏水产生有关的各种资料，包括设计、施工、运行、管理等各阶段的记录资料以及各种实测、试验、科研成果等资料；其次，在分析整理收集资料的基础上，对渗漏水的成因进行

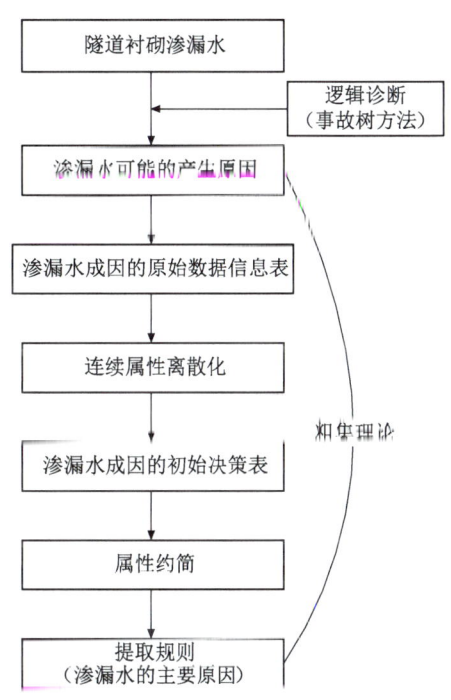

图 6-1 渗漏水成因挖掘方法流程图

逻辑诊断，建立事故树，分析渗漏水产生的可能原因；最后，在此基础上，应用粗集理论，挖掘渗漏水产生原因的潜在规律，或挖掘渗漏水的主要成因。

6.2.2 事故树分析法

1. 事故树分析法的一般步骤

事故树分析又称故障树分析（Fault Tree Analysis, FTA），是安全系统工程最重要的方法。20 世纪 60 年代初期由美国贝尔研究所首先提出，成功运用于对民兵式导弹发射控制系统的随机失效概率问题的预测上，并逐步在各个工业领域得到推广应用。

FTA 理论是把系统不希望发生的事件（失效状态）作为事故树的顶事件（Top event），用

规定的逻辑符号表示,找出导致这一不希望事件所有可能发生的直接原因。它们是从处于过渡状态的中间事件开始,并由此逐步深入分析,直到找出事故的基本原因,即事故树的基本事件为止。

2. 常用的事故树术语与符号

由于事故树分析法是一种图形演绎法,因而需要一些专门的表示逻辑关系的门符号、事件符号以及基本术语,借以表示事件之间的逻辑关系和因果关系。在编制事故树时要用到许多符号,在建树之前简要介绍一下有关术语和文中所用的符号,如表 6-1 所示。

表 6-1　　　　　　　　　事故树分析法的主要符号及其意义

类别	名称	符号	意　义
事件符号	结果事件	□	它是由其他事件或事件组合所导致的事件。顶事件是分析系统中所关心的结果事件,位于事故树的顶端;中间事件是位于底事件和顶事件之间的结果事件
	基本事件	○	它是在特定的事故树分析中无需再探明其发生原因的底事件
	未探明事件	◇	它是原则上应进一步探明其原因但暂时不必或不能探明其原因的底事件
	条件事件	⬭	它是一种特殊事件,规定了逻辑门起作用的条件
逻辑门符号	与门	⌂	仅当所有输入事件同时发生时,输出事件才发生
	或门	⌂	当输入事件至少有一个发生时,输出事件都能发生
	条件与门	⌂⬭	所有输入事件同时发生并满足条件事件时,输出事件才发生
	条件或门	⌂⬭	输入事件至少有一个发生并满足条件事件时,输出事件发生

3. 事故树的分析方法

事故树定性分析的主要目的是寻找事故树的全部最小割集或径集。由于最小割集发生时,顶事件必然发生。一棵事故树全部割集的完整集合代表了顶事件发生的所有可能性,即给定系统的全部事故原因组合形式。因此,最小割集的意义就在于描绘出了处于事故状态的系统所必须要修复的基本事件,指出了系统最薄弱的环节。

6.2.3 隧道衬砌渗漏水病害的事故树分析

1. 岩石隧道渗漏水病害事故树编制

为了研究岩石隧道衬砌渗漏水风险问题,重点讨论事故发生的影响因素及机理,在采用事故树理论分析中假定:选取的事故分析各基本事件之间相互独立。

根据收集的关于隧道衬砌渗漏水病害的资料、浙江公路隧道渗漏水调查数据及所作的假设,编制了隧道衬砌渗漏水的事故树,如图6-2所示。

2. 隧道衬砌渗漏水事故树分析

编制事故树后,计算顶事件,即隧道衬砌渗漏水的可能发生概率,采用上行法布尔运算求最小割集。图6-2所示的隧道衬砌渗漏水的事故树中基本事件有39个。根据布尔代数规则,顶事件 T 以最小割集的并集形式表示,最小割集具体计算过程如式(6-1)所示。

$$\begin{aligned}
T &= A_1 A_2 \\
A_1 &= B_1 + B_2 \\
A_2 &= B_3 B_4 \\
B_1 &= C_1 C_2 \\
B_2 &= (X_{15} + X_{16}) X_{13} \\
B_3 &= C_3 + C_4 \\
C_1 &= D_1 + X_4 \\
C_2 &= (D_2 + D_3 + D_4) X_{14} \\
C_3 &= X_{17} + D_5 + D_6 + D_7 \\
C_4 &= D_8 + D_9 \\
T &= (B_1 + B_2) B_3 B_4 \\
&= [C_1 C_2 + (X_{15} + X_{16}) X_{13}](C_3 + C_4)(X_{33} + X_{34} + X_{35} + X_{36} + X_{37} + X_{38} + X_{39}) \\
&= [(X_1 + X_2 + X_3 + X_4)(X_5 X_6 X_7 X_8 X_9 + X_{10} X_8 X_9 + X_{11} X_{13} + X_{12} X_{13}) + \\
&\quad (X_{15} + X_{16}) X_{13}](X_{17} + X_{18} + X_{19} + X_{20} + X_{21} + X_{22} + X_{23} + X_{24} + X_{25} + X_{26} + \\
&\quad X_{27} + X_{28} + X_{29} + X_{30} + X_{31} + X_{32})(X_{33} + X_{34} + X_{35} + X_{36} + X_{37} + X_{38} + X_{39})
\end{aligned}$$

(6-1)

通过布尔运算得隧道衬砌渗漏水事故树的最小割集为1 344个,包括5个事件最小割集572个,6个事件最小割集336个,8个事件最小割集336个。

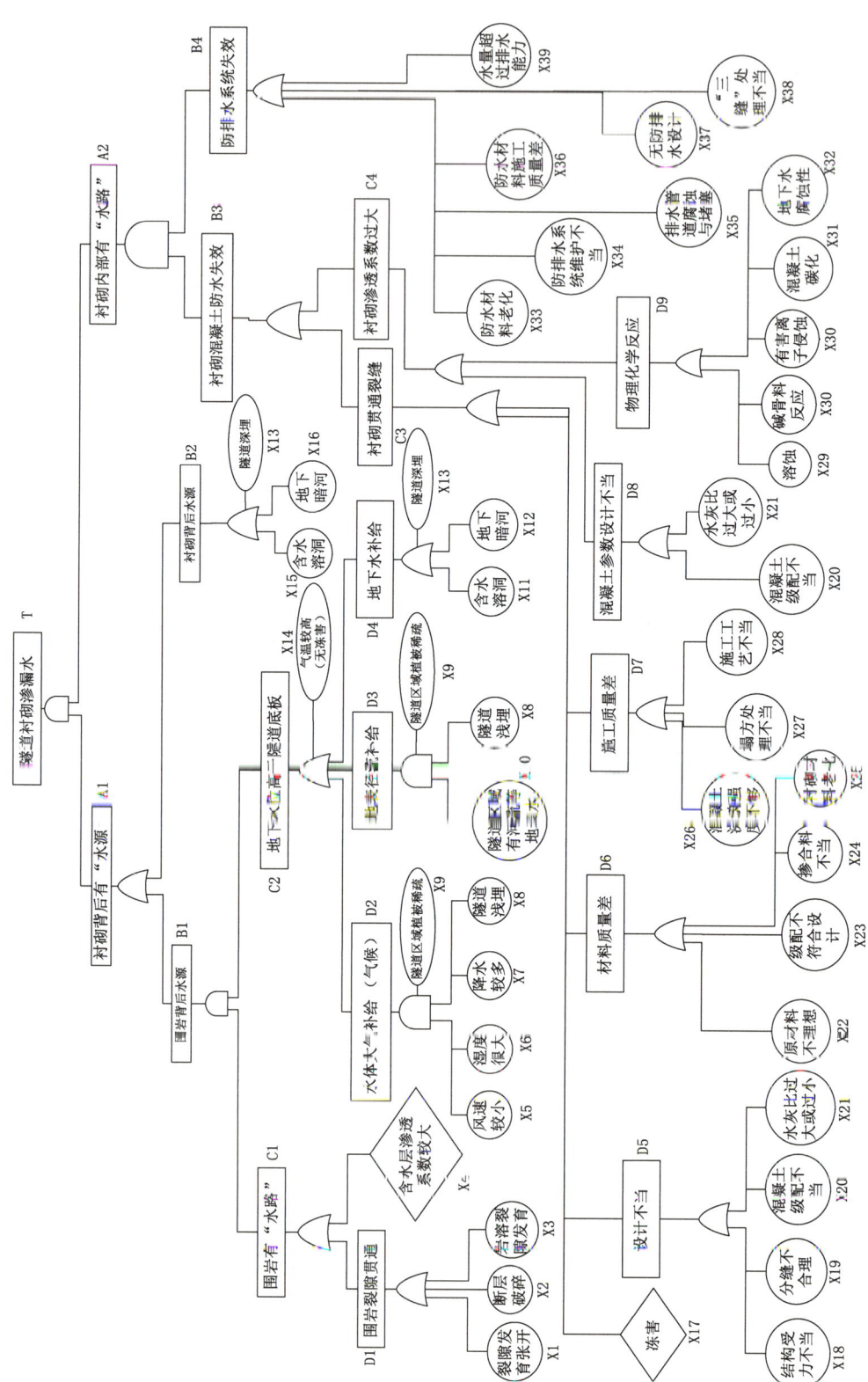

图 6-2 岩土隧道衬砌渗漏水病害风险事故树

这说明渗漏水产生的原因是极其复杂的。但是,由于在渗漏水事故树中,衬砌背后有"水源"和衬砌中有"水路"两个方面是"与门"的逻辑关系,即仅当两方面输入事件同时发生时,输出事件(渗漏水)才发生。由此,根据隧道工程实际情况,以截断水源和封闭水路为原则来治理渗漏水。新建隧道应尽量避开岩溶、裂隙等富水不良地质条件,提高设计、施工及管理水平避免衬砌出现渗漏通道(水路);既有隧道首先应疏通截水和排水设施,避免衬砌背后聚集水源,然后修复衬砌防水设施以封闭水路。

6.3 基于衬砌渗漏水的隧道渗流场分析

6.3.1 隧道衬砌外水压力

长期以来,为了避免或减弱地下水对隧道结构的作用,保证隧道主体结构的安全,我国山岭岩石隧道大多按照"以排为主"(实际上为"全排")的原则建造,而忽视了隧道建设对环境产生的负面影响。由于大量排水,造成部分隧道地表井泉干枯、工农业生产生活用水缺失、地表沉降、岩溶塌陷、水土流失、土壤沙化等系列环境问题。随着对地下水排放与隧址周边生态环境密切相关的认识的不断深入,"限量排放""以堵为主""控制排放"等新的隧道防排水原则[10,11]开始被提出,并逐渐得到广泛应用,而水荷载的问题也就相应更突出了。以往对外水荷载的相关研究可大致分为折减系数法、理论与经验解析法、理论解析与数值解析相结合法、解析数值法(渗流、渗流与应力耦合方法)等几种[12,13]。

1. 折减系数法

一般定义作用在隧道二次衬砌上的水头与地下水位到隧道的水头之比为外水压力折减系数。折减系数法就是在综合考虑地质条件、渗透性和排放条件等各种因素的基础上,直接给出折减系数的取值。国内采用的主要方法见表6-2—表6-7[14]。

表6-2　水工隧洞建议的外水压力修正系数

地下水活动状态	建议的折减系数
洞壁干燥或潮湿	0
沿结构面有渗水或滴水	0.0~0.4
沿裂隙或软弱结构面有大量滴水、线状流水或喷水	0.25~0.60
有严重股状流水,沿软弱结构面有少量涌水	0.4~0.8
有严重滴水或流水,在断层等软弱带有大量涌水	0.65~1.00

表6-3　按岩体岩溶发育程度确定的折减系数经验值

岩溶发育程度	弱岩溶发育区	中等岩溶发育区	强岩溶发育区
β	0.1~0.3	0.3~0.5	0.5~1.0

表6-4　　　　　　　　　天生桥二级电站折减系数经验值

隧道岩体水文地质条件	潮湿渗水洞段	渗水、滴水洞段	滴水、脉状涌水洞段	管道涌水及大量涌水洞段
β	0.1~0.3	0.3~0.5	0.5~0.8	0.8~1.0

表6-5　　按围岩的渗透系数(K_R)和混凝土衬砌渗透系数(K_S)的比值确定的折减系数

K_R/K_S	0	∞	500	50~500	5~10	1
β	0	1	1	0.86~0.94	0.3~0.6	0.03~0.08

表6-6　　　　　　　　　地下水运动损失系数(α)经验值

岩体透水性	α	
	无排水	有排水
围岩透水性较强,洞中有流水	0.8~1.0	0.5~0.8
围岩透水性较弱,洞中有滴水	0.6~0.8	0.4~0.7
围岩透水性较弱,洞中无滴水	0.4~0.6	0.3~0.5

表6-7　　　　　　　衬砌外表面的实际作用面积系数(α_1)经验值

岩体透水性	α_1	
	未灌浆段	回填灌浆段
围岩碎裂,裂隙很发育	0.8~1.0	0.6~0.9
围岩碎裂,裂隙较发育	0.6~0.8	0.5~0.7
围岩完整,裂隙发育,仅少量闭合裂隙	0.4~0.6	0.3~0.5

在国外,对外水压力折减系数的取值极不统一,大体上有以下3种情况:①根据不同工程统计,折减系数在0.15~0.9之间。澳大利亚、美国及日本有时用此法。②折减系数等于1,美国及法国常用此取值。③可能最大水头值。美国、加拿大及巴西等国家,常将隧洞衬砌所承受的静水头计算到地表面。

由此可见,虽然确定外水压力折减系数的方法大多是经验的或半经验性的,但是它考虑了与地下水渗流有关的围岩渗透性、衬砌渗透性、围岩的裂隙发育程度、隧址地区水文地质条件及隧道防排水体系设置等多种影响因素。此外,这种方法简单直观,便于设计和工程人员直接应用。正因为如此,折减系数法目前仍是工程界应用最为广泛的方法。

2. 理论与经验解析法

理论与经验解析法的思路一般是引入弹塑性力学、地下水力学等理论,结合实践数据的统计分析和经验,推导或归纳外水荷载的解析公式。

总体上看,理论解析法一般存在以下假定条件:①含水层均质、各向同性,且厚度不变;②含水层中的水流服从 Darcy 定律,并在水头下降的瞬间水就释放出来进行补充;③地层为各向同性的渗透体。然而,这与隧址地区复杂的工程地质与水文地质条件的现实存在较大的差距,而且公式中各计算参数的获取和确定也是一个突出的难题,故这种方法的应用在实践中受到了一定限制。

3. 解析数值法

解析数值法的具体思路是[15]:首先建立隧道排水的水文地质概念模型,采用经验解析法预测其涌水量,然后将涌水量代入隧道围岩渗流的剖面二维模型,模拟排水时围岩渗流场的分布,再采用作用系数方法计算出隧道衬砌的外水压力。

4. 渗流应力场耦合分析法

张有天[16]指出在水工隧洞建议的外水压力估算方法的第一种方法就是"渗流场分析方法"。隧道司衬外水荷载是作用于地下水位以下整个空间的渗流体积力,应按渗流荷载直接理论分析外水荷载作用下的隧道应力。从渗流理论出发计算水对围岩和衬砌的作用,可以直接通过分析隧道开挖引起的地应力和地下水渗透力对围岩和衬砌的耦合作用。这里不必强调作用在衬砌上的外水压力,而更应该强调的是耦合作用,直接用耦合作用来分析隧道衬砌结构受力和围岩的稳定性。

耦合本构关系是渗流场分析法的重要研究课题,也是研究渗流场和应力场之间的关键。目前主要的耦合关系有:应力-渗透系数关系、体应变-水头关系、应变-渗透系数关系、渗透压力-位移关系等。对于这方面的研究,国外研究较早,如 D. T. Snow[12]、Louis[18]、R. L. Kranz[19]、G. E. Gale[20]等,国内周创兵[21]、速宝玉[22]、张向霞[23]、庄宁[5]、刘成学[24]等学者对此也进行了大量的研究工作,并取得了一定的成果。

岩石隧道的渗流场受围岩和衬砌的双重影响。当衬砌材料(如混凝土)具有一定的渗透性时且隧道衬砌和围岩结合紧密,可以认为地下水的渗流运动是连续的,不仅存在于岩体渗流场中,同时也存在于衬砌中,可以理解为一种体积力。当衬砌不透水或渗透性极小时,它与围岩结合不紧密,地下水从围岩中渗出,当以全部接触面积作用于衬砌-围岩脱离外表面时,体积力转化为边界力。我们可以将岩石中渗流-应力的耦合作用引入混凝土的研究中,理由是同样作为脆性材料的岩石和混凝土,有许多的相同之处,特别是这两种材料组织中都有微裂隙,有时还有宏观的缺陷如裂纹、夹渣、气泡、孔穴、偏析及节理等。岩石和混凝土是对缺陷十分敏感的脆性材料,所以其损伤与破裂过程有一定的相似性[25]。

6.3.2 隧道渗流场有限差分模型

近年来,各种数值模拟技术在岩土力学中有了较大的发展和广泛的应用。然而,这些数值分析方法其理论本身以及采用的算法都有各自的局限性,例如有限元和边界元都有小变形的假设,而且需要大量的内存。快速拉格朗日分析(Fast Lagrangian Analysis of Continua,

FLAC)则是在较好地吸取上述方法的优点和克服其缺点的基础上形成的一种新型的数值分析方法[26,27]。

目前,国内已运营隧道中有分离式、连拱式、小间距、明洞和棚洞等结构形式,其中多数采用分离式和连拱式。这两种类型的隧道有着不同的渗流场模式,所以本章建立两种类型隧道断面模型(符合平面应变假设),模拟隧道围岩、地下水、初期支护和二次衬砌,探讨分离式和连拱式两种结构形式的隧道在不同渗漏位置和不同地下水位条件下,衬砌的各种力学变形响应。

地下水渗流是一个极其复杂的问题,无论采用何种完善的渗流数学模型,都难以符合实际情况,很难通过计算手段求得准确的渗流场,甚至,要准确、完整地描述其渗流特征也是不可能的。从隧道工程需要出发,为使研究的问题得以简化,提出以下几点基本假设[28]:①岩体节理裂隙间距远小于隧道直径,岩体与混凝土衬砌为均匀多孔介质,各方向渗透系数相同;②地下水渗流服从达西定律,渗流速度与水力坡度成正比,即 $V=KJ$;③渗流断面近似为圆形的变截面;④流体不可压缩;⑤地下水为稳定渗流,即地下水水位、流量、速度不随时间变化。

渗流场分析模型按照目前运营的分离式(三车道)和连拱式(双向四车道)山岭公路隧道的尺寸建立。其中,分离式隧道的尺寸为:跨度 10 m,二次衬砌厚度为 60 cm,初期支护厚度为 25 cm,净空高度为 6 m;连拱式隧道的尺寸为:跨度 10 m,中隔墙厚度为 1.4 m,二次衬砌厚度为 65 cm,初期支护厚度为 25 cm,净空高度为 7.8 m。FLAC3D 有限差分计算模型采用莫尔库仑塑性模型(Mohr-Coulomb),渗流模式采用各向同性渗流模型(Fl-Isotropic),如图 6-3 所示。

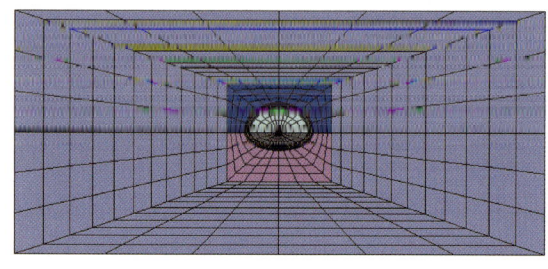
(a) 分离式

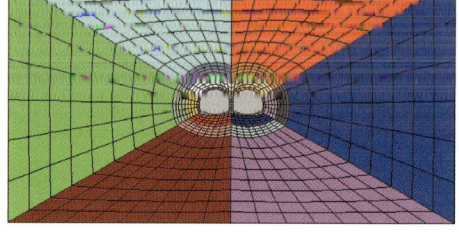
(b) 连拱式

图 6-3 基于衬砌渗漏水的隧道渗流场分析模型

渗透系数是流体计算的主要参数之一,FLAC3D 中的渗透系数 k 与一般土力学中的概念不同。FLAC3D 中 k 的国际单位是 $(m^2/Pa)/s$,k 与土力学中渗透系数 $K(cm/s)$ 之间存在如下换算关系:

$$k[(m^2/Pa)/s] = K(cm/s) \times 1.02 \times 10^{-6} \tag{6-2}$$

通过文献查阅,确定隧道渗流场分析模型中围岩(假定为弱风化花岗岩)的渗透系数为 $5.1 \times 10^{-13} (m^2/Pa)/s$[29],初期支护的渗透系数为 $1 \times 10^{-17} (m^2/Pa)/s$,二次衬砌渗透系数为 $1 \times 10^{-19} (m^2/Pa)/s$[30]。

通过对计算模型中相应位置的组(group)设置渗漏边界条件,实现不同渗漏水位置。

6.3.3 分离式隧道渗流场计算结果分析

在分离式隧道数值模拟中,不同的渗漏位置(图 6-4)分别是拱顶、拱腰和边墙,通过对模型中相应位置的组(group)设置渗漏边界条件,实现不同渗漏水位置,并设置地下水位高度(分别为 10 m,15 m,20 m),隧道埋深均为 20 m,进行各因素正交分析。

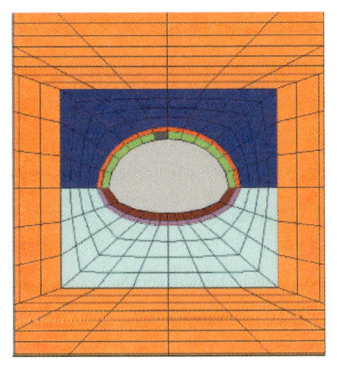 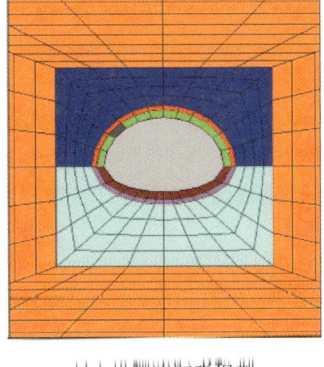 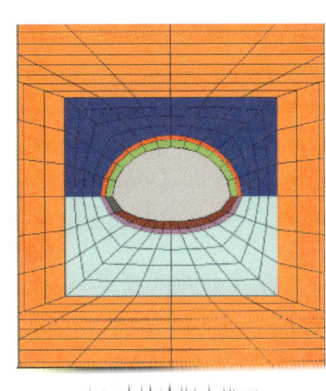

(a) 拱顶渗漏水模型　　　　(b) 拱腰渗漏水模型　　　　(c) 边墙渗漏水模型

图 6-4　分离式隧道渗流场分析模型渗漏水位置

通过隧道渗流场有限差分数值模拟,得出整体模型和隧道衬砌的孔隙水压力、竖向应力和竖向位移等参数响应,一般计算结果采用其中地下水位为 20 m 且拱顶渗漏的工况,详见图 6-5。

考虑渗漏位置和水压力这两个对衬砌结构的影响因素,以二次衬砌为研究对象,以衬砌孔隙水压力、衬砌竖向应力和衬砌竖向位移作为指标,分析这 3 个指标在影响因素作用下的分布规律。

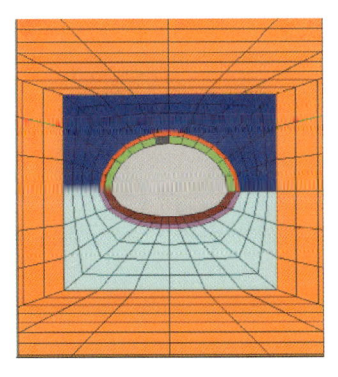 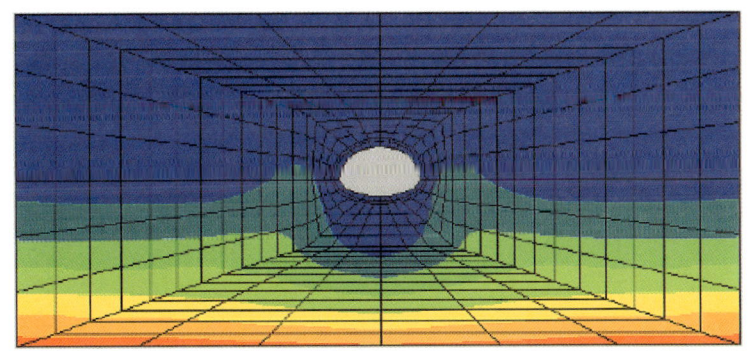

(a) 衬砌计算模型　　　　　　　　　(b) 整体模型孔压分布

(c) 整体模型 Z 方向应力　　　　　　(d) 整体模型竖向位移云图

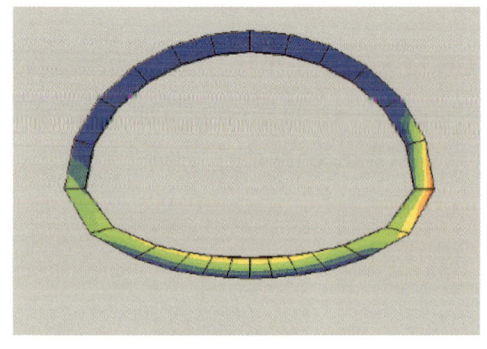
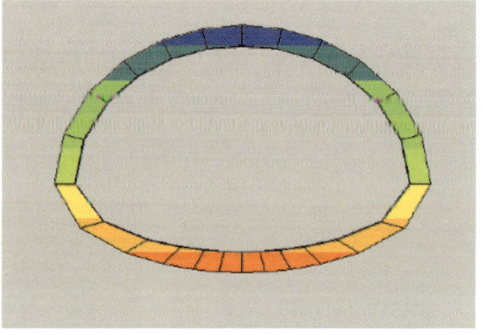

(e) 衬砌模型孔压云图　　　　　　(f) 衬砌背后 20 m 水压无渗漏孔压云图

图 6-5　分离式隧道渗漏水有限差分模型参数响应计算结果

1. 隧道衬砌孔隙水压力

不同地下水位分离式隧道各部位渗漏水衬砌孔压云图如图 6-6 所示。

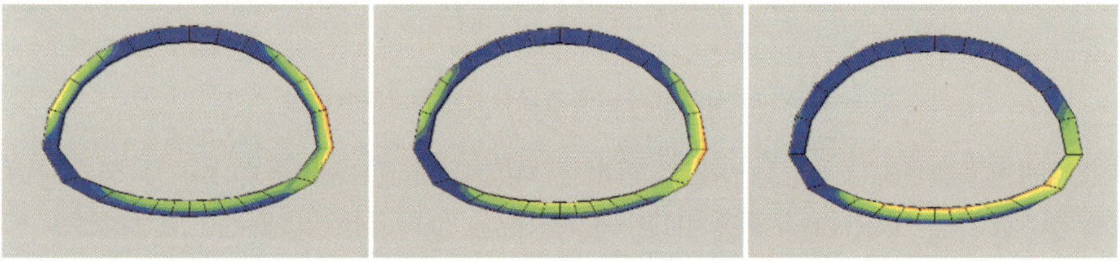

| 10 m | 15 m | 20 m |

(a) 边墙渗漏水时

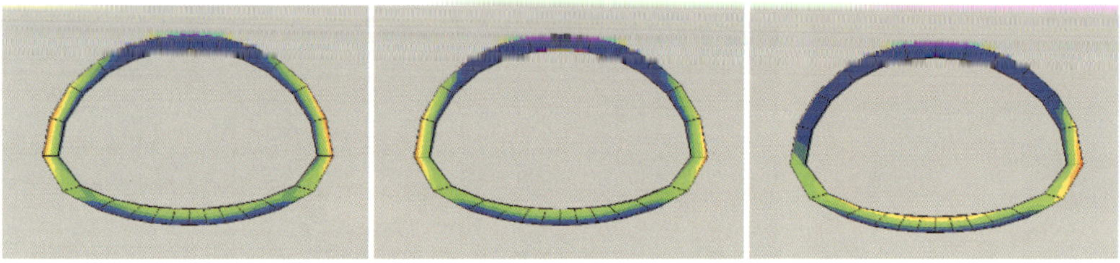

| 10 m | 15 m | 20 m |

(b) 拱顶渗漏水时

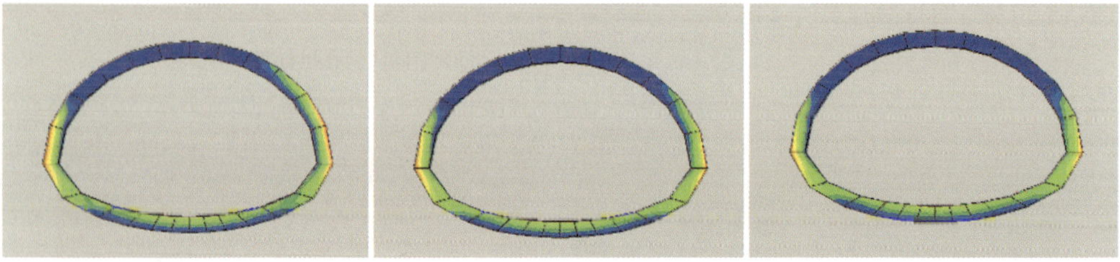

| 10 m | 15 m | 20 m |

(c) 拱腰渗漏水时

图 6-6　不同地下水位分离式隧道各部位渗漏水衬砌孔压云图

6 隧道衬砌渗漏水病害分析与风险评价研究

表 6-8 各工况下衬砌外侧最大孔隙水压力值 单位：kPa

渗漏位置	水位高度		
	10 m	15 m	20 m
边墙渗漏水	46.79	37.71	28.17
拱顶渗漏水	47.70	42.66	34.84
拱腰渗漏水	45.28	42.44	40.84

表 6-8 是各工况下衬砌外侧最大孔隙水压力值，由此表可以看出，各种因素影响下孔压符合如下规律：

(1) 渗漏水位置影响因素。当衬砌背后水压力较小时，渗漏水发生在拱顶衬砌的孔压最大，其次是侧墙，拱腰发生渗漏水对结构影响最小；随水压力变大后，还是拱顶发生渗漏时衬砌孔压最大，但是拱腰发生渗漏水对结构的影响大于侧墙；当水压力再次增大，拱腰渗漏水引起的衬砌孔压最大，其次是拱顶，最后是侧墙。

(2) 衬砌背后水压力影响因素。随水压力增大，衬砌孔隙水压力明显呈现不对称分布。

总之，当水压力比较小，拱顶渗漏水对结构影响最大；随着水压力逐渐增大，拱腰渗漏水对结构的影响明显。另外，随着水压力增大，衬砌孔压明显呈现不对称分布。

2. 隧道衬砌竖向应力

不同地下水位分离式隧道各部位渗漏水衬砌 Z 方向应力云图如图 6-7 所示。

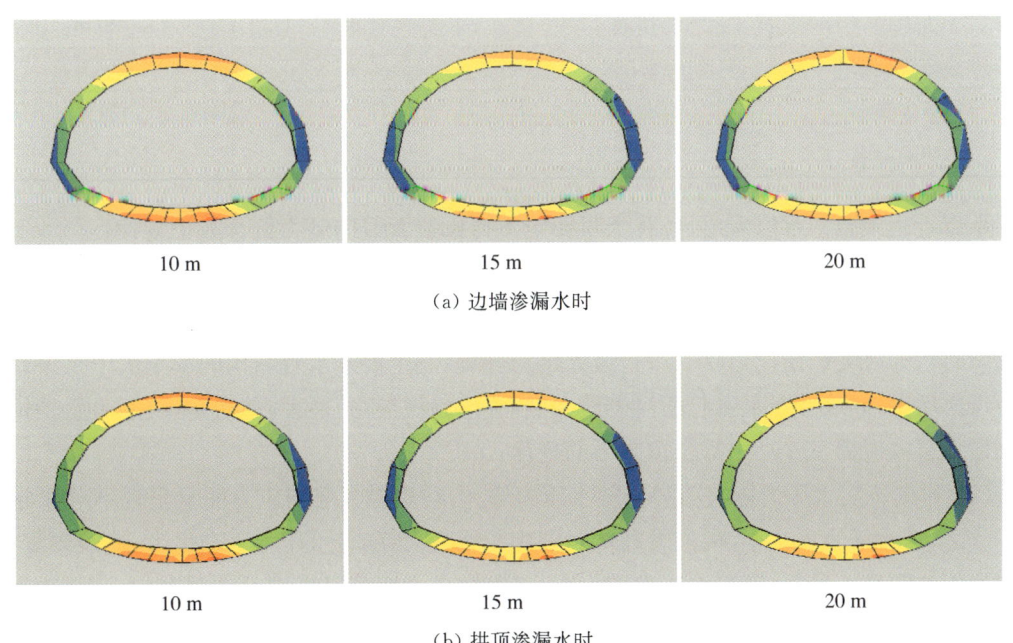

(a) 边墙渗漏水时

(b) 拱顶渗漏水时

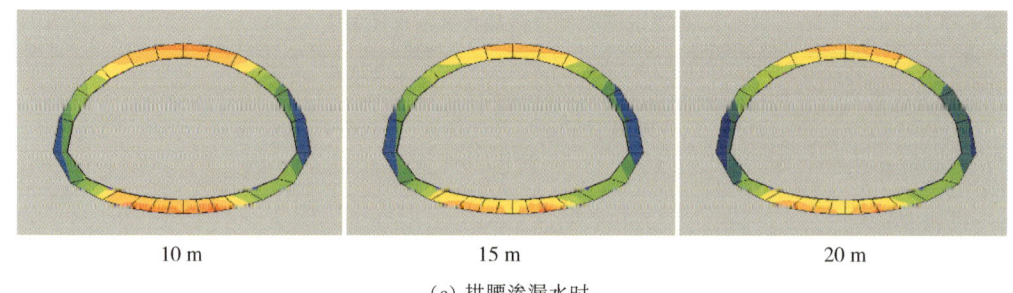

(c) 拱腰渗漏水时

图 6-7　不同地下水位分离式隧道各部位渗漏水衬砌 Z 方向应力云图

表 6-9 和表 6-10 分别为各部位渗漏时衬砌最大竖向压应力和拉应力。

表 6-9　　各部位渗漏时衬砌最大竖向压应力　　单位：kPa

渗漏位置	水位高度		
	10 m	15 m	20 m
边墙渗漏水	−721.20	−604.63	−602.91
拱顶渗漏水	−723.09	−607.02	−536.18
拱腰渗漏水	−729.68	−604.48	−581.68

表 6-10　　各部位渗漏时衬砌最大竖向拉应力　　单位：kPa

渗漏位置	水位高度		
	10 m	15 m	20 m
边墙渗漏水	181.22	169.41	162.49
拱顶渗漏水	182.82	170.28	155.88
拱腰渗漏水	183.76	169.24	150.43

从以上表中数值可以看出，各种因素影响下衬砌最大竖向应力符合如下规律：

（1）渗漏水位置影响因素。当衬砌背后水压力较小时，渗漏水发生在拱腰时衬砌最大竖向应力（拉应力）最大，其次是拱顶，侧墙发生渗漏水对结构影响最小；随水压力变大后，拱顶发生渗漏时衬砌最大竖向应力（拉应力）最大，但是侧墙发生渗漏水对结构的影响大于拱腰；当水压力再次增大，侧墙渗漏水引起的衬砌最大竖向应力（拉应力）最大，其次是拱顶，最后是拱腰；衬砌最大竖向应力（压应力）符合拉应力的规律。

（2）衬砌背后水压力影响因素。随水压力增大，衬砌最大竖向应力明显呈现不对称分布。

总之，当水压力比较小，拱顶渗漏水对结构影响最大；随着水压力逐渐增大，侧墙渗漏水对结构的影响明显。另外，随着水压力增大，衬砌竖向应力明显呈现不对称分布。

3. 隧道衬砌竖向位移

不同地下水位分离式隧道各部位渗漏水衬砌竖向位移云图如图 6-8 所示。

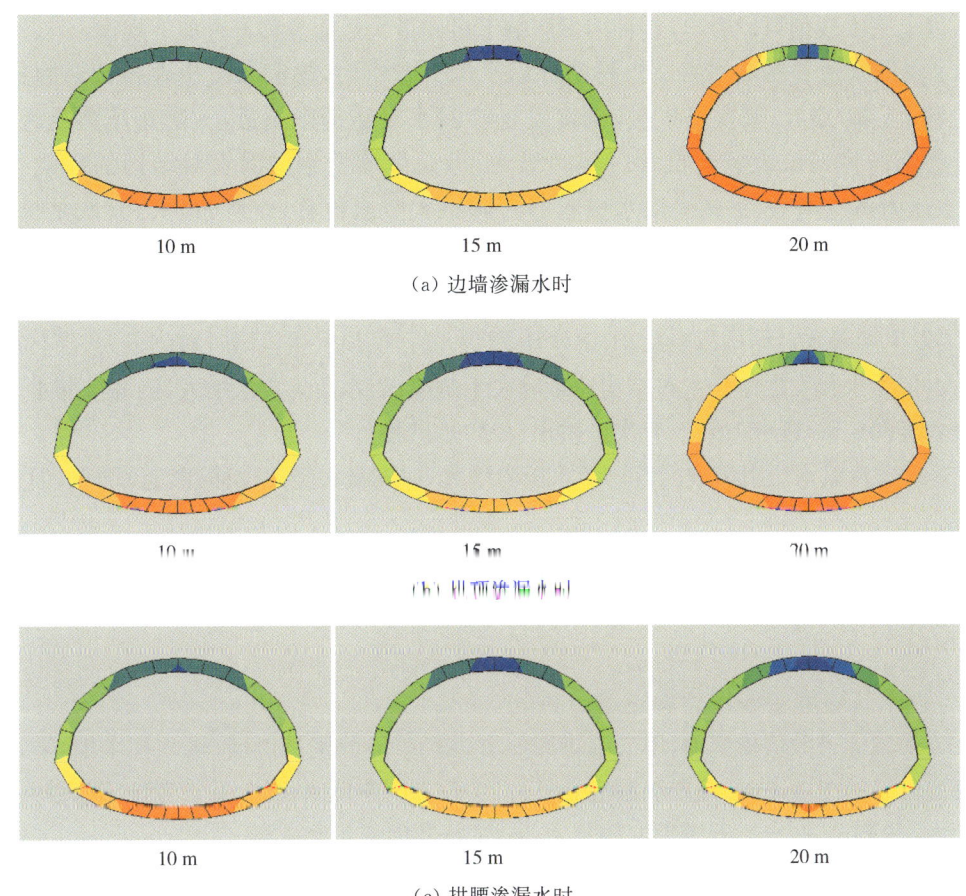

(a) 边墙渗漏水时

(b) 拱顶渗漏水时

(c) 拱腰渗漏水时

图 6-8　不同地下水位分离式隧道各部位渗漏水衬砌竖向位移云图

表 6-11 和表 6-12 分别为各部位渗漏时衬砌最大沉降位移和隆起位移。

表 6-11　　　　　各部位渗漏时衬砌最大沉降位移　　　　　单位：mm

渗漏位置	水位高度		
	10 m	15 m	20 m
边墙渗漏水	−0.30	−0.36	−0.16
拱顶渗漏水	−0.32	−0.37	−0.22
拱腰渗漏水	−0.31	−0.36	−0.46

表 6-12　　　　　各部位渗漏时衬砌最大隆起位移　　　　　单位：mm

渗漏位置	水位高度		
	10 m	15 m	20 m
边墙渗漏水	0.27	0.30	0.34
拱顶渗漏水	0.28	0.31	0.32
拱腰渗漏水	0.26	0.31	0.31

从以上表中数值可以看出，各种因素影响下衬砌最大竖向位移符合如下规律：

(1) 渗漏水位置影响因素。当衬砌背后水压力较小时，渗漏水发生在拱顶时衬砌最大竖向位移（沉降）最大，其次是拱腰，侧墙发生渗漏水对结构影响最小；随水压力变大后，拱顶发生渗漏时衬砌最大竖向位移（沉降）最大，但是侧墙发生渗漏水对结构的影响大于拱腰；当水压力再次增大，拱腰渗漏水引起的衬砌最大竖向位移（沉降）最大，其次是拱顶，最后是侧墙。

当衬砌背后水压力较小时，渗漏水发生在拱顶时衬砌最大竖向位移（隆起）最大，其次是侧墙，拱腰发生渗漏水对结构影响最小；随水压力变大后，拱顶发生渗漏时衬砌最大竖向位移（隆起）最大，但是拱腰发生渗漏水对结构的影响大于侧墙；当水压力再次增大，侧墙渗漏水引起的衬砌最大竖向位移（隆起）最大，其次是拱顶，最后是拱腰。

(2) 衬砌背后水压力影响因素。随水压力增大，衬砌最大竖向位移（隆起）增大，但是沉降略有减小。

总之，当水压力比较小，拱顶渗漏水对结构（沉降）影响最大；随着水压力逐渐增大，拱腰渗漏水对结构（沉降）的影响明显。

6.3.4 连拱式隧道渗流场计算结果分析

在连拱式隧道数值模拟中，不同的渗漏位置（图 6-9）分别是侧墙、拱顶和中墙，通过对模型中相应位置的组（group）设置渗漏边界条件，实现不同渗漏水位置，并设置地下水位高度（分别为 10 m、15 m、20 m），隧道埋深均为 40 m，进行各因素正交分析。

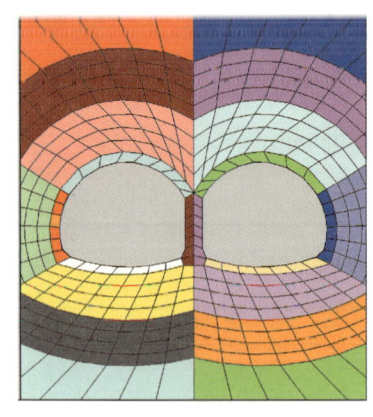 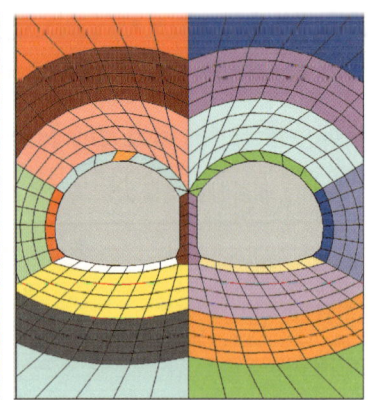 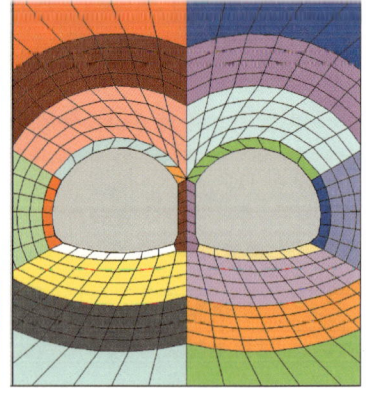

(a) 侧墙渗漏水模型　　(b) 拱顶渗漏水模型　　(c) 中墙渗漏水模型

图 6-9　连拱式隧道渗流场分析模型渗漏水位置

通过隧道渗流场有限差分数值模拟，得出整体模型和隧道衬砌模型的孔隙水压力、竖向应力和竖向位移等参数响应。一般分析结果采用地下水位为 20 m 且侧墙渗漏的工况，如图 6-10 所示。

考虑渗漏位置和水压力这 2 个衬砌结构的影响因素，以二次衬砌为研究对象，以衬砌孔隙水压力、衬砌竖向应力和衬砌竖向位移作为指标,分析这 3 个指标在影响因素作用下的分布规律。

(a) 衬砌计算模型

(b) 整体模型孔压分布

(c) 整体模型 Z 方向应力

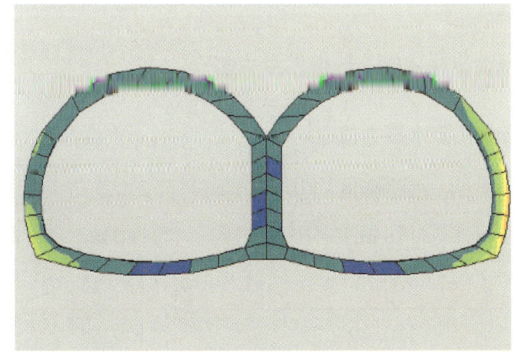

(d) 整体模型竖向位移云图

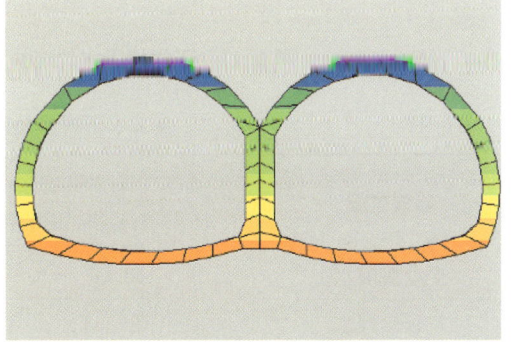

(e) 衬砌模型孔压云图

(f) 衬砌背后 20 m 水压无渗漏孔压云图

图 6-10　连拱式隧道侧墙渗漏水有限差分模型计算结果

1. 隧道衬砌孔隙水压力

不同地下水位连拱式隧道拱腰渗漏水衬砌孔压云图如图 6-11 所示。

表 6-13 为渗漏水衬砌外侧最大孔隙水压力值,由此表可以看出,随各种影响因素(水压力和渗漏位置)孔压符合如下规律:

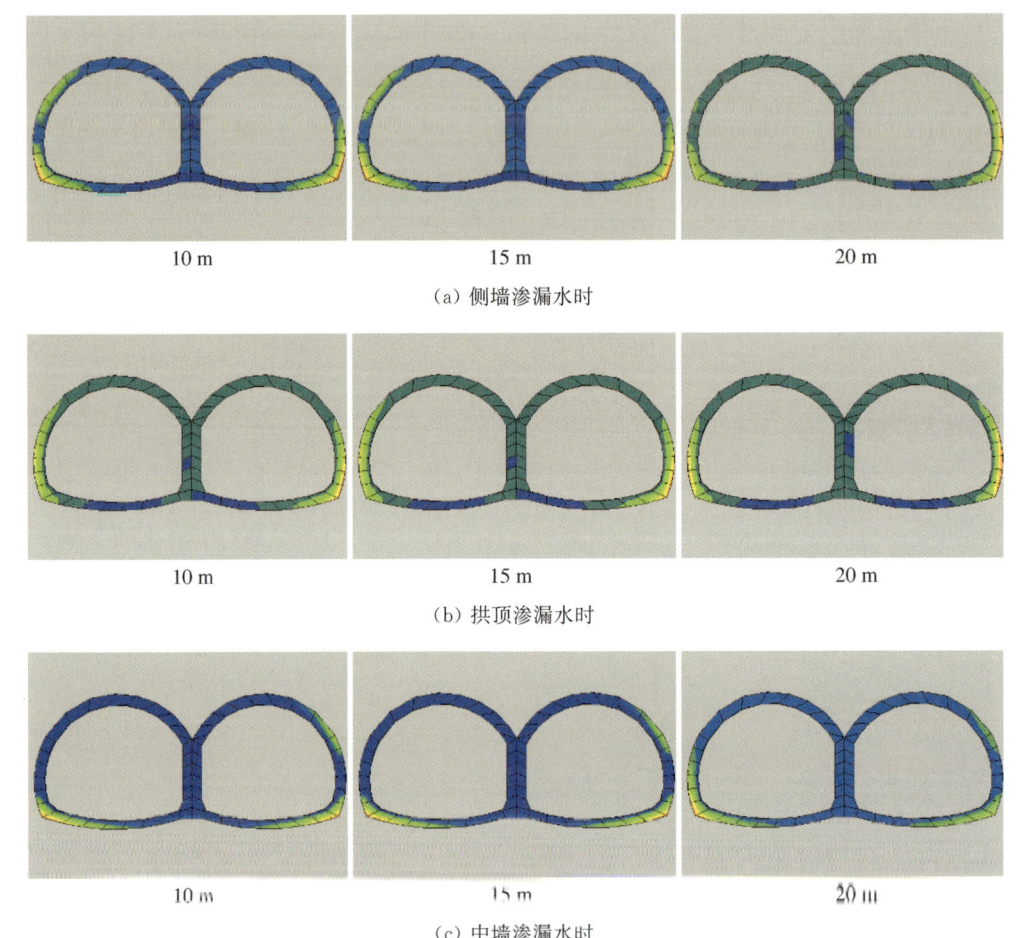

图 6-11 不同地下水位连拱式隧道拱腰渗漏水衬砌孔压云图

表 6-13　　　　各工况下衬砌外侧最大孔隙水压力值　　　　单位:kPa

渗漏位置	水位高度		
	10 m	15 m	20 m
侧墙渗漏水	68.05	94.75	122.46
拱顶渗漏水	129.63	120.40	109.88
中墙渗漏水	58.63	102.41	145.37

(1) 渗漏水位置影响因素。当衬砌背后水压力较小时,渗漏水发生在拱顶衬砌的孔压最大,其次是中墙,侧墙发生渗漏水对结构影响最小;随水压力变大后,中隔墙发生渗漏时衬砌孔压最大,但是侧墙发生渗漏水对结构的影响大于拱顶。

(2) 衬砌背后水压力影响因素。随水压力增大,衬砌孔隙水压力明显呈现不对称分布。

总之,当衬砌背后水压力比较小时,拱顶渗漏水对结构影响最大;随着水压力逐渐增大,中隔墙渗漏水对结构的影响明显。另外,随着水压力增大,衬砌孔压明显呈现不对称分布。

2. 隧道衬砌竖向应力

不同地下水位连拱式隧道各部位渗漏水衬砌 Z 方向应力云图如图 6-12 所示。

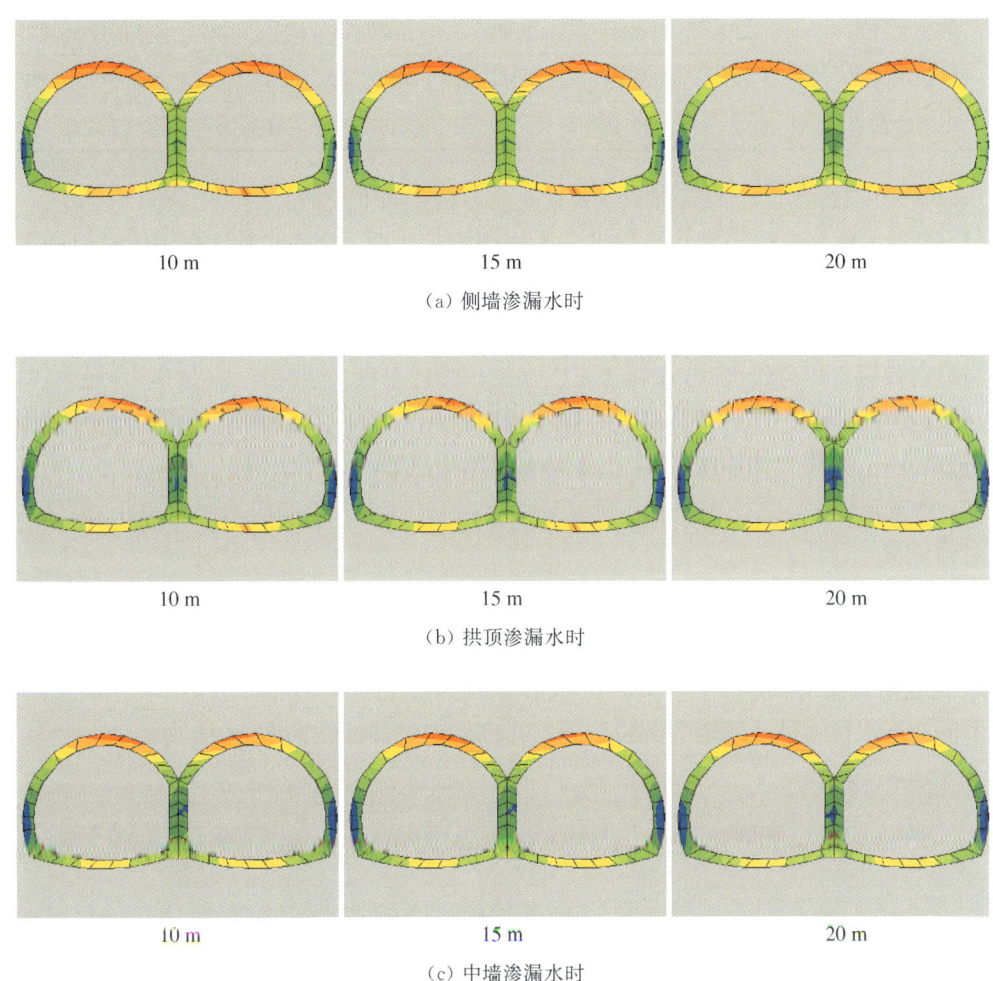

图 6-12　不同地下水位连拱式隧道各部位渗漏水衬砌 Z 方向应力云图

表 6-14 和表 6-15 分别为各部位渗漏时衬砌最大竖向压应力和拉应力。

表 6-14　　　　　　　各部位渗漏时衬砌最大竖向压应力　　　　　　单位:kPa

渗漏位置	水位高度		
	10 m	15 m	20 m
侧墙渗漏水	−827.62	−831.57	−834.52
拱顶渗漏水	−771.93	−761.12	−750.08
中墙渗漏水	−778.56	−766.86	−783.45

表 6-15　　　　　　　　各部位渗漏时衬砌最大竖向拉应力　　　　　　　单位:kPa

渗漏位置	水位高度		
	10 m	15 m	20 m
侧墙渗漏水	99.67	78.55	56.36
拱顶渗漏水	86.92	76.32	64.20
中墙渗漏水	63.49	57.30	50.51

从以上表中数值可以看出,衬砌最大竖向应力符合如下规律:

(1) 渗漏水位置影响因素。当衬砌背后水压力较大时,渗漏水发生在侧墙时衬砌最大竖向应力(压应力)最大,其次是中墙,拱顶发生渗漏水对结构影响最小;随着衬砌背后水压力变小,规律不变。

当衬砌背后水压力较大时,渗漏水发生在拱顶时衬砌最大竖向应力(拉应力)最大,其次是侧墙,中墙发生渗漏水对结构影响最小;随着衬砌背后水压力变小,侧墙发生渗漏时衬砌最大竖向应力(拉应力)最大,但是拱顶发生渗漏水对结构的影响大于中墙。

(2) 衬砌背后水压力影响因素。随水压力增大,衬砌最大竖向应力略有减小,但是明显呈现不对称分布。

总之,当水压力比较小,侧墙渗漏水对结构影响最大;随着水压力逐渐增大,拱顶渗漏水对结构的影响明显。另外,随着水压力增大,衬砌竖向应力明显呈现不对称分布。

3. 隧道衬砌竖向位移

不同地下水位连拱式隧道各部位渗漏水衬砌竖向位移云图如图 6-13 所示。

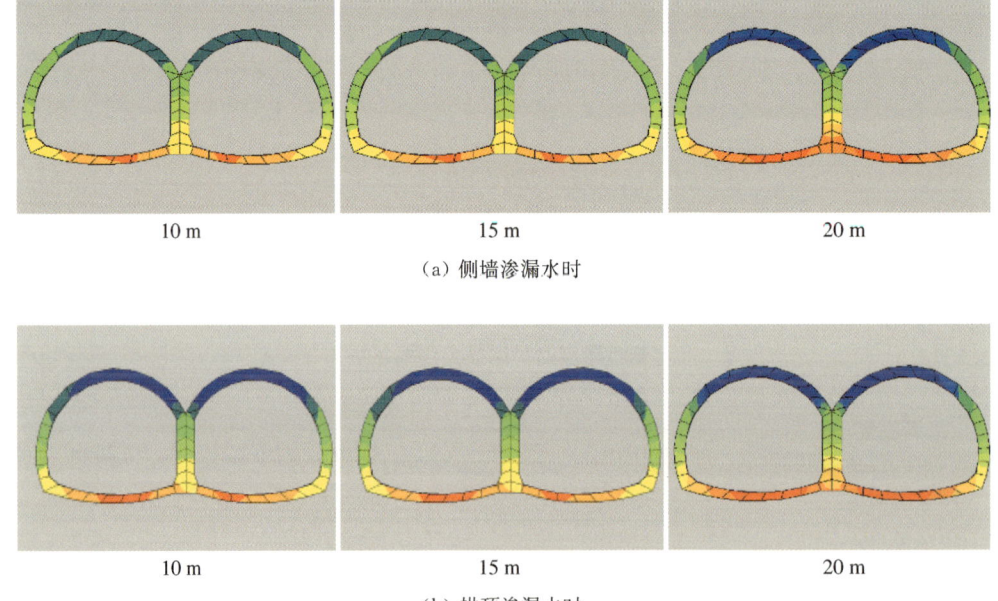

　　10 m　　　　　　　　15 m　　　　　　　　20 m
(a) 侧墙渗漏水时

　　10 m　　　　　　　　15 m　　　　　　　　20 m
(b) 拱顶渗漏水时

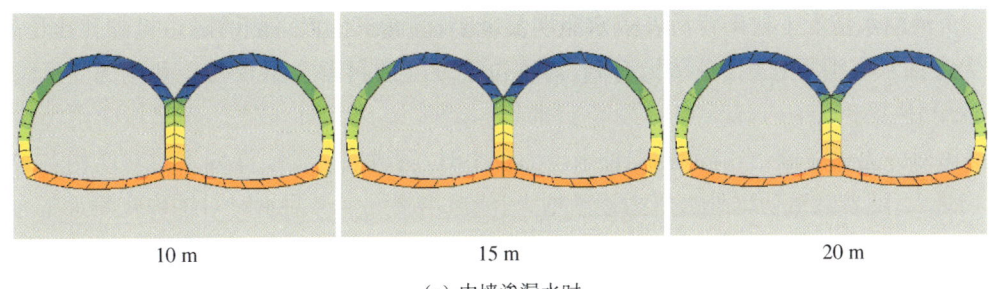

(c) 中墙渗漏水时

图 6-13　不同地下水位连拱式隧道各部位渗漏水衬砌竖向位移云图

表 6-16 和表 6-17 分别为各部位渗漏时衬砌最大沉降位移和隆起位移。

表 6-16　　　　　　　　各部位渗漏时衬砌最大沉降位移　　　　　　　　单位：mm

渗漏位置	水位高度		
	10 m	15 m	20 m
侧墙渗漏水	-4.38	-4.10	-3.31
拱顶渗漏水	-4.55	-3.91	-3.45
中墙渗漏水	-3.28	-3.16	-3.06

表 6-17　　　　　　　　各部位渗漏时衬砌最大隆起位移　　　　　　　　单位：mm

渗漏位置	水位高度		
	10 m	15 m	20 m
侧墙渗漏水	2.94	2.40	1.75
拱顶渗漏水	2.85	2.38	1.93
中墙渗漏水	1.27	1.15	1.04

从以上表中数值可以看出,随各种影响因素的变化衬砌最大竖向位移符合如下规律：

(1) 渗漏水位置影响因素。当衬砌背后水压力较大时,渗漏水发生在拱顶时衬砌最大竖向位移(沉降)最大,其次是侧墙,中墙发生渗漏水对结构影响最小；随着衬砌背后水压力变小,侧墙发生渗漏时衬砌最大竖向位移(沉降)最大,但是拱顶发生渗漏水对结构的影响大于中墙；衬砌最大竖向位移(隆起)符合沉降规律。

(2) 衬砌背后水压力影响因素。随水压力增大,衬砌最大竖向位移沉降略有减小。

总之,当衬砌背后水压力比较小时,侧墙渗漏水对结构(沉降)影响最大；随着水压力逐渐增大,拱顶渗漏水对结构(沉降)的影响明显。

6.3.5　隧道渗流场计算结果小结

考虑不同结构形式、不同渗漏位置和不同水压力等因素,经过 FLAC3D 有限差分对基于渗漏水的隧道渗流场分析,得到以下几点结论：

(1)渗漏水情况下衬砌背后各点水压明显减小;渗漏水位置一侧的隧道衬砌孔压比较小,原因为渗漏水有泄压作用,对结构有利;对称位置处隧道衬砌会出现孔压和应力变形的最大值,为不利位置。

(2)对分离式隧道:当隧道衬砌外水压力较小时,隧道拱顶发生渗漏水时对结构各种参数的影响最大;随着隧道初砌外水压力逐渐增大,隧道拱腰发生渗漏水时对结构孔隙水压力等各种参数的影响逐渐明显,而且衬砌各种力学变形响应明显呈现不对称分布。

(3)对连拱式隧道:当隧道衬砌外水压力较小时,隧道拱顶发生渗漏水时对结构各种参数的影响最大;随着隧道衬砌外水压力逐渐增大,隧道侧墙和中墙发生渗漏水时对结构孔隙水压力等各种参数的影响逐渐明显,而且衬砌各种力学变形响应明显呈现不对称分布。

(4)数值分析的结果可为接下来进行的风险分析提供指导。

6.4 岩石隧道渗漏水病害风险评价分析

6.4.1 隧道渗漏水风险评价指标[31]

渗漏水对隧道的影响可以用部位、漏水压力、漏水流量、漏水状态、漏水混浊情况、pH、冻害等指标来反映。

由于进行漏水状态分类时需要考虑漏水压力、漏水流量等指标,而且如何判定漏水压力和漏水流量还需进一步研究。因此,从独立性和可操作性的角度来考虑,未将漏水压力和漏水流量作为渗漏水的指标。

由于背后砂土流出可能会导致围岩松弛而成为外荷载引起病害,因此,需根据漏水是否透明、是否混浊来检查砂土是否和漏水一起流出,有砂土流出的地方需要测定特定砂土流出量(如水槽内堆积的砂土量)。降雨后出现漏水混浊的隧道,有必要进行详细的检查。但是由于漏水混浊情况度量的准确性不高,而且其危害性的评价也很困难,因此,从可操作性的角度考虑,未将漏水混浊情况作为渗漏水的指标。

漏水是加速衬砌材质劣化的原因之一,特别是当漏水显示出强酸性时,混凝土有严重劣化的危险。在隧道检查时,一般使用pH试纸对漏水的酸碱度作简易测定。

冬季漏水冻结,会造成拱部挂冰、路面结冰,侵入隧道建筑限界,妨碍交通安全。在寒冷地区,尤其是严寒地区,衬砌背后的围岩冻结,会产生冻胀力。在冻胀性的围岩中,水体积增加,极易在拱顶附近造成衬砌冻胀开裂,或造成混凝土骨料胀出、砂浆及混凝土的剥落等。

根据上面的分析,对于渗漏水,采用渗水状态、渗漏位置、pH、冻害、单个湿渍面积和一个区段渗漏点个数(后面两个指标在接下来的内容中进行阐述)作为指标建立风险评估模型。由于隧道渗漏水的复杂性,它不仅会受隧道运营、维护及渗漏水状态持续时间的影响,还受渗漏水的机理或原因(包括地质原因、施工原因、结构设计原因等)的影响,所以风险评估模型中不仅仅包括这6个指标,但是考虑到模型的可操作性,暂时只考虑以上6个指标。

6.4.1.1 渗漏水评价指标定性判定标准

在日本《公路隧道维持管理便览》和我国《公路隧道养护技术规范》中，都给出了渗漏水的定性判定标准，两个判定标准基本相同，只在表述上略有区别。为此，渗漏水的定性判定标准采用我国的标准，如表6-18所示。

表6-18　　　　　　　　　　　公路隧道渗漏水的定性判定标准

判定	渗漏水状态
3A	从衬砌裂缝等处喷射水流，严重影响行车安全
2A	从衬砌裂缝等处涌水，影响行车安全
1A	从衬砌裂缝等处漏水，不久可能会影响行车安全
B	从衬砌裂缝等处渗水，几乎不影响行车安全

6.4.1.2 基于漏水状态的判定标准

在我国铁路隧道养护工作中，根据漏水程度将渗漏水定性地分为阴湿、渗水、滴水、漏水、射水、涌水六级。在日本《铁道土木构造物维持管理标准·同解说（隧道篇）》、日本《公路隧道维持管理便览》和我国《公路隧道养护技术规范》中，根据漏水状态和部位来判定渗漏水对隧道的影响。其中，根据漏水压力、流量等因素将隧道漏水状态定性地分为浸渗、滴漏、涌流、喷射四级（图6-5），这种四级漏水状态划分实际上是前面六级漏水状态划分的一种精简。在美国《铁路交通隧道和地下建筑物检查方法和程序》中，将渗漏水定性地分为轻度的、中度的和严重的三个等级。在美国《公路和铁路交通隧道检查手册》中，对这个标准进行了量化，即轻度的（混凝土表面潮湿但无滴水）、中度的（流量小于30滴/s）、严重的（流量大于30滴/s）。在《地下工程防水技术规范》（GB 50108—2008）[32]中，采用定性描述和定量相结合的方法将隧道防水等级分为四级。杨新安等[33]介绍了一种国外的隧道防水分级方法，该方法按最大允许渗漏量将隧道防水等级定量地分为七级，即一级（肉眼看不出）、二级 1 L/(d·m^2)、三级 3 L/(d·m^2)、四级 13 L/(d·m^2)、五级 30 L/(d·m^2)、六级 100 L/(d·m^2)、七级（不限制）。可以看出，目前对隧道漏水状态还是以定性判定为主，尽管地下工程防水标准（表6-19）以定量的形式给出了防水等级，但由于地下工程防水要求比隧道渗漏水更严格，因此还不能直接应用于隧道渗漏水判定。根据FLAC3D数值分析的结果，结合规范要求，从实用性的角度考虑，采用表6-20中的判定标准作为基于漏水状态的判定标准，并在分析中考虑单个渗漏水面积及每个评估段内的渗漏点数（表6-19）。

表6-19　　　　　　　　　　　地下工程防水等级标准

防水等级	标　　准
四级	有漏水点，不得有线流和漏泥砂； 整个工程平均漏水量不大于 2 L/(d·m^{-2})；任意 100 m^2 防水面积的平均漏水量不大于 4 L/(d·m^{-2})
三级	有少量漏水点，不得有线流和漏泥砂； 任意 100 m^2 防水面积上的漏水点数不超过 7 处，单个漏水点的最大漏水量不大于 2.5 L/d，单个湿渍的最大面积不大于 0.3 m^2

续表

防水等级	标 准
二级	不允许漏水,结构表面可有少量湿渍; 工业与民用建筑:总湿渍面积不应大于总防水面积(包括顶板、墙面、地面)的 1/1 000;任意 100 m² 防水面积上的湿渍不超过 1 处,单个湿渍的最大面积不大于 0.1 m²; 其他地下工程:总湿渍面积不应大于总防水面积的 6/1 000;任意 100 m² 防水面积上的湿渍不超过 4 处,单个湿渍的最大面积不大于 0.2 m²
一级	不允许渗水,结构表面无湿渍

表 6-20　　　　　　　　　调整后的隧道渗漏水判定标准

部位	渗漏水状态			
	喷射	涌流	滴漏	浸渗
拱	3A	2A	1A	B
腰	3A	1A	1A	B
墙	2A	1A	1A	B
是否影响行车	是	是	是	否

注:此表主要根据漏水是否妨碍车辆行驶进行判定。例如漏水喷出妨碍车辆行驶,就可判定为 3A。

6.4.1.3　基于渗漏水 pH 的判定标准

在我国《铁路工务技术手册 隧道》(修订本)中,将侵蚀性环境水对隧道衬砌混凝土的侵蚀程度定量地分为三级,如表 6-21 所示。在日本《铁道土木构造物等维持管理标准·同解说(隧道篇)》、日本《公路隧道维持管理便览》、美国《铁路桥隧建筑物劣化评定标准 隧道》和我国《公路隧道养护技术规范》中,将渗漏水 pH 对隧道衬砌腐蚀的影响程度定量地分为四级,判定标准如表 6-22 所示。从实用性和使用广泛性的角度考虑,基于渗漏水 pH 的判定标准采用表 6-22 中的判定标准。

表 6-21　　　　　　　　　环境水对混凝土酸性侵蚀的判定标准

侵蚀程度	强侵蚀	中等侵蚀	弱侵蚀
pH	6.5～5.5	5.4～4.5	<4.5

表 6-22　　　　　　　　　基于漏水 pH 的判定标准

侵蚀程度	pH	对混凝土的作用
3A	<4	水泥溶解崩溃
2A	4.1～5.0	在较短时间内表面凹凸不平
1A	5.1～6.0	表面容易损坏
B	6.1～7.9	在混凝土使用初期要注意

6.4.1.4 基于冻害的判定标准

在日本《公路隧道维持管理便览》和我国《公路隧道养护技术规范》中,对冻害的判定都是定性的,判定标准也基本相同,如表 6-23 所示。在我国《铁路桥隧建筑物劣化评定标准 隧道》中,将冻害对隧道功能的影响程度定性地分为五级。由于我国铁路隧道冻害判定标准较为复杂,且与公路隧道相比,判定时还要考虑洞内网线设备、道床、轨道等因素,因此,将铁路隧道冻害判定标准应用到公路隧道冻害判定中,还有一定困难。为此,基于冻害的判定标准采用我国公路隧道的判定标准,如表 6-23 所列。

表 6-23　　　　　　　　　　基于冻害的判定标准

判定	2A	B
是否影响行车	是	否

6.4.2 隧道渗漏水风险评价指标权重确定

隧道渗漏水风险状态评价的指标体系是一个多项目、多层次的复杂系统,每个层次又由多个评价指标组成。要对隧道渗漏水的风险状态进行综合评价,需要对各层中的评价指标的评价结果进行综合。由于每层评价指标在隧道渗漏水风险状态评价指标体系中的地位、作用不同,从而使得它们对整个隧道渗漏水风险状态评价结果的贡献也就不同。如果仅将各层评价指标的评价结果简单地进行综合,并以此来代表隧道渗漏水风险状态,则有可能得出失真的结论。因此,应采用适当的方法,分别确定同一层次中各指标在隧道风险状态评价指标体系中相对于上层指标的"相对重要性",即权重,然后将各层指标的权重与其评价结果综合考虑,才能得出其上层指标合理的评价结果,如此逐步综合直至得到隧道渗漏水风险状态的评价结果。指标的权重反映了某一指标在指标体系中所起作用的大小,是指标对总目标的贡献程度,可以将其看作是把指标联结为一个整体的量的纽带,所以,权重问题是隧道渗漏水风险状态评价中的一个需要重点研究的问题。

6.4.2.1 指标权重确定的方法

在评价问题中,按权重确定方法中源信息的出处,可将权重确定方法分成两类:一类是主观赋权法,其源信息来自专家咨询,即利用专家群的知识和经验,如专家咨询法和层次分析法;另一类是客观赋权法,其源信息来自统计数据本身,如主成分分析法和人工神经网络法。这些方法从不同的角度对权重问题进行了研究,但也都有一定的适用范围和局限性。

(1) 专家咨询法又称为德尔菲法,该方法是对专家进行调查,了解专家的意见,通过统计处理、反馈和修改等步骤,把各种意见逐步收敛至较为一致的意见,从而确定各指标的权重。该方法带有较大的主观经验性,专家的选择将直接影响到结果的准确性。

(2) 层次分析法是美国运筹学家 T. L. Saaty 在 20 世纪 70 年代提出的一种将半定性、半定量问题转化为定量计算的方法。该方法于 80 年代传入我国,应用较广,但其标度问题一直未得到良好的解决。

（3）主成分分析法是现代多元统计分析中的一种方法。该方法虽然以实测资料为基础，比较客观，但它只注重实测数据间的关联性，缺乏对不同评价指标在物理力学关系上重要性的考虑。

（4）人工神经网络是利用人工神经网络的自组织、自学习，通过神经网络确定权重，它可以学习和自适应不确定的系统，能同时处理定量和定性知识，利用样本训练后，就能得到与评价情况相符合的指标权重值。由于神经网络是利用实测数据来得到权重，因此它需要较多的实测数据。

由此可见，虽然权重的确定方法不少，但均不是十全十美，各有优缺点。究其原因，一方面是由于权重确定问题比较复杂，另一方面也是由于各种权重确定方法本身存在局限性。因此，有必要对已有方法予以改进，并应将主、客观方法结合起来确定评价指标的权重。

为此，首先根据公路隧道渗漏水风险评价指标体系中指标两两比较时的具体特点，在分析层次分析法的基础上，采用一种改进的层次分析法——乘积标度法来确定指标层指标的权重。

6.4.2.2 改进的层次分析法

层次分析法采用数字标度的形式，将定量与定性相结合，将人的主观判断用数量形式来进行表达和处理，提高了决策的有效性、可靠性和可行性。

层次分析法的基本步骤是：①建立层次结构；②两两比较，建立判断矩阵；③计算单一准则下的权重（排序权向量）；④一致性检验。层次分析法的关键步骤在于通过因素之间的两两比较获得因素之间的相对重要性，然后根据给定的数字标度，将相对重要性的语言描述转化为数字描述，从而获得相应的判断矩阵。通过大量的使用经验，人们发现，用这种方法分析的结果，在确定因素的排序上是基本合理、比较可靠的；但是由它得出的权重值有时并不可靠，与人们的估计偏离较远。在仔细分析这一问题后，发现问题的症结在于，层次分析法最初所采用的标度法是层次分析法的创始人 T. L. Saaty 所提出的 1-9 标度法（表 6-24），这种标度法有时并不合理。例如，在 1-9 标度法中，"稍微大"的标度值为 3，即把比"相同"大到 3 倍的情况认为是"稍微大"，这与人们通常的认识相差太大；又如，取"明显大"的标度值为 5，而"明显大"对"稍微大"之比为 5∶3＝1.67，远小于 3，即把一个"明显大"的事物与一个"稍微大"的事物相比，还远不能说是稍微大，这显然又是不合理的。引用这些不合理的标度值进行计算，要想得到数量上比较可靠的权重值，显然是不可能的。为此，一些研究者对数字标度进行了研究，试图对这种状况做一些改进，并提出了 9/9-9/1 标度法、10/10-18/2 标度法、指数标度法等多种标度法，其具体标度如表 6-24 所列。

无论是 1-9 标度法，还是 9/9-9/1 标度法、10/10-18/2 标度法及指数标度法，其共同特点都是在进行两两比较时，先划分若干比较级别，如表 6-24 中的"相同""稍微大""明显大""强烈大""极端大"等，然后再根据比较对象的具体情况进行套用。这样做的好处是使权重的确定规范化，不足之处在于分类过于苛刻，限制过于死板。

表 6-24　　　　　　　　　　　　　层次分析法的 4 种标度法

区分	1-9 标度法	9/9-9/1 标度法	10/10-18/2 标度法	指数标度法
相同	1	9/9(1.000)	10/10(1.000)	9^0(1.000)
稍微大	3	9/7(1.286)	12/8(1.500)	$9^{(1/9)}$(1.277)
明显大	5	9/5(1.800)	14/6(2.333)	$9^{(3/9)}$(2.080)
强烈大	7	9/3(3.000)	16/4(4.000)	$9^{(6/9)}$(4.237)
极端大	9	9/1(9.000)	18/2(9.000)	$9^{(9/9)}$(9.000)
通式	K $K=1\sim9$	$9/(10-K)$ $K=1\sim9$	$(9+K)/(11-K)$ $K=1\sim9$	$9^{(K/9)}$ $K=1\sim9$

同时,在隧道渗漏水风险状态评价指标体系中,权重反映的是各评价指标之间的相对重要性。在这些评价指标的两两比较中,一般不存在"强烈大"和"极端大"的情况,出现"明显大"的情况也不多,而比较多的情况是在"稍微大"附近变化。这是因为如果评价指标 A 比评价指标 B 的重要性"强烈大"或"极端大",那么在隧道渗漏水风险状态评价指标体系中,设置评价指标 B 的意义就极小,完全可以取消其设置。为此,下面介绍一种比较灵活的乘积标度法。

乘积标度法是以层次分析法为基础,可以考虑隧道渗漏水风险状态评价客观特点的一种权重确定方法。乘积标度法的思路是,在评价指标重要性的两两比较时,不先划分过多的等级,而只设置两个等级,即评价指标 A 与评价指标 B 的重要性"相同"或"稍微大",然后以此为基础进行递进乘积分析。这样可以使确定方法具有更大的灵活性。

在对指标 A 和指标 B 进行两两比较时,对"相同"和"稍微大"一般有如下数量上的大体概念,即认为"相同"差别(绝对的"相同"是不存在的),是指允许指标 A 和指标 B 之间存在微小差别,通常在做工程计算时允许误差为 10%,因此可以认为权重之比

$$\omega_A : \omega_B \approx 1 : (0.9 \sim 1.1) \tag{6-3}$$

则取乘积标度法中"相同"的标度值为

$$\omega_A : \omega_B = 1 : 1 \tag{6-4}$$

认为"稍微大"是指标 A 和指标 B 之间存在的差别不应大于 1.5,即认为权重之比为

$$\omega_A : \omega_B \approx (1.1 \sim 1.5) : 1 \tag{6-5}$$

从表 6-24 所示的几种标度方法可以看出,"相同"的标度值均取为 1,"稍微大"的标度值分别为 3,1.286,1.500,1.277。除 1-9 标度法关于"稍微大"的标度值较大外,其余 3 种标度方法关于"稍微大"的标度值都比较接近,均在 1.1~1.5 之间。为此,乘积标度法中"稍微大"的标度值取为后 3 种标度法中"稍微大"的标度值的平均值,即

$$\omega_A : \omega_B = \frac{1.286 + 1.500 + 1.277}{3} : 1 = 1.354 : 1 \tag{6-6}$$

根据乘积标度法中"相同"和"稍微大"的标度值以及乘积标度法的思路,确定简单二层评价系统评价指标权重的乘积标度法的基本步骤:

(1) 根据经验或实测资料,对 m 个评价指标定性地进行重要性排序。

(2) 对评价指标进行两两对比,确定评价指标 A 与评价指标 B 之间的重要性差异属于"相同"或"稍微大"。当评价指标 A 与评价指标 B 之间的重要性"相同"时,取权重为

$$(\omega_A, \omega_B) = (0.5, 0.5) \tag{6-7}$$

当评价指标 A 的重要性比评价指标 B 的重要性"稍微大"时,取权重为

$$(\omega_A, \omega_B) = \left(\frac{1.354}{1+1.354}, \frac{1}{1+1.354}\right) = (0.575, 0.425) \tag{6-8}$$

(3) 当评价指标 A 与评价指标 B 之间的重要性用"稍微大"还不足以反映时,可以用多个"稍微大"来反映。如当认为 A 与 B 之间的重要性差异比"稍微大"还要"稍微大"时,可取

$$\omega_A : \omega_B = (1.354 \times 1.354) : 1 = 1.833 : 1 \tag{6-9}$$

则权重为

$$(\omega_A, \omega_B) = \left(\frac{1.833}{1+1.833}, \frac{1}{1+1.833}\right) = (0.647, 0.353) \tag{6-10}$$

依此类推。

(4) 将同层 m 个评价指标两两比较的结果进行综合,并满足归一化条件,即 $\sum_{i}^{m}\omega_i = 1$,最终得到下一层各评价指标对相邻上层研究对象的层次单排序权重。

6.4.2.3 隧道渗漏水风险后果评价指标的权重

隧道渗漏水风险后果评价指标的权重,采用乘积标度法确定。对渗漏水指标中的 3 个主要指标(漏水状态、pH 和冻害)进行分析。

"漏水状态"是对渗漏水直观、有效的反映,比较方便测量,它直接影响隧道内的行人、行车;"冻害"是由于水对隧道衬砌产生冻胀力,使隧道衬砌产生破坏,而且在"冻害"的量测和资料的分析方法上还欠成熟。因此,从危害性和量测分析准确性的角度考虑,认为"渗漏水状态"的重要性比"冻害"的重要性"稍微大",即

$$\omega_{b1} : \omega_{b3} = 1.354 : 1 \tag{6-11}$$

渗漏水的"pH"是通过腐蚀隧道衬砌混凝土而影响隧道衬砌结构。与"冻害"相比,"pH"在危害性方面比"冻害"大,但比"冻害"容易量测,判定分析也比"冻害"成熟,因此,综合认为渗漏水的"pH"和"冻害"的重要性"相同",即

$$\omega_{b2} : \omega_{b3} = 1 : 1 \tag{6-12}$$

则渗漏水的 3 个主要指标漏水状态、pH 和冻害的标度权重为

$$\omega_a = (\omega_{b1}, \omega_{b2}, \omega_{b3}) = (0.404, 0.298, 0.298) \tag{6-13}$$

6.4.3 隧道渗漏水结构风险评价模型

由于隧道渗漏水状态是一个外延不太明确而内涵丰富的概念,状态的好坏是模糊的,而且隧道渗漏水状态所涉及的因素也比较复杂,这些因素自身表现为随机性,与结构安全状态的关系又表现为模糊性。一方面,有些因素不能用精确的数量来描述,只能是模糊概念;另一方面,各种因素的变化与结构风险状态之间不存在一一对应的函数关系,不可能建立精确的数学模型来求解。因此,引入模糊理论来对公路隧道渗漏水结构风险状态进行综合评价。

6.4.3.1 模糊综合评判基本原理与步骤

模糊集合论是由美国人扎德(L. A. Zadeh)在 1965 年创立的一种数学理论,由于它把传统数学从二值逻辑的基础扩展到连续值上来,用精确的数学语言对模糊性进行描述,解决了科学发展中精确性与模糊性这一突出矛盾。模糊理论的出现为综合评价问题提供了一种新的方法,模糊综合评价就是以模糊集合论为基础,应用模糊关系合成的原理,将一些边界不清、不易定量的因素定量化,然后进行综合评价,可以使定性的评价指标定量化,定量的模糊评价指标向精确性逼近。

模糊综合评判的数学模型涉及 3 个基本要素:

(1) 评价指标集 $U = \{x_1, x_2, \cdots, x_m\}$;
(2) 评语等级集合 $V = \{y_1, y_2, \cdots, y_n\}$;
(3) 单因素判断 $\tilde{f}: C \to F(V), C_i \to \tilde{f}(c_i) = (r_{i1}, r_{i2}, \cdots, r_{in}) \in F(V)$

其中,U 代表综合评判的各种因素组成的集合,即被评价对象的 m 种评价指标的集合,称为因素集;V 为多种决断构成的集合,即为刻画某一指标所处状态的 n 个评语等级的集合,称为评判集或评语集。这里存在两类模糊集,一类是指由于因素集中各因素对被评价事物的影响的不一致造成的各因素的权重分配在 U 上是一个模糊向量,记为

$$\omega = \{\omega_1, \omega_2, \cdots, \omega_m\} \tag{6-14}$$

式中,ω_i 表示 U 中第 i 个因素的权重,且满足 $\sum_{i=1}^{m} \omega_i = 1$。

另一类是 U 到 V 的模糊关系,表现为模糊关系矩阵 R。这两类模糊集都是人们价值观念或偏好结构的反映。这两类集合施加某种模糊运算,便得到 V 上的模糊子集 $Z = \{z_1, z_2, \cdots, z_n\}$。因此,模糊综合评判是指寻找模糊权重向量 $\omega = \{\omega_1, \omega_2, \cdots, \omega_m\} \in F(U)$,以及一个从 U 到 V 的模糊变换 $\tilde{f}$,即对每一个指标 x_i 单独做出一个判断 $\tilde{f}(x_i) = (r_{i1}, r_{i2}, \cdots, r_{in}) \in F(U), i = 1, 2, \cdots, m$,据此构造模糊矩阵 $R = [r_{ij}]_{m \times n} \in F(C \times V)$,其中 r_{ij} 表示指标 x_i 具有评语 y_j 等级的程度,即被评价对象从指标 x_i 来看对评语等级 y_j 的隶属度。进而求出

模糊综合评判 $Z = \{z_1, z_2, \cdots, z_n\} \in F(V)$，其中 z_j 表示被评价对象具有 y_i 的程度，即被评价对象从整体看对 y_i 的隶属程度。

对于指标集 U 上的权重向量 $\omega = \{\omega_1, \omega_2, \cdots, \omega_m\}$，通过 R 变换为评语等级集合 V 上的模糊集 $Z = \omega \circ R$，于是 (U, V, R) 构成一个综合评价模型，它像一个如图6-14所示的转换器。若输入一权重分配 $\omega \in F(C)$，则输出一个综合评价 $Z = \omega \circ R \in F(V)$。

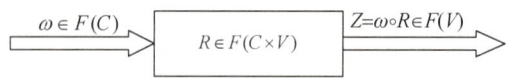

图 6-14　模糊转换器

模糊综合评价的基本步骤：
(1) 确定评价指标集。根据评价对象的特点，确定评价指标集：

$$U = \{x_1, x_2, \cdots, x_m\}$$

(2) 确定评语等级集合。根据评价对象的特点，将评价指标划分为若干等级，制定相应的等级判定准则，从而将定性指标转化为定量指标。假设评语有 n 个，评语等级集合为

$$V = \{y_1, y_2, \cdots, y_n\}$$

(3) 确定评价指标的权重向量。一般情况下，各评价指标对被评价对象并非是同等重要的，各个指标对总体表现的影响是不同的，因此在模糊合成之前要确定权重向量：

$$\omega = \{\omega_1, \omega_2, \cdots, \omega_m\}$$

(4) 利用隶属函数进行单因素模糊评判，建立模糊关系矩阵。
(5) 进行复合运算得到综合评价向量：

$$\omega \circ R = (z_1, z_2, \cdots, z_n) \triangleq Z$$

式中，z_j 表示被评对象从整体上看对 y_j 等级的隶属程度。

(6) 对模糊综合评判向量进行分析。模糊综合评判的结果是被评对象对各等级的隶属度，它构成了一个模糊向量，而不是一个值，这是与其他方法中每一个被评价对象得到一个综合评价值是不同的，它包含了更丰富的信息。

6.4.3.2　模糊综合评判模型中几个关键技术问题的研究

1. 隶属函数的确定

模糊数学是要用精确的数学方法去表现和处理现实世界中客观存在的模糊现象，要达到此目的，隶属函数的确定居于首要位置，确定了隶属函数，就为解决实际问题跨出了重要的第一步。但如何建立隶属函数，目前尚无标准可循，主要是根据人们的实际经验来选取。但无论

用何种方法,其目的都是要建立一个从论域 U 到 $[0,1]$ 上的映射,用来反映某对象具有某种模糊性质或属于某种模糊概念的程度。这种函数关系建立得是否正确,要看其是否符合客观规律,此乃确定隶属函数的原则。常见的确定隶属函数的方法有模糊统计法、三分法、五点法以及模糊分布法等。

模糊统计法借用了概率统计的思想,通过模糊统计试验来确定指标对评语等级集合的隶属度,当模糊统计试验次数增大时,指标对评语等级集合的隶属频率会呈现稳定性,频率稳定值就称为指标对评语等级集合的隶属度。实际采用模糊统计法计算指标对评语的隶属度时,常用指标对评语的隶属频率来表示其隶属度。当测试数据较多时,采用这种方法确定隶属度是比较精确的。

三分法是用随机区间的思想来处理模糊性的试验模型,通过对指标集合的分划将模糊试验转化为随机试验,并利用二维随机变量的概率分布来确定隶属度。这种方法需要预先进行调查统计,建立概率分布曲线。

模糊分布法类似概率统计,根据实际情况,选定某些带参数的函数表示某种类型的模糊概念的隶属函数,然后再确定参数,该方法是目前使用较多的隶属函数确定方法,本章中采用模糊分布法确定隶属函数。

评价系统中常用的分布类型有单值型分布、三角与半三角分布、矩形与半矩形分布、梯形与半梯形分布、正态分布以及柯西分布等,可根据不同的变量类型选择隶属函数。目前还无法用理论来证明对隶属函数选择效果的好坏,主要是根据实践经验来选取。对于定性指标和隶属度为明集(非模糊集合)的单值选择问题,由于其描述多为语言变量进行数字赋值,为方便起见,采用单值型分布。对于定量指标,本章采用柯西分布,其主要类型有三种,如图 6-15 所示。

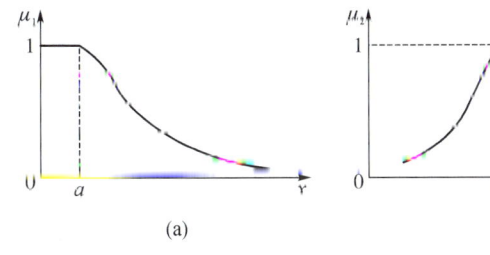
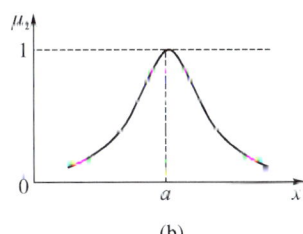
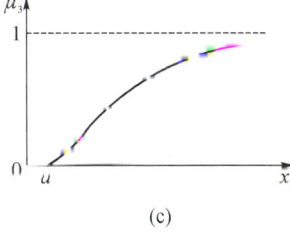

图 6-15 柯西分布图

(1)偏小型模糊分布,x 越大,则隶属度越小,采用降半柯西分布:

$$\mu_1(x) = \begin{cases} 1, & x \leqslant a \\ \dfrac{1}{1+\alpha(x-a)^\beta}, & x > a \end{cases} \quad (6\text{-}15)$$

(2)中间型模糊分布,此用对称柯西分布:

$$\mu_2(x) = \dfrac{1}{1+\alpha(x-a)^\beta} \quad (6\text{-}16)$$

(3) 偏大型模糊分布，x 越大，则隶属度越大，采用升半柯西分布：

$$\mu_1(x) = \begin{cases} 0, & x \leqslant a \\ \dfrac{1}{1+\alpha(x-a)^{-\beta}}, & x > a \end{cases} \quad (6-17)$$

以上式中，α 和 β 为参数，且 $\alpha > 0$，$\beta > 0$。

2. 模糊算子的选择

对于同一个评价对象，采用不同的模糊算子进行评价，其评价结果可能不同。因此，在实际评价过程中，应根据被评价对象的特点，来选择合适的模糊算子。4 种算子的特点如表 6-25 所示。

表 6-25　　　　　　　　　4 种模糊算子的比较

比较内容	$M(\vee, \wedge)$	$M(\cdot, \wedge)$	$M(\vee, \oplus)$	$M(\cdot, \oplus)$
体现权数作用	不明显	明显	不明显	明显
综合程度	弱	弱	强	强
利用 R 的信息	不充分	不充分	比较充分	充分
类型	主因素决定型	主因素突出型	不均衡平衡性	加权平均型

如果对各因素考虑的重要性差异比较大，也就是说评价指标的主要因素突出，只关心定性结果时，可以选用算子 $M(\vee, \wedge)$ 或 $M(\cdot, \wedge)$。一般在实际评价中要对评价结果进行定量分析，采用算子 $M(\cdot, \oplus)$ 较为精确，这也是经典的综合评价。由于隧道渗漏水安全状态评价指标体系中各指标的重要性存在差异，但并不是非常大，而且也需要知道公路隧道渗漏水风险状态综合评价的结果，因此采用算子 $M(\cdot, \oplus)$ 对公路隧道渗漏水风险状态进行综合评价[31]。

3. 判定标准研究

根据对现有隧道工程的实际调研结果，本章参考现有公路隧道的相关规范和资料，对各个评价指标的判定标准进行了系统的分析和研究。

4. 模糊综合评判结果的分析

模糊综合评判的结果是被评价对象对各评价等级模糊子集的隶属度，它构成了一个模糊向量，而不是一个点值，因而它提供的信息比其他方法更丰富。在实际的评价活动中，往往还需要知道具体的评价值，以便进一步比较分析，这就需要以适当的方法对评价结果向量进行清晰化，也称为集化，常用的方法有以下几种：

(1) 最大隶属度原则。

对模糊综合评价结果向量 $Z = \{z_1, z_2, \cdots, z_n\}$，若 $z_r = \max\limits_{1 \leqslant j \leqslant n}\{b_j\}$，则被评价对象从总体上来讲隶属于第 r 等级。这是实际中最常用的方法，但这种方法在许多情况下使用会显得很勉强，没有充分利用模糊综合评价结果带来的信息，损失信息较多，有时还会得出不合理的评价结果，因此应用最大隶属度原则时应考虑它的适用度。

(2) 中位数原则。

设 $r = \min\{j \mid \theta_j > 0.5\}$，式中 $\theta_j = \sum\limits_{k=1}^{j} z_k$，$j = 1, 2, \cdots, n$，则将被评价对象定为第 r 等

级。这种方法利用了部分模糊综合评价结果向量中的信息,但结果不是很精确,有很大的局限性。

(3) 模糊向量单值化法。

将各评价等级赋以具体分值,然后用模糊综合评价结果向量中对应的隶属度将分值加权平均就可以得到一个点值。设给 n 个等级依次赋以分值 $b_1, b_2, \cdots, b_n$,且分值间距相等,则模糊综合评价向量可单值化为

$$F = \frac{\sum_{j=1}^{n} z_j b_j}{\sum_{j=1}^{n} z_j} \tag{6-18}$$

由 F 的值可评定被评价对象的级别。通常,b_j 的值可根据实际问题的要求来确定。模糊向量单值化法充分利用了模糊综合评价结果中的信息,兼顾了整体特性,因此,本章采用这种方法。

6.4.3.3 基于模糊综合评价的隧道渗漏水结构风险后果评价模型

由于隧道渗漏水风险后果评价指标体系是一个二层指标体系,因此采用一级模糊综合评价模型。模糊综合评价是从最低层开始向上做出综合评价,直至最高的目标层,以得到原问题的综合评价结果。这里从指标层出发,对目标层进行一级模糊综合评价。

1. 一级模糊综合评价

(1) 建立评价指标集。

在这里,根据公路隧道渗漏水风险后果评价指标体系,我们建立一层因素集。评价指标包括渗漏水状态、pH 和冻害 3 个主要方面,用集合表示为 $B = \{B_1, B_2, B_3\}$,其中 B_i 表示指标层各个指标。

(2) 建立评价集。

根据评价指标的性质建立评价集,它是由对评判对象可能做出的评判结果所组成的集合,可表示为 $V = \{y_1, y_2, \cdots, v_n\}$。评价等级域 V 的确定,使得模糊综合评判得到了模糊评判向量,被评事物对应各评价等级隶属程度的信息通过这个模糊向量表示出来,体现了评价的模糊特性。根据被评价指标的表现以及评价目标的安全状态,设评价等级集合为

$$V = \{v_1, v_2, v_3, v_4\}$$

v_1, v_2, v_3, v_4 分别表示公路隧道渗漏水危害程度风险等级Ⅰ级、Ⅱ级、Ⅲ级、Ⅳ级,分别表示安全、准安全、准危机、危机 4 种安全状态。

(3) 确定单因素评价矩阵。

利用隶属函数建立指标 B_i 对评语集合 V 的隶属向量 R_{bi}:

$$R_{bi} = (r_{bi1} \quad r_{bi2} \quad r_{bi3} \quad r_{bi4}) \quad i = 1, 2, 3, 4$$

由隶属向量 R_{bi},即可建立目标层各因素的单因素评价矩阵 R'_{ai}。

(4) 一级模糊综合评判。

模糊综合评判是通过模糊算子建立模糊综合评判模型的过程。根据前面的分析,这里选用加权平均型模糊综合评判模型,此模型不但考虑了所有因素的影响,而且还保留了单因素评价的全部信息,适用于需要全面考虑各个因素影响和全面考虑单因素评价结果的情况,该模型的建立过程相当于矩阵相乘,如下所示:

$$\omega \times R' = Z$$

式中,ω 表示权重向量;R' 表示单因素评判矩阵;Z 表示相应的目标层因素对评语集合 V 的隶属向量。

由各单因素评判矩阵 R'_{ai} 与其相应的权重向量 ω_{ai},可得出各因素 A_i 对评语集合 V 的隶属向量为 $Z_i = \omega_{ai} \times R'_{ai}$。

2. 模糊向量单值化

分别给评语 v_1, v_2, v_3, v_4 赋以分值 1,2,3,4,则公路隧道渗漏水风险后果等级量化为

$$F_1 = \frac{1 + z_1 + 2 \times z_2 + 3 \times z_3 + 4 \times z_4}{z_1 + z_2 + z_3 + z_4}$$

根据文献[31]中对渗漏水定性判定的四级评判标准,以及渗漏水对行车安全和隧道结构两方面的危害后果,将公路隧道渗漏水危害程度风险等级量化为四级(表6-26),对应的安全状态见表6-27。

表6-26 公路隧道渗漏水危害后果水平判定标准分类

结果危害程度分类	对行车安全的危害	对隧道结构危害	风险等级
可忽略的	几乎不影响	使用初期须注意	Ⅰ级
需要考虑的	不久可能会影响	表面易损坏	Ⅱ级
显著的	影响行车安全	在较短时间内表面凹凸不平	Ⅲ级
非常严重的	严重影响行车安全	水泥溶解崩溃、坍塌	Ⅳ级

表6-27 公路隧道渗漏水风险状态等级表

风险等级	安全状态	安全状态值	建议处理措施
Ⅰ级	安全	$4 \geq F \geq 3.5$	此类风险较小,不需采取风险处理措施和监测
Ⅱ级	准安全	$3.5 > F \geq 2.5$	此类风险次之,不需采取风险处理措施,但需予以监测
Ⅲ级	准危机	$2.5 > F \geq 1.5$	此类风险较大,必须采取风险处理措施降低风险并加强监测,且满足降低风险的成本不高于风险发生后的损失
Ⅳ级	危机	$1.5 > F \geq 1$	此类风险最大,必须高度重视并规避,否则要不惜代价将风险至少降低到不期望的程度

6.4.3.4 基于随机模型的隧道渗漏水结构风险概率估计

程姝菲[34]在大量现场调查的基础上,将渗漏水作为影响隧道结构安全性能的一个评价指标,建立了渗漏水的随机模型,并假设地铁盾构隧道渗漏水为泊松过程,采用曲线拟合估计模型参数,通过模型参数反映出渗漏水的分布规律和特点与根据数字特征得到的分析基本一致。然后利用贝叶斯方法,结合可靠度指标,对随机模型计算出的渗水概率进行修正,与实测情况进行对比后,发现该方法具有良好的效果。

参考上述文献的思路,在隧道病害调研的基础上,总结文献[31]、[34]和[36]的统计资料及隧道现场渗漏水调查情况,95条隧道的调查结果显示45%的隧道在无压时其拱部、边墙有集中涌水点,51%的隧道在有压时其拱部、边墙有集中涌水点,83%的隧道拱部有点漏滴水(处),44%的隧道边墙有点漏滴水(处),79%的隧道拱部、边墙有点漏成线(处),21%的隧道拱部、边墙有点漏涌水(处),75%的隧道拱部、边墙有面漏湿渍(处),49%的隧道拱部有面漏渗水(处),50%的隧道边墙有面漏渗水(处),52%的隧道拱部、边墙有面漏漏水(处),81%的隧道三缝有缝漏渗水(处),34%的隧道的一缝有缝漏流水(处),7%的隧道的三缝有缝漏喷水(处),此外还有出现少许轻微翻浆冒泥和积水处,28%的隧道基底有中度翻浆冒泥和积水处,14%的隧道基底有严重翻浆冒泥和积水处。对以上数据进行分析定性得到各部分发生渗漏水的概率,如表6-28所示。

表6-28　　　　　　　　隧道渗漏水概率判定标准

渗漏部位	渗漏状态			
	喷射	涌流	滴漏	浸渗
拱	Ⅰ级	Ⅱ级	Ⅲ级	Ⅳ级
腰	Ⅰ级	Ⅱ级	Ⅳ级	Ⅴ级
墙	Ⅰ级	Ⅲ级	Ⅳ级	Ⅴ级

注:Ⅰ级表示不可能出现或很少发生,Ⅱ级表示服役期末必但有可能出现,Ⅲ级表示服役期偶尔出现,Ⅳ级表示服役期多次出现,Ⅴ级表示频繁出现。

6.4.4 隧道渗漏水病害风险综合评价案例分析

在进行隧道渗漏水综合评估时,由于《地下工程防水技术规范》(GB 50108—2008)[32]中以100 m²作为一个评估单元,借鉴罗鑫[31]博士论文中的20 m作为一个评估区段,并结合隧道施工缝距离等因素,综合确定隧道内评估区段长度约15 m,然后再进行整座隧道评估。

6.4.4.1 渗漏水风险等级单区段评价

某隧道K29+320—K29+335段渗漏水检测结果如表6-29所示。

对本段隧道,计算每一处渗水的综合评判因子,同时考虑渗水的最大分布密度,确定渗水风险等级。分析时根据我国《公路隧道养护技术规范》划分的风险等级和本章建议的综合评判因子进行判定。

表 6-29　　某隧道 K29+320—K29+335 段渗水检测结果

渗漏水编号	部位	渗漏状态	是否妨碍行车安全	是否施工缝	单个湿渍最大面积/m²
①	腰	浸渗	否	是	
②	墙	浸渗	否	是	
③	墙	滴漏	否	否	
④	腰	滴漏	否	是	
⑤	腰	浸渗	否	否	0.4
⑥	墙	浸渗	否	是	
⑦	墙	浸渗	否	是	
⑧	腰	滴漏	否	否	
⑨	腰	浸渗	否	是	
⑩	墙	浸渗	否	否	

按照之前分析结果,渗漏水风险等级判定指标权重向量为

$$\omega_a = (\omega_{b1}, \omega_{b2}, \omega_{b3}) = (0.404, 0.298, 0.298)$$

1. 渗漏水风险等级评价矩阵

(1) 渗漏水状态隶属度为二值型,但是需要根据渗漏是否影响行车安全进行调整,例如漏水严重妨碍车辆行驶,就可判定为Ⅳ级。

(2) 冻害的隶属度为二值型,根据是否影响行车安全进行判定。

(3) 对于 pH,构造的隶属度函数为

$$w_4 = \begin{cases} 1, & \text{pH} \leqslant 1 \\ \dfrac{1}{1+0.2(\text{pH}-1)^2}, & \text{pH} > 1 \end{cases}$$

$$w_3 = \dfrac{1}{1+0.2(\text{pH}-4.5)^2}$$

$$w_2 = \begin{cases} \dfrac{1}{1+0.06(\text{pH}-5.5)^2}, & \text{pH} \leqslant 5.5 \\ \dfrac{1}{1+0.6(\text{pH}-5.5)^2}, & \text{pH} > 5.5 \end{cases}$$

$$w_1 = \begin{cases} 0, & \text{pH} \leqslant 5.5 \\ \dfrac{1}{1+1.4(\text{pH}-5.5)^{-2}}, & \text{pH} > 5.5 \end{cases}$$

(4) 根据《地下工程防水技术规范》,在综合考虑上述判定指标(渗漏水状态、冻害、pH)后,引入渗漏位置是否在施工缝处、单个湿渍最大面积是否大于 0.3 m²、任意一个评估段渗漏

点数是否超过 7 处这 3 个指标对渗漏水风险等级评判因子 F 进行修正：

① 如果渗漏水出现在施工缝处，$F_2 = F_1 + 1.0$，如果 $F_2 > 4.0$，取 $F_2 = 4.0$；其他情况：$F_2 = F_1$。

② 单个湿渍的最大面积大于 $0.3\ m^2$ 时，$F = F_2 - 0.5$，如果 $F < 1.0$，取 $F = 1.0$。

③ 任意 15 m 隧道长度上的漏水点数超过 7 处时，$F = F_2 - 0.5$，如果 $F < 1.0$，取 $F = 1.0$。

2. 公路隧道养护技术规范评判结果

根据《公路隧道养护技术规范》对渗漏水安全等级的评判标准，对每处渗漏进行等级评价。

渗漏水①：等级 B；

渗漏水②：等级 B；

渗漏水③：等级 1A；

渗漏水④：等级 1A；

渗漏水⑤：等级 B；

渗漏水⑥：等级 B；

渗漏水⑦：等级 B；

渗漏水⑧：等级 1A；

渗漏水⑨：等级 B；

渗漏水⑩：等级 B。

综合以上分析，该区段隧道的裂缝风险后果等级为 1A，较轻。

3. 本章建议的风险后果等级综合评判结果

根据本章建议的综合评判因子进行评判，其过程如下：

渗水①、②、⑥、⑦、⑨：

$$F_1 = \frac{1 \times z_1 + 2 \times z_2 + 3 \times z_3 + 4 \times z_4}{z_1 + z_2 + z_3 + z_4} = 4$$

由于渗漏位置在施工缝处，$F_2 = F_1 + 1.0 = 5 > 4$，取 $F_2 = 4.0$，则

$$3.5 < F_2 \leq 4, \quad \text{等级：B}$$

渗水③、⑧：

$$F_1 = \frac{1 \times z_1 + 2 \times z_2 + 3 \times z_3 + 4 \times z_4}{z_1 + z_2 + z_3 + z_4} = 3$$

由于渗漏位置不在施工缝处，$F_2 = F_1 = 3$，则

$$2.5 < F_2 \leq 3.5, \quad \text{等级：1A}$$

渗水④：

$$F_1 = \frac{1 \times z_1 + 2 \times z_2 + 3 \times z_3 + 4 \times z_4}{z_1 + z_2 + z_3 + z_4} = 3$$

由于渗漏位置在施工缝处，$F_2 = F_1 + 1 = 4$，则

$$3.5 < F_2 \leqslant 4, \quad 等级：B$$

渗水⑤,⑩：

$$F_1 = \frac{1 \times z_1 + 2 \times z_2 + 3 \times z_3 + 4 \times z_4}{z_1 + z_2 + z_3 + z_4} = 4$$

由于渗漏位置不在施工缝处，$F_2 = F_1$，取 $F_2 = 4.0$，则

$$3.5 < F_2 \leqslant 4, \quad 等级：B$$

考虑单个湿渍的最大面积大于 0.3 m^2 时，$F = F_2 - 0.5$，任意 15 m 隧道长度上的漏水点数超过 7 处时，$F = F_2 - 0.5$；$F = F_2 - 1 = 2$，则

$$1.5 < F \leqslant 2.5, \quad 等级：Ⅲ 级$$

综合以上分析，该区段隧道的渗水风险后果等级为Ⅲ级，渗水病害较重，必须采取风险处理措施降低风险并加强监测。概率等级按照表 6-28 隧道渗漏水概率判定标准可知，该区段隧道的渗漏水概率等级为Ⅳ级，表示服役期多次出现。

6.4.4.2 渗漏水风险等级综合评价

按照上述隧道渗漏水风险评估模型，对此座隧道其他区段进行渗漏水风险综合评价，结果如表 6-80 所示，其中每个评价区段为 15 m 左右。

表 6-30　　　　　　　　某隧道渗漏水风险评价结果

区段编号	安全状态值	后果等级	对策	概率等级
1	2	Ⅲ级	必须采取风险处理措施降低风险并加强监测	Ⅳ级
2	3	Ⅱ级	不需采取风险处理措施，但需予以监测	Ⅲ级
3	3	Ⅱ级	不需采取风险处理措施，但需予以监测	Ⅳ级
4	2	Ⅲ级	必须采取风险处理措施降低风险并加强监测	Ⅴ级
5	3	Ⅱ级	不需采取风险处理措施，但需予以监测	Ⅳ级
6	3	Ⅱ级	不需采取风险处理措施，但需予以监测	Ⅳ级
7	2	Ⅲ级	必须采取风险处理措施降低风险并加强监测	Ⅲ级
8	4	Ⅰ级	不需采取风险处理措施和监测	Ⅴ级
9	3	Ⅱ级	不需采取风险处理措施，但需予以监测	Ⅳ级
10	2	Ⅲ级	必须采取风险处理措施降低风险并加强监测	Ⅲ级
11	4	Ⅰ级	不需采取风险处理措施和监测	Ⅴ级
12	4	Ⅰ级	不需采取风险处理措施和监测	Ⅴ级

续表

区段编号	安全状态值	后果等级	对策	概率等级
13	4	Ⅰ级	不需采取风险处理措施和监测	Ⅴ级
14	4	Ⅰ级	不需采取风险处理措施和监测	Ⅴ级
15	4	Ⅰ级	不需采取风险处理措施和监测	Ⅴ级
16	4	Ⅰ级	不需采取风险处理措施和监测	Ⅴ级
17	3	Ⅱ级	不需采取风险处理措施，但需予以监测	Ⅳ级
18	3	Ⅱ级	不需采取风险处理措施，但需予以监测	Ⅴ级
19	2.5	Ⅲ级	必须采取风险处理措施降低风险并加强监测	Ⅳ级
20	2.5	Ⅲ级	必须采取风险处理措施降低风险并加强监测	Ⅲ级
21	2	Ⅲ级	必须采取风险处理措施降低风险并加强监测	Ⅲ级
22	2	Ⅲ级	必须采取风险处理措施降低风险并加强监测	Ⅲ级
23	3	Ⅱ级	不需采取风险处理措施，但需予以监测	Ⅳ级
24	3.5	Ⅰ级	不需采取风险处理措施和监测	Ⅴ级
25	2	Ⅲ级	必须采取风险处理措施降低风险并加强监测	Ⅳ级
26	2.5	Ⅲ级	必须采取风险处理措施降低风险并加强监测	Ⅳ级
27	3	Ⅱ级	不需采取风险处理措施，但需予以监测	Ⅳ级
28	2.5	Ⅲ级	必须采取风险处理措施降低风险并加强监测	Ⅲ级

根据隧道渗漏水风险后果状态综合评价，将结果列于表 6-31。

表 6-31 某隧道渗漏水风险后果状态统计结果

Ⅰ级		Ⅱ级		Ⅲ级		Ⅳ级	
区段数	占隧道长度比例	区段数	占隧道长度比例	区段数	占隧道长度比例	区段数	占隧道长度比例
8	29%	9	32%	11	39%	0	0%

6.4.4.3 讨论

本章方法考虑了渗漏水状态、位置、冻害、pH、单个湿渍的最大面积及一个区段渗漏点个数这 6 个指标对隧道风险的综合影响，其评判结果与我国《公路隧道养护技术规范》规定的评判结果基本一致，具体比较如下。

对于渗漏水①，②，③，⑤，⑥，⑦，⑧，⑨，⑩，两个方法的判定结果相同；对于渗漏水④，本章方法比《公路隧道养护技术规范》方法低 1 个等级，原因在于规范方法对渗漏位置是否在施工缝处、单个湿渍的最大面积及一个区段渗漏点个数均未作考虑，而本章方法采用了综合评判因子,考虑了这些影响因素,最终的区段风险等级比规范方法高 1 个等级。

6.5 本章小结

首先,利用粗集理论对渗漏水案例数据进行挖掘,建立事故树,探索渗漏水的可能原因;其次,考虑隧道渗流场,建立 FLAC3D 有限差分计算模型,研究不同渗漏水位置和隧道埋深情况下隧道衬砌的响应;最后,以数值计算结果为基础,结合改进的层次分析和模糊综合评判方法确定隧道衬砌渗漏水风险等级。主要结论如下:

(1) 根据大量隧道渗漏水案例,编制事故树,从衬砌背后有"水源"和衬砌中有"水路"两个方面分析,充分挖掘出了引起渗漏水的可能原因;通过事故树的布尔运算得出隧道衬砌渗漏水的最小割集较多,这说明渗漏水产生的原因极其复杂。由于衬砌背后有"水源"和衬砌中有"水路"两个方面是"与门"的逻辑关系,所以可以截断水源和封闭水路为原则来治理渗漏水。

(2) 经过 FLAC3D 有限差分对基于渗漏水的隧道渗流场分析,结果显示:首先,由于渗漏水有泄压作用,渗漏水情况下衬砌背后各点水压明显减小,但当渗漏水位置不对称时,带来的孔压不对称对结构影响较大;其次,对于分离式隧道,当水压较小时,拱顶渗漏水对结构影响最大,随着水压逐渐增大,拱腰渗漏水对结构的影响逐渐明显,而且衬砌孔压明显呈现不对称分布;然后,对于连拱式隧道,当水压较小时,拱顶渗漏水对结构影响最大;随着水压力逐渐增大,侧墙和中隔墙渗漏水对结构的影响明显,而且衬砌孔压也明显呈现不对称分布。

(3) 根据岩石隧道渗漏水的特点,结合改进的层次分析法和模糊综合评判,以风险评估理论为基础,建立以"对行车安全危害"和"对隧道结构危害"为后果的岩石隧道渗漏水风险评价模型。模型考虑渗漏水状态、位置、冻害、pH、单个湿渍的最大面积及一个区段渗漏点个数这 6 个指标,建立四级风险后果等级来表示"安全、准安全、准危机、危机"四级安全状态,并考虑渗漏水随机模型结合大量渗漏水统计数据建立隧道渗漏水五级概率判定标准,经过工程案例分析效果较好。

参考文献

[1] 丁浩,蒋树屏,李勇. 控制排放的隧道防排水技术研究[J]. 岩土工程学报,2007,29(9):398-1403.
[2] NAM Seok-Woo, BOBET Antonio. Liner stresses in deep tunnels below the water table[J]. Tunnelling and Underground Space Technology,2006(21):626-635.
[3] 侯伟. 公路隧道的渗流场与应力场的耦合分析[D]. 西安:西安理工大学,2006.
[4] LEE In-Mo, NAM Seok-Woo. Effect of tunnel advance rate on seepage forces acting on the underwater tunnel face[J]. Tunnelling and Underground Space Technology,2004(19):273-281.
[5] 庄宁,阚二林,邓明镜. 隧道衬砌外水压力确定的渗流场-应力场耦合模型研究[J]. 中南公路工程,2007,32(1):55-59.
[6] 张勇,孟丹. 混凝土破裂过程渗流-应力-损伤耦合模型[J]. 辽宁工程技术大学学报(自然科学版),2008,27(5):680-682.

[7] 戴宏伟.漏水成因、危害机理和冻害问题研究[D].上海:同济大学,2006.

[8] 杨杰,姚莉秀.数据挖掘技术及其应用[M].上海:上海交通大学出版社,2010.

[9] 张文修,吴伟志,梁吉业,等.粗糙集理论与方法[M].北京:科学出版社,2001.

[10] 王建宇.再谈隧道衬砌水压力[J].现代隧道技术,2003,40(6):5-10.

[11] 蒋忠信.深埋岩溶隧道水压力的预测与防治[J].铁道工程学报,2005(6):37-40.

[12] 高新强,仇文革.隧道衬砌外水压力计算方法研究现状与进展[J].铁道标准设计,2004(12):84-87.

[13] 丁浩.外水压力下隧道衬砌结构的计算理论与方法研究[D].上海:同济大学,2011.

[14] 王建秀,等.深埋隧道衬砌水荷载计算的基本理论[J].岩石力学与工程学报,2002,21(9):1339-1343.

[15] 王建秀,杨立中,何静.深埋隧道外水压力计算的解析:数值法[J].水文地质工程地质,2002(3):17-19,28.

[16] 张有天.岩石隧道衬砌外水压力问题的讨论[J].现代隧道技术,2003,40(3):1-4.

[17] SNOW D T. Rock fracture spacing: Opening and porosity[J]. Soil Mech Found Div Proc. ASCE,1968,94:73-91.

[18] LOUIS C. Rock Hydraulics[M]//Müller L. Rock Mechanics. New York: Springer-Verlag,1974.

[19] KRANZ R L et al. The permeability of whole and jointed Barren granite[J]. Int J Rock Min Sci Y Geomech Abtr,1979,16(4):225-234.

[20] GALE G E. The effects of fracture type(induced versus natural) on the stress fracture closure permeability relationships[C]//Proc 23th Symp on Rock Mech. Berkeley,Califonia,1982.

[21] 周创兵,熊文林.岩石节理的渗流广义立方定理[J].岩土力学,1996,17(4):1-7.

[22] 陈宝玉,詹美礼,王媛.裂隙渗流与应力耦合特性的试验研究[J].岩土工程学报,1997,19(4):73-77.

[23] 张向霞.各向异性软岩的渗流耦合本构模型[D].上海:同济大学,2006.

[24] 刘成学.软岩渗流-应力耦合模型及其参数反演方法研究[D].上海:同济大学,2008.

[25] 杨天鸿,唐春安,徐涛,等.岩石破裂过程的渗透特性:理论、模型与应用[M].北京:科学出版社,2004.

[26] 魏学勇,武强,赵树贤.FLAC3D在矿井防治水中的应用[J].煤炭学报,2004,29(6):704-707.

[27] 张宪堂,等.FLAC3D在海底隧道涌水量预测中的应用[J].岩土力学,2008,29(增):258-262.

[28] 陶伟明.以堵为主限量排放隧道防排水原则的理论基础及其工程实践[J].隧道标准设计,2006(9):78-82.

[29] 李鹏飞,张顶立,李兵,等.海底隧道施工过程中围岩稳定性的流固耦合分析[J].中国铁道科学,2010,31(3):35-41.

[30] 卓越,王梦恕,周东勇.连拱隧道施工对地下水渗流场的影响研究[J].土木工程学报,2010,43(5):104-110.

[31] 罗鑫.公路隧道健康状态诊断方法及系统的研究[D].上海:同济大学,2007.

[32] 中华人民共和国建设部.地下工程防水技术规范:GB 50108—2008[S].北京:中国计划出版社,2009.

[33] 杨新安,黄宏伟.隧道病害与防治[M].上海:同济大学出版社,2002.

[34] 程姝菲.隧道结构渗漏水不确定性分析及预测[D].上海:同济大学,2011.

[35] 关宝树.隧道工程维修管理要点集[M].北京:人民交通出版社,2004.

[36] 潘海泽,黄涛,杨海静,等.运营隧道渗漏水灾害分类和等级评定方法[J].干旱区地理,2009,32(1):145-151.

7 隧道衬砌背后空洞对衬砌结构影响研究

7.1 概述

使用探地雷达检测到山岭隧道衬砌及背后空洞之后,需要分析空洞病害对隧道衬砌结构的影响到底有多大。山岭隧道衬砌背后出现空洞的概率极高,而且位置分布不规律,但大部分主要出现在拱脚以上部位[1]。背后空洞对衬砌结构的主要危害就是由于它的存在,衬砌结构会受到不均匀荷载的作用,从而在局部产生预想不到的内力增长,间接降低了衬砌结构的承载能力,造成衬砌结构的损伤或者破坏。如果是软土地区的隧道周围产生了空洞,那么还有可能会导致地表的沉降,对地表建筑结构将产生不利的影响;而衬砌内空洞主要的危害是降低了衬砌结构的承载力,因此本章主要分析衬砌背后空洞的危害。为了研究各种各样的空洞出现以后,衬砌结构到底会受到什么样的影响,影响有多大,本章采用数值模拟的方法对衬砌背后空洞的影响进行分析,并尝试完善现有的衬砌背后空洞评估标准。

7.2 山岭隧道衬砌背后空洞影响数值计算模型

衬砌背后空洞一般是由于施工过程中衬砌背后超挖部分回填不密实或者流水冲蚀围岩而形成的,因此衬砌背后的空洞沿着隧道轴线方向的长度与其直径相比通常要大得多,虽然也有空洞的轴向长度与隧道直径相当的情况,但为不失一般性,可将衬砌背后存在空洞的情况简化为平面应变情况进行分析。存在空洞时,隧道衬砌结构的变形也主要为平面应变状态,因此为了了解衬砌背后空洞对衬砌结构的影响,采用二维数值模拟存在空洞的隧道进行模拟。衬砌背后存在空洞时,可能对衬砌结构安全产生影响的因素主要有空洞的大小(环向尺寸)、空洞的深度(径向尺寸)、空洞的位置、隧道断面形式、围岩级别以及围岩侧压力系数等,因此模拟时需分别对这些因素进行分析,了解各种不同的因素对衬砌结构安全到底是否有影响,影响有多大。为使结果具有可比性,假设所有的隧道埋深均为110 m。隧道断面形式考虑3种不同的断面,分别为曲墙式隧道(三心圆结构)带仰拱、曲墙式隧道不带仰拱和直墙式隧道,直观断面形式如图7-1所示,同时每种断面形式的隧道又考虑两种不同的大小。山岭隧道两车道隧道的跨度一般为12 m左右,而三车道隧道一般为16 m左右,典型设计图如图7-2所示,因此模拟时曲墙式隧道直径分别取6 m和8 m,直墙式隧道跨度分别取12 m和16 m。我国的山岭隧道一般都采用新奥法进行施工,采用锚杆对围岩进行加固,所以模拟过程中,也考虑了锚杆,锚杆长度设置为4 m,锚杆间距也为4 m左右。本次模拟采用MIDAS-GTS软件,该软件是针对隧道及岩土工程开发的通用有限元软件,可以模拟施工阶段的应力分析和渗透分析等,该软件具有专门的隧道辅助设计模块,建模十分方便[2]。

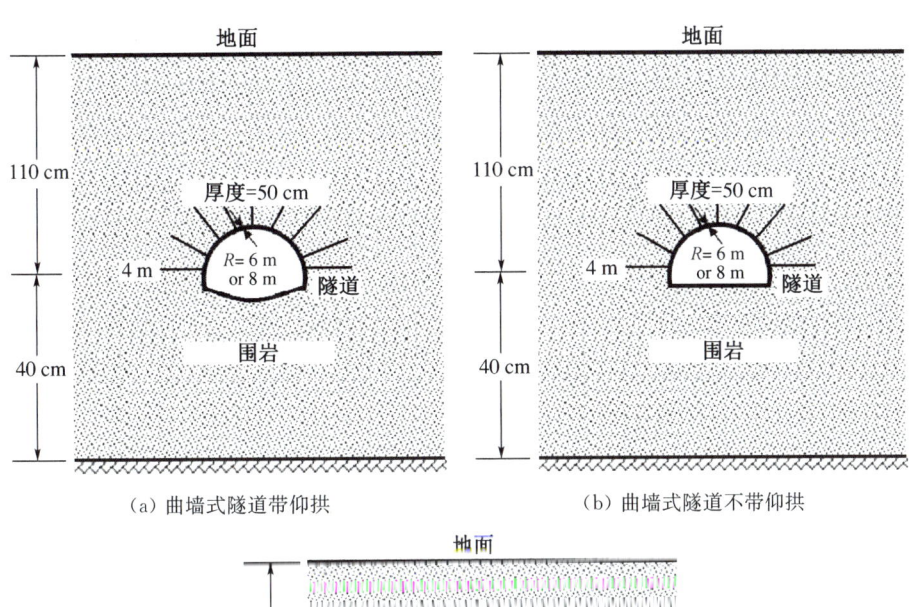

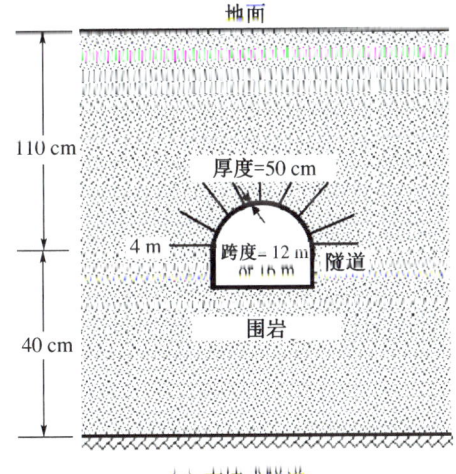

图 7-1 常见的隧道断面形式

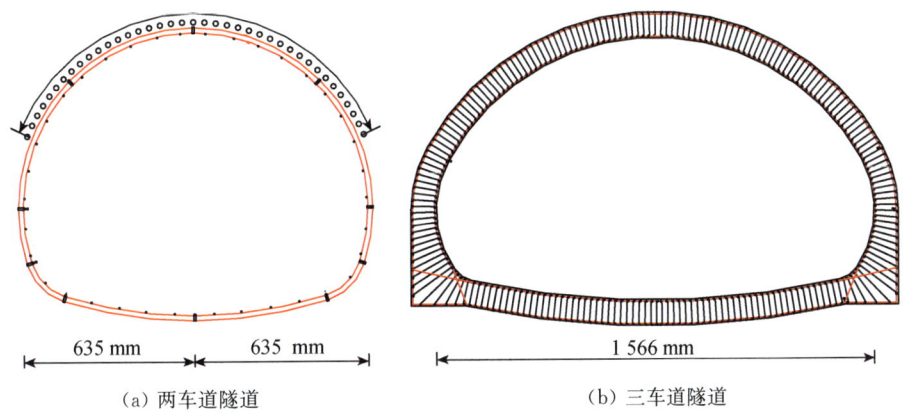

图 7-2 典型两车道及三车道隧道设计图

在实际施工和运营过程中,隧道拱顶是最容易产生空洞的部位,且空洞的尺寸也较大,其次是拱腰、起拱线和拱脚(或墙角)等部位,但产生的空洞一般没有拱顶的尺寸大。因此在对空洞进行简化时,假设空洞沿隧道环向分布,分别处在衬砌的不同部位。为了定位空洞和描述结果的方便,将衬砌划分为拱顶、拱腰、起拱线、拱脚(或墙角)以及仰拱5个区域。空洞主要分布在拱顶、拱腰、起拱线和拱脚(或墙角)4个部位,仰拱处不设置空洞,如图7-3和图7-4所示。

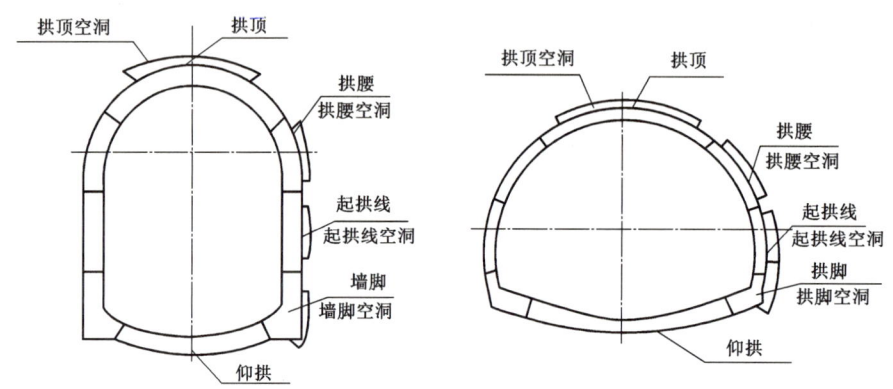

图7-3　隧道衬砌区域划分及空洞分布

在对空洞的大小、深度、隧道断面形式、围岩级别和侧压力系数进行分析时,空洞均分布在拱顶,其中,空洞的大小则为0～120°,分析空洞深度因素时,深度分别为40 cm,80 cm,120 cm和160 cm,除此外,其他工况的空洞深度均为40 cm;分析围岩级别因素时采用3种不同级别的围岩:Ⅰ级围岩、Ⅲ级围岩和Ⅴ级围岩;分析侧压力系数时,采用3种不用的侧压力系数:0.4,1.0,2.0;衬砌采用梁单元进行模拟,地层的本构模型采用摩尔-库仑模型,具体参数见表7-1。

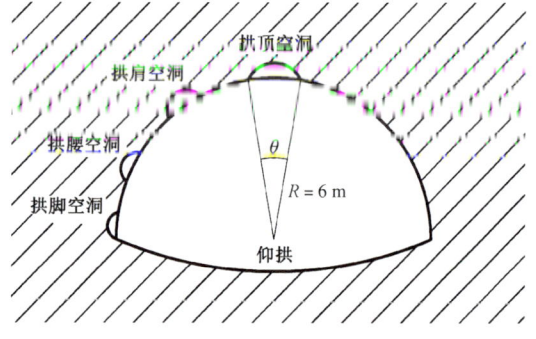

图7-4　隧道衬砌空洞简化示意图

表7-1　围岩参数及支护参数

隧道埋深	110 m		
围岩性质	Ⅰ级	Ⅲ级	Ⅴ级
弹性模量 E/GPa	40	15	1.5
泊松比 μ	0.15	0.28	0.4
黏聚力 c/MPa	2.5	1	0.1

续 表

围岩性质	Ⅰ级	Ⅲ级	Ⅴ级
内摩擦角 $\varphi/(°)$	65	43	24
围岩重度 $\gamma/(kN \cdot m^{-3})$	27	24	18
围岩水平侧压力系数 λ	0.4，1.0，2.0		
衬砌性质			
弹性模量 E/GPa	30		
泊松比 μ	0.3		
衬砌厚度 t/cm	50		
锚杆性质			
弹性模量 E/GPa	210		
泊松比 μ	0.25		
长度 l/m	4		

7.2.1 空洞大小影响分析

7.2.1.1 概述

在对空洞大小影响进行分析时，如前所述，考虑空洞产生在拱顶区域，空洞深度为40 cm，大小分别为0°、5°、15°、30°、45°、60°、75°、90°、105°和120°，隧道断面形式为曲墙式隧道，半径为5 m，隧道围岩级别为中等（Ⅲ级），围岩侧压力系数为 $\lambda=0.4$，如图7-5所示。

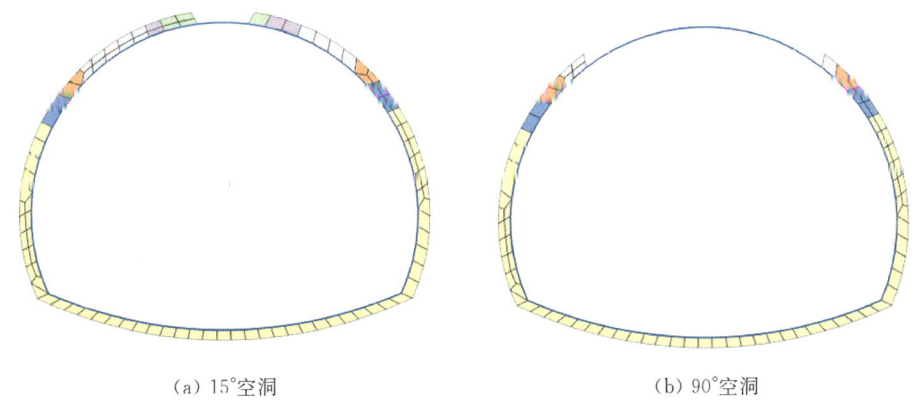

(a) 15°空洞　　　　　　　　　(b) 90°空洞

图 7-5　空洞布置情况

7.2.1.2 空洞大小对围岩应力的影响

衬砌背后存在空洞时，由于围岩失去了衬砌结构的支撑作用，本身处于平衡状态的围岩应力将发生重分布，围岩应力的重分布也是导致衬砌内力变化的主要原因，因此有必要对围岩应力的变化进行研究。围岩应力云图的变化结果如图7-6所示，图中等值线数据为应力比值，即该处的大主应力或小主应力与隧道埋深处的围岩自重应力的比值。

如图 7-6(a)、(b)所示,隧道开挖后应力云图与 E. Hoek 和 E. T. Brown[3] 所得云图规律十分类似(具体结果不同),说明模拟结果比较可信。从图 7-6 中可以看出,隧道开挖后,拱顶、拱腰、拱脚和仰拱处的大主应力比分别为 0.7,1.2,1.5 和 0.7,小主应力比则分别为 0.4,0.45,0.6 和 0.32。当拱顶处产生较小的空洞 15°后,如图 7-6(c)、(d)所示,拱顶处的大主应力均减小了 40%左右,小主应力则减小了 50%,拱腰处大小主应力则分别增加了 53%和 37%;在拱脚处,大主应力仅增加了约 6%,而小主应力减小了 69%;仰拱处的大主应力变化不大,而小主应力减小了 70%左右。这些变化说明,空洞的产生确实导致了围岩应力的再次分布,由于空洞产生在拱顶处,该处的围岩失去了二次衬砌的支撑,因此该处的围岩应力释放,所以其大、小主应力均明显减小;拱腰处的围岩由于拱顶处松散的围岩的挤压,其围岩应力则明显增大;拱脚处由于是应力集中区域,空洞产生后,其大主应力也增加,但由于衬砌结构在围岩挤压下将会向空洞处变形上浮,故其小主应力减小,仰拱处的情况也类似。

当空洞增大到 45°时,如图 7-6(e)、(f)所示,拱顶处的大主应力基本维持稳定,小主应力则开始减小;仰拱处的大主应力减小了 78%,小主应力则变化不大;拱腰、拱脚处的大、小主应力也变化不大,需引起注意的是在空洞的边缘部位,围岩应力有比较明显的增加,几乎增加了一倍,这说明除拱脚外,该区域也产生了应力集中,该处的应力变化也必将导致该处的二次衬砌内力发生较大的变化,这对衬砌的安全十分不利。

当空洞增大到 90°时,拱顶围岩的大、小主应力继续减小,说明围岩松弛更加严重;拱脚和仰拱处的大、小主应力则变化不大,如图 7-6(g)、(h)所示。在空洞的边缘区域,应力集中则更为明显,甚至超过了拱脚的应力集中程度,在隧道的使用过程中,众所周知,拱脚处的衬砌由于是应力集中区,其发生破损的情况比其他区域都要频繁;而拱顶产生了较大的空洞后,空洞边缘的应力集中现象甚至超过了拱脚,则该处衬砌的破坏概率也将大大增加,这对隧道的运营安全尤其不利,因为拱脚处衬砌破损后,其渗漏等情况不会对运营产生较大的影响,而拱顶或拱腰处的衬砌裂损则会导致较为严重的后果。

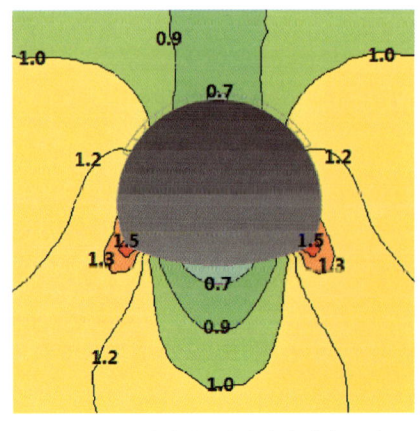 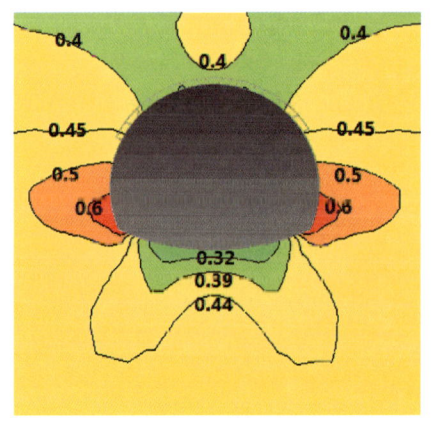

(a) 开挖后隧道周边大主应力分布云图　　　　(b) 开挖后隧道周边小主应力分布云图

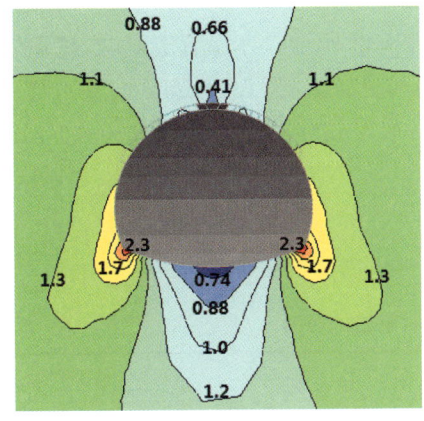
(c) 产生 15°空洞后大主应力云图

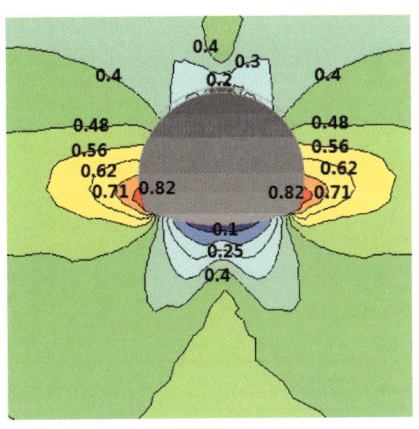
(d) 产生 15°空洞后小主应力云图

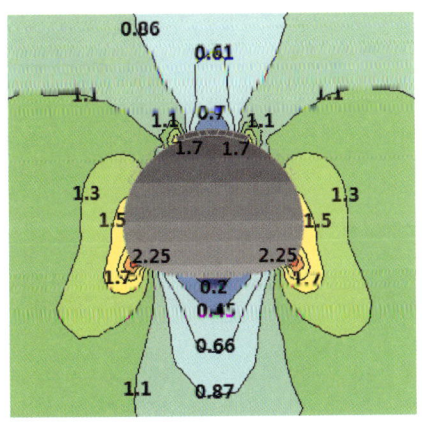
(e) 产生 45°空洞后大主应力云图

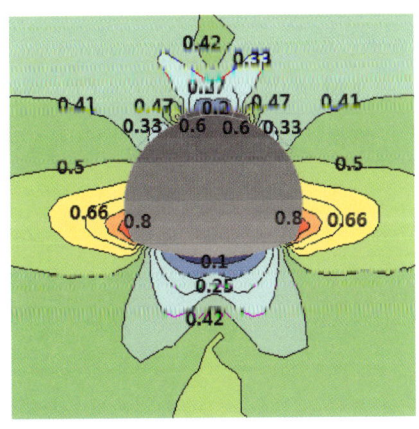
(f) 产生 45°空洞后小主应力云图

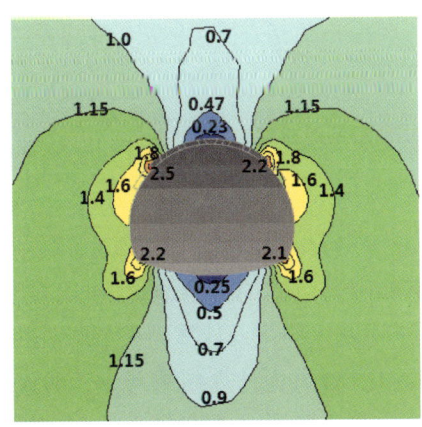
(g) 产生 90°空洞后大主应力云图

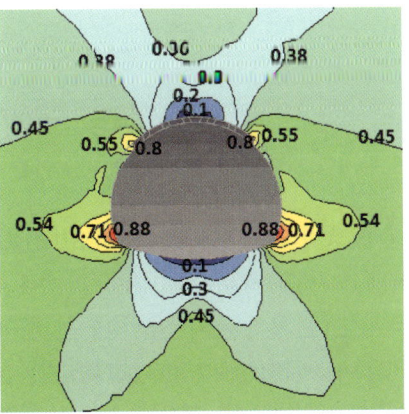
(h) 产生 90°空洞后大主应力云图

图 7-6 空洞产生前后围岩应力云图对比

7.2.1.3 空洞大小对二次衬砌结构变形的影响

隧道衬砌结构在不同空洞情况下的变形如表 7-2 所示。在没有空洞时,拱顶处的位移为 0.6 mm(向下),拱腰处位移为 −0.27 mm(向下),起拱线处为 0.17 mm(向左),隧道的变形为扁平状;而空洞增大到 120°后,拱顶变形则变为 −1.4 mm(向上),拱腰处为 0.74 mm(向上),起拱线处则为 0.23 mm(向右),隧道的变形特征发生了明显的改变,如图 7-7 所示,拱肩部位由于受到围岩压力向内侧压入,拱顶部位则由于失去围岩的被动抗力而向上抬升,变形形状从扁平状变化到了钟形,变形模式的变化也将导致衬砌内力的变化。

表 7-2　　　　　　　　　120°空洞时二次衬砌结构变形　　　　　　　　　单位:mm

部位变形	无空洞	120°空洞
拱顶	−0.48	1.37
拱腰	−0.27	0.74
起拱线	0.17	0.23
拱脚	−0.23	0.81
仰拱	0.41	1.20

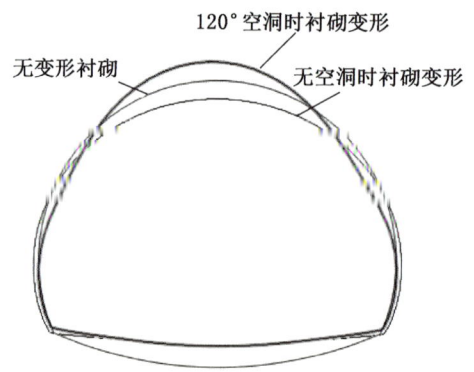

图 7-7　存在不同大小的拱顶空洞时衬砌的变形

7.2.1.4 空洞大小对二次衬砌结构内力的影响

如上节所述,衬砌背后存在空洞时,由于隧道和围岩之间的接触消失,作用在隧道上的围岩压力发生变化,必将导致衬砌结构的轴力和弯矩均发生变化。计算结果如图 7-8 所示,为便于分析,其中计算所得的轴力和弯矩均进行了标准化,轴力为计算结果与 $\gamma z r$ 的比值,弯矩则为计算结果与 $\gamma z r^2$ 的比值,其中 γ 为土体重度,z 为隧道埋深,r 为隧道半径。在对衬砌内力结果进行分析时,取了 4 个典型单元进行分析,分别为拱顶处、左侧拱腰、左侧拱脚和左侧仰拱处,所取断面位于 4 个区域的中间位置。以下如无特别说明,内力均取自此 4 个典型单元,所有结果均为标准化后的结果。

1. 轴力结果分析

从图7-8(a)中可以看出,当衬砌背后出现小范围空洞后,衬砌轴力普遍增长。在空洞增大到15°之前,增长十分迅速,在空洞增大到15°之后,拱顶、拱腰和拱脚处的轴力值达到最大值,此后便开始减小,而仰拱处的轴力则一直随着空洞大小的增大而增大,分析其产生机理,是由于拱顶衬砌背后产生较小的空洞之后,拱顶的围岩应力释放,因此附近的围岩和衬砌需分担这部分荷载,而衬砌受到的围岩压力由于空洞的存在分布不均匀,因此衬砌各部位的轴力增长幅度并不相同;在拱腰和拱脚部位,由于应力集中,其轴力增长幅度更为明显,拱顶处幅度稍小,而仰拱处增幅最小,空洞范围持续增大时,围岩和衬砌之间的接触越来越少,因此衬砌受到的围岩压力也越来越小,故其轴力变小。如果考虑一个极端的情况,即衬砌背后全是空洞,也就意味着衬砌和围岩之间无接触,因此也就不存在接触压力,衬砌内力也将为零。但是这种情况是不可能存在的,而且围岩如果没有二次衬砌的支撑作用,尤其是低级别围岩,必将发生渐进性破坏,最终坍塌,坍塌的围岩如果掉落在衬砌上,可能导致衬砌结构的损伤甚至破坏。

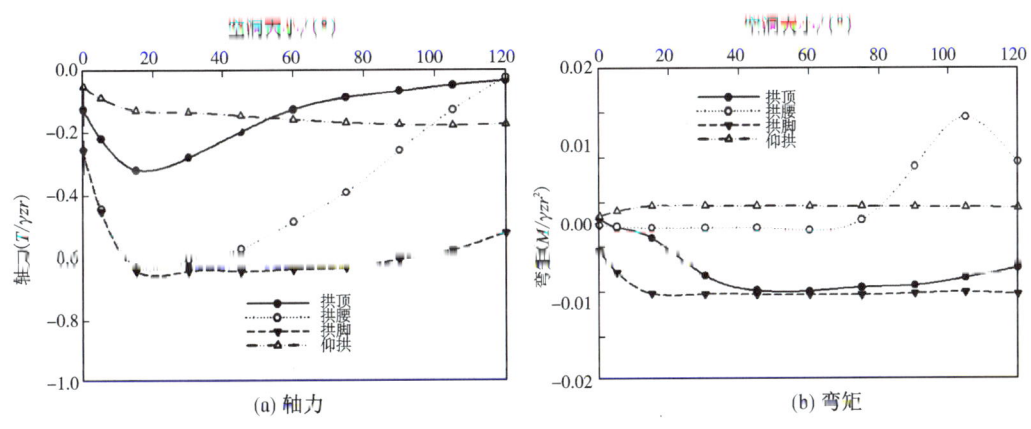

图7-8 拱顶空洞时二次衬砌内力变化

2. 弯矩结果分析

从图7-8(b)中可以看出,拱顶和仰拱处的弯矩在未产生空洞之前为负值,表示这两处衬砌变形均朝向隧道内部,因此拱顶及仰拱外侧的混凝土受压应力作用;拱腰和拱脚处则相反,弯矩值为负值,即该处衬砌变形朝向隧道外侧,外侧的混凝土受拉应力作用,也就是说隧道在围岩压力作用下被压成扁平状。在空洞产生之后,可以发现,拱顶处的弯矩值在空洞很小的情况下(5°左右)符号就发生了变化,到60°左右时,弯矩达到最大值,此后空洞继续增大,弯矩反而开始有所减小,而仰拱处的弯矩则随着空洞的增大而持续增大。弯矩符号发生变化说明隧道的变形趋势发生了改变,也就是说隧道拱顶处的混凝土由向隧道内侧变形改为了向隧道外侧变形,则拱顶混凝土的外侧将受到拉应力的作用;由于通常情况下,拱顶混凝土在设计时并未考虑外侧受拉应力作用的情况,所以衬砌外侧一般配筋较少或者不配受力钢筋,因此受拉应力作用时极易开裂。拱腰处的弯矩在产生空洞后,开始有所减小,在空洞增大到80°左右时,弯矩符号也发生了改变,而且随着弯矩的继续增大,弯矩快速增大,到达105°后又开始减小。这是由于在空洞较小时,由于衬砌的变形情况发生了改变,拱顶产生空洞后,衬砌失去了围岩的约束,在围岩压力作用下开始向空洞处移动,处在空洞区域的衬砌变形史大,因此拱顶的弯矩发生了改变,而拱腰处的变形则逐渐减小,所受的弯矩也减小;而当空洞范围很大时(大于80°),空洞的边缘区域已经接近拱腰处所取的衬砌单元,拱腰处的变形也开始增大,因此其所受的弯矩也就越来越大;空洞继续增大,边缘处越过研究的衬砌单元后,该处的衬砌变形减小,因此弯矩又开始有所减小。同拱顶衬砌一样,拱腰处的衬砌弯矩也发生了符号的变化,这也同样会导致衬砌混凝土的开裂,对隧道结构的安全十分不利。拱脚处的弯矩在15°左右达到最大值,此后则以十分缓慢的速度增长,但变化较小,基本可以忽略。

7.2.2 空洞深度影响分析

7.2.2.1 概述

在对空洞深度的影响进行分析时,假设空洞产生在拱顶区域,空洞深度分别为 40 cm,80 cm,120 cm 和 160 cm,如图 7-9 所示。空洞大小分别为 0°,5°,15°,30°,45°,60°,75°,90°,105°和120°,采用的隧道断面形式为曲墙式隧道,半径为 5 m,隧道围岩级别为中等,侧压力系数为 $\lambda = 0.4$。

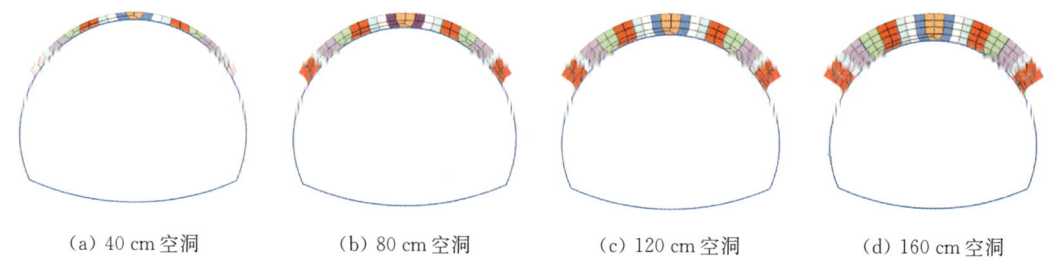

(a) 40 cm 空洞　　(b) 80 cm 空洞　　(c) 120 cm 空洞　　(d) 160 cm 空洞

图 7-9　不同深度空洞简化模型

7.2.2.2 空洞深度对围岩应力的影响

空洞的大小不同时,围岩应力会发生一定的变化,那么空洞的深度不同时,围岩应力的变化是否相同也是一个有待探索的问题。图 7-10 和图 7-11 为不同深度空洞存在时围岩的应力云图,以空洞深度 40 cm 和 160 cm 为例,分析空洞深度对围岩应力变化产生的影响。从图中可以看出,深度为 160 cm 空洞存在时围岩应力的变化情况和深 40 cm 的空洞存在时的变化情况基本相同,所不同的是当空洞很大时(大于90°),应力集中区在深度较小时,主要集中在空洞边缘处,拱脚应力集中现象减小,而空洞深度较大时,应力基本集中在空洞边缘区域,应力集中也更为明显。这就意味着当空洞深度较大时,围岩更容易发生破坏掉落。当岩石掉落在衬砌上时,对衬砌的冲击力极易导致衬砌结构的损伤甚至破坏。关于掉落围岩对衬砌的冲击力的作用,将在后面章节中进行探讨。

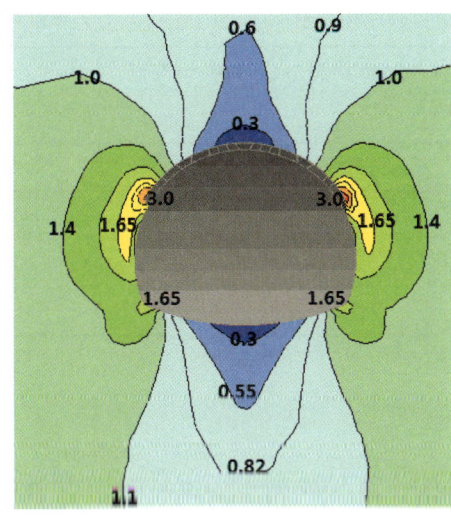 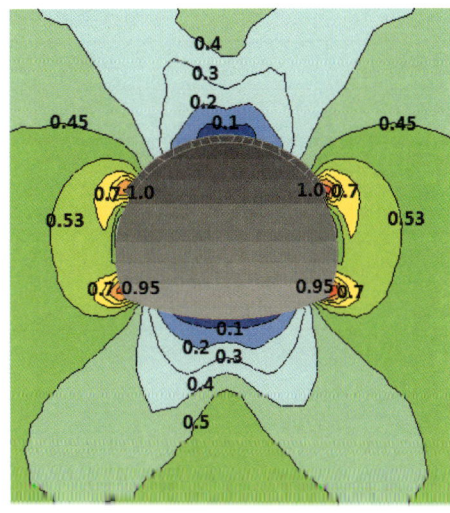

(a) 产生120°空洞后大主应力云图　　　　(b) 产生120°空洞后小主应力云图

图 7-10　产生 120°空洞后围岩主应力云图(空洞深度 40 cm)

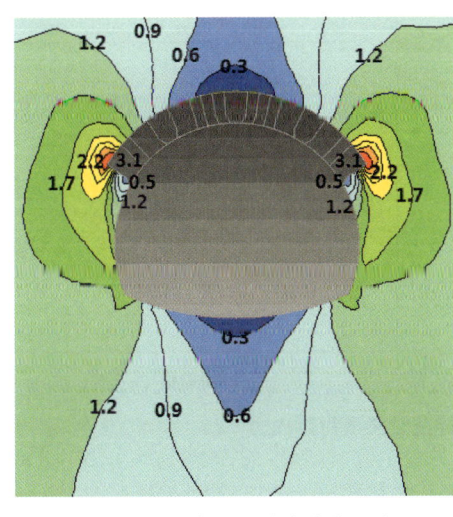 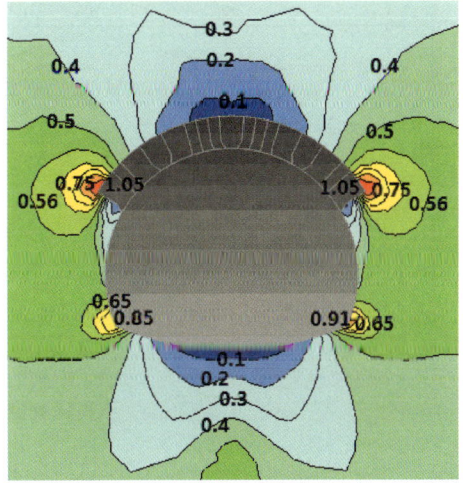

(a) 产生120°空洞后大主应力云图　　　　(b) 产生120°空洞后小主应力云图

图 7-11　产生 120°空洞后围岩主应力云图(空洞深度 160 cm)

7.2.2.3　空洞深度对二次衬砌结构变形的影响

空洞深度不同时导致的围岩应力变化不完全相同,因此隧道衬砌结构的变形也不相同,隧道各个部位的变形计算结果如表 7-3 所示。由结果可以看出,当空洞深度不同时,拱顶部位的衬砌最终都向上变形,变形量基本相同;拱腰、拱脚和仰拱部位的变形则随着空洞深度的增加而增大,拱腰、拱脚部位变形都由无空洞时的向外侧变形变为向内侧变形,仰拱处隆起则更为明显。虽然不同深度空洞最终变形量相差不大,但这也将导致衬砌内力变化的不同。

表 7-3　　　　　　　不同深度空洞时二次衬砌结构变形　　　　　　单位:mm

部位变形	无空洞	40 cm 空洞	80 cm 空洞	120 cm 空洞	160 cm 空洞
拱顶	−0.48	1.37	1.38	1.39	1.39
拱腰	−0.27	0.74	0.72	0.73	0.74
起拱线	0.17	0.23	0.32	0.41	0.49
拱脚	−0.23	0.81	0.86	0.90	0.95
仰拱	0.41	1.20	1.23	1.26	1.30

注:所有变形均为空洞大小为 120°时的结果。

7.2.2.4　空洞深度对二次衬砌结构内力的影响

如上节所述,空洞深度不同时,二次衬砌结构的位移不同,因此二次衬砌结构的内力也应不相同。图 7-12—图 7-15 为二次衬砌在不同深度空洞存在的情况下,不同部位的内力计算结果。

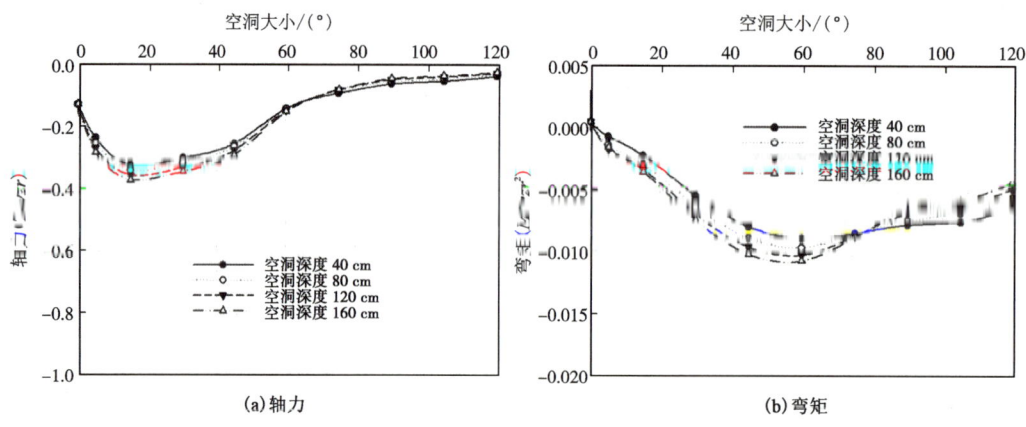

图 7-12　不同深度空洞存在时拱顶衬砌内力

由图 7-12 可以看出,拱顶衬砌的轴力变化规律基本相同。当空洞小于 60°时,空洞深度越大,轴力也就越大,但不同深度空洞的差异不超过 5%;而当空洞大于 60°后,空洞深度大的衬砌轴力反而小于空洞深度小的衬砌轴力,不过不同深度空洞之间的差异也未超过 10%。弯矩的变化与轴力的变化基本类似,不过弯矩在空洞增大到 75°后,空洞深度小的衬砌弯矩才开始大于深度大的衬砌弯矩,而且弯矩的符号在 5°左右的时候发生了改变。在 75°之前,不同空洞深度之间的差异不超过 14%,此后差异变小,约为 9%。由此可见,当拱顶空洞较小时,拱顶衬砌对深度较大的空洞更为敏感,其内力增加幅度更大;但当空洞变得很大之后(大于 75°),拱顶衬砌对深度大的空洞也更为敏感,只不过其衬砌内力减小的幅度更大,甚至小于深度小的空洞。这是由于当空洞较小时,深度越大,围岩卸荷越为明显,且卸荷集中在拱顶附近,因此拱顶附近的衬砌承受的荷载也就随着深度的增加而增加,其内力也随着深度的增大而增大。而当空洞越来越大,空洞深度大的围岩自身承担的荷载越来越大,这一点从图 7-12 和图 7-13 可以看出来,因此随着深度的增加,拱顶衬砌内力减小的幅度也就更大些。

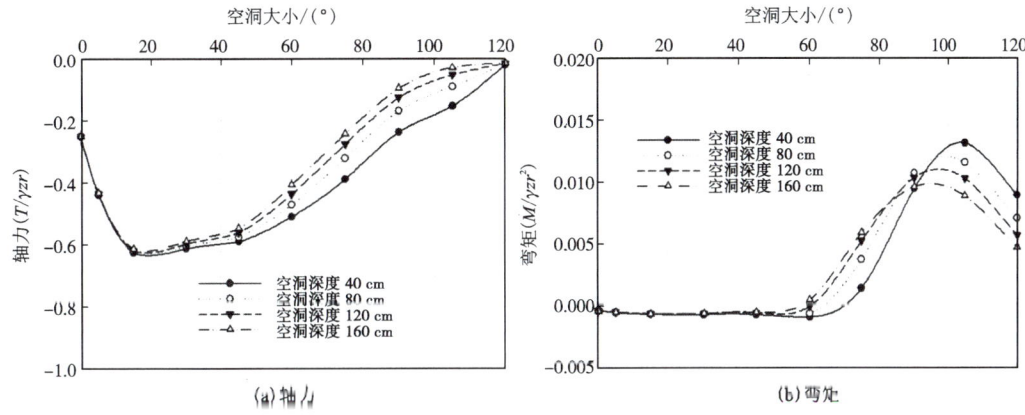

图 7-13 不同深度空洞存在时拱腰衬砌内力

由图 7-13 可以看出,在拱腰部位,空洞小于 15°时,衬砌轴力几乎相同,都快速增大且到 15°时就达到最大值;当空洞大于 15°以后,衬砌轴力开始减小,深度小的空洞其衬砌轴力也大于深度大的空洞,不同深度空洞的衬砌轴力差距约为 12%。拱腰处的弯矩在空洞小于 45°左右时也基本没有差别;当空洞大于 45°后,弯矩符号发生了改变,且增长速度很快,在此阶段深度越大弯矩越大,不同深度之间的差异约为 8%。弯矩增大到 90°左右时达到最大值,之后开始减小,此时空洞深度越大弯矩越小,不同深度之间的差异约为 15%。

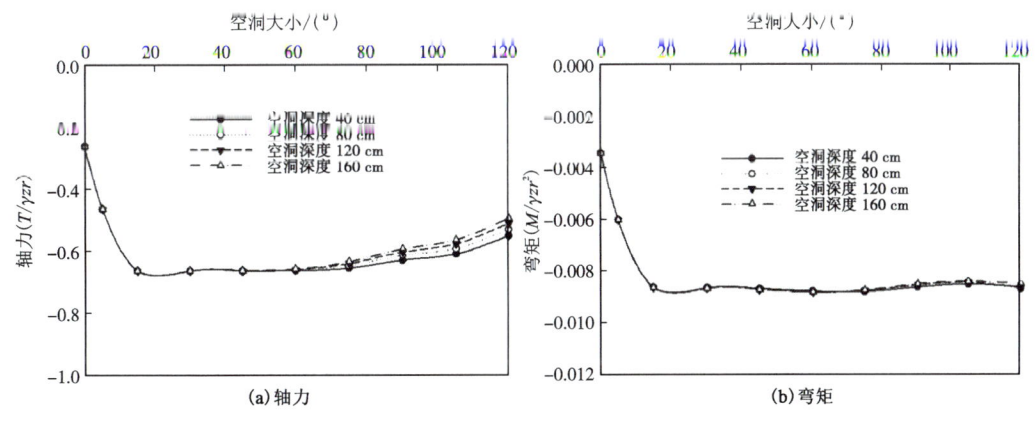

图 7-14 不同深度空洞存在时拱脚衬砌内力

由图 7-14 可以看出,在拱脚部位,轴力和弯矩在 15°之前均迅速增大,此后便保持基本稳定;当空洞增大到 75°左右之后,轴力和弯矩均开始减小,但减小的速度较慢,这是由于当较小的空洞产生之后,拱脚处的应力集中状况迅速加剧,所以其内力也迅速增加,而当空洞继续增大,拱脚处的应力集中现象变化不大,当空洞增大到一定程度之后(大于75°),如前所述,围岩自身承担的荷载更多,而衬砌所受到的围岩压力则减小,所以拱脚处的内力也开始减小,同样,在空洞很大时,深度小的衬砌的内力较大。

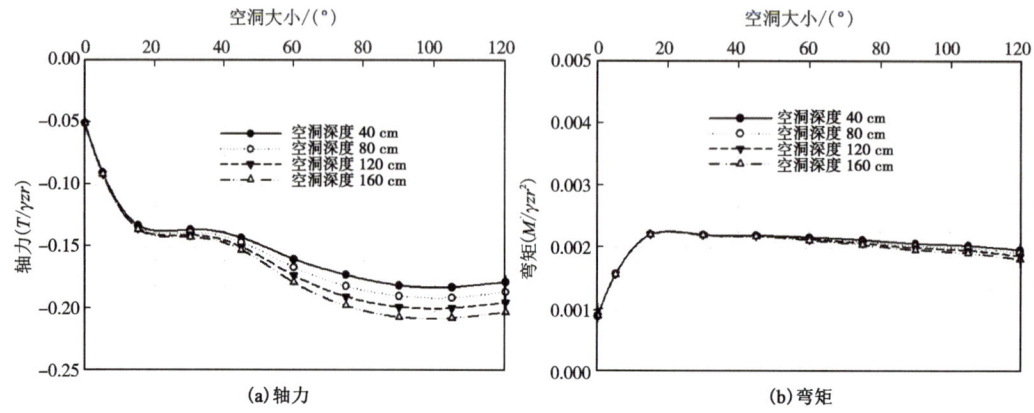

图 7-15　不同深度空洞存在时仰拱衬砌内力

由图 7-15 可以看出,在仰拱处,轴力和弯矩在 15°之前也均迅速增大,此后便均开始一直减小,且空洞越大其轴力和弯矩值也就越大。这说明拱顶存在空洞时,空洞越大越深,仰拱处衬砌的内力也就越大,而且仰拱处的弯矩为正值,说明内侧混凝土是受拉应力作用的(仰拱隆起),弯矩越大,内侧混凝土越容易开裂。很多隧道路基路面混凝土是和仰拱连成整体的,这也就意味着隧道内的路面更容易开裂,这对隧道的安全运营是十分不利的,不仅威胁行车安全,也将大大增加维修养护的费用。

7.2.3　空洞位置影响分析

7.2.3.1　概述

衬砌背后产生空洞是多种原因造成的,既有可能在施工工程中就产生,也有可能在运营过程中产生,而且空洞的产生位置并无规律可循,既有可能产生在拱顶,也有可能产生在拱腰、起拱线、拱脚等任何位置,但仰拱部位空洞一般较少发现,因此,在对位置进行分析时,考虑空洞产生在拱顶、拱腰、起拱线和拱脚 4 个区域,不考虑仰拱部位。空洞产生时,有可能是单个空洞,也有可能是多个空洞同时产生,但总的来说,拱脚以上部位产生空洞的概率更大,绝大多数空洞均产生在这些部位。

为了便于结果的分析,本节将重点讨论单个空洞分别产生在拱顶、拱腰、起拱线和拱脚部位的工况。如前所述,拱顶产生较大的空洞的概率较大,而其他部位产生的空洞一般不会太大。为了便于结果比较,分析时所有的空洞大小均从 0°增大到 60°,采用的隧道断面形式为曲墙式隧道,半径为 5 m,隧道围岩级别为中等(Ⅲ级),侧压力系数为 λ=0.4,如图 7-16 所示。

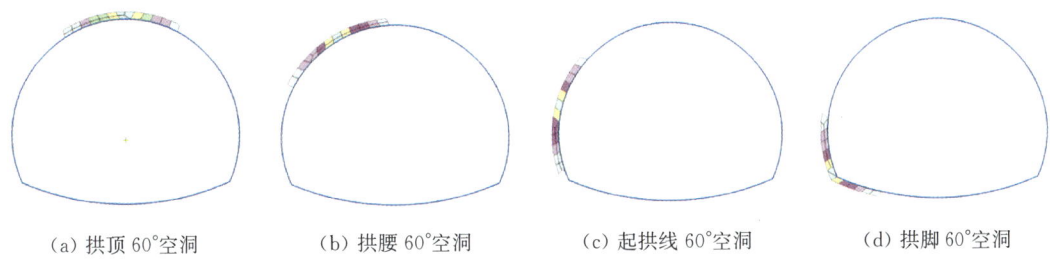

(a) 拱顶 60°空洞　　(b) 拱腰 60°空洞　　(c) 起拱线 60°空洞　　(d) 拱脚 60°空洞

图 7-16　不同位置空洞简化模型

7.2.3.2　空洞位置对围岩应力的影响

空洞位于不同的位置时，隧道围岩的应力变化必定不相同，围岩应力的变化直接影响着隧道衬砌内力的变化，也有必要对不同位置空洞所导致的围岩应力的变化进行研究。图 7-17—图 7-21 为二次衬砌背后不同位置产生 60°大小空洞后围岩的应力云图结果。图 7-17 为空洞在拱顶、大小为 60°时围岩主应力云图，此工况下主应力的变化前面已经讨论过，此处不再赘述。

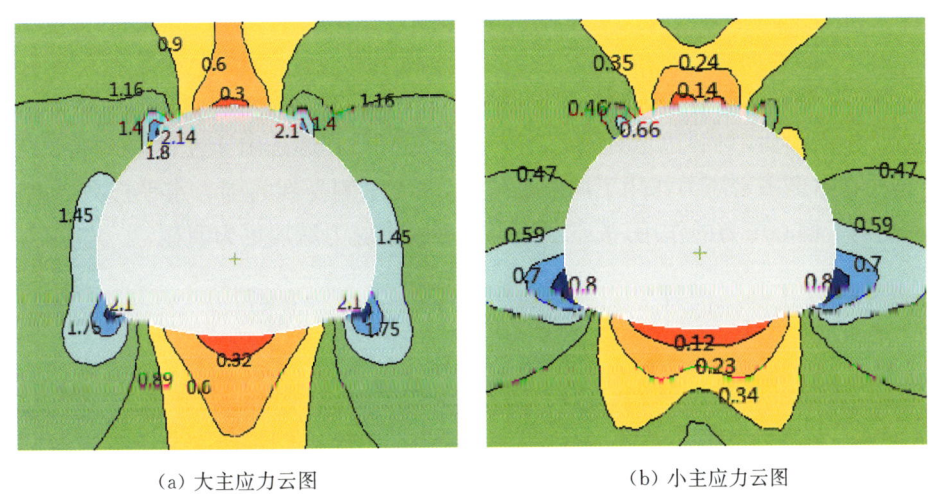

(a) 大主应力云图　　(b) 小主应力云图

图 7-17　拱顶背后 60°空洞时围岩主应力云图

图 7-18 为拱腰左侧部位产生 60°空洞后围岩大、小主应力云图。从中可以发现，当拱腰部位产生 60°空洞后，拱顶部位围岩大、小主应力不但没有减小，反而有所增大，且空洞下边缘部位产生了明显的应力集中现象；原本应力集中区域拱脚部位，左侧应力集中现象减轻，而右侧应力集中现象则比拱顶产生 60°空洞时更为明显，且小主应力有增大的趋势，说明隧道结构受到的水平压力增大。仰拱处的围岩应力也比拱顶产生空洞时更大。这说明左侧拱腰部位产生空洞后，隧道在右侧围岩水平压力的作用下，被朝着左上方挤压，与隧道衬砌接触的空洞边缘区域的围岩因此受到更大的挤压作用，因而其应力增大更为明显；同样，衬砌也会受到围岩的

被动抗力,而这种围岩抗力是不均匀的,即隧道受到了偏压作用。众所周知,偏压是隧道产生病害的主要原因之一。

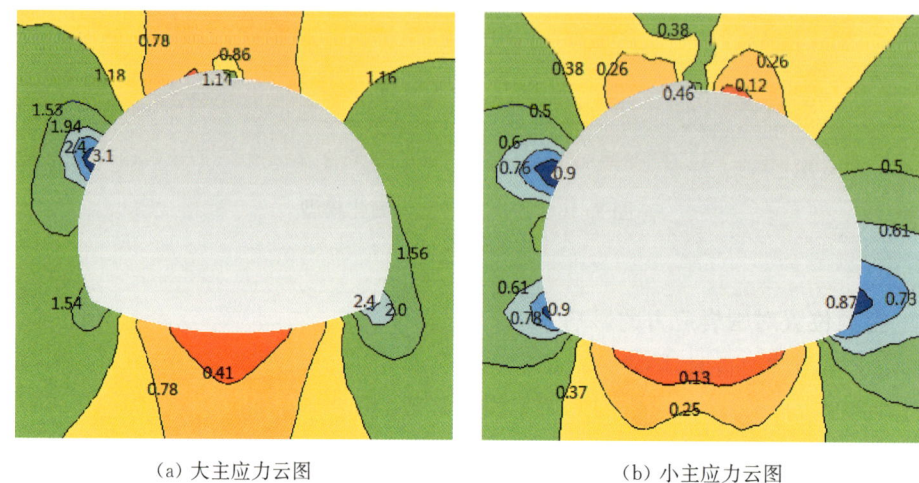

(a) 大主应力云图　　　　　　　　(b) 小主应力云图

图 7-18　拱腰背后 60°空洞时围岩主应力云图

图 7-19 为左侧起拱线部位产生 60°空洞后围岩大、小主应力云图。从中可以发现,当起拱线部位产生 60°空洞后,拱顶处的大、小主应力均明显减小,与拱顶产生空洞的结果比较类似;拱脚部位的应力集中现象则更为明显,且左侧的应力集中程度比右侧的更为明显,值得注意的是,起拱线产生空洞后,空洞边缘处的小主应力明显增加。这是由于左侧起拱线处产生空洞后,衬砌结构在右侧围岩压力作用下向左侧移动,因此左侧受到的围岩水平抗力更大,同样衬砌结构也受到了偏心压力的作用,故空洞边缘处的水平应力增加更为明显。

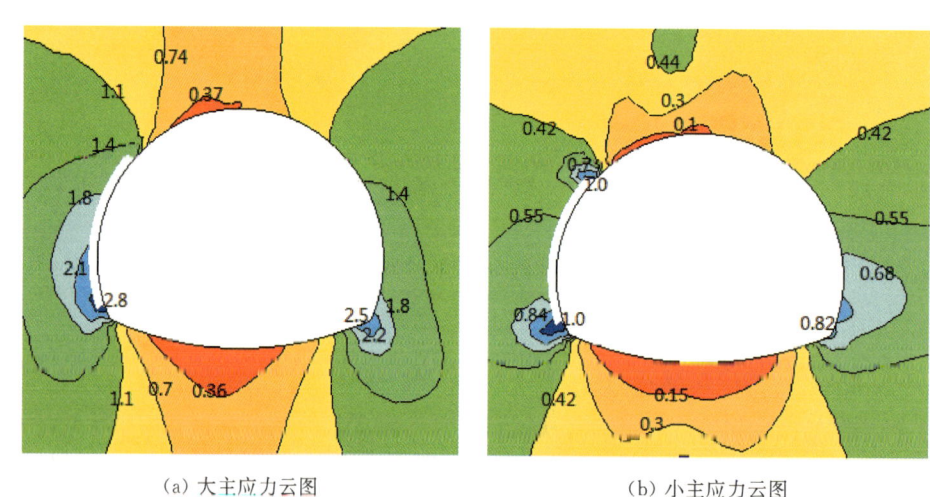

(a) 大主应力云图　　　　　　　　(b) 小主应力云图

图 7-19　起拱线背后 60°空洞时围岩主应力云图

图 7-20 为左侧拱脚部位产生 60°空洞后围岩大、小主应力云图。从中可以发现,当拱脚部

位产生60°空洞后,拱顶处的大小主应力均明显减小,与起拱线处产生空洞的结果比较类似。左侧拱脚部位的应力集中现象向上转移到了空洞边缘处,空洞的下边缘处位于仰拱下方,该处在没有空洞产生时为应力释放区,而空洞产生后,空洞边缘处的围岩应力增加了两倍以上。右侧拱脚也产生了更为明显的应力集中,该处的围岩应力与起拱线处产生空洞时相比比较接近,与拱腰和起拱线处产生空洞相同,隧道也受到了偏压作用。

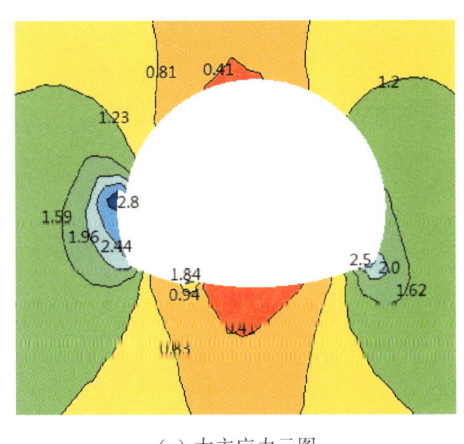
(a) 大主应力云图

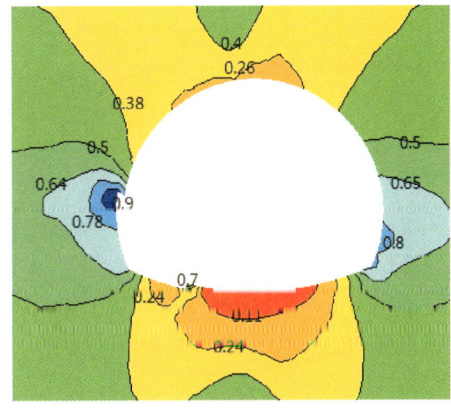
(b) 小主应力云图

图 7-20　拱脚背后60°空洞时围岩主应力云图

7.2.3.3　空洞位置对二次衬砌结构变形的影响

隧道不同位置产生空洞之后,由于空洞产生处的衬砌结构失去了围岩的被动抗力,再加上产生空洞后隧道受到了偏压作用,衬砌将向空洞区域开始变形。表7-4为不同部位产生60°空洞后,衬砌各个部位的变形结果。拱顶背后空洞时的变形情况前面已经详细论述,这里不再赘述。

表 7-4　　　　　　　　空洞位置不同时二次衬砌结构变形　　　　　　　　单位:mm

部位变形	无空洞	拱顶60°空洞	拱腰60°空洞	起拱线60°空洞	拱脚60°空洞
拱顶	−0.49	0.04	−1.3	−1.59	−1.53
拱腰	−0.27	0.81	0.85	−1.36	−1.38
起拱线	−0.17	−0.27	−0.1	−2.49	−1.20
拱脚	−0.23	0.24	0.33	−0.73	−1.27
仰拱	0.41	1.13	1.48	1.62	1.66

当拱腰存在空洞时,可以看出,拱顶部位位移向下,而拱腰处的衬砌变形则由向隧道内侧变为向隧道外侧移动,产生60°空洞时,位移约为0.85 mm;拱脚部位的变形也由向外侧移动变为向内侧移动,起拱线和仰拱部位的变形趋势则没有明显改变。当起拱线处产生空洞之后,

拱顶的下沉也更为明显,增大到约 1.6 mm;拱腰也发生了更为明显的下沉,起拱线处向外变形更为明显,增大到约 2.5 mm;拱脚也在偏压的作用下向外移动,仰拱隆起也更为明显,约为 1.6 mm。

拱脚产生空洞后,拱顶下沉约为 1.5 mm,拱腰起拱线也均下沉,分别为 1.4 mm 和 1.2 mm,拱脚处向外突出明显增加,约为 1.3 mm,仰拱处上抬也较其他部位产生空洞更为明显,约为 1.7 mm,不同部位产生空洞后变形模式的变化如图 7-21 所示。

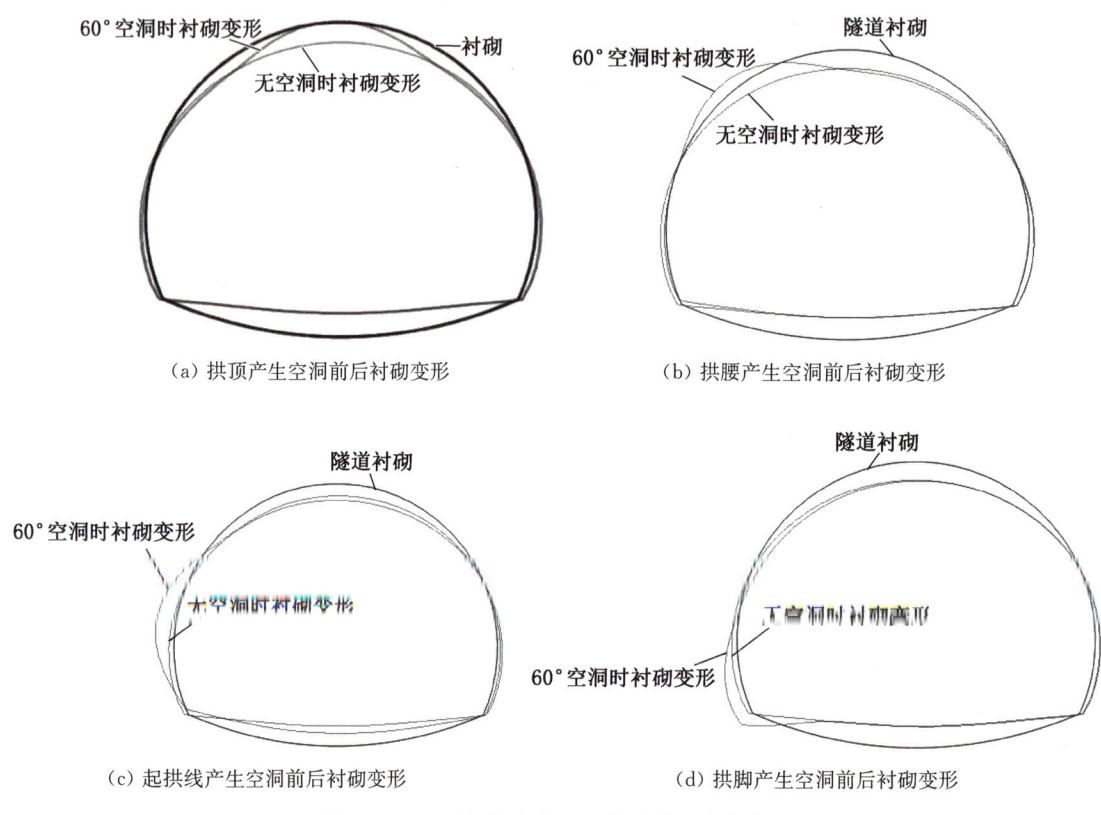

(a) 拱顶产生空洞前后衬砌变形　　　　(b) 拱腰产生空洞前后衬砌变形

(c) 起拱线产生空洞前后衬砌变形　　　(d) 拱脚产生空洞前后衬砌变形

图 7-21　不同部位产生空洞前后衬砌结构变形

7.2.3.4　空洞位置对二次衬砌结构内力的影响

如上所述,空洞位于不同位置时,衬砌结构可能受到偏压作用,不同位置的空洞其产生的偏压情况也不相同,因此有必要对不同位置的空洞作用下衬砌结构的内力进行分析。图 7-22—图 7-25 为不同位置空洞作用下,衬砌结构不同断面处的内力计算结果。

由图 7-22 可以看出,拱顶部位衬砌的轴力变化规律基本相同。在空洞增大到 15°之前,轴力均迅速增大,增长幅度约为 150%;空洞大于 15°之后,轴力则开始减小。当空洞位于拱顶和拱腰时,轴力减小更为明显;而空洞距离拱顶部位较远,位于起拱线和拱脚时,拱顶轴力减速较慢。同样,当空洞位于拱顶和拱腰时,弯矩的变化也十分明显,可以看出,拱顶产生空洞后,弯矩符号迅速改变,并且随着空洞继续增大,弯矩也继续增大;而当空洞位于拱腰时,拱顶的弯矩

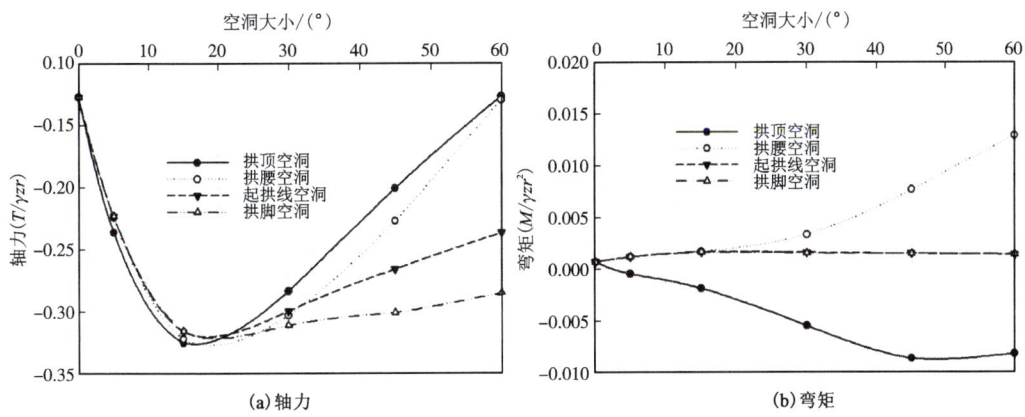

图 7-22 空洞位置不同时拱顶衬砌内力

则持续增大,这是由衬砌结构变形模式决定的,拱顶产生空洞后,拱顶部位衬砌在两侧围岩压力作用下向上抬升,这导致弯矩符号随之发生改变,这在前面已经讨论过。

当空洞产生在拱腰时,拱腰部位的衬砌向外变形,而拱顶部位的衬砌则下沉更为明显,因此其所受的弯矩也随着空洞的增大而增大,在空洞小于 30°之前,增大幅度比较缓慢,而当空洞大于 30°之后,增幅明显加快,这是由于空洞边缘区域更加接近拱顶。当空洞位于起拱线和拱脚部位时,拱顶部位的下沉也增大,但是相比之下,由于空洞部位距离拱顶较远,而且拱顶附近部位与围岩的接触并未丧失,其变形受到围岩的约束,因此拱顶弯矩虽然也增大,但是变化没有那么剧烈,在空洞小于 15°之前,增加幅度稍快,而当空洞大于 15°之后,弯矩几乎不再发生变化。上述变化说明空洞位置越接近拱顶,那么拱顶衬砌结构内力变化就越剧烈。

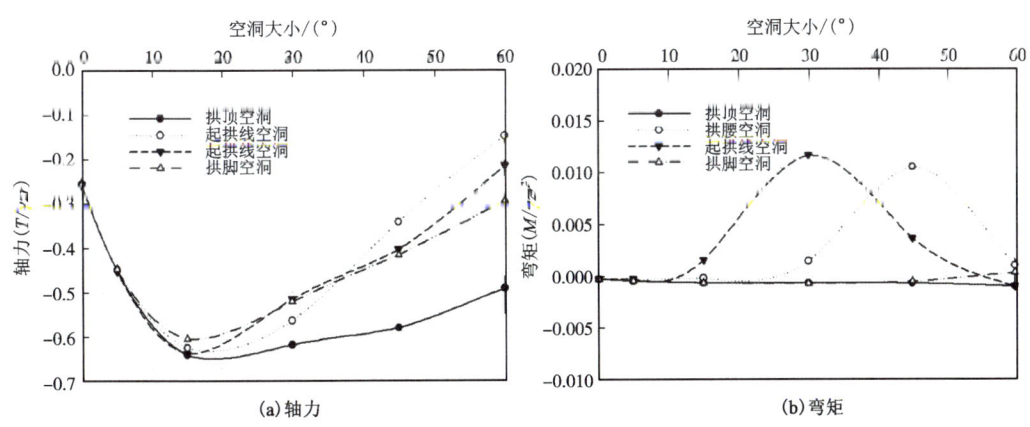

图 7-23 空洞位置不同时拱腰衬砌内力

由图 7-23 可以看出,在不同位置产生空洞后,拱腰部位的轴力变化规律也比较相似,但是空洞位置距离拱腰越近,轴力的变化也就越明显。当空洞位于拱腰和起拱线时,弯矩的变化更为剧烈。拱腰部位产生空洞后,20°左右时,弯矩符号发生了改变;当空洞增大到 30°左右时,弯矩开始迅速增大;在空洞增大到 45°左右时,弯矩又开始迅速减小,这与衬砌的变形相吻合。拱腰部位衬砌在该处产生空洞之前,外侧混凝土受压应力作用,而随着该处产生空洞并继续增大,该处衬砌结构最终被挤出并向外侧变形,因此外侧的混凝土开始受到拉应力的作用。当空洞位于起拱线时,拱腰衬砌的弯矩变化与拱腰空洞类似,但15°左右时弯矩符号就发生了改变,而且在空洞增大到55°左右时又发生了一次符号的改变,这是由于起拱线空洞的边缘部位更接近所取的研究单元,因而该处衬砌结构变形比拱腰空洞作用时稍微明显些。当空洞位于拱顶和拱脚时,拱腰部位的衬砌则是随着空洞的增大一直缓慢增大,并且增幅很小。同样可以得出结论,空洞越接近拱腰,拱腰部位衬砌结构内力变化越剧烈。

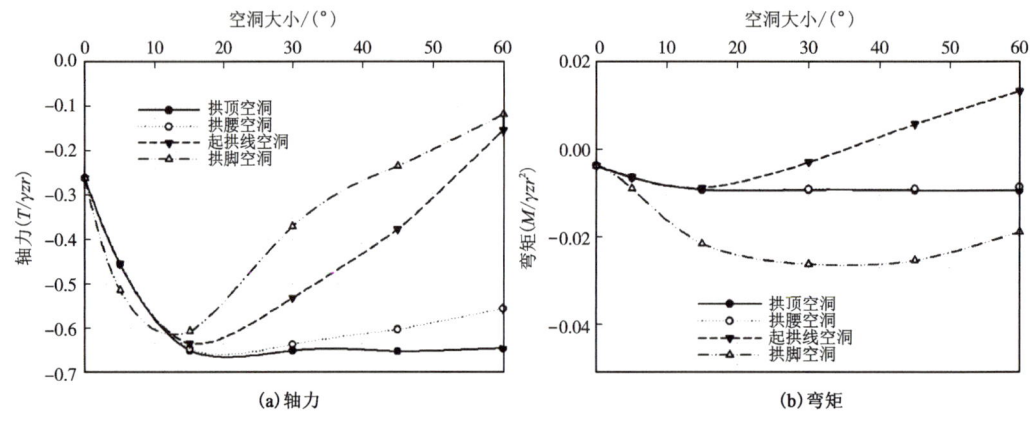

图 7-24 空洞位置不同时拱脚衬砌内力

由图 7-24 可以看出在不同位置产生空洞后拱脚衬砌的内力变化规律。在空洞小于 15°时,任何部位产生空洞都导致了拱脚部位衬砌轴力的迅速增长,而当空洞大于 15°时,拱顶和拱腰部位的空洞对拱脚衬砌轴力变化的影响减小,轴力不再增加,甚至开始有所减小。起拱线和拱脚的空洞大于 15°时,拱脚的衬砌轴力则迅速减小。

弯矩的变化有所不同,当拱顶和拱腰产生空洞后,同样空洞小于 15°时,拱脚弯矩增加较快,但空洞大于 15°之后,弯矩几乎不再发生变化;而起拱线产生空洞后,拱脚的弯矩在空洞小于 15°时也增加,但当空洞大于 15°后,拱脚弯矩开始迅速减小,而且当空洞大于 35°时,弯矩的符号甚至发生了改变。这是由于起拱线产生空洞后,起拱线附近的拱顶向外变形,如图7-21(c)所示,而拱脚衬砌本来的变形是向外,当起拱线处的衬砌向外变形时,拱脚部位的衬砌则开始向内变形,所以导致其受力方式发生了改变;而拱脚产生空洞后,在空洞小于 30°时,弯矩一直保持比较快速的增长,当空洞继续增大时,弯矩开始有所减小,但减小速度较慢,弯矩符号也未发生变化。这是由于拱脚部位产生空洞后,拱脚部位衬砌在围岩压力作用下向外侧变形且变形持续增大,故其弯矩也持续增长,而当空洞增大到一定程度之后,作用在衬砌结构上的荷载减小,故其弯矩反而有所减小。同样可以得出结论,空洞越接近拱脚,拱脚部位衬砌结构内力变化越剧烈。

由图 7-25 可以看出在不同位置产生空洞后仰拱部位衬砌的内力变化。当拱顶和拱腰部位产生空洞后,在空洞增长到 15°之前,仰拱轴力增长十分迅速,弯矩也同样迅速增大;而当空

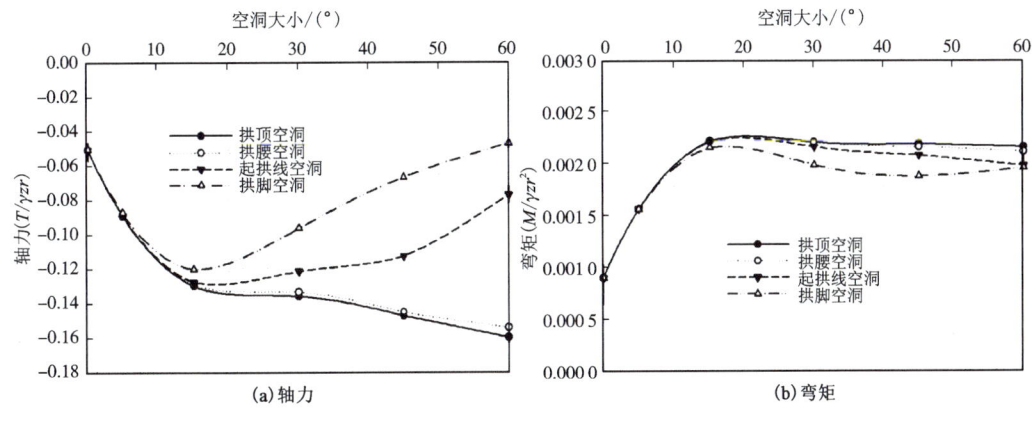

图 7-25 空洞位置不同时仰拱衬砌内力

洞增大到 15°以后,轴力增长速度减缓,但一直随着空洞的增大而增大,而仰拱弯矩则开始减小,不过减小的速度十分缓慢。当起拱线和拱脚部位产生空洞时,仰拱轴力的变化规律则有所不同,在空洞增长到 15°之前,轴力增长同样十分迅速,而当空洞大于 15°之后,轴力则开始迅速减小,并且随着空洞的增长一直减小,仰拱弯矩也减小,但减小的速度没有轴力明显,但与拱顶和拱腰产生空洞相比则更为明显。同样可以得出结论,空洞越接近仰拱,仰拱部位衬砌结构内力变化越剧烈。

7.2.4 隧道断面形式影响分析

7.2.4.1 概述

隧道衬砌背后产生空洞后,如前所述,空洞的大小、深度、位置不同时,衬砌结构的内力也会产生较大的变化。除了这些空洞本身的因素之外,当隧道的断面形式及大小不同时,衬砌结构的内力变化是否相同呢?这也是一个需要研究的话题。为了研究不同断面形式的隧道在相同的空洞作用下其结构内力的变化规律,本节对 3 种最常见的断面形式进行了分析,每种断面形式又分两车道和三车道两种隧道。假设空洞产生在拱顶部位,其大小同样从 0°变化到 120°,隧道围岩级别为中等(Ⅲ级),侧压力系数均取 $\lambda=0.4$。简化后的隧道及空洞模型如图 7-26 所示。

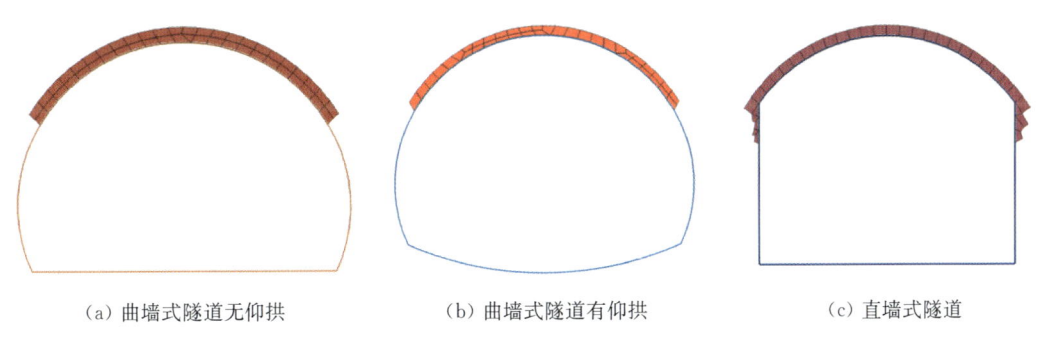

(a) 曲墙式隧道无仰拱　　(b) 曲墙式隧道有仰拱　　(c) 直墙式隧道

图 7-26 不同断面形式隧道及空洞简化模型

7.2.4.2 隧道断面形式对围岩应力的影响

当衬砌背后产生空洞,如果隧道的断面形式不同,那么周围围岩对空洞的响应也会不同,本节主要分析不同断面形式的隧道围岩在空洞产生后的应力变化情况。由于相同断面形式的隧道其围岩应力变化也应相类似,因此在对围岩应力变化进行分析时,仅对不同断面形式的隧道进行分析。这里以半径为 5 m 的曲墙式无仰拱隧道、曲墙式有仰拱隧道以及跨度 10 m 的直墙式隧道为例,由于曲墙式有仰拱隧道在产生空洞后的围岩应力云图变化前面已经讨论过,这里不再讨论。

图 7-27 为曲墙式无仰拱隧道的大、小主应力云图。从中可以发现,在未产生空洞之前,应力集中仅仅发生在墙脚部位;而当产生 120°空洞之后,拱顶及仰拱处的围岩应力均减小,而应力集中区不仅发生在拱脚,还发生在空洞的边缘部位。拱脚的应力集中程度较无空洞时更为明显,尤其是空洞的边缘部位,应力集中更为明显,这种情况与曲墙式有仰拱隧道类似,如前所述,这种应力的变化会对隧道衬砌的安全产生很大的不利影响。

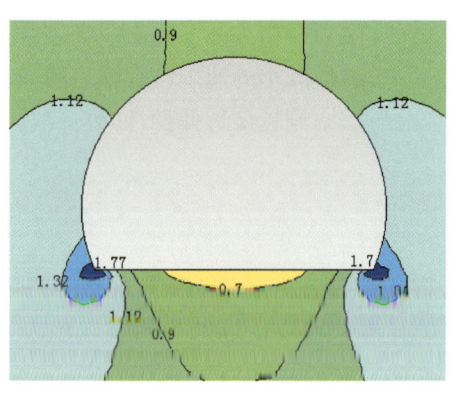
(a) 产生空洞前围岩大主应力云图

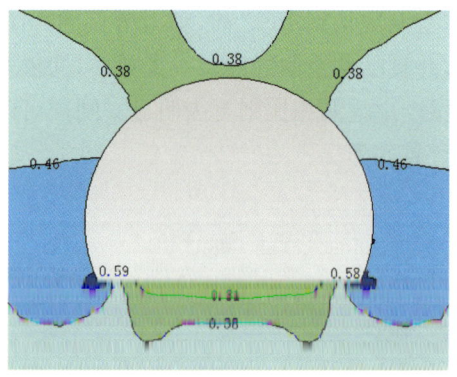
(b) 产生空洞前围岩小主应力云图

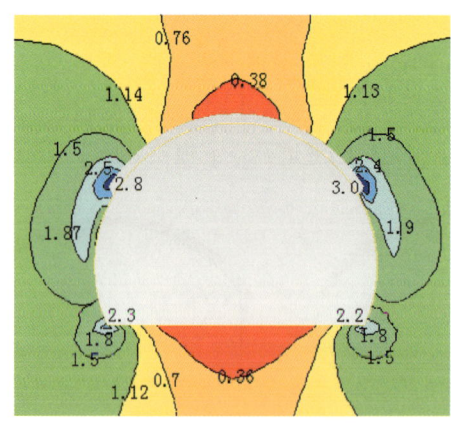
(c) 产生空洞后围岩大主应力云图

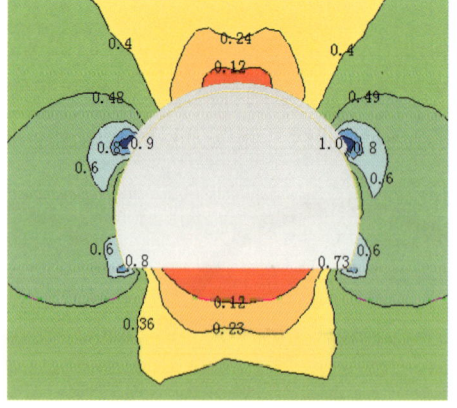
(d) 产生空洞后围岩小主应力云图

图 7-27 曲墙式无仰拱隧道空洞产生前后围岩主应力云图

图 7-28 为直墙式隧道的大、小主应力云图。从中可以发现,在未产生空洞之前,应力集中同样发生在墙脚部位;当产生 120°空洞之后,拱顶及仰拱处的围岩应力也减小,应力集中区同样在拱脚和空洞的边缘部位同时发生,拱脚的应力集中程度较无空洞时差别不大,而空洞的边缘部位,应力集中则明显增大,增加幅度达一倍以上。直墙式隧道一般适用于水平应力较小的地层中,产生较大空洞后,水平围岩应力大幅增加,这必将对侧边墙产生很大的压力,导致较大的变形,很容易使隧道结构发生破损甚至破坏,对隧道的安全运营也将产生极为不利的影响。

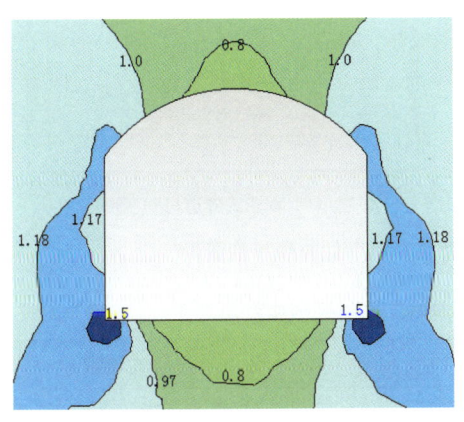
(a) 产生空洞前围岩大主应力云图

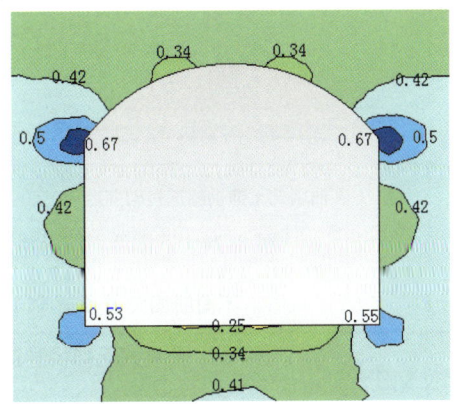
(b) 产生空洞前围岩小主应力云图

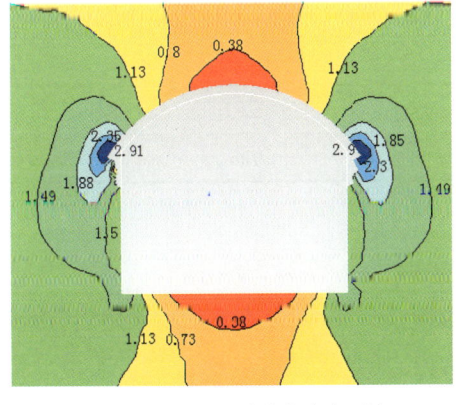
(c) 产生空洞后围岩大主应力云图

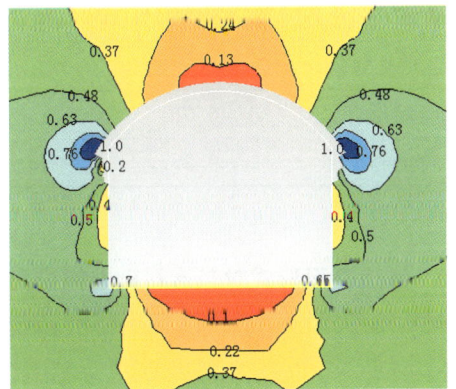
(d) 产生空洞后围岩小主应力云图

图 7-28 直墙式隧道空洞产生前后围岩主应力云图

7.2.4.3 隧道断面形式对二次衬砌结构变形的影响

不同断面形状的隧道拱顶产生空洞之后,其变形形状也有所不同,但其变形模式基本相同。如图 7-29 所示,在两侧围岩压力的作用下,拱顶上抬,边墙部位向隧道内侧压入,同时仰拱也上抬。不同断面形式的隧道各个部位的变形如表 7-5 所示。

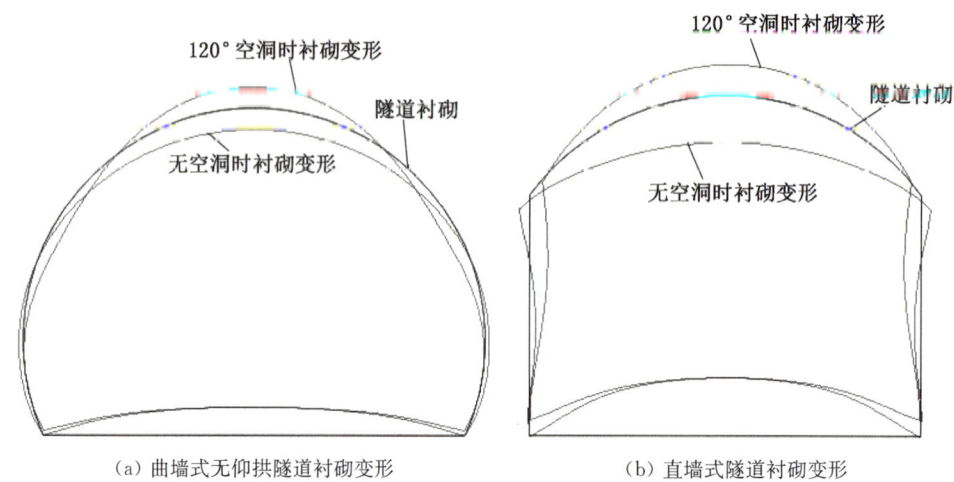

(a) 曲墙式无仰拱隧道衬砌变形　　　　　(b) 直墙式隧道衬砌变形

图 7-29　不同断面隧道拱顶产生空洞前后衬砌结构变形

表 7-5　　　　　不同断面隧道拱顶 120°空洞时二次衬砌结构变形　　　　单位:mm

部位变形	曲墙式无仰拱隧道		直墙式隧道	
	无空洞	120°空洞	无空洞	120°空洞
拱顶	0.86	−1.3	0.47	−0.86
拱腰	0.31	0.58	0.17	−0.51
起拱线	−0.17	0.34	0.01	0.6
拱脚(墙脚)	0.01	0.3	0.01	0.4
仰拱	0.64	1.75	0.6	1.6

7.2.4.4　隧道断面形式对二次衬砌结构内力的影响

不同断面形式的隧道没有空洞作用时其变形模式有所不同,在产生空洞之后,由于围岩应力变化的不同,其变形模式差异更大,导致其结构内力的变化肯定也不相同。本节分析不同断面形式和不同大小的隧道在拱顶衬砌背后产生空洞时其结构内力的变化。

图 7-30 为不同大小和断面形式的隧道在拱顶产生空洞后拱顶的衬砌内力变化结果。从图中可以看出,对于断面形式相同的隧道,其轴力变化规律基本一致,当空洞小于 15°的时候,衬砌轴力均快速增长;当空洞大于 15°后,轴力均迅速开始减小;空洞大于 60°之后,曲墙式隧道拱顶轴力大小基本相等,而直墙式隧道的拱顶衬砌轴力比曲墙式更小一些。对于曲墙式隧道,当隧道大小相同而断面形状不同的时候,可以发现无仰拱隧道和有仰拱隧道的拱顶衬砌轴力非常接近,其平均差异不超过 5%。而对于断面形式相同而直径(或跨度)不同的隧道,可以发现,隧道直径(或跨度)越大,其轴力也就越大,直径 5 m(或者跨度 10 m)的隧道其最大轴力约为小直径隧道的 1.35 倍。

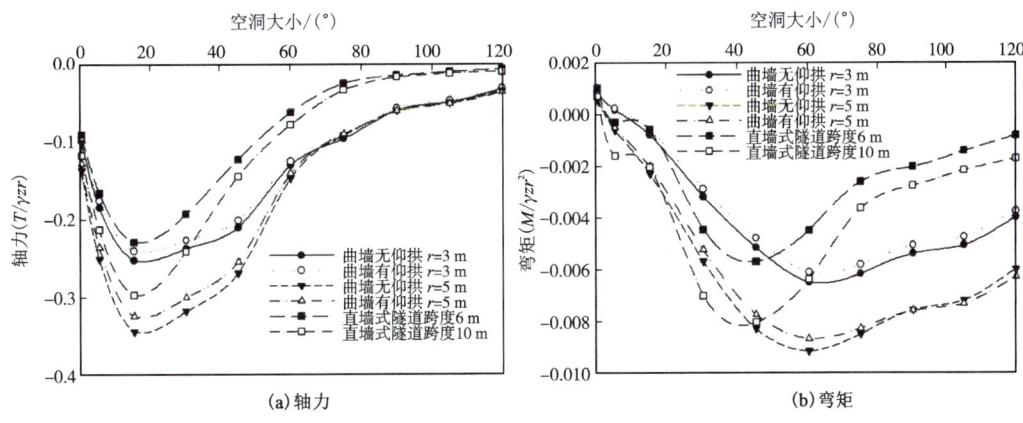

图 7-30 拱顶空洞时不同断面隧道拱顶衬砌内力

不同断面形式隧道的拱顶衬砌的弯矩在没有产生空洞时均为负值,说明拱顶衬砌内侧受拉应力作用而外侧受压应力作用,在空洞小于 45°之前弯矩迅速增大,空洞大于 45°之后,弯矩也均迅速减小。同时可以发现,对于曲墙式隧道,当断面形式不同而隧道直径相同时,弯矩的变化基本相同,大小差异也不大,无仰拱隧道其拱顶弯矩要稍大一些,约为 10%;而当隧道断面形式相同、直径不同时,大直径隧道的弯矩要比小直径隧道大 30%~80%。直墙式隧道则有些差异,不同跨度的隧道其拱顶弯矩差异较大,大跨度隧道其弯矩比小跨度隧道大 35%~100%;且直墙式隧道其拱顶弯矩比同等大小的曲墙式隧道小。

综上可以发现,拱顶产生小型空洞后,直径 3 m 的隧道在空洞增加到 10°左右时弯矩符号发生改变,直径 5 m 的隧道在空洞增大到 5°左右时弯矩符号就发生了改变,说明大跨度隧道拱顶衬砌比小跨度隧道拱顶衬砌更为敏感;无仰拱隧道内力要比同等大小的有仰拱隧道更大,说明无仰拱隧道对空洞更为敏感;而当产生较大空洞后,不同断面形式的隧道内力相差不大,说明不同断面隧道对大型空洞的反应基本相同。而直墙式隧道的内力则比曲墙式隧道要小一些,说明直墙式隧道对拱顶空洞的敏感程度不如曲墙式隧道。

图 7-31 为不同断面及大小的隧道拱腰部位的衬砌内力变化。由图 7-31(a)中可以发现,对于曲墙式隧道,在空洞小于 15°时,拱腰轴力均迅速减小,而当空洞大于 15°之后则开始迅速减小;当隧道直径相同而断面形式不同时,拱腰衬砌的轴力几乎相同,而大直径隧道的轴力约为小直径隧道轴力的 1.45 倍。对于直墙式隧道,大跨度隧道拱腰轴力则约为小跨度隧道的1.35 倍,而且当空洞增大到 90°(空洞边缘接近墙拱结合处)之后,直墙式隧道拱腰的轴力接近于零。

由图 7-31(b)可以看出,对于曲墙式隧道,当空洞小于 60°时,不同断面和直径的隧道其拱腰的弯矩都十分接近,且均为负值;当空洞大于 60°之后,弯矩开始迅速增加且符号都发生了改变;当空洞增大到 120°时,相同直径的隧道其弯矩仍比较接近,但大直径隧道的弯矩则是小直径隧道的 1.6 倍左右。对于直墙式隧道,拱腰部位衬砌轴力的变化则更为明显。当空洞小于

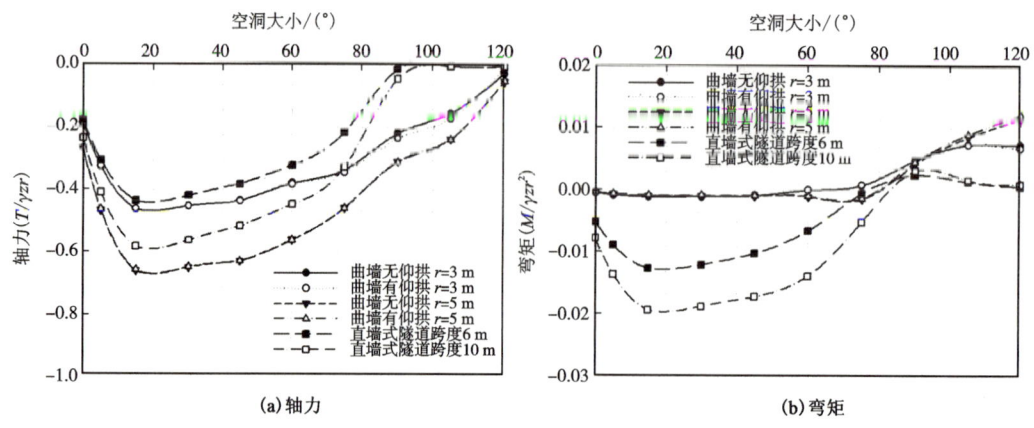

图 7-31 拱顶空洞时不同断面隧道拱腰衬砌内力

15°时,弯矩也是迅速增大;当空洞大小在 15°~80°之间时,弯矩也是迅速减小,大跨度隧道弯矩值是小跨度隧道的 1.5 倍左右;当空洞大于 80°时,弯矩符号也发生了改变,之后也有所减小,不同跨度的隧道弯矩值差异也减小到 20%左右。由此可见,当拱顶产生空洞时,对于曲墙式隧道,大跨度隧道拱腰衬砌要比小跨度隧道更为敏感,直墙式隧道拱腰衬砌则比曲墙式隧道的反应要明显得多,说明直墙式隧道在拱顶产生空洞后,其拱腰部位的衬砌更容易发生病害。

图 7-32 为不同断面及大小的隧道拱脚(墙脚)部位的衬砌内力变化。从图 7-32(a)中可以发现,当空洞小于 15°时,不同大小和断面形状的隧道轴力均迅速增大;而当空洞大小在 15°~75°之间时,轴力开始减小,但减小的速度很慢,当空洞大于 75°之后,减慢的速度有所加快,尤其是直墙式隧道轴力减速更快。对于曲墙式隧道,当隧道直径相同而断面不同时,有仰拱隧道的拱腰衬砌轴力要比无仰拱隧道的大约 12%,而相同断面的隧道,大直径隧道拱腰轴力为小直径隧道的 1.3~1.5 倍,这说明在拱脚处,大直径隧道对拱顶空洞更为敏感,而曲墙式隧道拱脚轴力变化则没有直墙式隧道来得剧烈。对于拱脚衬砌的弯矩,从图 7-32(b)中可以发现,当空洞小于 15°时,拱脚弯矩均迅速增大;当空洞大于 15°之后,对于曲墙式隧道,拱脚弯矩继续增大,但变化很小,而直墙式隧道拱脚弯矩则开始减小。同时可以发现有仰拱隧道拱脚衬砌弯矩总是比无仰拱隧道的要小,且对于有仰拱隧道,直径小的其拱脚弯矩反而比直径大的更大;而对于无仰拱隧道,当空洞小于 60°时,直径大的隧道拱脚弯矩要大些,而当空洞大于 60°时,也是直径小的隧道拱脚弯矩更大,以上说明,拱顶存在空洞时,无仰拱隧道拱脚弯矩要比有仰拱隧道更为敏感,直墙式隧道拱脚弯矩变化要比曲墙式隧道更剧烈。

图 7-33 为不同断面及大小的隧道仰拱部位的衬砌内力变化。从图 7-33(a)中可以发现,曲墙式无仰拱隧道及直墙式隧道仰拱处的轴力在没有空洞产生时均为正值,说明仰拱处的衬砌是受拉力作用的,这是由于隧道底部隆起所致;而有仰拱隧道其仰拱处的弯矩则为负值,说明有仰拱隧道底部衬砌受压应力作用。当空洞小于 15°时,不同隧道仰拱衬砌的轴力量值均增加。当空洞大于 15°之后,曲墙式无仰拱隧道和直墙式隧道的仰拱轴力则随着空洞的增大开始减小;当空洞大于 75°之后,轴力甚至改变了符号,说明仰拱处开始承受压力,这对隧道仰拱来

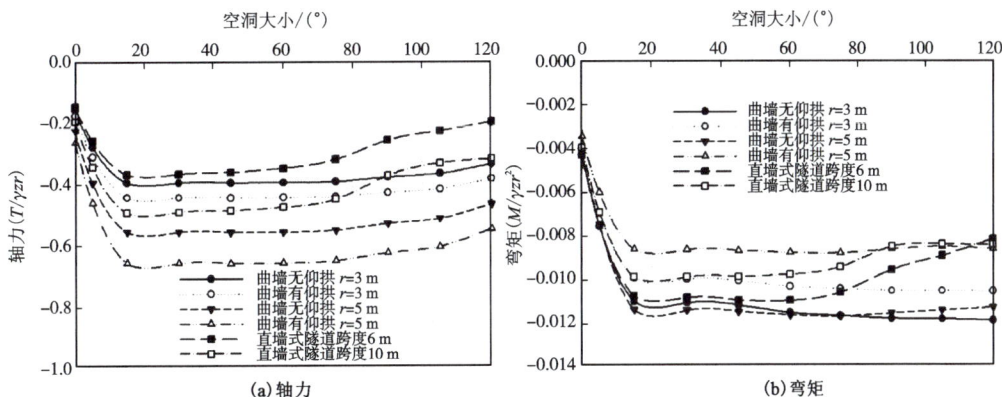

图 7-32 拱顶空洞时不同断面隧道拱脚衬砌内力

说反而是有利的。对于曲墙式无仰拱隧道和直墙式隧道，当断面相同而大小不同时，仰拱轴力的差异在30%~60%之间。对于曲墙有仰拱隧道，在空洞大于15°之后，其轴力随着空洞的增大继续增大，而不同直径隧道之间的差异在70%~135%之间。

从图 7-33(b)中可以看出，对于曲墙式隧道，仰拱处的弯矩均为正值，变化规律基本相同；当空洞小于15°时，增加比较迅速，当空洞大于15°之后弯矩几乎没有太大的变化。当隧道直径相同时，弯矩几乎相同，最大差异也不超过4%；而不同直径隧道的弯矩差异约为65%，直径越小的隧道仰拱处的弯矩越大。对于直墙式隧道，仰拱处的弯矩为负值，同样在空洞小于15°时弯矩增加比较迅速，大于15°之后弯矩变化也不大，不同跨度隧道仰拱弯矩的差异约为60%，跨度小的隧道其弯矩更大。

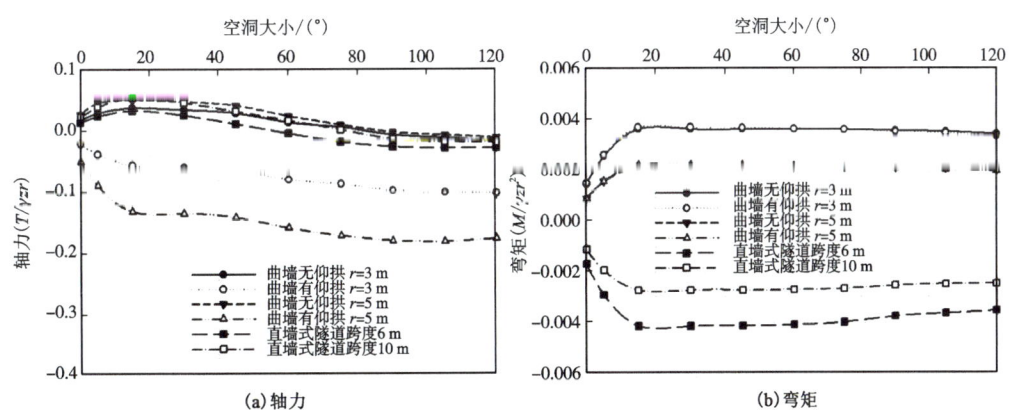

图 7-33 拱顶空洞时不同断面隧道仰拱衬砌内力

7.2.5 围岩级别影响分析

7.2.5.1 概述

当隧道位于不同围岩中时，由于不同级别的围岩其松动区范围也不一样，所以对隧道所产生的压力也不尽相同，当衬砌背后产生空洞时，这种情况差异更大；如前所述，当衬砌背后产生空洞后,围岩应力发生了较大程度的变化,那么不同级别的围岩其应力变化是否相同呢?本节主要讨论这个问题,研究对象仍为曲墙式有仰拱隧道,半径 5 m,为了便于结果的分析,不同围岩的侧压力系数均取 $\lambda=0.4$。围岩级别共分三种情况:硬岩(Ⅰ级围岩)、中等岩石(Ⅲ级围岩)和软岩(Ⅴ级围岩),围岩参数如前所述。

7.2.5.2 存在空洞时不同级别围岩应力变化分析

图 7-34 和图 7-35 分别为Ⅰ级围岩内隧道拱顶没有空洞时和产生 120°空洞后围岩大、小主应力云图,从中可以发现,当拱顶部位没有空洞时,围岩内应力与Ⅲ级围岩相比更大一些,说明Ⅰ级围岩内,围岩本身自承能力发挥得更为充分,所以衬砌结构所受到的围岩压力也应比Ⅲ级围岩要小。当产生 120°空洞后,围岩内的应力转移情况与Ⅲ级围岩基本相同,但其围岩应力较Ⅲ级围岩相比同样更大,说明Ⅰ级围岩同样承担了大部分由于产生空洞而导致的应力转移。

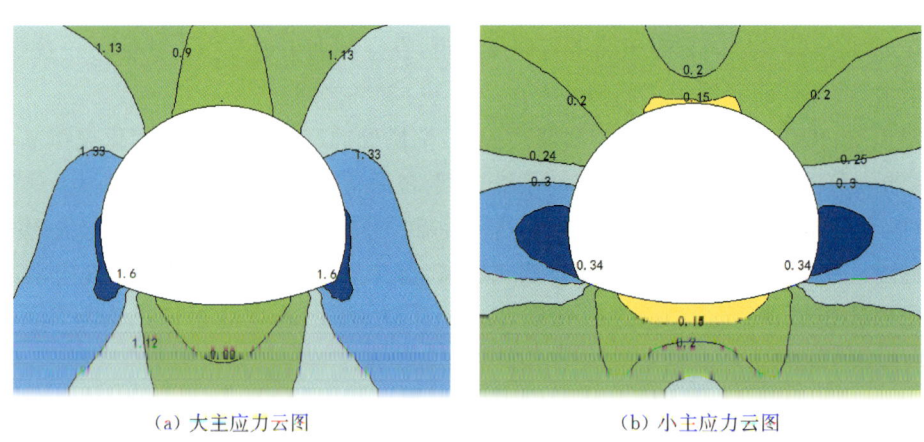

(a) 大主应力云图　　　　　(b) 小主应力云图

图 7-34　Ⅰ级围岩无空洞时围岩应力云图

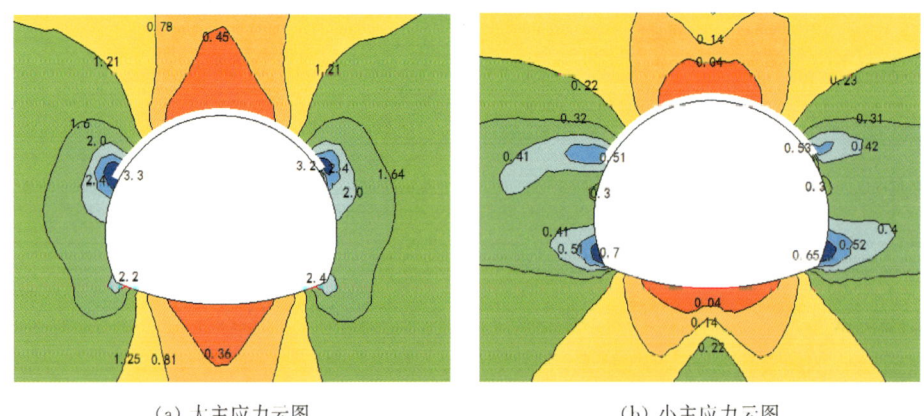

(a) 大主应力云图　　　　　(b) 小主应力云图

图 7-35　Ⅰ级围岩 120°空洞时围岩应力云图

图 7-36 和图 7-37 分别为Ⅴ级围岩内隧道拱顶没有空洞时和产生 120°空洞后围岩大、小

主应力云图。从中可以发现,当拱顶部位没有空洞时,围岩内应力与Ⅲ级围岩相比要小得多,说明Ⅴ级围岩自承能力很弱,大部分的压力是施加在衬砌结构上的,所以衬砌结构所受到的围岩压力也应比Ⅲ级围岩大;当产生120°空洞后,围岩内的应力转移情况与Ⅲ级围岩基本相同,都是拱顶和仰拱部位应力释放,空洞边缘处产生应力集中情况,但应力集中情况不如Ⅲ级围岩和Ⅰ级围岩明显;由于Ⅴ级围岩自承能力弱,所以因空洞产生而导致的应力转移施加在衬砌结构上,衬砌结构承担了大部分的荷载,故衬砌结构内力将大幅增加。也就是说围岩级别低的地层内衬砌结构在产生空洞后,荷载增加应更为明显,所面临的损坏风险更大。

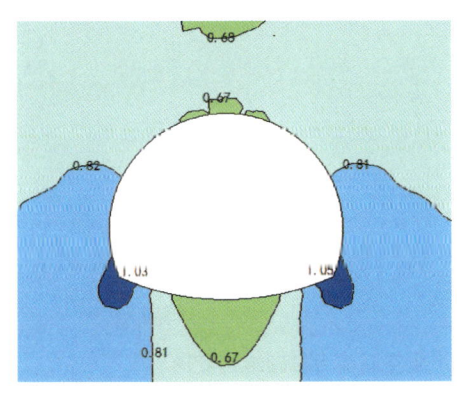
(a) 大主应力云图

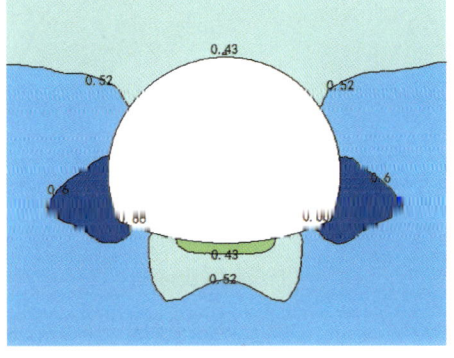
(b) 小主应力云图

图 7-36 Ⅴ级围岩无空洞时围岩应力云图

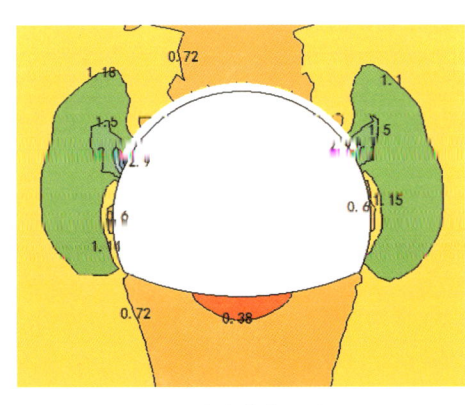
(a) 大主应力云图

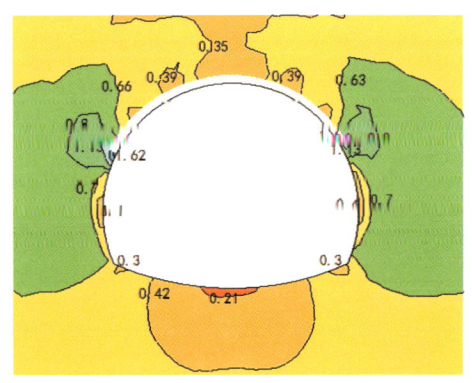
(b) 小主应力云图

图 7-37 Ⅴ级围岩120°空洞时围岩应力云图

7.2.5.3 不同级别围岩内二次衬砌结构变形分析

由于不同级别内的围岩应力转移情况不同,衬砌结构所受到的荷载大小不同,所以衬砌结构的变形也应不相同。图 7-38 为不同围岩内的衬砌结构的变形模式,从中可以发现,在Ⅰ级围岩内,由于围岩自身的承载能力,衬砌结构的变形十分有限。如前所述,Ⅲ级围岩在拱顶产生120°空洞后,拱顶衬砌在围岩压力作用下向外挤压变形,超过了其未变形时的结构限界,变形形状成钟形;而在Ⅰ级围岩内,拱顶衬砌结构同样受围岩压力的挤压,但是最终变形并未超过衬砌结构未变形时的限界;在Ⅴ级围岩内则不同,衬砌结构的变形比Ⅲ级围岩内的衬砌结构变形更为明显,拱部衬砌上拱更为明显,而拱脚向外变形也更为突出。

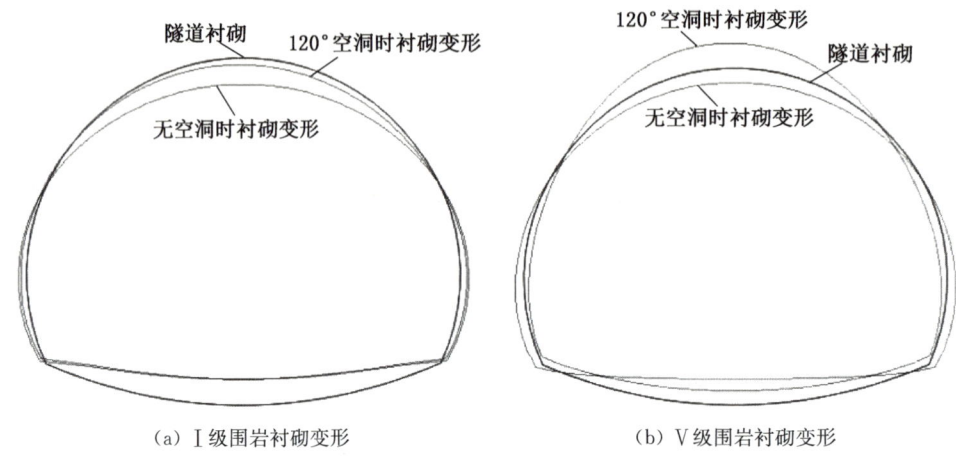

图 7-38　不同级别围岩内隧道产生空洞前后衬砌结构变形

表 7-6 为模拟得到的不同围岩内的衬砌结构在空洞产生前后的变形结果(Ⅲ级围岩的结果前面已有描述,这里不再列出)。

表 7-6　不同断面隧道拱顶 120°空洞时二次衬砌结构变形　　　　　　单位:mm

部位变形	Ⅰ级围岩		Ⅴ级围岩	
	无空洞	120°空洞	无空洞	120°空洞
拱顶	0.3	0.2	1.67	−16.5
拱腰	0.2	0.1	1.13	−9.2
起拱线	0.1	0.15	1.03	−0.81
拱脚(墙角)	0.07	0.22	0.81	−5.28
仰拱	0.3	0.74	2.94	9.2

7.2.5.4　不同级别围岩内二次衬砌结构内力分析

隧道位于不同级别的围岩中,所受到的荷载大小不同,其结构内力也不相同,在产生空洞之后,由于围岩应力变化的不同,其变形模式差异更大,导致其结构内力的变化肯定也不相同。本节分析隧道位于不同级别围岩内时,产生空洞后其结构内力的变化。

图 7-39 为拱顶衬砌的内力变化图。从轴力变化图中可以发现,围岩级别越高,拱顶衬砌的轴力越小,说明高级别围岩的自承能力更好;产生空洞后,可以发现,不同级别围岩内拱顶衬

砌的轴力变化规律基本一致,在空洞小于15°时增长较快,而当空洞大于15°之后轴力又开始减小,同时可以发现V级围岩内,拱顶衬砌轴力几乎是Ⅲ级围岩衬砌的两倍以上。

弯矩的变化有所不同,在空洞小于45°时,弯矩增加速度较快,大于45°之后,Ⅰ级围岩和Ⅲ级围岩内的隧道拱顶衬砌弯矩继续增加,但增加速度减慢;V级围岩内拱顶衬砌弯矩继续增加,直到空洞大于105°时才开始减小,而且弯矩几乎是Ⅲ级围岩的4倍以上。Ⅰ级围岩内隧道拱顶衬砌结构的内力一直处于一个比较低的状态,且随着空洞的变化不明显,这说明低级别围岩内的隧道拱顶衬砌结构对拱顶空洞的产生更为敏感,其内力增加较大,而且结构本身已经承受了较大的围岩荷载,再加上由于空洞而增加的附加荷载,极易导致衬砌结构的破损甚至破坏。

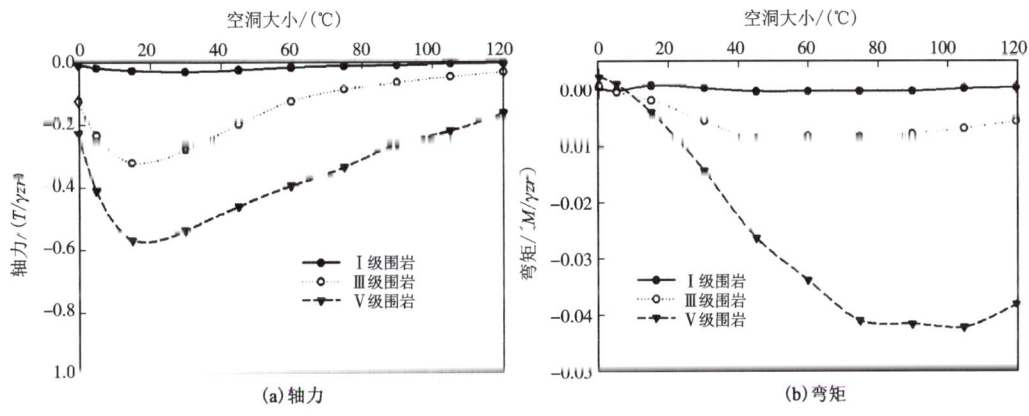

图 7-39　不同级别围岩内隧道拱顶衬砌内力

图 7-40 为拱腰衬砌的内力变化图。从轴力变化图中可以发现,在空洞小于15°时,拱腰衬砌的轴力均快速增加;当空洞大于15°之后,轴力开始减小,总的来说低级别围岩内的隧道拱腰轴力更大,但差距没有拱顶轴力明显。

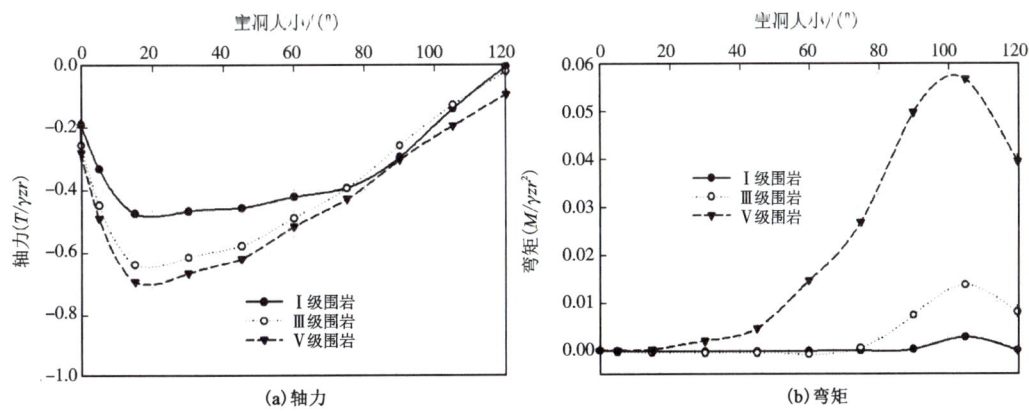

图 7-40　不同级别围岩内隧道拱腰衬砌内力

拱腰弯矩的变化规律比较类似,在Ⅰ级围岩和Ⅲ级围岩内,当空洞小于75°时,弯矩变化并不明显;当空洞大于75°之后(空洞边缘部位靠近拱腰所取研究单元),弯矩开始加速增大;当空洞大于105°后又开始减小。而在Ⅴ级围岩中可以发现,当空洞大于30°之后,拱腰弯矩即开始快速增加,其在量值上是Ⅲ级围岩的4倍以上。这说明在低级别围岩内,拱顶产生较大空洞之后,拱腰部位的弯矩增加幅度非常大,这对该部位衬砌的安全非常不利。

图7-41为拱脚衬砌的内力变化图。从轴力变化图中可以发现,同样在空洞小于15°时,拱腰衬砌的轴力均快速增加;当空洞大于15°之后,轴力开始减小,但减小的速度不快;当空洞大于80°时,减速稍微加快,而Ⅴ级围岩的减慢速度更快,最终其轴力甚至比Ⅲ级围岩的拱脚轴力还要稍小。拱脚部位衬砌弯矩的变化规律基本类似,在空洞小于15°时,拱脚衬砌的弯矩均迅速增加;当空洞大于15°之后增速减慢,而Ⅴ级围岩中增速要比Ⅰ级和Ⅲ级围岩稍快,且其弯矩约为Ⅲ级围岩的3倍,而Ⅲ级围岩则是Ⅰ级围岩的1.5倍左右。以上说明拱脚部位衬砌弯矩变化更为剧烈,而拱脚部位本身是应力集中区域,衬砌结构承受的弯矩在没有产生空洞之前就已经很大,产生空洞之后弯矩增加了约1倍,在Ⅴ级围岩中甚至达到了将近3倍,这必将使拱脚部位的衬砌更加容易发生破坏。

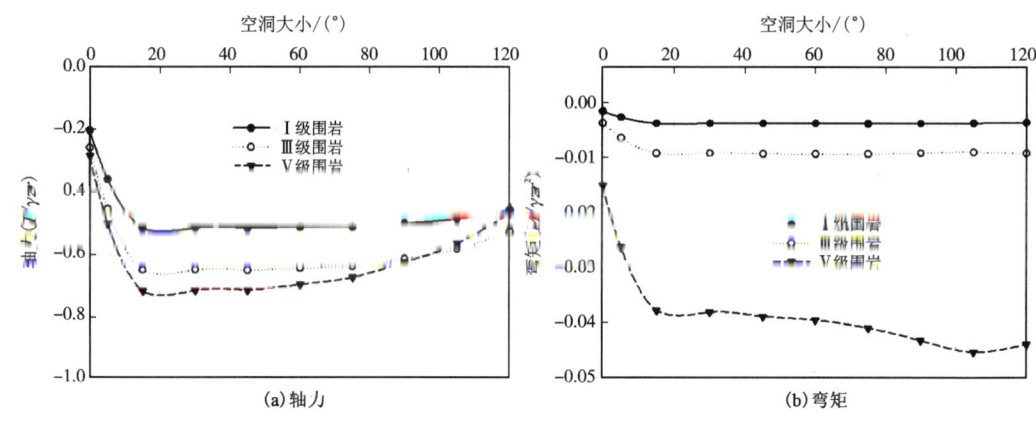

图7-41　不同级别围岩内隧道拱脚衬砌内力

图7-42为仰拱衬砌的内力变化图。从轴力变化图中可以发现,在空洞小于15°时,仰拱衬砌的轴力均快速增加,而Ⅴ级围岩中的轴力增加速度比Ⅰ级和Ⅲ级围岩更快;当空洞大于15°之后,轴力继续增加,但增速明显减慢,Ⅰ级围岩中轴力更是基本保持不变,最终Ⅴ级围岩的轴力约为Ⅲ级围岩轴力的3倍。

仰拱部位衬砌弯矩的变化规律也比较类似。在空洞小于15°时,拱脚衬砌的弯矩增加迅速加快,Ⅴ级围岩中仰拱弯矩增速明显大于Ⅰ级和Ⅲ级围岩;当空洞大于15°之后,Ⅰ级围岩和Ⅲ级围岩的仰拱弯矩基本保持不变,Ⅴ级围岩中仰拱弯矩则开始有所减小,但减小速度较慢,最终Ⅴ级围岩仰拱衬砌的弯矩约是Ⅲ级围岩仰拱弯矩的8.5倍。这说明在仰拱部位,Ⅴ级围岩仰拱隆起幅度要比Ⅰ级围岩和Ⅲ级围岩大得多,从而导致弯矩增加更为明显。这也可以从仰拱部位衬砌结构的变形结果比较看出来,由于仰拱部位衬砌的内侧受拉应力作用,弯矩过大会导致混凝土开裂加快,而仰拱与路面常常是连成一体的,这必将同时导致路面开裂加剧,从而给隧道的安全运营带来极为不利的影响。因此,低级别围岩中产生空洞后,更应该引起注意。

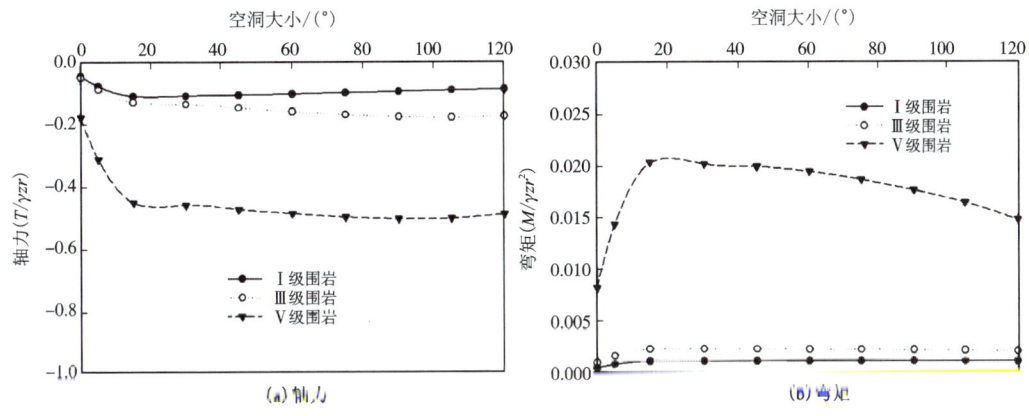

图 7-42　不同级别围岩内隧道仰拱衬砌内力

7.2.6　围岩水平侧压力系数影响分析

7.2.6.1　概述

由于地质构造运动等原因,地层中的水平应力经常有大于垂直应力的情况,当水平侧压力系数不同时,隧道周围的围岩应力分布情况大不相同,隧道衬砌结构的内力也不同,当空洞产生后,由于应力要产生重分布,这种差异可能更为明显。本节主要讨论当围岩的水平侧压力不同时,在拱顶产生空洞后,围岩应力、结构位移和内力的变化。为了便于结果对比分析,均采用曲墙式有仰拱隧道进行分析,围岩级别仍为中等岩石(Ⅲ级),围岩水平侧压力系数 λ 分别取 0.4,1.0,2.0,由于 λ＝0.4 时的围岩应力变化情况前面已经讨论过,这里不再列出该结果。

7.2.6.2　水平侧压力系数不同时空洞对围岩应力的影响

图 7-43 和图 7-44 分别为水平侧压力系数 λ＝1.0 时,隧道拱顶没有空洞时和产生 120°空洞后围岩大、小主应力云图。从中可以发现,当拱顶部位没有空洞时,围岩内应力分布较为均匀,大、小主应力相近。较 λ＝0.4 时相比,拱顶和仰拱部位的大、小主应力明显增加,拱脚部位仍为应力集中区。拱顶产生 120°空洞后,拱顶的大主应力增加了 25% 左右,拱脚的应力增加也比较明显,同样在拱腰部位,空洞边缘区域产生了明显的应力集中,该区域应力较无空洞时相比增加了 1 倍以上;拱脚的应力集中也有所增加,但不如空洞边缘区域明显。这说明产生空洞后,拱腰部位围岩应力增加明显,围岩损伤的可能性大为增加,拱脚的围岩损伤也同样加剧。对比 λ＝0.4 的情况,可以发现,拱顶部位的围岩应力大大增加,这说明拱顶部位的围岩损伤的可能性增大,当拱顶存在空洞后,围岩损伤后破坏掉落在衬砌结构上极易造成结构的损伤甚至

破坏，对隧道的安全极为不利。

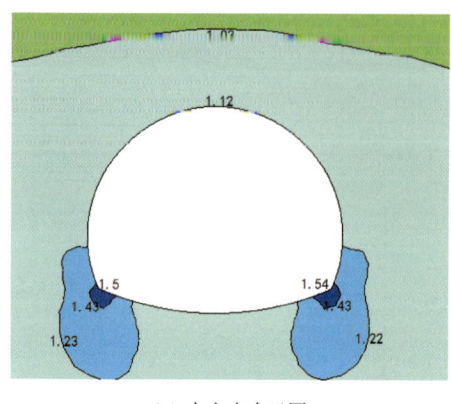

(a) 大主应力云图　　　　　　　　(b) 小主应力云图

图 7-43　侧压力系数为 1.0 无空洞时围岩主应力云图

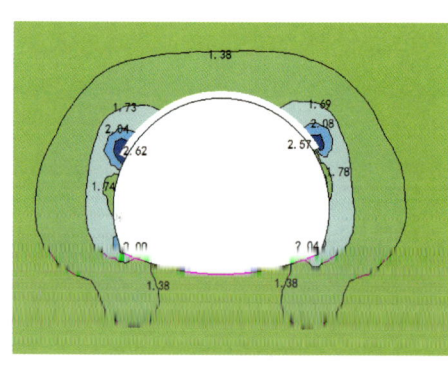

(a) 大主应力云图　　　　　　　　(b) 小主应力云图

图 7-44　侧压力系数为 1.0 产生 120°空洞时围岩主应力云图

图 7-45 和图 7-46 分别为水平侧压力系数 $\lambda=2.0$ 时，隧道拱顶没有空洞时和产生 120°空洞后围岩大、小主应力云图。从中可以发现，当拱顶部位没有空洞时，围岩内应力分布也较为均匀，大、小主应力相近。对比 $\lambda=0.4$ 和 $\lambda=1.0$ 的情况，拱顶和仰拱的大、小主应力增加更为明显，拱脚部位仍为应力集中区。当拱顶产生 120°空洞后，拱顶的大主应力增加了 70%以上，拱脚的应力也增加了 50%左右。在拱腰部位，空洞边缘区域的应力集中与 $\lambda=0.4$ 和 $\lambda=1.0$ 相比，并未产生明显的应力集中，且该区域的应力比拱顶和拱脚的要小；尤其值得注意的是围岩的小主应力增加十分明显，这是由于水平侧压力系数增大，水平应力超过了垂直应力，尤其是当拱顶存在较大空洞时，围岩与衬砌结构丧失接触，失去了衬砌结构的支撑，在巨大的水平应力作用下，拱顶和拱腰等暴露部位极易发生开裂破坏，而且拱脚的应力集中程度也更为明显，围岩的损伤概率也要远大于侧压力系数较小的情况。以上情况说明，当产生空洞后，如果地层应力以水平应力为主，那么隧道拱顶、拱腰和拱脚围岩的破坏损伤概率将大大增加。

7 隧道衬砌背后空洞对衬砌结构影响研究

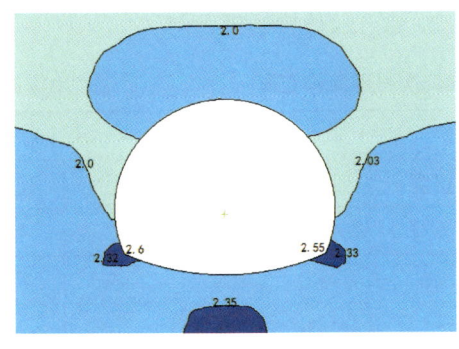
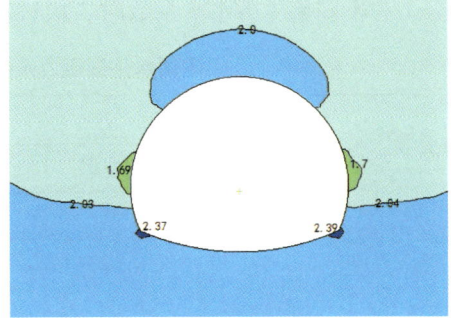

(a) 大主应力云图　　　　　　　　(b) 小主应力云图

图 7-45　侧压力系数为 2.0 无空洞时围岩主应力云图

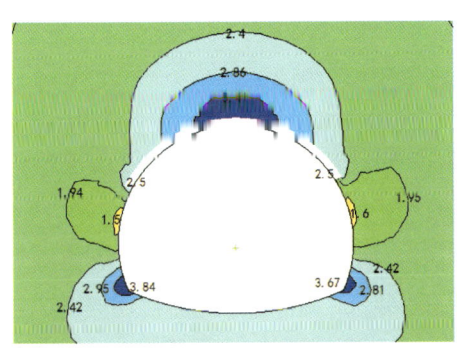

(a) 大主应力云图　　　　　　　　(b) 小主应力云图

图 7-46　侧压力系数为 2.0 产生 120°空洞时围岩主应力云图

7.2.6.3　水平侧压力系数不同时空洞对二次衬砌结构变形的影响

水平侧压力系数不同时,隧道衬砌结构的变形差异较大。在没有空洞产生时,拱顶部位的位移随着 λ 的增大将不断减小,拱腰和拱脚等部位的衬砌结构在水平压力的作用下将被挤压向隧道内侧变形,仰拱部位的隆起则有所减小,这是由于两侧衬砌结构被向隧道内侧挤压,从而使得仰拱处的衬砌被向两侧拉伸所致。隧道结构的变形模式如图 7-47 所示。

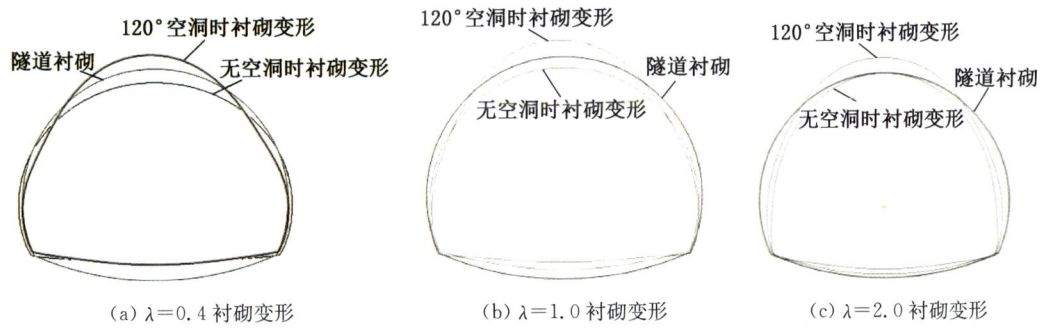

(a) λ=0.4 衬砌变形　　　　(b) λ=1.0 衬砌变形　　　　(c) λ=2.0 衬砌变形

图 7-47　不同水平侧压力系数时隧道产生空洞前后衬砌结构变形模式变化

表 7-7 为不同侧压力水平系数时二次衬砌结构变形的计算结果。

表 7-7　　　　　　不同水平侧压力系数时二次衬砌结构变形　　　　　　单位：mm

部位变形	$\lambda=0.4$		$\lambda=1.0$		$\lambda=2.0$	
	无空洞	120°空洞	无空洞	120°空洞	无空洞	120°空洞
拱顶	−0.48	1.37	−0.31	2.26	−0.02	3.98
拱腰	0.27	0.74	0.27	1.02	0.4	1.87
起拱线	0.17	0.23	0.17	1.13	0.55	2.54
拱脚	0.23	0.81	0.04	0.3	0.2	0.52
仰拱	0.41	1.20	0.48	1.3	0.32	0.96

7.2.6.4　水平侧压力系数不同时空洞对二次衬砌结构内力的影响

水平侧压力系数不同时，隧道衬砌结构所受到的围岩压力不同，在产生空洞后，这种变化对衬砌结构内力的影响可能更为明显。下面讨论水平侧压力系数不同时，隧道拱顶衬砌背后产生不同大小的空洞后，衬砌结构不同部位的内力变化。

图 7-48 为 3 种不同水平侧压力系数时拱顶衬砌结构的内力变化结果。从轴力变化结果图中可以发现，轴力变化的规律比较类似，当空洞小于 15°时，轴力增加比较迅速；空洞大于 15°之后，轴力开始减小，水平侧压力系数越大，减小的速度就越快；空洞特别大（大于 105°）时，最终的轴力大小都减小到很小的水平并且趋近相等，轴力之间的差距不超过 15%。对于最大轴力，$\lambda=2.0$ 时约是 $\lambda=1.0$ 时的 4 倍，且 $\lambda=1.0$ 时约是 $\lambda=0.4$ 时的 4 倍。

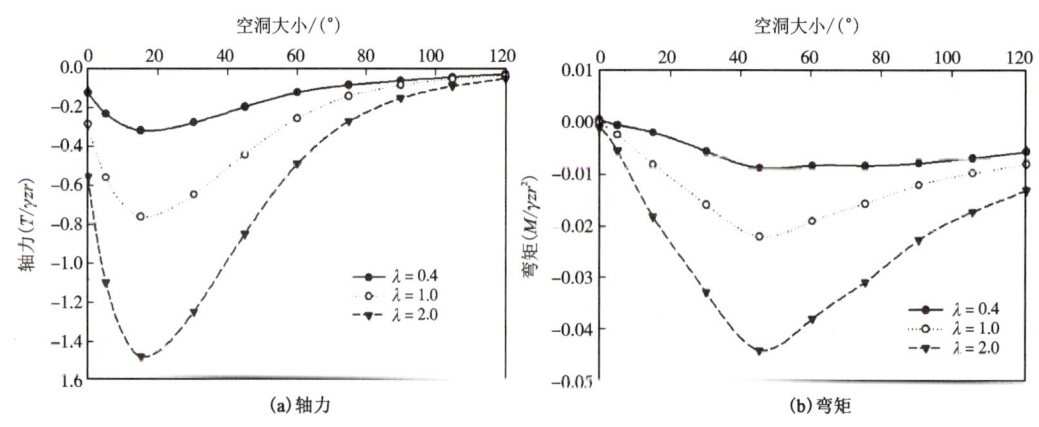

图 7-48　不同水平侧压力系数时拱顶衬砌内力变化

拱顶部位的弯矩在空洞小于 45°时增加比较迅速，而当空洞大于 45°之后，弯矩则开始减小。不同水平侧压力系数时弯矩的变化规律比较类似，对于最大弯矩，$\lambda=2.0$ 时约是 $\lambda=1.0$ 时的 2.8 倍，$\lambda=1.0$ 时约是 $\lambda=0.4$ 时的 1.4 倍。这说明水平侧压力系数不同时，弯矩的变化比轴力的变化更为明显,但水平侧压力系数的增加会导致轴力和弯矩都迅速增加,这对拱顶衬砌结构的安全是非常不利的,过大的轴力和弯矩会导致衬砌结构的损伤甚至破坏。

图7-49为拱腰衬砌结构的内力变化结果。从轴力变化结果图中可以发现,当空洞小于15°时,轴力增加均比较迅速,此时,不同水平侧压力系数的衬砌最大轴力的差异约为15%;而当空洞大于15°之后,轴力开始减小,水平侧压力系数越大,减小的速度就越快;当空洞增大到60°左右时,轴力之间的差距更小,最终的轴力大小都减小到很小的水平并且趋近相等,不同水平侧压力系数时轴力的差距减小到5%左右。

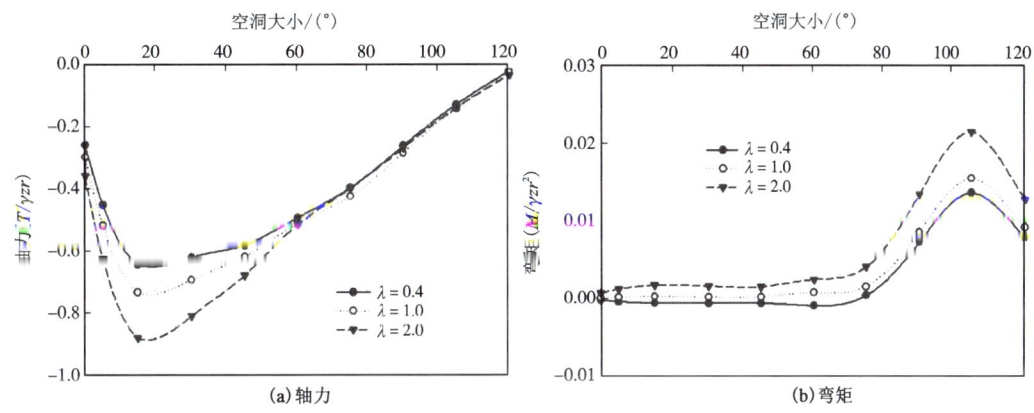

图7-49 不同水平侧压力系数时拱腰衬砌内力变化

拱腰部位的衬砌弯矩变化规律比较类似,但是从弯矩计算结果可知,$\lambda=2.0$时,拱腰部位衬砌在没有空洞时其弯矩与$\lambda=0.4$时的符号是相反的,说明拱腰部位衬砌结构的受力方式发生了改变;也就是说,在以垂直应力作用为主时,拱腰部位的衬砌结构外侧是受拉应力作用的,而以水平应力为主时则是受压应力作用的。但当空洞在拱顶产生并增大到75°时,弯矩开始迅速变化(空洞边缘接近拱腰部位所取的研究单元),$\lambda=2.0$时的拱腰衬砌弯矩符号变为正并持续增大,在空洞增大到105°后才开始减小,最终弯矩值均为正值并且增幅较大。比较最大弯矩,$\lambda=2.0$时约是$\lambda=1.0$时的1.5倍,而$\lambda=1.0$时约是$\lambda=0.4$时的1.1倍。以上说明拱腰衬砌对拱顶空洞的产生是非常敏感的,尤其是当水平侧压力系数较大时,拱腰处的弯矩甚至会发生符号的改变,这对衬砌结构的安全是极为不利的,弯矩符号的改变会导致衬砌内产生不应有的附加应力并且有可能导致衬砌结构的损伤。

图7-50为拱脚衬砌结构的内力变化结果。从轴力变化结果图中可以发现,拱脚部位衬砌轴力的变化规律比较类似,在空洞小于15°的时候,轴力增加均比较迅速;当空洞大小在15°~105°之间时,轴力便保持基本不变;当空洞大于105°后,轴力则开始减小,对比最大轴力计算结果,$\lambda=2.0$时约是$\lambda=1.0$时的1.3倍,而$\lambda=1.0$时则是$\lambda=0.4$时的1.24倍左右。

拱脚部位的弯矩在空洞小于15°时计算结果十分接近,同样也都迅速增加;当空洞大于15°之后,弯矩之间的差异开始增大,增长速度也同时开始放慢;不同水平侧压力系数的弯矩增加速度也不相同,水平侧压力系数越大,增速越快,空洞大于105°后增速差异更为明显。不同水平侧压力系数时拱脚在105°处的差异较小,λ=2.0时约比λ=1.0时大8%,而λ=1.0时则仅比λ=0.4时大4%左右。以上说明拱顶产生空洞后,拱脚衬砌的内力有较大幅度的增加,而水平侧压力系数越大增幅越大。

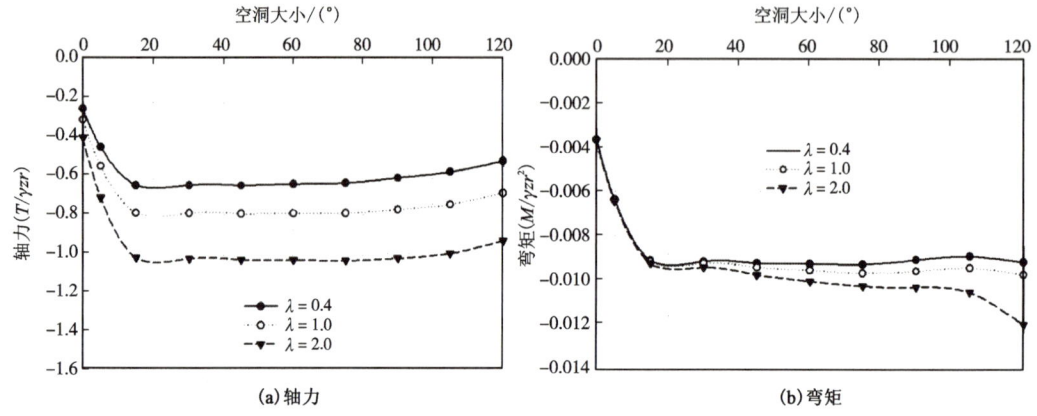

图7-50　不同水平侧压力系数时拱脚衬砌内力变化

图7-51为仰拱衬砌结构的内力变化结果。从轴力变化结果图中可以发现,仰拱部位衬砌轴力的变化规律十分类似,不同水平侧压力系数的轴力计算结果近似平行;当空洞小于15°时,轴力增加均比较迅速;当空洞大于15°之后,增速均开始放慢并保持近似线性增加。对比不同水平侧压力系数之间的轴力差异,空洞在15°时,λ=2.0时约为λ=1.0时的2.4倍,而λ=1.0时则是λ=0.4时的3.9倍左右。仰拱部位的弯矩变化也比较类似,当空洞小于15°时也均是迅速增大;当空洞大于15°之后,弯矩均开始减小,减速近似线性。值得注意的是,水平侧压力系数越大,仰拱部位的弯矩反而越小,这是由于当水平侧压力系数增加时,衬砌结构所受的水平压力增大,仰拱部位向两侧拉伸,从而使所受的弯矩减小。对比不同水平侧压力系数的最

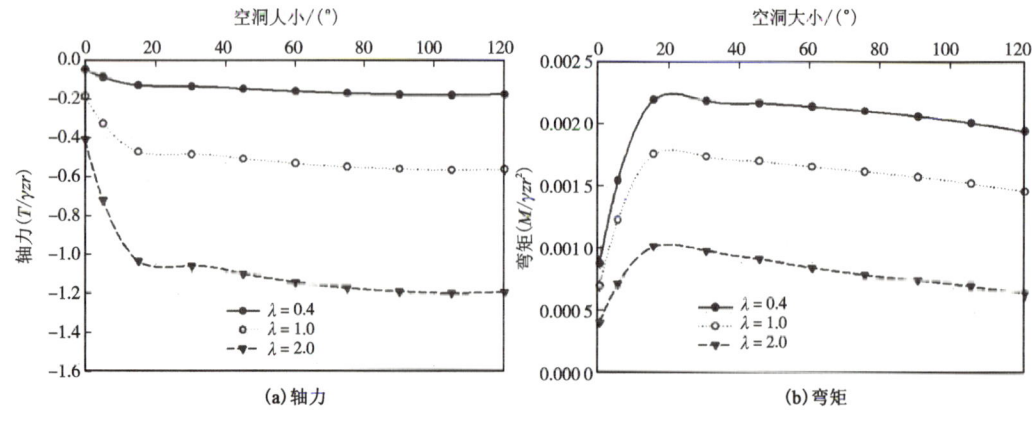

图7-51　不同水平侧压力系数时仰拱衬砌内力变化

大弯矩计算结果，$\lambda=1.0$ 为 $\lambda=2.0$ 时的 1.7 倍左右，而 $\lambda=0.4$ 时则是 $\lambda=1.0$ 时的 1.3 倍左右。以上说明，仰拱部位的衬砌结构在空洞产生后，随着侧压力系数的增加，仰拱部位衬砌结构所受到的弯矩减小，但随着侧压力系数的增大，仰拱所受到的轴力大大增加，有可能产生压溃破坏。

7.3 多个空洞同时存在对衬砌结构的影响

实际工程中，空洞可能不仅仅单一地出现在拱顶、拱腰、起拱线、拱脚等部位，也可能在这些部位的一侧或者两侧同时出现多个空洞。多个空洞同时存在时，会对衬砌结构产生什么样的影响，也是一个值得探讨的问题。本节以拱顶和左拱腰、拱顶和左拱脚、左拱腰和左拱脚、两侧拱腰和两侧拱脚同时出现空洞为例，来探讨多个空洞同时存在时对衬砌结构的影响。分析时围岩级别仍为中等硬度岩石（Ⅲ级），围岩水平侧压力系数 λ_1 取 0.4，假设多个空洞之间是互不连通的，因此空洞的大小均在 45°以内。图 7-52 为不同位置出现多个空洞组合简化示意图。

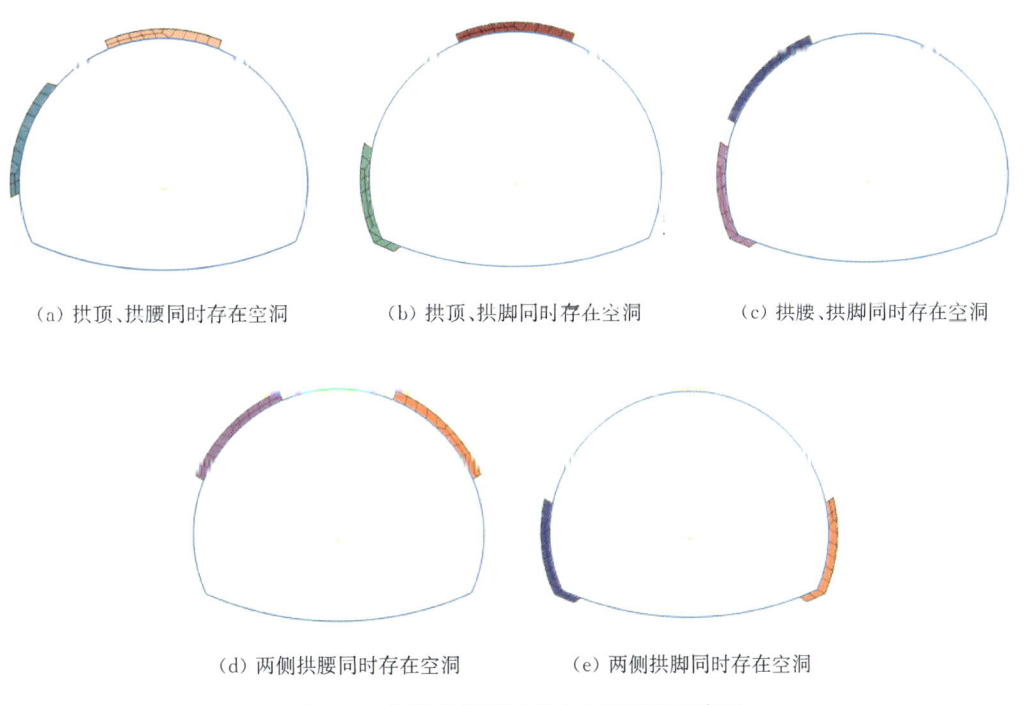

图 7-52 不同位置出现多个空洞简化示意图

7.3.1 拱顶、拱腰同时存在空洞对隧道的影响

7.3.1.1 拱顶、拱腰同时存在空洞对围岩应力的影响

图 7-53 为拱顶、拱腰同时产生 45°空洞后围岩大、小主应力云图，未产生空洞时的应力云

图与 7.2.1.2 节图 7-6 相同。从中可以发现,围岩应力重分布相比单个空洞产生时更为复杂:拱顶和仰拱部位仍然为应力松弛区,左侧拱脚部位应力与未产生空洞时相比基本没有变化,而右侧拱脚部位应力集中现象则明显增加,说明隧道受到了偏压作用。与拱顶、拱腰部位单独产生空洞时相比,拱顶空洞边缘部位无应力集中现象,在拱腰空洞的上下边缘部位均产生了明显的应力集中,拱顶和拱腰空洞中间部分的围岩应力甚至有所减小,说明该处的围岩未起到良好的承载作用,因此该处作用在衬砌上的压力将有所增加。与拱腰部位产生单一空洞时相比,偏压更为明显。

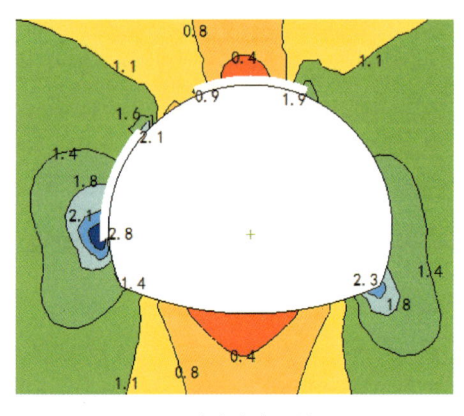 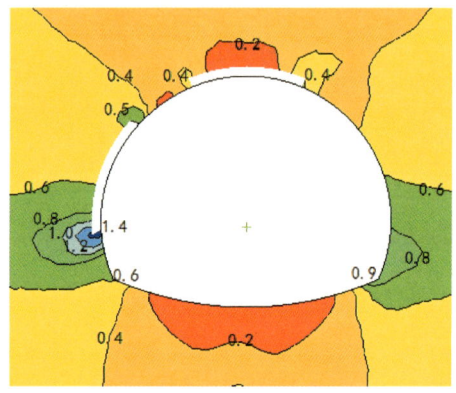

(a) 大主应力云图　　　　　　　　(b) 小主应力云图

图 7-53　拱顶、拱腰同时存在空洞时主应力云图

7.3.1.2　拱顶、拱腰同时存在空洞对二次衬砌结构变形的影响

多个空洞同时存在于拱顶和拱腰时,衬砌的变形模式与单个空洞存在时应当不同,本节讨论这种工况下衬砌变形模式的变化。图 7-54 为拱顶、拱腰同时存在 45°空洞前后二次衬砌结构变形对比图。从中可以发现,产生 45°空洞后,拱顶部位仍然向上移动,拱腰部位也向空洞方向变形,这说明在拱顶和拱腰部位,二次衬砌的外侧都将受到更大的拉应力作用。而在未产生空洞的右侧,有空洞和无空洞时衬砌结构的变形差异不大,说明空洞产生的一侧,二次衬砌结构变形更为剧烈,产生的附加变形也将导致衬砌内部出现附加应力,更易引起衬砌结构的破损。

表 7-8 为计算所得的不同部位衬砌结构位移结果。

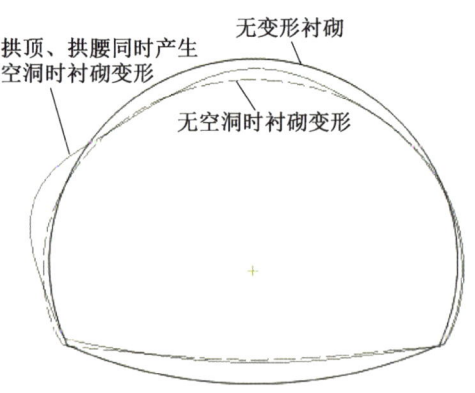

图 7-54　拱顶、拱腰同时产生空洞前后二次衬砌变形对比

表 7-8　　　　　　　拱顶、拱腰同时产生空洞前后二次衬砌结构变形　　　　　　单位:mm

变形部位	无空洞	拱顶、拱腰同时产生45°空洞
拱顶	−0.48	0.73
拱腰	−0.27	−1.10
起拱线	0.17	1.71
拱脚	0.23	−0.51
仰拱	0.41	1.53

7.3.1.3 拱顶、拱腰同时存在空洞对二次衬砌内力的影响

图 7-55 为拱顶、拱腰同时产生空洞时不同部位二次衬砌内力变化结果。从轴力图中可以看出,当拱顶、拱腰空洞小于 15°时,不同部位衬砌结构的轴力均快速增长;当空洞大于 15°之后,又同时开始减小;拱顶、拱腰和起拱线处轴力变化更为明显,尤其是拱腰和起拱线处,比拱顶变化更大。这是由于拱顶和拱腰同时产生空洞后,左侧所受到的围岩压力明显增大的缘故。从弯矩图中可以发现,弯矩的变化更为剧烈,拱顶和拱腰部位的衬砌结构在空洞增大到 5°左右时均发生了符号的改变,说明这两个部位衬砌结构的受力方式均发生了变化,尤其是拱腰部位的衬砌,符号改变了两次,在空洞增大到 35°左右时又发生了一次符号的改变。这是由于空洞增大到一定程度后,其边缘部位靠近所取单元,该处受到集中力的作用,从而导致弯矩发生了变化。与拱腰部位单独产生空洞相比,弯矩符号发生改变得更早。拱腰空洞单独作用时,空洞增大到 20°左右弯矩符号才发生变化。拱脚部位的弯矩在拱顶和拱腰空洞都增大到 15°之前一直快速增大,当空洞均大于 15°之后,弯矩开始减小;仰拱部位的衬砌则是随着空洞的增大而一直增大,不过在空洞均大于 15°之后,增幅减缓。

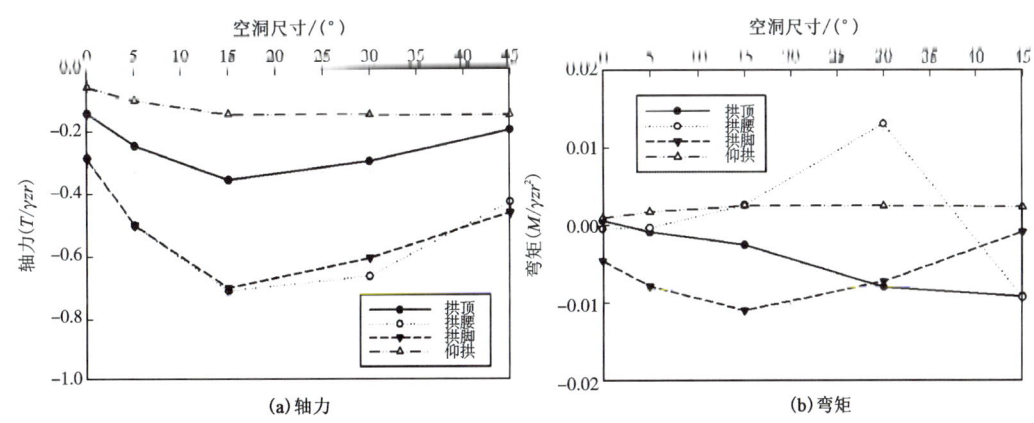

图 7-55　拱顶、拱腰同时存在空洞时不同部位二次衬砌结构内力

以上说明,拱顶和拱腰同时产生空洞后,衬砌结构受力方式变化更为剧烈,拱顶和拱腰部

位的衬砌混凝土同时面临着发生外侧开裂、内侧压溃破坏的可能,拱脚、仰拱处也有存在压溃破坏的可能。根据前面对围岩水平侧压力系数的讨论,侧压力系数增大时,内力增加更为明显,那么当在水平应力为主应力的地层中,拱顶和拱腰同时产生空洞后,结构的内力增加将更为明显,发生破坏的可能性也将大大增加。

7.3.2 拱顶、拱脚同时存在空洞对隧道的影响

7.3.2.1 拱顶、拱脚同时存在空洞对围岩应力的影响

图 7-56 为拱顶、拱脚同时产生 45°空洞后围岩大、小主应力云图,未产生空洞时的应力云图与 7.2.1.2 节图 7-6 相同。从图中可以发现,与拱顶、拱腰同时产生空洞相比,拱顶区域仍为应力松弛区,但在空洞的边缘部位产生了应力集中现象。拱脚区域的围岩,在空洞边缘部位产生了更为明显的应力集中现象,在没有空洞产生的右侧区域,应力集中现象也有所增加,但没有左侧有空洞的区域增加明显,尤其是小主应力增加更为明显,说明围岩受到的水平作用力更为明显。这也说明,拱脚部位产生空洞后,隧道结构所受到的偏压更加明显,隧道结构将受到更大的水平作用力。

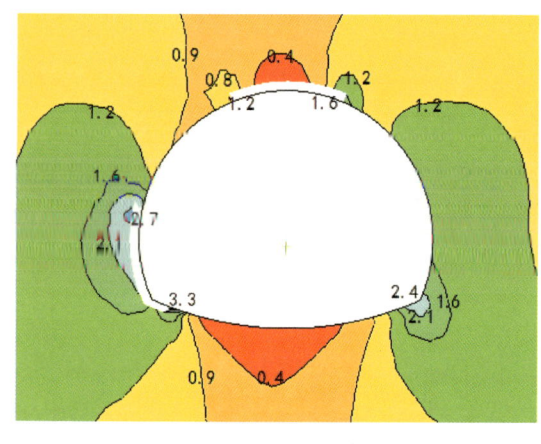

(a) 大主应力云图　　　　　　　　(b) 小主应力云图

图 7-56　拱顶、拱脚同时存在空洞时主应力云图

7.3.2.2 拱顶、拱脚同时存在空洞对二次衬砌变形的影响

图 7-57 为拱顶、拱腰同时存在 45°空洞前后二次衬砌结构变形对比图。从图中可以发现,产生 45°空洞后,拱顶部位仍然向上移动,拱脚部位也向空洞方向变形,这说明在拱顶二次衬砌的外侧都将受到拉应力作用;拱脚部位本身外侧就受到拉应力的作用,产生更大的变形将导致拉应力进一步增大,更加容易导致衬砌结构的损伤。在未产生空洞的右侧,有空洞和无空洞时衬砌结构的变形差异不大,说明空洞产生的一侧,二次衬砌结构变形更为剧烈,产生的附加变形也将导致衬砌内部出现附加应力,更易引起衬砌结构的破损,尤其是拱顶和拱脚部位,由于

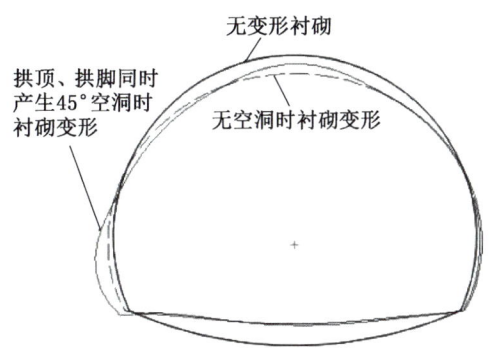

图 7-57　拱顶、拱脚同时产生空洞前后二次衬砌变形对比

空洞的存在,使得二次衬砌失去了围岩抗力,更易于变形,也更容易发生病害。

表 7-9 为计算所得的不同部位衬砌结构位移结果。

表 7-9　拱顶、拱脚同时产生空洞前后二次衬砌结构变形　　　　单位:mm

变形部位	无空洞	拱顶、拱脚同时产生 45°空洞
拱顶	−0.48	0.72
拱腰	−0.27	−1.28
起拱线	0.17	1.47
拱脚	0.23	0.82
仰拱	0.41	1.61

7.3.2.3　拱顶、拱脚同时存在空洞对二次衬砌内力的影响

图 7-58 为拱顶和拱脚同时产生空洞后不同部位二次衬砌内力变化结果。从轴力图中可以看出,当拱顶、拱脚的空洞小于 15°时,不同部位衬砌结构的轴力快速增长,当空洞大于 15°之后均开始减小。同时与拱脚部位或拱顶部位单独产生空洞时的结果相比可以发现,拱顶、拱腰和仰拱轴力的大小相差不大,但拱脚处的轴力比单独空洞作用时要大,说明多个空洞作用下,二次衬砌结构所受到的水平作用力更大,而且产生空洞后隧道左右两侧所受到的荷载水平不同,从而导致产生空洞处的拱脚部位的轴力更大。从弯矩的计算结果来看,拱顶部位在空洞增大到 5°左右时也发生了符号的改变,说明衬砌的受力情况发生了改变,之后随着空洞的增长弯矩一直增大,仰拱部位衬砌的弯矩随着空洞的增大一直缓慢增大;拱腰部位的衬砌在空洞增大到 33°左右时也发生了符号的改变,说明该处的衬砌受力方式也发生了改变,相比拱顶单独产生空洞时,符号改变发生的更早(拱顶产生单个空洞 80°左右时弯矩符号改变),说明多个空洞作用下,衬砌结构发生病害的可能性更早。

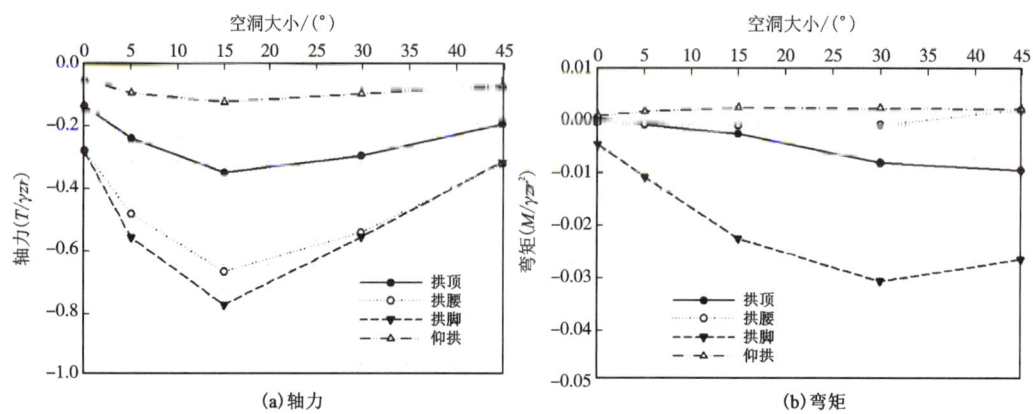

图 7-58 拱顶、拱脚同时产生空洞时不同部位二次衬砌结构内力变化

7.3.3 拱腰、拱脚同时存在空洞对隧道的影响

7.3.3.1 拱腰、拱脚同时存在空洞对围岩应力的影响

图 7-59 为拱腰、拱脚同时产生 45°空洞后围岩大、小主应力云图,未产生空洞时的应力云图与 7.2.1.2 节图 7-6 相同。从图中可以看出,拱顶和仰拱部位的围岩应力松弛比较明显;在空洞的边缘部位,尤其是拱脚空洞的两侧边缘部位,应力集中现象非常明显,两个空洞之间围岩的应力也明显较其他部位要高,尤其是小主应力增加非常明显。这是由于拱腰和拱脚同时产生较大空洞后,左侧大部分衬砌丧失了与围岩的接触,只有两个空洞之间的这一小部分围岩仍与衬砌结构保持良好的接触,二次衬砌在右侧水平压力作用下向左侧移动,只有这一小部分围岩能够提供约束,因此该部分围岩所受到的压力更大。这种情况下,左侧围岩几乎对衬砌结构未产生太大的压力,衬砌所受到的水平荷载主要来自右侧,偏压情况比拱顶、拱腰同时产生空洞,拱顶、拱脚同时产生空洞以及单个较大的空洞作用时更为明显。

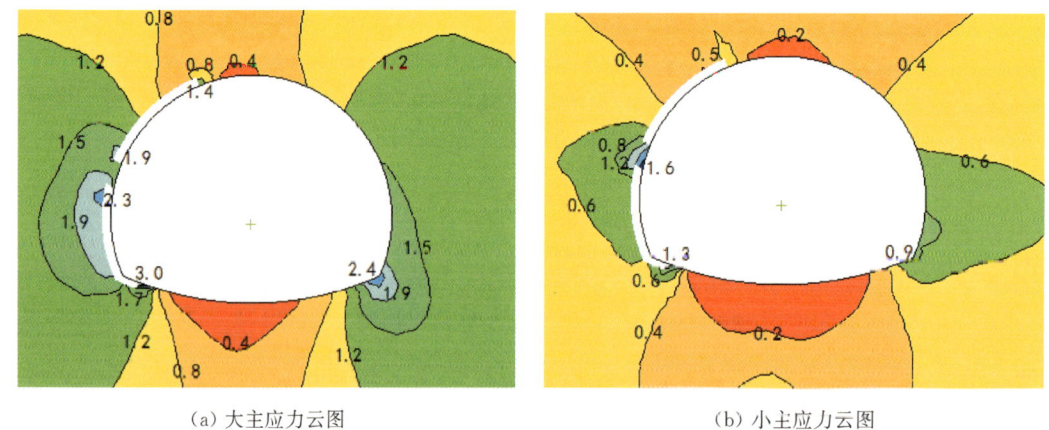

图 7-59 拱顶、拱腰同时存在空洞时主应力云图

7.3.3.2 拱腰、拱脚同时存在空洞对二次衬砌结构变形的影响

图 7-60 为拱腰、拱脚同时产生 45°空洞前后的变形对比。从中可以看出,拱腰和拱脚产生空洞后,拱腰和拱脚部位的衬砌结构均向空洞处发生变形,而拱腰部位的衬砌由于受到两个空洞之间围岩的约束,变形没有拱脚处衬砌的变形来得明显;未产生空洞的右侧衬砌变形与未产生空洞时相比变化不大,与其他部位产生多个空洞一样,这两个部位的衬砌同样将产生更大的附加应力,尤其是拱脚部位的衬砌,其所受到的附加应力更大,产生破损或者破坏的可能性也就更大。

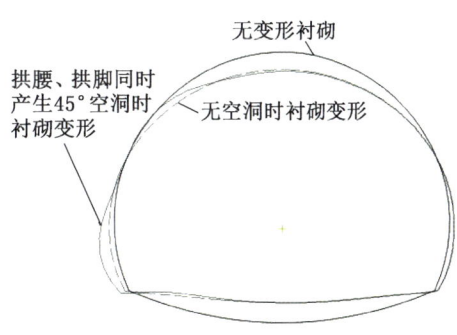

图 7-60 拱腰、拱脚同时产生空洞前后二次衬砌变形对比

表 7-10 为计算所得的不同部位衬砌结构位移计算结果。

表 7-10　　　　拱顶、拱脚同时产生空洞前后二次衬砌结构变形　　　　单位:mm

变形部位	无空洞	拱顶、拱脚同时产生 45°空洞
拱顶	−0.48	−1.56
拱腰	−0.27	0.80
起拱线	0.17	1.15
拱脚	0.23	0.68
仰拱	0.41	1.61

7.3.3.3 拱腰、拱脚同时存在空洞对二次衬砌结构内力的影响

图 7-61 为拱腰、拱脚同时产生空洞后二次衬砌结构内力的变化。从轴力变化图中可以发现,当空洞小于 15°时,轴力均快速增加,而拱腰和拱脚部位的衬砌轴力增长幅度更快,尤其是拱脚部位衬砌轴力,增长速度最快,较无空洞产生时增加了 2 倍以上。从弯矩图中可以发现,拱顶和仰拱的衬砌在拱腰、拱脚同时产生空洞后,弯矩一直增加,但是增加的速度较慢;拱腰和拱脚的衬砌弯矩变化则更为明显。在空洞小于 30°时,弯矩一直保持快速增加,拱脚的弯矩增加速度比拱腰部位衬砌增加速度更快;当空洞增大到 30°时,弯矩开始减小,而此时弯矩较无空洞时相比,增大了将近 6 倍。内力的变化与围岩应力的变化和衬砌结构的变形变化相呼应,说明拱腰、拱脚部位的衬砌结构将面临更大的破损的风险,尤其是拱脚部位的衬砌,由于产生了过大的附加应力,极有可能发生破坏。

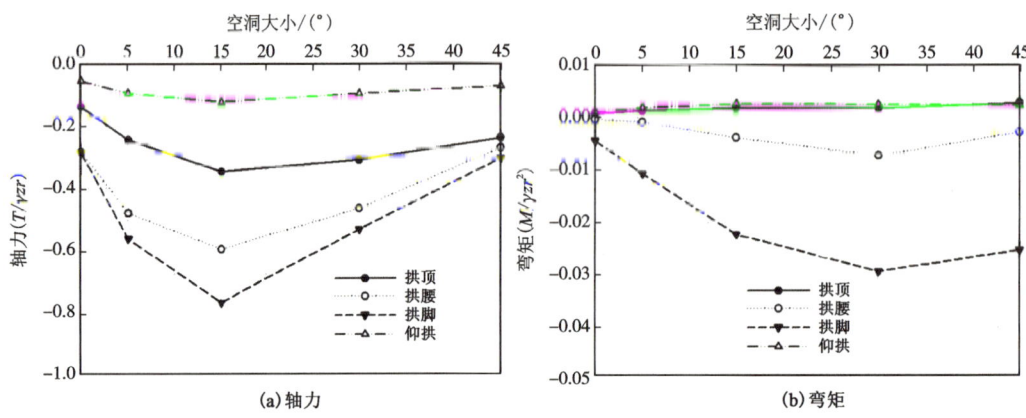

图 7-61 拱腰、拱脚同时产生空洞时不同部位二次衬砌结构内力变化

7.3.4 两侧拱腰同时存在空洞对隧道的影响

7.3.4.1 两侧拱腰同时存在空洞对围岩应力的影响

图 7-62 为两侧拱腰同时产生 45°空洞后围岩大、小主应力云图，未产生空洞时的应力云图仍与 7.2.1.2 节图 7-6 相同。从图中可以发现，拱顶和仰拱仍为应力松弛区，但在空洞发展到较大程度，边缘达到拱顶区域后，空洞边缘处将会产生较大的应力集中，下方边缘处应力集中更为明显，小主应力增加也比较明显，说明该处所受的水平荷载更大。拱脚部位应力集中程度也比无空洞时更显著，与拱腰产生单个较大空洞相比，两侧拱脚均产生了应力集中，而单个空洞作用时，右侧的应力集中更明显；拱腰部位的应力集中则显著增加，说明拱腰部位的衬砌结构将受到更大的附加应力的作用。

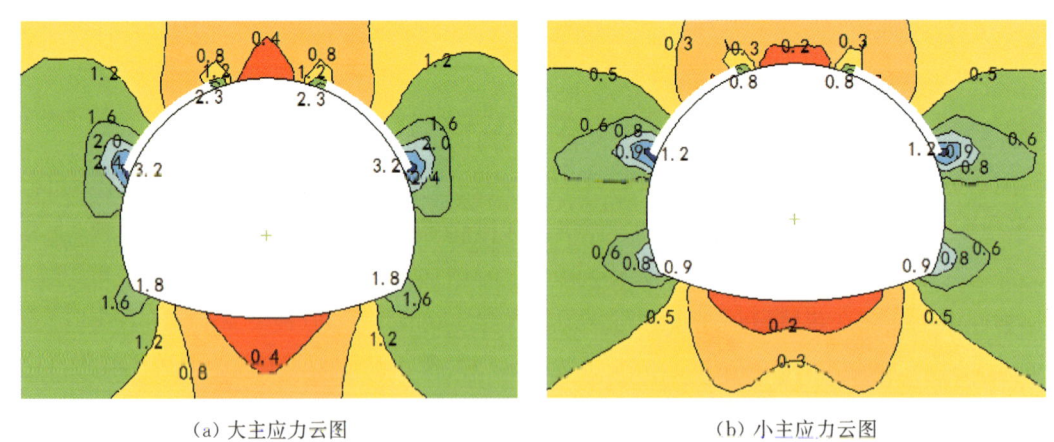

(a) 大主应力云图　　　　(b) 小主应力云图

图 7-62 两侧拱腰同时存在空洞时主应力云图

7.3.4.2 两侧拱腰同时存在空洞对二次衬砌结构变形的影响

图 7-63 为两侧拱腰同时产生空洞前后衬砌的变形对比。从图中可以看出，两侧拱腰部位

的衬砌均向空洞处挤出,而在没有产生空洞的区域,衬砌结构的变形由于受到围岩约束,与未产生空洞时的变形相比差异不大。拱顶部位由于受到上方围岩作用,再加上两侧拱腰部位向外变形,带动拱顶向下移动,所以拱顶的下沉与无空洞时相比更为明显,与拱腰产生单个空洞相比也稍大。这种变形模式的改变,将会使拱腰部位衬砌的受力方式发生改变,在未产生空洞时,拱腰衬砌外侧是受拉应力作用的,而朝向空洞发生变形之后,同样将会使衬砌外侧受到拉应力的作用,而内侧则将受到压应力,这种受力方式的改变会给衬砌结构带来意想不到的附加应力,从而使衬砌结构产生病害。

表 7-11 为计算所得的不同部位衬砌结构位移计算结果。

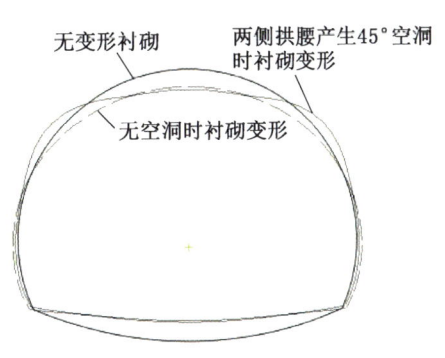

图 7-63 两侧拱腰同时产生空洞前后二次衬砌变形对比

表 7-11　　两侧拱腰同时产生空洞前后二次衬砌结构变形　　单位:mm

变形部位	无空洞	两侧拱腰同时产生 45°空洞
拱顶	-0.48	-1.64
拱腰	-0.27	0.78
起拱线	0.17	-0.17
拱脚	-0.23	0.31
仰拱	0.41	1.53

7.3.4.3　两侧拱腰同时存在空洞对二次衬砌结构内力的影响

图 7-64 为两侧拱腰同时产生空洞后二次衬砌结构内力的变化。由于两侧同时产生空洞,为对称结构,为简化分析,仍取左侧衬砌的拱顶、拱腰、拱脚和仰拱部位为研究对象。从轴力变化图中可以看出,仰拱部位的衬砌轴力随着空洞的增大一直保持线性增长,而拱顶、拱腰和拱脚部位的衬砌轴力在空洞增大到 15°之前增长较快,之后则开始减小,拱腰、拱脚部位的衬砌轴力增加速度要高于拱顶。与拱腰产生单个空洞相比,拱顶和仰拱部位的衬砌轴力相差不大,为 20%左右,而拱腰和拱脚部位衬砌轴力比单个空洞作用时增大了 35%左右。从弯矩图中可以看出,拱顶和仰拱部位的衬砌弯矩随着空洞的增大一直增大,不过增加速度较为缓慢,而拱腰部位的衬砌变化很大,在空洞增大到 10°左右时,弯矩发生了符号改变,之后一直增大,到达 30°左右时又开始减小,当空洞增大到 37°左右时弯矩又发生了符号变化,这是由于所取的研究单元位于空洞范围内,当空洞边缘部位到达所研究的单元附近后,该处衬砌上的围岩压力消失,从而导致了弯矩的变化。拱脚处的弯矩在空洞增大到 15°之前一直快速增长,当两侧空洞大于 15°之后,弯矩变化很小。与单个拱腰空洞作用时相比,拱顶部位弯矩更大,约为同等大小拱腰空洞时的 1.5 倍,拱脚和仰拱部位的弯矩变化较小,与单个空洞作用时基本相同。拱腰部位的弯矩变化最大,弯矩的符号发生了改变,而同等大小的拱腰空洞单独作用时,弯矩符号未

发生改变,说明两侧拱腰同时产生空洞后,较小的空洞就有可能导致衬砌的病害。

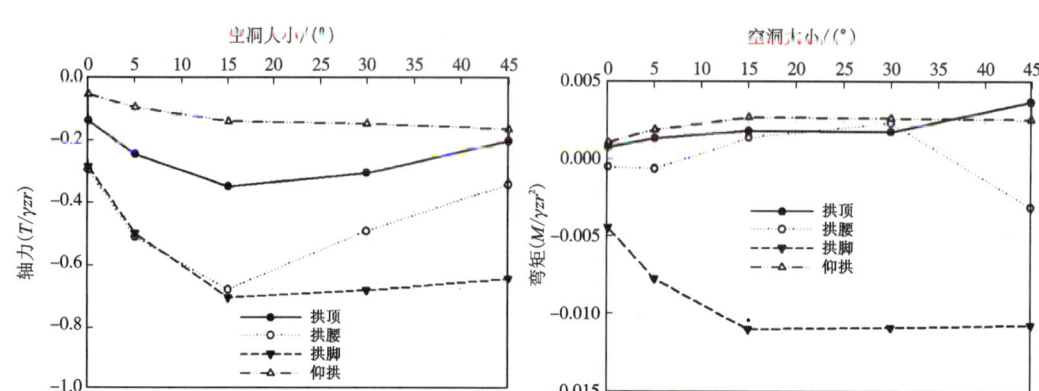

图 7-64 两侧拱腰同时产生空洞时不同部位二次衬砌结构内力变化

7.3.5 两侧拱脚同时存在空洞对隧道的影响

7.3.5.1 两侧拱脚同时存在空洞对围岩应力的影响

本节主要讨论两侧拱脚同时存在空洞时对隧道围岩应力分布的影响。图 7-65 为两侧拱脚同时产生 45°空洞后围岩大、小主应力云图,未产生空洞时的应力云图仍与 7.2.1.2 节图 7-6 相同。与拱脚产生单个空洞相比较,拱顶和仰拱部位的围岩应力基本相同,而空洞边缘部位的应力集中则更为明显,两侧各产生 45°空洞时,空洞边缘处的围岩应力已经比产生单个 60°空洞时的围岩应力还要大,而小主应力增加更为明显。说明两侧拱脚同时产生空洞后,由于两侧拱脚部位的衬砌均与围岩失去了接触,拱脚围岩在水平压力作用下向衬砌方向移动,因而在围岩内产生了更大的水平应力,而边缘部位更是产生了应力集中,拱脚仰拱边界部位的围岩在两侧压力的作用下将隆起得更为显著,因而靠近此处的拱脚部位的衬砌内力将受到较大的影响。

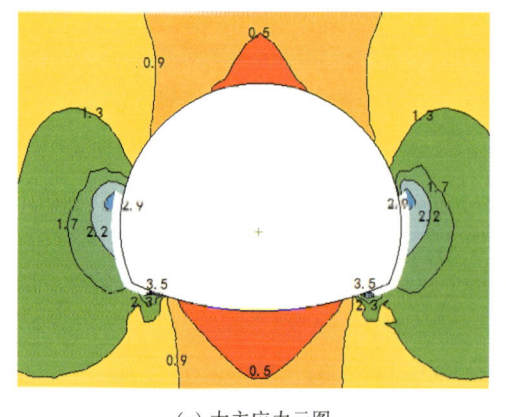

(a) 大主应力云图 (b) 小主应力云图

图 7-65 两侧拱脚同时存在空洞时主应力云图

7.3.5.2 两侧拱脚同时存在空洞对二次衬砌结构变形的影响

图 7-66 为两侧拱脚同时产生空洞前后衬砌的变形对比。从图中可以看出,两侧拱脚部位的衬砌均向空洞处挤出,由于拱脚部位未产生空洞时内侧受压应力,外侧受拉应力,产生空洞向外挤出后,拉应力作用将更为明显,因而外侧混凝土破坏的可能性增大。拱顶下沉与无空洞时相比更为明显,与拱脚产生单个空洞时相比也更明显。而仰拱部位的隆起也比单个空洞作用时大,说明仰拱部位的围岩在两侧水平压力作用下抬升得更为明显。

表 7-12 为计算所得的不同部位衬砌结构位移计算结果。

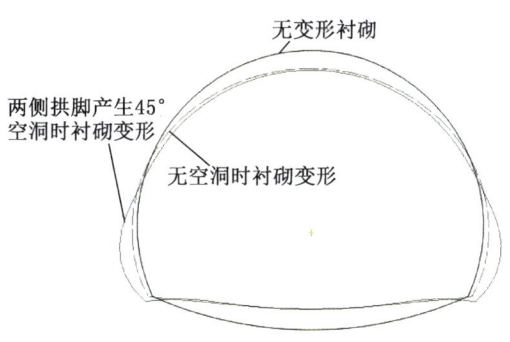

图 7-66 两侧拱脚同时产生空洞前后二次衬砌变形对比

表 7-12 两侧拱脚同时产生空洞前后二次衬砌结构变形 单位:mm

变形部位	无空洞	两侧拱脚同时产生 45°空洞
拱顶	−0.48	−1.73
拱腰	−0.27	−1.4
起拱线	0.17	1.40
拱脚	0.23	0.82
仰拱	0.41	1.77

7.3.5.3 两侧拱脚同时存在空洞对二次衬砌结构内力的影响

图 7-67 为两侧拱脚同时产生空洞后二次衬砌结构内力的变化。如前所述,由于为对称结构,只取一侧衬砌的拱顶、拱腰、拱脚和仰拱部位为研究对象。从轴力变化图中可以看出,拱腰和拱脚部位的轴力在空洞小于 15°时迅速增加,而当空洞大于 15°之后又开始迅速减小,拱顶部位的轴力规律类似,但是增加和减小的速度没有拱腰和拱脚快,值得注意的是仰拱部位,仰拱部位的轴力在空洞小于 15°时只有小幅增加,而当空洞大于 15°之后也开始减小,且当空洞增大到 40°左右时,仰拱轴力符号发生了改变,说明衬砌中出现了拉力,这对衬砌结构的安全极为不利,众所周知,混凝土是受压构件,受拉作用时极易产生破坏。与拱脚产生同样大小的单个空洞相比较可以发现,拱顶和拱腰处衬砌轴力反而有所减小,约减小 20%,而拱脚部位的轴力增大了 20%左右,变化最大的是仰拱部位,该处甚至产生了拉力。另外,弯矩也比单个空洞作用时有所增大,增大幅度为 10%左右,值得注意的是拱腰部位的衬砌弯矩在空洞增大到 35°左右时就发生了符号变化,而单个空洞作用时,空洞增大到 55°左右时弯矩才发生符号的改变,这说明多个空洞作用时,衬砌结构产生病害的时间比单个空洞作用时更早。

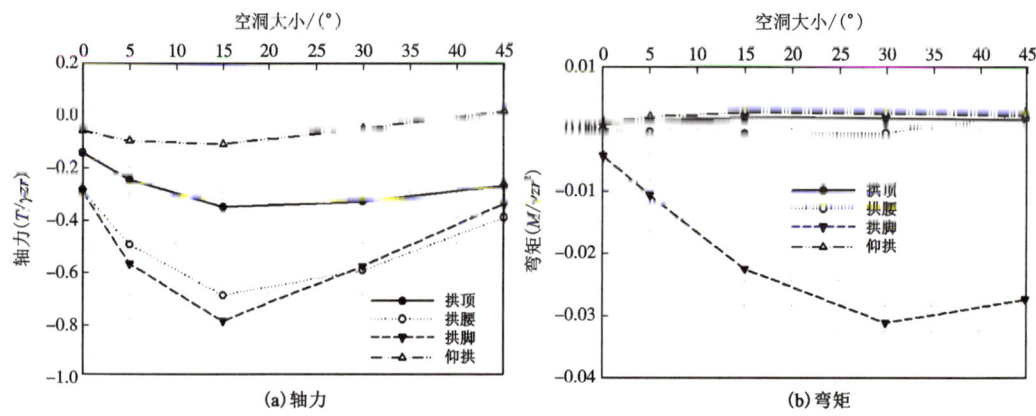

图 7-67 两侧拱腰同时产生空洞时不同部位二次衬砌结构内力变化

7.4 二次衬砌减薄对隧道的影响

在隧道施工过程中,因衬砌厚度不足、设计厚度与实际厚度存在差异等原因而在背后留有空洞的现象是非常普遍的。日本曾对水工隧道衬砌厚度的实态进行过调查,调查结果表明,129座发电站的引水隧洞的厚度平均值分别为:拱部16.7 cm,墙24.4 cm;标准偏差分别为拱部6.3 cm和墙9.0 cm。从厚度和设计厚度比值上看,拱部为0.7,墙为1.1,图7-68为调查结果统计。我国也曾对大量隧道进行过检测,从检测结果看拱顶衬砌减薄的现象也非常普遍。因此,本节重点对拱顶衬砌减薄的情况进行模拟,分析因衬砌厚度不足而在背后留有空洞时对衬砌结构内力的影响。

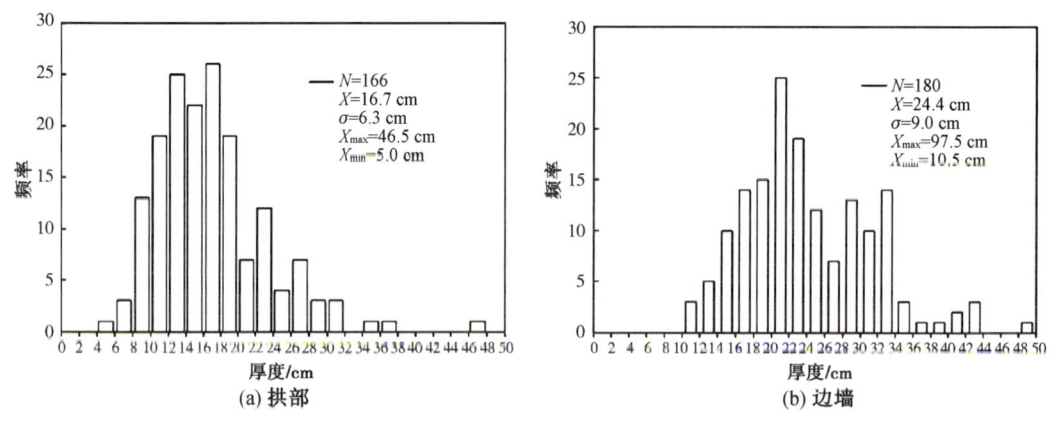

图 7-68 衬砌厚度直方图

本节仅模拟拱顶衬砌厚度不足,但围岩仍与衬砌结构保持接触的工况。与模拟拱顶背后空洞相类似,同样考虑拱顶不同范围的衬砌减薄情况,分别设置拱顶衬砌减薄的范围从0°～120°变化,大小分别为0°、5°、15°、30°、45°、60°、75°、90°、105°和120°,以便进行结果的对比。衬砌未减薄时的厚度为50 cm，考虑不同程度的减薄，减薄量分别为5 cm，10 cm，15 cm，20 cm 和 25 cm，在模拟减薄的衬砌时，仅对衬砌单元的断面进行修改，如图 7-69 所示。采用的隧道断面形式为曲墙式，隧道半径 5 m，隧道围岩级别为中等，围岩侧压力系数 $\lambda = 0.4$。

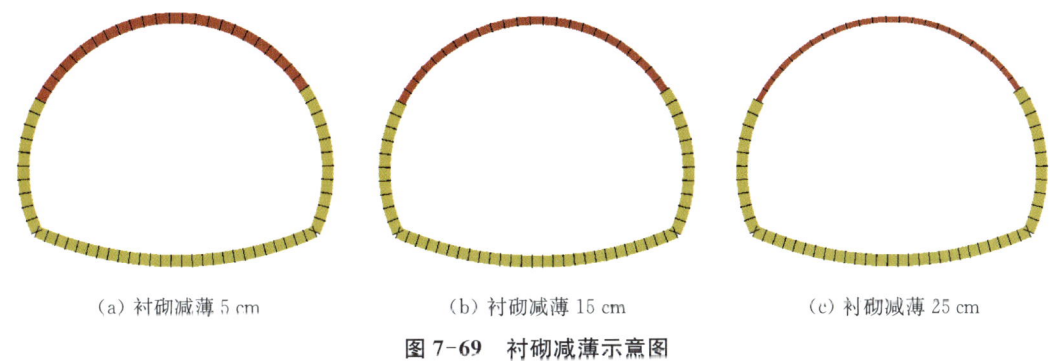

(a) 衬砌减薄 5 cm　　　　(b) 衬砌减薄 15 cm　　　　(c) 衬砌减薄 25 cm

图 7-69　衬砌减薄示意图

7.4.1　衬砌减薄对二次结构内力的影响

拱顶衬砌减薄时，由于局部衬砌的强度发生了变化，因此衬砌结构的内力也会发生变化，本节重点关注由于衬砌减薄而导致的隧道结构受力的变化，并与拱顶产生空洞而衬砌未减薄的工况进行对比，分析衬砌减薄对隧道结构内力的影响。

图 7-70 为衬砌减薄时拱顶部位的轴力和弯矩与拱顶产生空洞时的内力对比，从图中可以看出，拱顶衬砌减薄范围小于15°时，拱顶衬砌结构的轴力也是迅速增长的，与产生空洞所不同的是，当空洞范围大于15°后，拱顶部位衬砌轴力继续保持缓慢增长，减薄程度不同时轴力的差别不大，拱顶弯矩的变化与产生空洞时的规律不同，拱顶产生空洞后，弯矩的符号会发生改变，而衬砌减薄时，拱顶弯矩会持续增大，符号并未发生改变，这是由于减薄部分的衬砌抗弯刚度减小，因此其变形增大，从而导致弯矩的增加，而对于不同程度的衬砌减薄，其弯矩变化相差不大。衬砌减薄后，其拱顶轴力和弯矩增大了2倍，但其承载能力大幅度减小，因此衬砌结构发生破坏的风险将大为增加。

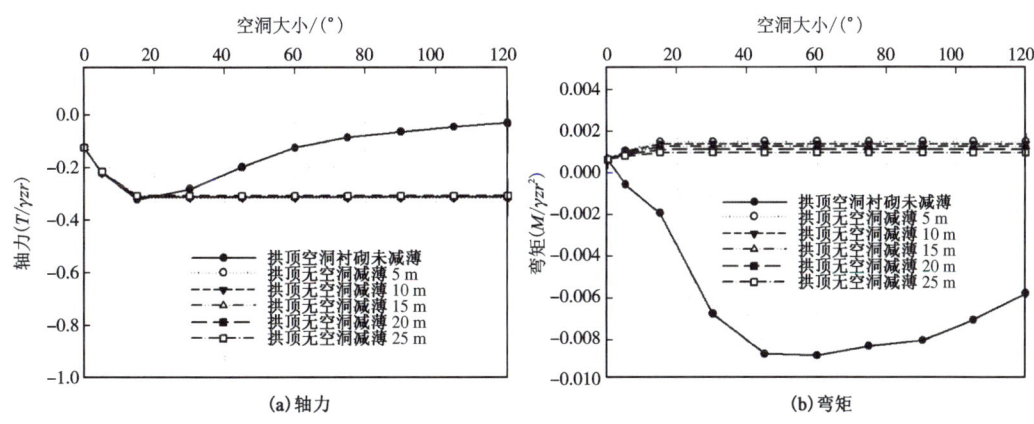

图 7-70　衬砌减薄与拱顶产生空洞时拱顶二次衬砌内力对比

图 7-71 为衬砌减薄时拱腰部位的轴力和弯矩与拱顶产生空洞时的内力对比。从图中可以看出,拱顶衬砌减薄范围小于 15°时,拱腰衬砌结构的轴力迅速增长,同样当空洞范围大于 15°后,拱腰部位衬砌轴力继续保持缓慢增长,而并未减少,且减薄程度不同时轴力的差别不大;拱腰弯矩随着减薄范围的增大持续增大,符号未发生变化,对于不同程度的衬砌减薄,其弯矩变化也基本相同。同样,拱腰部位的轴力和弯矩在衬砌减薄时增大到了 2 倍左右,在衬砌减薄的情况下将更容易发生破坏。

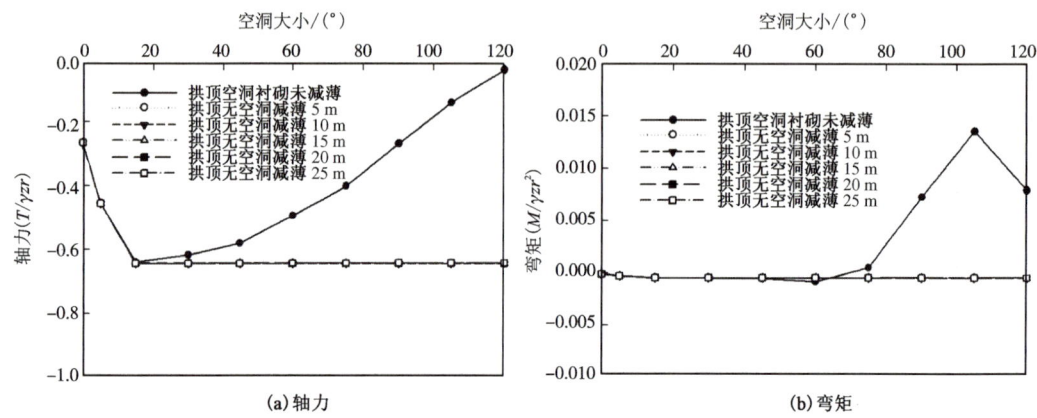

图 7-71　衬砌减薄与拱顶产生空洞时拱腰二次衬砌内力对比

图 7-72 为衬砌减薄时拱脚部位的轴力和弯矩与拱顶产生空洞时的内力对比。从图中可以看出,拱顶衬砌减薄范围小于 15°时,拱脚衬砌结构的轴力迅速增长;当空洞范围大于 15°后,拱脚部位衬砌轴力继续保持缓慢增长,并未减少,但是与产生空洞时的拱脚轴力相比,其差异没有拱顶和拱腰那么明显;而减薄程度不同时轴力的差别同样不大,两种工况轴力的最大差异仅为 20%。弯矩的变化则与拱顶产生同样范围的空洞时基本相同,两种工况弯矩的差异不超过 2%。

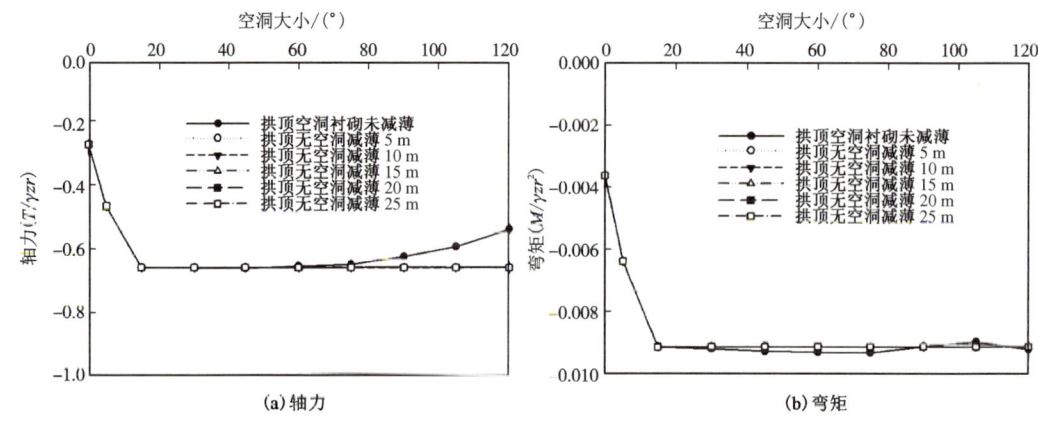

图 7-72　衬砌减薄与拱顶产生空洞时拱脚二次衬砌内力对比

图 7-73 为衬砌减薄时仰拱部位的轴力和弯矩与拱顶产生空洞时的内力对比。从图中可以看出,衬砌减薄时仰拱部位的内力变化与拱顶产生空洞时内力的变化基本一致。衬砌减薄后,仰拱部位的轴力会随着减薄范围的增大而增大,当减薄范围大于 15°后,与产生空洞时相比,轴力的增加幅度减缓,两种工况轴力相差最大约为 25%;而弯矩在减薄范围大于 15°后基本保持不变,两种工况弯矩的差异最大仅为 15%左右。

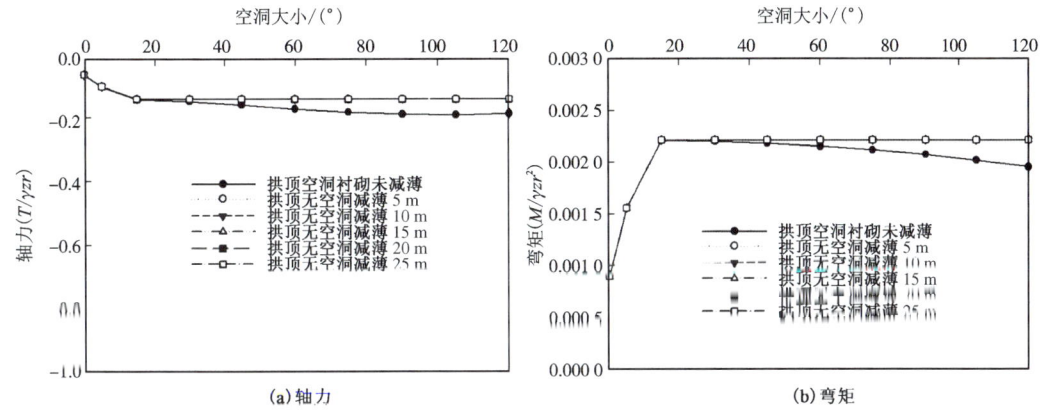

图 7-73 衬砌减薄与拱顶产生空洞时仰拱二次衬砌内力对比

从以上分析可以看出,衬砌减薄时其对衬砌结构的影响与空洞基本类似。二次衬砌结构的内力将大大增加,且增加后不会随着减薄范围的增大而减小,同时,衬砌减薄之后,承载能力大大下降。日本为了编制《隧道维修管理手册》曾进行过试验,试验结果表明,如果满足设计厚度的承载力为 1,则衬砌厚度为设计厚度的 3/4 时,其承载力为 0.4,衬砌厚度为设计厚度的 1/2 时,承载力仅为 1/12,这就意味着较小的内力就有可能导致衬砌结构丧失承载能力,因此,二次衬砌厚度不足将会对隧道运营的安全造成巨大的隐患。

7.4.2 衬砌减薄加拱顶空洞对二次衬砌结构内力的影响

隧道在施工过程中,衬砌厚度不足是十分常见的一种病害,而衬砌厚度不足常常导致衬砌结构背后留有空洞,即衬砌结构与围岩同时失去了接触,根据上面的分析可知,这种情况对隧道结构的安全是非常不利的,衬砌结构的内力将发生较大的增加,同时由于衬砌结构的承载能力降低,结构发生破坏的可能性将大幅增加,本节重点讨论衬砌减薄同时产生空洞的工况,并与拱顶产生空洞而衬砌未减薄的工况进行对比,分析衬砌减薄同时产生空洞时对隧道结构内力的影响。

图 7-74 为拱顶部位衬砌的轴力和弯矩计算结果。从轴力图中可以发现,衬砌减薄同时产生空洞时,拱顶部位的轴力变化与单独产生空洞时的规律比较类似,而轴力与单独产生空洞时相比要略小,不过差别不大,最大仅为 20%左右。值得注意的是拱顶弯矩的变化,从弯矩图中可以发现,衬砌减薄同时产生空洞时,拱顶弯矩与单独产生空洞相比,规律相似,但是量值上小

于未减薄时的工况,而当衬砌减薄达到 15 cm 时,拱顶的弯矩符号发生了两次改变,一次是在空洞增大到 10°左右时,一次是空洞增大到 100°左右时,而当衬砌减薄程度继续增大,达到 20 cm 和 25 cm 时,第二次弯矩符号改变时的空洞大小分别为 75°和 60°,这说明衬砌减薄的程度越大,减薄部位的衬砌抗弯能力越弱,随着空洞范围的增大,减薄范围内的衬砌将承受正负弯矩的交替作用,这对拱顶减薄的衬砌结构是非常不利的,将会导致衬砌的内外侧均发生开裂并最终可能导致衬砌结构完全丧失承载能力。

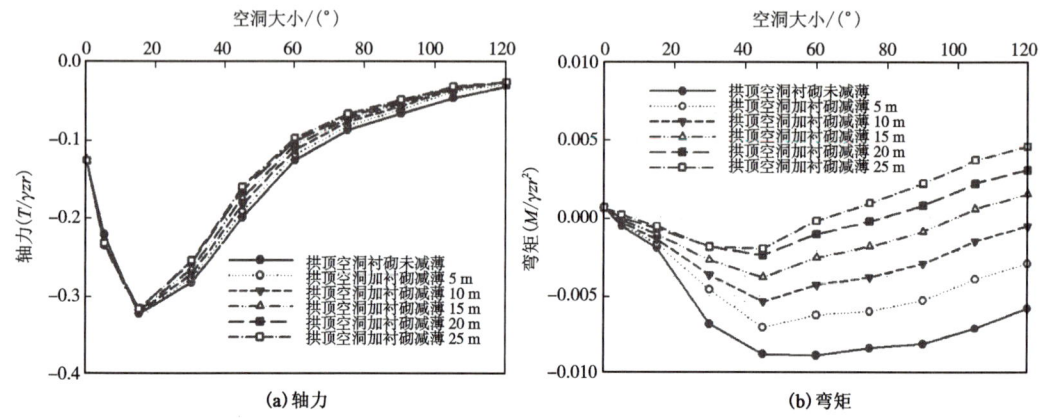

图 7-74 衬砌减薄加拱顶产生空洞时拱顶二次衬砌内力对比

图 7-75 为拱腰部位衬砌的轴力和弯矩计算结果,从轴力图中可以发现,拱腰部位的轴力变化也与单独产生空洞时的规律比较类似,而且结果基本相同,最大差异仅为 7% 左右。拱腰弯矩的变化同样值得注意,从弯矩图中可以发现,衬砌减薄同时产生空洞时,拱顶弯矩与单独产生空洞相比,规律相似,当空洞增大到 75°左右时,弯矩的符号也发生了改变,这也同样是因为空洞的范围扩大到了拱腰所取的单元的缘故。同时可以发现,空洞大于 75°之后,弯矩开始迅速增加,而且衬砌减薄的程度越大,弯矩增加得越快,衬砌厚度每减小 5 cm,最终弯矩增大 20% 左右,由于所取的研究单元位于 120°空洞的边缘部位,这也就是说空洞边缘部位的弯矩随

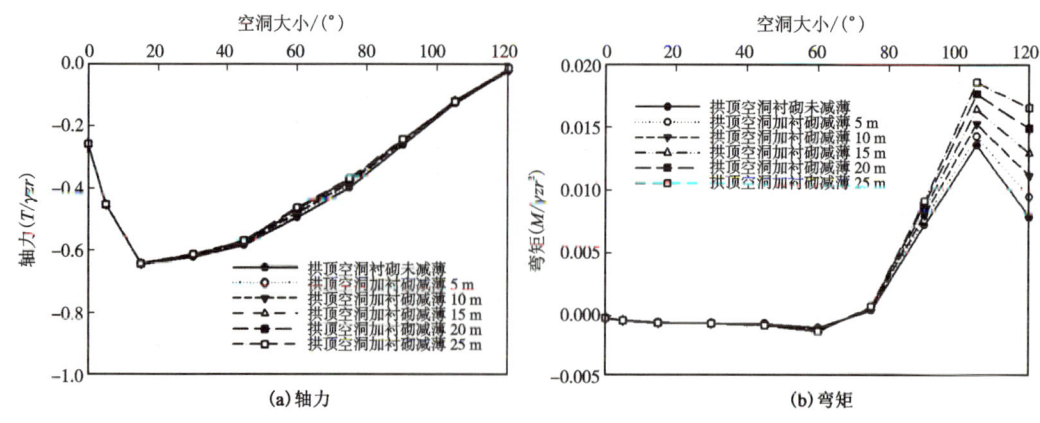

图 7-75 衬砌减薄加拱顶产生空洞时拱腰二次衬砌内力对比

着衬砌厚度的减小而增大,这也意味着由于空洞和衬砌减薄的同时作用,拱腰部位的衬砌将更容易发生开裂等病害,而且该处的弯矩值大于拱顶的弯矩,因此空洞边缘部位将会更早地产生病害。

图7-76为拱脚部位衬砌的轴力和弯矩计算结果,可以发现,拱脚部位的轴力和弯矩变化与单独产生空洞时的规律基本相同,而且结果也基本相同,最大差异仅为2%左右。与单独产生空洞相类似,拱脚部位的轴力和弯矩增大了2倍左右,而且随着空洞的增加一直保持在一个较大的水平,与其他部位相比,最终的轴力也要大得多,这也说明拱脚部位的衬砌结构由于应力集中比较明显,产生压溃破坏的可能性极大,同时也说明拱顶部位衬砌减薄对拱脚的内力变化影响不大,空洞仍是拱脚内力变化的主要原因。

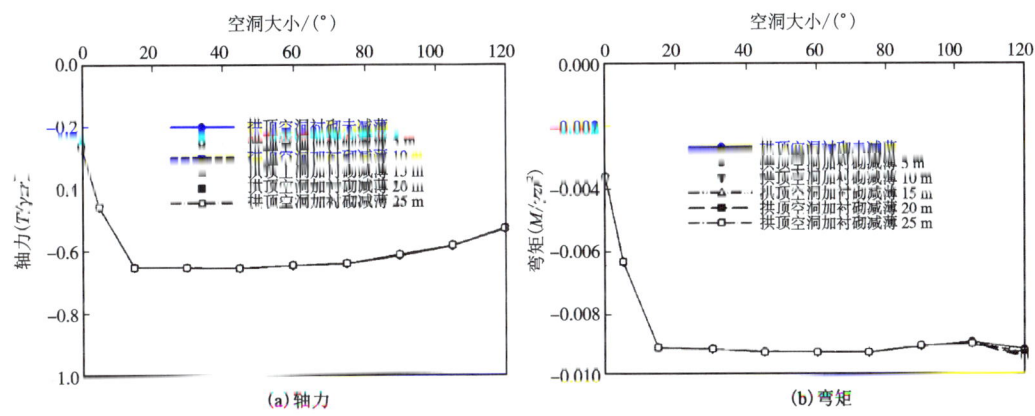

图7-76 衬砌减薄加拱顶产生空洞时拱脚二次衬砌内力对比

图7-77为仰拱部位衬砌的轴力和弯矩计算结果,可以发现,拱脚部位的轴力和弯矩变化与单独产生空洞时的规律基本相同,结果也基本相同,说明拱顶部位衬砌减薄对仰拱的内力变化几乎没有影响,内力变化主要是由于空洞的产生而导致的。

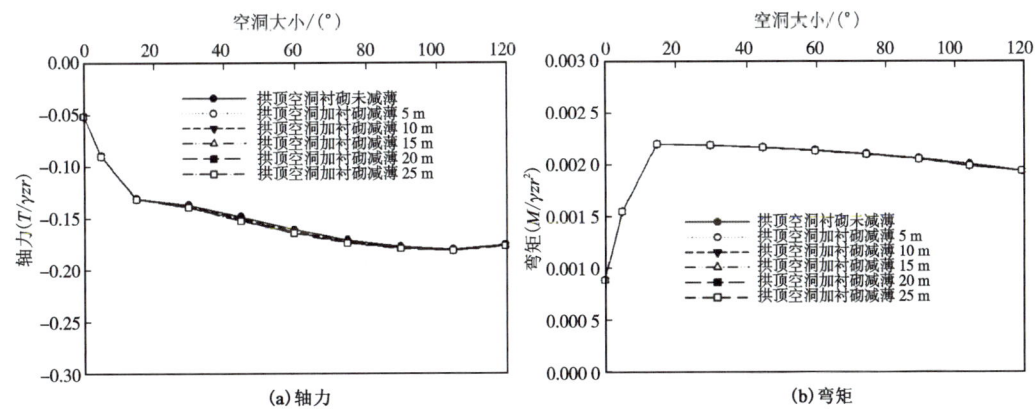

图7-77 衬砌减薄加拱顶产生空洞时仰拱二次衬砌内力对比

图 7-78 为拱顶衬砌减薄加空洞作用时二次衬砌变形模式的变化示意图,从图中可以看出,拱顶部位衬砌减薄并且有空洞作用时,在空洞较小时,拱顶部位的衬砌在两侧围岩压力作用下向上被挤出,当空洞范围增大到一定程度后,由于衬砌减薄,抗弯刚度不足,靠近空洞边缘部位的衬砌也被挤出,而拱顶中心部位的衬砌结构在两侧衬砌的作用下又开始被挤向下方,这与弯矩的变化结果比较一致,可见,当衬砌减薄范围增大且空洞范围较大时,拱部衬砌结构除了拱顶会产生外侧开裂、内侧压溃外,靠近空洞的区域也将产生类似的破坏,即由于衬砌减薄导致其强度不足,再加上产生空洞后导致内力变化较大,减薄区域的衬砌将发生大面积的病害。

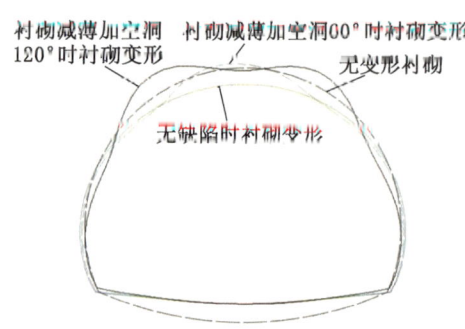

图 7-78 拱顶衬砌减薄加空洞作用时二次衬砌变形对比

7.4.3 落石冲击对二次衬砌的影响

衬砌背后产生空洞后,由于围岩失去了衬砌结构的支撑,根据前面的讨论,空洞处围岩应力发生了很大的变化。虽然在模拟过程中,未发现有围岩破坏的现象,但实际工程中,由于围岩发生破坏产生落石,击中衬砌而导致衬砌开裂甚至破坏的实例并不少见。1999 年 11 月 28 日,日本新干线的 Rebunhama 隧道就发生过一起由于围岩掉落在衬砌上导致衬砌破坏的事故。该事故导致一列列车脱轨,造成了巨大的经济损失,如图 7-79 所示。

由此可见,围岩掉落对隧道产生的冲击荷载不容忽视。我国的《公路隧道设计规范》中也指出隧道设计时应考虑落石冲击力的影响,但并未给出相应的计算落石冲击力的方法。本节主要探讨不同大小的落石从不同高度处掉落在衬砌上时对衬砌所造成的冲击力的计算方法。

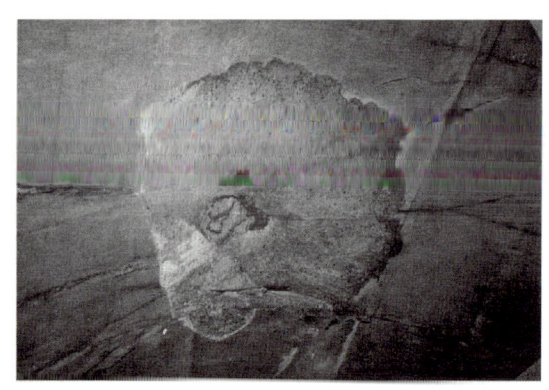

图 7-79 日本新干线 Rebunhama 隧道衬砌剥落[3]

由于空洞的形成原因多种多样,所以其深度也各不相同。前面对空洞深度的影响进行分析时,假设空洞的深度分别为 0.4 m,0.8 m,1.2 m 和 1.6 m,因此本节计算时也假设空洞处围岩分别从这 4 种不同的高度处掉落到衬砌上。根据牛顿第二定律:

$$F = \frac{\mathrm{d}p}{\mathrm{d}t} = \frac{\mathrm{d}(mv)}{\mathrm{d}t} \qquad (7-1)$$

可见两物体相互撞击时所产生的冲击力的计算与速度及相互作用时间相关,也就是冲量定理,两物体相撞过程中,相互作用力一般很大而且随着时间的改变而改变,即在极短的时间内,作用力往往可以迅速达到很大的量值,然后又急剧下降为零。这种量值很大、变化很快、作用时间又非常短的力一般又被称作冲力,由于冲力一般是个变力,随时间的变化关系又很难确定,所以冲力的瞬时值很难确定,但撞击过程的始末状态是比较容易确定的,如果再能确定碰撞所经历的时间,就可以用下式估算冲力的平均值:

$$\overline{F} = \frac{\int_{t_1}^{t_2} \overline{F} \mathrm{d}t}{t_2 - t_1} = \frac{m\overline{v}_2 - m\overline{v}_1}{t_2 - t_1} \quad (7\text{-}2)$$

因此问题的关键就在于如何确定落石质量、衬砌撞击过程的时间以及撞击前后的速度。一般来说,撞击后落石即认为静止在衬砌上,因此问题还可以简化为确定落石质量、撞击前的速度和撞击过程的时间。上式可以简化为

$$\overline{F} = \frac{\int_{t_1}^{t_2} \overline{F} \mathrm{d}t}{t_2 - t_1} = \frac{m\overline{v}_2}{\Delta t} \quad (7\text{-}3)$$

撞击前的速度是由下落的高度 h 以及碰撞时与衬砌之间的夹角 θ 所决定的,如图 7-80 所示。

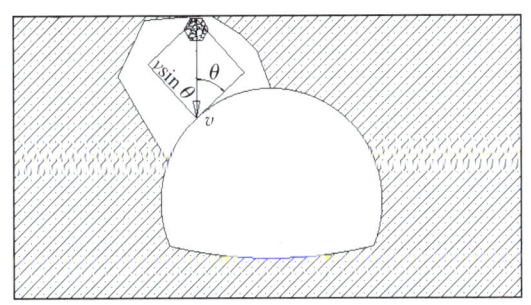

图 7-80 落石对衬砌结构的冲击

根据自由落体的相关计算公式可知:

$$v_2 = v\sin\theta = \sqrt{2gh}\sin\theta \quad (7\text{-}4)$$

式中,g 为重力加速度;θ 为落石与衬砌间的夹角。

将式(7-4)带入式(7-3)可得

$$\overline{F} = \frac{m\sin\theta\sqrt{2gh}}{\Delta t} \quad (7\text{-}5)$$

落石的质量则是随机的,无法确切地用公式来表达,从几千克、几十千克的小石块到几吨的巨石都有可能,为了简化计算,本文假设落石的质量分别为 400 kg,800 kg,1 200 kg,1 600 kg,2 000 kg 和 4 000 kg。落石和衬砌的作用时间是最难确定的量,参考我国部分冲击试验的结果[4],考虑到围岩级别不同时,落石的刚度也不相同,与衬砌的作用时间也不同,因此

假设冲击持续时间 Δt 不超过 0.1 s，最短为 0.05 s，根据以上分析及假设，就可以计算落石冲击力的大小，计算结果（考虑落石从拱顶正上方落下，即 $\theta=90°$）如图 7-81 所示。

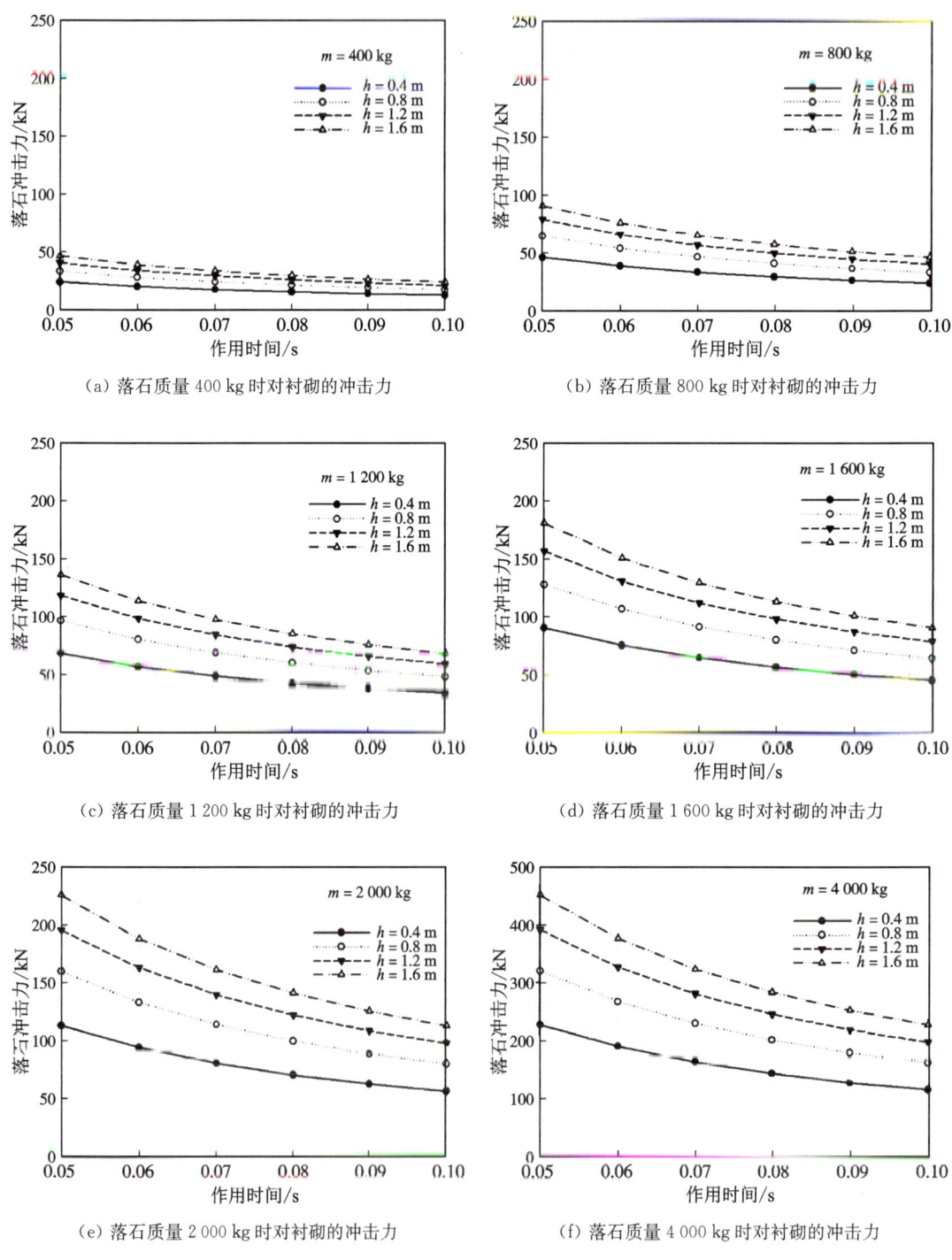

图 7-81 不同大小落石对衬砌的冲击力

根据《混凝土结构设计规范》(GB 50010—2010)规定,在局部荷载或集中反力作用下不配置箍筋或弯起钢筋的板受冲切承载力应符合下式规定:

$$F_l \leqslant (0.7\beta_h f_t + 0.25\sigma_{pc,m})\eta u_m h_0 \tag{7-6}$$

公式中的系数 η(本书取值为 1),按下面两个公式计算,并取其中较小值:

$$\eta_1 = 0.4 + \frac{1.2}{\beta_s} \tag{7-7}$$

$$\eta_2 = 0.5 + \frac{\alpha_s h_0}{4u_m} \tag{7-8}$$

式中 F_l——局部荷载设计值或集中反力设计值;

β_h——截面高度影响系数,本书取值为 1;

f_t——混凝土轴心抗拉强度设计值;

$\sigma_{pc,m}$——临界截面周长上两个方向混凝土有效预压应力按长度的加权平均值,本书取值为 1.5;

u_m——临界截面的周长,为距离局部荷载或集中反力作用面积周边 $\frac{h_0}{2}$ 处板垂直截面的最不利周长,取值见表 7-13;

h_0——截面有效高度;

η_1——局部荷载或集中反力作用面积形状的影响系数;

η_2——临界截面周长与板截面有效高度之比的影响系数;

β_s——局部荷载或集中反力作用面积为矩形时的长边与短边的比值,当面积为圆形时,取 $\beta_s = 2$,本书取值为 2;

α_s——板柱结构中柱类型的影响系数。

我国《公路隧道设计规范》推荐的隧道衬砌厚度一般为 35~60 cm,通常采用 C25 混凝土。按照上述公式计算,可得不同衬砌的冲切荷载设计值,如表 7-13 所示。

表 7-13　　　　　　不同厚度衬砌冲击荷载设计值计算结果　　　　　　单位:kN

衬砌厚度/mm	作用边长/mm			
	50	100	150	200
250(衬砌减薄)	203	246	288	330
350	439	504	569	633
400	591	667	742	818
450	765	852	938	1 025
500	961	1 059	1 157	1 255
600	1 420	1 540	1 660	1 781

对比前面计算所得到的落石冲击力,当 4 t 重的石头从 1.6 m 高处落下时,其冲击力已经超过了 35 cm 厚衬砌的抗冲击荷载容许值,足以导致衬砌结构的完全破坏,而较小的落石掉落到衬砌上时,其冲击荷载虽不足以直接导致衬砌结构的直接破坏,但是也有可能导致衬砌结构开裂。当衬砌设计厚度不足时,落石所造成的危害更大,衬砌抗冲击的能力会大大下降,4 t 重的石头即使从 0.4 m 高处掉落,其所造成的冲击力也足以直接导致衬砌结构的破坏,因此,衬砌背后产生空洞后,除了会导致衬砌结构内力的变化之外,对其所产生的间接影响(如落石冲击)也应予以高度重视。

7.5 衬砌及背后空洞影响指标的评估标准

在对衬砌背后空洞的影响进行评估之前,需确定影响隧道结构安全的指标的判定标准,这些指标中有些是定性的指标,如空洞的位置、隧道的断面形式等,而有些指标是可以量化的,如空洞的大小、深度等。本节将根据前面几节的分析结果,对相关量化指标的标准进行研究。

总结可以发现,当空洞小于 15°时,无论空洞位于什么位置,衬砌各个部位的轴力均普遍快速增长,而弯矩的变化则稍有不同,当空洞位于拱顶位置时,部分衬砌在空洞大小为 5°左右时就发生了符号的变化,这往往意味着衬砌受力状态的改变,因此这种情况一般来说跟设计受力是相反的,需要尽量避免这种情况的发生。根据分析结果,综合考虑位置、内力变化等的影响,对空洞的大小判定标准进行划分,如表 7-14 所示。

表 7-14 衬砌背后空洞位置和大小的定量判定标准

空洞部位	空洞范围			
拱顶	0~15°	15°~45°	45°~90°	>90°
拱腰	0~5°	5°~30°	30°~60°	>60°
起拱线(边墙)	0~5°	5°~30°	30°~60°	>60°
拱脚	0~5°	5°~30°	30°~60°	>60°
判定结果	B/1A	2A	3A	2A
对衬砌结构的影响	有空洞时,轴力、弯矩增大 2 倍以上并迅速达到或者接近最大值。并且接近空洞部分的衬砌弯矩符号可能发生改变;拱脚部位围岩应力增加 1.5 倍左右,空洞边缘部位围岩应力增大不明显	衬砌结构轴力增加至最大值后开始回落到初始轴力的 1 倍左右,衬砌结构的弯矩迅速增大到最大值,最大可能达到初始值的 4 倍以上。拱脚部位围岩应力增加 1.5 倍左右,空洞边缘部位围岩应力增大 1.5 倍以上	衬砌结构轴力继续减小至初始轴力值,弯矩达到最大值后减小较为缓慢,最终的弯矩值基本是初始值的 2 倍或者更高,并且弯矩符号可能发生改变。拱脚部位围岩应力增加 1.5 倍左右,空洞边缘部位围岩应力增大 2 倍以上	轴力继续减小,并且可能小于初始轴力值,弯矩减小则不明显;围岩应力增大明显,空洞边缘部位围岩应力增大 2.5 倍左右,有可能进入屈服或者破坏掉落至衬砌上

注:本表格针对单个空洞,当衬砌背后存在多个空洞时,可提高一个等级进行判定。

对于衬砌背后空洞深度的判定标准,在日本《公路隧道维持管理便览》和我国《公路隧道养护技术规范》中均未给出相应的判定标准,只是指出当拱背存在高 30 cm 以上的空洞且有效衬砌厚度小于 30 cm 时,空腔落石就有可能砸坏衬砌结构,导致突发性崩塌的发生,认为类似情况可按 2A/3A 判定;对曾经发生塌方的地方或节理发育、漏水严重的地段,尤其应给予充分的注意。在《隧道工程维修管理要点集》一书中,作者推荐了一种衬砌背后空洞深度的判定标准(表 7-15)。

表 7-15　　　　　　　　　　衬砌背后空洞深度的判定标准

判定	A	B	C	OK
空洞深度/mm	大于 500	100~500	小于 100	0

根据空洞深度对衬砌内力及变形的影响分析及衬砌减薄的影响,可以发现不同深度的空洞对衬砌不同部位内力及位移变化的影响不如空洞大小的影响明显,但有一点值得引起注意,那就是空洞深度越深,围岩内部的应力变化越大。第 7.4.3 节的研究结果表明,当跌落的围岩重量足够大时,可能直接导致衬砌结构的破坏;而衬砌减薄的作用与在衬砌背后产生空洞相类似,且会导致衬砌结构强度的降低。有研究表明,衬砌厚度不足时,其承载力变化是很大的,在同样的位移条件下,如果满足设计厚度的承载力为 1,则衬砌厚度为设计厚度的 3/4 时,其承载力为 0.4,衬砌厚度为设计厚度的 1/2 时,其承载力仅为 1/12。综合考虑前人的研究成果及本章的分析结果,给出衬砌背后空洞深度及衬砌厚度减薄的判定标准如表 7-16 所示。

表 7-16　　　　　　　　　　衬砌背后空洞深度的判定标准

判定	B	1A	2A	3A
空洞深度/cm	<5	5~20	20~40	>40
对衬砌结构的影响	无影响	落石最大冲击荷载为衬砌结构抗冲击荷载最小值的 70%。可能导致衬砌结构损伤	落石最大冲击荷载为衬砌结构抗冲击荷载最小值的 85%,是最大值的 20%,可能导致衬砌结构的严重损伤	落石最大冲击荷载为衬砌结构抗冲击荷载最小值的 102%,是最大值的 25%,可能导致衬砌结构的直接破坏
减薄程度/%	<5	5~10	10~30	>30
对衬砌结构的影响	无影响	承载力下降为完整衬砌的 85% 左右,但减薄部位衬砌的轴力则最大增大为初始轴力的 2 倍以上,弯矩最大增大到 4 倍以上,更易导致衬砌损伤	承载力下降为完整衬砌的 40% 左右,减薄部位衬砌的轴力则最大增大为初始轴力的 2 倍以上,弯矩最大增大到 4 倍以上,易导致衬砌破坏	承载力下降到完整衬砌的 10% 或者更低,减薄部位衬砌的轴力则最大增大为初始轴力的 2 倍以上,弯矩最大增大 4 倍以上,极易导致衬砌的直接破坏

从模拟结果来看,衬砌背后存在空洞时,围岩级别和侧压力系数对衬砌的受力影响很大,同时也可以发现,不同断面形式的隧道对背后空洞的反应也不相同,而断面形式的选择是与围岩情况紧密相关的,但是目前对空洞进行评估时并未考虑围岩情况和隧道断面形式。根据模拟的结果,给出不同断面形式的隧道位于不同的围岩中,存在背后空洞时的判定标准,如表7-17所示。

表7-17　　　　　　　　　隧道断面形式和围岩级别的判定标准

围岩级别		Ⅵ	Ⅳ、Ⅴ	Ⅲ	Ⅰ、Ⅱ
曲墙有仰拱隧道	小跨度	2A	1A	1A	B
	大跨度	2A	2A	1A	B
曲墙无仰拱隧道	小跨度	2A	1A	1A	B
	大跨度	3A	2A	1A	B
直墙式隧道	小跨度	2A	1A	1A	B
	大跨度	3A	2A	1A	B

注:标准仅适用于衬砌背后存在空洞的情况。对于围岩侧压力系数,当侧压力系数小于1时,即地层中以垂直应力为主时,对于拱顶部位的空洞其判定结果提高一个等级;当侧压力系数大于1时,即地层中以水平应力为主时,对于边墙和拱脚部位的空洞其判定结果提高一个等级。

7.6　本章小结

本章详尽分析了衬砌背后存在空洞以及衬砌减薄时,衬砌结构内力、变形及应变的变化,具体工作包括以下几个方面:

(1) 对于衬砌背后空洞的大小、深度、位置对结构内力及变形的影响进行了详细的分析,同时,对空洞的位置、围岩级别和水平侧压力系数不同时结构内力及变形的影响也进行了分析。

(2) 对衬砌不同部位同时产生多个空洞时,结构内力和变形的变化进行了详细的分析。

(3) 对二次衬砌减薄时结构内力和变形的变化特征也进行了详细的分析,同时,对于落石冲击对二次衬砌结构的影响进行了计算,得到了不同大小的落石从不同高度落下时可能对衬砌结构产生的冲击力的大小。

(4) 根据模拟和计算结果,建立了衬砌背后空洞位置和大小的判定标准、衬砌背后空洞深度的判定标准以及隧道断面形式和围岩级别的判定标准。

实际工程中,空洞的形状是三维的,并且其沿隧道长度方向的尺寸是有限的,由于本章采用二维方法进行分析,所以空洞的形状并未给予考虑,且空洞中有水时,围岩的强度等会受到较大的影响,本章在分析时也未考虑水的影响,这些因素的影响有待进一步的分析。

参考文献

[1] 关宝树. 隧道工程维修管理要点集[M]. 北京:人民交通出版社,2004.

[2] 麦达斯技术有限公司. MIDAS 用户指南[R]. 2005.

[3] HOEK E, BROWN E T. Underground excavation in rock[M]. London:The Institution of Mining and Metallurgy, 1980.

[4] 曹映泓,罗林阁,张海明,等. 湛江海湾大桥健康监测系统研究[J]. 中外公路,2006,26(5):98-101.

8 山区公路隧道衬砌健康状态综合评估体系研究

8.1 概述

在对隧道进行全面检测之后,首先需要对影响隧道健康状态的各种因素进行评估,还需要考虑各种因素的综合作用,对隧道的健康状态进行综合评估。由于山区公路隧道结构的工作条件十分复杂,影响其健康状态的因素也是多方面的,因此在对隧道的健康状态进行分析评估时,最主要的就是需要确定影响其状态的指标有哪些,建立一个比较全面的指标体系对健康状态进行评估。确定这些指标之后,就可以按照综合评估常用的一些方法来对隧道健康状态进行评估,研究综合评估问题的一般步骤如图 8-1 所示。

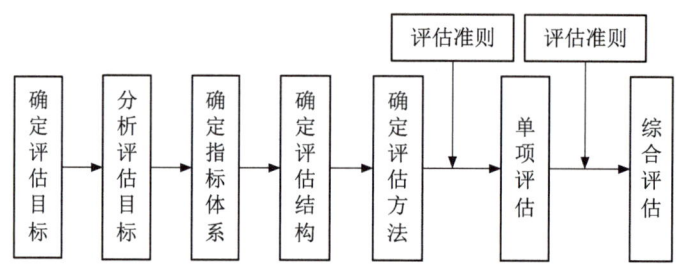

图 8-1 综合评估的一般步骤

由于公路隧道衬砌健康状态是一个外延不太明确而内涵丰富的概念,状态的好坏是模糊的,而且涉及的因素也比较复杂,这些因素自身表现为随机性,与健康状态的关系又表现为模糊性:一方面,有些因素不能用精确的数量来描述,只能是模糊概念;另一方面,各种因素的变化与健康状态之间不存在一一对应的函数关系,不可能建立精确的数学模型来求解。因此,本章引入模糊理论来对公路隧道健康状态进行综合评估。

8.2 模糊理论概述

1965 年,美国控制论专家 L. A. Zadeh 教授在 *Information and Control* 杂志上发表了《模糊集》(*Fuzzy Set*)这篇著名的论文,标志着一门新的数学分支——模糊数学的诞生[1,2]。模糊理论打破了普通集合论的束缚,目前已被广泛用于社会、经济、军事、工程等众多领域,获得了大量的研究成果。此外,模糊理论也为隧道及地下工程安全综合评估问题提供了一种新的方法。应用模糊理论建立评估数学模型,可以使定性的评估指标定量化,定量的模糊评估指标向精确性逼近,使评估方法更具科学性、实用性。例如,Huang Hongwei 等[3]利用模糊数学的方法对矿洞喷锚支护的合理参数进行了选择;Panou 等[4]采用模糊评判的方法对隧道方案和路堑方案的比选进行了研究;许宏科等[5]采用层次分析法结合模糊数学理论建立了高速公路隧道运营管理评价模型;罗玉屏等[6]综合考虑影响公路隧道交通安全的各种因素,利用层次分析法、模糊数学理论对隧道的交通安全进行了综合评价;贺志勇等[7]根据某高速公路隧道的全面检测结果,借助数学中的多级模糊综合评价方法,通过建立隧道结构构件安全状况与隧道整体结果评价之间的线性代换关系,对高速公路隧道的安全性进行了评价;褚方平等[8]也利用层次分析法和模糊数学方法建立了多层次模糊综合评价模型,并利用该评价模型对六甲洞隧道进行了健康状态综合评价;Wang Jifei 等[9]采用模糊综合评估理论,基于快速检测结果,实现了对山岭隧道健康状态进行评估,模糊评估理论的研究目前仍处于加速发展阶段。洪平等[10]利用模糊数学的方法建立了铁路运营隧道健康状态评估模型。

8.2.1 隧道健康状态的模糊综合评估原理

模糊综合评估就是以模糊数学为基础,应用模糊关系合成的原理,将一些边界不清、不易定量的因素定量化,然后进行综合评估[11,12]。模糊综合评估的结果是被评对象对各等级的隶属度,它构成了一个模糊向量,而不是一个值,这与其他方法中每一个被评估对象均得到一个综合评估值是不同的,它包含了更丰富的信息。在应用模糊综合评估方法对隧道健康状态进行评估时,评估的结果就是隧道的健康状态,而隧道的健康状态是由各种不同的健康因素共同决定的,这些健康因素包括衬砌裂缝、渗漏水、衬砌背后空洞、衬砌材质劣化、衬砌变形以及起层剥落等,可以将这些健康因素划分为若干等级来进行评定,而每个健康因素又可能由不同的因素所决定,这些因素同样也可以用不同的等级来进行划分,因此,隧道健康状态的模糊综合评估就是确定各个因素对这些划分的等级的隶属度,并结合不同因素的权重最终确定隧道的健康状态。

8.2.2 隧道健康状态模糊综合评估中的几个重要问题

8.2.2.1 隶属函数的确定

在对隧道健康状态进行模糊综合评估时,首先要确定各个因素对于等级评定集合的隶属函数,但如何建立隶属函数,至今仍无统一方法可循,现主要根据实践经验来选取。但无论用什么方法,都是要建立一个从论域 U 到 $[0,1]$ 上的映射,用来反映某对象具有某种模糊性质或属于某种模糊概念的程度,这种函数关系建立得是否正确,要看是否符合客观规律,这就是确定隶属函数的原则。常见的确定隶属函数的方法有模糊统计法、三分法、五点法、模糊分布法等[13],在本章 8.4.9 节中将详细介绍隶属函数的确定方法。

8.2.2.2 模糊算子的选择

隧道健康状态各个影响因素的权向量 $\boldsymbol{\omega}$ 与模糊关系矩阵 $\boldsymbol{R}$ 进行模糊运算可得到模糊综合评估向量 $\boldsymbol{Z}$,$\boldsymbol{Z}=\boldsymbol{\omega}\circ\boldsymbol{R}$,则

$$z_j = (\omega_1 \dot{*} r_{1j}) \otimes (\omega_2 \dot{*} r_{2j}) \otimes \cdots \otimes (\omega_m \dot{*} r_{mj}) \quad j=1,2,\cdots,n \quad (8-1)$$

其中,"$\circ$"为模糊合成算子 $M(\dot{*},\otimes)$,"$\dot{*}$"和"$\otimes$"是模糊运算的两种运算,即模糊合成算子 $M(\dot{*},\otimes)$ 由两部分运算组成,第一步运算"$\dot{*}$"用于 ω_i 对 r_{ij} 的修正,第二步运算"$\otimes$"用于修

正后的 $r_{ij}(i=1,2,\cdots,m)$ 的综合。

常用的模糊合成算子有以下几种：

(1) 主因素决定型 $M(\vee,\wedge)$，这种算子也称作 Zadeh 算子，采用取小($\vee$)和取大($\wedge$)运算。

(2) 主因素突出型 $M(\cdot,\wedge)$，这种算子采用实数乘积和取大运算。

(3) 不均衡平均型 $M(\vee,\oplus)$，这种算子是先取小，再进行有界和运算。

(4) 加权平均型 $M(\cdot,\oplus)$，这种算子采用实数乘积与有界和运算。

对于同一个评估对象，采用不同的模糊算子进行评估，评估结果可能不同。因此，在实际评估过程中，应根据被评估对象的特点来选择合适的模糊算子。4 种算子的特点如表 8-1 所示。

表 8-1　　　　　　　　　　4 种模糊算子的比较

比较内容	$M(\vee,\wedge)$	$M(\cdot,\wedge)$	$M(\vee,\oplus)$	$M(\cdot,\oplus)$
体现权数作用	不明显	明显	不明显	明显
综合程度	弱	弱	强	强
利用 R 的信息	不充分	不充分	比较充分	充分
类型	主因素决定型	主因素突出型	不均衡平衡型	加权平均型

由于公路隧道衬砌健康状态评估指标体系中各指标重要性存在差异，但差异并不是非常大，而且也需要知道公路隧道衬砌健康状态综合评估的结果，因此需要对评估结果进行定量分析，此时采用算子 $M(\cdot,\oplus)$ 较为精确，因此本文采用算子 $M(\cdot,\oplus)$ 对公路隧道衬砌健康状态进行综合评估。

8.2.2.3 模糊综合评估结果的分析

模糊综合评估的结果是被评估对象对各评估等级模糊子集的隶属度，它构成了一个模糊向量，而不是一个点值，因而它提供的信息比其他方法更丰富。在实际的评估活动中，往往还需要知道具体的评估值，以便进一步比较分析，这就需要以适当的方法对评估结果向量进行清晰化，也称为集化，常用的方法有以下几种：

(1) 最大隶属度原则。

对模糊综合评估结果向量 $Z=\{z_1,z_2,\cdots,z_n\}$，若 $z_r=\max\limits_{1\leqslant j\leqslant n}\{b_j\}$，则被评估对象从总体上来讲隶属于第 r 等级。这是实际中最常用的方法，但使用这种方法在许多情况下会显得很勉强，因为没有充分利用模糊综合评估结果带来的信息，损失信息较多，有时还会得出不合理的评估结果，因此应用最大隶属度原则时应考虑它的适用度。

(2) 中位数原则。

设 $r=\min\{j\mid\theta_j>0.5\}$，式中 $\theta_j=\sum\limits_{k=1}^{j}z_k$，$j=1,2,\cdots,n$，则将被评估对象定为第 r 等

级。这种方法利用了部分模糊综合评估结果向量中的信息，但结果不是很精确，有很大的局限性。

（3）模糊向量单值化法。

将各评估等级赋以具体分值，然后用模糊综合评估结果向量中对应的隶属度将分值加权平均就可以得到一个点值。设给 n 个等级依次赋以分值 x_1，x_2，…，x_n，且分值间距相等，则模糊综合评估向量可单值化为

$$F = \frac{\sum_{j=1}^{n} z_j x_j}{\sum_{j=1}^{n} z_j} \tag{8-2}$$

由 F 的值可评定被评估对象的级别。通常，x_j 的值可根据实际问题的要求来确定。模糊向量单值化法充分利用了模糊综合评估结果中的信息，兼顾了整体特性，本章采用这种方法。

8.3 评估指标及评估体系的建立

8.3.1 评估指标的选取原则

评估指标是定量研究公路隧道衬砌健康状态的基础，选取的评估指标是否恰当，将直接影响到最终的评估结果是否合理、可靠。评估指标选取得太多，会使得评估指标数量庞大，可能造成指标间信息重复，相互间有干扰；评估指标选取得太少，可能使所选取的指标缺乏足够的代表性，指标信息覆盖不全，产生片面性，这些都会影响评估结果的准确性。因此，为了使所选取的评估指标具有足够的代表性且更好地反映公路隧道的健康状态，在建立公路隧道衬砌健康状态评估指标体系时，选取评估指标应遵循科学性、全面性与代表性、系统性与层次性、可操作性等原则[14-16]。

8.3.2 评估指标的选取

公路隧道衬砌的健康状态反映的就是公路隧道结构的损伤或破损状态，以及可能对隧道结构安全构成威胁的各种病害程度，可以这样说，对公路隧道衬砌健康状态的评估就是综合考虑公路隧道结构的各种损伤、破损状态以及病害程度的过程。而这些结构破损形态以及病害程度的情况可以通过公路隧道的现场调查和检测得到。因此，可以采用公路隧道的结构破损形态以及病害程度作为公路隧道衬砌健康状态评估指标体系的候选指标。

公路隧道的结构破损形态主要包括衬砌裂缝、衬砌起层、剥落等。公路隧道的病害主要包括渗漏水、衬砌背后空洞、衬砌材质劣化、衬砌变形等。通过对山区公路隧道的快速检测（红外热像仪、CCD 线阵相机、地质雷达等），我们可以获取衬砌裂缝、渗漏水、衬砌背后空洞、衬砌起层剥落以及衬砌表观病害等结构破损形态或病害的信息，因此在进行综合评估时，主要以这些信息为依据进行隧道健康状态的评估。

8.3.2.1 衬砌裂缝

隧道衬砌裂缝一般是指隧道衬砌混凝土表面的可见裂缝(图 8-2),它是二次衬砌混凝土中的不连续面,这些薄弱部位是引起混凝土破坏的主要原因。它的产生主要是由于地层压力(含原始地应力场和地下水)作用、温度和收缩应力作用、围岩膨胀性或冻胀性压力作用、腐蚀性介质作用、施工中人为因素的影响等[17]。衬砌裂缝对隧道稳定性的影响比较复杂,它涉及裂缝位置、长度、宽度、深度、发展性、密度、方向等诸多方面。

(a) 拱顶开裂　　　　　　　　　　(b) 纵向开裂

图 8-2　隧道衬砌裂缝

根据衬砌裂缝的长度和宽度判定衬砌裂缝状态时,目前较多的判定方法是综合衬砌裂缝的长度和宽度对衬砌裂缝状态进行判定,而不是单一地采用衬砌裂缝的长度或宽度判定衬砌裂缝状态。在对公路隧道进行快速检测时,经过对获取的图像进行处理,长度和宽度是比较容易获取的信息,因此,从简捷性和可操作性的角度考虑,将衬砌裂缝的长度和宽度作为衬砌裂缝的一个指标。

对于衬砌裂缝深度的检查,以往是采用钻孔取芯的方法,目前超声波等无损检测方法已应用于衬砌裂缝深度的检测,该方法简便易用,且检测速度较以前有了很大改进,在对公路隧道进行快速检测时,深度信息可以较为快速地获取,但与长度和宽度的获取速度相比还是有一定的差距。因此,也将裂缝深度作为一个评估指标。

由于季节的变化,衬砌裂缝宽度会随着混凝土热胀冷缩而变化,我国《公路隧道养护技术规范》建议在对裂缝发展变化进行连续观测时,宜连续测量 1 年以上的时间,以便掌握裂缝发展速度及其规律,而在采用快速检测方法对隧道进行检测时,限于检测时间的限制,无法确定衬砌裂缝是否存在发展。因此,从可操作性角度考虑,未将衬砌裂缝的发展性作为衬砌裂缝的一个指标。

我国《公路隧道养护技术规范》中规定,根据衬砌裂缝的长度和宽度判定衬砌裂缝状态时,主要是以水平方向的裂缝或剪断裂缝为对象,对于横向裂缝,在判定时将判定结果相应地降低一个等级。另外,在对隧道进行快速检测时,裂缝的方向虽然是比较容易获取的指标之一,但单独从裂缝的方向无法对衬砌结构的安全性做出判断。因此,从独立性的角度考虑,不将衬砌裂缝的方向作为一个单独的评估指标。

对于衬砌裂缝的密度,我国《公路隧道养护技术规范》中规定,当宽为 0.3～0.5 mm 以上的裂缝,其分布密度大于 200 cm/m² 时,可升高一个判定等级或者采用判定分类中较高的判定。因此,从独立性、可操作性和简洁性的角度考虑,也将衬砌裂缝的分布密度作为衬砌裂缝长度和宽度的一个辅助指标。

根据上面的分析,对于衬砌裂缝的评估,采用衬砌裂缝的长度、宽度、深度和分布密度作为主要评估指标,其中将衬砌裂缝的长度和宽度作为衬砌裂缝的一个指标。

8.3.2.2 渗漏水

由于隧道处于岩土层中,修建后会成为所穿过山体附近地下水聚集的通道,时刻受地下水的渗透作用,如衬砌的防水及排水设施不完善,地下水就会侵入隧道。渗漏水对隧道稳定、洞内设施、行车安全、地面建筑和隧道周围水环境产生诸多不良影响甚至威胁[18,19]。渗漏水是最常见的隧道病害,目前国内公路隧道完全无渗漏者寥寥无几,绝大部分隧道都存在着不同程度的渗漏问题,渗漏部位遍及隧道全周[20,21]。渗漏水对隧道的影响可以用部位、漏水压力、漏水流量、漏水状态(图 8-3)、漏水混浊情况、pH、冻害情况等指标来反映。

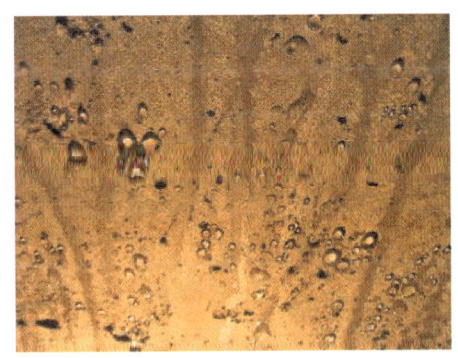
(a) 表面渗水

(b) 施工缝涌水

(c) 施工缝渗水

(d) 施工缝喷水

图 8-3 隧道渗漏水的不同状态[22]

由于进行漏水状态分类时需要考虑漏水压力、漏水流量等指标,但如何判定漏水压力和漏水流量目前尚无统一的标准。而在对隧道进行快速检测时,无法获取漏水压力信息,也无法即时获取渗漏量指标,因此,从可操作性的角度考虑,不将漏水压力和漏水流量作为渗漏水的指标。

在现有的渗漏水判定中,已经将漏水状态和部位综合起来分析渗漏水对隧道的影响。因此,从可操作性的角度考虑,将漏水部位和状态作为渗漏水的一个指标。

背后砂土流出可能会导致围岩松弛而成为外荷载引起病害,因此有必要进行详细的检查。但是由于漏水混浊情况度量的准确性不高,而且其危害性的评估也很困难,因此,从可操作性的角度考虑,未将漏水混浊情况作为渗漏水的指标。

漏水是加速衬砌材质劣化的原因之一,特别是当漏水显示出强酸性时,混凝土有被严重劣化的危险。在隧道检查时,一般使用pH试纸对漏水的酸碱度作简易测定,速度较快,比较容易获取相关信息。因此,从可操作性的角度考虑,将漏水pH作为渗漏水的评估指标。

冬季漏水冻结,会造成拱部挂冰、路面结冰,侵入隧道建筑限界,影响交通安全。在寒冷地区,尤其是严寒地区,衬砌背后的围岩冻结,会产生冻胀力,极易在拱顶附近造成衬砌冻胀开裂,或造成混凝土骨料胀出、砂浆及混凝土的剥落等(图8-4)。因此,从独立性和简洁性角度考虑,将冻害作为渗漏水的一个评估指标。

 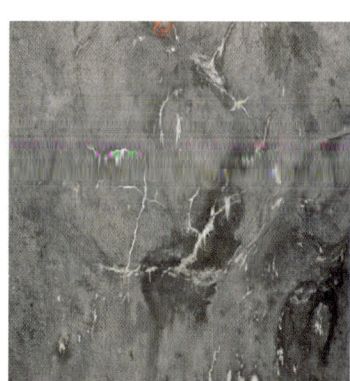 

(a) 剥落现象　　　　(b) 混凝土酥碎剥落　　　　(c) 挂冰

图8-4　冻害引起的病害[23, 24]

根据上面的分析,对于渗漏水,采用渗漏部位及状态、pH、冻害作为评估指标,其中将渗漏部位及状态作为一个指标。

8.3.2.3　衬砌背后空洞

由于施工工艺、施工方法、施工质量、混凝土收缩等多方面的原因,公路隧道衬砌背后空洞问题比较严重[19, 25]。当衬砌背后有空洞时,二次衬砌的受力和围岩的应力状态会发生改变,二次衬砌上边缘容易发生开裂;空洞同时也是水的通道,如果有渗漏水发生,则渗漏水会沿着空洞和裂缝进入衬砌，引起渗漏、冻害、钢筋锈蚀等病害。另外，围岩会失去应有的支护而松弛、变形，导致失稳、脱落，严重时会发生突发性崩塌，如图8-5所示。图8-5(a)表示隧道建成后，由于多方面原因，隧道上部出现了较大的空洞。空洞上部的岩块由于失去了衬砌结构的支撑，发生渐进性破坏并最终与围岩分离落下，就会冲击衬砌。当衬砌的强度足够时，岩块会停在衬砌上部，如图8-5(b)所示。当衬砌的强度不足时，衬砌会被冲破，与岩块一起落到隧道内部，如图8-5(c)所示。当上覆岩层较薄时，空洞可能会到达地表面，形成地表塌陷。

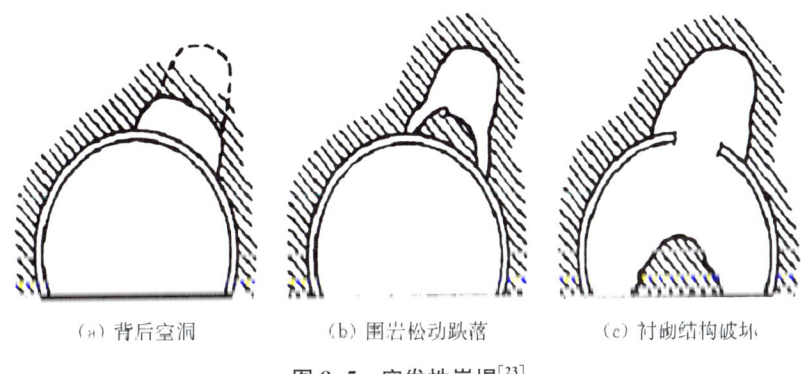

图 8-5 突发性崩塌[23]

空洞对隧道衬砌的危害是一个综合作用的结果，在对其危害进行评估时，需要考虑的因素有：空洞的大小（环向尺寸）、空洞的深度（径向尺寸）、空洞的位置、隧道的断面形式、围岩级别和侧压力系数等。根据前面的分析，这些因素都会对衬砌的健康状态产生影响，而在利用地质雷达等方法快速检测隧道衬砌背后空洞状况时，所得到的数据主要包括隧道衬砌背后空洞的大小（环向尺寸）和深度（径向尺寸）以及空洞的位置，而对空洞进行评估时，一般是将空洞的大小和位置结合起来对空洞进行评估，因此将空洞的位置和大小作为一个评估指标。空洞深度可以用来判断围岩跌落时是否会对衬砌造成损伤，因此空洞深度作为一个单独的评估指标。隧道断面形式、围岩情况（包括围岩级别和侧压力系数）等指标在进行检测前就可以从隧道的设计、施工文件中获取。同时，隧道的断面形式和围岩级别是密切相关的，二者不可分割，因此从独立性和可操作性方面考虑，将隧道形式和围岩情况作为衬砌背后空洞评估的一个指标。

根据上面的分析，对于衬砌背后空洞，采用空洞的位置和大小、空洞深度、隧道形式及围岩情况作为评估指标。

8.3.2.4 衬砌材质劣化

衬砌材质劣化可以用劣化部位、衬砌强度、衬砌厚度、钢材腐蚀、衬砌混凝土碳化等指标反映（图8-6）。

衬砌强度和衬砌厚度的变化可以直接反映衬砌材质的劣化情况。

在钢筋混凝土衬砌结构中，一旦钢材的钝化膜被破坏，在有水和氧气的条件下，钢材就会腐蚀。钢材腐蚀时在钢材表面析出$F_e(OH)_2$，$F_e(OH)_2$失水后生成铁锈，其体积一般要膨胀2~4倍，对周围的混凝土产生挤压力，把混凝土保护层胀开，致使混凝土开裂、剥落，造成钢材与混凝土之间黏结力破坏，钢筋截面面积减小，结构或构件承载力降低，随着时间的推移，钢材锈蚀会逐渐恶化，最终可能导致结构的完全破坏[26]。因此，我国《公路隧道养护技术规范》中规定，对于钢筋混凝土衬砌，应考虑钢材腐蚀。

(a) 表面混凝土碳化　　　　　　　　　(b) 钢筋锈蚀

图 8-6　衬砌材质劣化[22]

衬砌混凝土的碳化一般是指空气中的二氧化碳与水泥石中的水化产物发生物理化学反应，生成碳酸盐或其他物质的现象[27]。由于衬砌混凝土表面碳化后生成的碳酸盐硬度较高，使衬砌混凝土表面硬度增加，回弹值增大，虽对衬砌混凝土强度影响不大，但会显著影响回弹法测强结果，使得采用回弹法测定衬砌混凝土强度时，需要利用碳化检测结果进行修正[28]。同时，混凝土碳化会降低混凝土材料的碱度，继而破坏钢材表面的钝化膜，使混凝土失去对钢材的保护作用，发生钢材锈蚀，即衬砌混凝土碳化与衬砌强度和钢材锈蚀两个指标间存在一定的相关性，因此，从独立性的角度考虑，未将衬砌混凝土碳化作为衬砌材质劣化的一个单独指标。

由于在判定衬砌强度和衬砌厚度时，需要考虑劣化部位，因此，从独立性的角度考虑，未将劣化部位作为衬砌材质劣化的一个单独指标。

根据上面的分析，对于衬砌材质劣化，采用衬砌强度、衬砌厚度、钢材腐蚀作为指标。

8.3.2.5　衬砌变形

隧道横断面尺寸可用激光式横断面测量仪进行测量，它可以方便地处理测量数据、显示横断面形状并输出结果等，根据测量数据可以得到横断面和净空的变化情况以及判定隧道建筑限界是否满足要求。

衬砌变形可以用变形速率和变形量来反映，变形速率可以反映衬砌横断面形状变化的过程,变形量则可以反映隧道建筑限界是否满足要求。因此,对于衬砌变形,采用变形速率和变形量作为指标。

8.3.2.6 衬砌起层、剥落

衬砌起层、剥落包括衬砌剥落、剥离、鼓出等。剥落是指混凝土表面砂浆流失和粗骨料外露的现象,一般发生在混凝土表层品质较差的部位;剥离是指混凝土近似圆形和椭圆形的剥落,它与剥落的区别在于剥离是呈片块状流失,且流失面积较剥落大;鼓出发展到一定程度就是剥离。

衬砌起层、剥落可分为有可能发生的起层、剥落和已发生的起层、剥落,已发生的起层、剥落即掉落(图8-7)。

对于可能发生的起层、剥落,可用敲击法测量,根据敲击声的强度、频率、音质等可判断有无剥落的可能。对于可能发生的起层、剥落,可以采用部位和掉落的可能性作为指标,由于目前在判定可能发生的衬砌起层、剥落时,是综合这两个指标进行判定的,因此,将部位和掉落的可能性作为一个指标。

(a) 衬砌表面剥落　　　　　　　　(b) 装饰瓷砖剥落

图 8-7　衬砌起层、剥落[22]

对于掉落,可采用掉落区域的深度、直径作为指标。此外,衬砌结构还会产生蜂窝、麻面等表观病害,蜂窝、麻面反映的是衬砌混凝土的外观质量和表面强度,可以通过衬砌强度反映,而且一般情况下对隧道结构的健康直接影响较小,因此不将衬砌表观病害作为公路隧道衬砌健康状态的评估指标。

根据上面的分析,对于衬砌起层、剥落,采用部位、掉落的可能性、深度、直径作为指标,其中将部位和掉落的可能性作为衬砌起层、剥落的一个指标。

综合以上分析,公路隧道的健康状态可以用衬砌裂缝、渗漏水、衬砌材质劣化、衬砌背后空洞、衬砌变形、衬砌起层/剥落这些结构破损形态来综合反映,且这些结构破损形态也可由一个或多个指标来综合反映。

8.3.3 公路隧道衬砌健康状态评估指标体系的建立

在建立公路隧道衬砌健康状态评估指标体系时,应该尽可能地考虑到可能影响隧道健康状态的各种因素,但由于隧道工程所处的环境复杂,其健康状态可能受到各种各样的因素影响,包括自然因素和人为因素,很难一次性地考虑全部的因素,因此采用系统科学中的层次性原理,即采用层次分析法(Analytic Hierarchy Process,AHP)思想建立公路隧道衬砌健康状态评估指标体系[29,30]。将问题分解为多个层次,每个层次又有多个构成要素,从全局到局部逐步深入分析,将影响公路隧道衬砌健康状态的因素条理化、层次化,从而建立递阶层次分析模型(图8-8)。

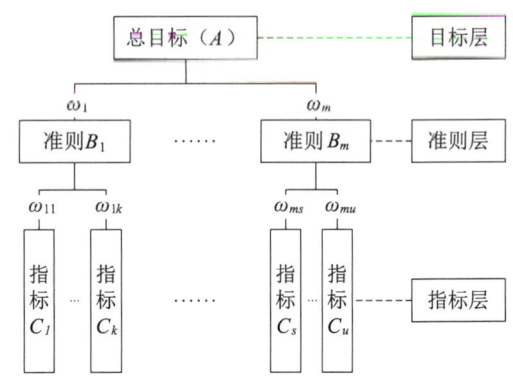

图8-8 典型递阶层次结构图

对于任一评估目标 A,设其 u 个评估指标值分别为 $C_1^*,C_2^*,\cdots,C_u^*$,则 A 相应于总目标的效用值记为 A^*,有

$$A^* = \omega_1(\omega_{11}C_1^* + \cdots + \omega_{1k}C_k^*) + \cdots + \omega_m(\omega_{ms}C_s^* + \cdots + \omega_{mu}C_u^*) = \sum_i\sum_j \omega_i\omega_{ij}C_j^* \tag{8-3}$$

由此可以看出,评估指标 C_j 的权为 $\omega_i\omega_{ij}$,记 $b_j = \omega_i\omega_{ij}$,于是得到评估指标集 $C = \{C_1, C_2, \cdots, C_u\}$ 的权向量为 $b = \{b_1, b_2, \cdots, b_u\}$。对于任何一个有着较为复杂的层次结构的评估体系都可求出相应于指标集的权向量。

根据上面的分析,可以将公路隧道衬砌健康状态评估指标体系分为三层。第一层为目标层,包含一个目标对象,即公路隧道衬砌健康状态,用 A 表示。第二层为准则层,由可能影响公路隧道衬砌健康状态的因素组成,包括衬砌裂缝、渗漏水、衬砌背后空洞、衬砌材质劣化、衬砌变形、衬砌起层剥落6个方面,分别用 B_1,B_2,B_3,B_4,B_5,B_6 表示,这6个因素组成了公路隧道衬砌健康状态综合评估的准则层因素集 B,即 $B = \{B_1,B_2,B_3,B_4,B_5,B_6\}$。第三层为指标层,由可能影响准则层因素的各项指标组成:衬砌裂缝 B_1 包括3项指标,分别用 C_1 表示长度和宽度,C_2 表示深度,C_3 表示分布密度;渗漏水 B_2 包括3项指标,用 C_4 表示部位和渗漏状态,$C_5、C_6$ 分别表示pH和冻害;衬砌背后空洞 B_3 包括3项指标,分别用 $C_7、C_8、C_9$ 表示空洞位置和大小、空洞深度及围岩情况;衬砌材质劣化 B_4 包括3项指标,分别用 $C_{10}、C_{11}、C_{12}$ 表示衬砌强度、衬砌厚度、钢筋腐蚀;衬砌变形 B_5 包括2项指标,分别用 $C_{13}、C_{14}$ 表示变形速率和变形量;衬砌起层、剥落 B_6 包括3项指标,分别用 $C_{15}、C_{16}、C_{17}$ 表示部位、掉落的可能性、掉落区域的深度和直径,最终建立如图8-9所示的递阶层次指标体系。

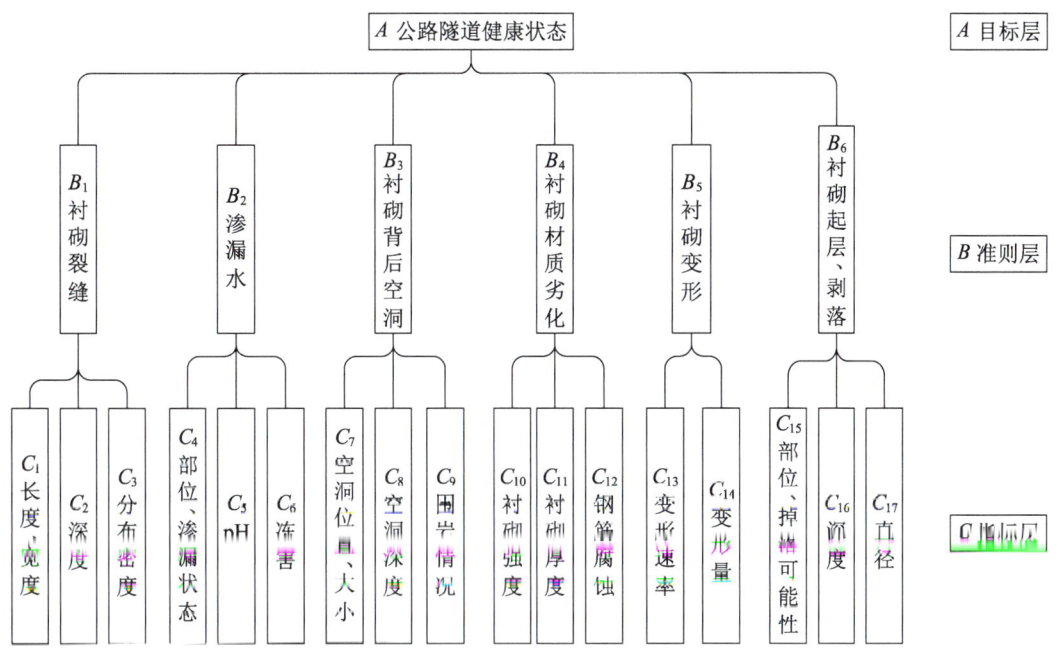

图 8-9 公路隧道衬砌健康状态综合评估指标体系

8.4 公路隧道衬砌健康状态评估等级及标准

为了对公路隧道调查和检测结果进行判定和评估,同时也为了使指标体系中指标的评估能和评估结果相联系,需要建立各评估指标的判定标准。判定标准是指对应于某一健康等级,各层评估指标的值或状态应处于的变化区间或状态。判定标准包括定性的判定标准、定量的判定标准以及定性与定量相结合的判定标准。在给出了评估指标的判定标准后,就可以使不同结果的评估指标与健康等级相对应,以实现对公路隧道衬砌健康状态的评估。为此,下面对评估指标的判定标准进行了深入研究,给出了各评估指标的判定标准。

8.4.1 公路隧道衬砌健康状态总体等级的确定

由于公路隧道衬砌健康状态是一个比较抽象的概念,为了能对其进行定量评估,需要将它划分为若干可度量的等级,即构造一个健康状态等级的集合,并确定每个状态等级的判断标准。公路隧道衬砌健康状态等级的划分,是一个实践性很强的问题,它涉及实践经验、相应规范和现有的方法等多方面因素。若划分的健康状态等级过少则可能丢失某些重要信息。如果健康状态等级数目划分过多,则又会使相邻等级区间界限模糊,在实际操作中十分不便。目前,世界各国对隧道健康状态等级的划分思路大多是从后果损失方面进行描述,但在具体的等级划分上又存在差异,而且由于事故所造成的损失是与时俱进的,因此即使在同一国家不同时期的规范或手册中对公路隧道衬砌健康状态等级的划分也不尽相同。目前,各国已有的隧道健康状态等级划分方法包括三级划分法、四级划分法、五级划分法和十级划分法。

1. 三级划分法

日本《公路隧道维持管理便览》中,按照不同的检查阶段(日常检查、定期检查、临时检查等),将隧道健全度分为三级,如表8-2所示。

表 8-2　　　　　　　　　　日本公路隧道健全度等级

等级	判定内容
A	变异显著,不能确保通行车辆的安全,应采取紧急措施
B	有变异,为研究是否需要补修和补强,需进行异常情况检查或标准调查
C	健全(无变异或轻微)

我国《公路隧道养护技术规范》中,将土建结构的检查工作分为日常检查、定期检查、特别检查和专项检查四类,其中日常检查、定期检查和特别检查的结果分为三类判定,如表8-3所示。

表 8-3　　　　　我国公路隧道检查结果的判定(日常、定期和特别检查)

判定分类	检查结论
S	情况正常(无异常情况,或虽有异常情况但很轻微)
B	存在异常情况,但不明确,应做进一步检查或观测以确定对策
A	异常情况显著,危及行人、行车安全,应采取处治措施或特别对策

2. 四级划分法

在日本铁路隧道总体检查中,把健全度分为A,B,C,S四级,A级又细分为AA,A_1,A_2三级,如表8-4所示。日本《公路隧道维持管理便览》中,将调查阶段隧道的健全度分为四级,如表8-5所示。

表 8-4　　　　　　　　　　日本铁路隧道健全度等级

健全度		对运行安全的影响	变异程度	措施
A	AA	危险	重大	立即采取
	A_1	迟早会造成威胁,有异常外力时危险	变异发展,功能继续降低	及早采取
	A_2	以后有危险	变异发展,功能会降低	必要时采取
B		如发展,变为A级	如发展,变为A级	临视(必要时采取)
C		现状时无影响	轻微	重点检查
S		无影响	无	

表 8-5　日本公路隧道健全度划分等级(调查阶段)

判定分级	判定内容
3A	变异显著,对第三者、通行车辆有危险,应立即采取对策
2A	有变异且在发展,早晚会对通行者、通行车辆造成威胁,应及早采取对策
A	有变异,将来对通行者、通行车辆会造成威胁,应重点监视,有计划地采取对策
B	无变异,或变异轻微,对通行者、通行车辆无影响,可进行监视

我国铁路行业标准《铁路桥隧建筑物劣化评定标准　隧道》中,规定采用劣化度的方法判定铁路隧道结构物的功能状态,并将铁路隧道劣化等级分为四级,如表 8-6 所示。

表 8-6　我国铁路隧道劣化等级划分

劣化等级		对结构功能及行车安全的影响	措施
A	AA(极严重)	结构功能严重劣化,危及行车安全	立即采取措施
	A₁(严重)	结构功能严重劣化,进一步发展危及行车安全	尽快采取措施
	B(较重)	劣化继续发展会升至 A 级	加强监视,必要时采取措施
C(中等)		影响较少	加强检查,正常维修
D(轻微)		无影响	正常保养及巡检

我国《公路隧道养护技术规范》中,对于隧道专项检查阶段结果的判定是综合考虑了结构的破损程度、发展变化趋势和对交通安全、结构设施安全的影响等因素进行的,如表 8-7 所示。而将土建结构专项检查的结果判定分为四类,如表 8-8 所示。

表 8-7　我国公路隧道专项检查结果的判定因素

判定分类	判定因素				对策
	破损程度	破损发展趋势	对行人、行车安全的影响	对结构、设施安全的影响	
B	轻微	较缓且稳定	无或轻微	无或轻微	监视、观测
1A	一般	较慢	暂无,将来可能构成危险	暂无,将来可能构成危险	准备采取对策措施
2A	较重	较快	已有一定的威胁,比较危险	已有一定的威胁,比较危险	尽快采取对策措施
3A	严重	迅速	危险	危险	立即采取紧急对策措施

表 8-8　我国公路隧道专项检查结果的判定

判定分类	检查结论
B	结构存在轻微破损,现阶段对行人、行车不会有影响,但应进行监视或观测
1A	结构存在破坏,可能会危及行人、行车安全,应准备采取对策措施
2A	结构存在较严重破坏,将会危及行人、行车安全,应尽早采取对策措施
3A	结构存在严重破坏,已危及行人、行车安全,必须立即采取紧急对策措施

3. 五级划分法

《日本水工隧洞健全度的判定》以断水为原则,将水工隧洞健全度分为五级[31],如表 8-9 所示。

表 8-9　　日本水工隧洞健全度等级

等级	判定内容
1 级	进行一般检查即可
2 级	今后需继续进行监视
3 级	再下次断水时改建
4 级	下次断水时改建
5 级	改建

1999 年,日本建设省混凝土结构耐久性研究会提出了一个基于衬砌混凝土剥落、剥离的隧道劣化度判定标准,如表 8-10 所示。

表 8-10　　隧道劣化度判定标准

劣化度	判定标准
Ⅰ	有明确的剥落、剥离的危险,需立即进行补修
Ⅱ	有多处可能发生剥落、剥离的部分,例如打击检查中发现多处有异常的地点等,需研究是否需要补修
Ⅲ	有可能发生剥落、剥离的部分,例如打击声检查中认为存在有异常声的地点
Ⅳ	有可能存在与剥落、剥离有关的部分,例如出现开裂和施工缝,出现锯齿状变异等
Ⅴ	没有剥落、剥离的迹象,结构物健全

4. 十级划分法

美国《公路和铁路交通隧道检查手册》将隧道检测中的结构单元状态分为 0 到 9 共十级,如表 8-11 所示。

表 8-11　　美国隧道健康等级判定

等级	判定内容
9	新完成的结构
8	极好的状态——没有发现缺陷
7	良好的状态——不需修复,结构只有少量孤立的缺陷
6	"5"和"7"两级之间
5	较好的状态——需小修,但构件仍能正常工作,有轻度的、中度的和孤立的严重缺陷,但没有显著的断面损失

续 表

等级	判定内容
4	"3"和"5"两级之间
3	较差的状态——需大修,部分构件已丧失设计功能,存在严重的缺陷
2	严重的状态——立即进行大修以确保结构物能开放供公路和铁路交通使用
1	危险状态——立即停止使用,并进行结构修复的可行性研究
0	危险状态——停止使用,无法修复

从各国的隧道健康状态等级划分标准可以看出,三级划分法过于简单,因此主要用于日常检查、定期检查和特别检查结果的判定;五级划分法在实际应用中使用的较少,日本建设省的隧道劣化度判定标准实际上只是针对衬砌混凝土剥落、剥离的判定标准,无法用于对隧道整体健康状态的评估;十级划分法则划分过细,确定各等级区间界限的难度较大,实际检查过程中操作难度也较大;而四级划分法则不存在以上问题,且该方法在日本和我国也都已经有了比较广泛的应用。综合以上分析,对公路隧道健康等级的划分采用四级划分法,以我国公路隧道专项检查结果的四级判定标准为基础,如表8-12所示。

表8-12 公路隧道健康等级

判定分类	检查结论
3A	结构存在严重破坏,已危及行人、行车安全,必须立即采取紧急对策措施
2A	结构存在较严重破坏,病害发展较快,将会危及行人、行车安全,应尽早采取对策措施
1A	结构存在破坏,病害无发展或发展较慢,可能会危及行人、行车安全,应准备采取对策措施
B	结构无破损或存在轻微病害,现阶段对行人、行车不会有影响,但应进行监视或观测

8.4.2 衬砌裂缝的判定标准

8.4.2.1 衬砌裂缝长度和宽度的判定标准

(1) 根据衬砌裂缝宽度的判定标准。在我国《铁路工务技术手册 隧道》[17]中,按衬砌裂缝的宽度将衬砌裂缝定量地分为四级,分别为毛裂缝(宽度$b<0.3$ mm)、小裂缝(0.3 mm$\leq b\leq 2$ mm)、中裂缝(2 mm$\leq b\leq 20$ mm)和大裂缝($b>20$ mm)。美国《公路和铁路交通隧道检查手册》中,对非预应力混凝土衬砌,也按衬砌裂缝宽度将衬砌裂缝定量地分为三级,小裂缝($b<0.8$ mm)、中等裂缝(0.8 mm$\leq b\leq 3.2$ mm)和严重裂缝($b>3.2$ mm);而对预应力混凝土衬砌,衬砌裂缝宽度超过 0.1 mm 时就认为是严重的,不超过 0.1 mm 是中等的。我国《铁路隧道设计规范》(TB 10003—2016)规定,钢筋混凝土衬砌结构构件,按荷载基本组合所求得的最大裂缝宽度不应大于 0.2 mm[32]。

(2) 根据衬砌裂缝的长度和宽度判定。在日本《铁道土木构造物等维持管理标准·同解说(隧道篇)》中,给出了根据衬砌裂缝的长度和宽度对衬砌裂缝进行定量判定分级的标准,如表8-13所示。

表 8-13　　　　　　　　　日本铁路隧道衬砌裂缝判定标准

裂缝宽度 b/mm	裂缝长度 l/m		
	$l>10$	$5 \leqslant l \leqslant 10$	$l<5$
$b>5$	A_1/AA	A_1	A_1
$3 \leqslant b \leqslant 5$	A_1	A_1	A_2

在日本《公路隧道维持管理便览》和我国《公路隧道养护技术规范》中，也都给出了根据衬砌裂缝长度和宽度对衬砌裂缝进行定量判定的标准，判定时，将衬砌裂缝分为两种情况：存在开展的裂缝和无法确定是否存在开展的裂缝，然后根据衬砌裂缝的长度和宽度给出了这两种情况下的衬砌裂缝判定标准，如表 8-14 和表 8-15 所示。表中的裂缝主要以水平方向的裂缝或剪断裂缝为对象，对于横向裂缝则将判定分类相应降低一个等级，当裂缝宽度为 0.3~0.5 mm 以上，分布密度大于 200 cm/m² 时，可提高一个判定等级或者采用分类中较高的判定。

表 8-14　　　　　　　　　当衬砌裂缝存在开展时的判定标准

裂缝宽度 b/mm	裂缝长度 l/m	
	$l>5$	$l \leqslant 5$
$b>3$	2A/3A	1A/2A
$b \leqslant 3$	1A	1A

表 8-15　　　　　　　　当无法确定衬砌裂缝是否存在开展时的判定标准

裂缝宽度 b/mm	裂缝长度 l/m		
	$l>10$	$5<l \leqslant 10$	$l \leqslant 5$
$b>5$	2A/3A	1A/2A	1A/2A
$3<b \leqslant 5$	2A	1A/2A	1A
$b \leqslant 3$	1A/B	1A/B	1A/B

注：我国《公路隧道养护技术规范》中对病害等级划分的表示方法为：1级、2级、3级和4级，分别用 B、1A、2A、3A 表示，本章沿用此表示方法。铁路隧道相关规范中病害等级表示的方法与公路隧道有所不同，本章引用相关规范时，均采用该规范所采用的表示方法。

我国《铁路桥隧建筑物劣化评定标准　隧道》中，则采用定量和定性相结合的方法将衬砌开裂分为四级，定量时综合考虑了衬砌裂缝的长度和宽度，如表 8-16 所示。

表 8-16　　　　　　　　我国铁路隧道衬砌开裂、错动的判定标准

判定		裂缝状态
A	AA（极严重）	长度 $l>10$ m，宽度 $b>5$ mm，且变形继续发展，拱部开裂呈块状，有可能掉落
	A_1（严重）	长度 l 为 5~10 m，宽度 $b>5$ mm；开裂使衬砌呈块状，在外力作用下有可能崩塌和剥落
B（较重）		长度 $l<5$ m，宽度 b 为 3~5 mm；裂缝有发展，但速度不快
C（中等）		长度 $l<5$ m 且宽度 $b<3$ mm
D（轻微）		一般龟裂或无发展状态

(3) 根据衬砌裂缝的图像判定。国内外学者已研究用图像分析技术来定量评估混凝土裂缝[33-35],Liu[36]通过处理探测到的衬砌裂缝图像,根据裂缝图像处理结果将裂缝分为有裂缝、无裂缝及中间状态三种情况。该方法是基于图像分析技术,通过对裂缝图像进行处理获得所需的图像特征,并分析运算出相应的特征参数,然后采用合理的运算法则来量化二值化图像中可用于表征裂缝信息的指标,如裂缝的长度、宽度和走向特征等,从而实现对裂缝的定量评估。但该方法需要裂缝检测者同时具备很好的图像处理技术,具有丰富的裂缝处理经验,而且图像处理是一个非常费时的过程,并不适用于快速检测的需求,目前并没有比较成熟的图像处理程序,因此该方法目前未能获得较为广泛的应用。

综合进行比较,第二类判定方法综合考虑了裂缝的长度、宽度和发展性,判定时还考虑了裂缝的方向性和分布密度,考虑得更为全面,且实用性更强,因此本章采用我国公路隧道所推荐的判定标准(表8-14和表8-15)。

8.4.2.2 衬砌裂缝深度的判定标准

对衬砌裂缝深度的判定,目前研究较少,我国《公路隧道养护技术规范》中只是给出了衬砌裂缝深度的检测方法,尚未给出判定标准。冯晓燕[37]、李治国和张玉军[38-41]等利用平面有限元位移法和断裂力学分析了衬砌裂缝的深度、宽度和条数对二次衬砌开裂后的隧道承载能力的影响,结果如表8-17和表8-18所示(假定裂缝对称地位于隧道起拱线和拱腰,衬砌厚度为30 cm)。

表8-17　　裂缝隧道衬砌安全系数 f(2条裂缝, $\beta_1=45°$)

深度/cm	宽度/mm						
	10.0	5.0	1.0	0.5	0.3	0.2	0.1
5	39.04	85.20	166.72	151.91	159.06	167.21	173.08
10	47.09	48.49	67.77	71.24	73.51	77.76	79.34
15	47.55	46.92	64.14	69.24	62.74	59.42	56.55
20	12.62	9.45	10.61	10.27	11.05	11.95	12.51
25	6.27	6.51	6.15	5.85	6.01	6.10	6.11
30	1.16	1.19	1.26	1.31	1.34	1.38	1.39

表8-18　　裂缝隧道衬砌安全系数 f(4条裂缝, $\beta_1=45°$, $\beta_2=70°$)

深度/cm	宽度/mm						
	10.0	5.0	1.0	0.5	0.3	0.2	0.1
5	42.26	81.20	98.84	119.50	125.32	131.12	143.12
10	38.50	32.08	39.45	34.48	35.91	36.80	37.88
15	15.51	16.57	19.02	17.83	18.52	19.34	20.31

续 表

深度/cm	宽度/mm						
	10.0	5.0	1.0	0.5	0.3	0.2	0.1
20	12.63	12.66	13.33	13.29	13.34	13.47	13.85
25	5.74	5.80	6.52	6.30	6.32	6.34	6.35
30	0.52	0.46	0.41	0.42	0.43	0.43	0.43

根据上面两个表，本文将裂缝深度与衬砌厚度的比值 k 与安全系数 f 的函数关系用图 8-10 和图 8-11 进行表示，可以看出，二次衬砌开裂后的隧道衬砌承载安全系数 f 的值随裂缝深度与衬砌厚度比值 k 的增大而减小；当 $k \leqslant 1/3$ 时，f 值随 k 值的增大而迅速减小；当 $1/3 < k \leqslant 1/2$ 时，只有两条裂缝的隧道安全系数变化不大，而有 4 条裂缝的隧道衬砌安全系数减小；当 $1/2 < k \leqslant 2/3$ 时，f 值随 k 值的增大而减小；当 $2/3 < k \leqslant 1$ 时，f 值随 k 值的增大而减小。

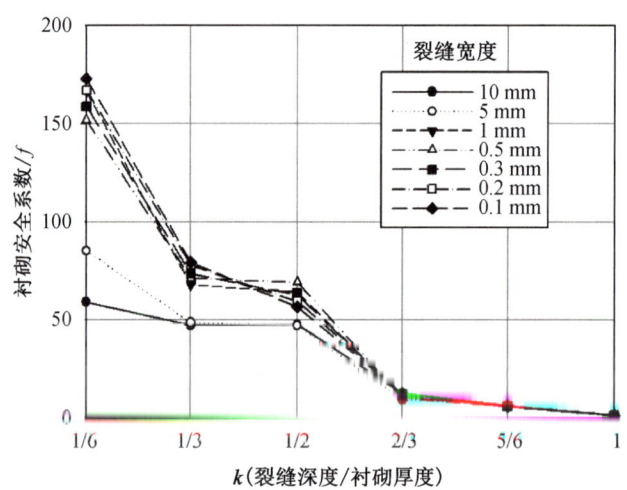

图 8-10　具有 2 条裂缝的隧道承载安全系数

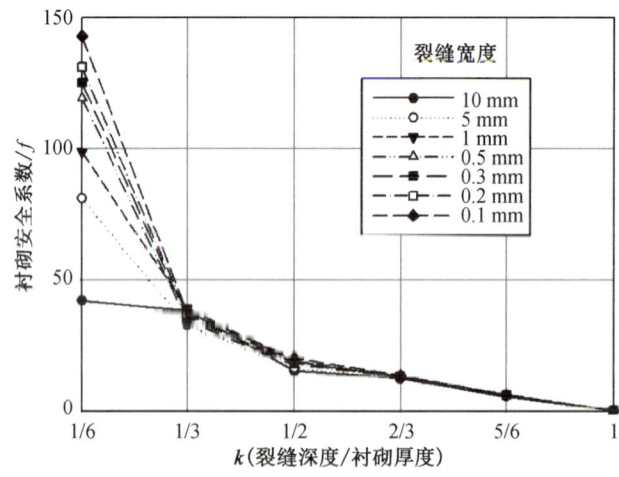

图 8-11　具有 4 条裂缝的隧道承载安全系数

综合以上分析,确定裂缝深度的判定标准如表 8-19 所示。

表 8-19　　　　　　　　　衬砌裂缝深度的判定标准

判定	3A	2A	1A	B
k(裂缝深度/衬砌厚度)	$k>2/3$	$1/2 \leqslant k \leqslant 2/3$	$1/3 \leqslant k<1/2$	$k<1/3$

8.4.2.3　衬砌裂缝分布密度的判定标准

国内外相关规范标准中,并未见专门针对衬砌裂缝分布密度的判定标准,我国的《公路隧道养护技术规范》中,在对衬砌裂缝长度和宽度进行判定时同时指出:当裂缝宽度为 0.3~0.5 mm 以上,分布密度大于 200 cm/m² 时,可提高一个判定等级或者采用分类中较高的判定,基于这一点,对衬砌裂缝分布密度的判定标准如表 8-20 所示。

表 8-20　　　　　　　　　衬砌裂缝分布密度的判定标准

判定	A	B
分布密度/(cm·m^{-2})	>200	<200

8.4.2.4　衬砌裂缝的综合判定标准

对衬砌裂缝的综合判定采用我国《公路隧道养护技术规范》的相关规定,如表 8-21 所示。

表 8-21　　　　　　　　　衬砌裂缝所致结构破损的判定标准

判定	3A	2A	1A	B
裂缝状态	裂缝密集,出现剪切裂缝,并且发展速度快	裂缝密集,出现剪切裂缝,并且发展速度较快	存在裂缝,有一定发展趋势	存在裂缝,但无发展趋势

8.4.3　渗漏水的判定标准

8.4.3.1　渗漏水部位和漏水状态的判定标准

我国《公路隧道养护技术规范》、日本《铁道土木构造物等维持管理标准·同解说(隧道篇)》和日本《公路隧道维持管理便览》中,根据漏水状态和部位来判定渗漏水对隧道的影响,如表 8-22 所示,其中,根据漏水压力、流量等因素将隧道漏水状态定性地分为浸渗、滴漏、涌流、喷射四级;而在我国铁路隧道养护工作中[42],则根据漏水程度将渗漏水更为详细地分为润湿、渗水、滴水、漏水、射水、涌水六级。美国《公路和铁路交通隧道检查手册》中,则采用定性结合定量的方法将渗漏水分为轻度的(无滴水但混凝土表面潮湿)、中度的(流量小于 30 滴/min)、严重的(流量大于 30 滴/min)。《地下工程防水技术规范》中,采用定性描述和定量相结合的方法将隧道防水等级划分为四级,如表 8-23 所示。杨新安和黄宏伟[18]介绍了一种国外的隧道防水分级方法,该方法按最大允许渗漏量将隧道防水等级定量地分为七级,即一级(肉眼看不出)、二级 1 L/(d·m²)、三级 3 L/(d·m²)、四级 13 L/(d·m²)、五级 30 L/(d·m²)、六级

100 L/(d·m²)、七级(不限制)。

表 8-22 隧道渗漏水部位及状态的判定标准

结构部位	主要异况	渗漏状态				是否影响行车		判定
		喷射	涌流	滴漏	浸渗	是	否	
拱部	漏水	✓				✓		3A
			✓			✓		2A
				✓		✓		1A
					✓		✓	B
侧墙		✓				✓		2A
			✓			✓		1A
				✓		✓		1A
					✓		✓	B

注:此表主要根据漏水是否妨碍车辆行驶进行判定。例如漏水喷出妨碍车辆行驶,就可判定为3A。

表 8-23 地下工程防水等级标准

防水等级	标准
四级	有漏水点,不得有线流和漏泥砂; 整个工程平均漏水量不大于 2 L/(d·m²);任意 100 m² 防水面积的平均漏水量不大于 4 L/(d·m²)
三级	有少量漏水点,不得有线流和漏泥砂; 任意 100 m² 防水面积上的漏水点数不超过 7 处,单个漏水点的最大漏水量不大于 2.5 L/d,单个湿渍的最大面积不大于 0.3 m²
二级	不允许漏水,结构表面可有少量湿渍; 工业与民用建筑:总湿渍面积不应大于总防水面积(包括顶板、墙面、地面)的 1/1 000;任意 100 m² 防水面积上的湿渍不超过 1 处,单个湿渍的最大面积不大于 0.1 m²; 其他地下工程:总湿渍面积不应大于总防水面积的 6/1 000;任意 100 m² 防水面积上的湿渍不超过 4 处,单个湿渍的最大面积不大于 0.2 m²
一级	不允许渗水,结构表面无湿渍

可以看出,目前对隧道漏水状态还是以定性判定为主,虽然《地下工程防水技术规范》[48]中给出了防水等级的定量标准,但该标准是否适用于隧道的防水等级判定仍值得商榷,而且如果对隧道进行快速检测,定性标准更适用于快速检测的结果评估,因此从实用性的角度考虑,采用表 8-22 中的判定标准作为渗漏水部位和漏水状态的判定标准。

8.4.3.2 渗漏水 pH 的判定标准

在日本《铁道土木构造物等维持管理标准·同解说(隧道篇)》、日本《公路隧道维持管理便览》、我国《铁路桥隧建筑物劣化评定标准 隧道》和我国《公路隧道养护技术规范》中,将渗漏水 pH 对隧道衬砌腐蚀的影响程度定量地分为四级,本文采用这种分级方法,判定标准如表 8-24 所示。

表 8-24　　　　　　　　　　　漏水 pH 的判定标准

腐蚀等级	pH	对混凝土的作用
3A	<4.0	水泥溶解崩溃
2A	4.1～5.0	在较短时间内表面凹凸不平
1A	5.1～6.0	表面易损坏
B	6.1～7.9	在混凝土使用初期要注意

8.4.3.3 冻害的判定标准

日本《公路隧道维持管理便览》和我国《公路隧道养护技术规范》中,对冻害的判定都是定性的,判定标准也基本相同,如表 8-25 所示。

表 8-25　　　　　　　　　　　冻害判定标准

冻害等级	2A	B
是否影响行车	是	否

我国《铁路桥隧建筑物劣化评定标准 隧道》中,将冻害对隧道功能的影响程度定性地分为四级,如表 8-26 所示。

表 8-26　　　　　　　　冻害对隧道功能影响程度的判定标准

冻害等级		隧道状态
A	AA(极严重)	冻溜、冰柱、冰锥等不断发展,侵入限界,危及行车安全;接触网及电力、通信、信号的挂线上挂冰,危及行车安全和洞内作业人员安全; 道床结冰(片状冰锥),覆盖轨面,严重影响行车
	A1(严重)	避车洞结冰不能使用,严重影响洞内作业人员安全; 冰楔和围岩冻胀反复作用使衬砌变形、开裂并构成纵横交错的裂缝
	B(较重)	冻融使衬砌破坏比较严重; 冻融使道床翻浆冒泥,轨道几何尺寸恶化
	C(中等)	冻害造成衬砌变形、开裂,但裂缝未形成纵横交错; 冻融使衬砌破坏,但不十分严重; 冻害使洞内排水设备破坏; 冻融使线路的养护周期缩短
	D(轻微)	有冻害,但对行车安全无影响,对隧道使用功能影响轻微

我国铁路隧道冻害判定标准较为详细,但与公路隧道相比,铁路隧道的结构形式和洞内的

设备、线路等均有较大差异,因此并不适用于公路隧道的判定,故冻害的判定标准仍采用我国公路隧道的判定标准,见表 8-25。

8.4.3.4 渗漏水的综合判定标准

日本《公路隧道维持管理便览》和我国《公路隧道养护技术规范》中,都给出了渗漏水的定性判定标准,两个判定标准基本相同,只在表述上略有区别。为此,渗漏水的定性判定标准采用我国的标准,如表 8-27 所示。

表 8-27　　　　　　　　公路隧道渗漏水的定性判定标准

判定	渗漏水状态
B	从衬砌裂缝等处渗水,几乎不影响行车安全
1A	从衬砌裂缝等处漏水,不久可能会影响行车安全
2A	从衬砌裂缝等处涌水,影响行车安全
3A	从衬砌裂缝等处喷射水流,严重影响行车安全

8.4.4 衬砌背后空洞的判定标准

8.4.4.1 空洞位置、大小的判定标准

我国《铁路运营隧道衬砌安全等级评定暂行规定》[43]中对衬砌空洞的长度做出了相关规定,但对空洞的位置和大小则未进行描述,结合本书第 7 章的分析,对空洞的位置、大小的判定采用以下标准,如表 7-14 所示。

8.4.4.2 空洞深度的判定标准

根据第 7 章的分析,对空洞深度的判定标准同样采用根据模拟结果所确定的有关标准,如表 7-15 所示。

8.4.4.3 围岩情况的判定标准

隧道位于不同级别的围岩中且背后存在空洞时衬砌结构的安全风险判定标准仍采用本书第 7 章所确定的评估标准,如表 7-16 所示。

8.4.4.4 空洞的综合判定标准

如第 7 章所述,日本《公路隧道维持管理便览》和我国《公路隧道养护技术规范》中,均给出了对于隧道衬砌背后空洞的定性判定标准,两个判定标准基本相同。因此,在对隧道衬砌背后空洞进行综合判定时,采用定性的判定标准进行描述,判定标准则采用我国公路隧道的标准,并稍加改动,如表 8-28 所示。

表 8-28　　　　　　　　　　　衬砌背后空洞的定性判定标准

判定	衬砌背后空洞
B	衬砌背后无空隙,或虽有空隙,但范围较小,且不会继续扩大
1A	衬砌侧面存在空隙,估计今后由于地下水的作用,空隙会扩大
2A	拱部背面存在大的空洞,上部落石可能掉落至拱背
3A	衬砌拱部背面存在较大的空洞,且衬砌有效厚度很薄,空腔上部可能掉落至拱背

8.4.5　衬砌材质劣化的判定标准

8.4.5.1　衬砌强度的判定标准

日本《公路隧道维持管理便览》和我国《公路隧道养护技术规范》中,都给出了衬砌断面强度降低的定性判定标准,两个判定标准基本相同,只在表述上略有区别,如表 8-29 所示。

表 8-29　　　　　　　　　　　衬砌断面强度降低判定基准

判定	衬砌断面强度降低
B	存在材质劣化情况,但对断面强度几乎没有影响
1A	由于材质劣化等原因,断面强度有所下降,结构物功能可能受到损害
2A	由于材质劣化等原因,断面强度有相当程度的下降,结构物功能受到一定的损害
3A	由于材质劣化等原因,断面强度明显下降,结构物功能损害明显

我国《铁路桥隧建筑物劣化评定标准　隧道》中,采用定量与定性相结合的方法将衬砌材质劣化程度分为四级,其中与衬砌强度有关部分的规定如表 8-30 所示。

表 8-30　　　　　　　　　　　衬砌材质劣化等级评定标准

劣化等级		混凝土衬砌腐蚀
A	AA(极严重)	初衬厚度为原设计厚度的 3/5,混凝土强度大大下降
	A1(严重)	初衬有效厚度为设计厚度的 2/3 左右
B(较重)		衬砌剥落,材质劣化,衬砌厚度减少,混凝土强度有一定的降低
C(中等)		衬砌剥落,材质劣化,但发展较慢
D(轻微)		衬砌有起毛或麻面蜂窝现象,但不严重

日本《铁道土木构造物等维持管理标准·同解说(隧道篇)》、日本《公路隧道维持管理便览》和我国《公路隧道养护技术规范》中,都采用有效衬砌厚度和设计衬砌厚度之比(m)来表示衬砌断面强度的变化,如表 8-31 所示(其中,中国和日本公路隧道的判定标准相同;所谓有效衬砌厚度,是指混凝土强度不小于设计标准强度的衬砌的厚度,例如设计衬砌厚度为 50 cm,实际衬砌厚度为 60 cm,其中低于设计标准强度的部分厚度为 20 cm,有效厚度就为 40 cm,则

衬砌材质劣化程度就是 40/50,尚有 2/3 以上部分满足设计要求,但衬砌有效厚度必须确保 30 cm,小于 30 cm 时即可考虑判定为 1A/2A 分类)。

表 8-31　　　　　　　　　　　中国、日本隧道衬砌强度判定标准

我国公路隧道衬砌强度判定标准		日本铁路隧道衬砌强度判定标准	
判定指标	判定标准	判定指标	判定标准
$m<1/2$	2A	$m<1/3$,有效厚度<250 mm	A_2/AA
$1/3 \leqslant m < 2/3$	1A	$1/3 \leqslant m < 2/3$	B/A_2
$m>2/3$	B	—	—

注:表中 m 为衬砌有效厚度与衬砌设计厚度之比值。

我国《铁路运营隧道衬砌安全等级评定暂行规定》中对衬砌强度不足时衬砌安全等级评定做出了更为详尽的规定,该规定结合检测结果,更为实用,可操作性强。因此,本书采用我国铁路隧道对于衬砌安全等级的判定标准,如表 8-32 所示,其中 q_1, q, L_q 分别表示检测断面衬砌混凝土平均强度、衬砌混凝土设计强度和检测衬砌混凝土强度不足地段的测线连续长度。

表 8-32　　　　　　　　　　　我国铁路隧道衬砌强度判定标准

判定指标	等级判定			
	B(轻微)	1A	2A	3A
$0.85 \leqslant q_1/q < 1$	L_q不限			
$0.75 \leqslant q_1/q < 0.85$		$L_q<5$	$L_q \geqslant 5$	
$0.65 \leqslant q_1/q < 0.75$			$L_q<5$	$L_q \geqslant 5$
$q_1/q < 0.65$			$L_q<5$	$L_q \geqslant 5$

8.4.5.2　衬砌厚度的判定标准

我国《铁路运营隧道衬砌安全等级评定暂行规定》中对衬砌厚度不足时衬砌安全等级评定也做出了较为详尽的规定,如表 8-33 所示,而在我国《公路隧道养护技术规范》中,并未对衬砌厚度不足做出详细规定。

表 8-33　　　　　　　　　　　铁路隧道衬砌厚度判定标准

判定指标	等级判定			
	D(轻微)	C	B	A
$0.9 \leqslant h_1/h < 1$	L_c不限			
$0.75 \leqslant h_1/h < 0.9$	$L_c<5$	$L_c \geqslant 5$		
$0.6 \leqslant h_1/h < 0.75$		$L_c<5$	$L_c \geqslant 5$	
$h_1/h < 0.6$			$L_c<5$	$L_c \geqslant 5$

注:表中 h_1, h, L_c 分别表示检测衬砌厚度、设计衬砌厚度和检测衬砌混凝土厚度不足地段的连续长度。

衬砌厚度不足也可以视为衬砌背后空洞的一种,综合比较各种判定标准,本书第7章对空洞深度所做的相关规定更为简便,易于操作,因此采用本书所规定的标准作为衬砌厚度的评判标准,如表7-16所示。

8.4.5.3 钢材腐蚀的判定标准

日本《公路隧道维持管理便览》和我国《公路隧道养护技术规范》中,都只是给出了钢材腐蚀的定性判定标准,两个判定标准基本相同,如表8-34所示。

表8-34　　　　　　　　　　钢材腐蚀的定性判定标准

主要原因	腐蚀程度	判定
盐害、渗漏水、酸(碱)化等	表面或小面积的腐蚀	B
	浅孔蚀或钢筋全周生锈	1A
	钢材断面减小程度明显,钢结构功能受损	2A

美国《公路和铁路交通隧道检查手册》中对钢结构腐蚀的等级判定定性地分为三类:轻微的(钢筋油漆保护层外有轻微、零星的蚀损斑形成)、中等的(零星腐蚀形成了一定的规模或者成片状,可分辨出明确的腐蚀区域)和严重的(大量的成层的腐蚀或者金属表面有腐蚀导致的剥落,这种腐蚀状态会导致金属构件的截面损失,通常出现在渗漏水处)三个级别。

另外,对于钢筋锈蚀,也有采用截面损失率的方法来表示钢筋锈蚀程度的,但截面损失率的确定需采用取样检查法或裂缝观察法等方法确定。取样检查法需破开混凝土进行检测,裂缝观察法虽不需要破开混凝土,但确定时也比较困难,对于需要快速检测及快速评估而言,有些指标可能难以获取。因此,对于钢筋锈蚀的评估标准采用我国公路隧道推荐的定性的评估标准,如表8-34所示。

8.4.5.4 衬砌材质劣化的综合判定标准

我国《铁路桥隧建筑物劣化评定标准　隧道》中,采用定量与定性相结合的方法将衬砌材质劣化程度分为四级,描述中综合考虑了衬砌的厚度强度等因素。因此,对材质劣化的综合判定标准采用我国铁路隧道的判定标准,如表8-35所示。

表8-35　　　　　　　　　　衬砌材质劣化综合评定标准

劣化等级		混凝土衬砌腐蚀
A	AA(极严重)	初衬厚度为原设计厚度的3/5,混凝土强度大大下降
	A1(严重)	初衬有效厚度为设计厚度的2/3左右
B(较重)		衬砌剥落,材质劣化,衬砌厚度减少,混凝土强度有一定的降低
C(中等)		衬砌剥落,材质劣化,但发展较慢
D(轻微)		衬砌有起毛或麻面蜂窝现象,但不严重

8.4.6 衬砌变形的判定标准

8.4.6.1 变形速率的判定标准

日本铁路隧道以净空位移量测的变形速率作为衬砌变形的判断指标,将衬砌变形分为三级,如表 8-36 所示,当发展趋势是加速时,要提高一个判定等级。

表 8-36　　　　　日本铁路隧道的变形速率判定标准

判定	AA	A_1	A_2
变形速率 v /(mm·年$^{-1}$)	$v \geqslant 10$	$3 \leqslant v < 10$	$1 \leqslant v < 3$

我国《铁路桥隧建筑物劣化评定标准　隧道》中将变形判定标准分为四级,如表 8-37 所示。

表 8-37　　　　　我国铁路隧道的变形判定标准

判定		变形或移动
A	AA	滑坡滑动使衬砌移动加速;衬砌变形、移动、下沉发展迅速,威胁行车安全
	A_1	现象或移动速度 $v > 10$ mm/年
B		变形或移动速度为 $3 \sim 10$ mm/年,而且有新的变形出现
C		有变形,但速度 $v < 3$ mm/年
D		有变形,但不发展,而且对使用无影响

日本《公路隧道维持管理便览》[30]和我国《公路隧道养护技术规范》中的判定标准类似于日本铁路隧道的判定标准,但规定更为详细,如表 8-37 所示。

综合进行比较,各国对变形速率的判定标准基本相同,不过公路隧道的判定标准更完善。因此变形速率的判定标准采用我国公路隧道的判定标准,如表 8-38 所示。

表 8-38　　　　　我国公路隧道的变形速率判定标准

判定	3A	2A	1A	B
变形速率 v/(mm·年$^{-1}$)	$v \geqslant 10$	$3 \leqslant v < 10$	$1 \leqslant v < 3$	$v < 1$

8.4.6.2 变形量的判定标准

当隧道的变形速率保持一定的水平,经过一定时间的累积,就有可能侵入隧道建筑限界内,引起隧道内的净空不足,因此对于隧道轮廓变形量的判定,可以从隧道断面内净空是否满足要求来进行描述,我国《铁路运营隧道衬砌安全等级评定暂行规定》对净空不足仅做了相关的定性描述,如表 8-39 所示。

表 8-39　　　　　我国铁路隧道净空不足的判定标准

判定结果	3A(极严重)	2A(严重)	1A(较严重)	B(轻微)
净空不足	侵入超级超限货物装载限界	侵入直线建筑接近限界	侵入隧道建筑限界	未侵限

本书采用变形量与隧道内轮廓到建筑限界的距离（简称内限距）之比 s 作为判定指标，如表 8-40 所示。

表 8-40　　　　　　　　　　变形量的判定标准

判定	3A	2A	1A	B
s	$s \geqslant 3/4$	$1/2 \leqslant s < 3/4$	$1/4 \leqslant s < 1/2$	$s < 1/4$

8.4.6.3　衬砌变形的综合判定标准

日本《公路隧道维持管理便览》和我国《公路隧道养护技术规范》中，给出了衬砌变形的定性判定标准，这两个标准基本相同，只是在表述上略有区别，二者均给出了对衬砌变形的综合描述，因此，衬砌变形的综合判定标准采用我国公路隧道的标准，如表 8-41 所示。

表 8-41　　　　　　　　　　衬砌变形的定性判定标准

判定	描　　述
3A	出现变形、位移、沉降，结构物应有的功能明显下降
2A	出现变形、位移、沉降，估计近期内结构物功能会下降
1A	出现变形、位移，但发展缓慢
B	虽存在变形、位移、沉降，但已停止发展，已无可能再发生异常情况

8.4.7　衬砌起层、剥落的判定标准

8.4.7.1　衬砌掉落部位和可能性的判定标准

日本《公路隧道维持管理便览》和我国《公路隧道养护技术规范》中，给出了基于衬砌掉落部位和可能性的判定标准，如表 8-42 所示。本书采用该标准对衬砌掉落部位和可能性进行判定。

表 8-42　　　　　　　　　衬砌掉落部位和可能性的判定标准

部位	掉落的可能性	
	有	无
拱部	3A	B
侧墙	2A	B

8.4.7.2　衬砌起层、剥落深度的判定标准

日本《铁道土木构造物等维持管理标准·同解说（隧道篇）》中，根据落下的块体大小将剥落、剥离分为三级，如表 8-43 所示。

表 8-43　　　　　　　　　日本铁路隧道衬砌剥落的判定标准

判定	AA	A_1	A_2
落下的块体大小	大于砖块	接近砖块	接近集料

美国《公路和铁路交通隧道检查手册》中,将隧道衬砌的剥落分为表面砂浆的剥落、衬砌混凝土的剥落、混凝土鼓出三类,并定性地分为轻微的、中等的、严重的三个等级,从剥落的深度或直径的角度给出了相应的量化指标,对表面砂浆和骨料的剥落的深度判定标准如表 8-44 所示。

表 8-44　　　　　　　　　　表面砂浆和骨料剥落的判定标准

判定	表面砂浆和粗骨料的剥落
严重的	砂浆流失深度大于 25 mm,表面砂浆、粗骨料、骨料间的砂浆均流失
中等的	表面砂浆流失深度达 6～25 mm,部分粗骨料间的砂浆已流失
轻微的	表面砂浆流失深度小于 6 mm,可见到粗骨料

对于混凝土剥落深度和直径的判定标准如表 8-45 所示。

表 8-45　　　　　　　　　　混凝土剥落的判定标准

判定	混凝土的剥落
严重的	剥落深度大于 25 mm,剥落直径大于 150 mm,且剥落处都有钢筋外露
中等的	剥落深度为 12～25 mm,或剥落直径接近 150 mm
轻微的	剥落深度小于 12 mm,或剥落直径为 75～150 mm

可以看出,美国《公路和铁路交通隧道检查手册》对剥落的判定标准的规定更为详细,且可操作性强,因此,对混凝土深度的判定采用美国规范的相关规定,如表 8-46 所示。

表 8-46　　　　　　　　　　衬砌剥落深度的判定标准

判定	2A	1A	B
剥落的深度 h_s /mm	$h_s > 25$	$12 < h_s \leqslant 25$	$h_s < 8$

8.4.7.3　衬砌起层、剥落直径的判定标准

如前所述,美国《公路和铁路交通隧道检查手册》中对混凝土剥落直径进行了定量的规定,如表 8-45 所示。对混凝土鼓出直径的判定标准如表 8-47 所示,当直径大于 75 mm 时,鼓出就是剥落。

表 8-47　　　　　　　　　　鼓出的判定标准

判定	鼓出后产生的孔洞的直径 D_p
严重的	50 mm $< D_p \leqslant$ 75 mm
中等的	10 mm $< D_p \leqslant$ 50 mm
轻微的	$D_p \leqslant$ 10 mm

综合考虑,对混凝土剥落直径的判定采用美国《公路和铁路交通隧道检查手册》中对剥落直径的相关标准,同时结合鼓出的判定标准,如表8-48所示。

表8-48　　　　　　　　　　衬砌剥落直径的判定标准

判定	3A	2A	1A	B
剥落直径 D_s /mm	$D_s>150$	$75<D_s\leq150$	$50\leq D_s\leq75$	$D_s<8$

8.4.7.4 衬砌起层、剥落的综合判定标准

日本《公路隧道维持管理便览》和我国《公路隧道养护技术规范》中,给出了衬砌起层、剥落的定性判定标准,这两个标准基本相同,只是在表述上略有区别。为此,衬砌起层、剥落的综合判定标准采用我国的标准,如表8-49所示。

表8-49　　　　　　　　　　衬砌起层、剥落的定性判定标准

判定	破损原因	
	外荷载作用所致	衬砌劣化所致
3A	由于拱顶裂缝密集,衬砌开裂,导致起层、剥落,混凝土块可能掉下	由于拱顶部位的材料劣化,导致混凝土起层、剥落,混凝土可能掉落或已掉落
2A	侧墙处裂缝密集,衬砌压裂,导致起层、剥落,侧墙混凝土有可能掉下	由于侧墙部位材料劣化,导致混凝土起层、剥落,混凝土可能掉落或已掉落
1A		
B	—	难以确定起层、剥落

8.4.8 评估指标权重的确定

8.4.8.1 概述

在进行隧道健康状态的整体评估时,合理地确定各个指标的权重,是能否获得合理评估结果的关键。在确定权重时,主要的依据有两个方面,一是事先的调查资料,二是实际的检测资料。在确定权重时,应设法充分利用实测资料所给出的信息。由于隧道健康状况的恶化可能是由于某一部位开始而最终导致结构的破坏,如果权重确定不当,隧道健康状态可能无法被真实地反映出来,此时如仍采取常规方法确定权重,就可能无法获得正确的总体风险评估结果。例如,假设隧道正常运营时,渗漏水、裂缝、空洞三个指标的权重相同,而当雨季来临,隧道内渗漏水情况加重,成为影响隧道运营安全的主要因素,这时,渗漏水对隧道总体风险的增加会起到主导作用,其权重也就应该相应增加。同时,对可靠程度和灵敏程度高的指标应赋予较大的权重。

8.4.8.2 指标权重确定的方法

目前关于权重系数的确定方法众多,根据计算权重时原始数据的来源及计算过程的不同

可大致分为两类:一类是主观赋权法,另一类是客观赋权法。

主观赋权法是根据决策分析者或者专家对各属性的主观重视程度而进行赋权的方法,主要有专家咨询法(Delphi法)、层次分析法、专家调查法、G1法(序关系分析法)[14]等。客观赋权法是指单纯利用属性的客观信息来确定权重的方法,主要有拉开档次法、熵权信息法、均方差法[44]、变异系数法、离差最大化法[45]、简单关联函数法[46-48]。其中,客观赋权法的原始数据来源于评估矩阵的实际数据,使系数具有绝对的客观性,视评估指标对所有的评估方案差异大小来决定其权重系数的大小。

然而,在确定隧道健康状态影响因素的权重时,由于很难获取大量的数据,采用客观法确定权重十分困难,因此本书采用主观赋权法中的G1法(序关系分析法),该方法计算过程简单方便,并且可以对权重随时调整,而隧道的健康状态影响因素在不同时期、不同地点的权重是变化的,因此该方法非常适用于确定隧道健康状态影响因素的权重。下面简单介绍该方法的相关原理。

G1法(序关系分析法)的计算分为三个步骤:

1. 确定序关系

假设评估指标 x_i 相对于某评估准则(或目标)的重要性程度大于(或不小于)x_j 时,则记为 $x_i > x_j$。

若评估指标 $x_1, x_2, \cdots, x_m$ 相对于某评估准则(或目标)具有关系式

$$x_1^* > x_2^* > \cdots > x_m^* \tag{8-4}$$

时,则称评估指标 $x_1, x_2, \cdots, x_m$ 之间按照">"确立了序关系,这里 x_i^* 表示 $\{x_i\}$ 按照序关系">"排定顺序后的第 i 个评估指标($i=1, 2, \cdots, m$)。对于评估指标集 $\{x_1, x_2, \cdots, x_m\}$ 可按照下述步骤建立序关系:

(1) 专家在指标集 $\{x_1, x_2, \cdots, x_m\}$ 中选出认为是最重要(关于某评估准则)的一个指标标记为 x_1^*;

(2) 专家在余下的 $m-1$ 个指标中,选出认为是最重要的(关于某评估准则)的一个指标标记为 x_2^*;

……

(k) 专家在余下的 $m-(k-1)$ 个指标中,选出认为是最重要(关于某评估准则)的一个指标标记为 x_k^*;

……

(m) 经过 $m-1$ 次挑选剩下的评估指标记为 x_m^*。

这样,就确定了一个序关系式(8-4)。对于大多数评估问题来说,仅给出序关系式(8-4)还不够,还要确定出各个评估指标相对于某评估准则(或目标)的权重系数,为书写方便且不失一般性,以下仍记式(8-4)为

$$x_1 > x_2 > \cdots > x_m \tag{8-5}$$

2. 给出 x_{k-1} 与 x_k 间相对重要度的比较判断

假设专家关于评估指标 x_{k-1} 与 x_k 的重要性程度之比 ω_{k-1}/ω_k 的理性判断分别为

$$\omega_{k-1}/\omega_k = r_k, k = m, m-1, m-2, \cdots, 3, 2 \tag{8-6}$$

当 m 较大时，由序关系式(8-6)可取 $r_m = 1$。r_k 的赋值可参考表 8-50。

表 8-50　　　　　　　　　r_k 赋值参考表

r_k	说明
1.0	指标 x_{k-1} 与指标 x_k 具有同样重要性
1.2	指标 x_{k-1} 比指标 x_k 稍微重要
1.4	指标 x_{k-1} 比指标 x_k 明显重要
1.6	指标 x_{k-1} 比指标 x_k 强烈重要
1.8	指标 x_{k-1} 比指标 x_k 极端重要

关于 r_k 之间的数量约束，应满足：

$$r_{k-1} > 1/r_k, k = m, m-1, m-2, \cdots, 3, 2 \tag{8-7}$$

3. 权重系数的计算

若 r_k 满足关系式(8-7)，则 ω_m 为

$$\omega_m = \left(1 + \sum_{k=2}^{m} \prod_{i=k}^{m} r_i\right)^{-1} \tag{8-8}$$

而

$$\omega_{k-1} = r_k \omega_k, k = m, m-1, m-2, \cdots, 3, 2 \tag{8-9}$$

对式(8-8)的证明如下：

因 $\prod_{i=k}^{m} r_i = \omega_{k-1}/\omega_k$，故对 k 从 2 到 m 求和，可得

$$\sum_{k=2}^{m} \left(\prod_{i=k}^{m} r_i\right) = \sum_{k=2}^{m} \omega_{k-1}/\omega_k \tag{8-10}$$

注意到 $\sum_{k=1}^{m} \omega_k = 1$，得 $1 + \sum_{k=2}^{m} \left(\prod_{i=k}^{m} r_i\right) = \omega_m^{-1}$，从而可得式(8-8)。

由以上可以发现，G1 法与层次分析法、拉开档次法等相比，无需进行一致性检验，计算过程简单、方便，在实际应用中更方便。因此，本书采用此方法确定指标层的权重。

8.4.8.3　指标层指标的权重

对于指标层指标的权重，采用 G1 法(序关系分析法)确定。

1. 衬砌裂缝

衬砌裂缝的指标层指标包括衬砌裂缝的长度和宽度、深度及分布密度3项指标,根据第8.3.3节所建立的隧道健康状态评估体系(图8-9),分别记为 C_1,C_2,C_3,其中将长度和宽度作为衬砌裂缝的一个指标,记为 C_1。

衬砌裂缝的"长度和宽度"是衬砌裂缝最直观、最有效的反映,是目前分析衬砌裂缝时最常用的指标。衬砌裂缝"长度和宽度" C_1 的量测比较方便,人们对衬砌裂缝"长度和宽度"的分析和判定也进行了许多研究,认为在衬砌裂缝的3个评估指标中,衬砌裂缝"长度和宽度" C_1 的重要性最大。衬砌裂缝的"深度" C_2 也是衬砌裂缝形态一个重要的反映。但对衬砌裂缝"深度" C_2 的测定还不是很成熟。而且对衬砌裂缝"深度" C_2 的判定还需要进一步研究,因此,从指标可操作性和准确性的角度,认为衬砌裂缝"深度" C_2 在对衬砌裂缝的形态反映方面不如衬砌裂缝的"长度和宽度" C_1 重要,因此,认为衬砌裂缝"长度和宽度" C_1 的重要性比"深度" C_2 的重要性"稍微重要"。而裂缝的分布密度 C_3 在现有的规范中通常不作为一个独立的指标,而是作为辅助的指标来对裂缝进行判断,因此认为裂缝深度 C_2 的重要性比裂缝分布密度 C_3 的重要性"稍微重要",则3个指标的排序为

$$C_1 > C_2 > C_3$$

即3个指标的序关系如下:

$$C_1 > C_2 > C_3 \Rightarrow x_1^* > x_2^* > x_3^*$$

且由 $r_2 = \dfrac{\omega_1^*}{\omega_2^*} = 1.2, r_3 = \dfrac{\omega_2^*}{\omega_3^*} = 1.2$,而 $r_2 r_3 = 1.44, r_3 = 1.2, r_2 + r_3 = 2.64$,所以

$$\omega_3^* = (1 + 2.66)^{-1} = 0.2747$$
$$\omega_2^* = \omega_3^* r_3 = 0.2732 \times 1.2 = 0.3297$$
$$\omega_1^* = \omega_2^* r_2 = 0.3278 \times 1.2 = 0.3956$$

故裂缝的3个评估指标 C_1,C_2,C_3 的权重 $\omega_{c3} = \omega_3^*$,$\omega_{c2} = \omega_2^*$,$\omega_{c1} = \omega_1^*$,记为

$$\omega_{b1} = (\omega_{c1} \quad \omega_{c2} \quad \omega_{c3}) = (0.396 \quad 0.330 \quad 0.275) \tag{8-11}$$

2. 渗漏水

在图8-9中,渗漏水的指标层指标包括渗漏部位和漏水状态、pH、冻害3个指标,分别记为 C_4,C_5,C_6,其中将渗漏部位和漏水状态作为一个指标 C_4。

渗漏水的部位和漏水状态 C_4 是渗漏水最直观的反映,其测量方便,而且渗漏状态直接影响隧道内行人、行车的安全,而 pH C_5 的作用是一个长期的过程,因此,认为渗漏部位和漏水状态 C_4 比 pH C_5 明显重要;"冻害" C_6 是由于水对隧道衬砌产生冻胀力,使隧道衬砌产生破坏,但在我国南方地区,冻害极少发生,而 pH C_5 对隧道的侵蚀作用则比冻害 C_6 的危害更为明显,因此,从危害性的角度考虑,认为 pH C_5 的重要性比"冻害" C_6 的重要性"稍微重要",则

3个指标的排序为

$$C_4 > C_5 > C_6$$

建立如下的序关系：

$$C_4 > C_5 > C_6 \Rightarrow x_1^* > x_2^* > x_3^*$$

且有 $r_2 = \dfrac{\omega_1^*}{\omega_2^*} = 1.4$，$r_3 = \dfrac{\omega_2^*}{\omega_3^*} = 1.2$，而 $r_2 r_3 = 1.68$，$r_3 = 1.2$，$r_2 r_3 + r_3 = 2.88$。所以

$$\omega_3^* = (1 + 2.88)^{-1} = 0.2577$$
$$\omega_2^* = \omega_3^* r_3 = 0.2577 \times 1.2 = 0.3093$$
$$\omega_1^* = \omega_2^* r_2 = 0.3278 \times 1.2 = 0.4330$$

故渗漏水的3个评估指标 C_4，C_5，C_6 的权重 $\omega_{c6} = \omega_3^*$，$\omega_{c5} = \omega_2^*$，$\omega_{c4} = \omega_1^*$，记为

$$\omega_{b2} = (\omega_{c4} \quad \omega_{c5} \quad \omega_{c6}) = (0.433 \quad 0.309 \quad 0.258) \tag{8-12}$$

3. 衬砌背后空洞

在图 8-9 中，衬砌背后空洞的指标层指标包括空洞位置和大小、空洞深度以及围岩情况 3 个指标，分别记为 C_7，C_8，C_9，其中空洞的位置和大小作为一个指标记为 C_7。

衬砌背后空洞的大小越大，对隧道衬砌结构的安全越为不利。虽然空洞很大时衬砌的内力可能反而较小，但衬砌结构面临落石危害的可能性却大为增加，且空洞位置不同时，对衬砌结构的安全影响也不尽相同，因此，认为衬砌背后空洞位置和大小 C_7 相比空洞深度 C_8 和围岩情况 C_9 而言"稍微重要"；当围岩情况不同时，隧道衬砌结构的内力大为不同，且落石发生的可能性也受围岩情况的影响，通常围岩情况差时落石更容易发生，因此认为围岩情况 C_9 的重要性比空洞深度 C_8 的重要性要"稍微重要"，则3个指标的排序为

$$C_7 > C_9 > C_8$$

建立如下序关系：

$$C_7 > C_9 > C_8 \Rightarrow x_1^* > x_2^* > x_3^*$$

且有 $r_2 = \dfrac{\omega_1^*}{\omega_2^*} = 1.2$，$r_3 = \dfrac{\omega_2^*}{\omega_3^*} = 1.2$，而 $r_2 r_3 = 1.44$，$r_3 = 1.2$，$r_2 r_3 + r_3 = 2.64$。所以

$$\omega_3^* = (1 + 2.66)^{-1} = 0.2747$$
$$\omega_2^* = \omega_3^* r_3 = 0.2732 \times 1.2 = 0.3297$$
$$\omega_1^* = \omega_2^* r_2 = 0.3278 \times 1.2 = 0.3956$$

故衬砌背后空洞的3个评估指标 C_1，C_2，C_3 的权重 $\omega_{c8} = \omega_3^*$，$\omega_{c9} = \omega_2^*$，$\omega_{c7} = \omega_1^*$，记为

$$\omega_{b3} = (\omega_{c7} \quad \omega_{c8} \quad \omega_{c9}) = (0.396 \quad 0.275 \quad 0.330) \tag{8-13}$$

4. 衬砌材质劣化

在图 8-9 中，衬砌材质劣化的指标层指标包括衬砌强度、衬砌厚度、钢材腐蚀 3 个指标，分别用 C_{10}、C_{11}、C_{12} 表示。

目前，对于衬砌强度 C_{10} 和衬砌厚度 C_{11} 资料的获取和分析方法的研究比较充分，但衬砌强度 C_{10} 的信息获取更为容易，因此，认为在衬砌材质劣化的 3 个指标中，衬砌强度 C_{10} 比衬砌厚度 C_{11} 和钢材腐蚀 C_{12} 的重要性都"稍微重要"，而钢材腐蚀 C_{12} 的数据获取最为困难，判定也是以定性为主，因此，认为衬砌厚度 C_{11} 的重要性比钢材腐蚀 C_{12} 的重要性也"稍微重要"，则 3 个指标的排序为

$$C_{10} \succ C_{11} \succ C_{12}$$

建立如下序关系：

$$C_{10} \succ C_{11} \succ C_{12} \Rightarrow x_1^* \succ x_2^* \succ x_3^*$$

且有 $r_2 = \dfrac{\omega_1^*}{\omega_2^*} = 1.2$，$r_3 = \dfrac{\omega_2^*}{\omega_3^*} = 1.2$，而 $r_2 r_3 = 1.44$，$r_3 = 1.2$，$r_2 r_3 + r_3 = 2.64$。所以

$$\omega_3^* = (1 + 2.66)^{-1} = 0.274\,7$$
$$\omega_2^* = \omega_3^* r_3 = 0.273\,2 \times 1.2 = 0.329\,7$$
$$\omega_1^* = \omega_2^* r_2 = 0.327\,8 \times 1.2 = 0.395\,6$$

故衬砌材质劣化的 3 个评估指标 C_{10}，C_{11}，C_{12} 的权重 $\omega_{c12} = \omega_3^*$，$\omega_{c11} = \omega_2^*$，$\omega_{c10} = \omega_1^*$，记为

$$\omega_{b4} = (\omega_{c10} \quad \omega_{c11} \quad \omega_{c12}) = (0.396 \quad 0.330 \quad 0.275) \quad (8-14)$$

5. 衬砌变形

在图 8-9 中，衬砌变形的指标层指标包括变形速率和变形量 2 个指标，分别用 C_{13}、C_{14} 来表示。由于"变形速率"C_{13} 资料的获取要受到时间的限制，因此，从资料获取的角度考虑，认为变形量 C_{13} 的重要性比变形速率 C_{14} 的重要性"稍微重要"，则两个指标的排序为

$$C_{14} \succ C_{13}$$

建立如下序关系：

$$C_{14} \succ C_{13} \Rightarrow x_1^* \succ x_2^*$$

且有 $r_2 = \dfrac{\omega_1^*}{\omega_2^*} = 1.2$。所以

$$\omega_2^* = (1 + 1.2)^{-1} = 0.454\,5$$
$$\omega_1^* = \omega_2^* r_2 = 0.454\,5 \times 1.2 = 0.545\,5$$

则衬砌变形 2 个指标的标度权重为 $\omega_{c14} = \omega_2^*$，$\omega_{c13} = \omega_1^*$，记为

$$\omega_{b5} = (\omega_{c13} \quad \omega_{c14}) = (0.455 \quad 0.546) \tag{8-15}$$

6. 衬砌起层、剥落

在图 8-9 中,衬砌起层、剥落的指标层指标包括部位和掉落的可能性、直径、深度,分别用 C_{15},C_{16},C_{17} 表示,其中将部位和掉落的可能性作为衬砌起层、剥落的一个指标 C_{15}。

对于衬砌起层、剥落而言,认为直径 C_{16} 和深度 C_{17} 具有同样的重要性,但为了排序,这里选择直径优先,而二者的重要性均比部位和掉落的可能性 C_{15} "稍微重要",则 3 个指标的排序为

$$C_{16} > C_{17} > C_{15}$$

建立如下序关系:

$$C_{16} > C_{17} > C_{15} \Rightarrow x_1^* > x_2^* > x_3^*$$

且有 $r_2 = \frac{\omega_1^*}{\omega_2^*} = 1.0$,$r_3 = \frac{\omega_2^*}{\omega_3^*} = 1.2$,而 $r_2 r_3 = 1.2$,$r_3 = 1.2$,$r_2 r_3 + r_3 = 2.4$。所以

$$\omega_3^* = (1 + 2.4)^{-1} = 0.294\ 1$$
$$\omega_2^* = \omega_3^* r_3 = 0.294\ 1 \times 1.2 = 0.352\ 9$$
$$\omega_1^* = \omega_2^* r_2 = 0.352\ 9 \times 1.0 = 0.352\ 9$$

故衬砌起层、剥落的 3 个评估指标 C_{15},C_{16},C_{17} 的权重 $\omega_{c15} = \omega_3^*$,$\omega_{c16} = \omega_2^*$,$\omega_{c17} = \omega_1^*$,记为

$$\omega_{b6} = (\omega_{c15} \quad \omega_{c16} \quad \omega_{c17}) = (0.294 \quad 0.353 \quad 0.353) \tag{8-16}$$

8.4.8.4 准则层指标的权重

准则层的指标分别为衬砌裂缝、衬砌渗漏水、衬砌背后空洞、衬砌变形和起层、剥落,分别用 B_1,B_2,B_3,B_4,B_5,B_6 表示。准则层指标的权重与指标层的权重稍微不同,指标层各个指标之间的重要性相对来说比较固定,例如裂缝的长度和宽度,在进行裂缝评估时,总是首先考虑的因素,所以其重要性总是要比裂缝深度和分布密度大;而准则层各指标的重要性则受到检测结果的影响较大,例如,当渗漏水特别严重时,已经严重影响了隧道的整体安全性,那么在进行评估时,渗漏水就可能成为首要考虑的因素,其权重也就应该最大。所以,在利用 G1 法进行排序时,各个指标之间的排序可能是不固定的。因此,在确定准则层指标权重时,应首先根据检测的结果,由专家判断各个指标之间的相对重要性,然后再进行重要性排序,最后采用 G1 法确定各个指标的权重。

例如,假设某隧道的裂缝和渗漏水情况特别严重,尤其是渗漏水最为严重,各个指标之间的排序如下:

$$B_2 > B_1 > B_3 > B_4 > B_6 > B_5$$

建立如下排序关系：

$$B_2 > B_1 > B_3 > B_4 > B_6 > B_5 \Rightarrow x_1^* > x_2^* > x_3^* > x_4^* > x_5^* > x_6^*$$

且有 $r_2 = \frac{\omega_1^*}{\omega_2^*} = 1.8$, $r_3 = \frac{\omega_2^*}{\omega_3^*} = 1.4$, $r_4 = \frac{\omega_3^*}{\omega_4^*} = 1.2$, $r_5 = \frac{\omega_4^*}{\omega_5^*} = 1.0$, $r_6 = \frac{\omega_5^*}{\omega_6^*} = 1.2$, 而 $r_2 r_3 r_4 r_5 r_6 = 3.6288$, $r_3 r_4 r_5 r_6 = 2.016$, $r_4 r_5 r_6 = 1.44$, $r_5 r_6 = 1.2$, $r_6 = 1.2$, $r_2 r_3 r_4 r_5 r_6 + r_3 r_4 r_5 r_6 + r_4 r_5 r_6 + r_5 r_6 + r_6 = 9.4848$。所以

$$\omega_6^* = (1 + 9.4848)^{-1} = 0.0954$$
$$\omega_5^* = \omega_6^* r_6 = 0.0954 \times 1.2 = 0.1145$$
$$\omega_4^* = \omega_5^* r_5 = 0.1145 \times 1.0 = 0.1145$$
$$\omega_3^* = \omega_4^* r_4 = 0.1145 \times 1.2 = 0.1373$$
$$\omega_2^* = \omega_3^* r_3 = 0.1373 \times 1.4 = 0.1923$$
$$\omega_1^* = \omega_2^* r_2 = 0.1923 \times 1.8 = 0.3461$$

故准则层指标 B_1, B_2, B_3, B_4, B_5, B_6 的权重 $\omega_{a2} = \omega_1^*$, $\omega_{a1} = \omega_2^*$, $\omega_{a3} = \omega_3^*$, $\omega_{a4} = \omega_4^*$, $\omega_{a6} = \omega_5^*$, $\omega_{a5} = \omega_6^*$。记为

$$\begin{aligned}\omega_a &= (\omega_{a1} \quad \omega_{a2} \quad \omega_{a3} \quad \omega_{a4} \quad \omega_{a5} \quad \omega_{a6}) \\ &= (0.192 \quad 0.346 \quad 0.137 \quad 0.115 \quad 0.095 \quad 0.115)\end{aligned} \tag{8-17}$$

8.4.9 隶属函数的确定

工程中采用物理力学模糊性参数来描述隶属度时，其值域区间为$[0,1]$；在形状特征上，可以划分为最清晰区域、最模糊区域和过渡区域三部分。按照隶属度定义，当参数的某一值的归属最清晰时，其隶属度为 0 或 1，最模糊时其隶属度为 0.5，在 $(0,0.5)$ 和 $(0.5,1)$ 之间为过渡区域。Huang Hongwei[3] 还提出了在隶属函数中增加增因子和减因子，从而更加合理地确定函数的隶属度。同时对于分段隶属函数值在不同区域的隶属度也经历过渡区域。在图形特征上，隶属度为 1 的区间称为隶属函数主值区间[49]，主值区间的大小直接影响隶属函数曲线的顶部形状。如果主值区间是点区间，为了研究方便，称为窄域隶属函数；如果主值区间是连续的无限区间，称为宽域隶属函数，如图 8-12 所示。

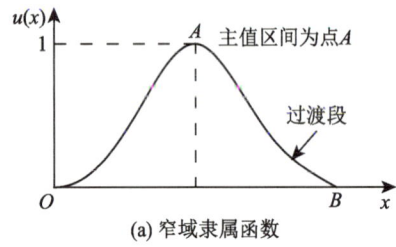
(a) 窄域隶属函数

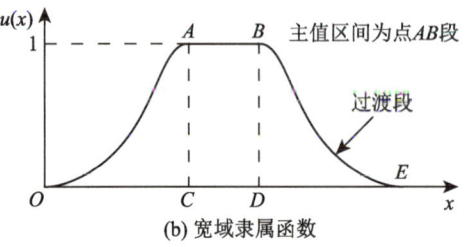
(b) 宽域隶属函数

图 8-12 隶属函数示意图

过渡带位于最清晰点和最模糊点之间，根据大量的文献研究总结，过渡带主要表现为突跳式、线性式和非线性式三种。在连续隶属函数中，其过渡带是连续的，可以是线性或非线性形式，具体表现为直线式的线性、非线性式的下凹形和上凸形三种具体形式[50]，如图 8-13 所示。

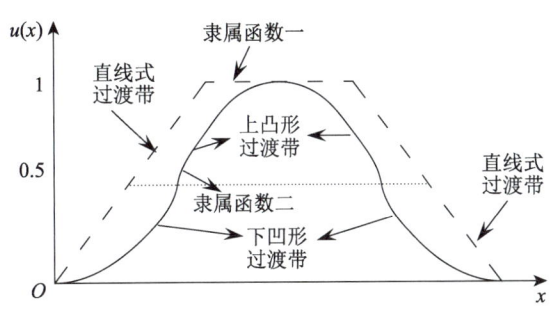

图 8-13 隶属函数过渡段的三种形式

对于公路隧道衬砌健康状态模糊评估，实际是评估因素集到健康状态评语集的映射。健康状态评语集由模糊性因子组成，每一评判单因素与健康状态评语集对应划分成相应的区段，所以健康状态评语集是多相模糊集。多相模糊集中相邻两相的分界点是最模糊的点，区段的中点是模糊集中最清晰的点，该点对于所属模糊相隶属度为 1，对于相邻模糊相隶属度为 0。在模糊综合评判中，通常认为最模糊点是相邻两相的中点[51]，而由于隧道健康状态的评估因素的模糊性是不均匀的或是非线性的，因此其模糊集的最模糊点应该在区间分段的端点而不在相邻相的中点。同时在隧道健康状态函数参数的模糊分析中，除了参数的两个极端外，如要将一区间范围内的一段连续子区间值清晰地归为某一属性，在理论上是难以确定的。因此，在中间区段内，主值区间通常是一个点区间，隶属函数形式采用窄域型。最模糊点和清晰点这些关键点确定后，就进行选定隶属函数的曲线形式。如果判别因素集某区段元素在评语决策模糊集中某区段的隶属程度随着元素的变化呈线性变化，则曲线形式选择线性过渡带（如三角模糊数和梯形分布）[52]；如果越靠近最清晰点外的元素对于相应的模糊相的隶属度越剧烈，曲线形式可以选择下凹形过渡带（如尖 Γ 形等）；如果变化平缓，可以选择上凸形过渡带（如正态形、岭形等）。

根据上述分析，本书采用的隶属函数的具体构造方法[53]如下。

设隶属函数为 $u(x)$，将研究因素范围值划分为 n 个级别，如图 8-14 所示，对于第一个级别，划分的端点通常为 $x < b_0$，最后一个级别的端点通常为 $x > b_{n-1}$，对于第一区间和最后一个区间部分采用宽域方式。对于第一个级别实际其区间为 $[0, b_0]$，中点为 $x = a_0 = b_0/2$。对于第一级别区间，根据隶属模糊原则，在 $[0, a_0 = b_0/2]$ 范围内，令 $u_1^{(1)} = 1$；在 $[a_0 = b_0/2, b_0]$ 区间内，根据条件 $u(b_0/2) = 1$，$u(b_0) = 1$ 确定 $u(x)$ 的相关系数，从而确定 $u(x)$ 的具体形式为 $u_1^{(2)}$。对于第二级别区间 $[b_0, b_1]$，利用条件 $u(b_0) = 0.5$，$u(a_1) = 1$ 确定 $u(x)$ 的具体表达形式 $u_2^{(2)}$。根据总隶属度为 1 的原则，得到 $u_1^{(3)} = 1 - u_2^{(2)} u$。

对于最后一个区间，端点值为 $x > b_{n-1}$，取点 $a_n = b_{n-1} + 0.5 b_{n-1}$ 作为区间的中点，当 $x > a_n$ 时，采用宽域函数形式，令 $u(x) = 1$，在 $[b_{n-1}, a_n]$ 段内，按照 $u(b_{n-1}) = 0.5$，$u(a_n) = 1$，确定通式 $u(x)$ 中的系数，即得到其具体表达式 $u_n^{(2)}$；对于在中间级别区间内，隶属函数的确定方法均采用窄域函数方式。每一个中间级别区间隶属函数的建立都牵涉到其前边和后边区间相邻的半个区间部分。以第 $n-1$ 个级别区间 b_{n-2}，b_{n-1} 为例，说明构造基本过程：

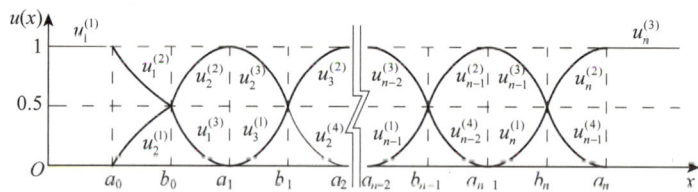

图 8-14 宽域窄域方式结合构造隶属函数示意图

(1) $x < a_{n-2}$ 和 $x > a_n$，隶属函数值（隶属度）为 0，即 $u(x) = 0$。

(2) 在段 $[a_{n-2}, b_{n-2}]$ 内，首先计算前一区间后半部的隶属函数，即 $u(a_{n-2}) = 1$，$u(b_{n-2}) = 0.5$ 确定 $u_{n-2}^{(3)}$，然后按照 $u_{n-1}^{(1)} = 1 - u_{n-2}^{(3)}$。

(3) 在段 $[b_{n-2}, a_{n-1}]$，$[a_{n-1}, b_{n-1}]$ 内，可根据 $u(a_{n-1}) = 1$，$u(b_{n-2}) = 0.5$ 确定其具体表达式 $u_{n-1}^{(2)}$，$u_{n-1}^{(3)}$。

(4) 在段 $[b_{n-1}, a_n]$ 内，首先由 $u(b_{n-1}) = 0.5$，$u(a_n) = 1$ 确定 $u_n^{(2)}$，根据 $u_n^{(2)} + u_{n-1}^{(4)} = 1$，确定出 $u_n^{(2)} = 1 - u_{n-1}^{(4)}$。

根据上述原则就完全确定了各个级别区间的隶属函数。

8.5 公路隧道衬砌健康状态的模糊综合评估模型

由于公路隧道衬砌健康状态评估指标体系是一个三层指标体系，因此采用两级模糊综合评估模型。多级模糊综合评估是从最低层开始逐层向上做出综合评估，直至最高的目标层以得到原问题的综合评估结果。这里从指标层出发，先对准则层各因素进行一级模糊综合评估，再对目标层进行二级模糊综合评估。

8.5.1 确定评估区段

山岭公路隧道的长度不同，短则几百米，长则可达几十千米，对隧道进行健康状态评估时，如果以整条隧道为对象进行评估，那么就有可能得到错误的结论。因为对于一条隧道来说，可能病害集中在某几个区段内，而其他区段的健康状况则基本良好，在采用某些指标对某一病害进行评估时，如果区段划分过大，就会大大影响结果的等级划分。例如，利用裂缝分布密度这个指标来评估隧道裂缝时，如果以整条隧道为对象进行裂缝的等级判定，那么就会严重影响对裂缝的判定标准，因为裂缝通常出现在衬砌受到额外附加应力作用的区段，而整条隧道均出现裂缝的情况极为罕见，因此，需要合理地对隧道进行分段，然后对各段的健康状况进行评估，这样才能得到更加合理的评估结果，同时，由于对隧道进行养护时，通常也是根据不同区段的病害的严重程度而制订相应的养护策略。因此，将隧道健康状况进行分段评估对制订合理的养护策略也具有现实的指导意义。

划分评估区段时，应该考虑隧道所处的围岩情况。一般来说，围岩级别越好，隧道产生病害的概率也就越低。因此，对隧道评估区段的划分应以隧道所处的围岩级别为依据，同时，隧道施工过程的环向施工缝和沉降缝也是隧道的不连续面，将隧道划分为不同的区段。一般来说，隧道的沉降缝间距不大于 50 m，在 Ⅴ、Ⅵ 级围岩中的隧道，在洞口 50 m 范围内，沉降缝间距约为 10 m[53]；而隧道衬砌中两条相邻环向施工缝的间距是由于两次浇筑混凝土的时间不同而导致的，因此与隧道施工台车的长度有关，一般比较常见的施工台车的长度约为 10 m[54-56]，因此本书建议评估区段的取值标准如表 8-51 所示，也可以根据隧道的具体情况进行调整。

表 8-51　　　　　　　　　　隧道评估区段的划分标准建议值

围岩级别	区段长度建议值/m
Ⅰ，Ⅱ	50
Ⅲ，Ⅳ	30
Ⅴ，Ⅵ	10

注：划分评估区段时，假设隧道施工质量均满足相关规范规定。如果施工质量较差，可视具体情况缩短评估区段的长度划分标准。

8.5.2　一级模糊综合评估

1. 建立评估指标集

根据第 8.3.3 节中建立的公路隧道衬砌健康状态评估指标体系，有

$$C = \{C_1, C_2, \cdots, C_{17}\} \tag{8-19}$$

表示指标层各指标。

2. 建立评语等级集合

根据第 8.4 节中所确定的各种病害的判定等级，基本都是 4 级判定标准，也有部分指标为 2 级或 3 级判定标准。公路隧道衬砌健康状态等级标准也是 4 级评判标准，利用公路隧道健康的等级标准和各评估指标的评判标准，假设评语等级集合为

$$V = \{v_1, v_2, v_3, v_4\} \tag{8-19}$$

式中，v_1, v_2, v_3, v_4 分别表示健康等级 B，1A，2A，3A。

3. 确定单因素评估矩阵

利用隶属函数建立指标 C_i 对评语集合 V 的隶属向量 $\boldsymbol{R}_{ci}$

$$\boldsymbol{R}_{ci} = (r_{ci1} \quad r_{ci2} \quad r_{ci3} \quad r_{ci4}), i = 1, 2, \cdots, 17 \tag{8-20}$$

由隶属向量 $\boldsymbol{R}_{ci}$ 即可建立准则层各因素的单因素评估矩阵 $\boldsymbol{R}'_{bi}$。

4. 一级模糊综合评估

模糊综合评估是通过模糊算子建立模糊综合评估模型的过程。根据前面的分析，这里选用加权平均型模糊综合评估模型，此模型不但考虑了所有因素的影响，而且还保留了单因素评估的全部信息，适用于需要全面考虑各个因素影响和全面考虑单因素评估结果的情况，该模型

的建立过程相当于矩阵相乘。例如,影响隧道健康状态的各因素 B_i 的单因素评估矩阵为 $\boldsymbol{R}'_{bi}$,而各因素的权重向量为 ω_{bi},则各因素 B_i 对评语集合 V 的隶属向量可由下式计算得到

$$\boldsymbol{R}_{bi} = \omega_{bi} \times \boldsymbol{R}'_{bi} \tag{8-21}$$

8.5.3 二级模糊综合评估

将一级模糊综合评估结果 $\boldsymbol{R}_{bi}$ 视为单因素评判集,由 $\boldsymbol{R}_{bi}$ 可组成二级模糊综合评估的单因素评估矩阵,由相应的权重向量和单因素评估矩阵通过矩阵相乘可得二级模糊综合评估结果——目标因素对评语集合的隶属向量 $\boldsymbol{Z}$,即

$$\boldsymbol{Z} = \omega_a \times (\boldsymbol{R}_{b1}^{\mathrm{T}} \quad \boldsymbol{R}_{b2}^{\mathrm{T}} \quad \boldsymbol{R}_{b3}^{\mathrm{T}} \quad \boldsymbol{R}_{b4}^{\mathrm{T}} \quad \boldsymbol{R}_{b5}^{\mathrm{T}} \quad \boldsymbol{R}_{b6}^{\mathrm{T}})^{\mathrm{T}} \tag{8-22}$$

8.5.4 衬砌健康状态量化标准

分别给评语 v_1, v_2, v_3, v_4 赋以分值 4,3,2,1,令

$$F = \frac{4 \times z_1 + 3 \times z_2 + 2 \times z_3 + 1 \times z_4}{z_1 + z_2 + z_3 + z_4} \tag{8-23}$$

则公路隧道健康状态等级可以量化为如表 8-52 所示。

表 8-52 公路隧道衬砌健康状态等级量化标准

判定分类	检查结论	健康值 F
3A	结构存在严重破坏,已危及行人、行车安全,必须立即采取紧急对策措施	$F \leqslant 1.0$
2A	结构存在较严重破坏,将会危及行人、行车安全,应尽早采取对策措施	$3.5 \geqslant F > 2.5$
1A	结构存在破坏,可能会危及行人、行车安全,应准备采取对策措施	$2.5 \geqslant F > 1.5$
B	结构无破损或存在轻微破损,现阶段对行人、行车不会有影响,但应进行监视或观测	$1.5 \geqslant F > 1.0$

8.6 程序实现

为了实现对隧道健康状况的综合评估,笔者基于 Visual Basic 语言编制了"公路隧道健康状况综合评估系统"。图 8-15 为程序登录界面,同时也是程序的总界面,该系统可以对评估文件进行管理;从"单因素模糊综合评判"选项开始单项工程的评判,逐项进行单因素的评估之后可以进行"模糊综合评判";"帮助"选项可以查看程序的帮助文件,协助使用者更加方便地使用程序。

图 8-16—图 8-21 为裂缝、渗漏水、衬砌背后空洞、衬砌材质劣化、衬砌变形和起层剥落等

图 8-15 登录界面

6 个影响隧道健康的主要指标的单因素模糊综合评估界面。在各个界面输入各项指标的影响因素检测值,就可以对各个指标进行单因素模糊综合评估,确定该指标的隶属等级,判定结果可以为隧道的维修养护决策提供参考依据。

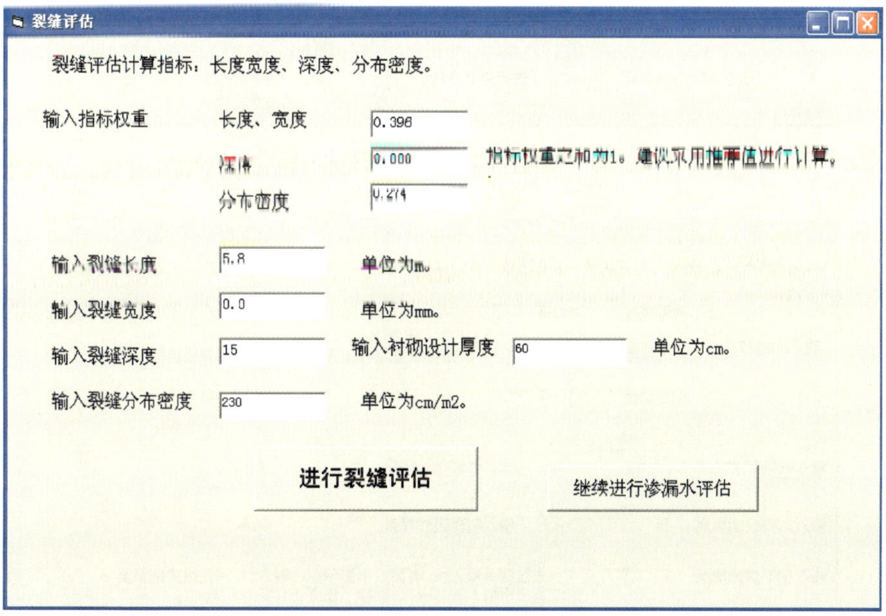

图 8-16 裂缝评估界面

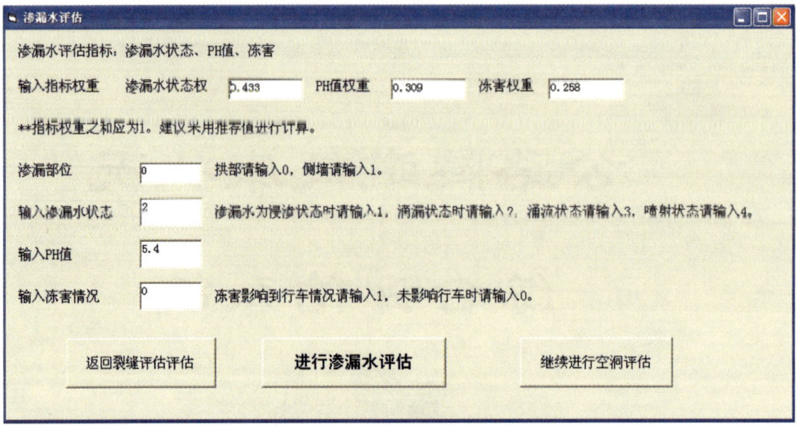

图 8-17　渗漏水评估界面

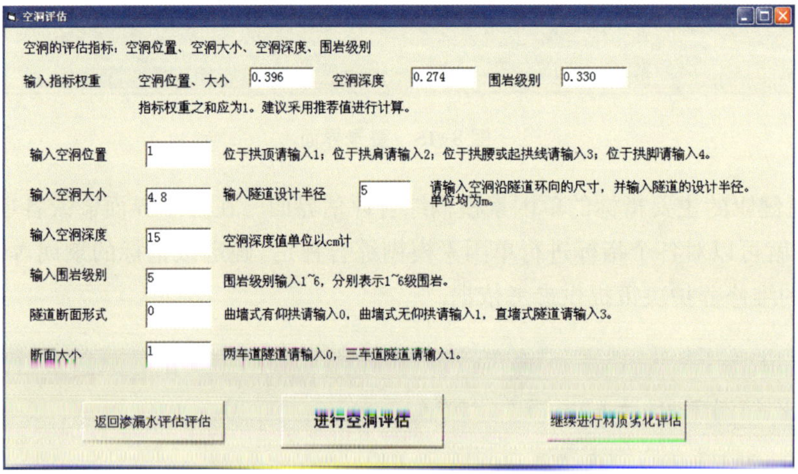

图 8-18　衬砌背后空洞评估界面

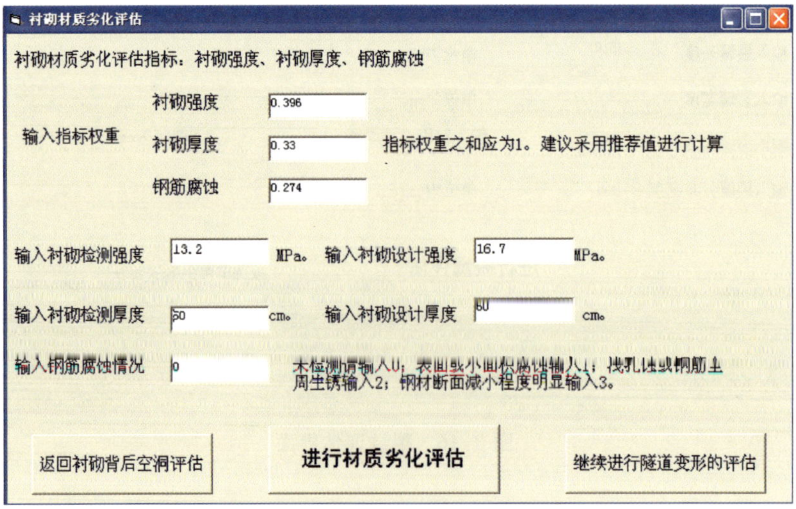

图 8-19　衬砌材质劣化评估界面

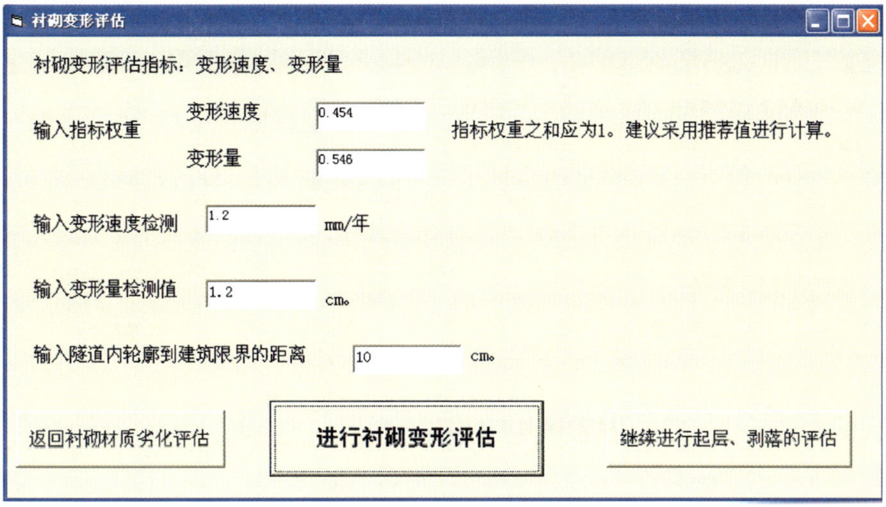

图 8-20　衬砌变形评估界面

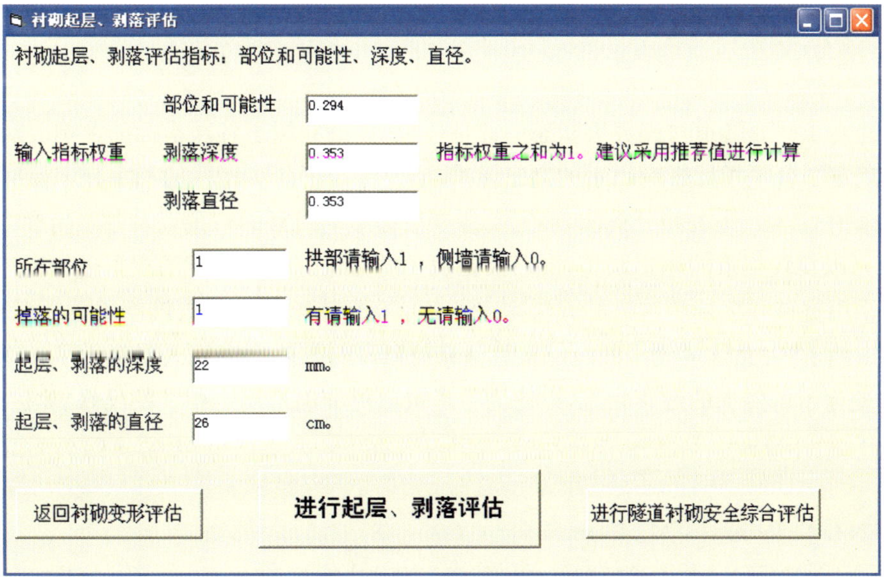

图 8-21　衬砌起层、剥落评估界面

图 8-22 为隧道健康状态综合评估界面,该界面主要可以实现两个功能:①隧道管理者可以根据已检测的单因素评估结果或者根据以往的经验,对影响隧道健康的各个指标的重要性进行排序,点击排序结果按钮可以查看排序之后的结果,然后按顺序排序后输入相邻指标之间的相对重要度,就可以确定各个指标的权重[权重确定方法采用 8.4.8.2 节所介绍的 G1 法(序关系分析法)],采用这种权重确定方法的优点就是可以根据影响隧道健康状态的主要指标的变化随时对指标权重进行动态的调整。②确定权重之后,点击综合评估按钮就可以对评估

段隧道的健康状态进行综合评估。

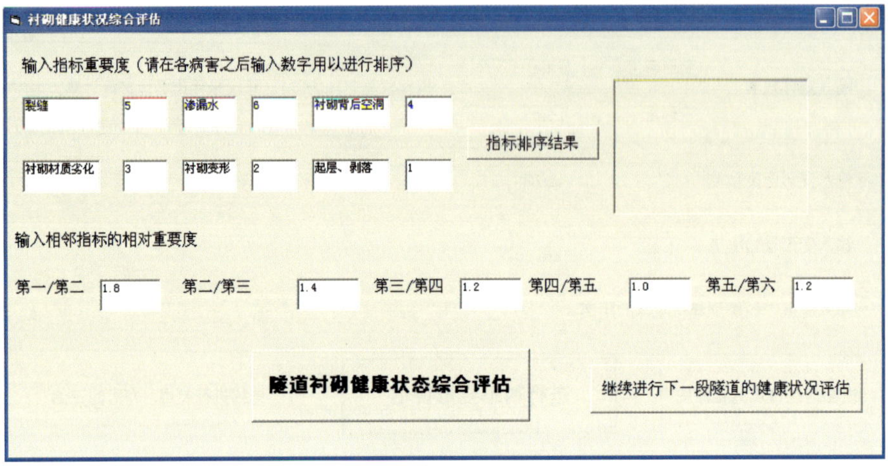

图 8-22　衬砌健康状态综合评估界面

8.7　本章小结

(1) 建立了一套隧道衬砌健康状态的评估体系,详细介绍了各项指标的影响因素。
(2) 确定了各项指标影响因素的判定标准,同时确定了各项指标的相关判定标准。
(3) 采用让次(序关系分析法)确定了各项指标影响因素的权重以及各项指标的权重,并且该方法可以实现权重的动态调整,可以根据现场的变化随时对指标的权重进行调整。
(4) 采用宽域和窄域相结合的方法确定了各项指标影响因素的隶属度函数。
(5) 编制了"公路隧道健康状况综合评估系统"程序,为隧道管理人员提供了一个平台,可以更加方便地了解隧道的健康状态,以此为参考可以更准确地制定相关的维修、养护方案。

参考文献

[1] ZADEN L A. Fuzzy sets[M]. Information and Control 8, 1965:338-353.
[2] CUI J N, YANG Q, LU J. An improved learning algorithm for fuzzy art map[C]// Proc ICNNSP'95. Nanjing, 1995, 1:375-384.
[3] HUANG H W, DU S J. Fuzzy experiential design method for the support of rockbolt and shotcrete[C]// Proceedings of the Third International Symposium on Mine Planning and Equipment Selection. 1994: 541-546.
[4] PANOU K D, SOFIANOS A I. A fuzzy multicriteria evaluation system for the assessment of tunnels vis-à-vis surface roads: Theoretical aspects-Part I [J]. Tunnelling and Underground Space Technology, 2002,17(2):209-219.
[5] 许宏科,王维敏,王世伟. 高速公路隧道运营管理模糊综合评价[J]. 西安建筑科技大学学报(自然科学

版),2008,2:381-385.

[6] 罗玉屏,高桂凤,武红丽.公路隧道交通安全模糊评判体系研究[J].石家庄铁道学院学报,2006,3:75-79.

[7] 贺志勇,张娟,王存宝,等.高速公路隧道安全的综合评价[J].华南理工大学学报(自然科学版),2008,36(2):58-63.

[8] 褚方平,夏才初,郭锐.公路隧道衬砌病害等级的模糊综合评价方法[J].西部交通科技,2009,10:12-16.

[9] WANG Jifei, XIE Xiongyao, HUANG Hongwei. A fuzzy Comprehensive evaluation system of mountain tunnel lining based on the fast nondestructive inspection[C]//International conference on Remote Sensing, Environment and Transportation Engineering. 2832-2834,2011.

[10] 洪平,刘鹏举.层次分析法在铁路运营隧道健康状态综合评判中的应用[J].现代隧道技术,2011,48(1):28-31.

[11] KAUFMANN A, GUPTA M. Fuzzy mathematical models in engineering and management science[M]. 2nd edition. Amsterdam: North-Holland, 1991.

[12] 秦寿康,等.综合评价原理与应用[M].北京:电子工业出版社,2003.

[13] 刘普寅,吴孟达.模糊理论及其应用[M].长沙:国防科技大学出版社,1998.

[14] 陈晓剑,梁梁.系统评价方法及应用[M].合肥:中国科学技术大学出版社,1993.

[15] 张琳琳.重大水工混凝土结构健康诊断综合分析理论和方法[D].南京:河海大学,2003.

[16] 王书吉.大型灌区节水改造项目综合后评价指标权重确定及评价方法研究[D].西安:西安理工大学,2009.

[17] 铁道部工务局.铁路工务技术手册·隧道(修订版)[M].北京:中国铁道出版社,1997.

[18] 杨新安,黄宏伟.隧道病害与防治[M].上海:同济大学出版社,2003.

[19] 关宝树.隧道工程维修管理要点集[M].北京:人民交通出版社,2004.

[20] 代高飞.隧道典型病害及连拱隧道裂缝和渗漏水调查研究[D].上海:同济大学,2004.

[21] 戴宏伟.公路隧道渗漏水成因、危害机理和冻害问题研究[D].上海:同济大学,2006.

[22] 刘启川.隧道异状成因与判别模式之研究[D].台北:台湾大学,2007.

[23] 罗鑫.公路隧道健康状态诊断方法及系统的研究[D].上海:同济大学,2007.

[24] Federal Highway Administration, Federal Transit Administration. Highway, rail and transit tunnel inspection manual[M]. Washington D C: 2005.

[25] 交通部基本建设质量监督总站.隧道工程试验检测技术[M].北京:人民交通出版社,2005.

[26] 邱小坛,周燕.旧建筑物的检测加固与维护[M].北京:地震出版社,1991.

[27] 杨利伟,王天稳.混凝土碳化的影响因素及其控制措施[J].建筑技术开发,2005,32(2):34-37.

[28] 庞超明,秦鸿根,季㟵.实验设计与混凝土无损检测技术[M].北京:中国建材工业出版社,2006.

[29] HARKER P T, VARGAS L G. The theory of ratio scale estimation: Saaty's analytic hierarchyprocess[J]. Management Science, 1987, 33:1383-1403.

[30] 王莲芬,许树柏.层次分析法引论[M].北京:中国人民大学出版社,1990.

[31] 关宝树.日本水工隧洞健全度的判定[J].隧道译丛,1993(6):9-13.

[32] 中华人民共和国铁道部.铁路隧道设计规范:TB 10003—2016[S].北京:中国铁道出版社,2016.

[33] AMMOUCHE A, BREYSSE D, HORNAIN H, et al. A new image analysistechnique for the quantitative assessment of microcracks in cement-based materials[J]. Cement and Concrete Research, 2000, 30:25-35.

[34] RINGOT E, BASCOUL A. About the analysis of microcracking in concrete[J]. Cement and Concrete Composites, 2001, 23:261-266.

[35] SOROUSHIAN P, ELZAFRANEY M, NOSSONI A. Specimen preparation and image processing and analysis techniques for automated quantification of concrete microcracks andvoids [J]. Cement and Concrete Research, 2003, 33:1949-1962.

[36] XIE X Y, LIU Y J, HUANG H W, et al. Evaluation of grouting behind lining of shield tunnel using ground penetrating radar in Shanghai metro, China[C]//Proceedings of the 10th GPR International Conference. Delft, Netherlands, 2004:419-422.

[37] 冯晓燕. 隧道病害分级和衬砌裂损整治技术研究[D]. 北京:北方交通大学, 2002.

[38] 李治国, 曹桢楹. 铁山隧道病害治理技术[J]. 铁道工程学报, 2000(1):77-81.

[39] 李治国. 病害隧道调查及裂缝治理技术[J]. 现代隧道技术, 2002(增):441-446.

[40] 李治国, 张玉军. 开裂隧道承载能力分析及治理技术[J]. 隧道建设, 2003, 23(4):9-14.

[41] 李治国, 张玉军. 衬砌开裂隧道的稳定性分析及治理技术[J]. 现代隧道技术, 2004,41(1):26-31, 40.

[42] 高鹤江, 刘修炜. 铁路桥隧病害检查观测方法[M]. 北京:中国铁道出版社, 1987.

[43] 中华人民共和国铁道部. 铁路运营隧道衬砌安全等级评定暂行规定(铁运函〔2004〕174)[S]. 北京:中国铁道出版社, 2004.

[44] 郭亚军. 综合评价理论与方法[M]. 北京:科学出版社, 2002.

[45] 王应明. 运用离差最大化方法进行多指标决策与排序[J]. 系统工程与电子技术, 1998, 20(7):24-26.

[46] 黄祥志, 介玉学. 基于可拓理论的围岩稳定分类方法的研究[J]. 岩土力学, 2006, 27(10):1800-1804.

[47] 于锦国, 周志芳, 袁永牛. 可拓评价方法在环境质量综合评价中的应用[J]. 河海大学学报, 2002, 30(1):15-18.

[48] 梁杰, 侯志伟. AHP法专家调查法与神经网络相结合的综合定权方法[J]. 系统工程理论与实践, 2001, 21(3):59-63.

[49] 王浩, 庄钊文. 模糊可靠性分析中的隶属函数确定[J]. 电子产品可靠性与环境实验, 2000,4:2-7.

[50] 苏永华. 岩土参数模糊隶属函数的构造方法及应用[J]. 岩土工程学报, 2007,29(12): 1772-1779.

[51] 赵明华, 程晔, 曹文贵. 桥梁基桩桩端溶洞顶板稳定性模糊分析研究[D]. 岩石力学与工程学报,2005, 24(8):1376-1384.

[52] 边亦海, 黄宏伟. SMW 工法支护结构失效概率的模糊事故树分析[J]. 岩土工程学报, 2006,28(5):664-669.

[53] 中华人民共和国交通运输部. 公路隧道施工技术规范: JTG F60—2009[S]. 北京:人民交通出版社, 2000.

[54] 唐呆良. 特大断面隧道液压模板台车的研制与施工技术[J]. 现代隧道技术, 2006,43(4):77-82.

[55] 王鑫, 张保圆, 等. 隧道简易钢模台车混凝土衬砌施工技术[J]. 现代隧道技术, 2010,47(5):103-107.

[56] 王春梅, 徐涛, 周仕强. 某隧道液压台车设计[J]. 机床与液压, 2011,39(2):90-112.

下篇 病害检测设备研发及工程应用

9 公路隧道病害检测集成设备及分析系统研发

9.1 公路隧道病害检测集成设备研发

公路隧道病害检测集成设备应当集成隧道衬砌裂缝、渗漏水和空洞等病害的检测系统,具备可移动和同步检测的功能。本节基于车载检测系统的工作方式,首先研究了公路隧道裂缝和渗漏水病害检测设备的选型及其考虑的因素,随后测试了现行商业雷达的探测性能,根据其探测图像分析改进了商业雷达的天线,并对新型雷达的探测性能进行了试验与分析,最后将优化的选型和新型雷达进行系统集成,形成隧道病害动态集成检测车,其设计图如图9-1所示。

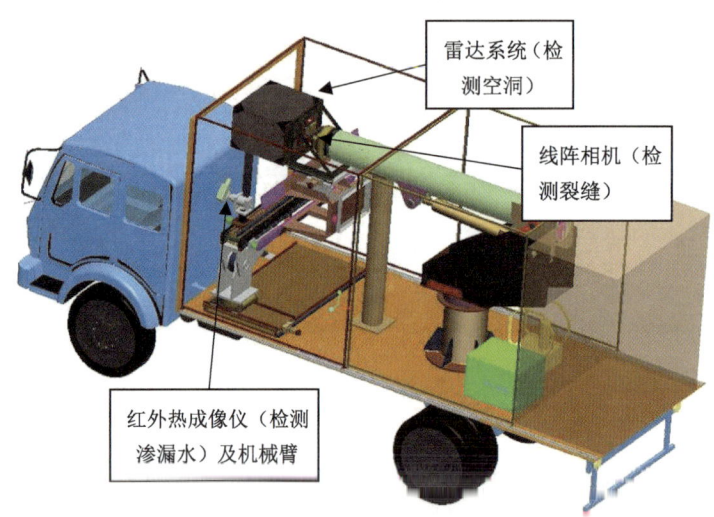

图 9-1 隧道病害动态集成检测车设计图

9.1.1 隧道衬砌裂缝机器视觉检测设备选型

隧道衬砌裂缝机器视觉检测设备的选型需要考虑隧道衬砌裂缝的检测精度、检测范围、检测车运动速度、抗震防抖等指标及后期的衬砌裂缝病害图像数据处理,并参考设备参数指标对机器视觉检测所需的硬件进行选型。

9.1.1.1 图像传感器

图像传感器[1]的作用是将感光面上的光像转换成与光像成比例的图像电信号,是数字摄像设备中最重要的部件。两种重要的数字图像传感器分别是电荷耦合器件(Charge Coupled Device,CCD)和互补金属氧化物半导体(Complementary Metal Oxide Semiconductor,CMOS),二者的主要区别是从芯片中读出数据的方式即读出结构不同。

1. CCD 图像传感器

CCD图像传感器由一行光线敏感的光电探测器组成,光电探测器一般为光栅晶体管或光电二极管。每种光电探测器都有最多可以存储电子数量的限制,取决于光电探测器的大小。

曝光时光电探测器累积电荷,通过转移门电路,电荷被移至串行读出寄存器,每个光电探测器对应一个读出寄存器。串行读出寄存器也是光敏的,须由金属护罩遮挡以避免读出期间被其接收到其他光子。读出的过程是将电荷转移到电荷转换单元,转换单元将电荷转换为电压,并将电压放大。转移门电路及串行读出电路是电子耦合设备,每一个CCD最多由4个门组成,这些门在一定方向上传输电荷。电荷转换为电压并放大后,就可以转换为模拟或数字信号,其中数字信号是由模拟电压通过模数转换器(Analog-to-Digital Converter, ADC)转换为数字电压的。

线阵CCD图像传感器只能生成高度为1行的图像,要得到二维图像,线阵CCD图像传感器必须做相对于被测物体的运动。一种方法是将线阵CCD安置在运动的被测物上方,另一种方法是被测物不动而线阵CCD相对被测物运动。使用线阵CCD图像传感器采集图像时,传感器本身必须与被测物平面平行并与运动方向垂直以保证得到矩形像素。同时根据线阵CCD的分辨率,线扫描频率必须与传感器、被测物间相对运动速度相匹配以得到方形像素。如果运动速度是恒定的,就可以保证所有采集到的图像像素具有一致性。如果运动速度变化,就需要编码器来触发线阵CCD采集每一行图像。线阵CCD图像传感器的行扫描频率非常高,会限制每行的曝光时间,因此必须要求非常强的照明。

将线阵CCD图像传感器进行扩展即成为全帧转移型面阵传感器。在面阵CCD图像传感器中,光在光电探测器中转换为电荷,电荷按行的顺序转移到串行读出电路寄存器,然后与线阵传感器的方式一样转换为视频信号。在读出过程中,光电传感器还在曝光,仍有电荷在积累。由于上面的像素要经过下面的像素移位移出,因此像素积累的全部场景信息就会发生拖影现象。为了避免拖影,必须加上机械快门或利用闪光灯,这是全帧转移型面阵传感器的最大缺点。面阵传感器最大的优点是填充因子(像素光敏感区域与整个靶面之比)可达100%,从而使得像素的光灵敏度最大化并使图像失真最小化。

2. CMOS图像传感器

CMOS图像传感器通常采用光电二极管作为光电探测器。与CCD图像传感器不同,CMOS图像传感器光电二极管中的电荷不是顺序地转移到读出寄存器,而是每一行都可以通过行和列选择电路直接读出。CMOS图像传感器常用数字视频输出,图像每行中的像素通过模数转换器阵列并行地转化为数字信号。CMOS图像传感器的一大优点是其随机读取特性使其很容易实现图像的矩形感兴趣区域读出,使得在较小的感兴趣区域可以得到更高的帧频。CMOS图像传感器的另一个优点是可实现并行模数转换,而且还可以在每个像素上集成模数转换电路以进一步提高读出速度。CMOS图像传感器每一行都可以独立读出,因此得到一幅图像的最简单方式就是一行一行曝光并读出。对于连续的行,曝光时间和读出时间可以重叠,即所谓行曝光,这种读出方式使图像的第一行和最后一行有很大的采集时差,采集运动图像会产生明显的变形。而对于运动被测物,则必须使用全局曝光方式,这种读出方式对应每个像素都需要一个存储区,因此降低了填充因子,全局曝光可以得到正确的图像。

3. 图像传感器选择

本书研究建议采用线阵CCD图像传感器,有效像素与图像需要达到的光学分辨率有关。

线阵CCD相机的像素尺寸越大,对应的空间频率越低,检测系统的传递函数就越高,成像质量也就越好[2]。

在所选择的镜头一定的情况下,有效像素为2K的相机成像质量要好于4K相机,4K相机的成像质量要好于8K相机。检测的幅面越大,视场就越大,边缘视场图像质量就越差,对镜头的要求也越高,2K相机对镜头的要求低于4K相机,4K相机对镜头的要求低于8K相机。因此,在本书研究中,在满足幅面大小、工作距离及分辨率的情况下,尽可能选择像素密度较小的线阵CCD工业相机,以达到较好的成像质量。图9-2是本书研究采用的线阵CCD工业相机实物图,表9-1是采用的线阵CCD工业相机技术参数。

图9-2 线阵CCD工业相机实物图

表9-1　　线阵CCD工业相机技术参数

线阵CCD项目	技术参数	线阵CCD项目	技术参数
有效像素	4 096 pixel/line	输入电源	+12 V/+5 V 双电源输入
像素尺寸	14 μm×14 μm	工作温度	0~50℃
数据率	20 MHz	数据接口	低压差分信号技术(Low Voltage Differential Signalling, LVDS)
最高行频	9.5 kHz	尺寸	65 mm×61 mm×43 mm
数据格式	8 bit 位图图像	质量	320 g

9.1.1.2 图像采集卡

图像采集卡是检测系统的心脏,要准确接受前端摄像机各种规格的视频数据;接收外来的触发脉冲并启动摄像机的曝光和重扫描;要为后端的主机以总线的最高瞬时速度提供准确稳定的图像数据;要有高的数据传输效率;有的系统还要能提供独立的视频显示输出。而图像采集卡前后端的控制、采集、传输和显示等操作,又要尽可能地减少CPU的参与,以便增加CPU对图像的处理效率[3]。

1. 采集卡的采集启动

本书研究需要在运动中对隧道衬砌表面进行扫描,衬砌进入视场中心时,图像采集卡开始采集图像,其启动方式为:外触发启动图像卡采集;新的帧头出现从而启动图像卡采集;CPU向图像卡发出采集指令。设计优良的图像采集卡在前两种情况下无需CPU的参与,第三种情况虽然有CPU参与,但命令发出后,CPU即可回去执行其他任务。启动后,图像采集卡自动等待帧头;自动检测CCD的行场,并正确锁相;自动与总线匹配,高速传输数据,并送到事先指定的内存位置;采集结束后再通知 CPU。所有这些操作,由图像采集卡独立完成,无需 CPU 的参与。

2. 外触发和电子快门控制

外触发脉冲是送到图像采集卡的,图像采集卡接收到外触发后,并非马上转发给摄像机,而是考虑是否延迟一定时间后才触发 CCD。这是因为受外触发产生装置安装位置的限制,外触发形成的时间往往并非是被检测物体到达视场(Field of View,FOV)中心的时间,外触发脉冲要经过一定延迟后,被测物才达到 FOV 中心,所以图像采集卡接收到外触发后,根据运动速度以及与 FOV 中心之间的距离来确定延迟时间,这一延迟时间须预先设定,并存放在图像采集卡内。

3. 采集速度

行频和水平总采集点数(水平分辨率)之积决定了采样频率。标准视频和各种非标准视频之间的采样频率差异很大。例如,CCIR(Committee Consultatif International Radiotelecommunique)标准的采行频率为 14.76 MHz,而高分辨率的采样频率可达 110 MHz,又如分辨率为 1 024×1 024 的 8 bit 摄像机,当帧频为 25 帧/s 时,数据产生的速度为 25 Mb/s。如果将摄像机每个像素的 bits 数增加一点或使用更高的帧频时,采集频率会大幅提高,直至达到 150 Mb/s。图像采集卡应能自动检测、跟踪和锁相来自 CCD 变化范围的视频信号。

4. 图像传送和处理

计算机的 PCI 总线支持多总线主控制器,也就是说,图像采集卡可以取得 PCI 的控制权,将数据在图像卡和计算机内存之间传输,而不必通过 CPU,在设计良好的 PCI 总线上,总线主控制器可以获得的瞬间传输速度高达 132 Mb/s。由于总线的资源是共享的,CPU 经常要对外部设备、内存等进行管理而占用总线,真正用于数据传送和处理而占用总线的时间只占 70%,约 90 Mb/s 的有效传输速度,根据 CPU 及其外围芯片组的选用和外部设备的多少而变化。在 CCIR 标准中,图像采集卡传输数据的最高速度为 15 Mb/s,在采集一帧图像的周期内,传送图像的时间大约只占总时间的 1/6,尚有 5/6 的总线时间是空闲的,这部分时间完全可以被用来作图像处理之用,所以 CPU 发出采集指令后,图像卡应独立工作,不再占用 CPU 时间,让 CPU 腾出时间全力处理图像,同时软件工具也应支持这种工作方式,使得检测过程方便快捷。

5. 多路传感器输入切换

为了获得大幅面的隧道衬砌图像,需要多个图像传感器在不同位置获取图像。图像采集卡需要有多个输入端口接收视频信号,并备有多路开关在不同输入端之间切换,这种多路切换也是本书研究对图像采集卡的重要要求。一般情况下,图像采集卡对未同步的多个摄像机做切换时,切换后稳定地跟踪和锁相新视频的行场信号要花费很长时间,有的图像采集卡要经历几帧至十几帧时间才能稳定地锁定新视频。这是因为为了尽可能减少像素的抖动时间,锁相电路具有很深的负反馈,深负反馈减少了抖动时间,但却大大增加了锁相系统的响应时间,从而大大降低了失锁后恢复锁相的反应速度。因此可以将多台摄像机同步起来,由一部摄像机同步其他摄像机,通过视频分配器分别拷贝视频信号接到其他摄像机的外同步输入端,使视频分配器不会对主摄像机的视频输出带来阻抗不匹配的失真。另外还可以采用一槽多卡的图像采集卡,这种卡可以同时接收多路独立的视频信号。CPU 可分别或同时向它们发出指令采集图像,而无须进行同步处理。

6. 图像采集卡选择

本书研究时采用 2 台线阵 CCD 工业相机,由于图像数据量很大,假设每台工业相机采集的图像幅面大小为 1 m×1 m,每幅图像数据大小为 16 Mb 甚至更高,那么一条长度为 1 000 m 的隧道,全部图像数据将接近 80 Gb 或更大,而且由于计算机硬盘带宽的限制,高分辨率图像数据直接存入计算机硬盘会出现图像丢失现象,另外相机工作时会占用较多的 CPU 时间,同样不适合将高分辨图像数据直接存储至计算机硬盘。如果用计算机内存存储,计算机实际可用于图像存储的内存条容量就会不够。在本书研究中,采用支持直接内存存取(Direct Memory Access,DMA)技术的图像采集卡,同时配备 SAS 磁盘阵列,使输出的图像不经计算机即不占用 CPU 时间直接无丢帧地存储至计算机磁盘或磁盘阵列。当检测系统需要增加存储时间时,可增加 SAS 磁盘容量。图 9-3 是本书研究采用的线阵 CCD 高速图像采集卡实物图。

图 9-3 线阵 CCD 高速图像采集卡实物图

9.1.1.3 照明光源

由于隧道内环境恶劣、光照条件很差,在本书研究过程中必须采用有效的照明光源设备,其目的是使被测物(隧道衬砌)的重要特征(裂缝病害)显现,而抑制不需要的特征(非裂缝病害)。常用的光源类型有以下几种[4]。

1. 白炽灯

白炽灯通过在细细的灯丝中传输电流产生光,通常情况下,灯丝是用钨制成的,电流加热灯丝使其产生热辐射。灯丝的温度非常高,其辐射在电磁辐射谱线的可见光范围内。灯丝在真空或充有卤素气体的密闭玻璃灯泡中,常见的卤素气体为碘或镍,以防止灯丝氧化,充满卤素气体比起真空可使灯泡的寿命大大延长。白炽灯的优点是相对较亮,而且可以产生色温为 3 000~3 400 K 的连续光谱;另一个优点是白炽灯可以在低电压下工作。白炽灯的缺点是发热较为严重,仅有 5% 左右的能量转换为光,其他都以热的形式散发了;另一个缺点是寿命短,而且不能用作闪光灯。此外,白炽灯老化快,随着时间的推移,亮度下降迅速。

2. 氙气灯

氙气灯是在密闭的玻璃灯泡中充上氙气,氙气被电离产生色温在 5 500~12 000 K 的非常亮的白光,常被分为连续发光的短弧灯、长弧灯及闪光灯。氙气灯可做成每秒 200 次以上的非常亮的闪光灯。对于短弧灯,每次亮的时间可以短至 1~20 μs。氙气灯的缺点是供电复杂且昂贵，此外，在几百万次闪光后会出现老化。

3. 荧光灯

荧光灯与氙气灯类似，也是一种气体放电光源，通过电流激发在如氩、氖等惰性气体环境下的水银蒸汽产生紫外光辐射。这些紫外光使得封装惰性气体管壁上的磷盐涂层发荧光，产生可见光。使用不同的涂层，可以产生 3 000～6 000 K 色温的可见光。荧光灯由交流电供电，因此产生与供电相同频率的闪烁。荧光的优点是价格便宜，照明面积大。缺点是寿命短，老化快，光谱分布不均匀，存在有些频率下有尖峰，而且还不能用作闪光灯。

4. 发光二极管

发光二极管(Light Emitting Diode，LED)是一种通过电致发光的半导体，能产生类似单色光的非常窄的光谱的光，其发光亮度与通过二极管的电流有关，发出的光的颜色取决于所用半导体材料的成分。LED 可以做成红外、可见光及近紫外型，也可做成白光型。实际上白光 LED 内部产生的光是蓝色的，通过在半导体上加上黄磷涂层将蓝光转换为白光。LED 光源的最大优点是寿命长，寿命超过 100 000 h 非常常见。另外 LED 可用作闪光灯，反应速度很快，几乎没有老化现象。由于 LED 采用直流供电，因此亮度非常容易控制，而且 LED 光源的功率小、发热小。其主要缺点是 LED 的性能与周围环境温度有关，环境温度越高，LED 的性能就越差，寿命就越短。LED 具有诸多优点，目前已成为工业视觉检测领域中应用最多的一种光源。

5. 光源设计

从以上分析可以看出，目前最常用的就是 LED 光源，在本书研究中建议采用 LED 条形光源。对于光强为 I 的点光源，假设光源到隧道衬砌表面上某点的工作距离为 D，则该点的照度 E 可表示为[5]

$$E = \frac{I}{D^2} \qquad (9-1)$$

由上式可以看出，光源照度(单位 lux，勒克斯)与工作距离的平方成反比，与光源强度成正比，因此光源至隧道衬砌表面的工作距离要进行试验比较，要保证有足够的亮度，由于检测车行驶时会有一定的偏离，因此还要保证光源有一定的光束宽度。根据光谱分析和光源照射模型[6]，笔者设计了高亮度 LED 条形光源，光束宽度超过 10 cm，亮度高、均匀性好，而且能适应检测车行驶过程中的距离偏离。图 9-4 是本书研究采用的高亮度 LED 条形光源设计图，图 9-5 是相应的光源实物图。

9.1.1.4 光源照明方式

利用各种不同性能和结构的光源，以及物体和背景对光的反射和传送特性就可以设计出不同的光源照明方案。照明方式可分为正向照明和背向照明两大类，每一类又有很多方式[7]。

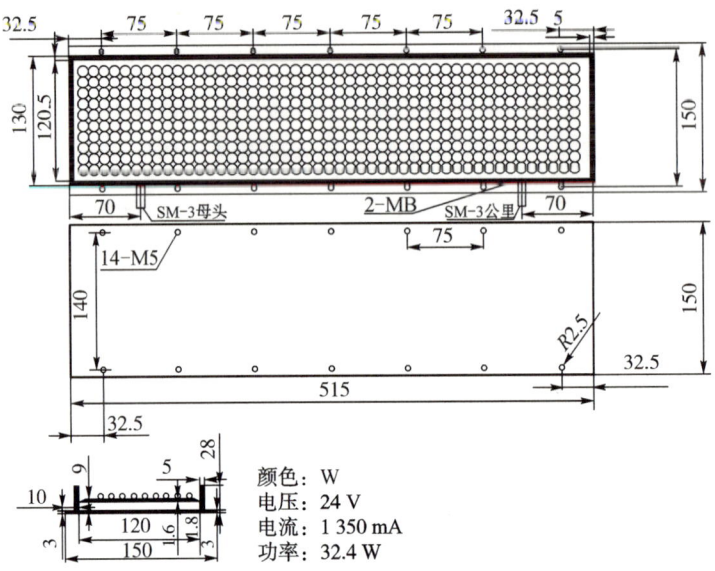

图 9-4　高亮度 LED 条形光源设计图(单位:cm)

图 9-5　高亮度 LED 条形光源实物图

1. 正向照明

(1) 镜面照明:光线直接从被测物的表面反射进入摄像机镜头。被测物的镜面反射不一致的各个区域,可用这一照明方式将它们区分出来。物体表面每倾斜 1°,都会使镜面反射光移动 2°。这种照明方式对于物体的位置非常敏感。

(2) 离轴照明:光源在镜头轴线的侧面,镜面反射到不了镜头,仅有漫反射光部分进入镜头,从而避开了镜面反射而引起特别亮光的干涉,而漫反射光部分则可能进入镜头。最典型的例子就是光滑的金属表面模印上表面粗糙的文字,文字因漫反射光进入镜头而亮,而金属表面背景因镜面反射光而达不到镜头,形成黑背景。

(3) 半漫射照明:光线来自宽角度的各方向,例如环形光,这种照明方式具有较好的均匀性,能获得比较好质量的图像,并且可以有较大范围的视场。

(4) 漫散照明:光线来自所有方向,由于不同的物体特征有不同的漫反射特性,从而使镜面反射最少,并且可使因表面方向变化引起的反射差异影响最小。

(5) 黑场照明:光线来自与镜头视线方向成 90°的方向,所有镜面反射和所有来自平面的漫反射都会掠过镜头而不能进入摄像机。而无规律的物体表面,例如划痕,会产生强烈的闪烁,会被摄像机转换成图像。

2. 背向照明

(1) 漫射式照明:是背光照明中最通用的方式,它具有一块大的透明或半透明的平板,在平板的背后是光源。设计简单,容易获得均匀光源。

(2) 凝聚式照明:使用镜头将光线集中于一个方向,适用于背光照明时建立定向光特性。

(3) 黑场照明:光线从与镜头视线成90°的方向射入,例如从透明物体的边缘进入,适用于检测物体中的裂痕、气泡等,光线在透明物中传输时不会进入镜头,当碰到某种小物体后,因折射有一部分光反射会进入镜头。

照明方式可以通过灵活的变化来适应各种需求,例如使用线、网格、圆等光照形式的结构光来检测三维物体;使用光的偏振特性来消除镜面反射,突出表面细节;使用光学滤色片来加强特征区,滤除背景和其他不感兴趣区域,从而简化图像的二值化和分割算法。

3. 照明方式设计

由于隧道环境的限制,光源只能采用正向照明方式。具体的正向照明方式有三种:第一种是正向高角度照明(即亮场),该方式是最常用的照明技术,优点是光照强、亮度相对均匀,缺点是会产生镜面的高亮反射;第二种是正向低角度照明(即暗场),特别适合于在平滑光洁的表面检测文字、划痕等具有较粗纹理的目标物,入射光在平滑表面以相同角度反射而错过镜头形成较暗的背景,而具有漫反射特性或圆弧边缘的目标物则将一部分光反射入镜头而成为亮的图像;第三种是无角度照明(即黑场),最适宜检测凹凸不平表面以及显现表面缺陷,缺点是阴影太大。结合隧道实际检测环境,本书研究拟采用第一种照明方式,即正向高角度照明(亮场),图9-6是本书研究采用的正向高角度照明方案示意图,线阵CCD相机两侧分别布置两排LED光源,并与衬砌表面呈一定角度,这样既可保证足够的光照强度,又有较好的光强均匀性。

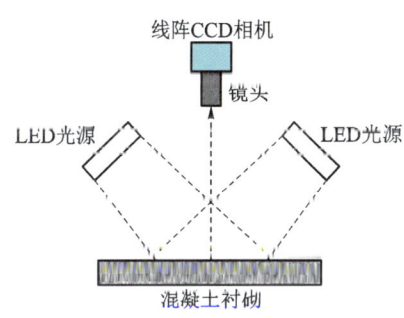

图9-6 采用的照明方案示意图

9.1.1.5 光学镜头

1. 镜头成像

镜头是一种光学设备,用于聚焦光线在摄像机内部成像,其作用是产生锐利的图像,以得到被测物的细节[8]。镜头是基于折射原理构造而成的,光线在一定介质中的传播速度小于其在真空中的传播速度,其比值称为此介质的折射率。在常温常压下,空气的折射率为1.000 292 6,接近于1。镜头成像是非线性过程,也就是说同心光束通过镜头后将不能完全汇聚在一点,当入射角很小时,可以通过近轴近似。根据近轴近似可以得到高斯光学,在高斯光学中同心光束通过由球面透镜构成的镜头后又汇聚到一点。高斯光学是理想化的光学系统,所有与高斯光学的背离均称为像差。光学系统设计的目标就是使镜头的结构在满足高斯光学基础上使入射角足够大,以满足实际应用。

2. 镜头焦距和视场角

位于镜头前方的物体在镜头后成像,镜头有两个焦点,在镜头一侧的平行于光轴的光线经过镜头后汇聚到另一侧的对应焦点主平面,可由镜头一侧入射的平行光线与另一侧过焦点的对应光线的交点得到,该平面与光轴垂直。相应的焦点与主平面的距离称为镜头焦距,物体到主平面的距离称为物距,而像到主平面的距离称为像距。镜头的焦距决定了被测物在成像面上成像的大小,用不同焦距的物镜对同一位置物体成像时,焦距越长,所得的像也越大。为了满足各种成像的要求,物镜焦距值相差很大,有的只有几毫米,有的长达数十米。有的镜头为适应不同的取像要求,设计成焦距可变,从而改变成像的倍数,即所谓的变焦距镜头,可以获取不同放大倍数的像。

镜头的视场角决定了在成像面上良好成像的空间范围。当焦距一定时,视场角越大,成像也越大;同时,当成像面的尺寸一定时,焦距越长,视场角越小。例如,俗称的广角镜头,其视场角就较大而焦距很短;反过来,望远镜镜头则具有较小的视场角和较长的焦距。

3. 镜头景深

与光轴平行的光线射入凸透镜后,理想的镜头应该是所有的光线聚集在一点后,再以锥状扩散开来,这个聚集所有光线的点,称作焦点。在焦点前后,光线开始聚集和扩散,点的影像会出现模糊,形成一个扩大的圆,这个圆称作弥散圆。如果弥散圆的直径小于人眼的鉴别能力,在一定范围内实际影像产生的模糊是不能辨认的,这个不能辨认的弥散圆称为容许弥散圆。在焦点前后各有一个容许弥散圆,这两个弥散圆之间的距离就称为景深,也就是说,在被拍摄主体(对焦点)前后,其影像仍有一段清晰范围,此范围就是景深[9]。图9-7是景深(包括前景深、后景深)、焦深(前焦深、后焦深)之间关系及景深计算的示意图。

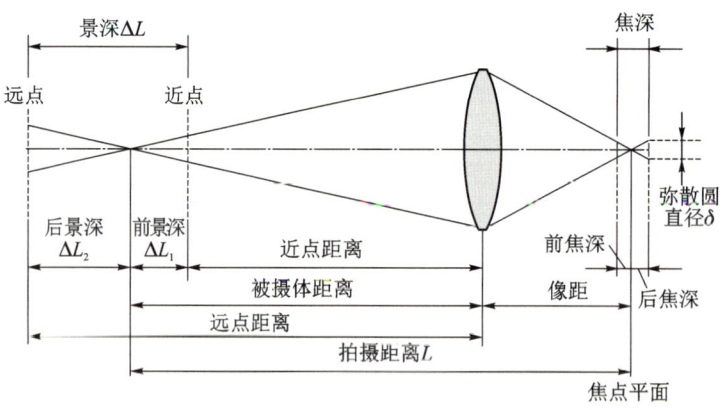

图9-7 景深计算示意图

前景深计算公式:

$$\Delta L_1 = \frac{F\delta L^2}{f^2 + F\delta L} \tag{9-2}$$

后景深计算公式：

$$\Delta L_2 = \frac{F\delta L^2}{f^2 - F\delta L} \tag{9-3}$$

景深计算公式：

$$\Delta L = \Delta L_1 + \Delta L_2 = \frac{2f^2 F\delta L^2}{f^4 + F^2\delta^2 L^2} \tag{9-4}$$

以上式中，ΔL_1 为前景深；ΔL_2 为后景深；ΔL 为景深；F 为镜头光圈值；L 为对焦距离；f 为镜头焦距；δ 为容许弥散圆直径。

4. 镜头选择

由于隧道衬砌表面是曲线形状，而且检测车在行驶过程中会左右偏离，不一定会保持直线，因此镜头的选择必须要保证有尽量大的景深。

由景深计算公式(9-4)可以看出，景深与镜头所使用的光圈、镜头焦距、工作距离以及容许弥散圆直径等因素有关。光圈越大，景深越小；光圈越小，景深越大。镜头焦距越长，景深越小；镜头焦距越短，景深越大。工作距离越远，景深越大；工作距离越近，景深越小。由此可见，要保证尽可能大的景深，就需要较大的工作距离、较小的焦距以及较小的光圈，光圈越小，对光源的要求就越高。因此，镜头的选择应结合线阵 CCD 的工作距离及光源强度等综合来定，本书研究所采用的光学镜头如图 9-8 所示，其技术参数如表 9-2 所示。

图 9-8 采用的光学镜头实物图

表 9-2　　　　　　光学镜头技术参数

镜头项目	技术参数
焦距	35 mm
最大光圈	$f/2$
镜头构成	5 组 6 片
测距器	可测出摄像对象至相机之间的距离
距离刻度	0.25 m(0.9 ft)至无限远(∞)
光圈值刻度	在标准和光圈直接读取上刻有 $f/2 \sim f/22$
图像角度	62°

5. 旋转编码器

由于检测车在行驶过程中可能会停下来，而且行驶速度不一定保持恒定，因此需配备编码器触发信号来实现车速和 CCD 扫描速度同步,可选用磁性旋转编码器,可用于电机测速,为绝对编码器,可进行汽车测速并同时输出脉冲信号,实现精确测量并同步 CCD 扫描频率[10],图 9-9 是本书研究采用的旋转编码器实物图,表 9-3 是相应的技术参数。编码器可安装在汽车电机上用来测试,实时传输脉冲信号,从而同步线阵 CCD 进行扫描,并保证采集到的像素为方形像素。编码器还可以记录检测车行驶的里程,通过换算可以得到每幅图像的里程桩号。另外通过激光测距仪可以得到线阵 CCD 相机距隧道墙壁的工作距离以及每幅图像沿隧道衬砌的环向位置,这样每幅图像中裂缝病害的纵向和环向位置都可以计算出来,从而实现裂缝的定位。

图 9-9 采用的旋转编码器实物图

表 9-3　　　　　　　　旋转编码器技术参数

编码器项目	技术参数
电源电压	DC5～24 V
使用电流	≤80 mA
输出状态	NPN 开路集电极输出
输出容量	外加电压:≤DC30 V,吸入电流:≤35 mA
最高响应频率	100 kHz
输出相位差	A 相、B 相位相差 90°±45°
启动扭矩	≤1 mN·m
允许最高转速	6 000 r/min
允许力	径向:30 N,轴向:20 N

除了配备编码器以外,还配备了供电设备(发电机),以完成隧道中的检测工作,选用车载逆变器(电源转换器),可将直流电转换为交流电,是一种方便的车用电源转换器。

9.1.2　隧道渗漏水红外检测设备选型

本小节的主要工作是将红外热像技术应用到隧道渗漏水的检测中,并将红外热像仪装载于红外机械臂架上,如图 9-10 所示。渗漏水检测需要考虑检测精度、检测范围、运动速度、抗震防

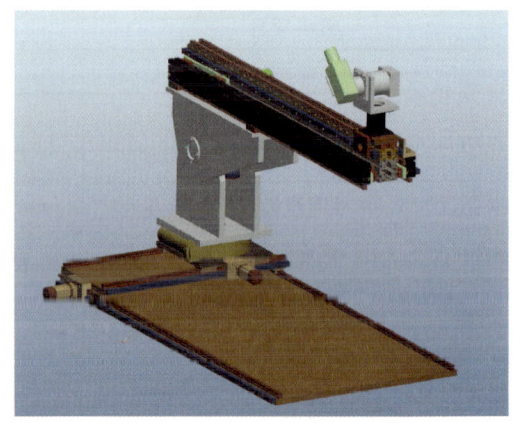

图 9-10 装有红外成像仪的红外机械臂架

抖等指标和后期图像数据处理,参考设备参数指标对红外热成像仪进行硬件选型。

9.1.2.1 红外热成像仪选型方案

综合考虑隧道集成检测车的检测指标要求,选择 4 组市场上常用于工程中的红外热成像仪,不同的参数如表 9-4 所示,下面根据设备参数和课题要求对各方案设备进行比选。

表 9-4　　　　　　　　　　　不同方案设备选型参数

项目	方案 1	方案 2	方案 3	方案 4
探测器类型	非制冷式焦平面红外探测器			
波长范围/μm	7.5～13	8～14	8～14	7.5～13
热灵敏度(NETD)	0.08℃(在 30℃时)			
像元尺寸/μm	35×35			
分辨率(像素)	320×240	320×240	384×288	160×120
帧频/Hz	50	60	25	100
空间分辨率	1.3 mrad	1.3 mrad	0.88 mrad	
视场角(FOV)	80°×60°	31°×31°	32°×24°	31°×31°
所属品牌及型号	FLIR A40-M	FLUKE Ti55FT	DM60-384	OPTRIS PI

9.1.2.2 检测移动速度

对红外热成像仪检测时的运动速度起决定性作用的是设备的"帧频"参数,根据工程中常用的红外热成像仪产品的帧频参数,计算不同帧频下的理论运动速度并对实际检测速度进行调研,结果如表 9-5 所示。理论运动速度计算是以保证隧道纵向检测无遗漏为原则,不同帧频设备的理论运动速度 $v=l\times f$,其中,f 为帧频(Hz),l 为检测宽度(m)。但是实际运动速度受到振动等因素影响,会低于理论速度,可以通过调研获取,结果如表 9-5 所示。目前研究要求每帧图像检测宽度 2 m。考虑到裂缝和空洞检测设备要求,建议检测速度不超过 20 km/h,故可以选择帧频大于 25 Hz 的红外热成像仪。

表 9-5　　　　　　　　　红外热成像仪检测速度影响因素

帧频/Hz	检测宽度/m	理论速度/(m·s⁻¹)	实际速度/(km·h⁻¹)
9	假定 2	18	<10～20
25	假定 2	50	<30～40
50	假定 2	100	<50～70
60	假定 2	120	<60～80
100	假定 2	200	<100

9.1.2.3 检测精度及范围

影响红外热成像仪检测精度的因素包括：红外镜头的视场角、探测器的分辨率和检测的距离。根据这些影响因素对不同设备的检测面积和精度进行计算，假定红外热成像仪的视场角为 $\alpha \times \beta$，检测距离为 L，则红外热成像仪的检测面积近似为 $S = [2L\tan(\alpha/2)] \times [2L\tan(\beta/2)]$。红外热成像仪的最小观测目标尺寸 $D = IFOV \times L$，式中 $IFOV$ 为空间分辨率，L 为检测距离。根据经验，一般 3×3 个像素能够分辨出检测对象，故精度 $F = [3(IFOV \times L)] \times [3(IFOV \times L)]$。结果如表 9-6—表 9-8 所示。

表 9-6　　标准镜头[31°(水平)×31°(垂直)]

距离 L/m	面积 S/m²	精度 F/mm(320×240 像素)
0.5	0.28×0.28	1.95×1.95
1	0.55×0.55	3.9×3.9
2	1.11×1.11	7.8×7.8
3	1.66×1.66	11.7×11.7
4	2.22×2.22	15.8×15.8
5	2.77×2.77	19.5×19.5

表 9-7　　广角镜头[32°(水平)×24°(垂直)]

距离 L/m	面积 S/m²	精度 F/mm(384×288 像素)
0.5	0.29×0.21	1.32×1.32
1	0.57×0.43	2.64×2.64
2	1.15×0.85	5.28×5.28
3	1.72×1.28	7.92×7.92
4	2.29×1.70	10.56×10.56
5	2.87×2.13	13.2×13.2

表 9-8　　超广角镜头[80°(水平)×60°(垂直)]

距离 L/m	面积 S/m²	精度 F/mm(320×240 像素)
0.5	0.84×0.58	1.95×1.95
1	1.68×1.15	3.9×3.9
2	3.36×2.30	7.8×7.8
3	5.04×3.45	11.7×11.7
4	6.72×4.6	15.8×15.8
5	8.40×5.75	19.5×19.5

通过理论计算,当镜头固定时,设备的检测精度和检测范围符合如下规律:
(1) 检测精度与分辨率成正比,与检测距离成反比;
(2) 检测范围与检测距离成正比,与检测精度成反比;
(3) 随镜头视场角增大,检测范围变大,所需的设备台数就会相应减小,相应精度减小。

当检测距离控制在 4 m 时,各方案基本都能够满足检测宽度 2 m 左右的要求,故选择 4 m 的检测距离。此时,红外热成像仪在双车道和三车道隧道内的运动轨迹如图 9-11 所示。

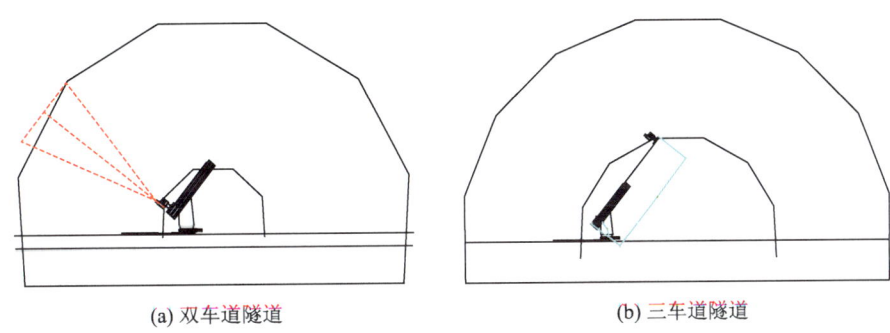

图 9-11 渗漏水检测红外热成像仪运动轨迹

9.1.2.4 抗振防抖

影响防振的因素包括车辆的振动振幅和振动频率。经过振动模态分析和动力时程分析[11],设备帧频满足表 9-5 对应的速度就能解决抗振防抖问题。

9.1.2.5 渗漏水检测指标

考虑到隧道渗漏水病害风险评价需要的指标包括渗漏水面积、渗漏位置和渗漏水状态等,所以开发的隧道渗漏水红外检测软硬件需要提供以上指标,即硬件设备检测出渗漏水状态等指标,软件图像处理得到渗漏水面积等信息。此部分内容将在后续章节进行详细阐述。

综合考虑检测车设计指标,排除表 9-4 中方案 4 由于图像分辨率较低而不能满足要求之外,表 9-4 中前 3 种方案都能满足技术要求,综合考虑设备的技术性能和经济性初步选择方案 3,该热像仪镜头的视场角为 32°×24°,帧频为 25 Hz,检测距离控制在 4 m,单幅图像检测面积为 2.29 m×1.7 m。接下来通过试验进一步进行各方案设备选型并且研究隧道衬砌渗漏水红外辐射特征。

9.1.3 隧道空洞新型雷达的研发及性能测试

9.1.3.1 隧道空洞商业雷达探测实验及图像分析

为获取空洞的商业雷达图像特征,我们建立了一个隧道模型,模拟各种隧道的病害情况(衬砌内空洞、衬砌背后空洞、衬砌厚度不足等),采用不同频率的商业雷达对预设的各种病害进行检测,掌握空洞的雷达反射图像特征,研究探地雷达探测这些病害的适用性。

1. 试验目的

模拟隧道中各种不同的病害,采用探地雷达进行探测,获取不同病害的相应雷达图像,为实际检测时能够准确识别出空洞提供足够的数据支持,同时也为天线开发提供参考依据。了解可能对实际检测造成干扰的各种不利因素,并提供解决方案。

2. 模型设计与制作

1) 模型设计

为了解各种不同的隧道衬砌背后空洞的雷达反射图像特征,我们设计了一个模型来模拟隧道衬砌、衬砌内及衬砌背后各种各样的空洞,以云南小团山公路隧道设计为参考依据。该隧道地质条件较差,洞身围岩多为Ⅳ~Ⅵ级围岩,因此衬砌设计厚度一般为 60 cm,同时衬砌双面配筋,初次衬砌和二次衬砌之间铺设防水层(由 400 g/m² 土工布和 PVC 防水板组成),该隧道典型断面设计如图 9-12 所示。

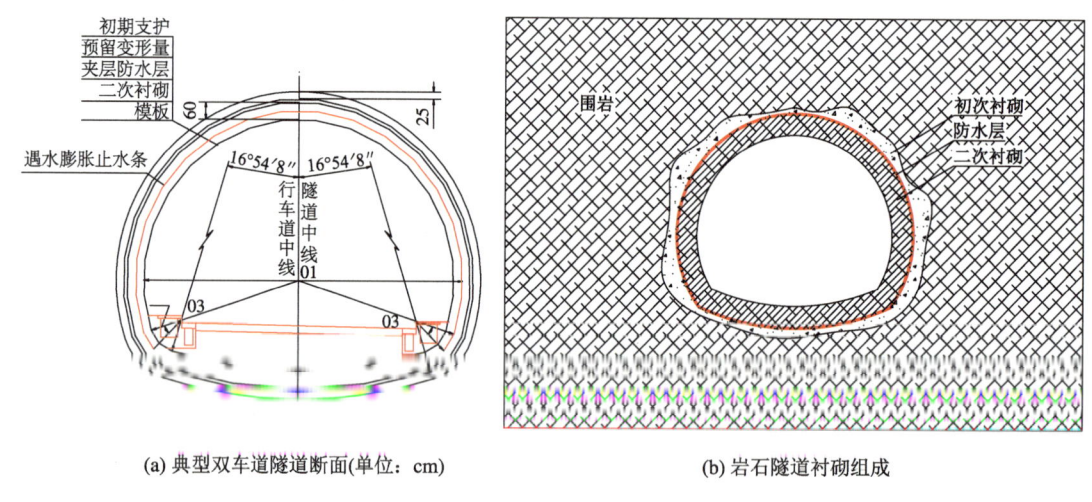

(a) 典型双车道隧道断面(单位:cm)　　(b) 岩石隧道衬砌组成

图 9-12 典型双车道岩石隧道断面及衬砌组成示意图

由于探地雷达检测是通过发射的电磁波穿透二次衬砌、初次衬砌以及围岩,因此模型并不需按照实际隧道的形状来进行制作,只需制作与二次衬砌和初次衬砌厚度相同的混凝土墙即可,对围岩的模拟可以采用砂子来进行替代。这是因为影响探地雷达探测效果的主要是物质的电性能(主要是介电常数),而砂的介电常数与围岩的比较接近,通过改变砂子的含水率来改变其介电常数还可以模拟不同性质的围岩。最终的模型设计如图 9-13—图 9-15 所示。

模型平面尺寸为 4.2 m×4.2 m,高 1.9 m,其中底板(素混凝土垫层)厚 0.1 m,模型净高 1.8 m,模型平面形状为"口"字形,共由 4 堵混凝土墙组成,编号 1#、2#、3# 和 4#,如图 9-13 所示。模型初衬及二衬均采用 C25 商品混凝土浇筑,二次衬砌配筋包括水平钢筋、竖向钢筋以及连接钢筋,钢筋型号分别为 Φ22、Φ12 和 Φ8,钢筋间距均为 33 cm,二衬后为防水层(设置防水层主要是为了验证防水层是否会对探地雷达的检测效果产生影响),防水层后为初衬,初衬后填筑黄砂来模拟衬砌后的围岩。空洞采用木模板钉制方盒来模拟。

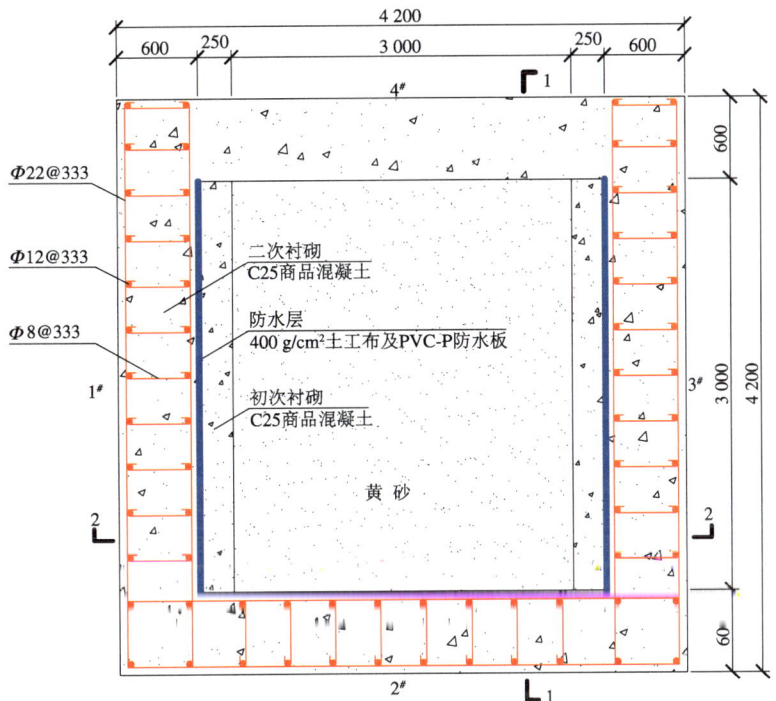

图 9-13 模型平面图(单位:mm)

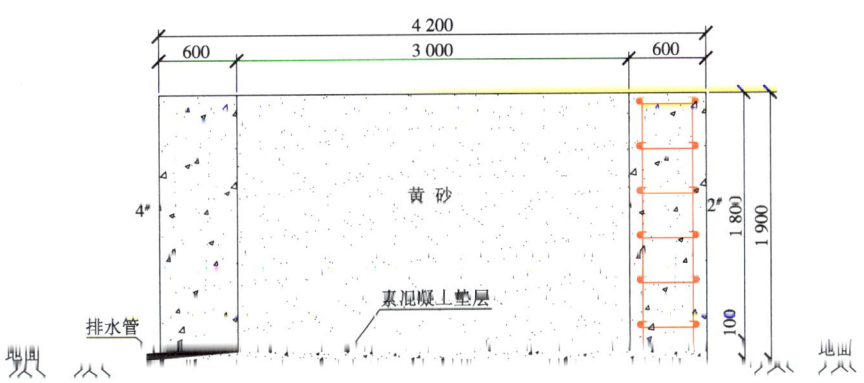

图 9-14 1—1 剖面图(单位:mm)

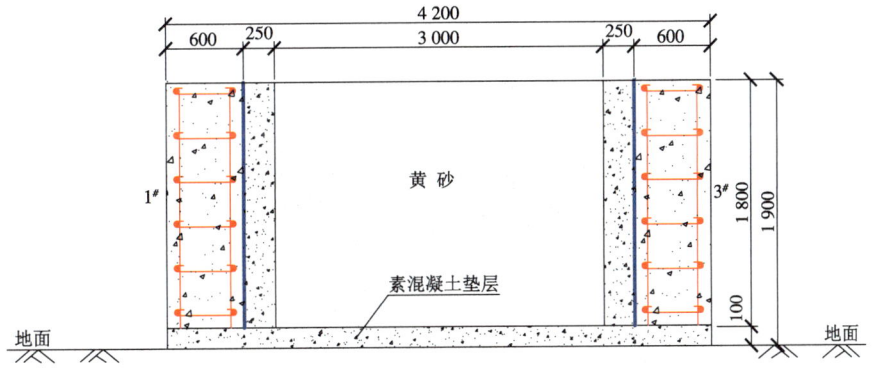

图 9-15 2—2 剖面图(单位:mm)

$1^\#$墙组成为 60 cm 钢筋混凝土二衬＋防水层＋25 cm 素混凝土初衬,且衬砌内部埋设不同大小空洞,主要用于模拟二衬内存在空洞、二衬与初衬之间脱空以及初衬与围岩之间脱空的情况;$3^\#$墙组成为:60 cm 钢筋混凝土二衬＋防水层＋25 cm 素混凝土初衬,衬砌内部不设置空洞,初衬后设置不同厚度的空洞,主要用来模拟初衬后方围岩内存在空洞的情况;$2^\#$墙为 60 cm 钢筋混凝土;$4^\#$墙为 60 cm 素混凝土,用来进行探测结果的对比。

雷达空洞探测试验主要在 $1^\#$墙和 $3^\#$墙完成。其中,衬砌内空洞探测在 $1^\#$墙进行,衬砌背后围岩内空洞在 $3^\#$墙进行,主要探测衬砌背后 1 m 处和衬砌背后 2 m 处空洞。

2) 模型制作

(1) 制作垫层。模型制作之前,首先在地面浇筑 100 mm 厚素混凝土垫层,垫层平面尺寸与模型平面尺寸相同,为 4.2 m×4.2 m。垫层的作用首先是使模型基底平整,便于模型施工;另外垫层可将地面与黄砂隔开,同时垫层内留有排水沟,可排出黄砂内积水。垫层制作完成之后如图 9-16 所示。

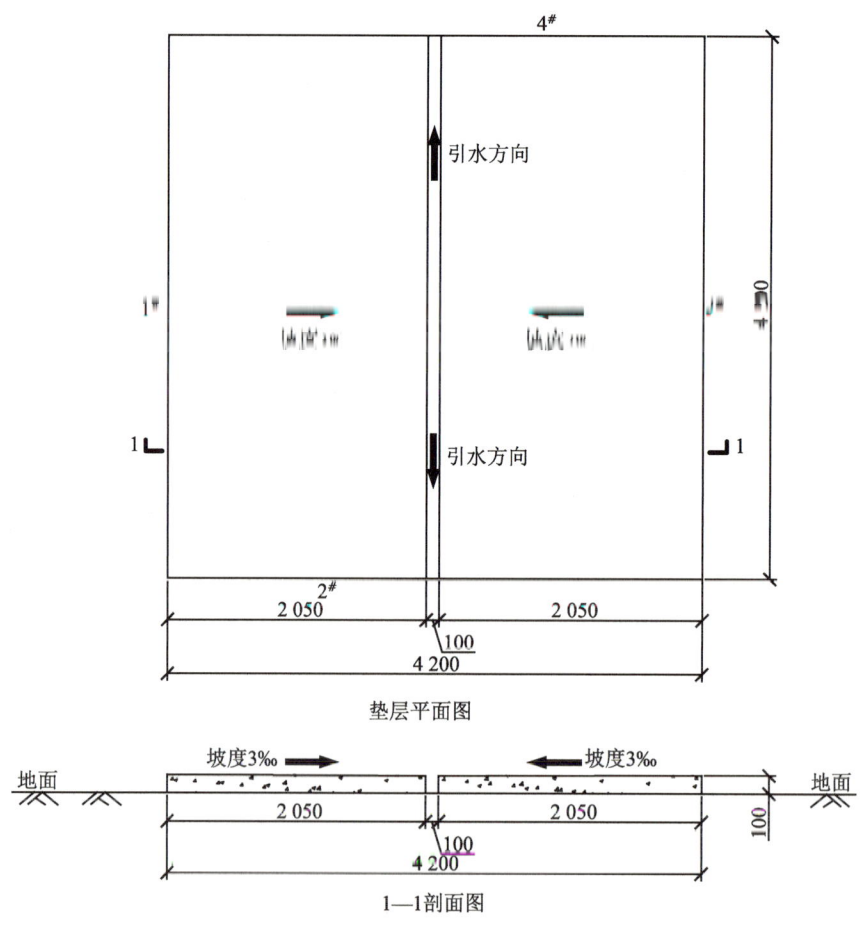

图 9-16 模型垫层施工图(单位:mm)

(2) 绑扎钢筋网。钢筋网绑扎按照设计要求进行，在 1#、2#、3# 墙内设置双排钢筋网，4# 墙内不设置钢筋，如图 9-17 所示。

(3) 预埋衬砌内部空洞。衬砌内部埋设空洞须在二衬混凝土浇筑之前进行，衬砌内空洞设置在 1# 墙内部。在二衬内、二衬与初衬界面以及初衬与围岩界面各设置一组空洞，每组空洞由一个 100 mm×100 mm×200 mm 空洞和一个 200 mm×200 mm×200 mm 空洞组成。空洞采用干燥木模板制作，并在木模板两侧刷防水漆以防止水分进入。制作好之后在空洞上、下表面设置进水管和出水管，用来向空洞内注水和排水，模拟空洞内有水和无水的情况；空洞制作完成之后，将其用细铁丝绑扎在钢筋网上的指定位置，使空洞 V1 和 V2 位于二衬内部，V3 和 V4 位于二衬和初衬界面，V5 和 V6 位于初衬和围岩界面，如图 9-18 所示。

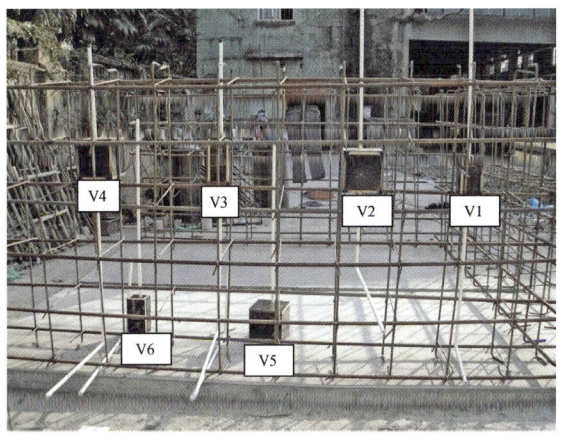

图 9-17　模型垫层及钢筋网布置　　　　图 9-18　1# 墙内空洞埋设位置

(4) 浇筑二衬。钢筋网绑扎完成、空洞埋设并固定之后，进行二衬的模板安装以及浇筑二衬混凝土工作，1#、2#、3#、4# 墙一次浇筑完成，由于浇筑混凝土体积较大，采用混凝土泵车进行浇筑，模板制作和混凝土浇筑过程如图 9-19 和图 9-20 所示。

图 9-19　二衬模板安装　　　　　　　　图 9-20　二衬混凝土浇筑

(5) 铺设防水层。待二衬混凝土强度达到设计要求后，拆除二衬模板，进行二衬和初衬之间的防水层施作。防水层只在1#墙和3#墙内设置，施作顺序为：先在二衬背后粘贴 PVC-P 防水板，然后在 PVC-P 防水板后面粘贴 400 g/m² 土工布，施作过程如图 9-21 和图 9-22 所示。

图 9-21 粘贴 PVC-P 防水板

图 9-22 粘贴 400 g/m² 土工布

(6) 浇筑初衬。防水层设置完成之后进行1#墙和3#墙的初衬模板安装以及混凝土浇筑工作，由于本次混凝土用量较小，因此采用人工浇筑方法，如图 9-23 和图 9-24 所示。

图 9-23 衬砌厚度不足及初衬后空洞的设置

图 9-24 初衬浇筑完成

(7) 搭建防雨棚以及模型填砂。待初衬达到设计强度后方可进行拆模，拆模后对模型内部进行清理。接下来在模型外部搭建防雨棚，防止雨水进入模型内部。防雨棚设计为轻钢结构，占地面积为 5.2 m×5.2 m，高度为 4.0 m。防雨棚搭建完成之后，向模型内部填入黄砂，填入之前需对黄砂进行晒干并过筛，保证填入的黄砂湿度较小、不含有石子土块等。最终搭建完成的模型如图 9-25 所示。

3. 试验设备

试验主要采用加拿大 Sensor & Software 公司 pulseEKKO Pro 系列探地雷达进行探测，该系统主要由控制单元、发射/接收天线、电源等组成，如图 9-26 所示。

图 9-25　模型制作完成

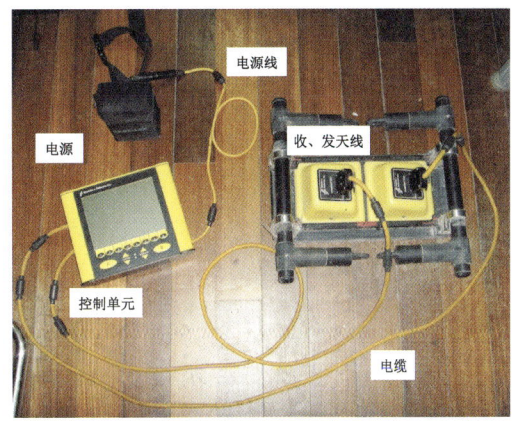
图 9-26　pulseEKKO Pro 探地雷达系统

探地雷达系统的控制单元和收发天线如图 9-27 所示，用于发射高频脉冲信号、设置系统参数、控制天线采集数据以及实时显示采集图像。发射天线辐射出由控制单元发出的高频脉冲信号，而接收天线则接收由探测目标所反射回来的反射信号。

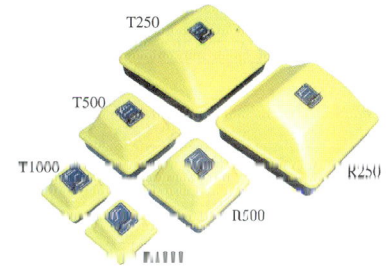

(a) 控制单元　　　　　　　　　　(b) 不同频带收发天线

图 9-27　EKKO Pro 探地雷达系统的控制单元和收发天线

根据经验，设备参数选取如表 9-9 所示。

表 9-9　　pulseEKKO Pro 探地雷达系统参数表

探测深度/m	中心频率/MHz	默认时窗大小/ns	采样间隔/ns
0.5	1 000	25	0.1
1	500	50	0.2
2	250	100	0.4

4. 商业雷达空洞探测试验

1) 衬砌内空洞探测试验

衬砌内空洞探测在 1# 墙内进行,1# 墙由外到内组成:60 cm 钢筋混凝土二衬、防水层、25 cm 素混凝土初衬和围岩,空洞以及测线布置,如图 9-28 所示。衬砌内共设置 6 个空洞,编号为 V1~V6,分为三组。第一组:V1 和 V2,位于二衬内部;第二组:V3 和 V4,位于二衬与初衬界面;第三组:V5 和 V6,位于初衬和围岩界面。每组有两个大小不同的空洞,其中 V1,V3,

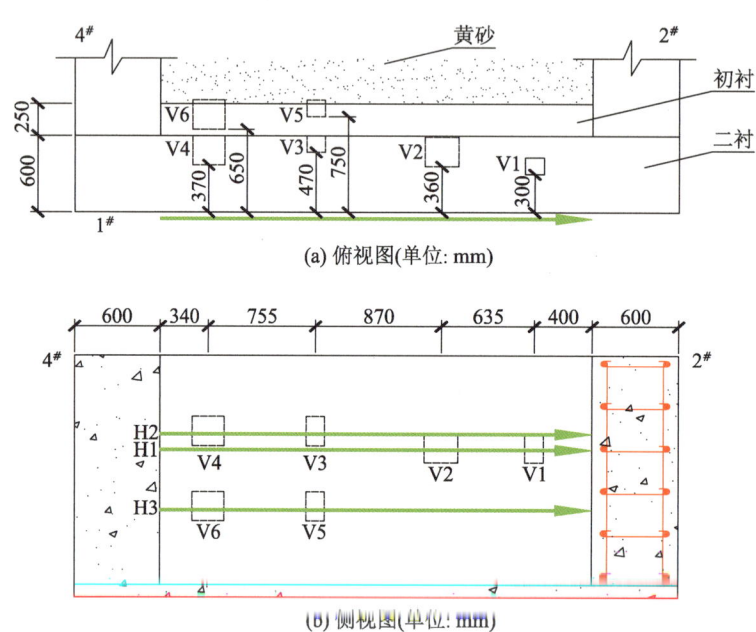

图 9-28 衬砌内空洞分布及测试设置

V5 大小为 10 cm×10 cm×20 cm,埋深分别为 30 cm,47 cm,75 cm;V2,V4,V6 大小为 20 cm×20 cm×20 cm,埋深分别为 36 cm,37 cm,65 cm。测线共布置 3 条水平测线,模拟沿隧道纵向探测,测线长度为 3.0 m。每条测线穿过一组空洞的中心线:H1 穿过第一组空洞中心线,H2 穿过第二组空洞中心线,H3 穿过第三组空洞中心线。

根据空洞大小以及埋深,选择 1 000 MHz 和 500 MHz 天线对空洞进行探测,实际探测情况如图 9-29 所示。

商业雷达探测结果如下:

图 9-29 1# 墙空洞探测试验

(1) H1测线探测结果,如图9-30所示。从图中可以看出,1 000 MHz天线能够探测到第一组空洞V1和V2。探测空洞V1埋深0.32 m(相对误差6.7%),探测空洞V2埋深0.35 m(相对误差2.8%)。在1 000 MHz天线的雷达图像上可以看出,空洞的反射信号非常不明显,难以辨认。而500 MHz天线同样能够探测到第一组空洞V1和V2。探测空洞V1埋深0.31 m(相对误差3.3%),探测空洞V2埋深0.37 m(相对误差1.4%)。在500 MHz天线的雷达图像上可以看出,空洞的反射信号非常明显,呈现明显的抛物线特征,易于辨认。

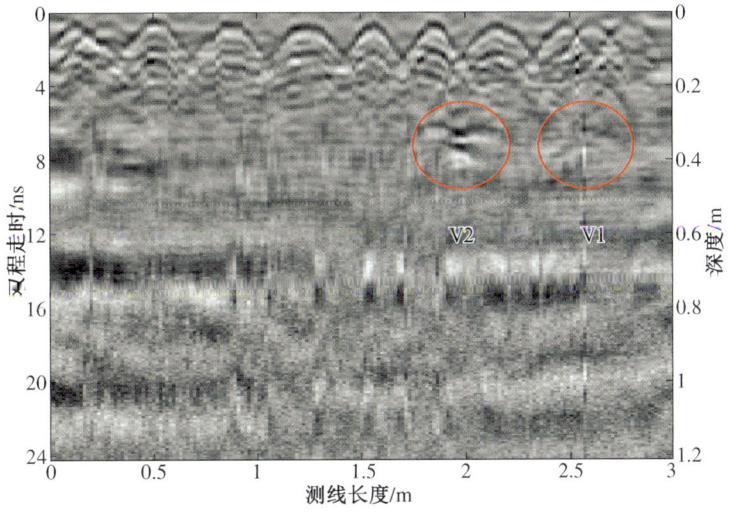

(a) 探测频率 $f=1\,000$ MHz

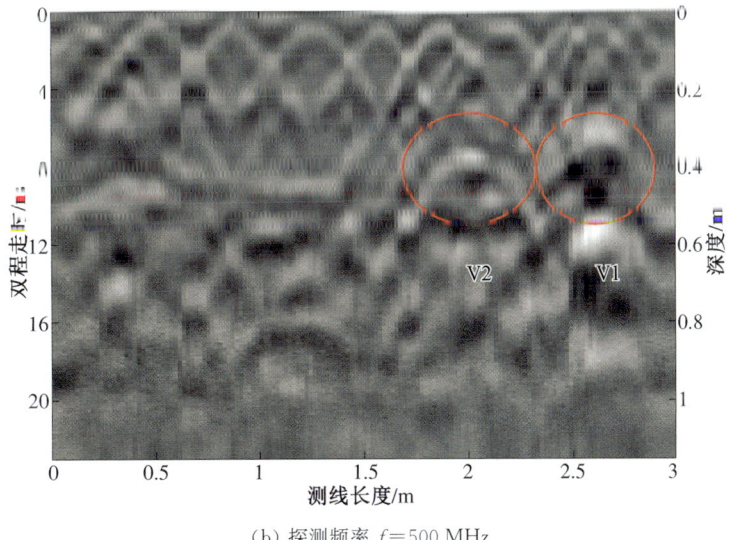

(b) 探测频率 $f=500$ MHz

图9-30 商业雷达H1测线探测结果

(2) H2测线探测结果,如图9-31所示。从图9-31可以看出,1 000 MHz天线只能够探测到第二组空洞的 V4,而探测不到 V3。探测空洞 V4 埋深 0.39 m(相对误差 5.4%)。在 1 000 MHz 天线的雷达图像上可以看出,空洞的反射信号非常不明显,难以辨认。1 000 MHz 天线无法探测到 V3 的原因在于 V3 的尺寸较小而埋深又较大,因此雷达信号十分微弱,无法从图像上分辨出来。

500 MHz 天线能够探测到第二组空洞 V3 和 V4。探测空洞 V3 埋深 0.48 m(相对误差 2.1%),探测空洞 V4 埋深 0.39 m(相对误差 5.4%)。在 500 MHz 天线的雷达图像上可以看出,空洞的反射信号非常明显,呈现明显的抛物线特征,易于辨认。

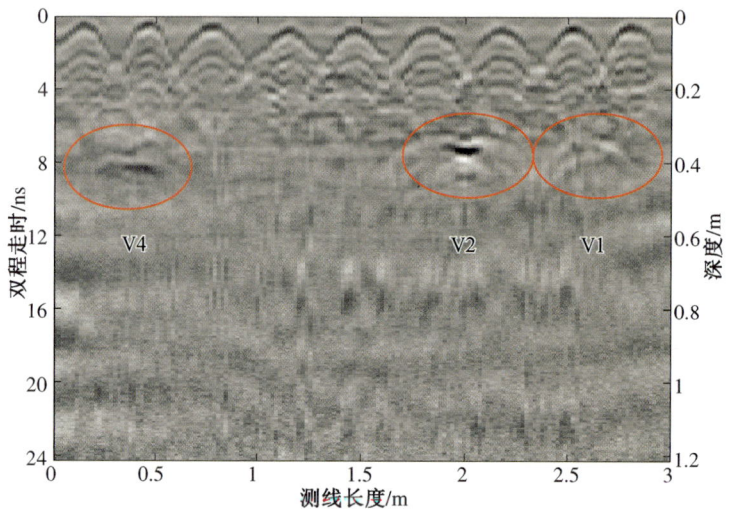

(a) 天线频率 $f=1\,000\,\text{MHz}$

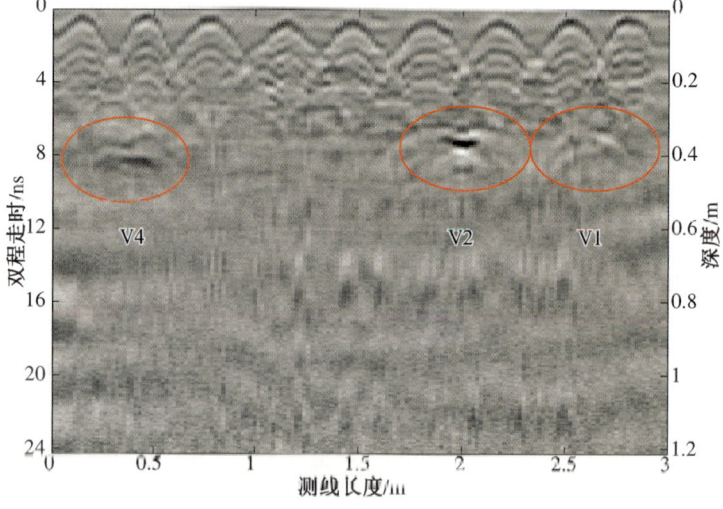

(b) 天线频率 $f=500\,\text{MHz}$

图 9-31 商业雷达 H2 测线探测结果

从图 9-31 中还可以发现,H2 测线不仅探测到了第二组空洞,也记录到了第一组空洞 V1 和 V2 的反射信号,说明探地雷达的探测范围不仅局限于测线的正下方(最大辐射方向),只要探测目标位于其主瓣宽度范围内,都能较好地获得探测目标的反射信号。

(3) H3 测线探测结果,如图 9-32 所示。从图 9-32 可以看出,从 1 000 MHz 天线的雷达图像上已经无法分辨出空洞的反射信号,其埋深已经超过了天线的穿透深度。

500 MHz 天线能够探测到第三组空洞 V5 和 V6。探测空洞 V5 埋深 0.69 m(相对误差 8.0%),探测空洞 V6 埋深 0.63 m(相对误差 3.1%)。在 500 MHz 天线的雷达图像上可以看出,空洞的反射信号较弱,并且没有明显的抛物线特征,辨认较为困难。

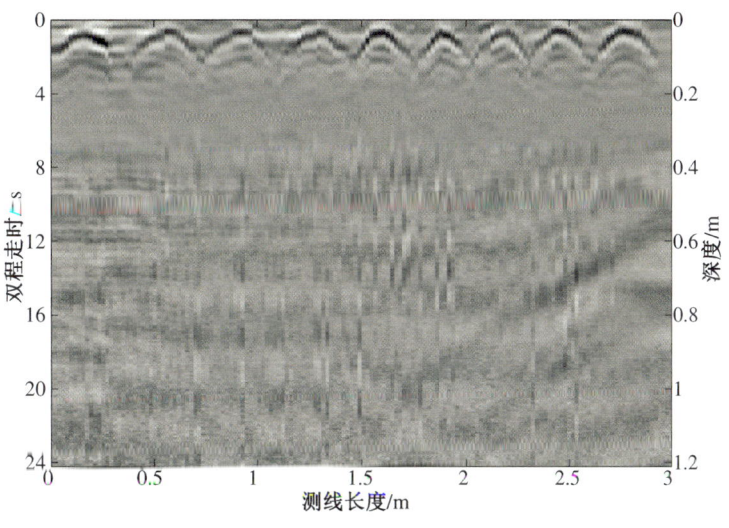

(a) 天线频率 $f=1\,000$ MHz

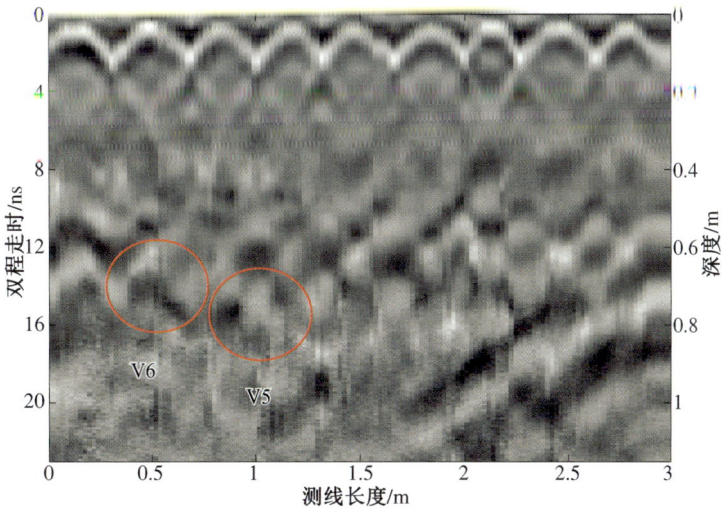

(b) 天线频率 $f=500$ MHz

图 9-32 商业雷达 H3 测线探测结果

2）二衬与初衬之间脱空探测试验

二衬和初衬间的楔形剥离空洞设置在 3# 墙内，如图 9-33 所示，楔形脱空竖直方向位于 3# 墙 0~0.9 m 高度范围，水平方向延伸长度 1.5 m，脱空层厚度自右向左由 0 mm 变化到 250 mm。测线布置现场图如图 9-34 所示，沿水平方向布置一条测线，测线通过脱空范围，模拟探地雷达沿隧道纵向探测，测线长度 3.0 m。

(a) 模型内脱空区域

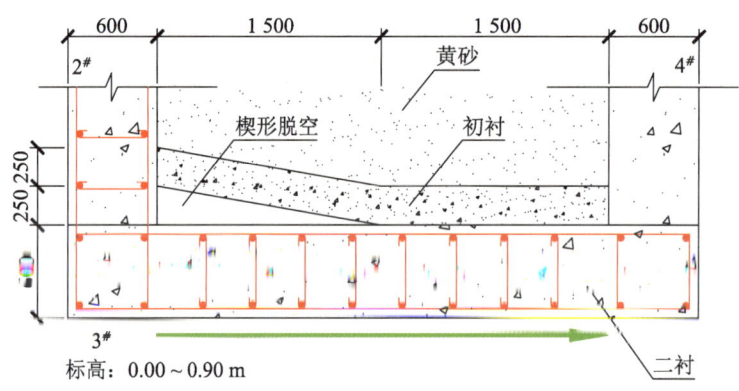

(b) 空洞及测试布置平面图（单位：mm）

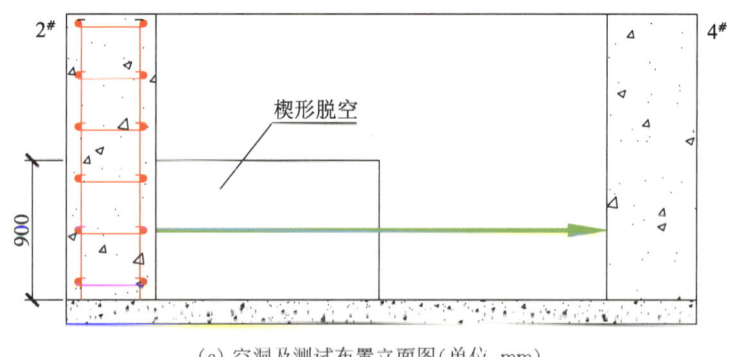

(c) 空洞及测试布置立面图（单位：mm）

图 9-33 二衬和初衬间楔形脱空及测线布置图

从图 9-35 可以看出，从 1 000 MHz 天线的雷达图像上已经完全不能找到楔形脱空的反射信号，空洞的埋深已经超过了 1 000 MHz 天线的穿透深度。

从 500 MHz 天线的雷达图像上，可以明显分辨出楔形脱空区上表面的反射位于 0.65 m（相对误差 8.3%），脱空区的下表面在雷达图像上反映不出来。并且，从左至右随楔形脱空的厚度越来越小，反射信号也逐渐减弱，在测线长度为 0.8 m 之后便难以分辨。

图 9-34　二衬和初衬间楔形脱空探测

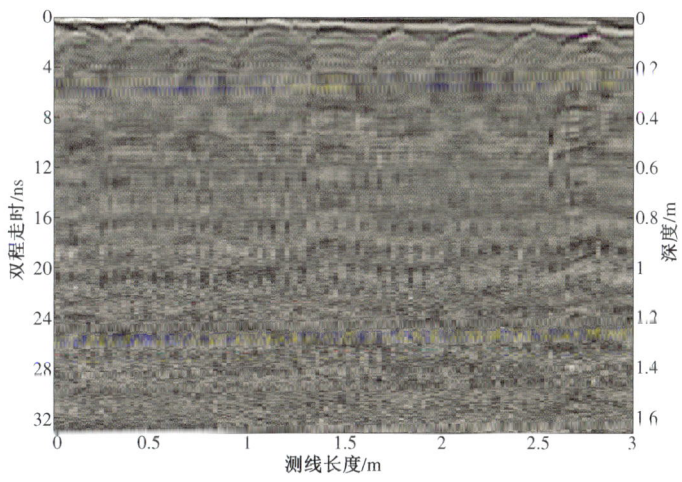

(a) 天线频率 $f=1\,000$ MHz

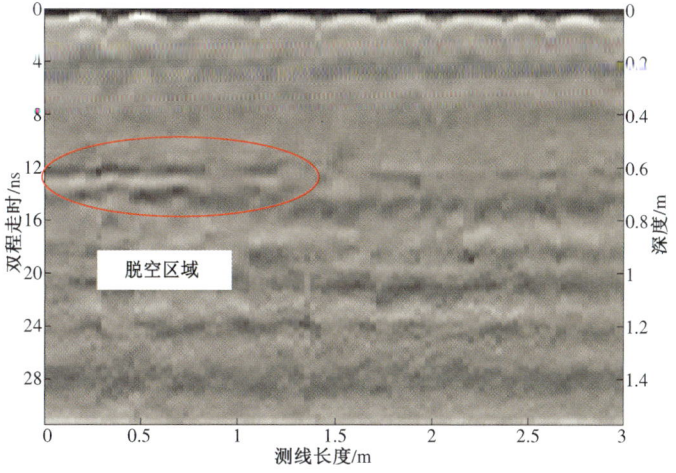

(b) 天线频率 $f=500$ MHz

图 9-35　二衬和初衬间楔形脱空探测时间剖面图

3）初衬与围岩之间脱空探测试验

初衬和围岩间的楔形剥离空洞设置在3#墙内，如图9-36所示，楔形脱空竖直方向位于3#墙1.2~1.8 m高度范围，水平方向延伸长度1.5 m，脱空层厚度自左向右由0变化到500 mm。

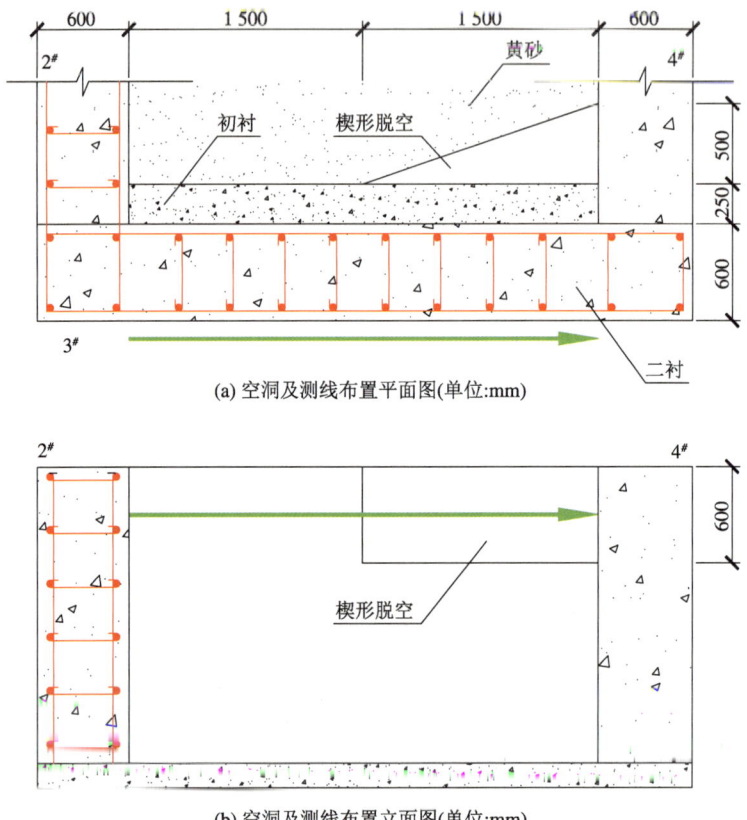

(a) 空洞及测线布置平面图(单位:mm)

(b) 空洞及测线布置立面图(单位:mm)

图 9-36 初衬和围岩间楔形脱空及测线布置图

测线布置如图9-37所示，沿水平方向布置一条测线，测线通过脱空范围，模拟探地雷达沿隧道纵向探测，测线长度3.0 m。衬砌的脱空模拟情况如图9-38所示。

从图9-39可以看出，初衬和围岩间的楔形脱空在无填充情况下和有填充情况下的探测结果基本相同，但无填充情况下的反射信号要更强一些，原因在于混凝土与空气的介电常数之差要大于混凝土与木材之间的介电常数之差，因此前者反射系数更大。从两幅雷达图像上都可以很容易分辨出楔形脱空区

图 9-37 初衬和围岩间楔形脱空探测

上表面的反射信号位于 0.82 m（相对误差 3.5%），脱空区的下表面在雷达图像上分辨不出来。

(a) 无填充　　　　　　　　　　(b) 木板填充

图 9-38　初衬和围岩间楔形脱空

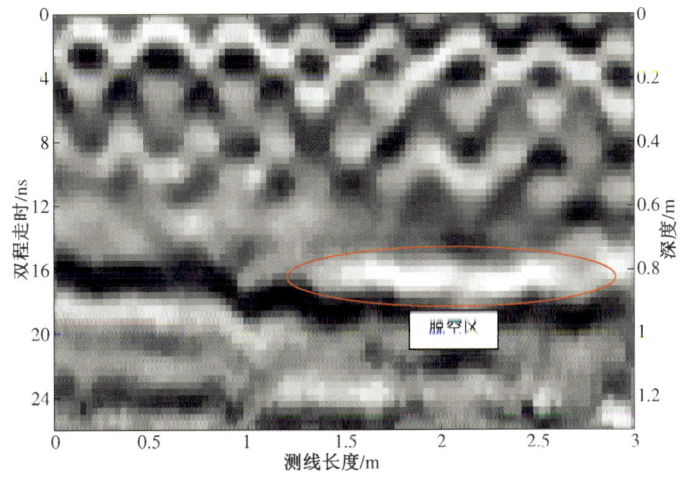

(a) 无填充

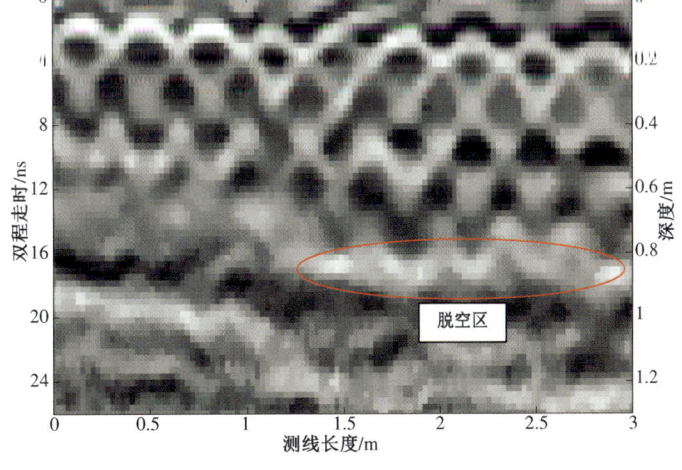

(b) 木板填充

图 9-39　初衬和围岩间楔形脱空探测时间剖面图

4）二次衬砌背后 1 m 处空洞探测试验

取天线中心频率 $f=500$ MHz，电磁波在介质中的传播速度 $v=0.12$ m/ns，可以得到在空洞埋深 $h=1.0$ m 时的天线分辨率：水平分辨率 $\Delta r=6$ cm，垂直分辨率 $\Delta l=8$ cm。空洞大小按照 2 倍和 4 倍垂直分辨率制作，共 3 个空洞，尺寸分别为：$1^{\#}$ 空洞，16 cm×16 cm×12 cm；$2^{\#}$ 空洞，32 cm×32 cm×12 cm；$3^{\#}$ 空洞，32 cm×32 cm×24 cm，如图 9-40 所示。空洞的设置及实际测线布设如图 9-41 所示，图 9-42 为二衬背后 1 m 处空洞探测现场图。

图 9-40　二衬背后 1 m 处空洞

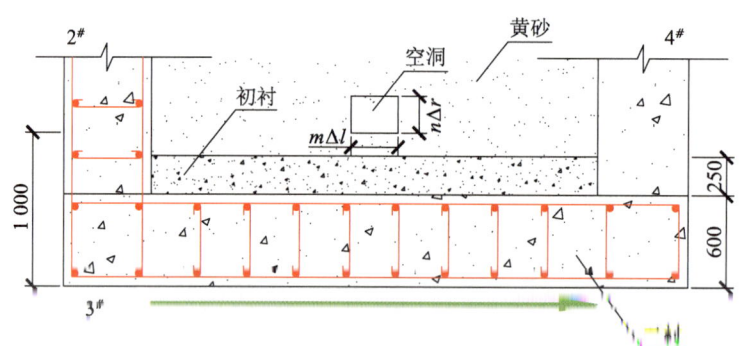

(a) 空洞及测线布置平面图（单位：mm）

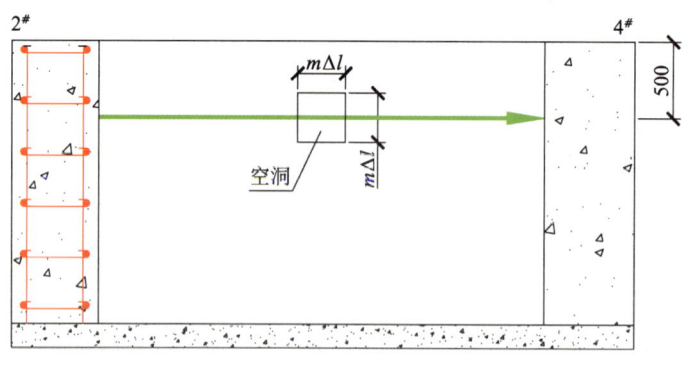

(b) 空洞及测线布置立面图（单位：mm）

图 9-41　二衬背后 1 m 处空洞及测线布置图

从图 9-43—图 9-45 可以看出，对二次衬砌背后 1 m 处 3 种大小的空洞 500 MHz 天线均能探测出来：$1^{\#}$ 空洞探测埋深 1.0 m（相对误差 0.0%），$2^{\#}$ 空洞探测埋深 1.01 m（相对误差 1.4%），$3^{\#}$ 空洞探测埋深 1.01 m（相对误差 1.4%）。

图 9-42　二衬背后 1 m 处空洞探测

从图像特征上来看,空洞反射回波抛物线特征不明显,但是由于电磁波在空洞厚度方向的两个表面上反复反射,可以从图像上看到明显的多次反射。并且,空洞高度为 12 cm 时(图 9-43 和图 9-44)多次反射较少,而空洞高度为 24 cm 时(图 9-45)多次反射较多。因此,雷达图像上的多次反射可以作为判定围岩内是否有空洞的一个依据,并且多次反射的数量多少还能够反映空洞的深度。

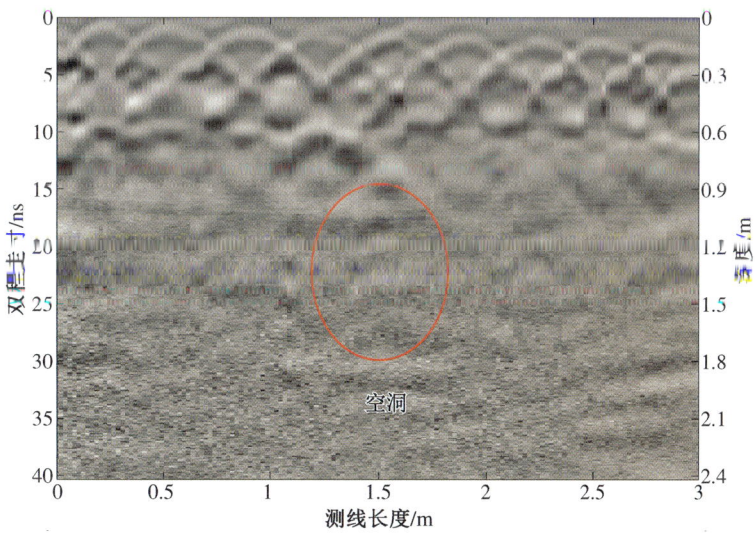

图 9-43　二衬背后 1# 空洞探测时间剖面

因此,选择 500 MHz 天线探测二次衬砌背后 1 m 处空洞是合理的(衬砌厚度约为 0.8 m,总探测深度约 1.8 m),能够得到较明显的空洞反射信号,并且 500 MHz 天线能分辨出至少 2 倍垂直分辨率大小的空洞。

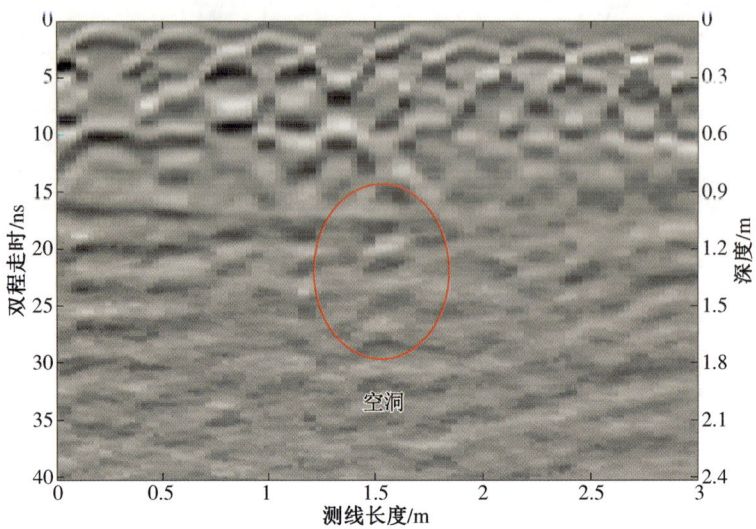

图 9-44　二衬背后 2# 空洞探测时间剖面

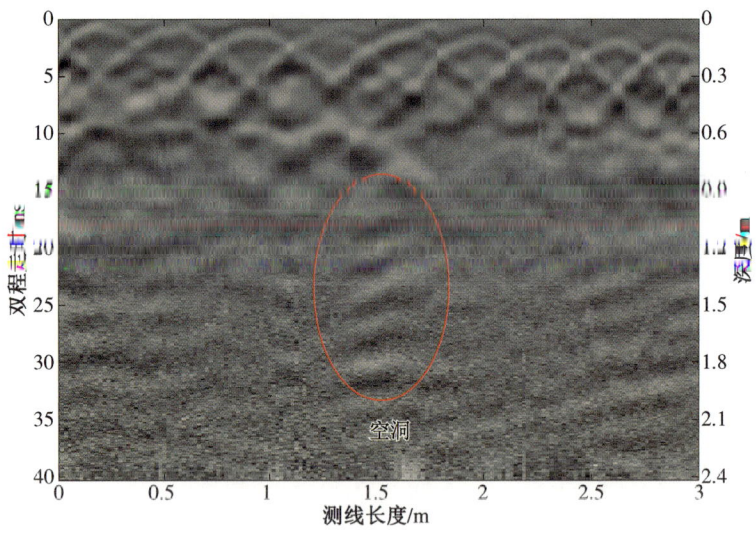

图 9-45　二衬背后 3# 空洞探测时间剖面

5）二次衬砌背后 2 m 处空洞探测试验

此次试验所设置的空洞及测线均与前面稍有不同，增加尺寸更大的空洞（6 倍垂直分辨率，即 48 cm），空洞埋设位置位于衬砌后 2 m 处。考虑到空洞埋深已经达到 2 m（总探测深度约为 2.8 m），500 MHz 天线可能已经无法达到该深度，为验证此假设，探测时除选择 500 MHz 天线以外，还采用 250 MHz 天线对空洞进行了探测。

二次衬砌背后 2 m 处 1# 空洞探测结果如图 9-46 所示。

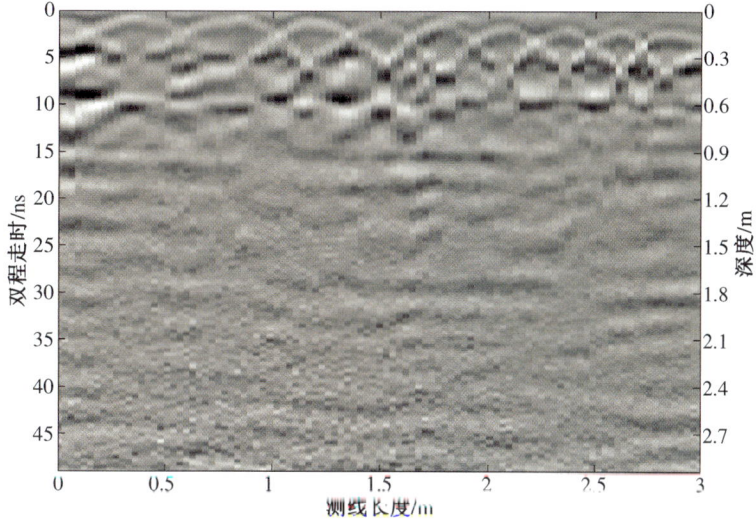

(a) 天线频率 $f=500$ MHz

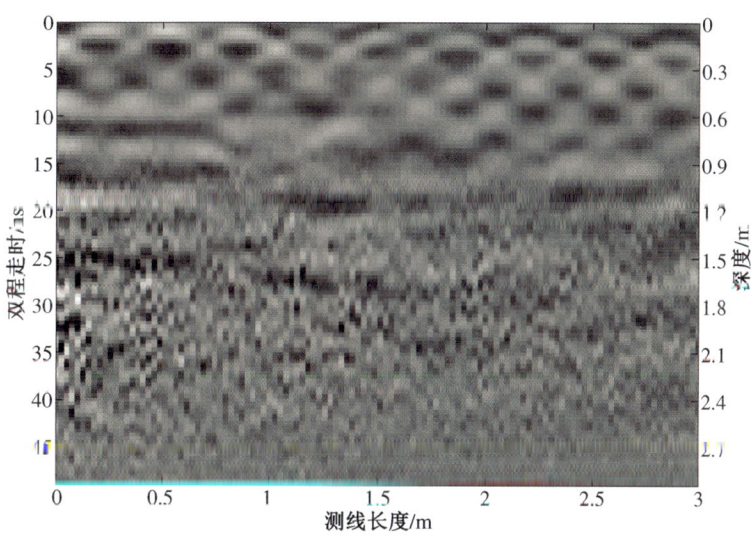

(b) 天线频率 $f=250$ MHz

图 9-46 二衬背后 2 m 处 1# 空洞探测时间剖面

二次衬砌背后 2 m 处 2# 空洞探测结果如图 9-47 所示。

二次衬砌背后 2 m 处 3# 空洞探测结果如图 9-48 所示。

从图 9-46—图 9-47 上可以看出,对于二次衬砌背后 2 m 处大小为 24 cm×24 cm×12 cm 和 48 cm×48 cm×12 cm 的空洞,在 500 MHz 天线和 250 MHz 天线的雷达图像上均无法分辨出来。从图 9-48 上可以看出,大小为 48 cm×48 cm×24 cm 的空洞在 500 MHz 天线和 250 MHz 天线的雷达图像上均能反映出来,在 500 MHz 天线雷达图像中空洞埋深 1.82 m(相对误差 9.0%);在 250 MHz 天线雷达图像中空洞埋深 1.81 m(相对误差 9.6%)。从图 9-48

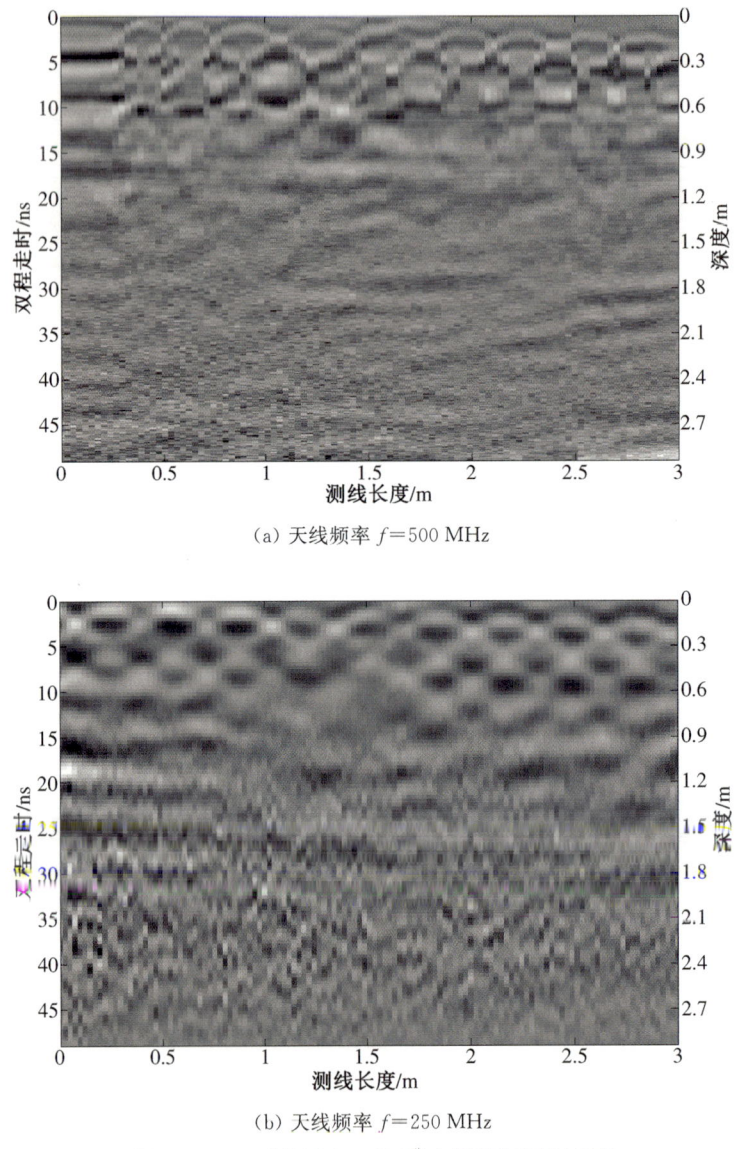

(a) 天线频率 $f=500$ MHz

(b) 天线频率 $f=250$ MHz

图 9-47 二衬背后 2 m 处 2# 空洞探测时间剖面

的图像特征上来看,空洞反射回波均没有明显的抛物线特征,且空洞的反射信号已经非常微弱,这给空洞的分辨造成了一定困难。但从 250 MHz 天线的雷达图像上仍然可以发现多次反射的存在,这为空洞的辨别提供了依据。

因此,对于二次衬砌背后 2 m 处的空洞,500 MHz 的天线已经很难找出这个深度下的空洞,需要采用更加低频的天线,如 250 MHz。但是低频天线带来的问题是其分辨率的降低,250 MHz 天线能找到的空洞的最小尺寸为 $4\Delta r \times 4\Delta l$ 大小。

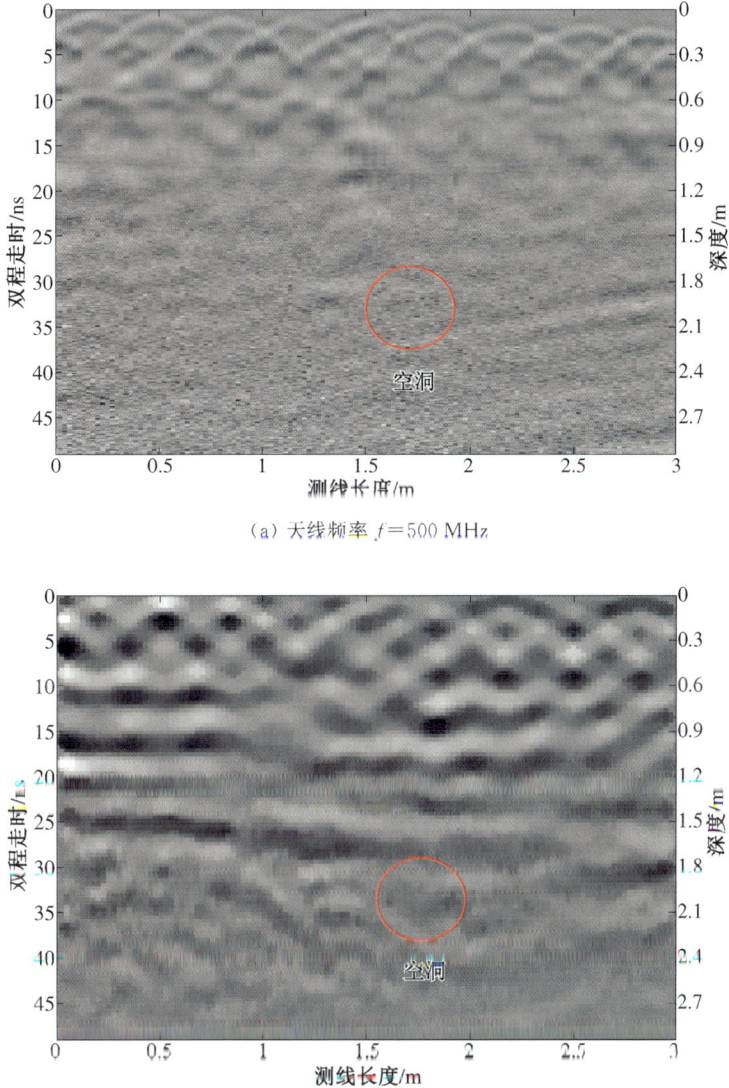

(a) 天线频率 $f=500$ MHz

(b) 天线频率 $f=250$ MHz

图 9-48 二衬背后 2 m 处 3# 空洞探测时间剖面

总结以上试验可以发现,空洞在探地雷达图像上的主要特征为其反射信号呈较为明显的抛物线形,且空洞深度较大时,有比较明显的多次反射现象存在;衬砌背后的脱空区在雷达图像上表现为同相轴发生比较明显的反转;同时可以看出,探地雷达的探测深度与其中心频率的关系基本成反比,探地雷达的中心频率越高,其探测深度越小,但其分辨率较高,可以探测衬砌内部较小的缺陷;探地雷达的中心频率越低,其探测深度越大,但分辨率同时也降低,比较适合探测衬砌背后范围较大的空洞或者衬砌脱空等病害。

9.1.3.2 隧道空洞新型雷达天线性能测试与分析

1. 新型 Vivaldi 系列天线性能测试

1）试验目的

使用 ENA（网络分析仪）对所开发的 Vivaldi Ⅱ型天线（梳状天线）和 Vivaldi Ⅲ型天线（电阻加载天线）以及 Vivaldi Ⅰ型天线的各种性能进行测试，了解天线的性能，验证对 Vivaldi Ⅰ型天线的改进是否成功。

2）试验设备

天线性能测试试验所需设备为网络分析仪，本次试验所采用的网络分析仪为安捷伦公司生产的 E5062A 型网络分析仪，网络分析仪的外观及其组成如图 9-49 所示。网络分析仪是测量网络参数的一种仪器，它可以发射不同种类的高频脉冲信号，可直接测量有源或无源、可逆或不可逆的双口和单口网络的复数散射参数，并以扫频方式给出各散射参数的幅度、相位频率特性。自动网络分析仪能对测量结果逐点进行误差修正，并换算出其他几十种网络参数，如输入反射系数、输出反射系数、电压驻波比、阻抗（或导纳）、衰减等。

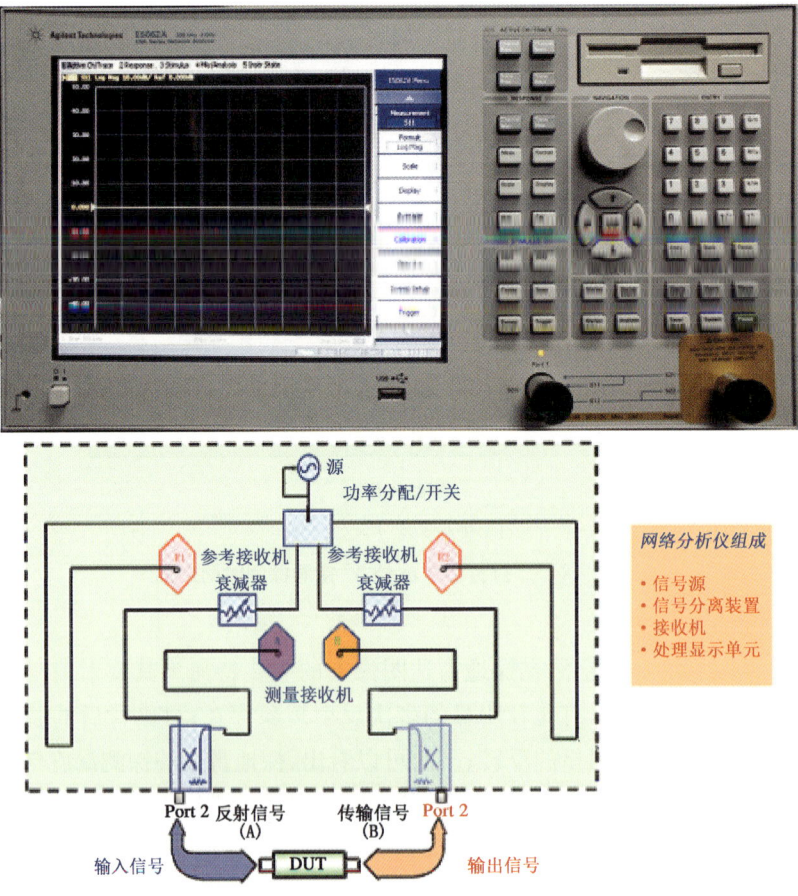

图 9-49 安捷伦 E5062A 网络分析仪外观及组成示意图

网络分析仪最基本的工作原理如下:当一个任意多端口网络的各端口终端均匹配时,由第 n 个端口输入的入射行波 a_n 将散射到其余一切端口并发射出去。若第 m 个端口的出射行波为 b_m,则 n 口与 m 口之间的散射参数 $S_{mn} = b_m/a_n$。一个双口网络共有 4 个散射参数 S_{11},S_{21},S_{12} 和 S_{22}。当两个终端均匹配时,S_{11} 和 S_{22} 就分别是端口 1 和端口 2 的反射系数,S_{21} 是由端口 1 至端口 2 的传输系数,S_{12} 则是反方向的传输系数。当某一端口 m 终端失配时,由终端反射回来的行波又重新进入 m 口。这可以等效地看成 m 口仍是匹配的,但有一个行波 a_m 入射到 m 口。这样,在任意情况下都可以列出各端口等效入射、出射行波与散射参数之间关系的联立方程组。据此可以解出网络的一切特性参数,如终端失配时的输入端反射系数、电压驻波比、输入阻抗以及各种正向反向传输系数等。单端口网络可视为双端口网络的特例,在其中除 S_{11} 之外,恒有 $S_{21} = S_{12} = S_{22}$。

步进频率探地雷达使用网络分析仪作为信号发射源,在扫描时,其工作频率以阶梯方式逐步增加,在一个扫描周期内,雷达发射的信号频率从初始频率 f_{star} 以频率间隔 Δf(也称中频,IF)逐步上升到截止频率 f_{stop}。每个频段内的扫描最小时间与多个参数有关系,如与频带宽度 f_b 成正比,与 Δf 成反比,同时也与扫描点数相关,扫描点数越多,扫描时间越长;而扫描时间则决定了雷达探测时移动速度的快慢[12]。

对天线进行测试时,采用自行开发的 Vivaldi 系列天线作为收发天线,加工完成后的天线如图 9-50 所示。

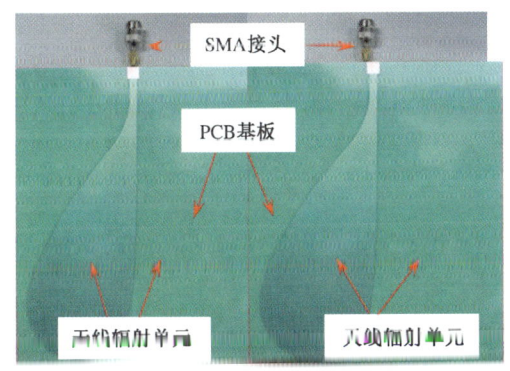

(a) Vivaldi Ⅰ型天线

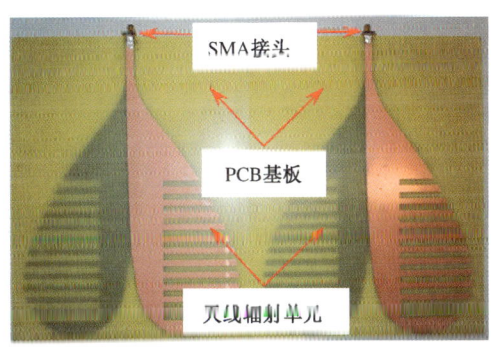

(b) Vivaldi Ⅱ型天线结构图

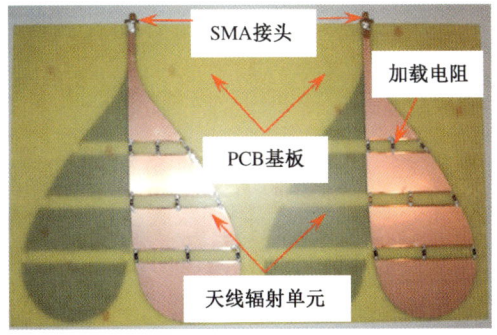

(c) Vivaldi Ⅲ型天线结构图

图 9-50　新型 Vivaldi 系列天线

3) 测试结果

进行天线测试时,主要了解天线的回波损耗(S_{11})、驻波比特性(VSWR)、输入阻抗。回波损耗反映天线的反射特性,在 S_{11} 图上可确定出天线的中心频率及带宽等参数,S_{11} 经换算后可得到输入阻抗。驻波比反映天线与同轴电缆的阻抗匹配特性,匹配越好,天线馈电点处的反射信号就越少,天线的传输效率越高,这些参数测试的均是单片天线的性能。同时测试天线的辐射(Radiation)和耦合(Coupling)(收发天线的发射—接收信号的匹配性能),进行辐射和耦合测试时,需要两片天线组合成收发天线同时进行,部分测试试验照片如图 9-51 所示。

(a) 天线回波损耗、驻波比特性性能测试   (b) 天线耦合性能测试

 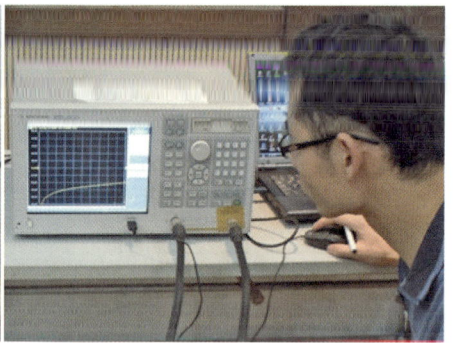

(c) 天线辐射性能测试   (d) 测试数据采集、记录

图 9-51 Vivaldi 系列天线性能测试

Vivaldi 系列天线的性能测试结果如图 9-52—图 9-58 所示。从天线的回波损耗(S_{11})图 9-52 实测值中可以看出,Vivaldi Ⅲ型天线(电阻加载天线)的中心频率明显较 Vivaldi Ⅰ型和 Ⅱ型的天线降低,说明电阻加载起到了拓展带宽的作用,但这种天线的辐射效率较低,这是由于进行了电阻加载,部分能量被电阻所消耗,因此辐射效率较低; Vivaldi Ⅱ型天线(梳状天线)的性能也比 Vivaldi Ⅰ型天线(未改进天线)的性能明显要好,其辐射出的能量要比 Vivaldi Ⅰ型天线要明显高出许多;同时可以看出实测结果与本书第 7 章中的模拟结果基本吻合。

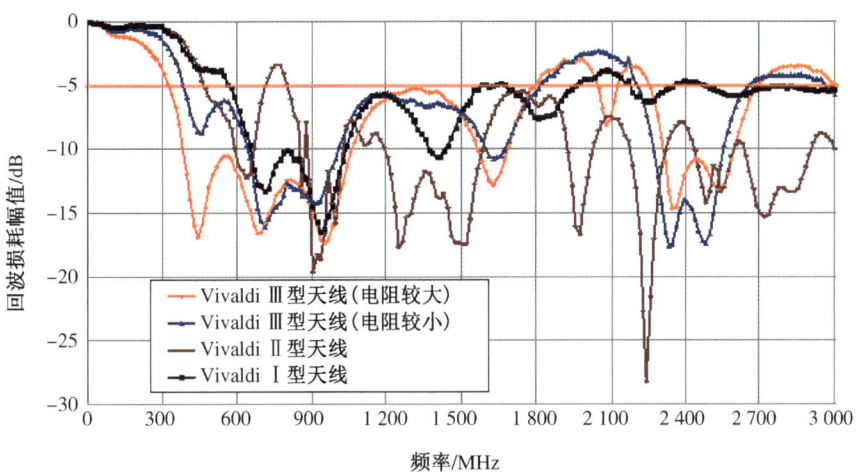

图 9-52 Vivaldi 系列天线的回波损耗(S_{11})实测值

从天线的驻波比(VSWR)曲线图 9-53 可以看出，Vivaldi Ⅰ型天线的驻波比在 750 MHz～1 200 GHz 之间基本小于 2，在此频带范围内具有较好的阻抗匹配特性。Vivaldi Ⅱ型天线在 750 MHz～3 000 GHz 之间则基本上都小于 2，具有良好的阻抗匹配性能。Vivaldi Ⅲ型天线的驻波比在 450 MHz～1 200 MHz 之间基本小于 2，此频带内也具有良好的阻抗匹配性能，但在高频区段驻波比较高，匹配性能较差。

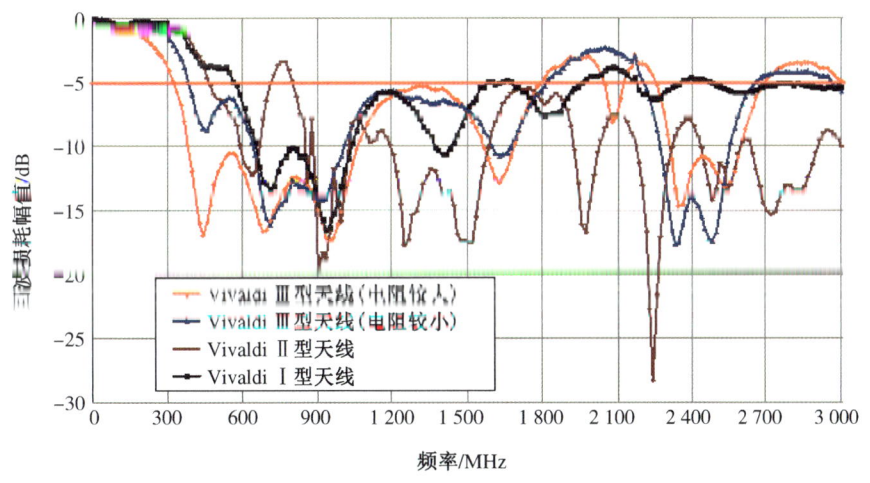

图 9-53 Vivaldi 系列天线的驻波比(VSWR)实测值

天线的阻抗测试结果图 9-54、图 9-55 与天线的回波损耗测试结果和驻波比测试结果是保持一致的。测试时采用的同轴电缆的电阻值为 50 Ω，当天线的阻值和同轴电缆的阻值相匹配时，天线的回波损耗和驻波比也就表现较好，可以看出，在回波损耗和驻波比较好的区间，天线的电阻值都在 50 Ω 附近，而电抗值则在 0 附近(电抗理论上应等于 0，不过由于加工精度、测试环境等各方面的影响，实测值较大)。

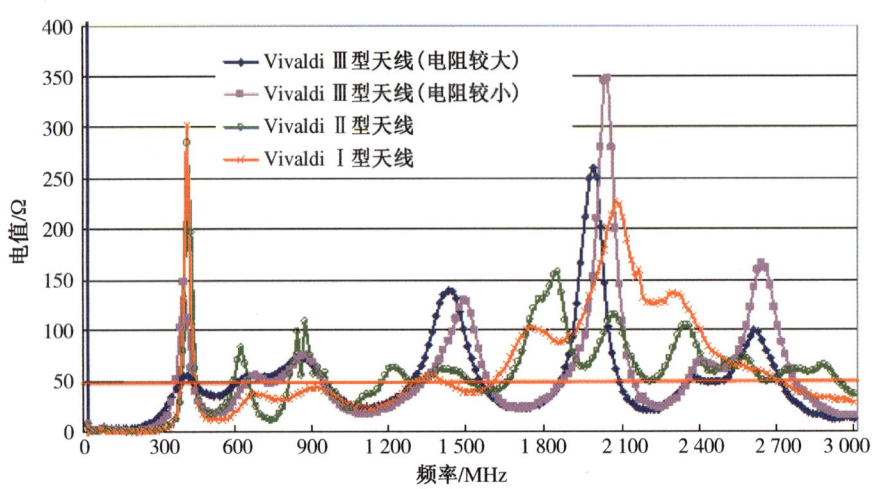

图 9-54　Vivaldi 系列天线的电阻(Resistance)实测值

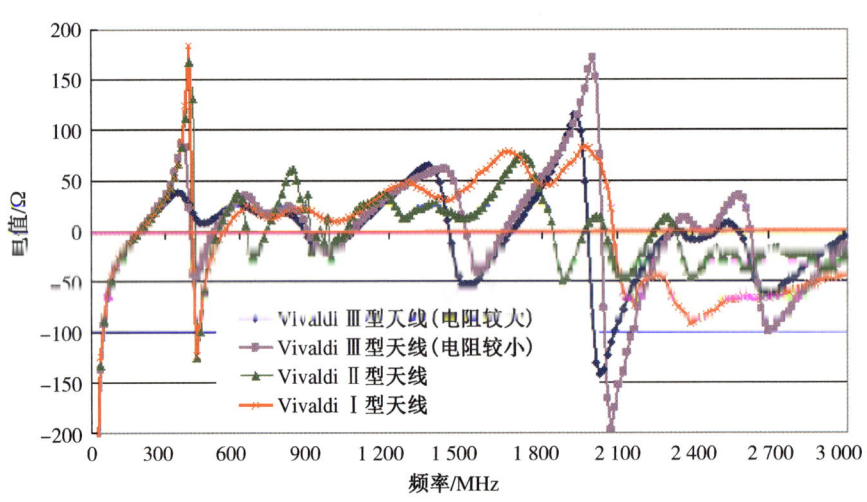

图 9-55　Vivaldi 系列天线的电抗(Reactance)实测值

从天线的耦合(Coupling)性能测试结果图 9-56 可以看出(测试值越大越好),Vivaldi Ⅰ型和Ⅱ型天线的耦合性能较好,而 Vivaldi Ⅲ型天线的耦合性能则稍差,且加载阻值越大,对天线的性能影响越大。

天线的辐射(Radiation)性能是天线最重要的性能指标(测试值越大越好),天线进行实测时,主要靠天线的辐射和接收来完成测试工作,因此,辐射性能的好坏决定了一副天线性能的好坏。从测试结果图 9-57 来看,Vivaldi Ⅱ型天线的辐射性能明显优于 Vivaldi Ⅰ型和 Vivaldi Ⅲ型天线,其辐射效率高且在大部分测试频段内均比较稳定。同时也可以发现,电阻加载对天线的辐射性能影响较大,由于电阻消耗了部分能量,导致辐射效率降低。

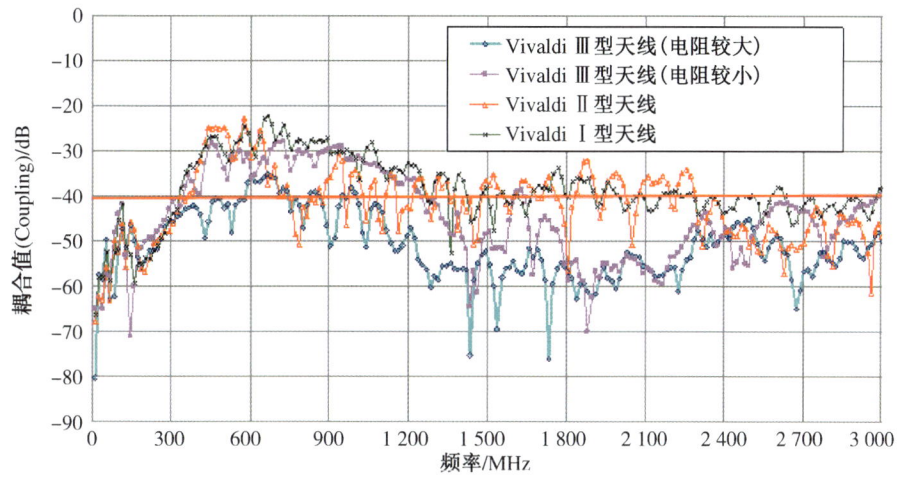

图 9-56　Vivaldi 系列天线的耦合(Coupling)实测值

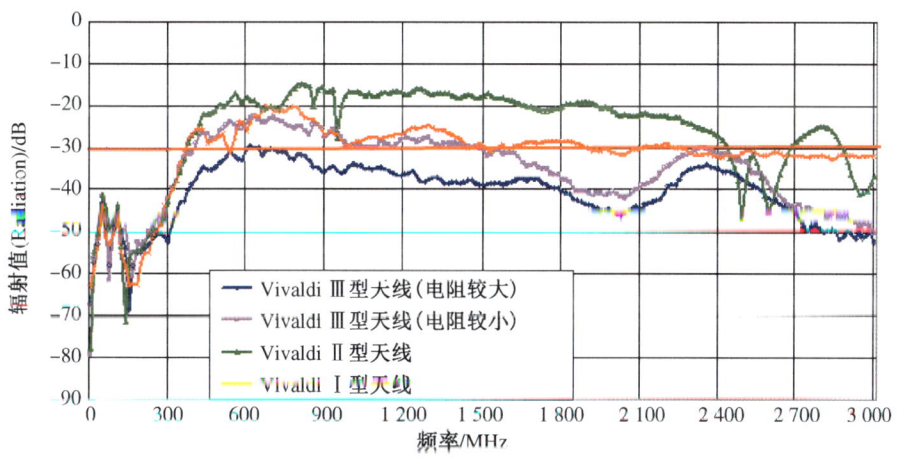

图 9-57　Vivaldi 系列天线的辐射(Radiation)实测值

从对 Vivaldi 系列天线的性能实测结果可以看出，对天线的改进取得了预期的效果，总的来说，Vivaldi Ⅱ型天线的改进更为成功，由于其具有较高的辐射效率，因此更适合在隧道检测中使用。同时可以发现，天线加工时的精度和测试手段对天线的实测结果均有很大的影响，Vivaldi 系列天线接头加工时均采用手工进行，导致天线的测试结果不是很稳定，因此，在进行下一步试验时，需改进加工方法和测试手段，以获得更加理想的测试结果。

2. 新型 Vivaldi 系列天线探测试验

1) 试验目的

使用 ENA(网络分析仪)对所开发的电阻加载天线和梳状天线的各种进行模型探测试验，考察所研发的雷达的实际探测效果。

2）试验设备

本试验采用步进频率式雷达探测系统,该系统主要由网络分析仪、PC、收发天线(Vivaldi系列天线)以及同轴电缆组成,网络分析仪的主要作用是发射和接收脉冲信号,PC的主要作用为通过控制软件控制信号的反射和采集以及后期的信号处理,收发天线的作用是将脉冲信号发射出去并接收回波信号,而电缆的作用主要是传输脉冲信号,系统组合完成后如图 9-58 所示。

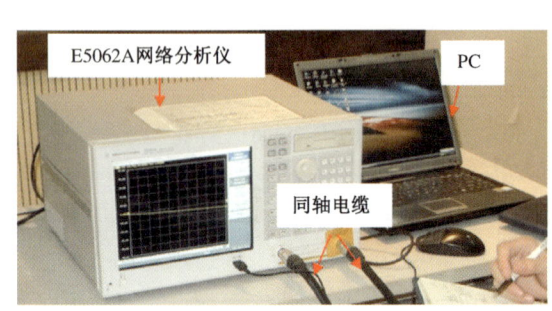

(a) 网络分析仪、同轴电缆及 PC 的连接　　　　(b) Vivaldi 系列天线

图 9-58　步进频率式探地雷达系统

3）模型设计与制作

为了减小测试时周边环境的影响,本次试验制作了一个较为简单的模型箱,模型箱采用木板制作,尺寸大小为 1.2 m×1.2 m×0.6 m,进行探测试验时,在模型箱上方放置一定厚度的石膏板(石膏板与混凝土的介电常数较为接近且介电常数稳定),并在模型箱底部放置异物进行探测。制作的模型箱如图 9-59 所示。

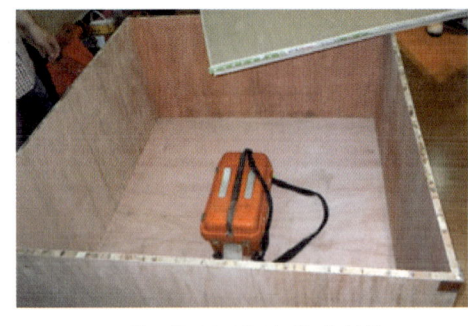 

(a) 模型箱及探测目标体(塑料箱)　　　　(b) 上方放置石膏板

图 9-59　新型 Vivaldi 天线探测试验用模型

4）探测试验及结果分析

为了解新型 Vivaldi 系列天线的探测性能,进行了一系列的探测试验。在进行试验时,为了减小两个天线之间的直接耦合波,在两个天线之间设置了厚度为 16 cm 的吸波材料,部分试验照片如图 9-60 所示。

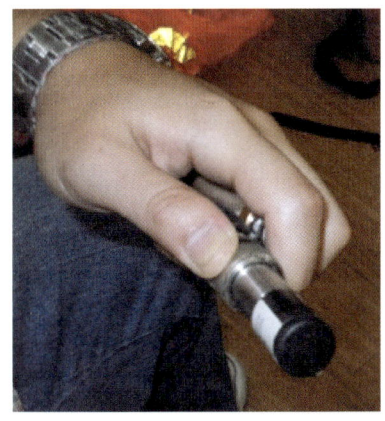
(a) 同轴电缆校准

(b) Vivaldi Ⅰ型探测试验($h=9$ cm)

(c) Vivaldi Ⅱ型探测试验($h=1$ cm)

(d) Vivaldi Ⅱ型探测试验($h=9$ cm)

(e) Vivaldi Ⅲ型天线探测试验($h=1$ cm)

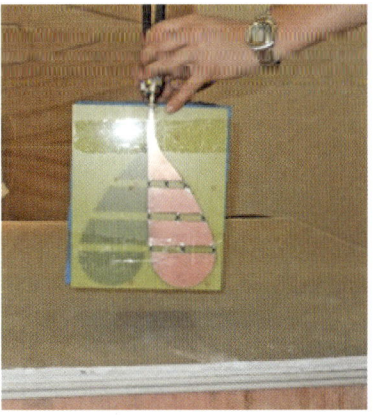
(f) Vivaldi Ⅲ型探测试验($h=9$ cm)

图 9-60　Vivaldi 系列天线探测试验

网络分析仪发射的信号在同轴电缆中传输时,会有一定的衰减,这会对天线的接收信号产生一定的影响。为了减小这种影响,在进行测试之前,需先对同轴电缆进行校准(Calibration),主要进行各端口的 Load、Open 和 Through 等校准操作,如图 9-60(a)所示,完成校准操作后即可进行天线的实测试验。

测试包括对 Vivaldi Ⅰ型天线[图 9-60(b)]、Vivaldi Ⅱ型天线[图 9-60(c)、(d)]、Vivaldi Ⅲ型天线[图 9-60(e)、(f)]的测试。天线距离石膏板表面的高度根据第 7 章模拟结果,分别设置为 1 cm(紧贴石膏板)和 9 cm(最佳探测高度),以对比探测的效果;石膏板厚度为 4 cm;模型箱内异物距离石膏板表面的距离约为 50 cm。

图 9-61 为 Vivaldi Ⅰ型天线的探测结果。从图中可以看出,Vivaldi Ⅰ型天线紧贴石膏板时,接收回波中模型的界面反射十分明显,且杂波较多;当天线位于高度 9 cm(最佳探测高度)时,界面反射明显减少。但两种工况下,目标探测体的反射回波均很难分辨出来,这是由于对图像未进行任何处理,在对探测结果进行进一步的增益和滤波等处理后,应能识别出目标物体的反射特征。

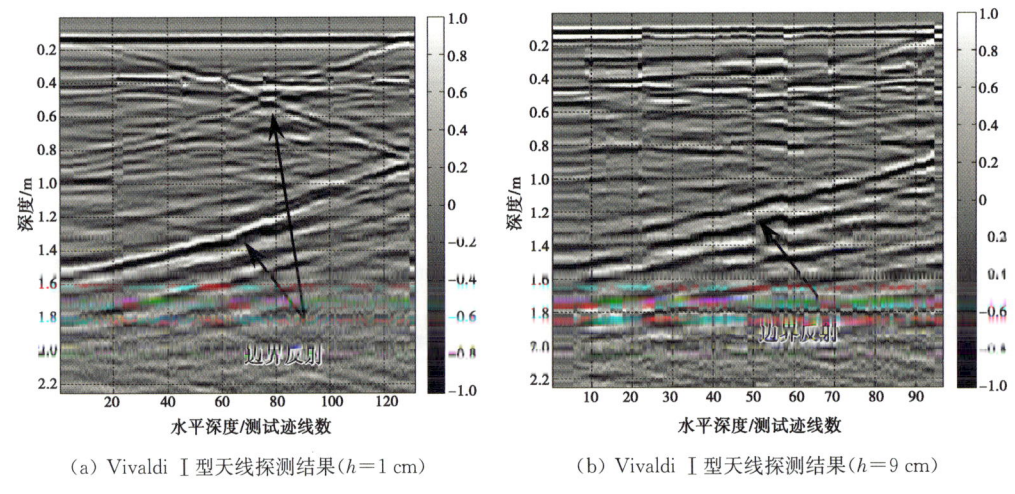

(a) Vivaldi Ⅰ型天线探测结果(h=1 cm)　　(b) Vivaldi Ⅰ型天线探测结果(h=9 cm)

图 9-61　Vivaldi Ⅰ型天线探测结果

图 9-62 为 Vivaldi Ⅱ型天线的探测结果。同样可以看出,当天线紧贴石膏板表面时,界面反射十分明显,杂波也比较多,但目标体可以较为清晰地分辨出来;当天线高度为 9 cm(最佳探测高度)时,界面反射波和杂波明显较少,目标体同样也可以较为清晰地分辨出来。这说明 Vivaldi Ⅱ型天线(梳状天线)的探测效果优于未改进的 Vivaldi Ⅰ型天线,对天线的改进取得了较好的效果。

图 9-63 为 Vivaldi Ⅲ型天线的探测结果。从图中可以看出,天线紧贴石膏板表面时,界面反射波和杂波较多,而当天线高度为 9 cm 左右时,界面反射和杂波同样明显减少。两种情况下,目标探测体均可以从图像中识别出来。当天线紧贴石膏板表面时,分辨较为困难;当天线位于最佳探测高度时,目标体反射特征十分清楚。这说明对天线进行电阻加载,实现了改善其拖尾震荡、提高信号分辨率的预期效果。

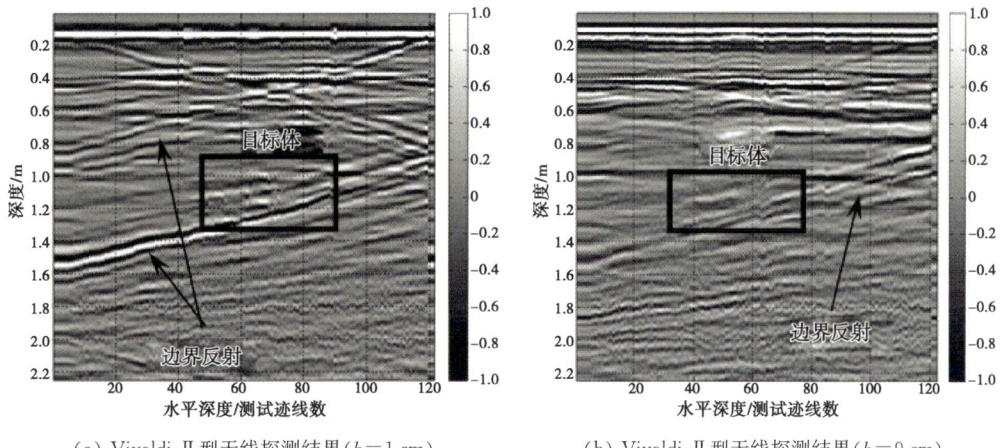

(a) Vivaldi Ⅱ型天线探测结果($h=1$ cm)　　(b) Vivaldi Ⅱ型天线探测结果($h=9$ cm)

图 9-62　Vivaldi Ⅱ型天线探测结果

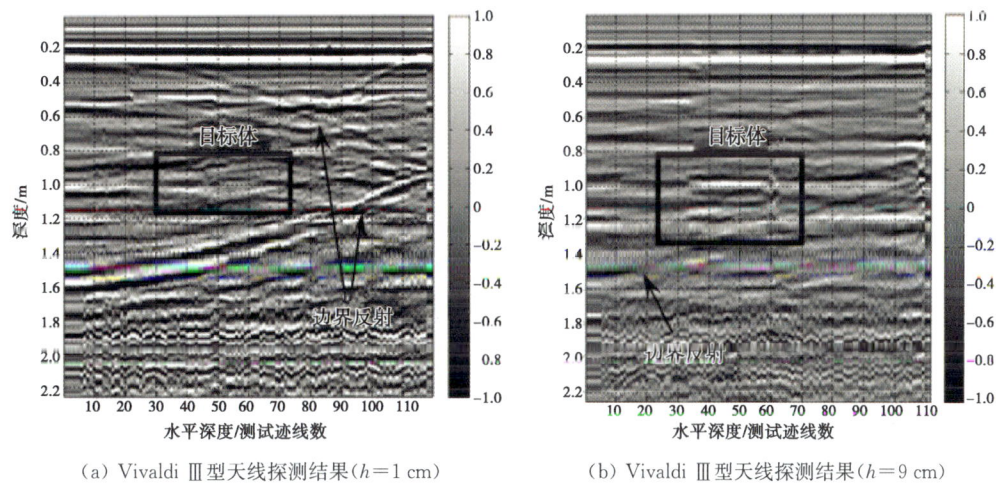

(a) Vivaldi Ⅲ型天线探测结果($h=1$ cm)　　(b) Vivaldi Ⅲ型天线探测结果($h=9$ cm)

图 9-63　Vivaldi Ⅲ型天线探测结果

根据以上的初步试验发现,模型箱由于尺寸较小,且箱内传播介质为空气,雷达波在箱内会发生多次反射,对采集结果的影响很大。为了减小雷达波多次反射的影响,在箱内填满黄砂,一方面可以模拟隧道衬砌后的围岩,另一方面,由于雷达波在黄砂这种有耗介质内的衰减比较大,可以减小多次反射对采集结果的影响。另外为了减小周边环境对雷达天线的影响,对天线进行了封装。为了检验所开发天线的检测效果,在进行探测实验时,同时也采用商业雷达(加拿大 Sensor & Software 公司生产的 pulseEKKO Pro 雷达,主频 1 GHz)进行探测。

本次试验的工况为:分别采用 Vivaldi Ⅰ、Vivaldi Ⅱ、Vivaldi Ⅲ型天线和封装后的 Vivaldi Ⅱ型天线以及 pulseEKKO Pro 雷达(1 GHz)探测目标体(金属桶,17 cm×17 cm×8.0 cm),每种天线探测两种情况:紧贴黄砂表面和距离黄砂表面 9 cm 进行探测,探测目标埋深均为 25 cm,部分试验照片如图 9-64 所示。

(a) pulseEKKO Pro 雷达

(b) 目标体尺寸：17 cm×17 cm×8 cm

(c) 探测目标埋深：25 cm

(d) Vivaldi Ⅰ型天线探测试验

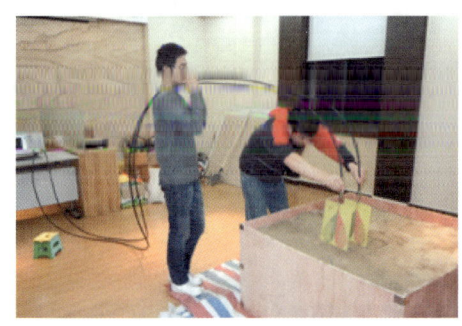
(e) Vivaldi Ⅱ型天线探测试验

(f) Vivaldi Ⅲ型天线探测试验

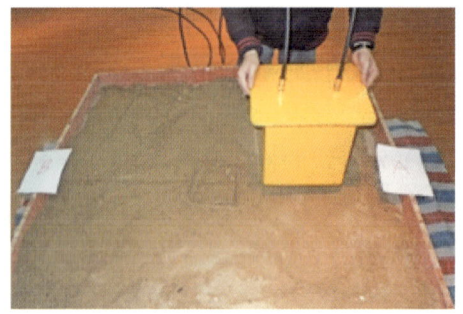
(g) 封装后的 Vivaldi Ⅱ型天线探测试验

图 9-64　模型箱内填黄砂后探测设备及探测试验

图 9-65 为模型箱内填黄砂后 Vivaldi Ⅰ型天线的探测结果。从图中可以看出,填黄砂后的探测效果明显优于未填黄砂时的探测结果,目标体的抛物线特征十分明显;同时可以看出,距离黄砂表面一定距离($h=9\text{ cm}$)时,探测效果要优于紧贴黄砂表面的探测结果。

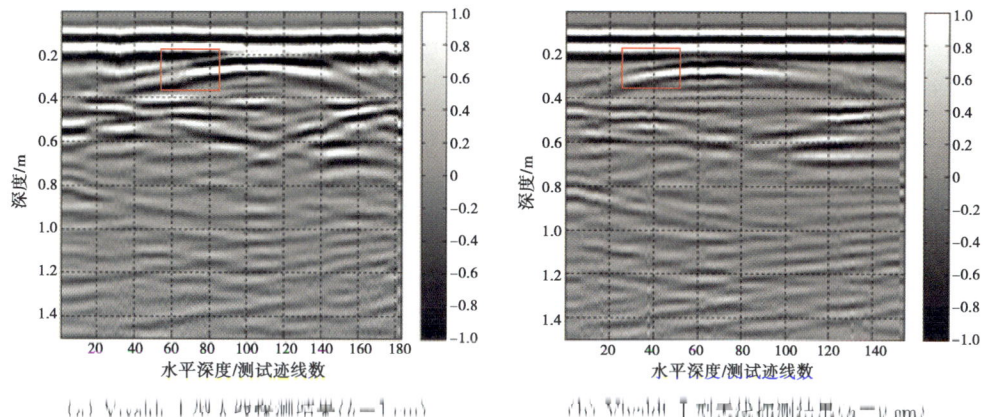

图 9-65 Vivaldi Ⅰ型天线探测结果

图 9-66 为 Vivaldi Ⅱ型天线(梳状天线)的探测结果。从图中同样可以看出目标体的抛物线特征十分明显,并且图像上干扰波较少,十分有利于目标体的识别,当天线紧贴黄砂表面时的探测效果要稍差。

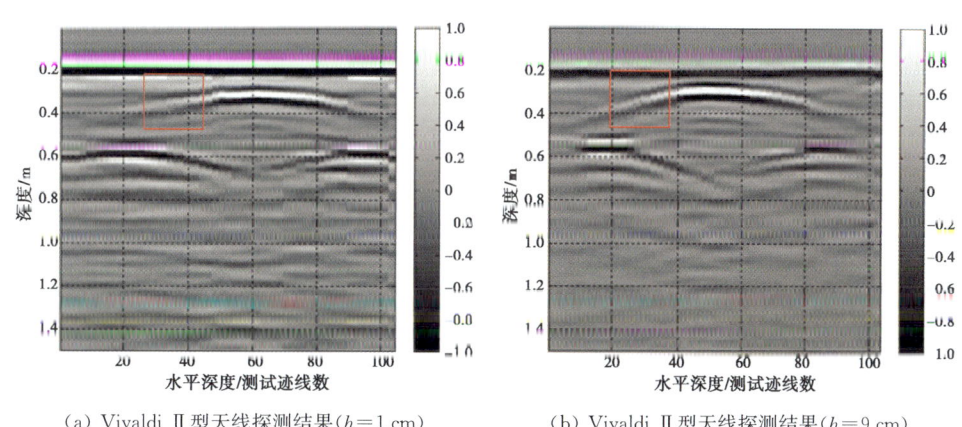

(a) Vivaldi Ⅱ型天线探测结果($h=1\text{ cm}$)　　(b) Vivaldi Ⅱ型天线探测结果($h=9\text{ cm}$)

图 9-66 Vivaldi Ⅱ型天线探测结果

图 9-67 为 Vivaldi Ⅲ型天线的探测结果。从图中可以看出目标体的抛物线特征也十分明显,距离黄砂表面一定距离($h=9\text{ cm}$)时的探测效果更优。

图 9-68 为封装后 Vivaldi Ⅱ型天线的探测结果。从图中可以看出,该天线的探测效果十分理想,目标体的抛物线特征十分明显,且图像内的杂波较少,可以十分容易地识别出目标体,说明天线进行封装后,天线罩屏蔽了一部分干扰波,使天线受到外界环境的影响更小,因此能够得到更为理想的雷达图像,这对识别十分有利;同时对天线进行封装还可以保护天线的接头等重要部位。

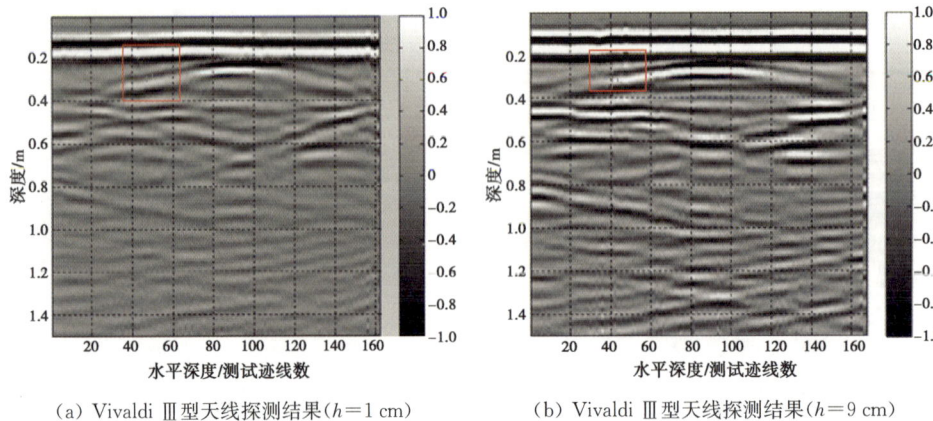

(a) Vivaldi Ⅲ型天线探测结果($h=1$ cm)　　(b) Vivaldi Ⅲ型天线探测结果($h=9$ cm)

图 9-67　Vivaldi Ⅲ型天线探测结果

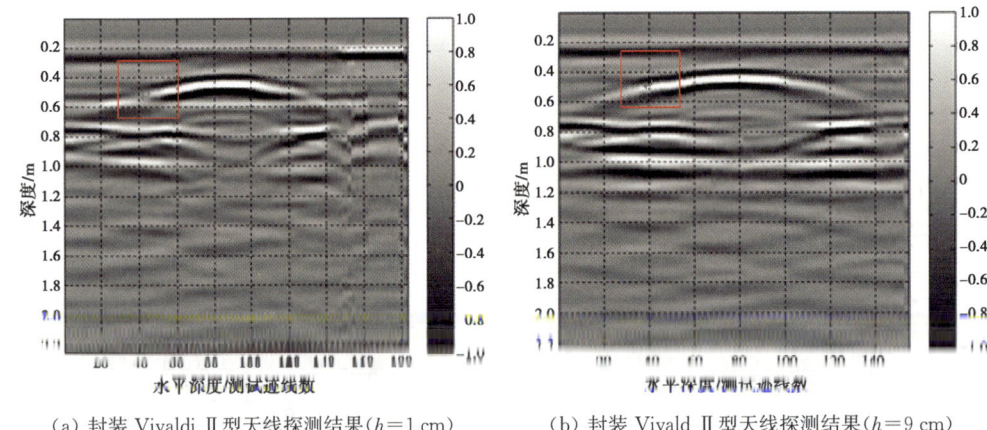

(a) 封装 Vivaldi Ⅱ型天线探测结果($h=1$ cm)　　(b) 封装 Vivaldi Ⅱ型天线探测结果($h=9$ cm)

图 9-68　模型箱内填黄砂后 Vivaldi 系列天线探测结果

图 9-69 为采用商业雷达(pulseEKKO Pro)探测的结果。可以看出,商业雷达的图像特征同样十分明显。当雷达紧贴黄砂表面探测时,目标体的图像特征更为明显;而当雷达距离黄砂表面 9 cm 距离时,目标体的图像特征较为模糊,虽然可以识别出来,但是与紧贴地面探测的结果相比还是稍差一些。

通过对 Vivaldi 系列天线的性能测试试验和探测试验结果的综合比较可以发现,Vivaldi Ⅱ型天线的性能要优于 Vivaldi Ⅲ型天线。这说明提高天线的增益可以获得更佳的探测效果;而对天线进行电阻加载同样也可以改进天线的探测性能,但是由于电阻是有耗元件,因此其增益较低,性能不如 Vivaldi Ⅱ型天线;对

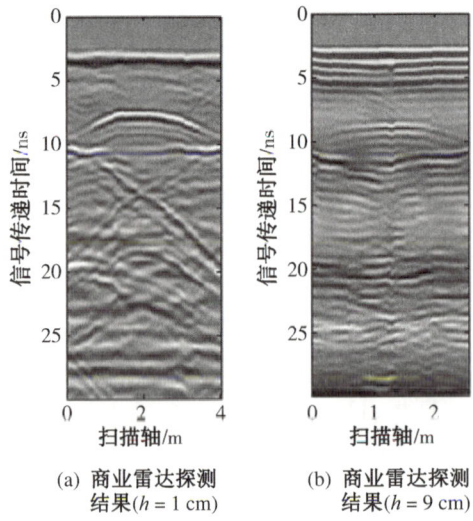

(a) 商业雷达探测结果($h=1$ cm)　(b) 商业雷达探测结果($h=9$ cm)

图 9-69　商业雷达(pulseEKKO Pro)探测结果

天线进行封装后,可以屏蔽部分干扰源对天线的影响,获得的探测效果更佳。

通过探测试验还可以发现,虽然模型箱可以屏蔽部分周围环境的影响,但较小的模型箱对天线探测的影响较大,探测时边界反射较为明显,不利于对探测结果的处理分析;不过边界反射可以较为容易地分辨出来。模型箱内填黄砂之后,更接近实际的探测情况,可以发现边界效应明显减弱,且目标体特征明显,十分易于识别,这说明天线的实际探测性能能够满足实用需求。同时,通过探测试验也验证了 Vivaldi 系列天线探测的最佳高度约为 0.3 个波长。此外通过与商业雷达的探测效果对比可以发现,Vivaldi 系列天线探测获得的图像如果处理得当,甚至能够获得比商业雷达更佳的探测效果;商业雷达距离模型表面一定距离时的探测效果较差,而 Vivaldi 系列天线距离模型表面一定距离时的探测效果更佳。因此 Vivaldi 系列天线比较适合于用作车载天线,从而可以实现对隧道衬砌缺陷的快速检测。

9.1.4 隧道病害检测车检测系统集成

9.1.4.1 检测系统集成方案

本小节的主要工作是将机器视觉检测设备、红外热成像设备和雷达设备集成起来形成公路隧道病害检测车,具体集成方案为:检测车的最前端安装红外机械臂,其顶部装载红外热成像仪,中控室设置在检测车最后方,检测车靠近中控室处为装载雷达和线阵相机的大型机械臂,两个机械臂均可自由伸缩移动以方便检测病害。对于机械臂,本研究提出了 3 个指标要求:①裂缝、渗漏水和空洞 3 类病害的检测宽度均为 2 m 左右;②经过多次检测实现距路面 1 m 以上隧道衬砌表面的全覆盖;③线阵 CCD 相机的检测方向轴线垂直于隧道衬砌表面。据此,设计并形成了如图 9-70 所示的公路隧道病害检测车实物图。图中检测车主要由雷达和线阵相机检测机构、红外热成像仪伸缩检测机构、主控制室、发电机以及配套的线路和油缸等组

图 9-70 隧道衬砌病害集成检测车实物图

成。主控制室操作人员通过操作手柄动作指令经总线发送给相应的检测机构,通过电磁阀和电机驱动器来驱动液压油缸和电机,实现指定范围检测。同时,接收雷达、线阵 CCD 相机和红外机构上反馈的数字与模拟信号,在显示屏上显示,使操作人员了解各个机构的运行状态。

雷达和线阵 CCD 相机检测机构由雷达、线阵 CCD 相机、控制柜、变幅油缸、臂架、转台、臂架回转机构和底座等组成,如图 9-71 所示。伸缩油缸实现臂架的伸缩,变幅油缸实现臂架的摆动变幅,可以实现臂架 $-30°\sim90°$ 的变幅,臂架回转机构实现平台 $0°\sim180°$ 的回转。控制柜主要负责雷达和线阵相机 X 向和 Z 向运行,包括两个伺服电机、若干限位/接近开关、超声波传感器和一个多轴控制器 SC209,其中超声波传感器检测设备工作位置到隧道面的最短距离,当传感器所测距离过近时,主控制器指示灯亮,蜂鸣器鸣响,从而避免设备跟隧道面碰撞。两个伺服电机控制设备的 X 向和 Z 向运动可以实现设备在任意方向的检测,X 向的角度控制在 $0°\sim60°$,Z 向的角度控制在 $0°\sim180°$,通过限位开关来进行角度控制。电机的旋转角度通过电机编码器得到,其与超声波传感器采集的数据和限位开关信号发送到控制器 SC209 并经 CAN 总线发送给主控制器。臂架的伸缩和变幅具有按钮/手柄两种操控模式,在按钮操控时,通过操控面板上的按钮控制各个电磁阀的动作;在手柄控制模式时,按钮动作无效,通过主控制器手柄发送指令来控制各个电磁阀的动作,臂架其余动作皆只有手柄控制一种方式,通过主控制器手柄发送指令来控制各个电机的动作。

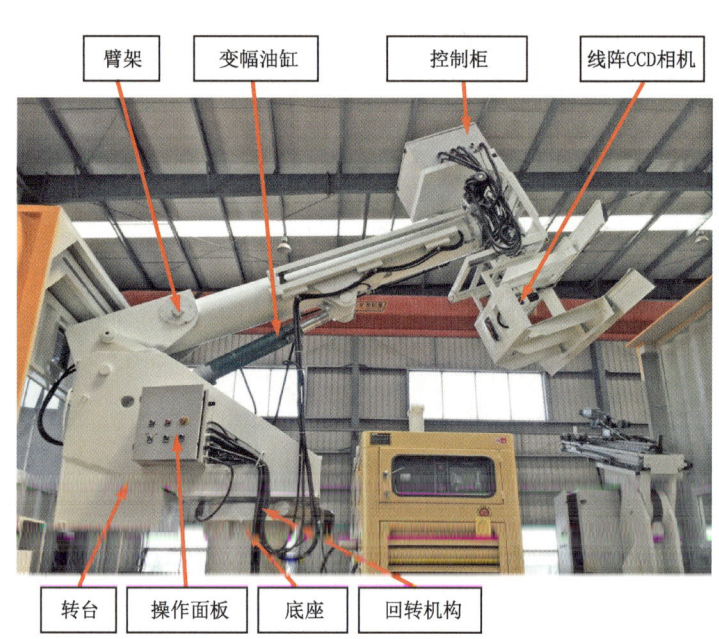

图 9-71 线阵 CCD 相机检测结构臂架组成实物图

9.1.4.2 视觉检测图像采集系统设计

视觉检测图像采集系统设计是隧道衬砌裂缝机器视觉检测技术的基础,其主要由线阵 CCD 相机、照明光源、计算机系统等组成,图 9-72 是安装有镜头的线阵 CCD 工业相机实物图。

图 9-73 是图像采集控制室和 LED 光源,理想的图像采集系统应满足如下要求:

(1) 充分利用视场使被检测物体特征充满视场,从而可以最大限度地利用系统的分辨率;

(2) 对比度合适,灰度级的最大值接近 255,而最小值接近 0;

图 9-72　安装有镜头的线阵 CCD 工业相机实物图

(3) 焦距准确,图像没有因为景深或运动而不清晰;
(4) 照明均匀,避免反光;
(5) 图像畸变小;
(6) 感兴趣的特征容易被检测识别,其他特征不显示或得到抑制。

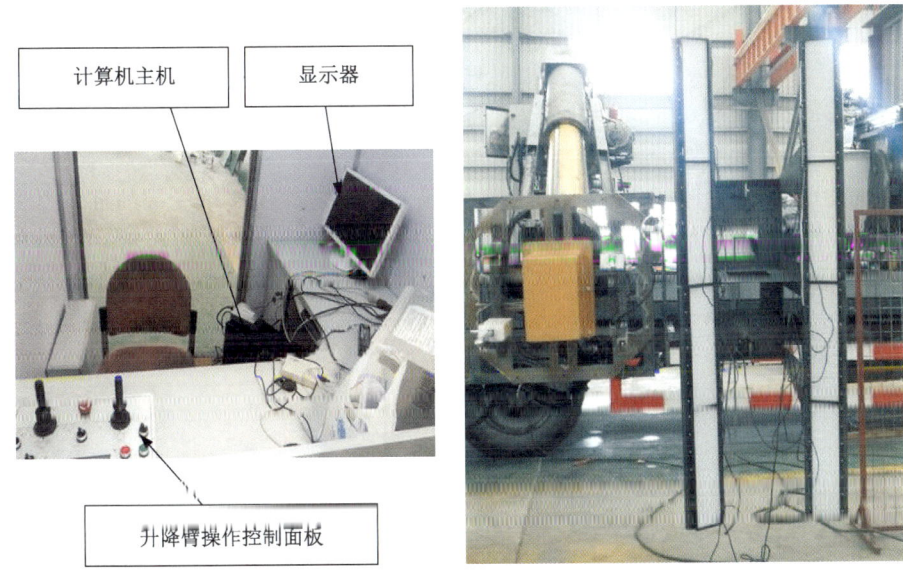

(a) 控制室　　　　　　　　　　　(b) LED 光源

图 9-73　图像采集控制室和 LED 光源

9.1.4.3　机器视觉检测机械控制系统设计

机械控制系统是隧道衬砌裂缝机器视觉检测技术的主要组成部分之一,直接影响图像采集系统的性能。隧道检测车机械控制系统分为四大部分:控制室主控部分、雷达与线阵 CCD 相机控制部分、伸缩臂控制部分以及红外热成像仪控制部分。每部分均有一个电控箱,互相之间通过一根电源线和一根通信线连接,由控制室发出命令,其他部分响应,其中线阵 CCD 相机的机械控制系统由线阵相机控制柜和泵站控制柜组成。

线阵相机控制柜主要负责雷达及线阵 CCD 相机的运行,包括 3 个伺服电机、1 个步进电机、若干限位/接近开关、超声波传感器、激光测距仪等,其组成如图 9-74 所示。图中超声波传感器测试雷达与隧道墙壁间的最短距离,以避免雷达与隧道墙壁碰撞,激光测距仪测试线阵 CCD 相机距隧道墙壁的距离,控制在 2 m。

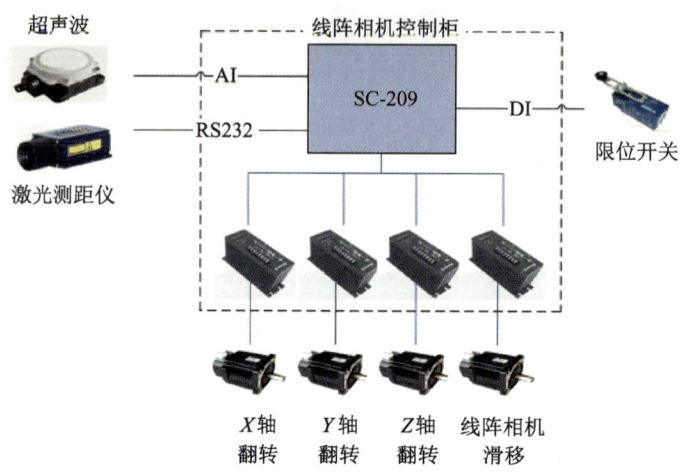

图 9-74　线阵相机控制柜组成示意图

泵站控制柜主要负责伸缩臂的液压驱动,包括 1 个伸缩油缸、1 个变幅油缸、1 个拉绳传感器和若干限位/接近开关,其组成如图 9-75 所示。

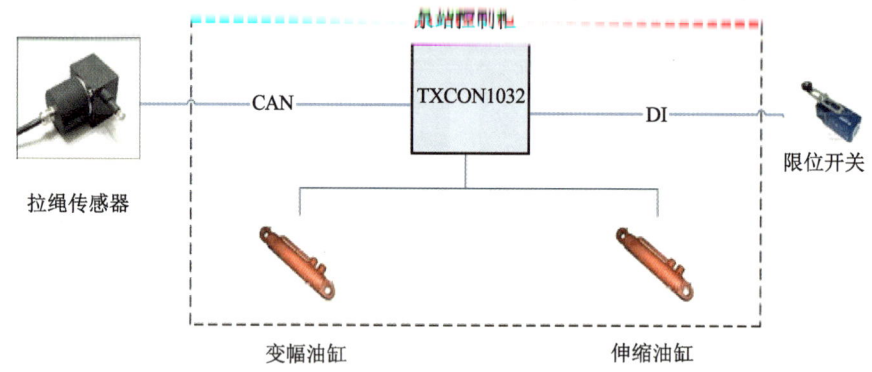

图 9-75　泵站控制柜组成示意图

机械控制系统与检测图像的后处理系统之间设计了同步接口,使检测车的行车位置和行车状况与检测图像相对应。机械臂的轴线方向定位精度根据实际经验估计,非闭环水平位移定位精度小于±10 mm,角度定位精度小于±1°。在夹具前端安装若干距离传感器,实时检测线阵 CCD 相机与隧道墙壁间的距离,通过控制夹具摆角及臂架的长度,实现距离控制,且该距离可以由操作人员根据实际情况设置。通过传感器测量线阵 CCD 相机防碰撞,保护线阵

CCD相机免受破坏。在夹具的四周分别安装若干距离传感器,分别输出一级报警、二级报警及限制动作控制。在转台上安装传感器,使线阵CCD相机快速处于工作状态或运输状态。

9.1.4.4 机器视觉检测系统移动速度设计

对检测车的最大移动速度$V(m/s)$起决定性作用的是线阵CCD相机的最高扫描频率$F(Hz)$和图像的空间分辨率$R(mm/pixel)$,它们之间满足如下公式:

$$F = \frac{V}{R} \tag{9-5}$$

当空间分辨率$R=0.3$ mm/pixel、线阵CCD相机的最高行频$F=9.5$ kHz时,根据式(9-5)可计算得到检测车的最大移动速度$V=2.85$ m/s$=10.3$ km/h。检测车的实际行驶速度受到振动等因素的影响,会低于理论速度。当检测车的行驶速度较低时,振动影响不明显;当其行驶速度较高时,由于路面不平整及发动机、轮胎等因素引起的振动较为明显,会对检测结果产生一定影响。通过实际调研和相关试验研究表明,当检测车的行驶速度不超过10 km/h时,图像较为清晰且无明显的几何变形,可满足裂缝检测要求。

9.1.4.5 机器视觉检测精度和范围

根据本书第2章模型试验研究可知,检测精度和检测范围与布置的线阵CCD相机台数、有效像素数目、光学分辨率等因素有关,它们之间符合如下规律。

(1) 检测精度与线阵CCD相机的有效像素数目成正比,与光学分辨率成正比,与检测距离成反比;

(2) 检测范围与检测距离成正比,与裂缝检测精度成反比;

(3) 随镜头视场角增大,检测范围变大,所需要的线阵CCD相机台数减少,检测精度则相应减小。

按照试验研究要求,裂缝最小检测宽度为0.3 mm,则图像的光学分辨率至少应达到0.3 mm/pixel,采用的线阵CCD相机有效像素$P=4\,096$ pixel,每台相机的扫描范围$L=1.2$ m,则图像的实际光学分辨率R为

$$R = \frac{L}{P} \tag{9-6}$$

根据式(9-6)计算光学分辨率:

$$R = \frac{1\,200}{4\,096} = 0.29 \text{ mm/pixel} < 0.3 \text{ mm/pixel}$$

满足检测精度要求。为避免漏检,相邻两台相机的扫描范围应重叠10 cm,图9-76是检测车在两车道公路隧道行走时扫描示意图。

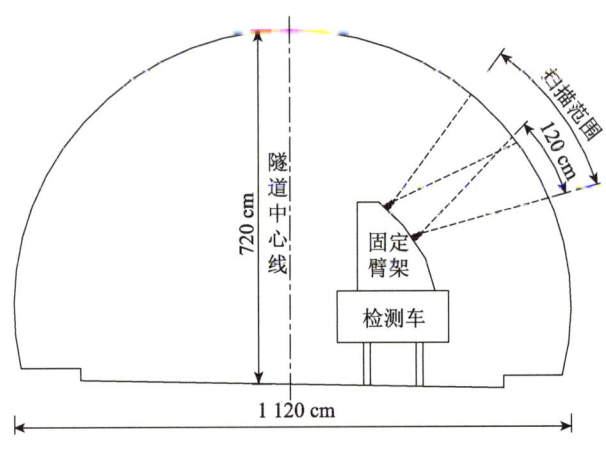

图 9-76 检测车行走时扫描示意图

检测车行走一次可以扫描的范围及检测一条隧道所需的行走次数如表 9-10 所示。可以看出,布置的 CCD 相机台数越多,检测车行走一次的扫描范围就越大,检测一条隧道所需的行走次数就越少,检测效率也越高,同时检测系统的复杂程度也越高。当布置 9 台线阵 CCD 相机时,检测车行走一次可以扫描半幅范围,检测一条隧道只需行走两次,检测效率大大提高。按照研究要求,并考虑到空洞和渗漏水检测设备的要求,检测车行走一次检测宽度为 2 m,因此线阵 CCD 相机台数定为 2 台,此时检测车行走一次的检测范围为 2.3 m,检测一条隧道总的行走次数为 10 次。

表 9-10 检测车扫描范围及行走次数

线阵 CCD 相机台数	每台 CCD 相机的有效像素 /pixel	行走一次扫描范围 /m	检测一条隧道总行走次数
1	4 096	1.2	9×2
2	4 096	2.3	5×2
3	4 096	3.4	3×2
5	4 096	5.6	2×2
9	4 096	10	1×2

9.1.4.6 机器视觉检测系统的抗振防抖设计

实际隧道检测时,检测车的不平稳会造成线阵 CCD 相机的振动,从而影响 CCD 成像系统的调制传递函数(Modulation Transfer Function,MTF),进而影响图像质量和检测效果。当振动周期 T 远大于曝光时间时为低频振动,会引起线阵 CCD 相机的抖动,造成图像像素位置发生变化,如像素拉长、压缩或移位等;当振动周期 T 远小于曝光时间时为高频振动,在一个振动周期内出现多个曝光时间,会引起 CCD 成像系统的 MTF 降低、图像模糊,导致图像边缘信息不明显;振幅过大时,会造成图像边缘出现锯齿状,出现较为明显的抖动现象。影响振动或抖动的因素主要包括检测车辆的振动振幅和振动频率，经过振动模态分析和动力时程分析，当检测车的运动速度小于 10 km/h 且线阵 CCD 相机的扫描行频大于 6.5 kHz 时就能解决抗振防抖问题。

9.1.4.7 主控制器显示屏

图 9-77 是本研究研发的隧道病害集成检测车的主控制器显示屏，通过操作界面可显示主控制器的基本信息。

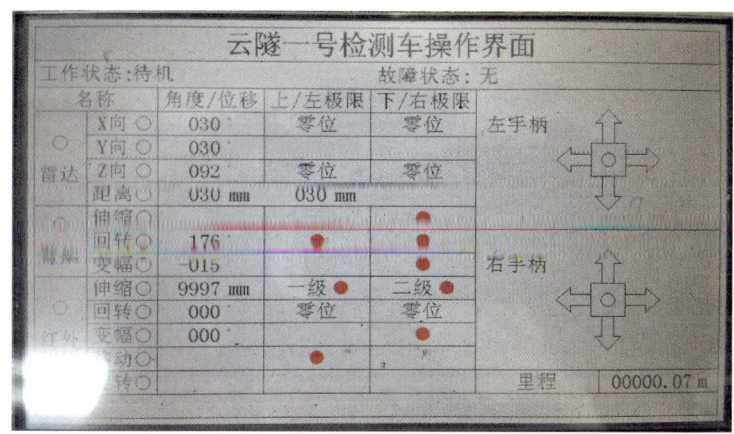

图 9-77 主控制器显示屏

表 9-11 是主控制器显示屏的基本信息表。

表 9-11　　　　　　　　　　主控制器显示屏基本信息

机构名称	雷达	臂架	红外相机
基本信息	1. X 向角度值	1. 臂架缩限位	1. 激光测距仪所测距离
	2. Z 向角度值	2. 臂架回转角度值	2. 红外臂架伸缩（一级、二级、三级）限位
	3. X 向左/右限位	3. 臂架变幅角度值	3. 红外臂架回转角度值
	4. X 向零位	4. 臂架回转左/右限位	4. 红外臂架变幅角度值
	5. Z 向左/右限位	5. 臂架变幅上/下限位	5. 红外臂架回转左/右限位
	6. Z 向零位		6. 红外臂架变幅上/下限位
	7. 超声波传感器所测距离		7. 红外底部移动左/右限位
			8. 红外相机回转上/下限位
	隧道检测车行驶的里程数以及手柄的状态、检测车的工作状态和故障状态		

9.1.4.8 集成检测车技术参数和基本功能

最终形成的隧道病害检测车的技术参数如表 9-12 所示。

表 9-12　隧道检测车技术参数

内容	技术参数		
1. 外形尺寸(长/宽/高)/m	8.8	2.4	4.0
2. 最高车速/(km·h^{-1})	90		
3. 质量/t	16.15		
4. 轮距(前/后)/mm	1 940		1 860
5. 轴距/mm	5 000		
6. 轮胎数量	6		
7. 轮胎规格	10.00—20.00		
8. 发动机型号	ISDe185 30		
9. 发动机排量和功率/(mL·kW^{-1})	6 700		136
10. 驾驶室准乘人数/人	3		

隧道病害检测车的基本功能汇总于表 9-13。

表 9-13　隧道检测车基本功能

机构名称	臂架雷达检测机构	红外相机伸缩检测机构
基本功能	1. 臂架伸缩	1. 红外臂架伸缩(一级、二级、三级)
	2. 臂架变幅	2. 红外臂架变幅
	3. 臂架回转	3. 红外臂架回转
	4. 雷达 X 向翻转	4. 红外底座移动
	5. 雷达 Z 向回转	5. 红外相机旋转
	6. 自动收车	
	7. 自动备车	

臂架雷达检测机构由雷达、线阵 CCD 相机、雷达控制柜、变幅油缸、臂架、转台、臂架回转机构和底座等组成。伸缩油缸实现臂架的伸缩。变幅油缸实现臂架的摆动变幅,可以实现臂架 $-30°\sim90°$ 的变幅。臂架回转机构实现平台 $0°\sim180°$ 的回转。雷达控制柜主要负责雷达 X 向和 Z 向运行,包括两个伺服电机、若干限位/接近开关、超声波传感器和一个多(电机)轴控制器 SC209。其中超声波传感器检测雷达工作位置到隧道面的最短距离,当传感器所测距离过近时,主控制器指示灯亮,蜂鸣器鸣响,从而避免雷达跟隧道面碰撞。两个伺服电机控制雷达的 X 向和 Z 向运动,可以实现雷达在任意方向的检测。雷达 X 向的角度控制在 $0°\sim60°$,雷达 Z 向的角度控制在 $0°\sim180°$,通过限位开关来进行角度的控制。电机的旋转角度通过电机编码器得到,其与超声波传感器采集的数据和限位开关信号发送到控制器 SC209 并经 CAN 总线发送给主控制器。

臂架的伸缩和变幅具有按钮、手柄两种操控模式,在按钮操控时,通过操控面板上面的按钮控制各个电磁阀的动作;在手柄控制模式时,按钮动作无效,通过主控制器手柄发送指令来控制各个电磁阀的动作。臂架雷达其余动作皆只有手柄控制一种方式。通过主控制器手柄发送指令来控制各个电机的动作。

红外相机伸缩机构由红外相机、一级红外臂架、二级红外臂架、三级红外臂架、红外变幅机构、红外回转机构、红外底部移动机构和红外控制柜等组成。红外控制柜主要负责红外相机机构的运行,包括3个伺服电机、5个步进电机、若干限位/接近开关、激光测距仪和1个多(电机)轴控制器SC209。其中激光测距仪检测红外相机距离隧道面的距离。3个伺服电机控制红外臂架的回转、红外臂架的摆动变幅,并兼顾雷达臂架的回转控制。5个步进电机控制红外相机的一级、二级和三级伸缩,红外相机的回转以及红外臂架的行走。红外伸缩机构由步进电机带动伸缩臂伸缩,三级伸缩机构结构紧凑,能适应检测车与拱顶不同距离的需求。红外变幅机构由伺服电机驱动,能实现0°~90°的变幅。红外回转机构也由伺服电机驱动,能实现0°~180°的回转。红外底部行走驱动机构由步进电机驱动,能实现整个红外机构的来回行走,便于整个机构的位置调节。红外相机的回转角度控制在0°~90°。通过限位开关来进行角度的控制和红外伸缩的限位。电机的旋转角度通过电机编码器得到,其与激光传感器测量的数值和限位开关信号发送到控制器SC209并经CAN总线发送给主控制器。

红外相机伸缩机构动作皆只有手柄控制一种方式。通过主控制器手柄发送指令来控制各个电机的动作。

9.2 公路隧道病害分析系统研发

9.2.1 隧道衬砌裂缝病害图像采集软件研发

9.2.1.1 图像采集软件界面

图像的实时采集和实时存储是隧道衬砌裂缝机器视觉检测系统的重要功能,本研究在线阵CCD的软件开发工具包(Software Development Kit,SDK)基础上,基于Visual C++ 6.0编写了适用于隧道衬砌裂缝机器视觉检测系统的线阵CCD相机图像采集软件。在实际隧道检测过程中,图像采集软件可实现图像的实时采集、实时显示和实时存储。在线阵CCD相机控制面板可设置CCD的增益、偏置、同步时间、扫描行数和显示方式等,可在扫描时设置启动旋转编码器触发脉冲信号功能,使线阵CCD相机的扫描频率与检测车的行驶速度保持同步,保证采集到的像素为方形像素,即图像在纵、横两个方向上的光学分辨率相同,同时记录检测车的运动距离。采集软件可设置为曲线显示界面和图像显示界面,存储的图像可设置为8位灰度图格式和以灰度值(0~255)表示的数据格式。采集软件还包含了裂缝无监督检测算法的程序实现,选择此项设置时,可有效判断出当前衬砌图像是否包含裂缝,并剔除不包含裂缝的衬砌图像,同时把包含裂缝的衬砌图像实时保存至计算机硬盘。

采集软件可将图像自动保存至指定的计算机存储目录,保存的文件名称格式为:当两台相机的图像保存为一幅图像时为"年月日-时分秒-编号.bmp";当两台相机的图像分开保存时为"年月日-时分秒-编号-1.bmp"和"年月日-时分秒-编号-2.bmp"。图像保存过程中,软件为图像保存数据分配了一个缓冲区队列,队列一共可以存储20幅图像的数据。软件采集到图像后将数据存入队列,然后图像保存线程从队列中提取数据保存到硬盘,这样可以避免操作系统的其他突发操作影响数据的保存而造成图像数据的丢失。

1. 曲线显示界面

单击软件工具条上的"开始"按钮则开始进行数据采集并显示曲线,显示界面如图9-78所示。上面的红色曲线为相机1采集到的图像像素灰度数据,下面的绿色曲线为相机2采集到的图像像素灰度数据;点击"停止"按钮则停止数据采集。

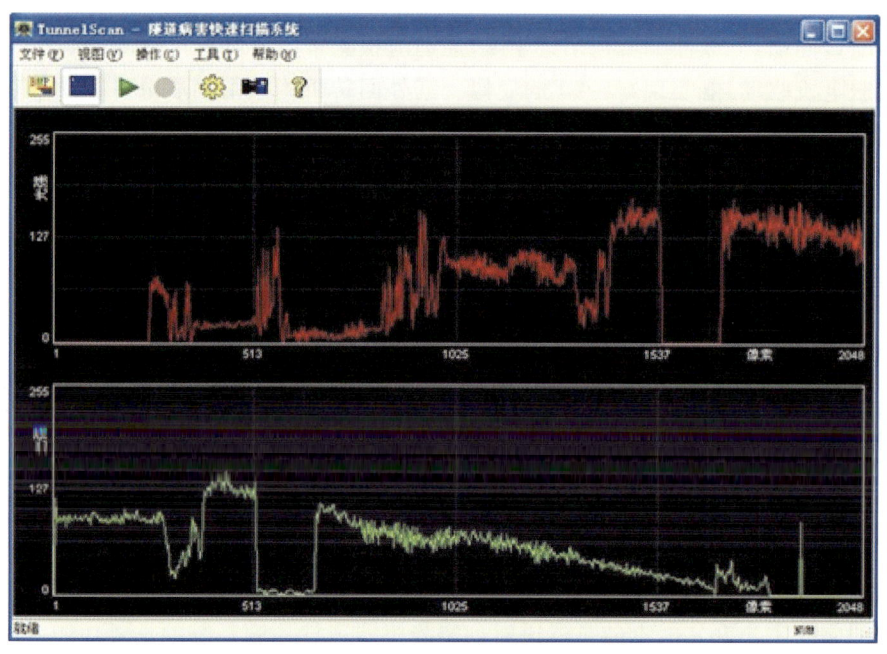

图 9-78　采集软件曲线显示界面

2. 图像显示界面

单击软件工具条上的"BMP"图标按钮则可将软件界面切换为图像显示界面,如图9-79所示。可实时滚动显示当前采集的衬砌图像,图像扫描过程中将在软件的状态栏中显示当前图像的扫描状态,可显示当前扫描的图像数目、已经保存的图像数目及图像排队数目。可以点击工具条中的按钮进行图像显示分辨率的切换:"适应1"按钮表示图像适应屏幕显示,即缩放图像到图像显示窗口的大小(注意此时的图像宽高方向上的缩放比例可能是不一样的);"适应2"按钮表示图像适应屏幕显示,但要在保持图像宽高比的情况下进行图像的缩放(这种模式下显示的图像可能会有一个方向上不能填满显示区域);"1:1"按钮,图像1:1显示,此时可以通过拖动滚动条进行图像局部的浏览。

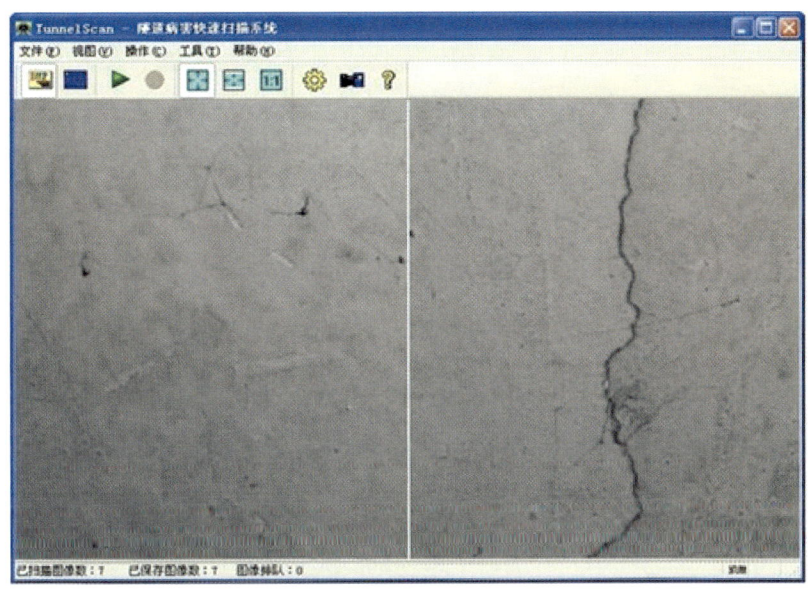

图 9-79 采集软件图像显示界面

9.2.1.2 图像采集参数设置

点击软件工具条上的"选项"按钮将打开图像采集"参数设置"对话框,如图 9-80 所示。"参数设置"对话框的各个按钮功能如下:

(1) 图像保存设置。"实时保存图像"设置图像扫描时是否实时保存图像至指定路径;"保存路径"设置图像保存的路径(应保证路径所在的分区有足够的容量来保存图像)。

(2) 图像采集设置。可以设置每幅图像扫描的行数(2 048~8 192 行)以及图像显示方式的选择。

① 相机选择:可以选择使用单台相机或者两台相机进行数据采集和图像扫描。

② 两台相机的数据合成为一幅图像显示并存储,将两台相机的数据显示在一幅图像中,图像的左半部分为相机 1 扫描的图像,图像的右半部分为相机 2 扫描的图像,图像也保存到一个位图文件中。

③ 两台相机的图像分开显示,左右分割:图像分开成两幅图像显示并且保存为两幅图像,两幅图像显示时在软件界面中左右分割排列。

④ 两台相机的图像分开显示,上下分割:图像分开成两幅图像显示并且保存为两幅图像,两幅图像显示时在软件界面中上下分割排列。

(3) ADR 功能设置。可以设置是否在图像扫描时启用采集卡的 ADR 功能(该功能需要连接好编码器连线)以及 ADR 相关参数的设置。启用 ADR 功能后,扫描图像时,图像扫描的快慢将与检测车车速有关。当检测车停止时,扫描图像将停止并一直等待车辆再次运行时再继续扫描图像,中间不会造成数据的丢失,此时如想停止图像扫描可点击工具条上的"停止"按钮。

① 相机 CCD 方向的分辨率：单台相机实际检测宽度/相机的像素数。
② 编码器分辨率：编码器旋转一周所对应的检测车运行距离/编码器旋转一圈的脉冲数。

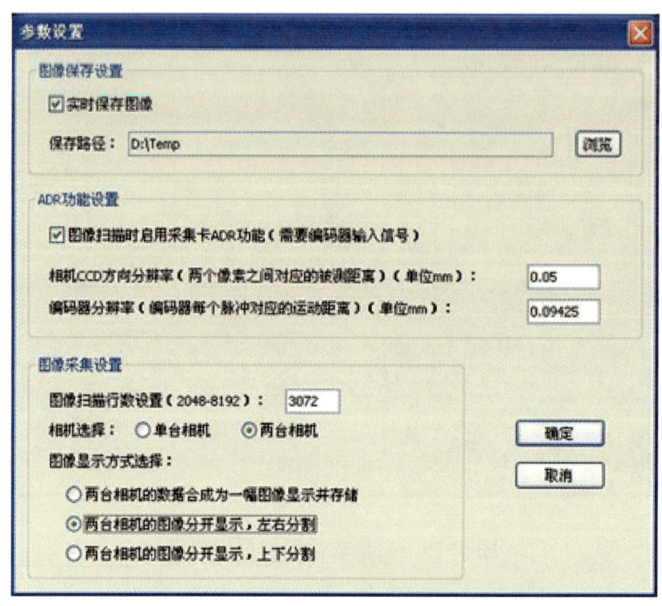

图 9-80　图像采集参数设置对话框

9.2.1.3　相机控制面板设置

点击软件工具条上的"相机"按钮将弹出相机控制面板对话框，如图 9-81 所示。可以在此控制面板中设置相机的同步时间以及相机的增益和偏置等参数。同步时间的变化将带来行频的改变；增益和偏置的调整可以边观察曲线变化边进行操作。各个按钮功能如下：

（1）修改按钮：修改参数使参数生效，但不将参数保存到设备，设备重新上电或复位时修改过的参数将失效。

（2）保存按钮：将参数保存至设备但不使参数生效，设备重新上电或复位时将加载这些参数。

（3）复位按钮：将同步控制器和相机复位，重新加载参数。

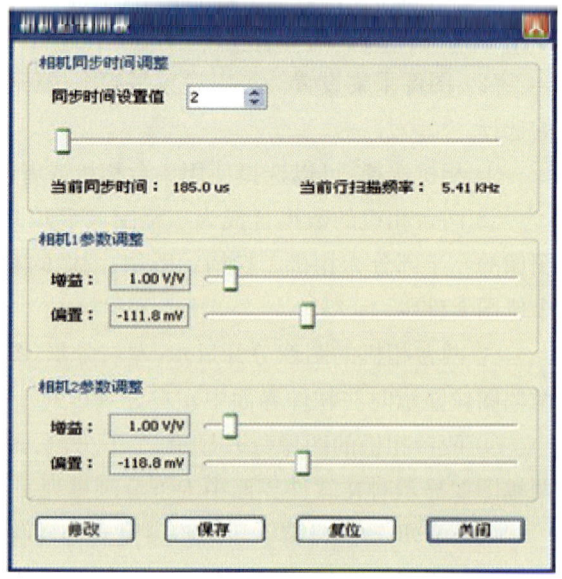

图 9-81　相机控制面板设置对话框

9.2.2 隧道衬砌裂缝识别系统研发

9.2.2.1 隧道衬砌裂缝识别软件界面

对采集的图像进行裂缝识别和特征参数计算是隧道衬砌裂缝机器视觉检测系统的主要功能,本研究基于 Visual C++ 6.0 编写了裂缝识别软件(Tunnel Crack 1.0),软件界面如图9-82所示。该软件包含3个窗口,左侧窗口显示当前处理的图像目录,中间的主窗口是图像处理窗口,其中左侧显示输入的原始图像,右侧显示识别后的裂缝图像,底部窗口显示计算得到的裂缝特征参数,包括裂缝的长度、宽度、走向、位置和分布密度等。

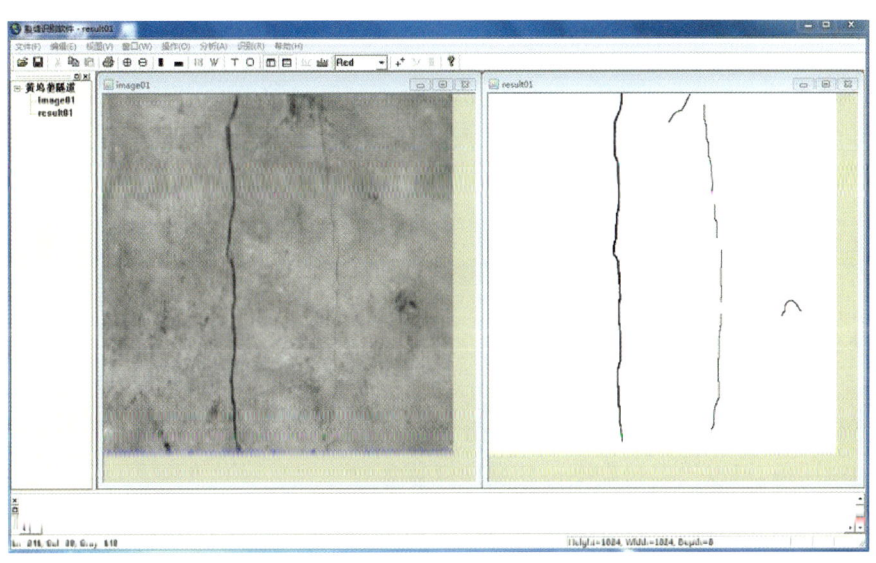

图 9-82 隧道衬砌裂缝识别软件界面

9.2.2.2 隧道衬砌裂缝识别软件功能

裂缝识别软件包含了基本的图像处理算法,主要包括图像增强、图像复原、边缘检测、阈值分割、形态学运算、阴影修正、图像缩放、灰度均衡、梯度锐化、直方图查看、灰度剖面图绘制及图像拼接等。本研究编写了基于图像局部网格特征的裂缝识别算法及特征参数计算的程序实现,由于复杂衬砌图像的裂缝自动识别会存在较多噪声,为提高裂缝检测精度,可采用半自动半手工的裂缝识别方法,并编写了该算法的程序实现,只需手工选择裂缝的起始点和终止点,即可自动计算裂缝的长度、宽度、走向、位置等特征参数,并自动将数据保存为文本文件;软件还包含了不同识别算法的真阳性率和假阳性率计算等功能,可以对裂缝识别结果进行定性和定量比较。软件的主要菜单命令介绍如下:

1. "新建"菜单

点击"新建"菜单命令,显示如图9-83所示的"建立工程"对话框,可以输入隧道工程名称,便于进行裂缝病害管理。

图 9-83 "建立工程"对话框

2. "操作"菜单

点击"操作"菜单命令,显示如图 9-84 所示的下拉菜单,菜单里包含了图像缩放、图像转置、灰度均衡、数学形态学运算等图像基本操作。点击下拉菜单中的"腐蚀"命令,出现如图 9-85 所示的对话框,可以设置衬砌图像的腐蚀运算参数。

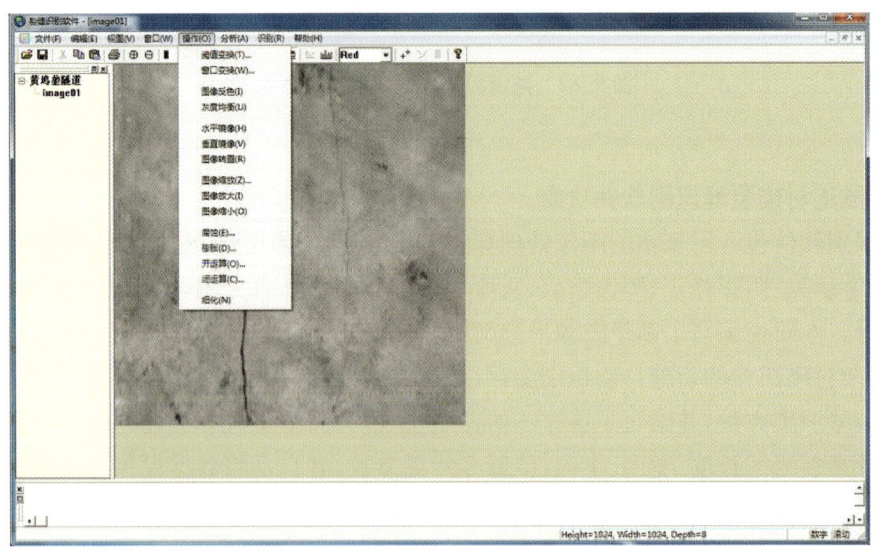

图 9-84 "操作"菜单功能

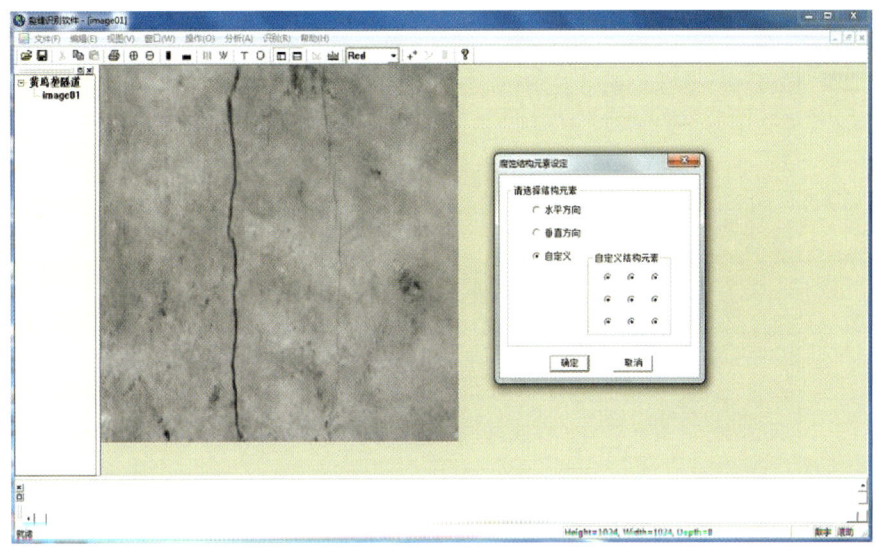

图 9-85　图像腐蚀运算设置对话框

3. "分析"菜单

点击"分析"菜单命令，显示如图 9-86 所示的下拉菜单，菜单里包含了图像平滑、中值滤波、水平投影、垂直投影、梯度锐化、拉普拉斯锐化、Sobel 边缘检测、Robert 边缘检测、Prewitt 边缘检测、Laplace 边缘检测、轮廓提取等图像基本分析运算。

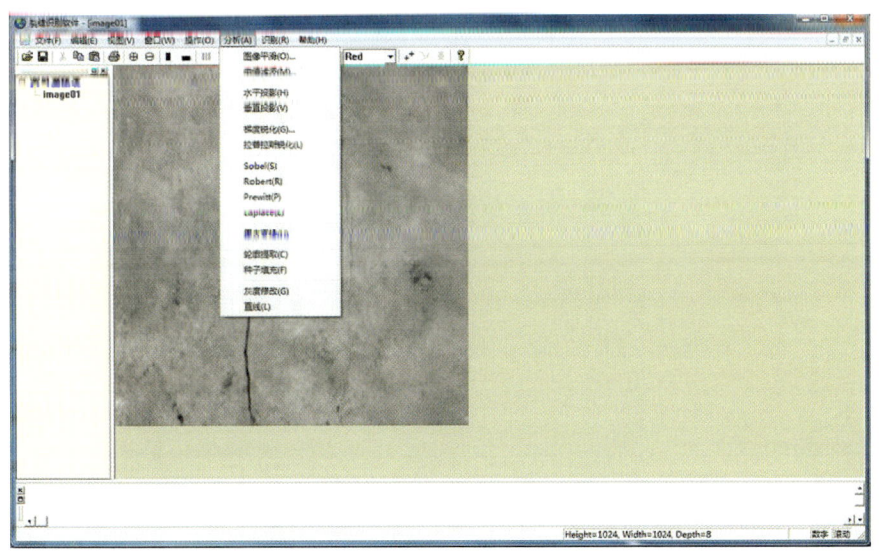

图 9-86　"分析"菜单功能

点击下拉菜单中的"Sobel"命令，将对原始衬砌图像进行 Sobel 边缘检测运算，如图 9-87 所示，左边窗口显示原衬砌图像，右边窗口显示 Sobel 边缘检测后的衬砌图像。

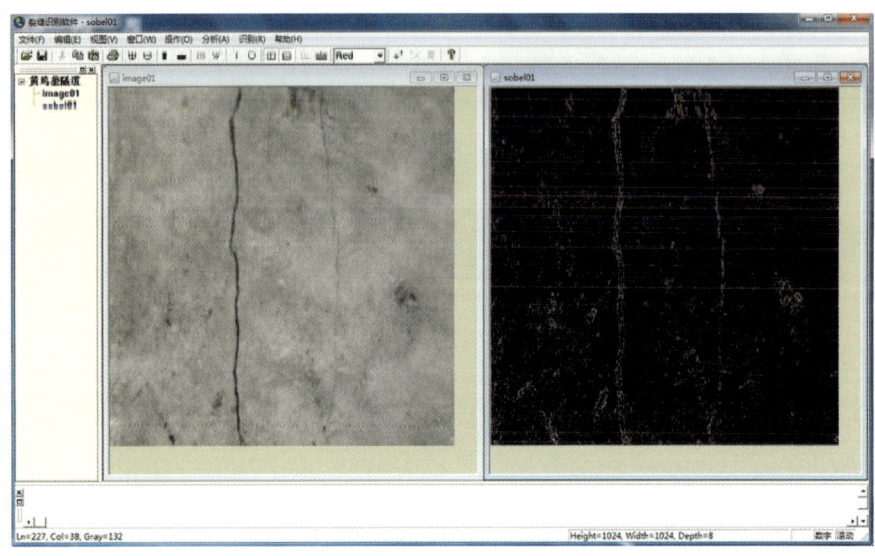

图 9-87　图像 Sobel 边缘检测算法

点击下拉菜单中的"梯度锐化"命令,将对原始衬砌图像进行梯度锐化运算,如图 9-88 所示,左边窗口显示原衬砌图像,右边窗口显示梯度锐化后的衬砌图像。

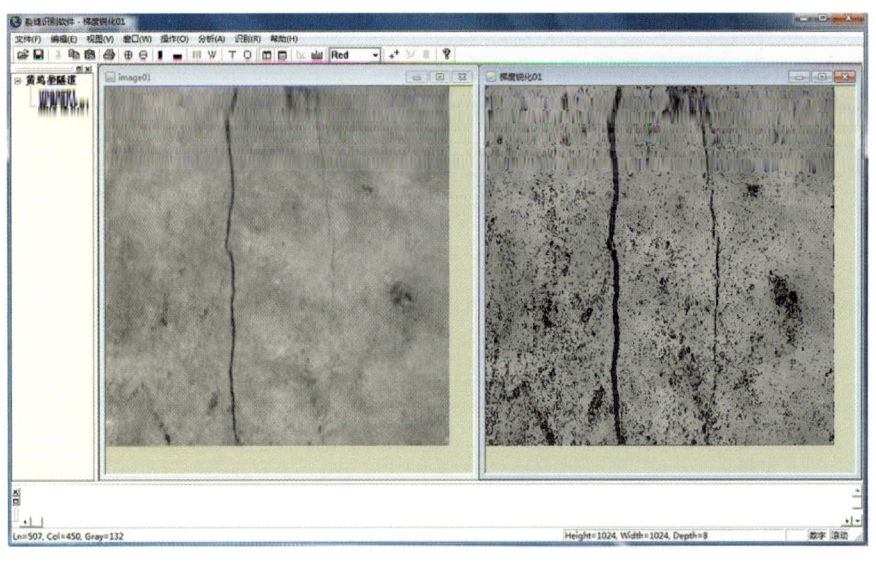

图 9-88　图像梯度锐化算法

4. "识别"菜单

点击"识别"菜单命令,显示如图 9-89 所示的下拉菜单,该菜单包含了裂缝识别和特征提取的主要算法,具体包括阴影修正、迭代阈值分割、最大类间方差阈值分割、基于局部网格的裂缝提取算法、裂缝特征参数计算等。除此之外,还包含了灰度剖面图的绘制、裂缝特征参数保存等功能。

点击下拉菜单中的"阴影修正"命令,将对原始衬砌图像进行阴影修正运算,如图 9-90 所示,左边窗口显示原衬砌图像,右边窗口显示阴影修正后的衬砌图像。

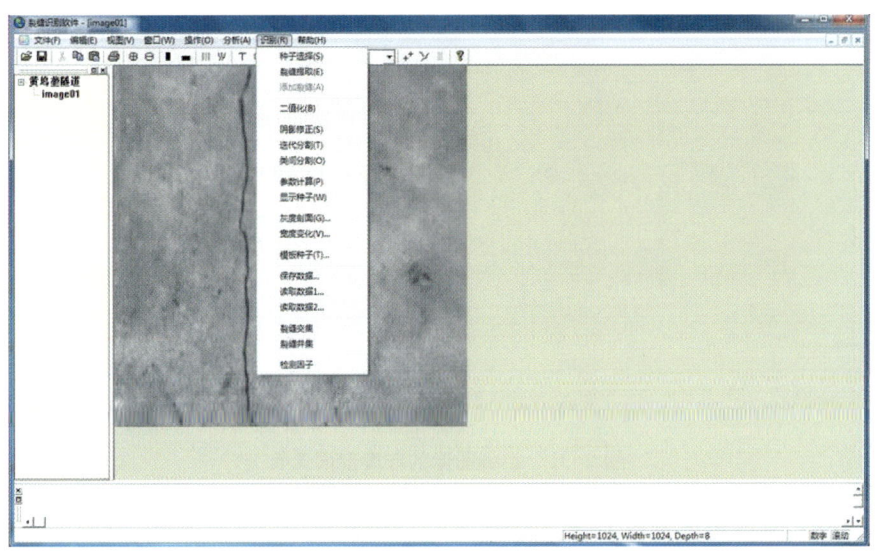

图 9-89 "识别"菜单功能

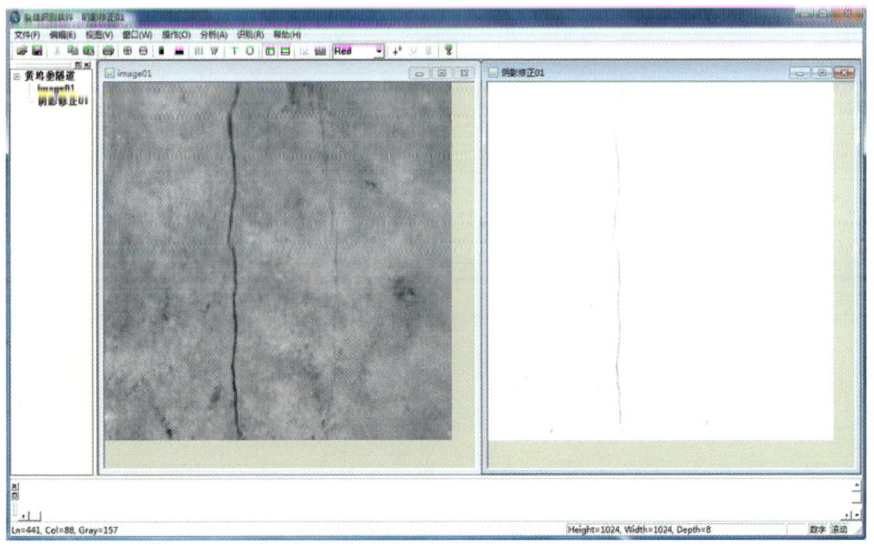

图 9-90 图像阴影修正算法

点击下拉菜单中的"种子选择"命令,会提示操作者在裂缝宽度两侧选择两个标示点,点击"灰度剖面图"命令,显示如图 9-91 所示的对话框,可以对裂缝宽度进行初步判断。

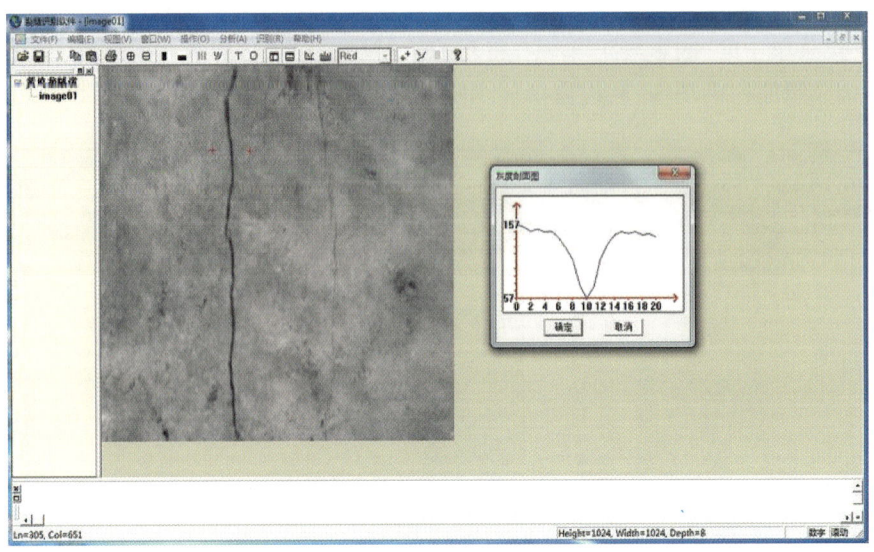

图 9-91　裂缝图像的灰度剖面查看

此外,"视图"菜单还可查看当前图像的灰度直方图,如图 9-92 所示,通过灰度直方图查看,可初步判断图像像素灰度的分布情况,有利于选择可行的裂缝识别方法。

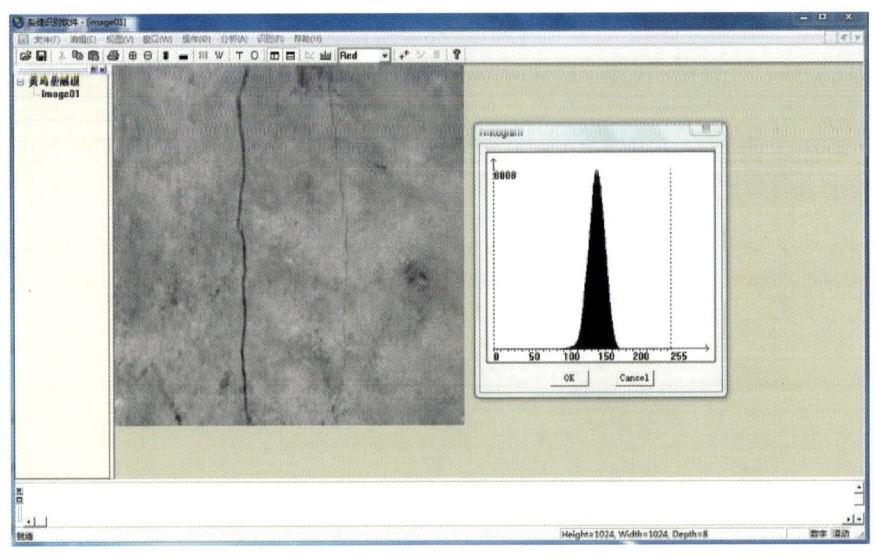

图 9-92　图像的灰度直方图查看

9.2.3　隧道红外图像识别系统研发

对于渗漏水病害,本研究使用所选红外相机自带的图像采集系统(DM60 红外热成像系统,见图 9-93)对衬砌隧道渗漏水病害红外图像进行采集,结合本书第 3 章的技术研究成果,建立隧道渗漏水红外辐射特征影响因素修正指标,利用 MATLAB 编写图像边缘检测程序,根据热图像的特点,采用均值滤波的方法对热图像进行平滑处理,再通过阈值分割(Otsu 算法)的方法求得渗漏水面积,据此开发出了公路隧道红外图像识别系统。

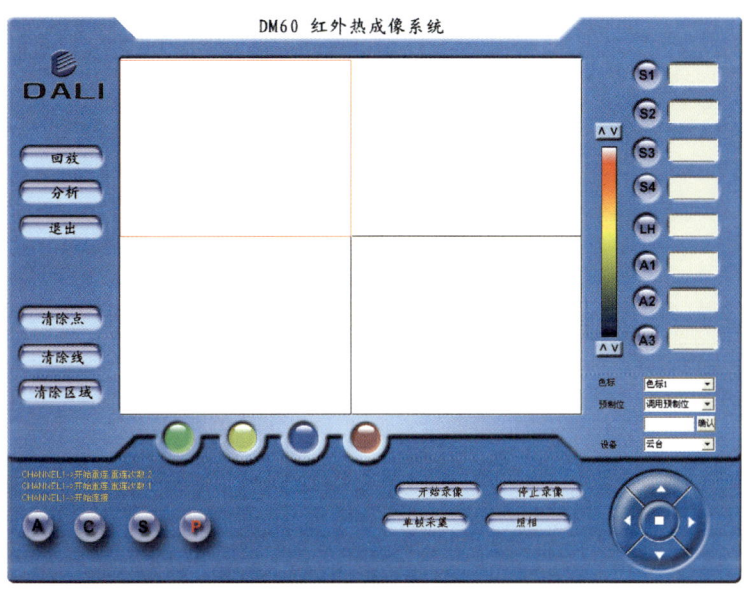

图 9-93　红外热成像系统采集界面

9.2.3.1　红外图像识别系统影响因素关键指标修正分析

我们利用斯蒂芬-坡耳兹曼定律 $W = \varepsilon\sigma T^4$ 关于辐射率对检测温度的影响,对防火涂料表面的热图像进行调整,使之与混凝土表面的热图像能够进行横向比较,如图 9-94 所示。

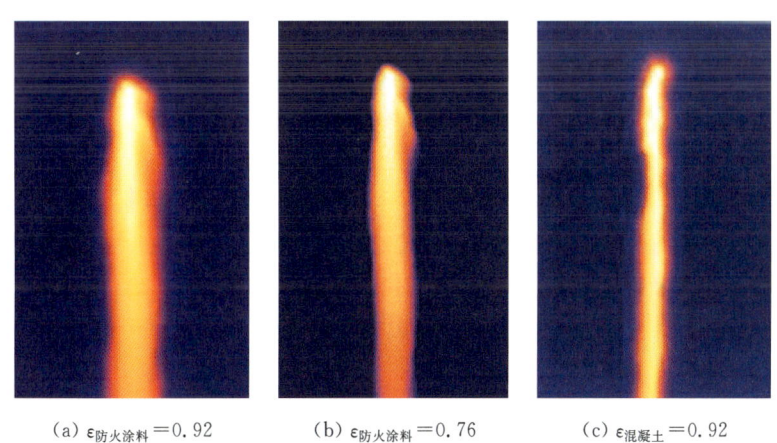

(a) $\varepsilon_{防火涂料} = 0.92$　　(b) $\varepsilon_{防火涂料} = 0.76$　　(c) $\varepsilon_{混凝土} = 0.92$

图 9-94　经辐射率修正后的防火涂料表面热图像及混凝土表面热图像

图 9-94 中(a)为防火涂料表面修正前热图像,(b)为防火涂料表面修正后图像,(c)为混凝

土表面未修正图像。从图中可以看出,通过辐射率的改变对防火涂料表面的热图像进行修正,图像的特征有所变化,与混凝土表面热图像有接近趋势。图 9-95 是对应于图 9-94 中各图像的面积提取结果。

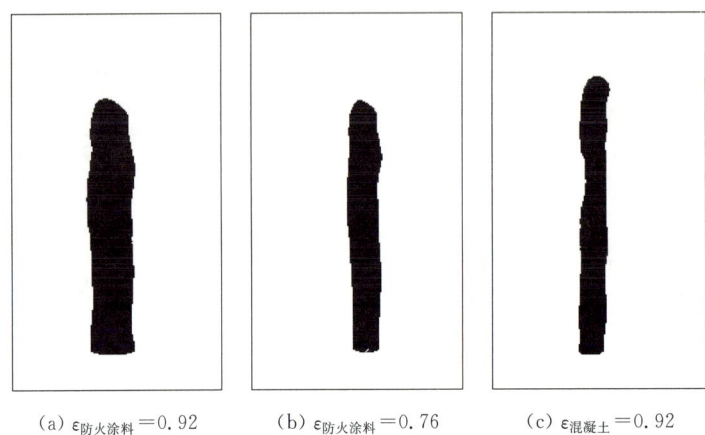

(a) $\varepsilon_{防火涂料}=0.92$　　(b) $\varepsilon_{防火涂料}=0.76$　　(c) $\varepsilon_{混凝土}=0.92$

图 9-95　经辐射率修正前后渗漏水面积提取结果

实际渗漏水面积采用实际渗漏水照片图像处理得到渗漏水与试块表面的面积比获得,试块表面面积为 180 mm×300 mm。图 9-94 中防火涂料表面渗漏水的实际面积为 2 979.6 mm²(用 $R_{防火涂料}$ 表示),混凝土表面渗漏水的实际面积为 2 804.5 mm²(用 $R_{混凝土}$ 表示)。图 9-95 对应于图 9-94 中各红外热图像的渗漏水面积提取结果,3 幅图像中渗漏水区域所包含的像素数和归一化阈值分别为(a)5 746 pixel,阈值 0.294 1;(b)4 040 pixel,阈值 0.253 5;(c)3 794 pixel,阈值 0.274 5。通过运用上述渗漏水面积计算方法得到修正前后的热图像渗漏水面积分别是 4 449.7 mm²(用 $M_{防火涂料前}$ 表示)、3 128.6 mm²(用 $M_{防火涂料后}$ 表示)、2 938.1 mm²(用 $M_{混凝土}$ 表示)。

对比经辐射率修正前后的渗漏水面积误差 $[f_{辐射率修正}=(|M-R|)/R]$,将上述数据进行整理,结果如表 9-14 所示。由此表明防火涂料表面试块在辐射率修正后渗漏水面积误差大幅度减小,与混凝土表面试块的渗漏水面积误差接近。

表 9-14　　　　　　　　　经辐射率修正前后渗漏水面积误差

项目	$\varepsilon_{防火涂料}=0.92$ 时	$\varepsilon_{防火涂料}=0.76$ 时	$\varepsilon_{混凝土}=0.92$ 时
图像处理面积/mm²	4 449.7	3 128.6	2 938.1
实际渗漏水面积/mm²	2 979.6		2 804.5
误差	$f_{防火涂料前}=49.34\%$	$f_{防火涂料后}=-5\%$	$f_{混凝土}=4.76\%$

1. 环境温度指标修正

隧道纵向温度分布的不均匀性,体现在环境温度的不同,我们可以通过实时监控隧道环境温度来对图像进行修正,如图 9-96 所示。

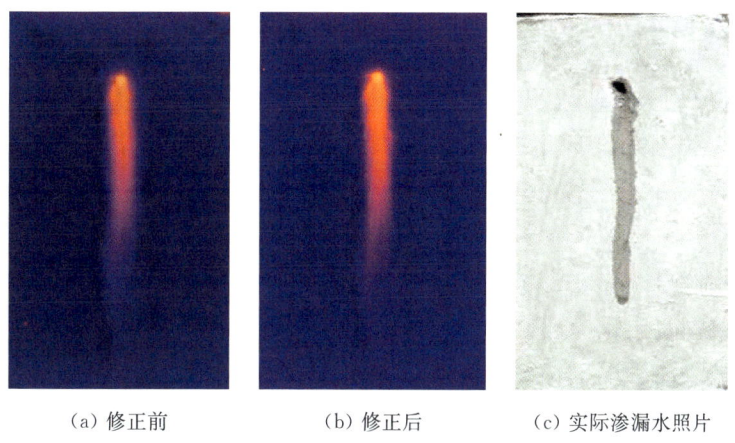

(a) 修正前　　　　(b) 修正后　　　　(c) 实际渗漏水照片

图 9-96　经环境温度修正前后的渗漏水红外热图像及可见光图像

图 9-96 中(a)为预设置环境温度为 14.7℃ 时采集到的红外热图像，(b)为实际环境温度为 10℃ 时修正后的红外热图像，(c)为实际渗漏水的可见光照片。通过改变环境温度对热图像进行修正，图像特征与实际图像有接近趋势。

图 9-97 为对应于图 9-96 中各红外热图像的渗漏水面积提取结果，两幅图像中渗漏水区域所包含的像素数和归一化阈值分别为：(a) 936 pixel，阈值 0.298 0；(b) 1 201 pixel，阈值 0.243 1。通过运用上述渗漏水面积计算方法得到修正前后的热图像渗漏水面积分别是 724.8 mm^2（用 $M_前$ 表示）和 930.1 mm^2（用 $M_后$ 表示）。渗漏水的实际面积计算方法同上节，计算得到实际渗漏水面积为 1 107.4 mm^2（用 R 表示）。

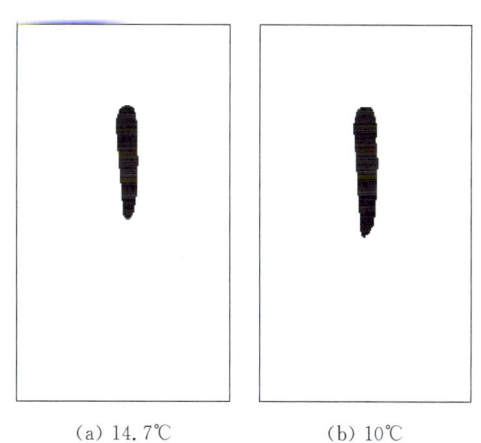

(a) 14.7℃　　　　(b) 10℃

图 9-97　经环境温度修正前后渗漏水面积提取结果

对比经环境温度修正前后的渗漏水面积误差 $[f_{环境温度修正}=(|M-R|)/R]$，将上述数据进行整理，如表 9-15 所示。结果表明试块在环境温度修正后渗漏水面积误差较大幅度减小。由此判断，修正后的面积更加符合实际情况。

表 9-15　　经环境温度修正前后渗漏水面积误差

项目	环境温度为 14.7℃（修正前）	环境温度为 10℃（修正后）
图像处理面积/mm²	724.8	930.1
实际渗漏水面积/mm²	1 107.4	
误差	$f_{环境温度修正前}=34.55\%$	$f_{环境温度修正后}=16.01\%$

2. 多指标综合修正

综合考虑修正指标（环境温度和辐射率），对室内试验采集到的红外热图像进行多指标修正，对比实际的渗漏水照片，如图 9-98 所示。

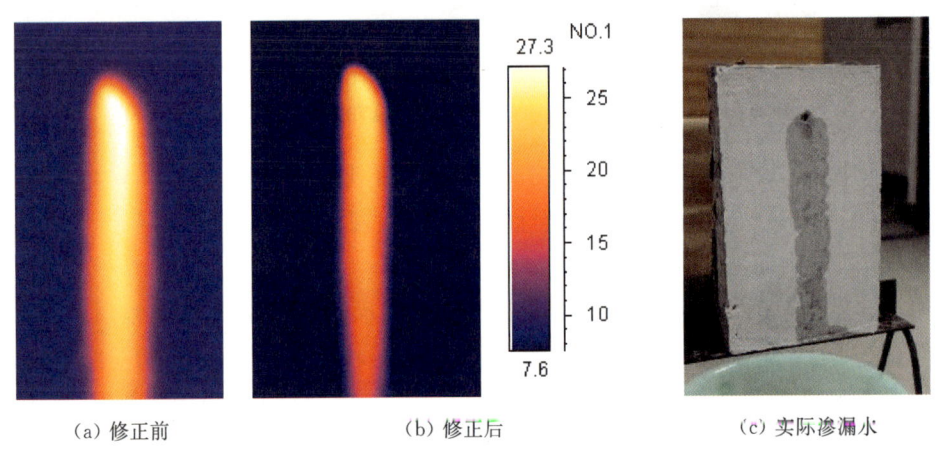

(a) 修正前　　　　(b) 修正后　　　　(c) 实际渗漏水

图 9-98　经多指标修正前后的室内试验渗漏水热图像及实际渗漏图像

图 9-99 为对应于图 9-98 中各红外热图像的渗漏水面积提取结果，两幅图像中渗漏水区域所包含的像素数和归一化阈值分别为：(a) 6 715 pixel，阈值 0.349；(b) 6 143 pixel，阈值 0.258 8。考虑了以上因素，对修正前后的红外热图像进行计算，得到渗漏水面积分别为 5 200.2 mm²（用 $M_{前}$ 表示）和 4 757.1 mm²（用 $M_{后}$ 表示），实际渗漏水面积为 4 612.6 mm²（用 R 表示）。

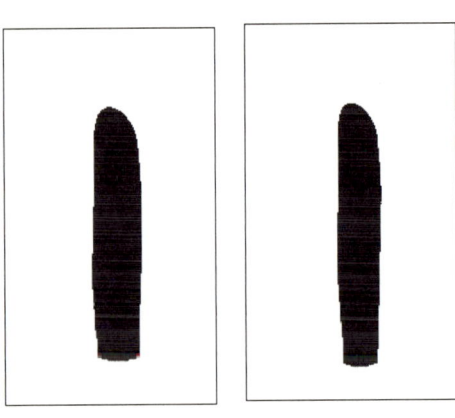

(a) 修正前　　(b) 修正后

图 9-99　经多指标修正前后的室内试验渗漏水热图像面积提取结果

对比经多指标修正前后的渗漏水面积误差$[f_{多指标修正}=(|M-R|)/R]$,将上述数据进行整理,如表 9-16 所示。结果表明试块在多指标修正后渗漏水面积误差大幅度减小。由此判断,经综合修正后的渗漏水面积与真实情况更加相符。

表 9-16　　　　　　　　　　经多指标修正前后渗漏水面积误差

项目	多指标修正前	多指标修正后
图像处理面积/mm²	5 200.2	4 757.1
实际渗漏水面积/mm²	4 612.6	
误差	$f_{多指标修正前}=12.74\%$	$f_{多指标修正后}=3.13\%$

9.2.3.2　隧道现场检测案例验证分析

由于室内渗漏水红外检测试验条件较为理想,为了使试验结果更加符合隧道实际环境,随后在浙江省多条高速公路隧道进行了现场试验;按照修正指标对检测到的图像进行修正,并利用 MATLAB 图像处理程序提取渗漏水面积。

1. 山岭隧道静态现场试验

现场试验时间:2010 年 12 月 31 日;试验地点:浙江省龙丽高速公路溪田隧道;试验设备:DALI T6 便携式红外热像仪[图 9-100(a)]。现场试验照片如图 9-100(b)所示。

(a) 试验设备 DALI T6　　　　　　　　　　(b) 溪田隧道现场试验照片

图 9-100　山岭隧道现场渗漏水静态检测试验照片及设备

此次溪田隧道现场试验(静态检测)得到了大量数据,总体能够清晰检测出衬砌渗漏水的情况,尤其是在隧道内光线不足的情况下更能体现出红外热成像仪的优越性,图 9-101 是渗漏水红外图像(检测距离 10 m)和 MATLAB 图像处理结果。

图 9-101(c)和(d)分别为经多指标修正前后的热图像及图像处理结果,其中 4 幅小图分别为处理前热图像的灰度图、平滑处理后的图像、阈值分割后的图像、为计算渗漏水面积而反转的图像。修正前后的两幅图像中渗漏水区域所包含的像素数和归一化阈值分别为:(c)62 589 pixel,阈值 0.466 7;(d)53 701 pixel,阈值 0.576 5。考虑了诸多因素,对修正前后

的红外热图像进行计算,得到渗漏水面积分别为 484 689.2 mm² (用 $M_{前}$ 表示)和 415 860.5 mm² (用 $M_{后}$ 表示)。根据衬砌表面的瓷砖尺寸(200 mm×100 mm),近似获得该隧道内实际的渗漏水面积是 380 000 mm² (用 R 表示)(共 19 块瓷砖)。

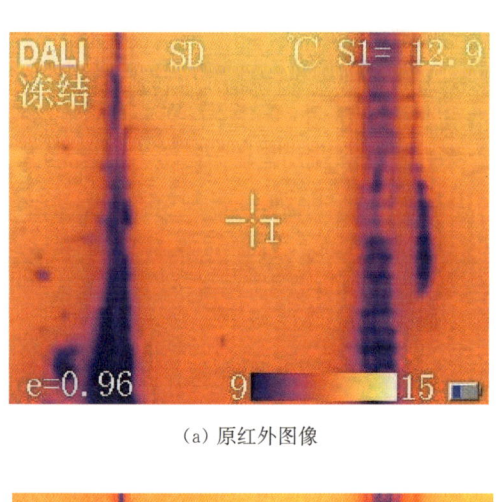

(a) 原红外图像　　　　　　　　　　(b) 原可见光图像(一般数码相机)

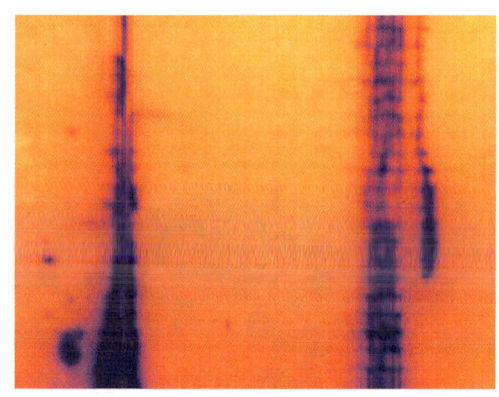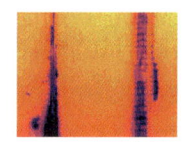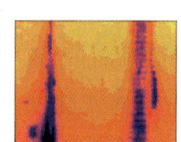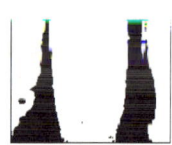

(c) 修正前红外图像及图像处理结果

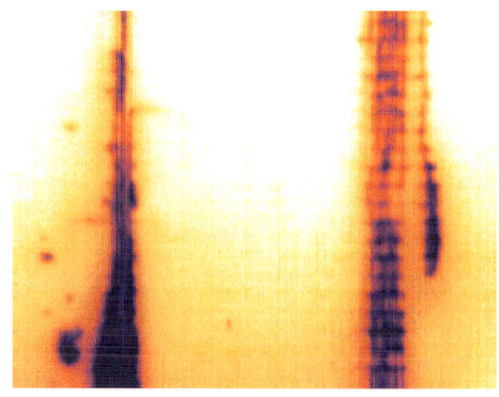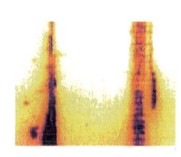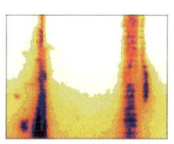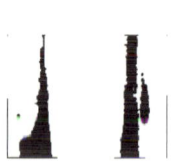

(d) 修正后红外图像及图像处理结果

图 9-101　经多指标修正前后的隧道现场渗漏水热图像及图像处理结果

对比经多指标修正前后的渗漏水面积误差$[f_{多指标修正}=(|M-R|)/R]$，将上述数据进行整理，如表 9-17 所示。结果表明山岭隧道在多指标修正后渗漏水面积误差大幅度减小。由此判断，经综合修正后的渗漏水面积与真实情况更加相符。

表 9-17　　山岭隧道经多指标修正前后渗漏水(静态)面积误差

项目	多指标修正前	多指标修正后
图像处理面积/mm²	484 689.2	415 860.5
实际渗漏水面积/mm²	380 000	
误差	$f_{多指标修正前}=27.55\%$	$f_{多指标修正后}=9.44\%$

2. 山岭隧道动态现场试验

现场试验时间：2010 年 7 月 14 日；试验地点：浙江省杭新景高速公路湖岑塘隧道(左洞 155 m)；试验设备：DALI DM60 384 在线式红外热成像仪[图 9-102(a)，设备通过车辆点烟器供电]。现场试验照片如图 9-102(b)所示。

(a) 试验设备：DALI DM60-384　　(b) 湖岑塘隧道现场试验照片

图 9-102　山岭隧道现场渗漏水动态检测试验照片及设备

此次湖岑塘隧道现场动态试验是在车载 18 km/h 的均匀速度(设备由副驾驶位置上试验人员手持固定)下进行的，检测距离为 10 m，得到渗漏水图像数据，总体能够清晰检测出衬砌渗漏水，渗漏水主要集中在隧道洞口 3~4 个施工缝处。下面对比车载动态检测和静态检测结果，以验证动态检测和图像处理算法的可靠性。

图 9-103(a)和(b)分别为动态(18 km/h)和静态检测的热图像及图像处理结果，两幅图像中渗漏水区域所包含的像素数分别为：(a)8 055 pixel；(b)8 746 pixel，计算得到渗漏水面积分别为 62 377.9 mm²(用 $M_{动态}$ 表示)和 67 729 mm²(用 $M_{静态}$ 表示)。所以 $f_{动态}=(|M_{动态}-M_{静态}|)/M_{静态}=7.9\%$，由此可知，当检测车行驶速度满足 20 km/h 以内，检测误差较小，可以直接使用上述图像处理算法进行动态检测结果的处理。

按照上述算法，从红外图像中提取出隧道其他的渗漏水区域，形成如图 9-104 所示的展开图。由于渗漏水区域集中出现在隧道两端施工缝处，为了方便展示结果，未将隧道中部无渗漏水的区域列出。

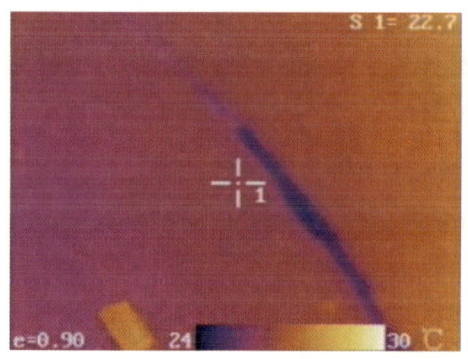 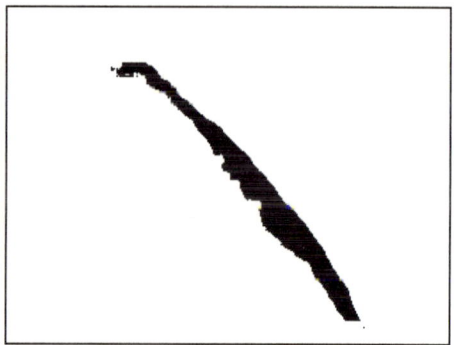

(a) 18 km/h 速度下采集的渗漏水红外图像及处理结果

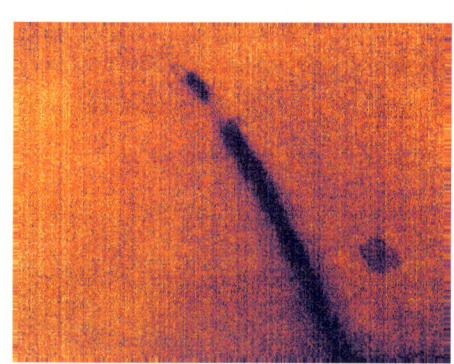 

(b) 静止采集的渗漏水红外图像及处理结果

图 9-103 隧道现场渗漏水动态和静态检测热图像及图像处理结果对比

从图 9-104 可以看到,该隧道共有 13 处渗漏水(用 L_i 表示,$i=1\sim13$),计算每处渗漏水区域的面积,如表 9-18 所示。

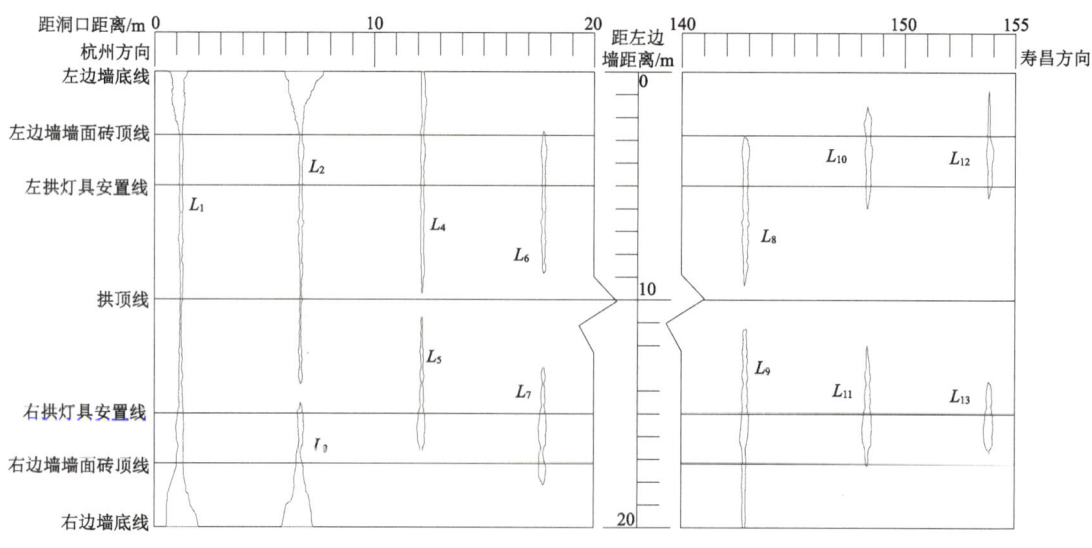

图 9-104 湖岑塘隧道渗漏水动态检测结果展开图

表 9-18　　　　　　　　　湖岑塘隧道渗漏水区域面积统计　　　　　　　　单位：×10⁶ mm²

编号	L_1	L_2	L_3	L_4	L_5	L_6	L_7
面积	6.025 2	3.446 4	2.717	1.365	0.939 4	0.905 1	1.109
编号	L_8	L_9	L_{10}	L_{11}	L_{12}	L_{13}	
面积	1.387 3	1.713 8	0.935 4	1.206 5	0.711 7	0.888	

9.2.4 隧道空洞检测雷达数据采集和分析软件开发

9.2.4.1 隧道检测雷达数据采集软件

本研究自主研发了隧道检测雷达数据采集软件。该软件采用 VB 语言编制，简化了用户的操作，用户在打开网络分析之后，不再需要过多的操作，整个参数设置和采集的过程都可以通过软件控制，即使非专业人员也可以方便地操作使用步频雷达系统，触发网络分析仪进行雷达探测、采集数据、储存数据一体化完成，使步进频率探地雷达系统得以完善。软件界面如图 9-105 和图 9-106 所示。

图 9-105　隧道检测雷达数据采集软件欢迎界面

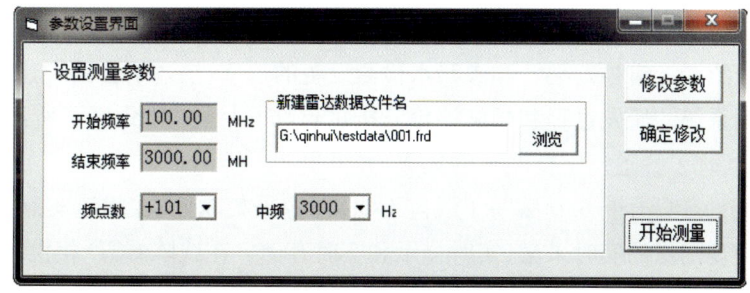

图 9-106　隧道检测雷达数据采集软件参数设置界面

9.2.4.2 隧道检测雷达数据分析程序

探地雷达数据处理的目标是压制干扰波,以最大可能的分辨率在探地雷达图像剖面上显示目标体反射波,提取反射波的各种有用参数(包括电磁波速、振幅、相位和频率等)以帮助图像识别和解释。

典型的数据处理流程如图 9-107 所示。本次现场探测数据采用同济大学编写的基于 MATLAB 的步进频率探地雷达数据分析软件进行处理,包括去直流成分、去颤动、饱和处理、滤波处理、偏移、增益等技术,以突出壁后目标体的反射波信息。

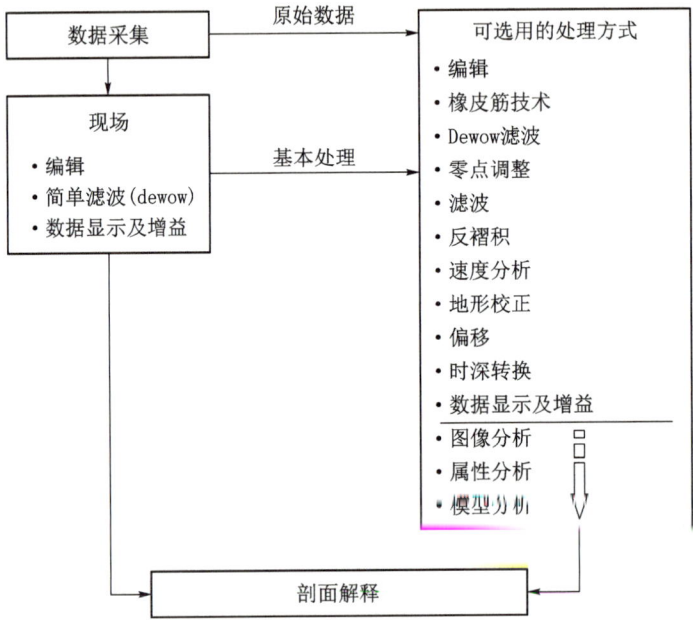

图 9-107　二维 GPR 反射剖面的典型处理流程

9.3　本章小结

本章详细介绍了隧道衬砌裂缝和渗漏水检测设备的选型,描述了公路隧道裂缝、渗漏水图像的采集和识别系统的研发过程和测试评价分析重点,同时测试和分析了所研发的新型雷达天线的可靠性,实现了隧道病害检测车的集成,并得出如下结论。

(1) 基于 Visual C++ 6.0 编写了线阵 CCD 图像采集软件,在隧道实际检测过程中,图像采集软件可实现图像的实时采集、实时显示和实时存储。在线阵 CCD 相机控制面板可设置 CCD 的增益、偏置、同步时间、扫描行数和显示方式等,可在扫描时设置启动编码器触发脉冲信号功能,使线阵 CCD 相机的扫描频率与检测车的行驶速度保持同步,保证采集到的像素为方形像素,即图像在纵、横两个方向上的光学分辨率相同,同时记录检测车的运动距离。

(2) 基于 Visual C++ 6.0 编写了裂缝识别软件,软件可实现隧道衬砌裂缝的自动识别功能,可自动计算裂缝的长度、宽度、走向、位置等特征参数,并自动将裂缝数据保存为文本文件;软件还包含了不同识别算法的真阳性率和假阳性率计算等功能,可以对裂缝识别结果进行定性和定量比较。

(3) 根据斯蒂芬-玻耳兹曼定律,检测对象表面材料的辐射率对结果的精确性起决定性作用,而辐射率只能通过试验获取,经过大量文献和试验总结,得到试验用混凝土辐射率为 0.92,防火涂料辐射率为 0.76。经过辐射率修正后的图像特征与实际更相符。

(4) 利用 MATLAB 编写经典边缘检测程序,但是经典的边缘检测算法不能实现对渗漏水红外热图像的边缘检测;根据热图像的特点,先采用均值滤波的方法对热图像进行平滑处理,再通过阈值分割(Otsu 算法)的方法求得渗漏水面积,该方法经过动态和静态检测工程实例验证了其可行性。图像处理结果能为接下来的渗漏水风险评价提供了依据。

(5) Vivaldi 系列天线的探测效果可与商业雷达相媲美,能够满足实际检测需求。

(6) Vivaldi Ⅱ 型天线的性能相比而言更优,且封装后的探测效果更佳,更适合于对衬砌及背后空洞等缺陷进行快速检测。

参考文献

[1] STEGER C, ULRICH M, WIEDEMNN C. 机器视觉算法及应用[M]. 北京:清华大学出版社,2008.
[2] TARABANIS K A. A survey of sensor planning in computer vision[J]. IEEE Transactions on Robotics and Automation,1995,11(1):86-104.
[3] 郎东明. CCD 数字相机图像采集卡的研究与实现[D]. 南京:南京航空航天大学,2010.
[4] 曾祥忠. 机器视觉及其应用(系列讲座)第一讲 图像采集技术——机器视觉的基础[J]. 应用光学,2000(6):5-9.
[5] KOPPARAPU S K. Lighting design for machine vision application[J]. Image and Vision Computing,2006,24(7):720-726.
[6] 李俊. 机器视觉照明光源关键技术研究[D]. 天津:天津理工大学,2006.
[7] SONKA M, HLAVAC V, BOYLE R. 图像处理、分析与机器视觉[M]. 2 版. 艾海舟,武勃等,译. 北京:人民邮电出版社,2003.
[8] 李东源,张晓光,闰秀生,等. CCD 摄像机大视场光学镜头的设计[J]. 应用光学,2006,27(2):105-107.
[9] 韩芳芳,段发阶,王凯,等. 机器视觉检测系统中相机景深问题的研究与建模[J]. 传感技术学报,2010,23(12):1744-1747.
[10] 董莉莉,熊经武,万秋华. 光电轴角编码器的发展动态[J]. 光学精密工程,2000,8(2):198-202.
[11] AKIRA H. The railway tunnel diagnosis expert system[J]. Journal of the Society of Instrument and Control Engineers,1988,27(10):915-916.
[12] 于超. 步进频率式探地雷达系统的开发[D]. 上海:同济大学,2010.

10 隧道工程应用现场测试及结果分析

10.1 隧道现场概况

10.1.1 测试工作概况

本次测试工作针对蒙新附近隧道进行,检测工作共进行3天,其中2014年5月27日下午针对凉水沟一号隧道进行检测(图10-1),5月28日上午及下午针对凉水沟二号隧道进行检测,5月29日晚针对金竹坪隧道及河岩脚隧道进行检测。主要检测人员为同济大学博士研究生2人,同新机电技术人员1人以及云南省相关单位领导。

10.1.2 隧道概况

本次检测隧道概况见表10-1。

图10-1 凉水沟一号隧道现场测试

表10-1　　　　　　蒙新检测隧道概况

序号	隧道名称	隧道类型	里程桩号	隧道长度/m	隧道净宽/m	隧道净高/m	距蒙自里程/km
1	河岩脚隧道左幅	连拱式	K25+795—k26+180	385	9.75	5	23
2	金竹坪隧道左幅		K30+878—k31+020	142	9.75	5	28
3	凉水沟一号隧道左幅	分离式	k44+240—k44+682	442	9.75	5	42
4	凉水沟二号隧道左幅		k45+000—k46+236.5	1 236.6	9.75	5	43

注:凉水沟一号、二号隧道因桥梁病害处治并道通行,已封闭交通。

10.2 CCD扫描检测衬砌裂缝试验

10.2.1 裂缝检测原理

摄像测量是以透视几何理论为基础,利用拍摄的图像来计算出三维空间中被测物体几何参数的一种测量手段,拍摄得到的图像是空间物体通过成像系统在像平面上的反映,即空间物体在像平面上的投影。图像上每一个像素点的灰度反映了空间物体表面某点反射光的强度,而该点在图像上的位置则与空间物体表面对应点的几何位置有关。这些位置的相互关系,由摄像机成像系统的几何投影模型所决定。摄像测量基于数字影像与摄影测量的基本原理,通过摄像手段(CCD或CMOS图像传感器)确定目标的外形和运动状态,可以瞬间获取被测物体的大量物理和几何信息,是一种基于数字信息和数字影像技术及自动控制手段的非接触式快速测量方法。

基于摄像测量的隧道衬砌裂缝自动检测技术主要采用CCD工业相机(线阵或面阵)对隧

道衬砌表面进行连续扫描,得到隧道衬砌表面影像图,再采用图像处理及识别算法提取出裂缝病害信息。本项目采用线阵CCD相机。

10.2.2 检测设备

隧道衬砌裂缝机器视觉检测技术需要考虑隧道衬砌裂缝的检测精度、检测范围、检测车运动速度、抗震防抖等指标及后期的衬砌裂缝病害图像数据处理,并参考设备参数指标对机器视觉检测所需的相机及镜头进行选型。表10-2为选用的线阵CCD相机参数,表10-3为光学镜头参数。由于隧道环境限制,需要对照明进行设计。针对混凝土衬砌,图10-2是本次研究采用的正向高角度照明方案示意图,线阵CCD相机两侧分别布置两排LED光源,并与衬砌表面呈一定角度,这样既可保证足够的光照强度,又有较好的光强均匀性。

表10-2　　　　　　　　　　线阵CCD相机技术参数

线阵CCD项目	技术参数
有效像素	4 096 pixel/line
像素尺寸	14 μm×14 μm
数据率	20 MHz
最高行频	9.5 kHz
数据格式	8 bit位图图像
输入电源	+12 V/+5 V双电源输入
工作温度	0~50℃
数据接口	低压差分信号技术 (Low Voltage Differential Signaling, LVDS)
尺寸	65 mm×61 mm×43 mm
质量	320 g

表10-3　　　　　　　　　　光学镜头技术参数

镜头项目	技术参数
焦距	35 mm
最大光圈	$f/2$
镜头构成	5组6片
测距器	可测出摄像对象至相机之间的距离
距离刻度	0.25 m(0.9 ft)至无限远(∞)
光圈值刻度	在标准和光圈直接读取上刻有$f/2 \sim f/22$
图像角度	62°

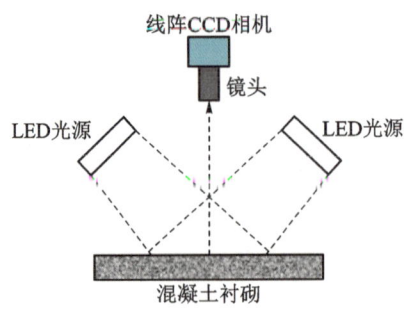

图 10-2　照明方案示意图

10.2.3　采集软件及镜头设置

将线阵 CCD 相机调至合适位置，调整镜头光圈、焦距后，将 CCD 调整至工作位置，工作距离以 1.5～2.0 m 为宜。两台相机竖直排列，如图 10-3 所示。

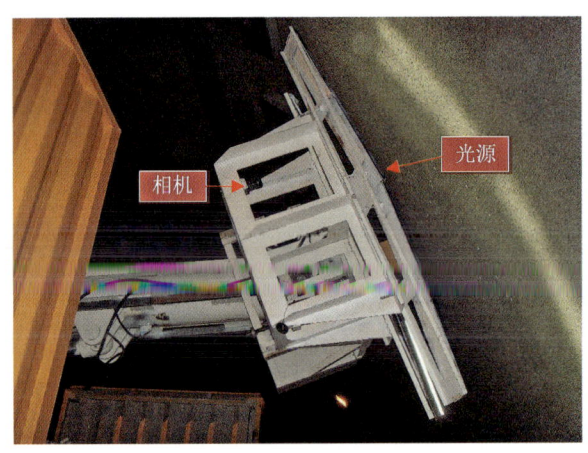

图 10-3　线阵 CCD 相机及光源位置

本研究在线阵 CCD 的软件开发工具包(SDK)基础上，基于 Visual C++ 6.0 编写了适用于隧道衬砌裂缝机器视觉检测系统的线阵 CCD 相机图像采集软件。在实际隧道检测过程中，图像采集软件可实现图像的实时采集、实时显示和实时存储。在线阵 CCD 相机控制面板可设置 CCD 的增益、偏置、同步时间、扫描行数和显示方式等。采集软件可设置为曲线显示界面和图像显示界面，存储的图像可设置为 8 位灰度图格式和以灰度值(0～255)表示的数据格式。可通过调节 CCD 增益对图像亮度进行调节，当增益提高时图像亮度会升高，可通过软件中对灰度值监控进行调整，灰度不宜过高，以灰度值在 100～170 之间为宜。可通过该软件对采集每幅图像的宽度进行设置，即扫描多少次后进行一幅图像保存，本次测试设置该选项为 2 048 pixel。图像采集参数设置如图 10-4 所示，相机参数控制面板如图 10-5 所示。

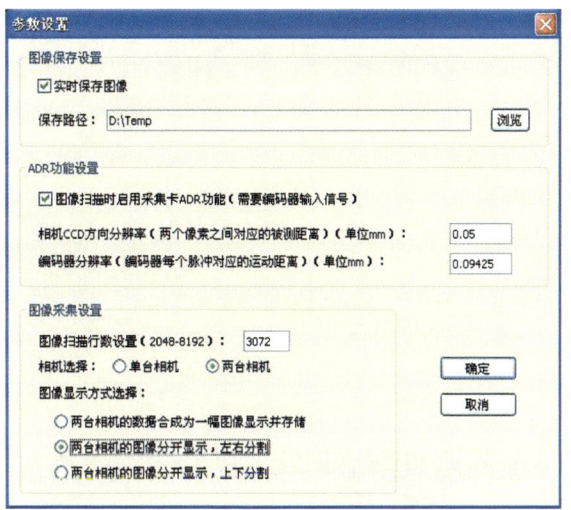

图 10-4 图像采集参数设置对话框

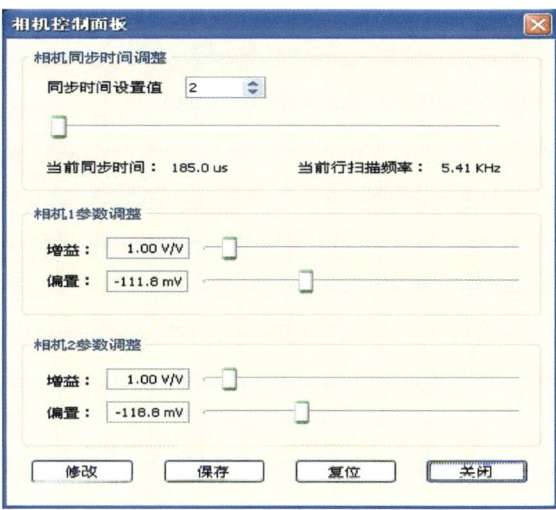

图 10-5 相机控制面板设置对话框

10.2.4 测线布置与现场测试

本次现场检测的隧道包括凉水沟一号隧道左幅(442 m)、凉水沟二号隧道左幅(1 236 m)、金竹坪隧道左幅(142 m)以及河岩脚隧道左幅(385 m)。裂缝测线沿隧道纵向布置,由蒙自至河口方向。

各条隧道测线布置如图 10-6—图 10-9 所示。

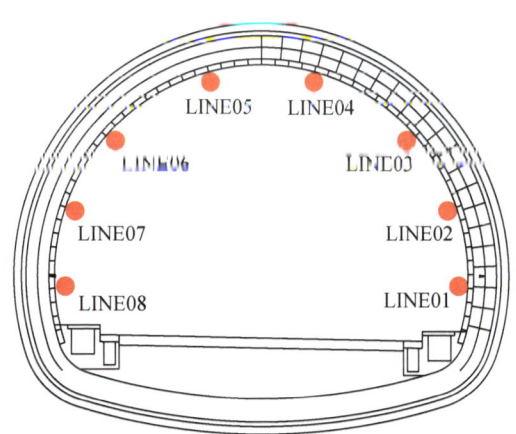

图 10-6 凉水沟一号隧道左幅探地雷达测线布置图

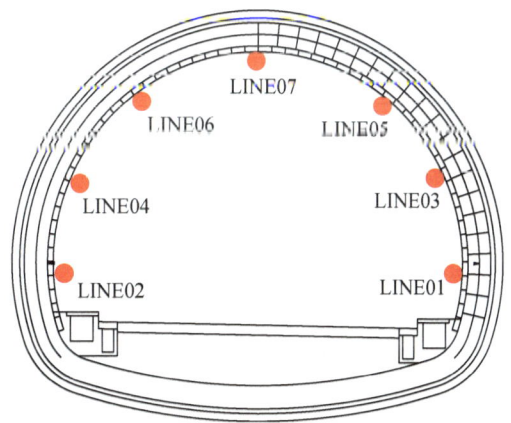

图 10-7 凉水沟二号隧道左幅探地雷达测线布置图

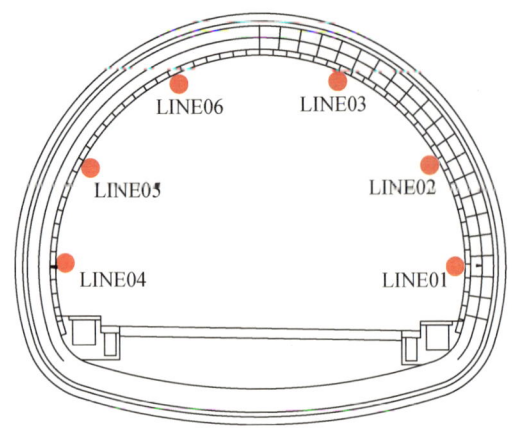
图 10-8 金竹坪隧道左幅探地雷达测线布置图

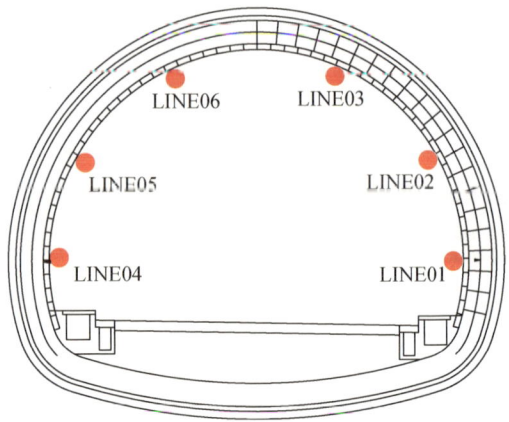
图 10-9 河岩脚隧道左幅探地雷达测线布置图

布线位置与雷达布线位置相同,具体见图 10-53—图 10-56,不再赘述。

1. 凉水沟一号隧道病害检查结果

凉水沟一号隧道在线阵 CCD 扫描检测中,共发现裂缝 3 处、裂痕 4 处、破损 4 处以及渗漏水修补 5 处。检查结果如表 10-4 所示。

表 10-4　　　　　　　　　凉水沟一号隧道病害检查结果

编号	隧道	里程数/m	病害类型
1	凉水沟一号隧道 line 01	32.1	裂缝
2	凉水沟一号隧道 line 01	108.2	裂痕
3	凉水沟一号隧道 line 01	245.45	裂痕
4	凉水沟一号隧道 line 01	73.3	渗漏水修补
5	凉水沟一号隧道 line 02	65.44	裂痕
6	凉水沟一号隧道 line 02	68.86	裂痕
7	凉水沟一号隧道 line 03	128.11	破损
8	凉水沟一号隧道 line 06	68.86	裂缝
9	凉水沟一号隧道 line 06	58.26	渗漏水修补
10	凉水沟一号隧道 line 06	242.18	破损
11	凉水沟一号隧道 line 06	297.54	破损
12	凉水沟一号隧道 line 07	148.08	渗漏水修补
13	凉水沟一号隧道 line 07	162.44	渗漏水修补
14	凉水沟一号隧道 line 07	297.34	破损
15	凉水沟一号隧道 line 08	41.34	渗漏水修补
16	凉水沟一号隧道 line 08	77.63	裂缝

部分检测图片如图 10-10—图 10-15 所示。

图 10-10 凉水沟一号隧道 line 01 渗漏水痕迹

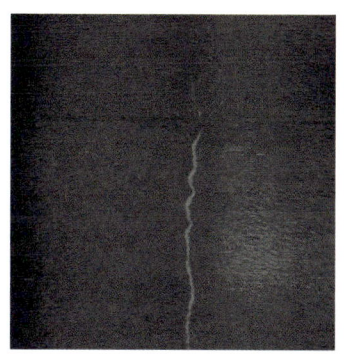

图 10-11 凉水沟一号隧道 line 02 裂痕

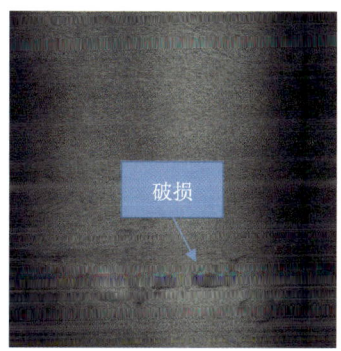

图 10-12 凉水沟一号隧道 line 03 破损

图 10-13 凉水沟一号隧道 line 06 裂缝

图 10-14 凉水沟一号隧道 line 07 渗漏水修补

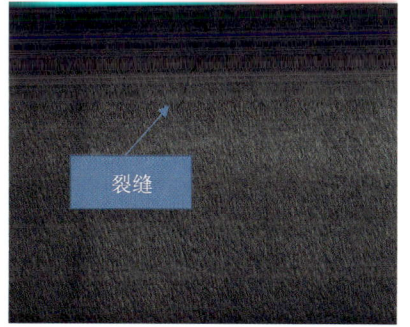

图 10-15 凉水沟一号隧道 line 08 裂缝

2. 凉水沟二号隧道病害检查结果

凉水沟二号隧道在线阵 CCD 相机检测中,共发现裂缝 13 处、裂痕 1 处、破损 4 处以及渗漏水修补 30 处。检查结果如表 10-5 所示。

表 10-5　　凉水沟一号隧道病害检查结果

编号	隧道	里程数/m	病害类型
1	凉水沟二号隧道 line 01	201.18	渗漏水修补
2	凉水沟二号隧道 line 01	363.12	渗漏水修补
3	凉水沟二号隧道 line 01	652.21	渗漏水修补
4	凉水沟二号隧道 line 01	843.38	渗漏水修补
5	凉水沟二号隧道 line 02	34.04	渗漏水修补
6	凉水沟二号隧道 line 02	362.96	渗漏水修补
7	凉水沟二号隧道 line 02	566.5	渗漏水修补
8	凉水沟二号隧道 line 03	203.21	渗漏水修补
9	凉水沟二号隧道 line 03	378.7	渗漏水修补
10	凉水沟二号隧道 line 03	444.69	渗漏水修补
11	凉水沟二号隧道 line 03	546.51	渗漏水修补
12	凉水沟二号隧道 line 03	595.6	渗漏水修补
13	凉水沟二号隧道 line 03	651.12	渗漏水修补
14	凉水沟二号隧道 line 03	844.15	渗漏水修补
15	凉水沟二号隧道 line 03	616.78	裂缝
16	凉水沟二号隧道 line 03	921.65	破损
17	凉水沟二号隧道 line 04	38.04	渗漏水修补
18	凉水沟二号隧道 line 04	368.82	渗漏水修补
19	凉水沟二号隧道 line 04	572.87	渗漏水修补
20	凉水沟二号隧道 line 04	1 041.99	渗漏水修补
21	凉水沟二号隧道 line 04	778.32	破损
22	凉水沟二号隧道 line 05	316.79	裂缝
23	凉水沟二号隧道 line 05	528.44	裂缝
24	凉水沟二号隧道 line 05	536.36	裂缝
25	凉水沟二号隧道 line 05	664.59	裂缝
26	凉水沟二号隧道 line 05	926.23	裂缝
27	凉水沟二号隧道 line 05	360.97	渗漏水修补
28	凉水沟二号隧道 line 05	378.08	渗漏水修补
29	凉水沟二号隧道 line 05	426.95	渗漏水修补
30	凉水沟二号隧道 line 05	441.89	渗漏水修补

续 表

编号	隧道	里程数/m	病害类型
31	凉水沟二号隧道 line 05	532.44	渗漏水修补
32	凉水沟二号隧道 line 05	651.03	渗漏水修补
33	凉水沟二号隧道 line 05	844.18	渗漏水修补
34	凉水沟二号隧道 line 05	942.69	渗漏水修补
35	凉水沟二号隧道 line 05	707.1	裂痕
36	凉水沟二号隧道 line 06	359.02	裂缝
37	凉水沟二号隧道 line 06	654.2	裂缝
38	凉水沟二号隧道 line 06	569.88	渗漏水修补
39	凉水沟二号隧道 line 06	1 144.65	渗漏水修补
40	凉水沟二号隧道 line 07	308.72	破损
41	凉水沟二号隧道 line 07	687.38	破损
42	凉水沟二号隧道 line 07	318.15	裂缝
43	凉水沟二号隧道 line 07	566.41	裂缝
44	凉水沟二号隧道 line 07	579.25	裂缝
45	凉水沟二号隧道 line 07	558.14	裂缝
46	凉水沟二号隧道 line 07	784.75	裂缝
47	凉水沟二号隧道 line 07	446.94	渗漏水修补
48	凉水沟二号隧道 line 07	650.11	渗漏水修补

部分检测图片如图 10-16—图 10-23 所示。

图 10-16 凉水沟二号隧道 line 01 渗漏水照片

图 10-17 凉水沟二号隧道 line 02 渗漏水照片

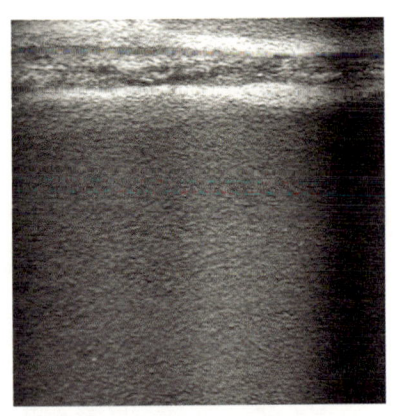

图 10-18 凉水沟二号隧道 line 03 渗漏水照片　图 10-19 凉水沟二号隧道 line 04 渗漏水照片

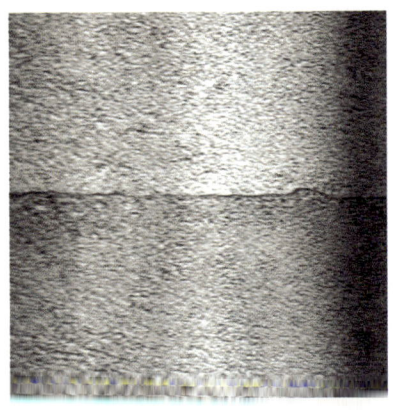

图 10-20 凉水沟二号隧道 line 05 裂缝照片　　图 10-21 凉水沟二号隧道 line 06 裂缝照片

图 10-22 凉水沟二号隧道 line 07 裂缝照片　　图 10-23 凉水沟二号隧道 line 08 破损照片

3. 河岩脚隧道病害检查结果

河岩脚隧道在线阵 CCD 相机检测中，共发现对焦水渍 1 处、渗漏水修补 9 处。检查结果如表 10-6 所示。

表 10-6　　　　　　　　　　　河岩脚隧道病害检查结果

编号	隧道	里程数/m	病害类型
1	河岩脚隧道 line 01	8.62	对焦水渍
2	河岩脚隧道 line 01	245.35	渗漏水修补
3	河岩脚隧道 line 02	234.57	渗漏水修补
4	河岩脚隧道 line 02	241.72	渗漏水修补
5	河岩脚隧道 line 02	361.84	渗漏水修补
6	河岩脚隧道 line 04	26.61	渗漏水修补
7	河岩脚隧道 line 04	115.66	渗漏水修补
8	河岩脚隧道 line 04	152.57	渗漏水修补
9	河岩脚隧道 line 05	8.77	渗漏水修补
10	河岩脚隧道 line 05	359.3	渗漏水修补

部分检测图片如图 10-24—图 10-29 所示。

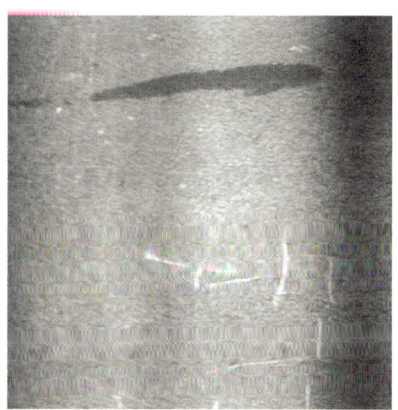

图 10-24　河岩脚隧道 line 01 对焦水渍

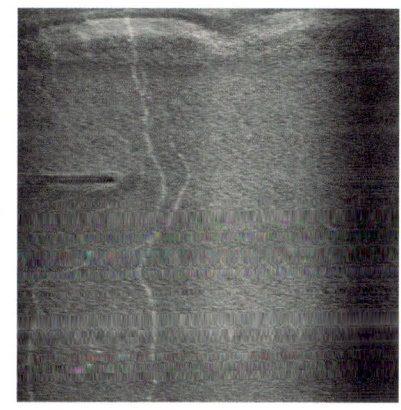

图 10-25　河岩脚隧道 line 01 渗漏水修补

图 10-26　河岩脚隧道 line 02 渗漏水修补

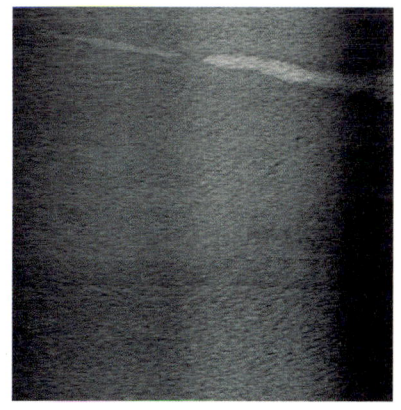

图 10-27　河岩脚隧道 line 02 渗漏水修补

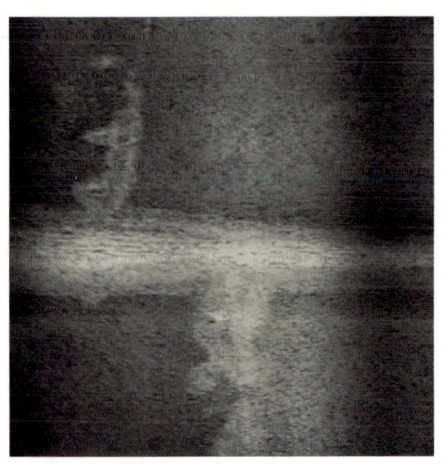 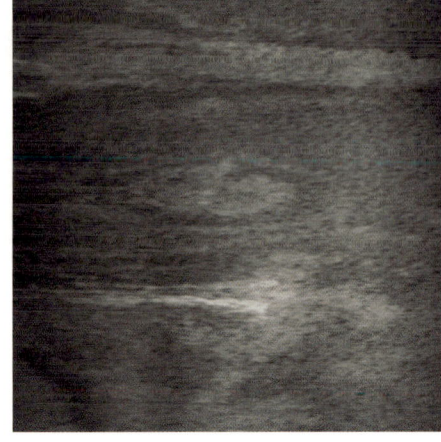

图 10-28 河岩脚隧道 line 04 渗漏水修补　　图 10-29 河岩脚隧道 line 05 渗漏水修补

4. 金竹坪隧道病害检查结果

金竹坪隧道在线阵 CCD 相机检测中,共发现渗漏水修补 12 处。检查结果如表 10-7 所示。

表 10-7　　　　　　　金竹坪隧道病害检查结果

编号	隧道	里程数/m	病害类型
1	金竹坪隧道 line 01	130.74	渗漏水修补
2	金竹坪隧道 line 02	70.79	渗漏水修补
3	金竹坪隧道 line 02	105.47	渗漏水修补
4	金竹坪隧道 line 02	131.02	渗漏水修补
5	金竹坪隧道 line 02	132.92	渗漏水修补
6	金竹坪隧道 line 04	2.6～10.98	渗漏水修补
7	金竹坪隧道 line 04	16.89～21.53	渗漏水修补
8	金竹坪隧道 line 04	23.74～42.14	渗漏水修补
9	金竹坪隧道 line 04	52.8～115.11	渗漏水修补
10	金竹坪隧道 line 05	0～15.49	渗漏水修补
11	金竹坪隧道 line 05	71.34～97.11	渗漏水修补
12	金竹坪隧道 line 05	115.25～131.97	渗漏水修补

部分检测图片如图 10-30—图 10-31 所示。

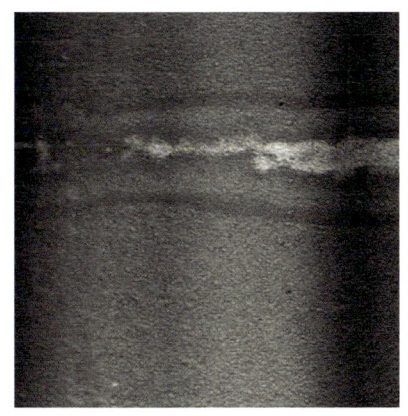
图 10-30 金竹坪隧道 line 01 渗漏水修补

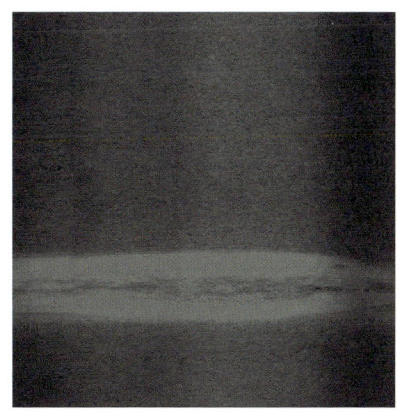
图 10-31 金竹坪隧道 line 02 渗漏水修补

10.3 红外摄像检测衬砌渗漏水试验

10.3.1 检测原理

红外热成像仪是一种二维平面成像的红外系统,它通过光学系统将红外辐射能量(不需要可见光)聚集在红外探测器上,并转换为电子视频信号,经过电子学处理,形成被测目标的红外热图像,该图像用显示器显示出来(伪彩的红外热图像)。红外线和可见光及无线电波一样是一种电磁波,红外线是肉眼看不见的,红外线的波长比可见光长,些于无线电波短,为 0.78~1 000 μm。按波长划分可分为近红外、中红外和远红外区域。只要物体的温度高于绝对零度,物体表面的原子和分子运动会发出红外线能量,所以绝对零度以上的所有物体均可以红外线的形式辐射热能到环境中。通俗地讲,红外热成像仪就是将物体发出的不可见红外能量转变为可见的热图像。热图像上面的不同颜色代表被测物体的不同温度。由于渗水处温度与周围环境的差别,因此可以通过该方法对渗透水进行识别。

10.3.2 检测设备及数据采集软件

检测设备使用红外相机,使用时将红外相机调整至工作位置,工作距离约为 4 m,对准拱腰处,如图 10-32 所示。采集软件为 DM60,使用时最多可连接 4 台设备,右击软件中空白区域,选择连接设备,将软件与相机连接,此时应出现模糊的红外扫描图像。双击图像使其铺满窗口。在右下角选项框中选择光圈,进而通过右下角方向操作调整焦距,也可通过点击中间方块进行自动调焦,通过调焦将被拍摄物较清晰地显示在屏幕中,此时

图 10-32 红外相机工作位置

准备工作完成,软件采集界面如图 9-93 所示。通过鼠标右键点击图像窗口,可对系统进行设置,主要需设置存储路径。需注意其中录像与照相采集路径并不相同,需分别设置。设置好采集路径后便可进行采集工作,推荐采用录像采集。可通过点击开启录像与停止录像记录及结束记录红外影像。影像保存为 MP4 格式文件。本次在凉水井隧道就选用录像采集的方式。

10.3.3 测线布置与数据分析

布线位置与裂缝检测布线位置相同,具体如图 10-6—图 10-9 所示,此处不再赘述。由于红外采用录像的方式进行采集,录像信息可以通过其采集软件的回放功能进行回放,进而记录下渗水出现的时间,再配合里程记录中对行车时间与里程的记录,得到渗水所在的大致位置。隧道内对焦图像和隧道内照明设备图像如图 10-33 和图 10-34 所示。

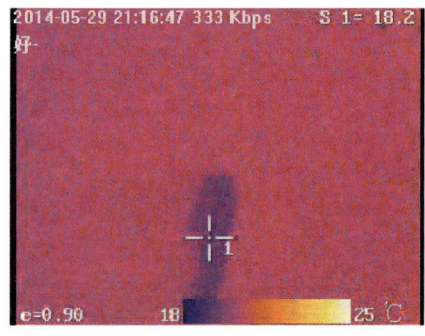
图 10-33 对焦图像

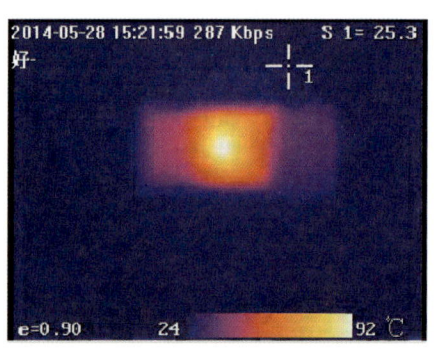
图 10-34 隧道内照明设备图像

1. 河岩脚隧道检查结果

在河岩脚隧道红外摄像检测中,并未出现渗漏水病害,其中红外相机对焦图像如图 10-35 所示。检查结果如表 10-8 所示。

表 10-8　　　　　　　　　红外摄像衬砌渗漏检测

编号	隧道	图名	里程数/m	时间	病害类型
1	河岩脚 line 01	河岩脚 line 01-2	5.06	21:16:47	渗漏水

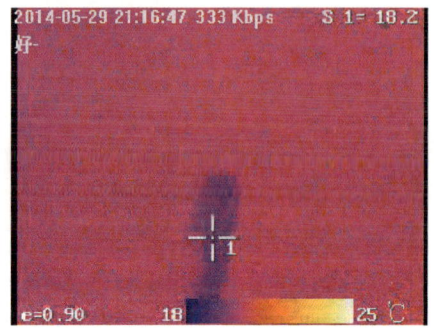
图 10-35　河岩脚 line 01-2

2. 凉水沟一号隧道检查结果

凉水沟一号隧道红外摄像检测中,共检测到 1 处渗漏水病害。检查结果如表 10-9 所示。

表 10-9　　　　　　　　　　　　红外摄像衬砌渗漏检测

编号	隧道	图名	里程数/m	时间	病害类型
1	凉水沟一号 line 04	凉水沟一号 line 04	127.54	15:10:15	渗漏水

红外摄像图片如图 10-36 所示。

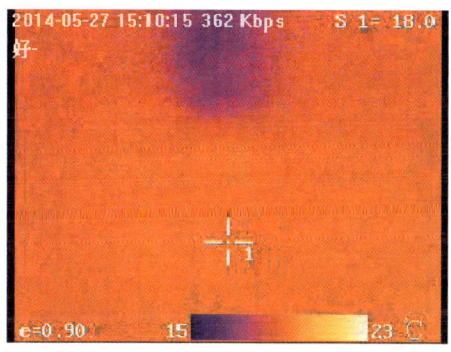

图 10-36　凉水沟一号 line 04

3. 凉水沟二号隧道检查结果

凉水沟二号隧道红外摄像检测中,共检测到 16 处渗漏水病害。检查结果如表 10-10 所示。

表 10-10　　　　　　　　　　　　红外摄像衬砌渗漏检测

编号	隧道	图名	里程数/m	时间	病害类型
1	凉水沟二号 line 01	凉水沟二号 line 01-1	101.99	10:50:01	渗漏水
2	凉水沟二号 line 02	凉水沟二号 line 02-1	336.04	11:48:13	渗漏水
3	凉水沟二号 line 02	凉水沟二号 line 02-2	338.75	11:48:16	渗漏水
4	凉水沟二号 line 02	凉水沟二号 line 02-3	534.26	11:51:55	渗漏水
5	凉水沟二号 line 03	凉水沟二号 line 03-1	514.31	14:32:58	渗漏水
6	凉水沟二号 line 03	凉水沟二号 line 03-2	516.53	14:33:00	渗漏水
7	凉水沟二号 line 03	凉水沟二号 line 03-3	554.24	14:33:35	渗漏水
8	凉水沟二号 line 03	凉水沟二号 line 03-4	792.55	14:37:01	渗漏水
9	凉水沟二号 line 03	凉水沟二号 line 03-5	794.54	14:37:03	渗漏水
10	凉水沟二号 line 03	凉水沟二号 line 03-6	870.59	14:38:17	渗漏水
11	凉水沟二号 line 04	凉水沟二号 line 04-1	344.76	14:56:00	渗漏水
14	凉水沟二号 line 04	凉水沟二号 line 04-2	540.75	14:59:40	渗漏水
12	凉水沟二号 line 05	凉水沟二号 line 05-1	67.88	15:21:59	照明设备
13	凉水沟二号 line 05	凉水沟二号 line 05-2	798.95	15:35:30	渗漏水
14	凉水沟二号 line 06	凉水沟二号 line 06-1	343.32	15:54:29	渗漏水
15	凉水沟二号 line 07	凉水沟二号 line 07-1	458.91	16:39:29	渗漏水
16	凉水沟二号 line 07	凉水沟二号 line 07-2	462.14	16:39:35	渗漏水

红外摄像图片如图 10-37—图 10-52 所示。

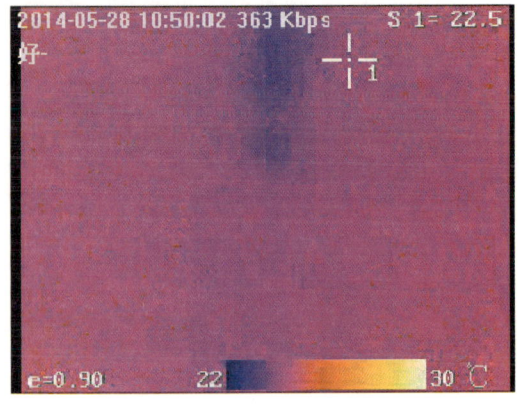

图 10-37　凉水沟二号 line 02-1

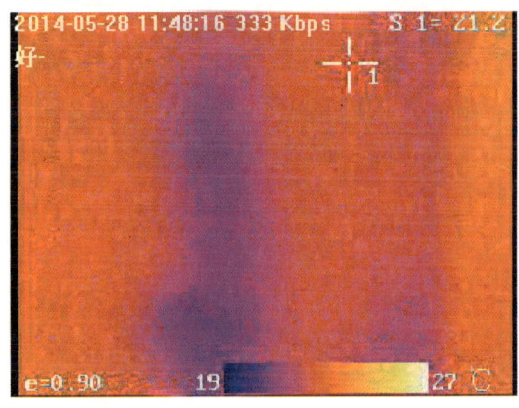

图 10-38　凉水沟二号 line 02-2

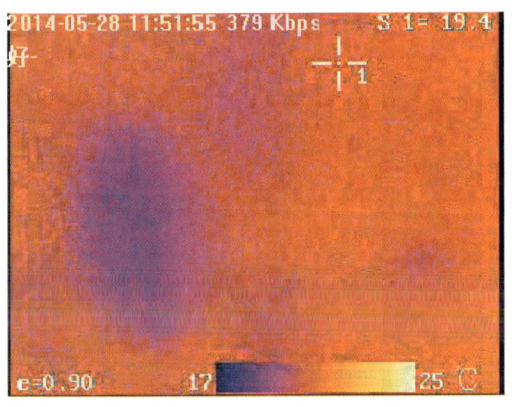

图 10-39　凉水沟二号 line 02-3

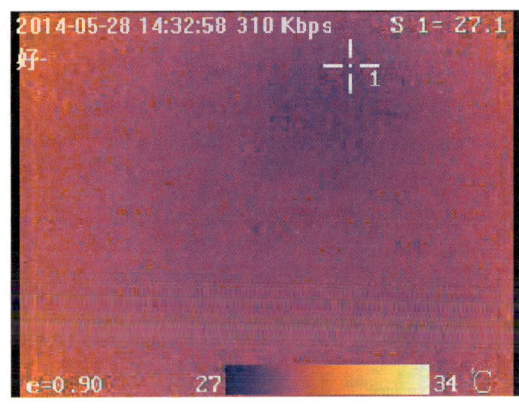

图 10-40　凉水沟二号 line 03-1

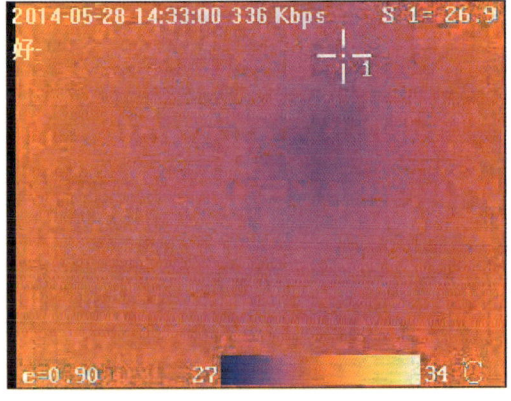

图 10-41　凉水沟二号 line 03-2

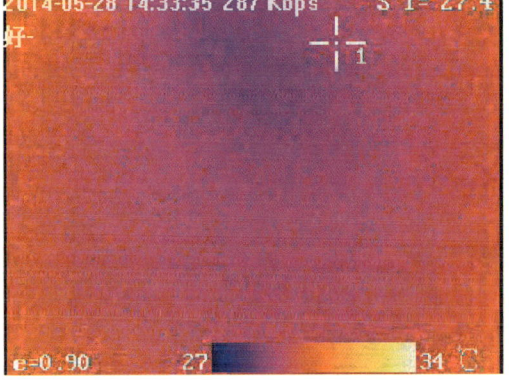

图 10-42　凉水沟二号 line 03-3

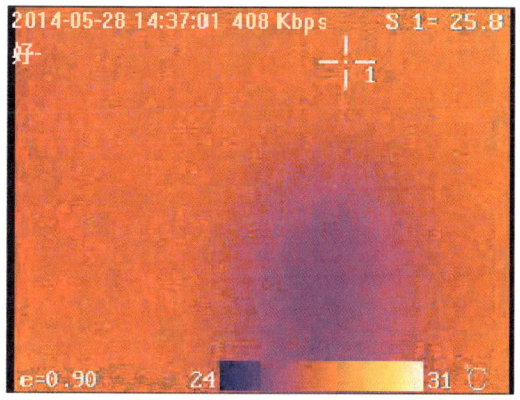
图 10-43 凉水沟二号 line 03-4

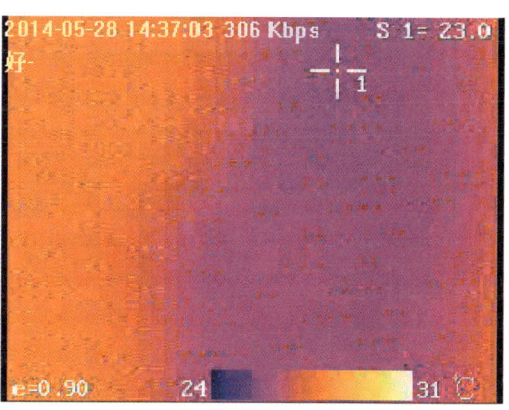
图 10-44 凉水沟二号 line 03-5

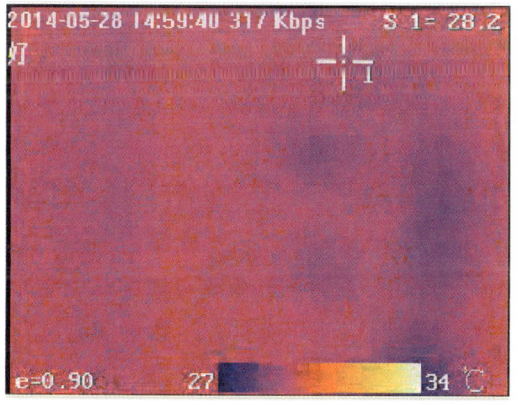
图 10-45 凉水沟二号 line 03-6

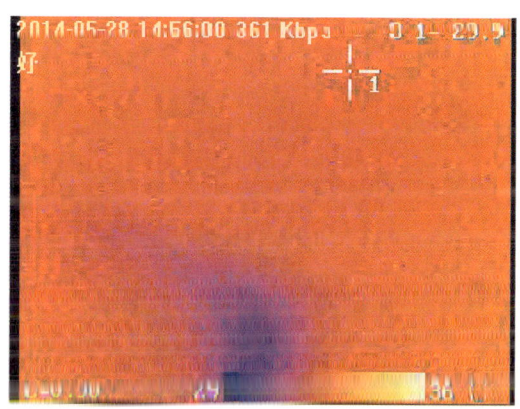
图 10-46 凉水沟二号 line 04-1

图 10-47 凉水沟二号 line 04-2

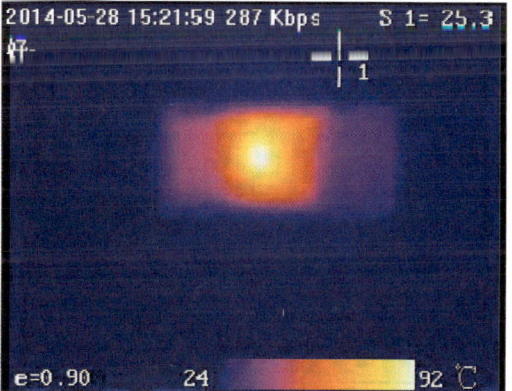
图 10-48 凉水沟二号 line 05-1

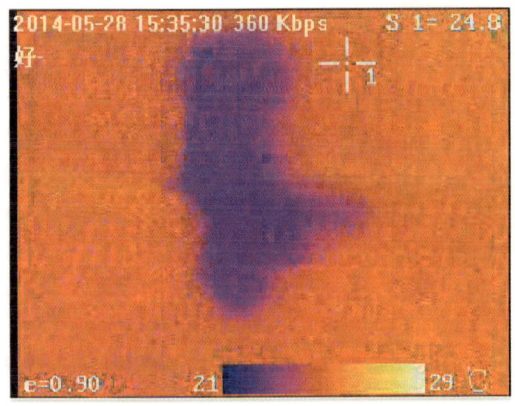

图 10-49　凉水沟二号 line 05－2

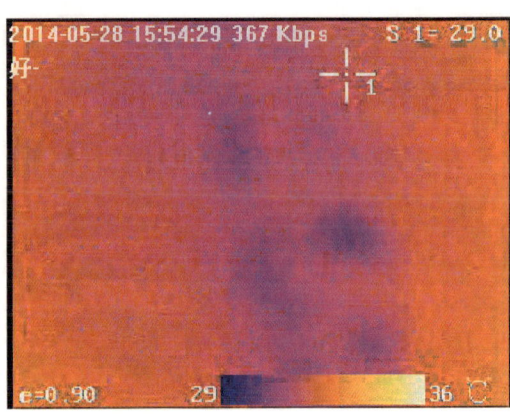

图 10-50　凉水沟二号 line 06－1

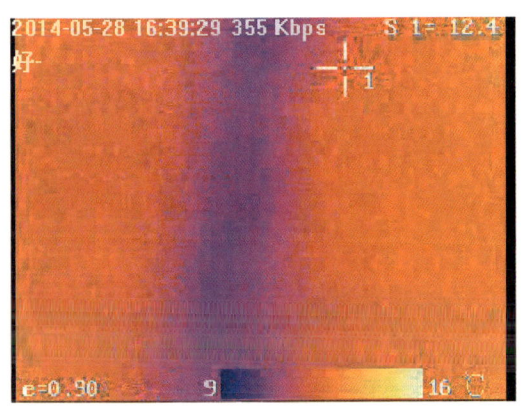

图 10-51　凉水沟二号 line 07－1

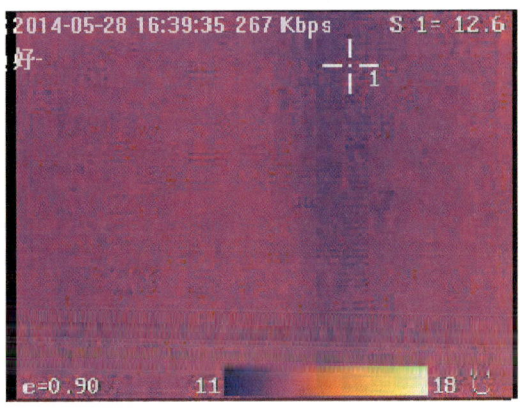

图 10-52　凉水沟二号 line 07－2

10.4　探地雷达检测壁后缺陷试验

10.4.1　探地雷达检测原理

探地雷达(Ground Penetrating Radar，GPR)是一种确定地下介质分布的广谱电磁技术，它利用发射天线将高频电磁波(10 MHz～3 GHz)以宽频带短脉冲形式送入介质内部，经目标体反射后回到表面，由接收天线接收回波信号。相对于探地雷达所用的高频电磁脉冲而言，通常工程勘探和检测中所遇到的介质都是以位移电流为主的低损耗介质。在这类介质中，反射系数和波速主要取决于介质的介电常数。电磁波在介质中传播时，遇到不同电性介质的分界面时即产生反射或散射，其传播路径、电磁场强度及波形随所通过的介质的电性性质及几何形态而变化，根据接收的反射回波的双程走时、幅度、相位等信息，进行信号处理和解释，从而推断地下介质的形态和性质，从而识别地下目标体。

雷达探测剖面图常以脉冲反射波的波形形式记录,波形的正负峰分别以黑、白表示,或者以灰阶或彩色表示。这样,同相轴或等灰线、等色线即可形象地表征出地下反射面或目的体。在波形记录图上各测点均以测线的铅垂方向记录波形,构成雷达成像剖面。根据雷达剖面图像,可以判断反射界面或目标体,而且快速、直观、无损伤。其探测原理如图10-53所示。

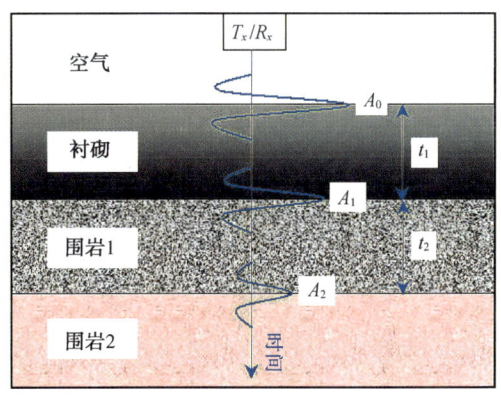

图 10-53 探地雷达探测原理图

10.4.2 现场检测设备

探地雷达数据的采集是探地雷达应用的首要工作,它直接影响到探测图像的质量及解释的准确度。本次探测试验采用基于美国安捷伦 E5062A 网络分析仪的步进频率探地雷达系统,其结构示意图如图 10-54 所示。该系统频带宽度为 300 kHz~3 GHz,频点数上限为 1 601,中频(IFBW)为 100 Hz~30 kHz,可设置最大 power 为 10 dB。

天线系统采用反对称的 Vivaldi 天线,其结构如图 10-55 所示。该天线的设计中心频率为 500 MHz,工作频率为 350 MHz~3.0 GHz。天线的基质材料选用 FR-4,厚度 1.6 mm,相对介电常数为 4.8,损耗角正切为 0.002。

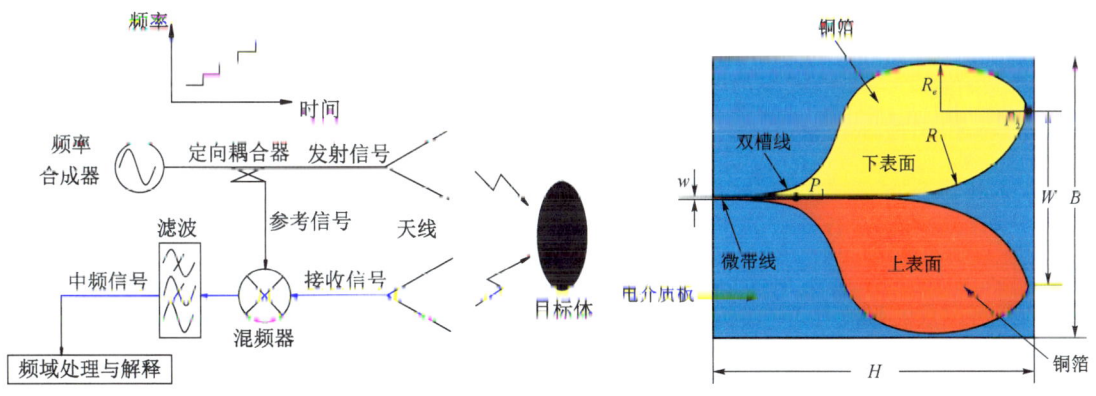

图 10-54 步进频率探地雷达系统结构示意图　　图 10-55 反对称 Vivaldi 天线结构

10.4.3 数据采集软件

数据采集采用同济大学自主研发的隧道检测雷达数据采集软件,其运行初时的欢迎界面见第 9 章图 9-105,其图形显示界面见图 10-56。

10.4.4 测线布置与数据解释

测线布置与裂缝检测布线相同,如图 10-6—图 10-9 所示。

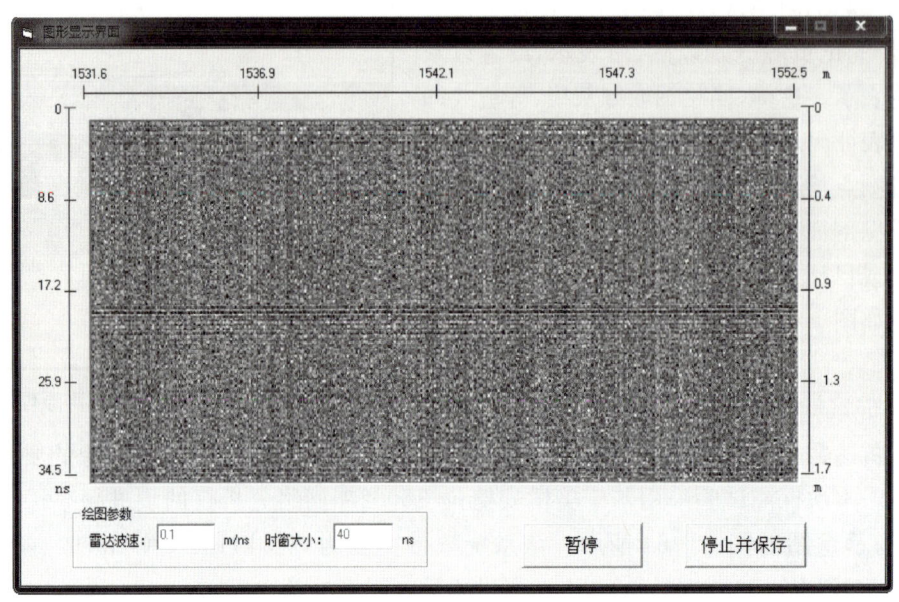

图 10-56　隧道雷达检测数据采集软件图形显示界面

雷达剖面图像的解释是雷达检测的最终目的。然而,探地雷达图像所反映的是介质的电性分布,要把介质的电性分布转化为目标体分布,需综合运用探地雷达信号的各种特征进行系统的分析。

图像解释第一步是识别异常,然后进行资料解释。对于异常的识别应结合已知到未知,从而为识别现场探测中遇到的有限目的体引起的异常以及对各类图像进行解释提供依据。

识别雷达剖面上各种波的主要标志包括以下 4 个方面:同相性、振幅显著性增强、波形特征及时差变化规律。在进行波的对比的同时,还要注意实际情况的复杂性,需结合整个工程的资料,分析记录波形变化的原因。

另外,为了实现时深转换(即将电磁波的双程旅行时间转换为传播距离),必须获取电磁波在介质中传播的速度。雷达波在空气中的传播速度近似等于其在自由空间的传播速度($c=0.3$ m/ns)。通常情况下,雷达波的传播耗时单位用"纳秒(ns)"(1 ns$=10^{-9}$ s)表示。而在 GPR 实际探测任务中,地下介质的相对介电常数(ε_r)是未知的。典型的地下介质可通过资料调研确定其介电常数,从而估算出雷达波的传播速度 $\left(v=\dfrac{c}{\sqrt{\varepsilon_r}}\right)$。此外,雷达波在介质中的传播速度还可以通过现场测量、钻孔获得目标层的标定或现场取样室内测定的方式获得,常见介质的介电常数总结见表 10-11。获得雷达波在介质中的波速之后,便可通过公式 $\left(h=\dfrac{vt}{2}\right)$ 从图像计算目标体的埋藏深度。

表10-11　　　　　　　　　　　质介电常数

介质名称	介电常数	介质名称	介电常数
水	81	冰	3~4
矿石	250	碳	6~8
湿沙	15~20	花岗岩	8.3
乳胶	24	大理石	6.2
水泥	4~6	云母	7~9
沥青	4~5	食盐	7.5
干燥沙	3~4(2.5)	油漆	3.5
粮食	2.5~4.5	乙醇	24.5~25.7
食用油	2~4	甲醇	32.7
石膏	1.8~2.5	金刚石	2.8
干燥煤粉	2.2	纸	2.5
柴油	2.1	橡胶	2~3
汽油	1.9	化岗岩	4~7
玻璃片	1.1~2.2	砂岩	6
塑料粒	1.5~2.0	页岩	5~15
空气	1	石灰岩	4~18
聚苯乙烯颗粒	1.05~1.5	玄武岩	8~9
石蜡	2.0~2.1	土壤和沉积物	4~30
木头	2.8	PVC材料	3
玻璃	4.1	沥青	3~5
纯水冰	4	空气	1
混凝土	4~11(5)	雪	1~2

通过检测,凉水沟一号隧道左幅探地雷达图像见附录1.1;凉水沟二号隧道左幅探地雷达图像见附录1.2;金竹坪号隧道左幅探地雷达图像见附录1.3;河岩脚隧道左幅探地雷达图像见附录1.4。

分析附录1.1至附录1.4中所有的雷达图像,在隧道衬砌深度范围内未见明显抛物线特征信号,因此判定隧道侧线范围内未见空洞。

10.5 本章小结

本章针对公路隧道病害的快速检测需求,利用所研制的公路隧道病害快速检测车,针对蒙新附近隧道、凉水沟一号隧道、凉水沟二号隧道进行检测,对金竹坪隧道及河岩脚隧道衬砌背后空洞、裂缝和渗漏水情况进行了一系列的现场试验,根据线阵 CCD 工业相机检测结果,隧道内裂缝较少,具体见相应隧道检测结果,隧道内有大量渗漏水修补痕迹;根据红外检测结果,红外摄像机工作正常,总共出现 16 处疑似渗漏水位置,主要集中在凉水沟二号隧道;根据附录中的雷达图像及分析,现场未发现明显脱空区域。对检测结果进行分析,结果表明,设计开发的基于线阵 CCD 相机的隧道衬砌裂缝移动检测系统,实现了衬砌裂缝的快速动态扫描和识别,在 10 km/h 移动速度条件下裂缝宽度辨识达到 0.3 mm;所集成的具有自主知识产权的非接触空气耦合雷达天线实现了 5～10 km/h 移动速度下 10 m 深度以内、15 cm 以上空洞的快速检测。

附录　探地雷达图像

附录1.1 凉水沟一号隧道左幅探地雷达图像

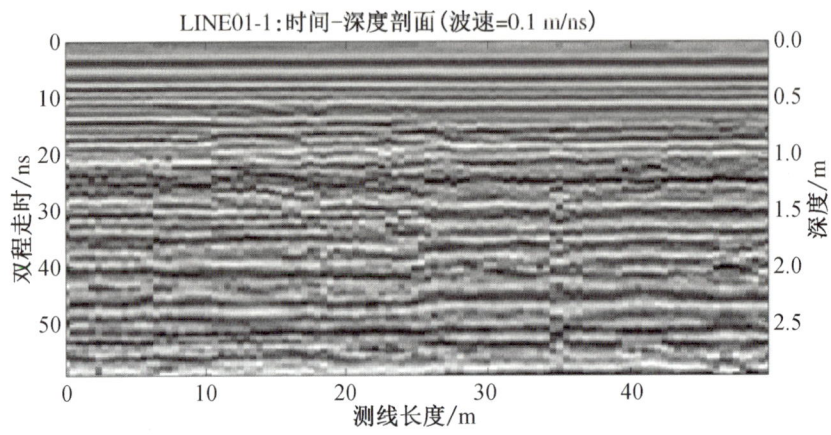

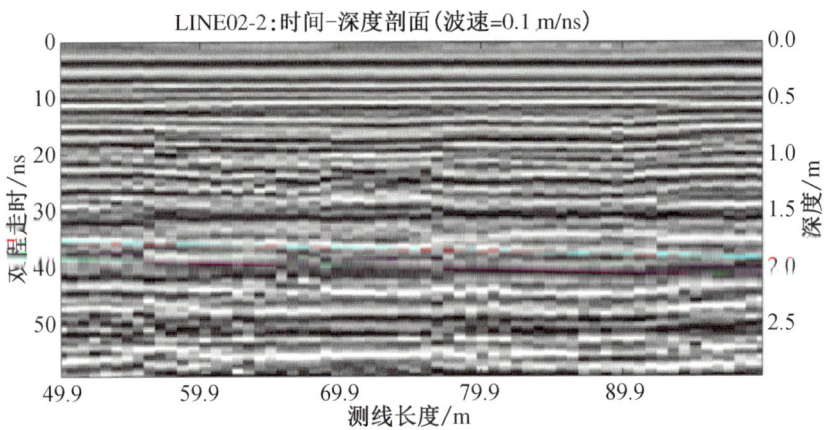

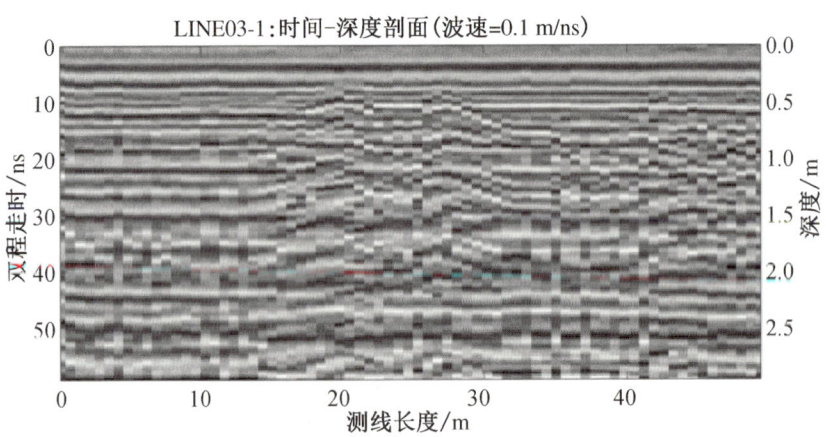

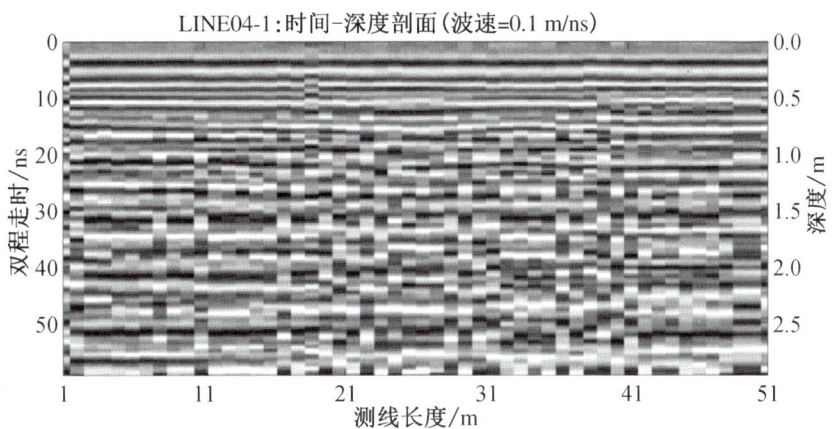

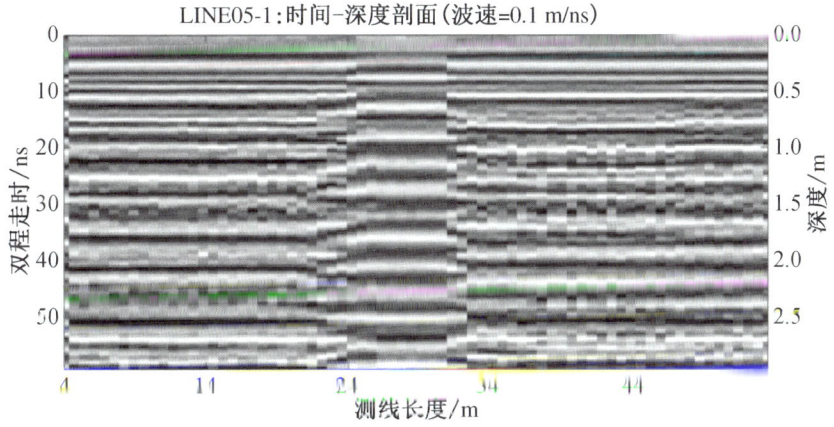

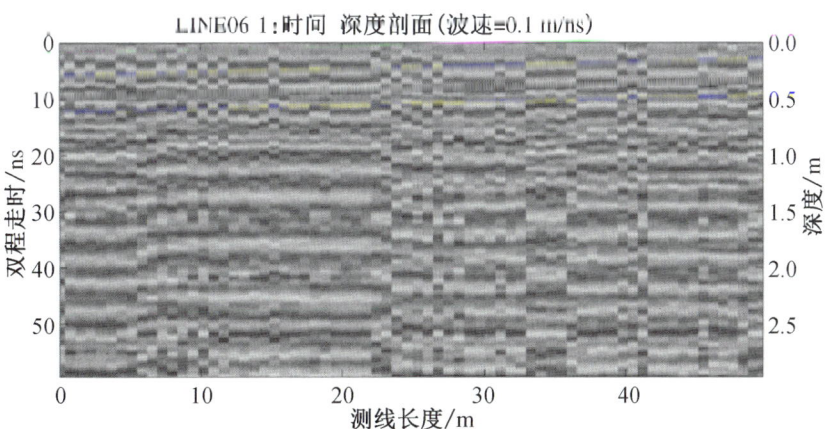

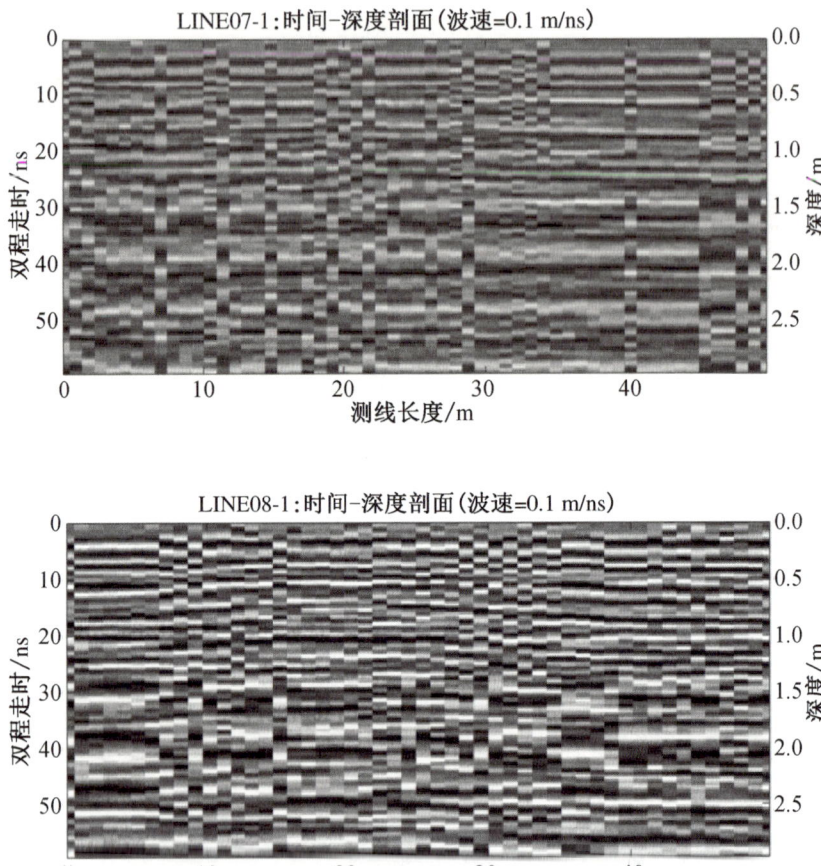

附录1.2 凉水沟二号隧道左幅探地雷达图像

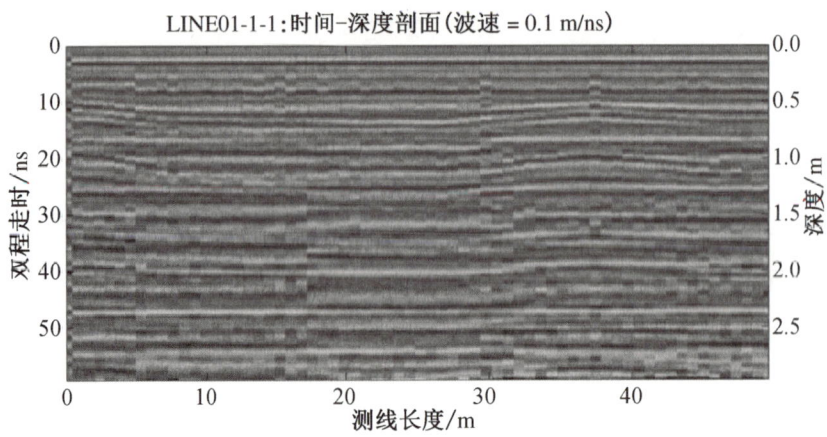

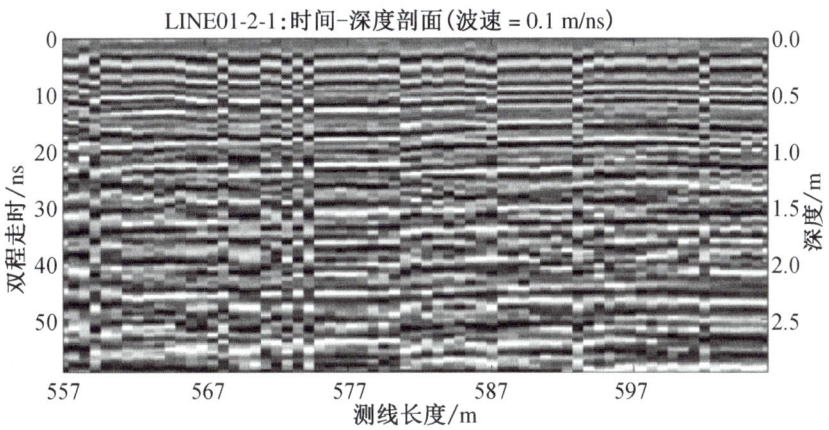

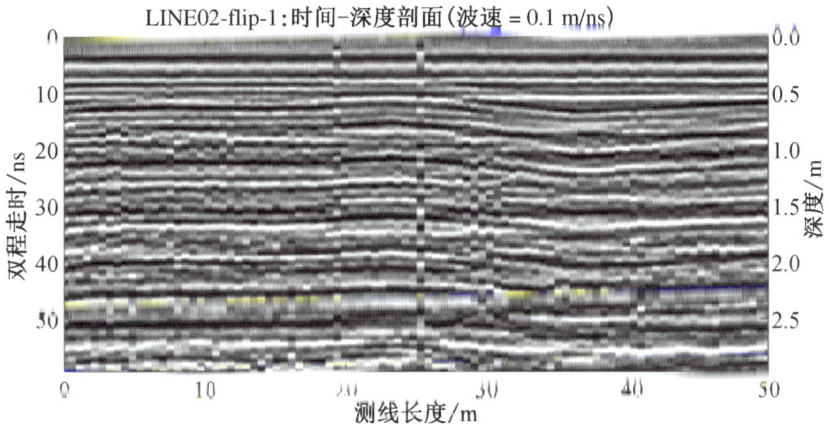

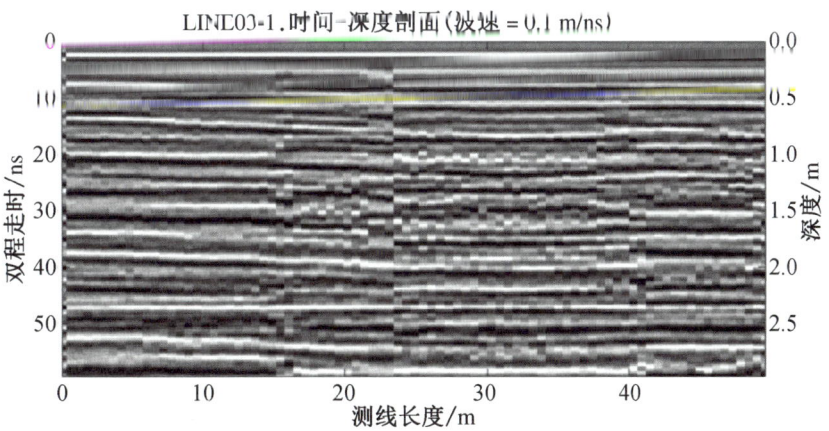

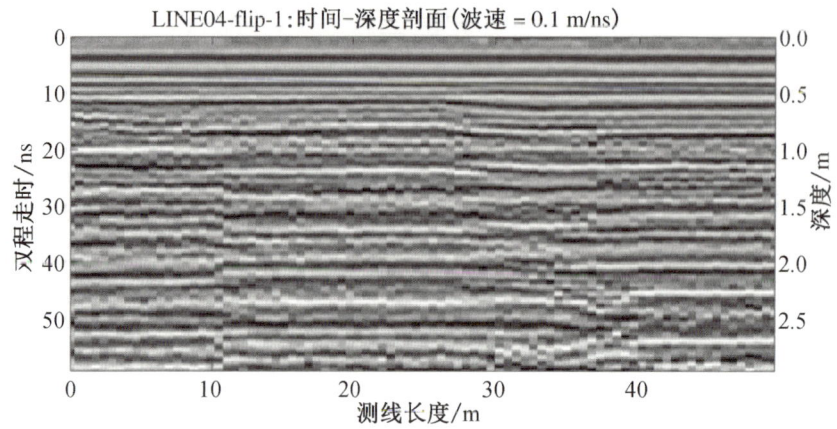

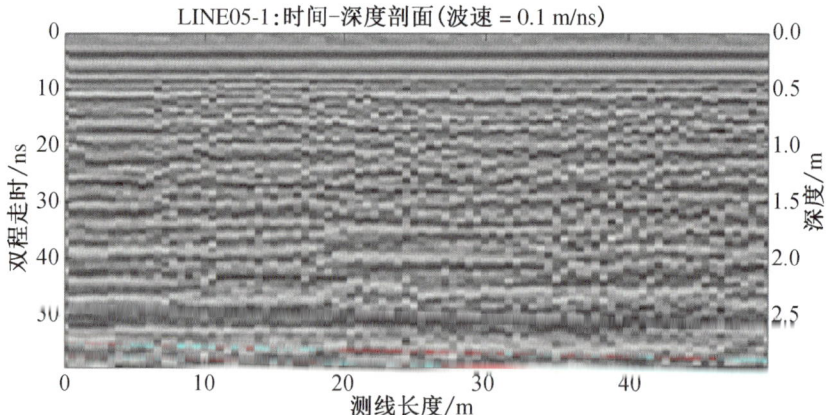

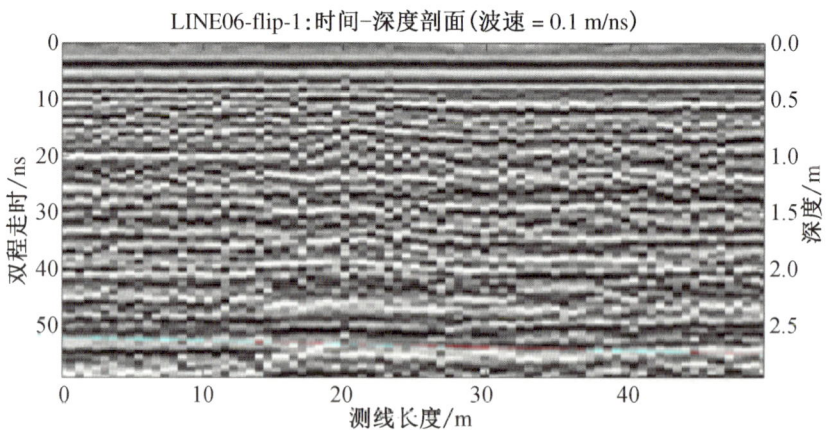

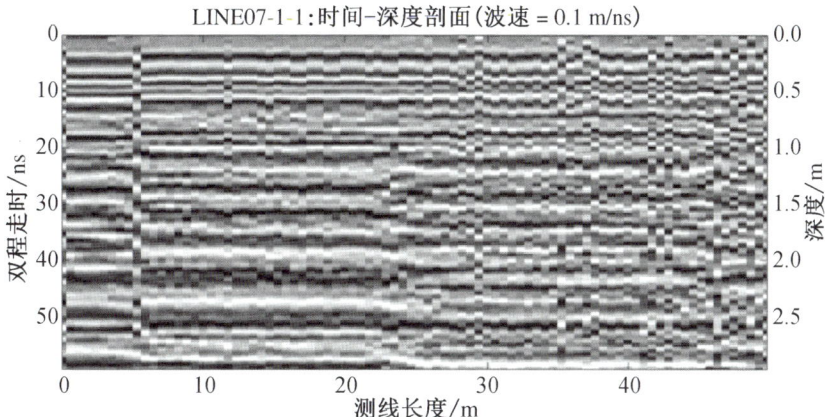

附录1.3 金竹坪隧道左幅探地雷达图像

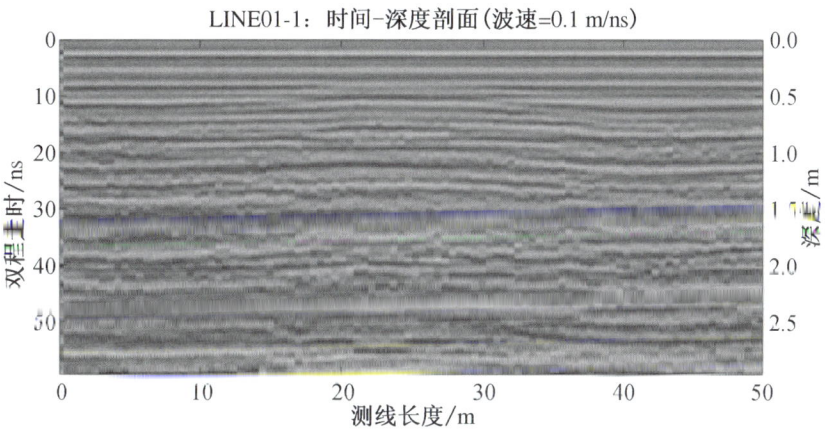

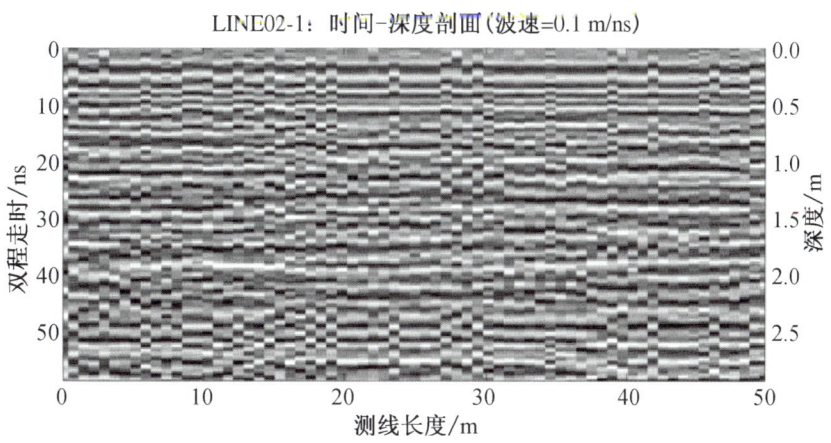

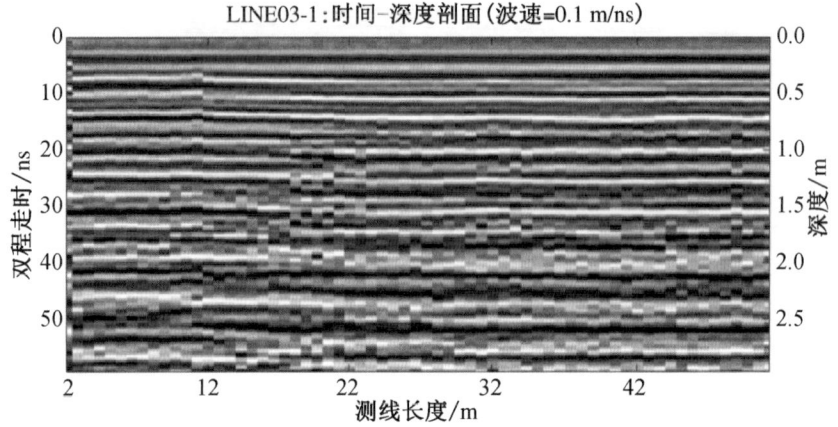

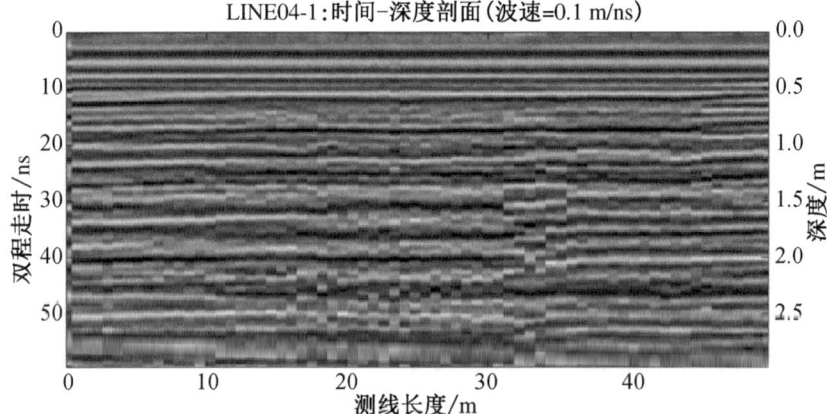

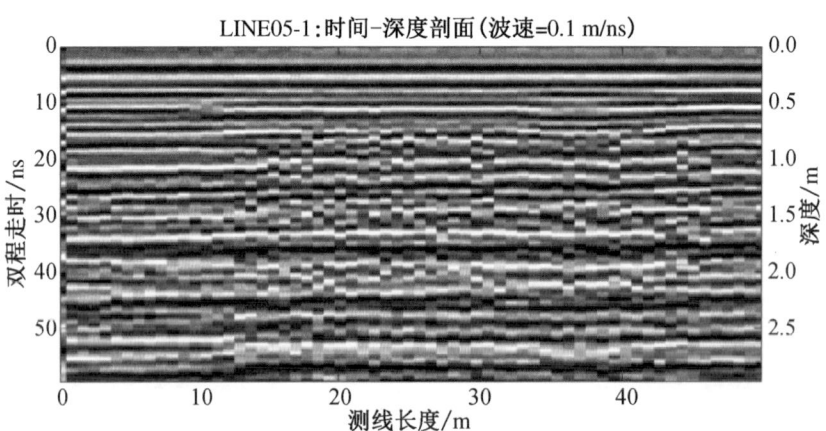

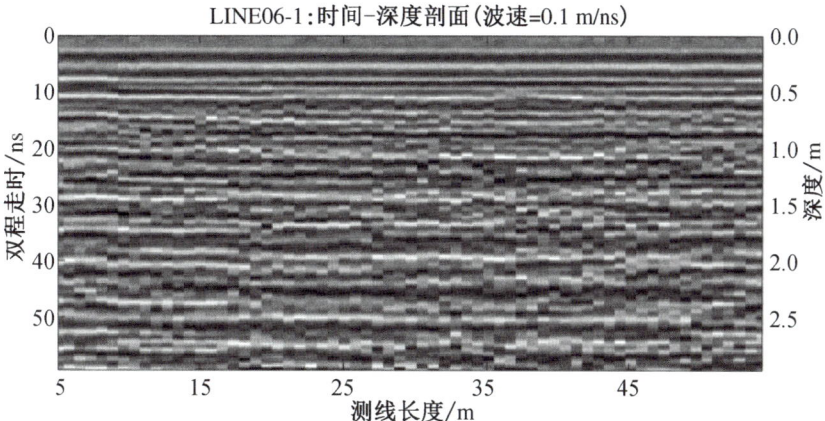

附录1.4 河岩脚隧道左幅探地雷达图像

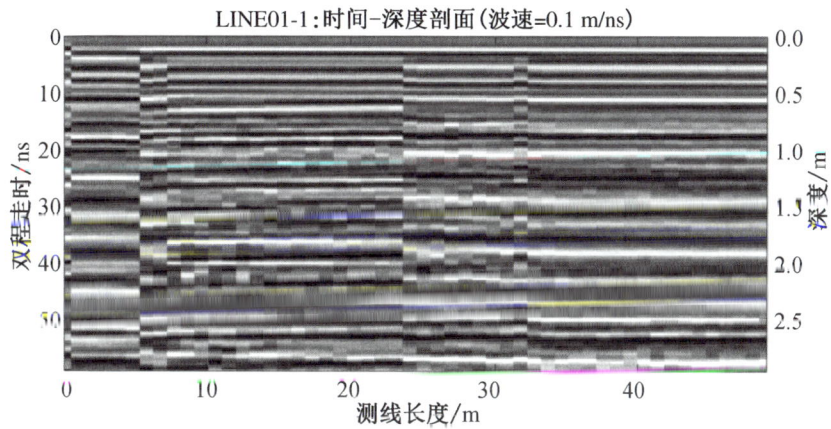

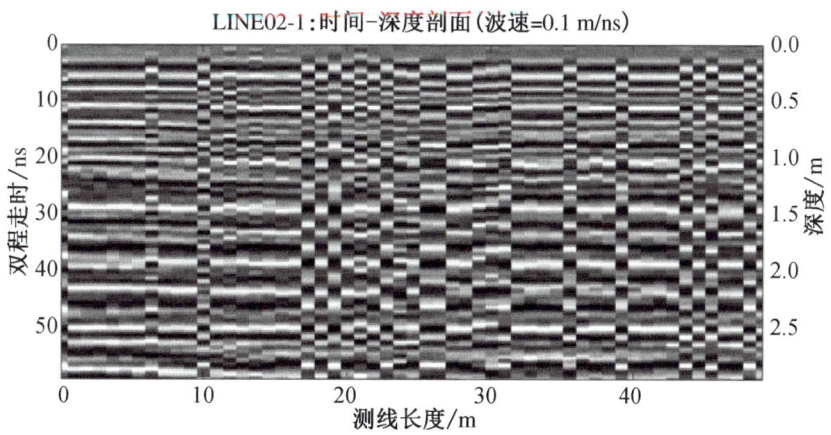

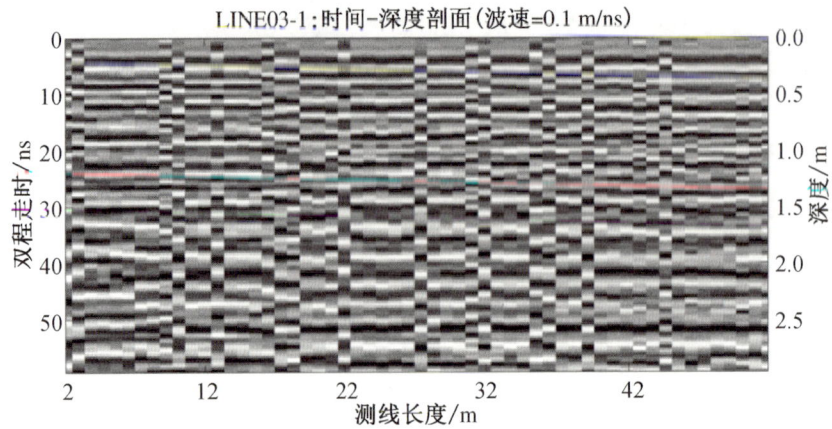

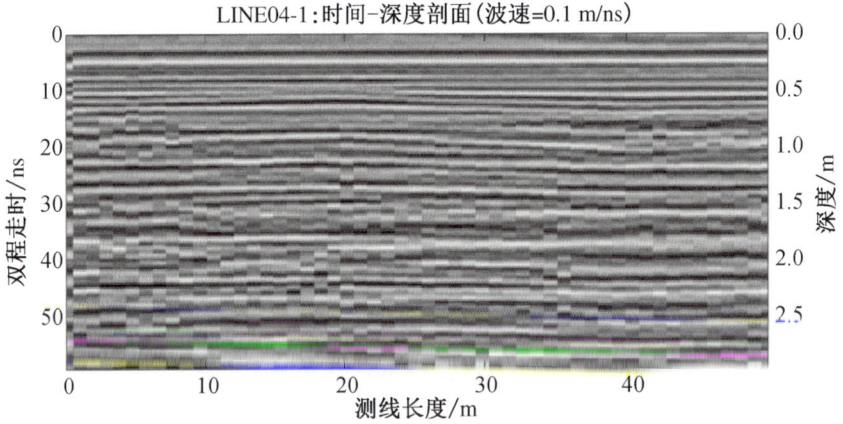

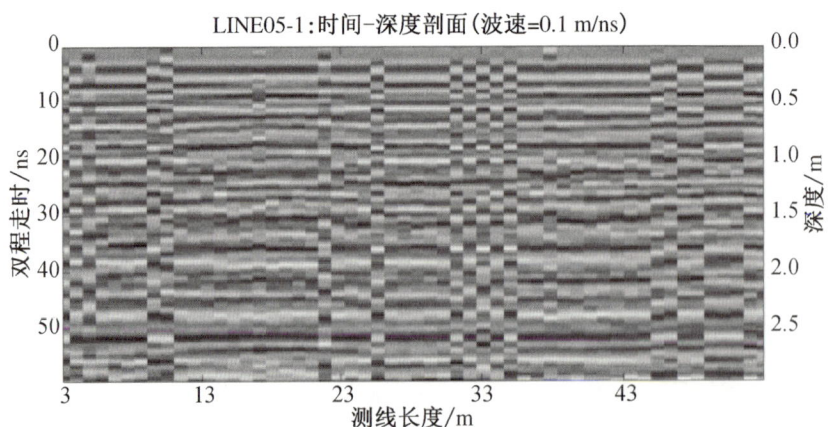

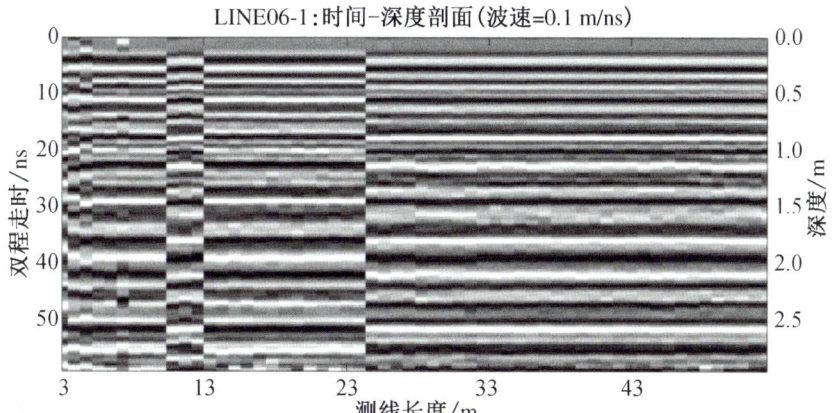

索 引
INDEX

FLAC3D　　268,276,287,289,306,307

MATLAB　　33,154,159,160,488,493,498,499

Otsu 阈值分割　　157

地下媒质　　166,167,170-172,176,181-183,192

数值模拟　　214,224,226-234,236,263,275,277,282,310

山岭隧道　　150,215,268,310,375,493,495

天线　　36-39,45,47,166,171,173-182,184-210,424,438,443-447,449,452-471,498,499,518,519,522

无监督检测检测　　23,63,71-79,479

公路隧道　　4,5,9,10,20,23,25,28-32,34,35,38-40,42,46,101,105,108,110,173,170,150,215,226,253-255,261,264,266,268,271,276,289-292,295,298-301,303,305-307,364,367,368,373-380,382-387,389-391,393-401,403,411-414,418-420,423,424,438,471,475,479,489,493,498,522

风险评价　　267,268,288,291,292,295,304,306,437,499

风险等级　　268,299-302,304-306

电磁波　　31,36,37,151,166-168,170-173,175,177,181,182,185,187,190,192-197,438,452,498,513,518,520

边缘检测检测　　19,23,33,67,79,80,85-87,99,103,153-155,160-162,483,485,488,499

机器视觉　　16,18,21-23,50-56,58,60,62,63,71,72,78,79,100-103,424,471-473,475,476,479,483,499,503,504

有限元分析　　138,139,141,161,214,223,225,234,236,264

安全评估　　9,51,53,98,99,213,214,223,239,252,255,256,258,259

安全等级　　34,45,214,252-254,258-261,263,264,303,396,398,400,420

设备集成　　471

红外检测检测　　32,33,106,113,115,136,147,160,161,434,437,493,522

红外辐射　　31-33,43,106-113,115,117-123,126-132,134-136,141,145-147,152,160,161,437,488,513

雨岩　　6,23,24,29,33-35,39,42,106,107,109,111,159,161,214-216,222,225,226,238,241,242,268,274-276,288,307,310,312-332,335-344,347-350,352-359,361,364,365,368-370,378,380,381,384,395,396,407,412,413,420,438,440,441,444,449-451,453,467

位移　　12,151,182,215,217-219,221,223-225,242,243,263,275,277,280-283,286,287,316,320,325,341,343,348,351,353,355,357,369,391,400,401,425,474,518

评价模型　　68,296,299,374,375

软件开发　　479,497,504

图像处理　　9,10,15,16,18,19,21,23,32,33,42,44,50,51,55,63,64,80-82,84,85,87,99-103,146,147,150,153,154,156-162,391,427,437,483,490,492-496,499,502

图像识别　　12,18,20,33,51,81,87,146,488,

534

索 引

489,498

空洞　4,18,24,34-36,38,39,89,165,166,182,192,193,196-198,209,215,253,309-364,368-370,375,377,380,381,383,384,396-398,403,407,409,414,416,424,435,437,438,440-457,471,476,497,499,521,522

隶属度函数　259,302,418

线阵CCD　12,21,23,53,54,56,58,59,62,63,71,78,79,100,425,426,428,431,433,434,471-479,498,503,504,506,507,510,512,522

拱顶　13,22,51,99,145,215,226-229,231,232,234,236,238,244-246,249,251,252,258,261,263,277-282,284-288,306,311-314,316-364,366,368,370,378,380,403,479

拱腰　5,79,99,215,226-229,231,232,234,236,246-249,258,261,277-284,288,306,312,314,316-329,332-334,338-345,347-357,360,362,363,368,391,513

弯矩　220,222,241,252,316-318,320-322,326-329,332-335,339,340,344-347,349,351,353,355,357,359-364,368,369

养护管理模型　15,25,30,41,266

结构内力　225,316,320,326-329,332,337,338,344,349,351,353,355-359,361,368,370

结构健康　42,419

结构稳定性　213,214,220,222,223,225,226,231,236,244,263

健康评估　3,35,213,423

病害　4,5,9-13,15-18,20-23,25,29-32,34,35,38-40,42,51,55,56,58,60,63,71,78-81,87,95,99,106,192,193,195,214-216,222,225,226,260,263,266-268,271,288,301,304,307,310,324,334,350,351,355,357,361,363,364,377,379,380,383,389,390,412,413,419,420,423,424,428,434,437,438,457,471,477-479,483,488,498,502,503,506-512,514,515,522

检测　3-5,9-23,25,30-39,41-44,49-63,67,71-80,85-87,95-97,99-103,105,106,111-113,115,136,141,145,147,150,152-155,160-162,165,166,179,182,188,198,205,207,209,213,214,258,260,261,263,264,301,310,358,374,375,377,378,380-382,385,388,391,394,398,399,403,409,415,417,419,423-429,431,433-438,463,467,471-479,481-483,485,488,489,493,495-499,502-507,509-515,518,519,521,522

检测设备　39,166,424,435,471,472,476,498,503,513,519

探地雷达　36-39,166,167,171-173,176,181,182,185,188,192-194,198,201,202,207,209,210,310,437,438,443,447,448,450,457,459,464,497-499,505,518-521,523,524,526,529,531

断面形式　215,310-313,318,322,329-333,359,368,370,381

渗流场　241-244,266,268,273,275-277,282,287,306,307

渗漏水　4,5,19,23-25,28-34,39,40,42,43,70,97,105-123,125-129,131,132,134,137,140-147,153,154,157-161,214,242,253,264,267-269,271,273,276-295,298-307,375,377,379,380,383,384,393,394,396,399,403,406,407,409,414,416,419,424,434,437,471,476,488-499,506-515,522

裂缝　4,5,9-23,25,29,30,34,39,40,42,49-64,66,68-80,87,90-100,102,103,125,147,213-264,268,289,303,375,377-380,383,384,389-393,395,396,399,403,405,406,409,412,414,415,419,420,424,428,434,435,471-473,475,479,483,486-488,498,499,502-510,514,519,522

裂缝识别　11,16,18-21,23,42,52,53,55,56,59,60,63,71,72,78-80,91,92,94-96,98-100,483,486,488,498,499

裂缝检测　4,9,19-22,42,49,51-53,55,57-63,72,76,78-80,95,100,258,261,264,391,475,

535

483,502,514,519

温度梯度　　33,110,111,117-119,121,122,136-138,141,142,145,216

模拟隧道　　33,111,112,117,122,129,145,161,225,268,276,438,467

模糊理论　　44,295,374,419

隧道　　4,5,9-15,17-25,28-36,38-40,42,43,45,49-56,58,59,62-68,71-82,84,87,90,94-100,103,105-109,111-113,115-123,126-132,135-141,145-147,149,150,152,154,158-162,165,166,177,182,192,194,196,198,209,213-216,218,220,222-227,231,234,236,238,239,241-244,249,252-261,263-269,271,273-295,298-301,303-307,309-314,316-319,322,323,325,329-336,338-344,347,348,350-352,354,356,358,359,361,364,367-371,373-404,406,407,409,411-415,417-420,423,424,426-429,431,433-435,437,438,444,448,450,457,463,467,471-479,483,488-490,493-498,501-512,514,515,519,521,522,524,526,529,531

隧道衬砌　　4,5,9,11-14,18-25,28,30,32-36,38-40,45,49-56,58,62-68,71-82,84,87,90,94-100,106,107,109,111-113,115-117,120-122,127,128,130,136-139,145,147,150,152,154,159-161,182,192,194,196,198,209,213-216,218,220,222-227,234,236,238,239,241-244,249,252,254-258,261,263,264,267,268,271,273,275,277-280,282,283,285-288,290,294,306,307,309,310,312,316,319,323,329-331,341,343,344,358,364,367,378,381,389-392,395,396,398,400,401,406,407,413,418,420,424,426-429,433,434,437,438,471-473,479,483,498,502-504,521,522